가람 이병기 전집 10

일기 V

가람 이병기 전집

⑩

일기 V

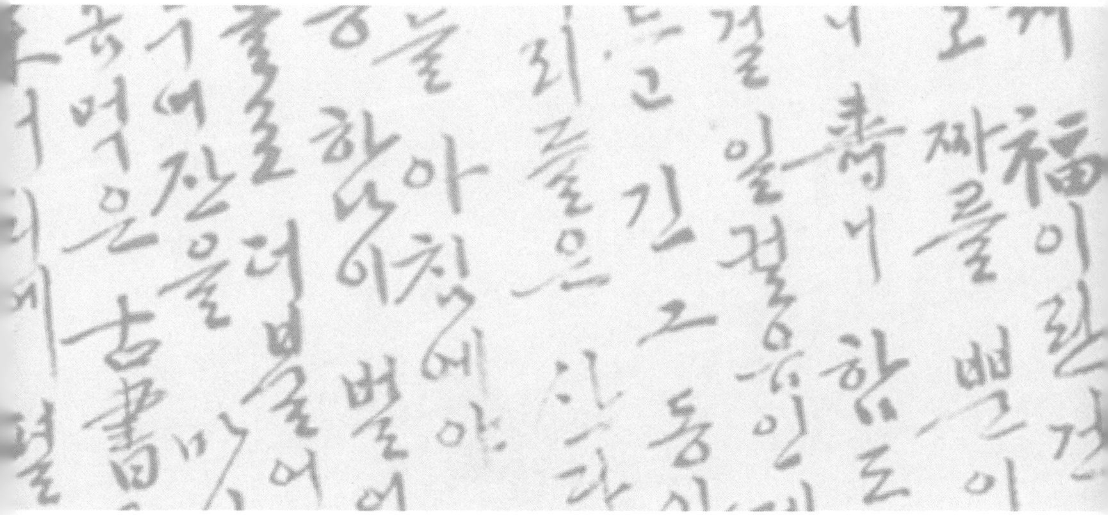

전북대학교
출판문화원

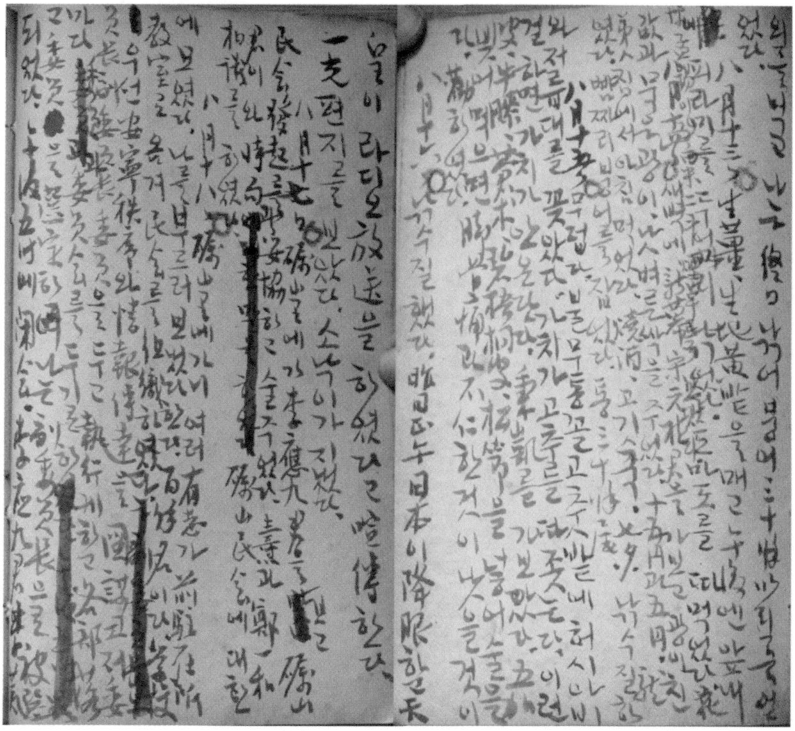

△ 1945년 8월 13일~8월 18일 일기

△ 가람 회갑연(1951년 3월 5일)

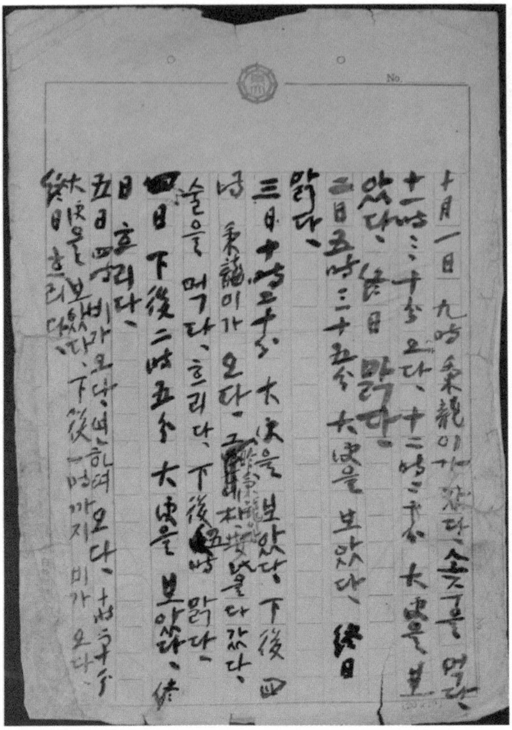

十月 一日 九時 秉龍이가 갔다. 술국을 먹다.
十一時三十分 오다. 十二時二十分 大便을 보
았다. 終日 맑다.
二日 五時 三十五分 大便을 보았다. 終日
맑다.
三日 十時五十分 大便을 보았다. 下後 四
時 秉龍이가 오다. [illegible] 갔다.
술을 먹다. 흐리다. 下後 五時 맑다.
四日 下後 二時 五分 大便을 보았다. 終
日 흐리다.
五日 四時 비가 오다. 한여 오다. 十時三十分
大便을 보았다. 下後 一時까지 비가 오다.
終日 흐리다.

△ 병후일기(1964년 10월 1일)

△ 전북대학교 문리과대학 국어국문학과 졸업식 학생들과 함께
(앞줄 가운데 김교선, 가람, 김근수, 1955년 3월 19일)

△ 학술원상 수상 기념(이종륜, 가람, 조복성, 박종홍, 이희승, 이병도, 안동혁, 1960년 7월 17일)

△ 서울대학교도서관에 장서 기증(1963년 5월 24일)

일러두기

1. 『가람일기』(신구문화사, 1976)는 원래의 일기를 선별하여 펴냈으나, 이번 전집에는 현재 남아있는 1909년부터 1966년까지의 가람 일기(한문일기 3권, 한글일기 48권) 육필 노트 원고 전체를 유족의 협조로 확보하여 본 전집에 전문을 모두 수록하였다.
2. 가람의 일기 중 유실된 15권과 50권은 『가람문선』(신구문화사, 1966)과 『가람일기』(신구문화사, 1976)에 실려 있는 부분을 수록하였다.
3. 행초서로 쓴 한문일기는 탈초한 원문과 아울러 한글 번역문도 수록하였다.

※한문일기 1, 2, 3권의 탈초는 유화수 교수(호원대학교)와 황재문 교수(서울대학교 규장각한국학연구원)가, 번역은 황재문 교수가 맡아 수고하였음을 밝힌다.

4. 원문 일기의 표기법을 존중하여 수록하되, 띄어쓰기는 가독성을 고려하여 현재의 규정에 따른다.
5. 국한혼용 일기의 한자어는 가독성을 위하여 '한글漢字' 형태로 표기하였다.(1923. 9. 12. ~ 1926. 6. 10. 한글일기의 한자어는 원문에 한글과 한자가 병기된 것이며, 이후 일기는 한자어로만 쓰인 국한혼용임).
6. 날짜는 한문으로 쓰여 있으나 한글과 아라비아 숫자로 전부 표기하였다.
7. 원문에 없는 문장부호는 현대 어법에 맞게 붙였다.
8. 조사 '은'과 '는', '을'과 '를'이 뒤바뀌어 쓰인 경우가 많은데, 이 또한 가람의 글쓰기 습관을 나타내주는 징표라고 생각하여 그대로 표기하였다.
9. 가람일기의 권별 자료는 다음 표에 정리하였다.(원본 일기는 한문일기 1~3, 이후 일기 1~48로 표시되어 있으나 본 전집 권번호는 1~51의 일련번호로 표시함).

가람일기 원본 정리표

구분		권	기간	치수	면수(면)	비고
한문일기		1	1909. 4. 13. ~ 1912. 12. 31.	16×23.5cm	228	
		2	1913. 1. 1. ~ 1915. 3. 24.	16×23.5cm	184	
		3	1915. 3. 25. ~ 1917. 3. 31.	17×24.5cm	134	
한글일기	순한글	4	1919. 4. 14. ~ 1919. 8. 31.	12.5×19cm	126	
		5	1919. 9. 1. ~ 1919. 9. 25.	16×21cm	110	
		6	1919. 9. 27. ~ 1919. 10. 19.	16×20cm	76	
		7	1919. 10. 20. ~ 1919. 12. 6.	14×20cm	70	
		8	1919. 12. 7. ~ 1920. 5. 16.	14×20cm	76	
		9	1920. 5. 17. ~ 1920. 6. 14.	14×20cm	52	
		10	1920. 6. 15. ~ 1920. 7. 19.	14×20cm	58	
		11	1920. 7. 20. ~ 1920. 9. 12.	14×20cm	58	
		12	1920. 9. 13. ~ 1920. 11. 30.	14×20cm	52	
		13	1920. 12. 1. ~ 1921. 2. 9.	13.5×19cm	60	
		14	1921. 2. 10. ~ 1921. 5. 14.	14×20cm	62	
		15	결권(1921. 5. 15. ~ 1921. 12. 31.)			
		16	1922. 1. 1. ~ 1922. 7. 31.	15×20cm	72	
		17	1922. 8. 1. ~ 1922. 12. 31.	16×20cm	86	
		18	1923. 1. 1. ~ 1923. 7. 15.	14.5×20cm	80	
		19	1923. 7. 16. ~ 1923. 9. 11.	15×20cm	98	

한글일기	순한글	20	1923. 9. 12. ~ 1923. 10. 31.	14×19.5cm	90	
		21	1923. 11. 1. ~ 1924. 3. 25.	14×20cm	134	
		22	1924. 3. 26. ~ 1924. 6. 5.	14.5×20cm	78	
		23	1924. 6. 6. ~ 1924. 8. 17.	14×20cm	62	
		24	1924. 8. 18. ~ 1925. 10. 7.	14×20cm	124	
	국한혼용	25	1925. 10. 8. ~ 1926. 6. 30. (1926. 5. 1.부터 국한 혼용)	14×20cm	78	
		26	1926. 7. 1. ~ 1927. 7. 26.	14.5×20cm	106	
		27	1927. 7. 27. ~ 1928. 8. 13.	14.5×20cm	146	
		28	1928. 8. 14. ~ 1929. 7. 19.	14×20cm	82	
		29	1929. 7. 20. ~ 1930. 9. 21.	14×20cm	90	
		30	1930. 9. 22. ~ 1931. 7. 23.	14×20cm	68	
		31	1931. 7. 24. ~ 1931. 8. 27.	13.5×20cm	68	
		32	1931. 8. 28. ~ 1932. 4. 22.	14×20cm	98	
		33	1932. 4. 23. ~ 1933. 1. 22.	14×20cm	122	
		34	1933. 1. 23. ~ 1934. 7. 3.	14×20cm	130	
		35	1934. 7. 4. ~ 1935. 5. 16.	14×20cm	66	
		36	1935. 5. 17. ~ 1937. 2. 3.	14×20cm	130	
		37	1937. 2. 4. ~ 1938. 8. 31.	14×19.5cm	134	
		38	1938. 9. 1. ~ 1939. 12. 31.	14×19.5cm	114	
		39	1940. 1. 1. ~ 1941. 4. 19.	14×19cm	114	
		40	1941. 4. 20. ~ 1942. 4. 30.	14×19cm	94	
		41	1942. 5. 1. ~ 1942. 10. 22.	14×19cm	54	
		42	1943. 9. 12. ~ 1944. 4. 30.	14×19cm	74	
		43	1944. 5. 1. ~ 1946. 8. 31.	12.5×19.5cm	226	
		44	1946. 9. 1. ~ 1948. 3. 25.	15×21.5cm	96	
		45	1948. 3. 26. ~ 1949. 10. 8.	15×21cm	96	
		46	1949. 10. 9. ~ 1950. 10. 5.	14×20cm	95	
		47	1950. 10. 6. ~ 1951. 12. 21.	14×20cm	92	
		48	1951. 12. 22. ~ 1954. 8. 27.	15×21cm	158	
		49	1954. 8. 28. ~ 1957. 10. 5.	15×21.5cm	184	
		50	결권(1958. 2. 7. ~ 1964. 9. 30.)			
		51	1964. 10. 1. ~ 1966. 6. 20.	18.2×25.7cm	187	
			합계		5,072	

차례

일기

44권

1946. 9. 1. ~ 1948. 3. 23.

1946년(단기 4279년)

9월

9월 1일. 태희泰熙와 그 누의가 새벽에 왔다. 아침밥이 늦었다. 명륜정明倫町 장지태張之兌 군君을 찾고 동빈東濱 집으로 가니 동빈東濱은 석남石南 집으로 갔다. 석남石南 집으로 찾으니 동빈東濱, 유홍열柳洪烈, 김재원金在元 군君이 있다. 석남石南이 좋은 소주燒酒를 낸다. 동빈東濱과 유柳는 몹시 취했다. 나는 김金과 먼저 나왔다.

9월 2일. 오후午後 비가 밤을 이었다. 장발張勃(예술대학藝術大學 예술부장藝術部長) 군君이 왔다. 예술부藝術部 문학文學 교수敎授가 되어 달라 한다. 이력서履歷書 석 장을 썼다.

9월 3일. 비가 또 온다. 박순양朴順陽과 태희泰熙 누의가 시골 가겠다고 왔다. 관희觀熙가 와 본다. 『어린이 역사歷史』 초간初刊 20책二十册을 정음사正音社서 기증寄贈으로 가졌다. 1만 5천 원壹萬五千円은 인세印稅로 준다. 매책每册 30원三十円이란데 5천 부五千部를 박였다 한다.

9월 4일. 맑다. 오후午後 바로 송현松峴 태고사太古寺 김낙순金洛淳 군君을 찾으니 직원회職員會 중中이라 한다. 진고개로 전진轉進하여 한미韓美호텔 조시원趙時元 군君을 찾었다. 그 중형仲兄 소앙素昻도 보았다. 국문학國文學에 대한 말을 하였다. 시원時元 군君과 가치 나서 중국中國

음식점飮食店에 들어 그간間 지내던 일을 들었다. 그리고 서대문西大門 소학교小學校 운동장運動場으로 가 편수국원編修局員, 서적書籍, 교학주식회원敎學株式會員과의 야구전野球戰을 보고 저물어 아서원雅敍園으로 가서 석찬夕餐을 하였다. 나오다가 또 안명길安命吉과 몇 젊은 축에게 끌려 종로음식점鐘路飮食店에 들었다. 별로 먹은 건 없었다.

9월 5일. 태고사太古寺 가서 김낙순金洛淳, 유엽柳葉 군君을 보았다. 함일화咸日華 군君을 만나 함께 종로鐘路로 가 점심點心 먹고 나는 금융조합金融組合 김영룡金永龍 군君 윤지병尹芝炳 군君을 찾었다. 행정원양성소行政員養成所 변종호邊宗浩, 김두원金斗媛 군君을 찾다. 붙들려 저녁밥을 먹었다. 저녁은 꽤 선선하다. 달도 밝다.

9월 6일. 행정원양성소行政員養成所에 가서 조선문화朝鮮文化에 대하여 강화講話. 최근학崔根學 군君과 가치 김영관金永琯 군君을 찾아 환수煥洙 군君의 병상病狀을 듣고 최崔 군君 집으로 가서 국수와 술을 먹었다. 정충시鄭忠時 군君을 찾었다. 중학교원中學敎員 몇을 구하여 달라 한다.

9월 7일. 남령南嶺 군君을 기다리다가 풍문여고豐文女高로 갔다. 3, 4학년三四學年에게 국어강화國語講話로 시작했다. 오후午後 2시二時 반半 관훈동寬勳洞 고서점古書店 김익환金益煥 군君에게 풍속風俗 재료材料 2책二冊 400원四百円에 샀다. 김金 군君이 중국요리中國料理를 사 준다. 하거何居께 다녀 원동苑洞으로 갔다.

9월 8일. 숙명여고淑明女高 교실敎室에서 조선어학회朝鮮語學會 정기총회定期總會를 여는 데 갔다. 오후午後 1시一時부터 7시七時까지 했다. 임원任員 개선改選, 한글 통일안統一案 보충補充 문제問題 등 의논이 분분紛紛. 그러도 보충補充 문제問題는 다음 회會로 밀고 말었다. 머리가 아프다.

9월 9일. 비 온다. 국립경찰학교國立警察學校서 갈비 네 대를 가졌다. 최운걸崔雲傑 군君과 가치 원동苑洞으로 왔다. 술을 받고 갈비를 구어 저녁을 먹었다.

9월 10일. 한가위 명절名節로 휴일休日이 되었다. 오전午前 11시十一時 정충시鄭忠時 군君을 찾고 하거何居를 가보고 오후午後 1시一時 숙명여고淑明女高로 가서 조선어학회朝鮮語學會 총회總會에 참여參與. 사이ㅅ 문제問題로 토의討議하여 사이ㅅ은 전연 폐지廢止하였다. 나는 먼저 일어 방송국放送局으로 갔다. "한가위"에 대하여 5시五時 45분四十五分 — 6시六時까지 하였다.

9월 11일. 오정午正에 조남령曺南嶺 군君이 왔다. 바로 가치 나서 탑골공원公園 앞에서 청량리淸凉里 가는 전차電車를 타고 그 종점終點에서 나렸다. 구두징을 박고 전농리典農里 조순영曺順英 군君(정경익鄭敬翼 부인夫人)을 찾었다. 닭을 잡고 술을 받어 온다. 시가詩歌이야기를 하였다. 돌아오다가 또 중국음식中國飮食집에서 자장면을 먹었다.

9월 12일. 국과장회의局課長會議. 어제 러취 장관長官이 부처장회部處長會를 열고 행정권行政權을 우리에게 넘긴다 성명聲明하였다고 그리고 관공청官公廳 용어用語는 반드시 우리 조선말을 사용使用하라고 한다. 비가 온다. 하거何居께 들렀다. 대구大邱 이호우李鎬雨 군君의 시조時調 원고原稿를 다 수정修正하였다. 편지도 써 한 데 봉하여 그 아우 이형우李亨雨 군君께 부치라고 주었다. 이응구李應九 군君이 왔다.

9월 13일. 종일終日 흐리고 무덥다. 오후午後 4시四時 반半 전차電車로 세부란쓰전문학교專門學校로 갔다. 대학大學 예과교수회豫科敎授會가 있다. 8, 9인八九人이 모였다.

9월 14일. 나가다 풍문豊文서 점심點心. 두 시간 마치고 원동苑洞으로 가, 좀 누웠다가 여섯 시에 김성달金性達 군君 집으로 갔다. 전골을 하고 소주燒酒ㅅ병을 내 온다. 인삼人蔘, 숙지황熟地黃을 넣은 놈도 있다. 쓰다. 설탕雪糖을 많이 넣은 놈도 있다. 너무 달다. 밥도 한 공기 먹었다.

9월 15일. 유길상劉吉相 군君을 찾고 서은西隱 댁으로 가, 지태之兌 군君과 나섰다. 이응구李應九 군君을 가 보았다. 마침 딴 손님과 광장리廣壯里를 나간다고. 그 아들 휘문徽文 입학入學을 말하였다. 오후午後 임청林青 군君 집으로 갔다. 정종正宗 한 병이 있다. 서로 마셨다.

9월 16일. 오후午後 국악원國樂院에 가서 민요대회民謠大會 준비회準備會에 참석參席코 석찬夕餐. 비ㅅ방울이 듣는다.

9월 17일. 국민학교國民學校 제6년第六年 교재教材 토의討議. 비가 온다.

9월 18일. 경찰학교警察學校에 가다. 이병도李丙燾 군君을 찾어 가치 동국대학東國大學으로 가, 김상기金庠基 군君을 데리고 나와 여의전女醫專 뒤 음식점飮食店서 술을 먹었다. 문리과文理科 교수教授 문제問題에 대한 담화談話가 있었다. 이일화李一和, 윤화중尹和重, 유근완柳根完 군君이 찾어왔다 명함名銜만 두고 갔다. 병룡 제秉龍弟의 편지를 보았다. 왕궁면王宮面 토지土地는 평당坪當 20원二十円으로 방매放賣하였다고.

9월 19일. 양복洋服 두 벌을 세탁洗濯하려 보냈다. 장태영張泰英 군君을 찾아보고 가옥家屋을 구해 달라고 하였다.

9월 20일. 국민학교國民學校 제6년第六年 교재教材 토의討議. 김상기金庠基 군君이 와 가치 문곡文谷을 찾아 담화談話타가 밤이 되어 돌아왔다.

9월 21일. 오후午後 풍문豊文을 다녀 계동桂洞 장태영張泰英 군君을 찾아 함께 계동桂洞 2二의 24二四 집과 원동苑洞 궁장宮墻 밑 집을 보았다. 원동苑洞 것은 17간十七間, 매간每間 1만 3천 원一萬三千円인 바 쓸모없는 집이다. 다시 장張 군君의 집으로 가, 술을 사다 먹고 장張 군君의 주선周旋으로 계동桂洞 2二의 24二四를 매간每間 1만 2천 원萬二千円 통 9간九間 반半에 11만 5천 원十一萬五千円을 결가決價하여 계약금契約金 1만 2천 원一萬二千円을 주고 계약契約하였다.

9월 22일. 새벽에 일어났다. 『어린이』 정음사正音社 초간판初刊版 교정校正을 했다. 장발張勃 군君을 찾아보았다. 서울대학교大學校 문리과文理科 교수敎授 문제問題에 대해 말했다. 김환수金煥洙 군君을 찾다. 그 자당慈堂을 보았다. 돌아오다가 김영관金永琯 군君을 만나 점심點心을 먹고 200원二百円을 은동隱洞으로 부쳤다. 김영완金永完 씨氏를 뵈었다. 원동苑洞으로 와 소주燒酒를 받고 삶은 닭을 먹고 「공업工業의 노래」(장려가奬勵歌)를 지었다. 한인현韓寅鉉 군君 동요 작童謠作 2책二册을 보아 주었다. 조운曺雲 군君이 들렀다 바루 갔다. 종일 맑었다. 순자順子가 수원행水原行.

9월 23일. 병룡秉龍 군君께 편지 부쳤다. 이력서履歷書 3장三張을 장발張勃 군君께 보냈다. 경찰학교警察學校에 갔었다. 여자女子는 오늘 입학식入學式을 한다. 경찰전문학교警察專門學校가 되었다. 교장校長은 경찰교육국장警察敎育局長을 겸했다. 오후午後 4시四時 지나 이재수李在秀 군君이 왔다. 가치 국학전문國學專門 교무주임敎務主任 이형우李亨雨 군君 집에 갔다. 박순양朴順陽 군君을 야간부夜間部에 보결補缺 편입編入키로 긍락肯諾을 받고 내가 전보電報로 알려 주기로 하였다. 나오다.

9월 24일. 계동桂洞 2二, 24二四의 집에 가 독 10여十餘 개箇를 보았다.

9월 25일. 오후午後 하거何居를 잠간暫間 보고 세부란시世富蘭偲 의대醫大 예과豫科(전 정신여교貞信女校)에 가서 국문학國文學 강의講義를 시작했다. 제1조第一組 두 시간, 제2조第二組 한 시간. 손복규孫復圭

군君 부인夫人이 계동桂洞 2二, 24二四의 독을 흥정해 왔다. 2천5백 원二千五百円. 조남령曺南嶺, 조운曺雲이 저녁에 왔다. 이슥도록 놀았다.

9월 26일. 종일終日 비. 비를 흠뻑 맞고 원동苑洞으로 갔다. 순자順子가 돌아왔다.

9월 27일. 추탕鰍湯집으로 가 점심點心. 이李 군君 봉수鳳秀와 함께.

9월 28일. 박순양朴順陽 군君의 전보電報가 왔다. 즉시卽時 회답回答, '입학入學되었으니 오라.' 집에도 전보電報. 풍문豊文, 세부란시世富蘭偲로 하여 대종교당大倧敎堂에 갔다. 정열모鄭烈模 군君과 석찬夕餐코 이어 국문학國文學 강연講演, 9시九時에 돌아왔다.

9월 29일. 새벽에 정충시鄭忠時 군君을 찾아 가치 정丁 군君을 찾아 데리고 계동桂洞 2二의 24二四를 가서 판장과 토역土役일을 맡겼다. 5백원五百円을 주었다. 나무를 사라고. 조용만趙容萬 군君과 가치 가서 박종화朴鍾和 군君을 찾다. 셋이 진고개를 가서 차茶를 마셨다. 나는 한미韓美호텔 조시원趙時元 군君을 보았다. 나오다 유자후柳子厚 군君을 만나 영화映畵를 가치 보았다. 계동桂洞 장태영張泰英 군君과 막걸리를 거우르고 송석하宋錫夏 군君 집으로 가니 조명기趙明基, 유홍열柳洪烈, 김상기金庠基 군君이 나를 가다리고 있다. 국수와 술을 준다. 동빈東濱과 얘기하다 나뉘었다.

9월 30일. 조남령曺南嶺 군君이 자작시조집自作時調集을 가지고 와 보인다. 약간若干 고추敲推를 했다. 서울대학大學 문리과대학장文理科大學長 이태규李泰圭, 교수敎授 이희승李熙昇, 김두헌金斗憲, 이병도李丙燾 씨氏가 찾어왔다. 국문학부國文學部 전임교수專任敎授로 추천推薦하였으니 긍락肯諾해 달라고. 최현배崔鉉培(편수국장編修局長) 씨게 말하고 긍락肯諾했다. 대종교당大倧敎堂에 갔다. 오후午後 7시七時 통행通行 금지禁止로 인하여 휴강休講되었다. 하거何居께 들려 석반夕飯.

10월

10월 1일. 김영기金永起 군君이 찾아 왔다. 퍽 반갑다. 석 달 전에 돌아왔다고. 학병學兵으로 살어 왔다. 교화부원敎化部員 몇 분과 함께 진고개로 가서 논개극論介劇 시연試演을 보았다. 약간若干 어구語句와 요지要旨 몇 대문을 고쳤으면 좋겠다고 말했다. 대종교당大倧敎堂 국문학國文學 강의講義를 했다.

10월 2일. 경찰전문학교警察專門學校에 가 한 시간時間 했다. 세부란시世富蘭偲 의대醫大에 세 시간을 마치고 바루 대종교당大倧敎堂으로 갔다. 엄주천嚴柱天 군君과 장국밥을 사먹고 국문학國文學 강연講演 세 시간을 했다. 오후午後 10시十時나 돌아왔다. 이병도李丙燾, 김상기金庠基 군君이 내일來日부터 나와 강의講義를 해 달라고 적어 놓고 갔다. 밤에 폭우暴雨.

10월 3일. 우산雨傘을 들고 서울대학大學에 갔다. 장지태張之兌 군君을 만나 교실敎室을 가보고 9시九時 — 11시十一時 동안 신新 2년二年의 국문학개론國文學槪論 강의講義를 시작했다. 이희승李熙昇 군君을 만나 문리과대文理科大 학장실學長室에 갔다. 이태규李泰圭 씨는 없다. 시간표時間表를 받었다. 오다가 원동苑洞 들어 점심點心 먹고 군정청軍政廳으로 갔다. 신동엽辛東燁 군君과 가치 국사관國史館과 박물관博物館을 갔다.

10월 4일. 서울대학大學에 가다. 오전午前 9시九時 — 11시十一時까지 문리과文理科 신新 1년一年 국문학강독國文學講讀을 강의講義했다. 오후午後 군정청軍政廳으로 갔다. 용창容昌이가 부주父主 하서下書와 집 소식消息을 전한다. 용창容昌이가 술 사준다. 이봉수李鳳秀, 신동엽辛東燁, 신석호辛奭鎬 군君과 함께 먹었다.

10월 5일. 새벽에 성종환成鍾奐 군君을 찾아보고 집값 치루는 사정事情을 말했다. 풍문豊文, 세부란시世富蘭偲 강의講義를 했다. 고석균高碩均 군君 혼식婚式에 100원百円을 주었다. 석남石南 집에 갔다. 해제解題를 썼다. 조명기趙明基 군君을 만났다. 용창容昌 편에 집에 편지 했다.

10월 6일. 하거何居, 석남石南을 보고 전형철全鎣喆 군君 집으로 갔다. 그 자당慈堂 칠십일순七十一旬. 춘곡春谷, 탄월灘月 등이 벌서 술상을 받고 앉었다. 박술음朴術音, 독고선獨孤璇 군君도 왔다. 취醉해 돌아왔다.

10월 7일. 서울대학大學에 가 예술대학藝術大學 미술과美術科 개강식開講式에 참석參席. 이과理科 신1新一 강의講議는 못했다. 수원농과대학가水原農科大學歌를 지었다. 두계斗溪의 청請.

10월 8일. 대학大學에 갔다. 매주每週 열 시간時間을 맡었다. 방종현方鍾鉉, 이숭녕李崇寧 군君이 와 본다. 교재教材를 약간若干 의논議論. 오후午後 다섯 시 세부란시대학世富蘭偲大學에 갔다. 예과豫科와 본부本部 교수敎授가 다 모였다. 예과豫科 교수敎授 초대招待한다고. 경성역京城驛 호텔서 석찬夕餐. 오다가 성종환成鍾奐 군君을 만나 계약契約 일자日子를 연기延期했다.

10월 9일. 한글 반포頒布 오백주년五百周年 기념紀念날. 휴일休日이다. 오전午前 8시八時 반半 자동차自動車로 세부란시世富蘭偲 의대醫大 본부本部를 갔다. 교장실校長室에서 쉬다가 강당講堂으로 갔다. 한글날 기념식紀念式을 하였다. 나는 한글에 대하여 강화講話를 했다. 덕수궁德壽宮으로 갔다. 어학회語學會 진단학회震檀學會와의 주최主催한 한글 기념식紀念式이 있다. 여러 학교學校 학도學徒와 시민市民들이 모였다. 애류崖溜, 창해滄海, 권환權煥 군君을 만났다. 식式이 끝나자 우리는 콩나물집으로 술 두 주전자를 거울렀다. 나는 오다가 문곡文谷을 찾으니 없다. 김익효金益效 고서점古書店에 들렀다. 활자본活字本을 보인다. 『두시언문杜詩諺文』 목판본木板本과 『훈몽자회訓蒙字會』 목판본木板本을 만 원萬円에 샀다 한다. 김주金珠를 찾아보았다. 운雲 군君도 만나 남령南嶺 군君께 말을 전해 달라 하였다. 성북동城北洞 두계斗溪를 찾었다 못 보고 찬燦 군君, 한흥록韓興錄, 이상돈李相敦 군君을 찾었더니 다 없다. 장태영張泰英 군君 부인夫人을 보고 태영泰英 군君의 소식消息을 들었다.

10월 10일. 대학大學 국문학개론國文學槪論 제2강第二講을 했다. 학생學生이 더 많이 모였다. 강당講堂이 찼다. 오다 문곡文谷을 보고 화물자동차貨物自動車를 말해 두었다. 양주洋酒를 준다.

10월 11일. 비가 좀 온다. 문리과文理科 신1新一 연습演習을 했다. 박순양朴順陽 군君이 왔다. 곧 이재수李在秀 군君께 명함名銜을 보내어 입학入學 절차節次를 하게 했다. 조남령曺南嶺 군君을 데리고 풍문豊文에 갔다. 김성달金性達 군君은 도청道廳에 갔다. 기다리라 하고 나는 왔다. 아침 일어나매 다리가 허둥하고 머리가 터분하여 마늘 한 개를 먹었다, 약간若干 머리가 덥다. 저녁에야 머리가 식고 신기神氣가 맑었다. 아침에 성종환成鍾奐 군君을 찾아보고 화물자동차貨物自動車 교섭交涉 소개紹介의 나의 명함名銜을 주다.

10월 12일. 풍문豊文에 가 조남령曺南嶺 군君 임용任用을 작정하였다. 그리고 두 시간 했다. 그리고 문곡文谷께 가서 성종환成鍾奐 군君이 쓰기로 한 화물자동차貨物自動車를 더 부탁하고 『역도力道』 책册 보충補充 재료材料 4편四篇을 토의討議. 돌아와 일찍 취침就寢. 김성달金性達 군君이 소주燒酒 한 병을 보냈다.

10월 13일. 구름 끼고 덥다. 오전午前 5시五時에 일어나 여섯 시에 아침 먹고 순자順子 데리고 경성역京城驛에 걸어갔다. 순자順子는 수원水原 간다. 40분四十分 걸렸다. 영릉행英陵行 100여 명百餘名. 빠스 3대三臺. 조선어학회朝鮮語學會 주최主催. 한글 반포頒布 오백주년五百周年 기념행사紀念行事. 아직 다 모이지 아녔다. 7시七時가 넘었다. 빠스를 수선修繕. 8시八時 반半에야 떠났다. 가끔 사고事故가 난다. 경안慶安(광주廣州)를 지나 20리허二十里許에서 또 빵크가 났다. 앞 우측右側 바퀴다. 탔던 우리는 다 내려 걸었다. 빠스는 도로 광주廣州로 가 바퀴를 고쳐왔다. 우리는 곤지암昆池岩서 점심點心을 먹고 빠스를 탔다. 나는 고담古談을 하다가 이천利川을 지냈다. 오후午後 4시四時 반半 여주驪州 영릉英陵 부근附近에 도착到着. 점심點心 반선飯饍을 준비準備해 놓았다는 경기여자잠업시험장京畿女子蠶業試驗場에 들었다. 남었던 밥을 먹었다. 그리고 한 5리五里 걸어 영릉寧陵(효종대왕릉孝宗大王陵) 앞을 지나 영릉英陵(세종대왕릉世宗大王陵)에 가 참배參拜. 퍽 소조蕭條하다. 영릉寧陵만큼도 수호守護치 아녔다. 소나무들은 송충松蟲이가 먹었다. 우리는 촬영撮影하고 발을 돌렸다. 6시六時 10분十分 발發. 내가 탄 빠스는 잘 왔다. 두 빠스는 사고事故가 나 뒤에 떨어졌다. 10시十時 반半 종로鐘路 탑동공원塔洞公園에 와 나는 내렸다. 원동苑洞 집에 드니 만월전滿月殿 중이 와 잔다.

10월 14일. 흐리다가 오후午後 비가 온다. 법과法科, 이공과理工科 신1新一 시간時間 네 시간時間을 마치고 비 개기를 기다리다가 3시三時 지나 장지태張之兌 군君과 나오다가 장張 군君의 우산雨傘을 얻어가지고 오다 정규창丁奎昶 군君을 만나 동행同行했다. 나는 김영완金永完 씨게 들렸다. 김순동金舜東 군君의 풍문豐文 일을 말하고 마침 술이 있다고 두어 잔을 준다. 원동苑洞 집에 드니 종희宗熙가 왔다. 부주父主 하서下書도 보았다. 가존 홍시紅柹을 먹었다. 비는 한 모양으로 내린다. 새로 두 시쯤 비가 그친다. 잠을 깨었다. 두어 시간이나.

10월 15일. 종희宗熙 데리고 산 집을 가보았다. 성종환成鍾奐 군君이 화물자동차貨物自動車를 얻어 달라고 떼를 쓴다. 동국대학東國大學을 가 보았다. 9시九時가 넘었으나 교수敎授는 하나도 아니 왔다. 학생學生들만 모여 있다. 나의 맡은 국문학사國文學史 시간時間은 목요일木曜日 오후午後다. 세부란시대학世富蘭偲大學 제1반第一班 오전午前 11시十一時 — 1시一時인데 한 시간만 하였다. 바루 걸어서 계성여자중학교啓星女子中學校에 갔다. 개교기념開校紀念 축하식祝賀式 겸 나에게 기념품紀念品 증정贈呈이 있다. 교가校歌를 지은 까닭이다. 교가校歌를 들었다. 고아高雅하다. 음악音樂과 무용舞踊이 있다. 자미滋味스럽다. 회당會堂으로 인도引導한다. 양식洋食과 맥주麥酒. 푸짐하다. 배가 불렀다. 문교부文敎部 직원職員이 많이 왔다. 올 때 부장部長과 한 자동차自動車로 왔다. 나오다가 김성달金性達 군君을 보고 한문漢文 선생先生 말을 하였다. 벌서 얻었다. 김순동金舜東 군君께 전했다. 순자順子가 왔다.

10월 16일. 새벽에 경희京熙가 왔다. 일찍 나서 계동桂洞 안安 군君을 찾아 데리고 선술집에서 해정解酲하고 성종환成鍾奐 군君께 가니 잔금殘金 10만 2천 원十萬二千円을 아니 받고 자동차自動車를 기한期限 전前 5일 전前은 만 원萬円이면 얻겠던 것이 그 뒤 1만 5천 원一萬五千円 이상以上이 되었으니 5천 원五千円 이상以上을 물어 달라는 것이다. 퍽 불쾌

不快하다. 나는 먼저 일어섰다. 민족박물관民族博物館에 고서전람회古書展覽會 준비準備를 했다. 한글 반포頒布 오백주년五百周年 기념紀念으로 진단학회震檀學會서 주최主催한 것이다. 문곡文谷을 찾아보고 오다가 성종환成鍾奐 군君을 보았다. 여전如前히 무리無理한 말을 한다. 논쟁論爭을 않고 왔다.

10월 17일. 소낙비. 서울대학大學에 가 두 시간 강의講義을 하고 좀 있다가 동국대학東國大學으로 가서 국문학사강의國文學史講義를 시작. 마치고는 민족박물관民族博物館에 가서 고서전람古書展覽의 첫날 광경光景을 보았다. 두계斗溪, 동빈東濱과 가치 오다가 하거 댁何居宅에 들었다. 술을 사다 준다. 새벽에 장태영張泰英 군君이 찾아왔다. 나도 장張 군君을 가보고 성종환成鍾奐 군君의 일을 교섭交涉 조처措處해 달라고 했다.

10월 18일. 새벽에 계동桂洞 장태영張泰英 군君을 가보고 문곡文谷 서상천徐相天 군君을 가보고 성종환成鍾奐의 억지 쓰는 일을 말하고 1만5천 원一萬五千円이라도 못 될 화차貨車를 1만 2천 원一萬二千円에 얻었다. 성종환成鍾奐을 찾아보고 1만 2천원一萬二千円에 얻었다 하니 퍽 기뻐하며 1천 원一千円만은 나더러 더 내라 한다. 나는 부득이不得已 그렇게 허락許諾하고 장태영張泰英 군君께 일체一切를 위임委任하여 그 잔액殘額을 다 주고 계동桂洞 2二의 24二四 집 문서文書를 받는 법적法的 절차節次를 하여 달라고 했다. 대학大學에 가서 두 시간을 하고 성종환成鍾奐을 데리고 역도총본부力道總本部 경리부經理部 안승규安承奎 군君을 찾았다. 안安 군君은 문곡文谷께 갔다. 기다려 만나 보았다. 성종환成鍾奐을 소개紹介하여 창녕昌寧까지 금월今月 24일 떠나기로 한 화차貨車값 받았다는 영수증領收證을 하여 성종환成鍾奐께 주게 하였다.

나는 군정청軍政廳으로 갔다.

10월 19일. 석남石南 집에 진단학회震檀學會 총회總會가 있다. 모인 이는 동빈東濱, 천뢰天籟, 두계斗溪, 신석호辛奭鎬과 나. 대강 그 경영經營과 전개展開할 것을 의논. 순자順子가 그 부친父親과 충화忠化ㅅ길을 떠났다. 천 원千円을 주었다. 조운曺雲이 와 놀았다.

10월 20일. 새벽에 장태영張泰英 군君을 가보았다. 김기선金基善, 조남령曺南嶺 군君이 왔다. 남령南嶺 군君은 『의유당관북유람일기意幽堂關北遊覽日記』를 빌려갔다. 손복규孫復圭 군君을 보았다. 대구大邱 임용순任用淳, 장사훈張師勛 군君이 왔다. 국문학國文學의 그 의문疑問 몇 가지를 말했다.

10월 21일. 오후午後 군정청軍政廳서 나오다가 하거何居를 보았다. 벽초碧樵, 삼화三華도 만났다. 저녁엔 장태영張泰英 군君 집에 가 놀았다. 대학大學서 오다가 원동苑洞서 점심點心 먹고 중앙中央에 종희宗熙 데리고 가서 심형필沈亨弼 교장校長을 보고 종희宗熙를 2학년二學年에 넣어 달라고 떼를 썼다.

10월 22일. 새벽에 이일李一 군君을 가 보고 종희宗熙 입학入學을 알려 달라고 했다. 장張 군君 태영泰英도 보았다. 세대世大 시간時間 마치고 의대醫大에 갔더니 출근부出勤簿에 이름만 적고 교수敎授 시時 등等은 아직 정定하지 아녔다. 임용순任用淳 군君을 만나 가치 종로鐘路로 가다 금융조합소金融組合所에 들렀고 박문서관博文書館에 들었다. 노상섭盧相涉 군君을 만났다. 학생學生 청년靑年 남녀男女 수백 명數百名이 어깨를 겯고 소리를 외치고 동東으로 간다. 뒤엔 총 멘 순경巡警 하나이 따렀다. 좀 있다가 총소리가 연거푸 난다. 청년靑年들이 샛골목으로 몰려든다. 네 사람이 탄환彈丸을 맞았다 한다. 나는 『역대시조선歷

代時調選』 3천 부三千部 재간再刊 인세印稅 1만 8백8십 원壹萬八百八十円을 받았다. 영보永保빌딩으로 가 점심點心을 먹인다. 민병도閔丙燾 군君을 만나고 조풍연趙豐衍, 윤석중尹石重 군君을 보고는 군정청軍政廳으로 갔다. 성화진成和鎭 군君이 왔다. 이종숙李鍾淑 부인婦人을 찾아보았다. 계동桂洞 안安○○ 아버지와 술을 먹었다. 신학神學을 공부工夫한 배용봉裵龍鳳 군君이 찾아왔다. 서울대학大學 청강聽講켔다고 인허認許하겠다는 도장圖章을 찍어 달라고 한다. 철학哲學, 문학文學에 대한 이야기를 했다.

10월 23일. 대학大學 법과法科 신1新一 시간時間 마치고 나오다가 두계斗溪, 도남陶南을 만났다. 도남陶南은 내가 대학大學 간 후 처음 만났다. 김영관金永琯 군君을 찾으니 없다. 환수渙洙 군君은 아직도 아니 들왔다 한다. 어느 음식점飮食店에서 국을 청請하여 점심點心. 세대世大 신1新一을 마치고 하거何居께로 가 100원百円에 약주藥酒 한 병을 사다가 하거何居, 삼화三華와 마셨다.

10월 24일. 서울대학大學 문리과文理科 신2新二 시간時間을 마치고 이주환李珠煥 군君을 만나 가치 가 점심點心 먹고 나는 동국대학東國大學으로 갔다가 걸어서 문교부文敎部로 갔다. 종희宗熙가 중앙중학교中央中學校 2학二學 3반三班에 입학入學시겼다. 수업료授業料 기타其他 소입所入이 1천3백5십 원壹千三百五十円. 북촌北村 양화점洋靴店에서 경京, 종宗 2아二兒의 양화洋靴를 마추었다. 1700원千七百円. 성종환成鍾奐을 만났다. 오늘 화물자동차貨物自動車가 안 와서 못 떠났다. 또 부탁해 달라 한다. 조용만趙容萬 군君이 찾아왔다. 향토예술문화협회鄕土藝術文化協會 편지를 전한다. 진우촌秦雨村이 제삼특집第三特輯이란 신문新聞을 한다고 해서 「시조時調의 신조新調」라는 원고原稿 20장二十張을 주었다. 조남령曺南嶺 군君이 왔다.

10월 25일. 경희京熙가 요전 서울 올 때 차시간車時間을 대느라고 숩니까지 달음질하여 왼쪽 부랄이 시닳여 딴딴히 붓어 부스름이 되어 절절로 터졌다. 진물과 된 고름이 많이 나왔다. 소독消毒하고 소독消毒솜을 붙였다. 대학大學 가서 문리과文理科 신1新一 시간時間에 「김득신전金得臣傳(의유당작意幽堂作)」을 강의講義. 이재수李在秀 군君도 와 듣는다. 마치고 재수在秀 군君과 가치 나오다 점심點心. 나는 하거何居께 들렸다. 오후午後 4시四時 지나 간신히 전차電車를 타고 경동중학교京東中學校 돈암정敦岩町까지 나갔더니 시조강습회時調講習會는 11월 5일로 연기延期되었다. 찬燦 군君을 찾으니 장석태張錫台 군君과 바독을 두고 있으며 편수국編修局에 대한 불평不平을 말한다. 퍽 불쾌不快하다. 어두어서 나와 전차電車를 퍽 기달려 탔다. 퍽 분답하다. 옴낫 못하겠다. 원남동苑南洞 앞에서 겨우 내리고 보니 시계時計를 따갔다. 시계時計는 '월삼[1]' 십여 년十餘年 전에 헌 것을 샀다. 일전日前에 떨어져 다시 유리琉璃를 갈아 넣고 그 속도 수선修繕했다.

10월 26일. 군정청軍政廳으로 갔다. 손태영孫泰英, 송석하宋錫夏 군君을 찾다. 비가 온다.

10월 27일. 새벽녘에 박종화朴鍾和, 임성빈任性彬이가 와 찾는다. 불려 나갔다. 조용만趙容萬 군君도 동행同行, 월탄月灘 집으로 갔다. 술상이 나온다. 해가 기울도록 있다가 다시 어느 음식점飮食店으로 가서 놀다가 서로 헤졌다.

---

1 1940·50년대 재력가들 사이에 유행했던 시계. '월삼'은 시계를 만든 미국의 회사 'Waltham'을 의미한다.

10월 28일. 어제가 음陰 10월十月 3일三日 개천절開天節이기 오날을 휴일休日로 한다. 하거何居께 갔다. 하거何居와 함께 김용진金容鎭 씨 상배喪配 위문慰問을 갔다. 막걸리를 준다. 석남石南께 들렀다 장지영張志暎 군君을 만났다.

10월 29일. 오날 처럼 의과대학醫科大學 신1新一 국어국문학연습國語國文學演習 강의講義를 시작했다. 군정청軍政廳으로 가 최근학崔根學 군君과 나서 점심點心 요긔하고 종로鐘路 시계포時計鋪로 하여 백양당白楊堂 배정국裵正國 군君을 보고 '월삼' 3천 원三千円자리를 부탁하였다. 금룡도서문구주식회사金龍圖書文具株式會社 김시필金時必 군君을 보았다. 가치 저녁을 먹었다.

10월 30일. 두계斗溪가 수원농대水原農大의 사례금謝禮金 천 원千円을 준다. 그 교가校歌를 지었던 것이다. 문곡文谷을 찾으니 없다. 경京, 종宗 2아二兒의 구두를 가조다. 한약재漢藥材의 선금先金 4백 원四百円을 장태영張泰英 군君 집 약방藥房에 주었다. 성종환成鍾奐이 아침에 왔다. 추럭을 교섭交涉해 달라고.

10월 31일. 비가 온다. 오후午後엔 개었다. 새벽에 잠을 깼다. 순자順子가 장적을 들여 놓느라고 소란하다. 배가 살살 아프다. 두통頭痛도 난다. 밥은 겨우 한 공기 먹었다. 신기神氣가 불쾌하고 다리가 묵었다. 문리과文理科 신2新二 국문학개론國文學槪論 시간時間에 가방을 열어보니 그 초고草藁를 집에 내놓고 아니 가좠다. 「한문漢文과 고기」古記로 강의講義. 마치고 원동苑洞으로 와 계란鷄卵 한 개 먹고 동국대학東國大學으로 갔다. 김진섭金晉燮, 이하윤異河潤은 어제 대음大飮하고 오날 휴강休講이라 한다. 백양당白楊堂서 '월삼'을 가좠다. 군정청軍政廳에 갔다. 10월十月 월급月給은 1015원千十五円. 문곡文谷을 찾아보고 화물자동차貨

物自動車 한 대로 약속約束했다.

11월

11월 1일. 서울대학大學에 가서 순수문학純粹文學 강의講義를 내년來年 졸업卒業할 학생學生에게 하였다. 오늘부터 시작. 그들 소청所請으로 하는 것이다. 국문학연구실國文學硏究室에서 김남천金南天 군君이 찾아왔다. 그동안 여러 번 찾았다 한다. 문학동맹文學同盟 부위원장副委員長을 추천推薦했다고. 이기영李箕永, 이태준李泰俊 군君이 38선三十八線 이북以北에 갔으니 위원委員 변경變更을 하겠다고. 나는 승낙承諾을 아니 했다.

11월 2일. 풍문豊文을 가니 전날 소풍消風하러 갔다고 휴업休業. 문곡文谷을 찾으니 없다. 배정국裵正國 군君을 가보고 시계時計값 잔금殘金을 다 주었다. 그리고 끌려 입정동笠井洞 연풍관延豊館으로 가 점심點心 먹고 오다가 하거何居께서 이종대李鍾大 군君을 만나 또 술을 먹고 나오다 또 먹고 원동苑洞으로 오니 병유秉裕가 있다. 내일來日 간다고 태희泰熙 데리고 갔다.

11월 3일. 남령南嶺 군君이 왔다. 김영관金永琯 군君이 왔다. 석남石南 집으로 갔다. 조윤제趙潤濟, 유홍열柳洪烈, 이숭녕李崇寧, 김두헌金斗憲, 이병도李丙燾 군君이 모였다. 진단학회震檀學會 일을 의논하는데 조趙가 이의異議한다. 모두 불쾌不快히 여긴다. 태화정泰華亭으로 갔다. 그 주인主人의 망인亡人의 생일生日이라 우리를 청한 것이다. 동빈東濱도 왔다. 조趙는 먼저 갔다. 다시들 석남石南께로 왔다. 조명기趙明基, 김재원金載元 군君이 왔다. 또 술을 먹고 회會의 일을 의논했다.

11월 4일. 문곡文谷을 찾었다. 양주洋酒를 사 온다. 약간若干 문구文句를 의논하였다.

11월 5일. 의대醫大 시간時間 마치고 서울대학大學 국문학연구실國文學硏究室로 갔다. 국문학國文學 학생學生들이 어문학연구회語文學硏究會를 조직組織한다. 우리는 평의원評議員이다.

11월 7일. 하거何居을 찾으니 시골로 나들이 갔다 한다. 세대世大 시간時間을 가 마쳤다. 장태영張泰英 군君 집에 이르러 주효酒肴를 가추어 놀았다.

11월 7일. 동국대학東國大學 시간時間을 마치고 문교부文敎部를 갔다. 빼스를 타고 돈암동敦岩洞을 갔다. 시조강습회時調講習會 한 시간을 했다. 찬燦 군君 집으로 국수 먹고 왔다.

11월 8일. 아악부雅樂部를 들렀다. 이주환李珠煥 군君을 만났다. 내일來日 시조강습회時調講習會에 휴강休講하겠다고 말했다. 최윤식崔允植, 이희승李熙昇 군君과 석찬夕餐.

11월 9일. 경성음악학교京城音樂學校를 찾아갔다. 조선신궁朝鮮神宮이다. 9시九時 반半이다. 김성태金聖泰 군君이 환영歡迎한다. 예술대학藝術大學 음악부音樂部라고 써 있다. 2학년二學年(남녀南女 공학共學) 국문학연습國文學演習 한 시간을 하고 바루 군정청軍政廳으로 갔다. 최근학崔根學 군君에 끌려 그 집으로 갔다. 신동엽辛東燁, 이봉수李鳳秀 군君과 동행同行. 주선酒鐥이 푸짐하다. 먹다가 나는 먼저 나왔다. 청년회관靑年會館 2층二層 회당會堂으로 갔다. 문예신문사文藝新聞社서 내일來日 창경원昌慶苑서 백일장白日場을 보는데 우리를 심사원審査員으로 추천推薦하고 석찬夕餐을 먹인다. 나와 입정동笠井洞 연풍옥延豐屋으로 갔다. 모인 이는 정지용鄭芝溶, 김억金億, 이하윤異河潤 군君과 주최자主催者축 몇 사람이다. 달은 둥글고 밝다. 나는 김억金億 군君과 오다가 원동苑洞서 조용만趙容萬 군君을 만났다. 조趙 군君은 대취大醉했다. 우리가 붙들고 그 집까지 왔다. 그리고 김억金億 군君은 나 있는 집을 알고 갔다.

11월 10일. 약간若干 구름이 끼다 말고 퍽 따뜻하다. 오전午前 9시九時 김억金億 군君이 왔다. 가치 갔다. 창경원昌慶苑 문門에 이르러 좀 기달렸다. 이서구李瑞求, 이하윤異河潤, 설정식薛貞植, 정지용鄭芝溶 군君과 남녀학생男女學生 60여六十餘 명名이 모였다. 10시十時 반半 넘어 들어갔다. 영화당暎花堂 앞에서 남녀학생男女學生에게 과거科擧 보던 얘기를 내가 하였다. 그리고 비원秘苑 옥류천玉流泉으로 가 태극정太極亭에 좌차座次하고 '가을'이란 제목題目으로 자유시自由詩를 두 시간 동안에 지라 하였다. 이서구李瑞求 군君이 가존 점심點心을 먹었다. 오후午後 3시三時 다 걷었다. 나는 김金, 이異와 나오다 공업박람회工業博覽會 사무원事務員을 만나 어느 음식점飮食店에 들렀다. 문학文學 청년青年 한 축을 만났다. 그중中 동국대학東國大學 국사과國史科 학생學生 김용태金容泰 군君과 김상기金庠基 군君을 찾었다. 이하윤異河潤 군君이 취醉해 와 내게 불쾌不快한 언설言說을 하다. 나는 호령號令을 했다. 김영태金永泰 군君이 원동苑洞까지 왔다.

11월 11일. 문곡文谷을 찾으니 없다. 장태영張泰英, 석남石南을 찾아보았다. 석남石南은 혈압血壓이 그저 내리지 않았다. 오날 법과法科는 맹휴盟休 휴강休講.

11월 12일. 한홍록韓興錄 군君을 찾다. 못 만나고 김낙순金洛淳 군君은 만났다. 목놋집에서 저녁을 먹었다. 비가 뿌린나. 경동중학京東中學

에 가, 시조강화時調講話를 했다. 이주환李珠煥 군君과 가치 왔다.

11월 13일. 갑자기 칩다. 물이 언 데도 있다. 음陰 10월十月 20일二十日. 손돌이치위[2]다. 서울대학大學에 가서 53호五十三號 연구실硏究室에 들었다. 이 방은 금서룡今西龍, 소창진평小倉進平이가 있었다는 방이더니 해방解放 후後 조교수助敎授 이숭녕李崇寧 군君이 들었다가 이번에 이보다 더 낫다는 49호실四十九號室로 옮기고 이 방을 나게로 돌린다. 요전 문리과文理科 학장學長 이태규李泰圭 씨게 들으니 49호실四十九號室을 내 방으로 정했다 한다. 그러나 좋은 방에 있으려는 마음은 피차일반彼此一般이니 다툴 것이 없다.

11월 14일. 오후午後 4시四時 반半, 아악부雅樂部에 들렀다. 이주환李珠煥, 성경린成慶麟 군君과 가치 나섰다. 바루 그 근처近處 원동苑洞 옴막집으로 들어 술을 먹었다. 날씨는 찬데 몇 잔을 거우르고 나니 가슴이 훈듯하다. 이주환李珠煥 군君과 가치 경동중학교京東中學校로 가 시조강화時調講話를 마치고 그 숙직실宿直室 뜨거운 온돌방溫突房에서 찬燦 군君과 가치 놀다가 이주환李珠煥 군君허고 방송국放送局 추럭을 타고 왔다.

11월 15일. 군정청軍政廳서 퇴청退廳하다 이봉구李鳳九, 신동엽辛東燁 군君과 가치 나서 추탕鰍湯집으로 가 먹고 또 끌려가 놀다 왔다.

11월 16일. 음악학교音樂學校는 못 가고 문교부文敎部 교과서敎科書 검정위원회檢定委員會가 있다. 나도 그 상임위원常任委員임으로. 풍문학교豊文學校에 가 시간時間을 마치고 주식酒食이 있어 기쁘게 놀다가 조남령曺南嶺 군君과 가치 왔다.

2 '손돌이추위' 음력 10월 20일 무렵의 심한 추위.

11월 17일. 문곡文谷을 찾으니 나갔다. 하거何居께 가서 고서찰古書札을 보았다. 숙명여고淑明女高 강당講堂으로 가서 이홍직李弘稙 군君 매씨妹氏 이영란李英蘭과 조성우趙成雨와의 혼례식婚禮式을 보았다. 그리고 신동엽辛東燁 군君께 가서 함께 권형중權亨重 군君 집을 갔다. 그 아우의 동뢰연同牢宴이다. 그 아우는 국학학교國學學校에 다닌다. 그 학교學校 학생學生 수십 명數十名이 왔다. 김진섭金晉燮 군君도 왔다. 그들이 술을 권하고 와 달라고 조른다. 돌아오다가 문곡文谷을 또 찾어 보고 화물자동차貨物自動車를 독촉督促했다.

11월 18일. 두계斗溪와 점심點心을 먹었다. 세대世大 김면오金冕五 군君에게 이력서履歷書 영역英譯을 받았다. 군정청軍政廳 편수국編修局으로 갔다. 경동중학京東中學을 걸어갔다. 한 시간이나 걸린다. 시조강습회時調講習會을 다 마쳤다. 다과茶果를 준다. 이주환李珠煥, 성경린成慶麟, 홍원기洪元基 군君과 가치 오다 자동차自動車를 만나 타고 왔다.

11월 19일. 순자順子가 역정逆情을 낸다. 퍽 딱하다. 휘발유揮發油 배급配給이 아니 돌아 이사移舍를 못한다. 불안不安이 막심莫甚하다.

11월 20일. 취직就職 원서願書 석 장과 영역英譯 이력서履歷書 한 장을 써 문리과학장文理科學長께 냈다. 창경원昌慶苑 시회詩會의 작품作品을 꼲았다.

11월 21일. 퍽 따뜻하다. 꼲은 작품作品들을 설정식薛貞植 군君께 전했다. 강정룡姜正龍, 신동엽辛東燁 군君과 가치 뽐붓집으로 순배巡盃를 했다. 석남石南을 찾어보았다.

11월 22일. 낮 때 비가 온다. 문리과文理科 신1新一 강의講義를 마치고 음산 53호五十三號 연구실硏究室에서 『청구야담靑邱野談』을 보았다.

11월 23일. 음악학교音樂學校를 갔다. 김성태金聖泰 군君을 보았다.

'학생學生의 노래'를 독촉督促한다. 군정청軍政廳으로 해서 풍문豊文으로 갔다. 겨우 한 시간 하고 세대世大 학생學生허고 숭덕학사崇德學舍로 갔다. 박 목사朴牧師의 경영經營. 학생學生 250명二百五十名이란다. 연대延大 고승제高承濟 씨도 왔다. 동국대학東國大學 국문학國文學 교실敎室로 갔다. 고승제高承濟 씨가 미국론美國論을 한 다음에 나는 조선문화朝鮮文化의 특성特性을 한 시時 삼십 분三十分 말했다. 서북풍西北風은 불어들고 날은 저문데 수백 명數百名 학생學生이 퍽 긴장緊張히 듣는다. 다시 박 목사朴牧師 댁宅으로 갔다가 박 목사朴牧師와 몇 학생學生와 가치 어느 식당食堂으로 가서 석반夕飯을 먹고 나는 인력거人力車를 태워 돌아오게 한다.

11월 24일. 새벽에 문곡文谷을 찾다. 화물자동차貨物自動車는 문곡文谷이 퍽 유념留念하고 있으나 상기 휘발유揮發油가 돌지 않는다. 술 두어 잔 먹고 하경덕河敬德 박사博士께로 와 담화談話하고 아침 먹고 원동苑洞으로 오니 조남령曺南嶺 군君 와 있다. 함께 월탄月灘 집으로 갔다. 김동리金東里 외外 5, 6五六 시인詩人이 모였다. 김소운金素雲도 왔다. 월탄月灘은 초하루 차례茶禮 지내러 큰댁宅에 갔다가 왔다. 담화談話. 술상이 벌어졌다. 오후午後 7시七時 돌아왔다. 안석영安夕影과 나오다 나뉘었다. 성종환成鍾煥도 보았다.

11월 25일. 봄날이다. '학생의 노래'를 지었다. 장태영張泰英 군君을 보았다. 회춘당약국回春堂藥局을 경영한다. 경희京熙가 오한惡寒이 심甚하다. 엉덩이에 종기가 나랴는데 요전 진고개서 사왔다는 양약洋藥을 바르고 그런 것 같다. 그 약藥 바르고는 그 언저리가 감만큼 띵띵하더니 그건 얼마 아녀 풀어지고 오한惡寒이 나 떤다.

11월 26일. 오후午後엔 흐리고 우린다. 군정청軍政廳엔 스팀을 달궈

한증汗蒸을 한다. 외약 팔이 무겁고 쑤신다. 큰비나 올 것 같다. 김영관金永琯 군君이 왔다.

11월 27일. 북동풍北東風이 크게 불겠다는 일기예보日氣豫報와는 달리 따뜻하다. 오후午後 약간若干 서풍西風이 분다. 대학大學에 가니 법과法科는 오날 운동대회運動大會가 있다고 휴강休講. 연구실硏究室서 책册을 보았다 경성세무서京城稅務署 유근완柳根完 군君이 와 담화談話. 한홍록韓興錄, 이영완李永完 군君이 와 다음 일요일日曜日 결혼結婚 주례主禮를 해 달란다. 김영완金永完 씨께 들려 술과 밥을 먹었다. 종로국민학교鐘路國民學校서 불이 났다. 불꽃이 하늘을 태운다. 삼화三華는 의복衣服 기구器具를 소실燒失했다고 운다. 어제 태희泰熙 뉘가 여산礪山서 왔다고 밤, 고춧가루를 가졌다.

11월 28일. 동빈東濱 집에 가서 점심點心 먹고 동빈東濱허고 동국대학東國大學에 갔다. 꽤 칩다. 학생學生들이 웅숭이고 앉어 청강聽講한다. 동빈東濱허고 나오다가 연풍옥延豐屋서 고급주高級酒 한 병을 기울렸다.

11월 29일. 어제 동빈東濱 아들이 자동차自動車에 치어 상했다는 말을 듣고 두계斗溪, 천뢰天籟와 가치 방문訪問했다. 병원病院에 가서 엑스광선光線을 쐬었다 하고 그다지 중상重傷은 아니라 한다.

11월 30일. 『고문진보古文眞寶』 전후집前後集 7책七册(후집後集 권10卷十은 낙落)와 『한국통사韓國痛史』 1책一册을 4백5십 원四百五十円에 샀다. 석남石南 보고 유홍열柳洪烈 군君도 만났다.

12월

12월 1일. 비. 새벽에 계동桂洞 가서 최 서방崔書房을 보고 나무 살 것을 부탁하고 해정解酲을 했다. 성종환成鍾奐이 왔다. 열 시에 한흥록韓興錄 군君이 예복禮服을 가지고 왔다. 입고 가치 시천교당侍天教堂으로 갔다. 이종완李鍾完 군君과 연영숙延英淑 양孃의 결혼식장結婚式場이다. 아직 손님들은 오지 아녔다. 비는 그쳤으나 퍽 음산하다. 한 시 반이나 기달렸다. 12시十二時 반半 예식禮式을 거행擧行. 나는 주례主禮의 식사式辭를 하고 축사祝辭를 여섯 사람이나 했다. 한韓 군君의 큰처남妻娚 김교설金教說 군君을 만나 휘발유揮發油며 화물자동차貨物自動車를 부탁하고 가치 이종완李鍾完 군君 집으로 가 주식酒食을 먹고 한韓 군君과 가치 왔다.

12월 2일. 맑다 흐린다. 두계斗溪, 동빈東濱과 점심點心 먹었다. 군정청軍政廳에 갔다가 4시四時 반半에 나왔다.

12월 3일. 대학大學서 오다가 아악부雅樂部 이주환李珠煥, 성경린成慶麟 군君과 점심點心. 퇴청退廳하다가 석남石南 집에 들렸다. 그 매씨妹氏 혼처婚處를 탐지探知하여 알렸다. 문리과文理科 학장學長 이태규李泰圭 씨도 오고 김재원金載元 군君도 봤다. 나는 먼저 일어섰다.

12월 4일. 눈이 온다. 하거何居 댁에 들려 막걸리 한 병을 사다 먹었다. 김영관金永琯 군君도 있었다. 고적古蹟 보물寶物 몇 가지에 대하여 방송放送. 오후午後 7七, 30三0.

12월 5일. 눈이 펑펑 나린다. 눈을 무릅쓰고 학교學校에 갔다. 동국대학교東國大學校서 나오다가 연풍옥延豐屋서 먹고 오다 동빈東濱을 만나 명월관明月館으로 갔다. 동국대학東國大學 간부幹部가 모였다. 병철秉

徹, 최 서방崔書房이 왔다.

12월 7일. 새벽에 성종환成鍾奐을 보고 장태영張泰英 군君을 보았다. 김재수金在洙 군君을 보고 최 서방崔書房을 소개紹介했다. 박희선朴喜宣, 원영한元瑛漢, 임의준林宜準 군君과 가치 태화정泰華亭서 점심點心 먹고 대한독청大韓獨靑 총본부總本部 안승규安承奎 군君을 찾어보고 풍문여중豐文女中 조남령曺南嶺 군君을 보고 기차표汽車票 사기를 부탁하고 문곡文谷을 찾다. 문곡文谷은 없다. 군정청軍政廳에 가서 최현배崔鉉培 국장局長을 보고 양과자洋菓子통 둘을 샀다. 2백 원二百円. 최 서방崔書房, 박희선朴喜宣, 원영한元瑛漢 군君이 왔다. 술과 생명태를 가졌다.

12월 7일. 음陰. 문곡文谷을 찾으니 없다. 역도총본부力道總本部로 갔다. 이현李炫, 안영규安永奎 군君만 보고 또 원동苑洞으로 왔다가 훈련원訓練院 안으로 갔다. 국민대회國民大會다. 오정午正이 지내도 안 온다. 문곡文谷은 종시 못 보고 돌아오다 또 총본부總本部로 가 운전수運轉手 김규화 군을 보고 부탁하고 왔다. 박희선朴喜宣, 조남령曺南嶺 군君에게 기차표汽車票를 사라고 하였다.

12월 8일. 오전午前 여섯 시 화동花洞을 가니 문곡文谷은 다른 데서 자고 아니 왔다. 물어 그곳을 가서 안승규安承奎, 이현李炫 군君만 보고 단단히 부탁하고 왔다. 남령南嶺 군君이 왔다. 경희京熙를 다리고 경성역京城驛에 나갔다. 굉장히 분잡하다. 간신히 차표車票를 사 가지고 끼어 섰다. 열두 시에 들어갔다. 경주競走를 한다. 벌서 차車ㅅ간에 찼다. 유리창琉璃窓도 없고 얹는 판때기도 없다. 류꾸사꾸를 깔고 앉었다. 눈보라는 친다. 세 시간이나 늦어서 떠났다. 날은 점점 어둡고 몹시 칩다. 모두 떨고 서서 발을 굴른다. 조치원鳥致院 지내서 박희선朴喜

宣, 원영한元瑛漢 군君을 만났다. 중간中間에서 많이 내리였다. 아홉 시 반 대전太田서 우리도 내렸다. 원흥여관元興旅館으로 들었다. 정훈丁薰 군君이 계룡학숙鷄龍學塾 선생先生들을 다리고 왔다. 술을 구해다 먹고 함께 잤다.

12월 9일. 정훈丁薰 군君 집으로 가 아침을 먹었다. 강연講演을 하라고 붙잡는다. 계룡학숙鷄龍學塾으로 갔다. 저녁은 노병권盧丙權 군君께서 먹고 학숙學塾으로 가 시급時急한 교육敎育에 대하여 말하였다. 또 노병권盧丙權 군君 집으로 가 잤다.

12월 10일. 오후午後 7시七時 차車로 떠나다. 학숙學塾과 격소회格梳會 축이 다 전송餞送을 나오고 박소월朴小月 군君이 임금林檎과 빵을 사 준다. 박희선朴喜宣, 조남령曺南嶺 군君과 동행同行. 9시九時 강경 착江景着. 눈을 밟고 왔다. 달은 으슴푸러하다. 12시十二時 반半 집에 이르다.

12월 11일. 그냥 칩다. 남령南嶺 군君, 박희선朴喜宣 군君과 책冊을 싸고 희선喜宣 군君은 오후午後 갔다. 일환一煥이 생일生日 아침을 준다.

12월 12일. 남령南嶺 군君과 책冊을 싸맸다. 만송晩松이 불러 술을 준다.

12월 13일. 음陰. 남풍南風. 대부大父가 오서 조반朝飯을 먹자고 한다. 손가방 열쇠를 찾다 갔다. 술이 좋다. 환갑還甲술을 두었다 준다. 비가 온다. 남령南嶺 군君이 감기感氣로 앓는다. 가미정금산加味正金散 2첩二貼을 먹였다.

12월 14일. 책冊들을 다 매고 다시 덩이를 모아 가마니때기로 큼즉큼즉하게 묶었다. 큼즉한 것이 스무 덩이, 작은 것이 책冊장을 빼어 묶은 것 아울러 서룬다섯 덩이다. 남령南嶺 군君은 앓는다. 화해음和解飮을 먹였다. 이한주李漢周 군君이 왔다. 함께 마시고 만송晩松을 찾어 담화談話타가 나뉘었다.

12월 15일. 오전午前 9시九時 신막新幕 용제龍弟와 남령南嶺 군君과 떠났다. 금마金馬를 지나니 총銃을 든 순경巡警이 조사調査하겠다고 주재소駐在所로 들어가라 한다. 마침 경찰전문학교警察專門學校서 내게 배웠다는 이가 있어 반겨 맞는다. 난로煖爐만 쬐다 나왔다. 팔봉八峯서 두어 잔을 하고 사뭇 걸었다. 김병수金炳洙, 김병희金丙熙 군君을 찾어 보았다. 용제龍弟의 주선周旋으로 운수경찰원運輸警察員을 시겨 경성행京城行 차표車票 두 장을 사고 역무실驛務室 난로煖爐 옆에 있다가 용제龍弟와 가치 나와 국밥과 술을 먹고 다시 가서 오후午後 4시四時 반半 출발出發. 대전太田 오니 9시九時 반半. 대구大邱서 쌀 팔러 온 남녀男女가 차車ㅅ간에 찼다. 운수경찰원運輸警察員이 쌀을 빼앗다. 여러 정거장停車場을 지나 대전太田서 수라장修羅場이 되었다. 원흥여관元興旅館으로 들어 잤다. 북풍北風이 심하다. 이불에는 이가 기어 다닌다.

12월 16일. 7시七時 반半 정거장停車場에 가니 한 시 30분三十分 늦겠다 한다. 남령南嶺 군君더러 기다리라 하고 나는 정훈丁薰 군君을 찾었다. 박희선朴喜宣 군君도 만났다. 가치들 왔다. 남령南嶺 군君이 없다. 찾어보다가 그 부근附近 음식飮食 집으로 들었다. 남령南嶺 군君이 박소월朴小月을 데리고 왔다. 조반朝飯하고 떠나 그 역원驛員의 주선周旋으로 미리 들어 자리를 차지했다. 천안天安을 지내니 점점 자꾸 오른다. 못 타는 이도 있다. 오후午後 3시三時 반半 경성 착京城着. 경희京熙가 나왔다. 류꾸사꾸를 지이고 오다 중국음식中國飮食을 사먹고 원동苑洞으로 왔다.

12월 17일. 퍽 칩다. 세대世大에 나가 강화講話. 의대醫大에 가매 임시臨時 휴강休講했고 문리과文理科는 동맹同盟이 나자 방학放學했다. 장지태張芝兌 군君을 보고 나오다가 대한독청大韓獨靑 서상천徐相天 군君

을 보고 화물자동차貨物自動車 임금賃金을 나도 만 원萬円 내기로 하고 성종환成鍾奐 이사移舍짐 실어다 주고 오는 길에 대전太田서 논산論山으로 여산礪山까지 가 내 서적書籍을 실어오기로 결정決定했다. 그 감독監督으로는 서병지徐丙芝 군君이 가기로 하였다. 제반諸般 일을 부탁했다. 밤에 남령南嶺 군君이 왔다. 편수국장編修局長 안듸손의 '무검사통과장無檢査通過狀'을 맡었다.

12월 18일. 북풍北風, 퍽 칩다. 계동桂洞 최 서방崔書房이 새벽에 와 찾는다. 계동桂洞서 누가 팔 장적 누리가 있다고 가보자 한다. 바싹 마른 중中은 되는 장적이다. 7천5백 원七千五百円. 그 주인主人 이 씨李氏를 보고 작정했다. 경희京熙 다리고 역도총본부力道總本部로 가서 화물차貨物車 임금賃金 만 원萬円을 주었다. 경희京熙를 시겨 장적값 7천5백 원七千五百円을 치루었다. 나는 풍문여중豐文女中으로 갔다 아악부雅樂部를 다녀 세대世大로 갔다. 강화講話 두어 시간을 하였다. 이완규李完珪 군君 상배喪配 위문慰問. 부의賻儀 100원百円. 장태영張泰英 군君이 장적 사 논 것을 보고 횡재橫財했다고 한다. 또 장張 군君에게 장적 한 평을 2천2백 원二千二百円에 사서 원동苑洞집을 주었다.

12월 19일. 좀 풀렸다. 오전午前 9시九時 반半 군정청軍政廳 편찬과編撰課로 나갔다. 편수국장編修局長 부국장副局長은 호남지방湖南地方 강습회講習會 강사講師로 내일來日 출발出發켔다고 그동안 제반諸般 사무事務를 대리代理케 한다. 오후午後 4시四時 반半 퇴청退廳. 최근학崔根學 군君과 두어 잔 하였다. 영근英根이가 앓는다. 서 노인徐老人이 성북동城北洞 가서 잤다. 문교부장文敎部長에게 시골 상황狀況을 말했다.

12월 20일. 새벽에 일어나 창窓을 여니 반달과 별이 심자형心字形으로 떴다. 신기神氣가 상쾌爽快하다. 경희京熙를 계동桂洞 성종환成鍾奐

께 보냈다. 아직 화물자동차貨物自動車가 안 왔다. 조반朝飯 후後 계동桂洞으로 가서 최 서방崔書房을 보고 성종환成鍾奐 군君을 보고 작별作別했다. 역도총본부力道總本部를 들렀더니 화물자동차貨物自動車는 떠나려고 하는 중中이다. 퇴청退廳하여 가 보니 오후午後 성종환成鍾奐 군君의 이사移舍ㅅ짐은 떠났다. 그리고 그 일가 부인婦人이 오늘밤은 유숙留宿하고 내일 비어준다고 한다. 풍문여중豐文女中에서 망년회忘年會를 하였다.

12월 21일. 석남石南을 보았다. 노성석盧聖錫 군君이 죽어 오늘 발인發靷이라 한다. 곧 찾아갔다. 오전午前 10시十時 반半 그 영결식永訣式이 있었다. 다수多數히 모였다. 조풍연趙豐衍 군君에 끌려 을유문화사乙酉文化社로 갔다. 백양당白楊堂에 들렀다. 배정국裵正國 군君은 없다. 계동桂洞을 2二, 24二四로 갔다. 집은 비었다. 종희宗熙, 태희泰熙 시겨 대강 청소淸掃하고 문간방에 불을 때고 자게 하였다.

12월 22일. 동지冬至(十一月 二十九日). 좀 풀린다. 약간若干 얼음이 녹는다. 최 서방崔書房을 불러 솥을 걸게 하였다. 장태영張泰英 군君이 서방書房을 데리고 가 중 솥 둘 양은 솥 하나를 사왔다. 1천8백여 원一千八百餘円. 흙을 사고 또 수종군 하나를 더하여 다 걸었다. 불이 잘 들인다. 고사告祀한다 하여 탁주濁酒 두 병, 북어北魚 한 마리를 샀다. 고사하고 먹었다. 머릿방 도배塗褙를 하였다. 서 노인徐老人과 함께. 창호지窓戶紙 한 권卷에 150원百五十円. 천정지天井紙 한 장張에 10원十円. 창호지窓戶紙의 좀 나은 건 2백 원円. 도합都合 2천여 원二千餘円. 하거何居께서 2천5백 원二千五百円을 꿔어 왔다.

12월 23일. 도로 칩다. 오전午前 5시五時 종희宗熙, 태희泰熙는 시골길을 떠났다. 일직 등청登廳했다가 오전午前 11시十一時 나갔다, 도배

塗褙. 장적을 다 들였다. 겨우 3평三坪. 최 서방崔書房이 또 종일終日 일했다. 이불을 옮기고 머릿방에서 경희京熙와 잤다. 초중용初中用 국어國語 중권中卷의 준準을 보았다. 외풍外風이 없다. 잘 잤다. 길몽吉夢도 꾸었다.

12월 24일. 오후午後 퇴청退廳. 도배塗褙. 최 서방崔書房이 양회洋灰를 사다가 부뚜막을 발렀다. 이종덕李鍾德 군君과 술 먹고 이봉수李鳳秀 군君을 찾었다.

12월 25일. 종일終日 도배塗褙. 건너방을 끝났다. 순자順子가 와 빨래하고 밥도 지었다.

12월 26일. 순자順子 생일生日(12월十二月 4일四日) 종일 눈이 펑펑 왔다. 오후午後 퇴청退廳. 도배塗褙. 영근英根이가 저녁밥을 가졌다. 안방 굽도리를 다 했다.

12월 27일. 이봉수李鳳秀, 신동엽辛東燁 군君과 가치 한일식당韓一食堂서 점심點心. 백양당白楊堂 가서 배정국裵正國 군君에게 1만 5천 원壹萬五千円을 가졌다. 내 저작著作을 출판出版하겠다는 예금豫金이다. 박문서관博文書館에 들렀다. 이희승李熙昇 군君도 만났다. 김영완金永完 씨氏를 보고 술도 먹고 차금借金 2천5백 원二千五百円을 반환返還했다. 밤에 세 신문사新聞社의 신년新年 글을 썼다.

12월 28일. 이봉수李鳳秀, 신동엽辛東燁, 최진순崔晉淳, 한영협韓永協 군君을 데리고 청진동淸進洞 빈자떡집으로 가서 다섯 병을 거울렀다. 그리고 돌아오니 화물자동차貨物自動車가 왔다. 일환一煥이 영솔領率해 왔다. 짐을 집으로 들였다. 세 장정壯丁을 썼다. 5백 원五百円을 주었다. 서병지徐丙芝 군君께 천 원千円을 예사禮謝했다. 오후午後 4시四時다. 나는 종로청년회관鐘路靑年會館으로 갔다. 문학동맹文學同盟 주최主催

인 강연講演, 나는 고전문학古典文學에 나타난 민족애民族愛를 말했다. 몹시 칩다. 그려도 청강聽講하는 이가 가득 찼다. 오다가 석남石南집으로 들었다. 이병도李丙燾, 김상기金庠基, 김두헌金斗憲 군君이 모였다. 술과 밥을 준다.

12월 29일. 안방 천정天井 도배塗褙. 순자順子가 왔다. 장적 2천2백 원二千二百円어치를 샀다. 조용만趙容萬 군君과 가치 월탄月灘을 찾어 망년회忘年會를 했다.

12월 30일. 오후午後 바루 퇴청退廳. 날씨가 풀려 아주 봄날 같다. 짓녹인다. 처妻와 태희泰熙 서모庶母 이 씨李氏가 오후午後 3시三時 들어왔다. 그간 성환成歡 관희觀熙 처가妻家서 유숙留宿했다고. 다락 도배塗褙. 남령南嶺 군君이 와 책冊장을 맞췄다. 짐을 풀었다. 닭, 술, 흰떡, 인절미, 강정, 산자, 밤, 고구마, 감자, 콩팥, 찹쌀, 멥살을 가졌다. 고구마는 얼어 썩었다. 아깝다.

12월 31일. 남령南嶺 군君과 가치 책冊을 정리整理했다. 머릿방 문미門楣 우에 '매화옥梅花屋' 간판看板을 달었다.

1947년(단기 4280년)

1947년(단기 4280년)

1월

1월 1일. 오전午前 중中, 경희京熙 데리고 종로鍾路에 나가 식기食器와 가구家具 몇 가지를 샀다. 오후午後 세 시 이병도李丙燾 군君이 왔다. 그 다음 김상기金庠基, 박종홍朴鍾弘, 김두헌金斗憲 군君이 왔다. 시골서 가존 술과 닭으로 먹었다. 밤들어 파罷하여 송석하宋錫夏 군君을 함께 가 보았다. 순주醇酒를 낸다. 그러나 다 이미 취醉하여 한 잔쯤 들고 만다. 달이 밝었다. 서로 나뉘었다.

1월 2일. 군정청軍政廳에 나갔다. 대전太田 정훈丁薰 군君에게 편지 했다. 또 칩다. 기차표汽車票를 사 달라고 서광전徐光前 노인老人에게 돈을 주었다.

1월 3일. 청廳에 갔다가 오후午後 의과학장醫科學長과 가치 자동차自動車로 문리과대학文理科大學을 갔다. 심호섭沈浩燮 씨氏에게 치과의원齒科醫院 정보라鄭保羅에의 소개장紹介狀을 받었다. 회계과會計課에서 봉급俸給을 탔다.

1월 4일. 퇴청退廳. 오후午後 3시三時 처妻와 함께 정보라鄭保羅 치과齒科에 갔더니 문門을 닫었다. 김영완金永完 씨氏에게 들렀다. 밤과 팥을 좀 주었다. 저녁을 먹인다. 이봉환李鳳煥, 이만용李晩用의 언찰諺札

과 기타其他 언서축諺書軸 한 뭉텅이를 가졌다. 서광전徐光前 노인老人이 못 사고 돈을 도로 가졌기 편찬과編撰課 신동엽辛東燁 군君 시겨 샀다. 경성京城 — 강경江景. 흐렸다. 유세기柳世基란 이가 와 주정酒酲을 하고 갔다.

1월 5일. 오전午前 네 시 깨어 밥을 지라 하였다. 눈이 펑펑 나린다. 여섯 시에 일환一煥이는 짐을 창겨 짊어지고 경희京熙와 가치 경성역京城驛을 나갔다. 열 시쯤 경희京熙는 왔다. 7시 40분 차車가 두 시간 연발延發하였다. 처妻는 윤형로尹衡老 군君 선비先妣 소상小祥에 갔다. 200원二百円을 부조했다. 오후午後 한 시 명륜동明倫洞 김시필金時必 군君 집으로 갔다. 조병욱趙炳旭, 사공환司空桓, 최근학崔根學, 신동엽辛東燁 기외其外 수인數人이 모였다. 술을 먹인다. 나는 먼저 일어 나왔다. 계동桂洞에 이르니 자동차自動車가 마침 중앙중학교中央中學校 문門 앞에 다 달았다. 곧 타고 방송국放送局으로 가, 6시六時부터 15분十五分 동안 「백의白衣에 대하여」 말하였다. 자동차自動車로 왔다. 눈은 아침에 개고 짓 녹인다. 저녁에도 칩지 않다.

1월 6일. 경희京熙 시겨 김영완金永完 씨氏께 가서 그 행랑行廊 사람을 데리고 군정청軍政廳 뒤 국사관國史館으로 가, 그 기증寄贈 받은 책册들을 가졌다. 5십여 책五十餘册. 100원百円은 행랑行廊 사람에게 행하行下했다. 남령南嶺 군君이 왔다. 저녁을 가치 먹었다. 처妻를 다리고 정보라鄭保羅 치과齒科를 갔더니 다른 데로 이전移轉했다 한다. 나는 군정청軍政廳으로 갔다. 유세기柳世基가 왔길래 그 작作이라는 「시조時調 가요歌謠 장단법長短法」을 도로 내주고 주정酒酲한 것을 나무랬다.

1월 7일. 장발張勃 군君이 와서 식당食堂으로 점심點心을 먹인다. 오후午後 장張 군君과 가치 나섰다. 관훈寬勳 책사册肆와 한남서림翰南書

林을 보고 김영완金永完 씨氏께로 가 담화談話를 하다 파罷했다. 처妻가 안국동安國洞 안종서安鍾書 치과齒科에 갔다.

1월 8일. 처妻가 위 아금니 여섯 개 넣는데 4천 원四千円. 우선 2천 원二千円을 주었다. 장태영張泰英 군君 집에서 우리 식구食口 저녁을 했다.

1월 9일. 찬燦 군君이 왔다. 가치 나왔다. 점심點心을 해 먹었다. 치과齒科에 또 2천 원二千円을 주었다.

1월 10일. 퍽 눅었다. 밤에 눈이 많이 왔다. 녹으며 쌓인다.

1월 11일. 오후午後 네 시 중앙중학교장中央中學校長 심형필沈亨弼, 2년급二年級 주임主任 최덕해崔德海, 찬燦 군君이 왔다. 술과 떡국을 먹였다. 종희宗熙가 그 학교學校 들어 다니므로 감사感謝하는 바이다. 이종우李鍾禹 군君이 없어 섭섭하다. 찬燦 군君 말을 들으면 수일數日채 출타出他하여 돌아오지 아녔다고. 따듯하고 녹인다.

1월 12일. 새벽에 서상천徐相天 군君이 왔다. 「독청가獨靑歌」와 그 광고문廣告文을 가지고 왔다. 고추敲推를 하였다. 아침을 함께 먹었다. 김상기金庠基 군君이 왔다. 술을 먹고 가치 나서 석남石南을 보고 하거何居께 가서 또 술을 먹고 천 원千円을 취하여 김상기金庠基 군君을 꿔어 주었다. 오다가 원동苑洞 순자順子에게 들렀다. 두고 기다렸다는 술을 준다. 서 노인徐老人은 없다. 저녁도 먹었다. 빙판氷坂으로 조심히 왔다. 밤에 서병지徐丙芝 군君이 왔다. 독청獨靑 노래를 또 고쳤다. 책冊 실어 오던 이야기를 들었다. 퍽 고생하였다.

1월 13일. 오후午後 네 시 김영완金永完 씨氏와 유기성柳冀聖 씨氏가 왔다. 저녁을 함께 먹었다. 술도 두어 잔 하였다.

1월 14일. 나오다 김영완金永完 씨氏께 들렀다. 유기성柳冀聖 씨氏가 가존 막걸리 한 병을 말렸다. 자정子正에 춘희春熙와 이영호李永好가 왔다.

1월 15일. 순자順子가 밤에 빵을 가지고 왔다. 맑고 따듯했다.

1월 16일. 흐리다. 오정午正 전前에 나오다가 백양당白楊堂에 들려 배정국裵正國 군君을 보았다. 이문식당里門食堂에서 점심點心도 먹고 강경江景까지 차표車票 삼등三等 3장三張을 사 달라고 7백 원七百円을 맡겼다. 박문서관博文書館에 가서 시조집時調集 지형紙型을 추심推尋했다. 계동회장桂洞會長에게 나와 나의 식구食口 거주증명居住證明을 맡었다. 밤에 비가 오다.

1월 17일. 비는 멎고 안개가 끼었다. 그러도 길바닥은 언 채로 미끌미끌하다. 오후午後 이봉수李鳳秀 군君께로 갔다. 그 선비先妣 대상大祥이다. 100원百円을 부조했다. 술을 먹었다. 경기상업학교京畿商業學校로 하여 그 뒷길로 왔다. 장태영張泰英 군君을 보았다. 차표車票 3장三張을 사 왔다. 어제 오후午後 경희京熙, 춘희春熙가 경성역京城驛으로 차표車票를 사러 갔다 500원五百円만 도적 맞았다. 역驛에 가서 사자면 2, 3일 걸린다. 온 종일 기다리고서도 못 사기도 한다.

1월 18일. 날씨는 퍽 누었다. 오전午前 네 시 기침起寢. 다섯 시 반에 조반早飯 먹고 처妻와 경희京熙, 이영호李永好가 떠났다.

1월 19일. 맑다. 오후午後 『미암일기眉岩日記』 5책五册 여벌을 김영완金永完 씨氏에게 갖다 주고 술 먹고 『고문진보古文眞寶』 후집後集 10권十卷을 얻고 낙질落帙을 채웠다. 윤병의尹秉儀 군君을 가보고 찬물饌物 값을 주고 또 소주燒酒 한 병, 배추 한 통, 장 한 통, 무 한 가마를 가졌다. 배정국裵正國 군君이 왔다. 책册들을 뵈고 더불어 저녁을 먹었다. 순자順子가 왔다. 11시十一時나 되어 갔다. 중간中間까지 바래다 주었다.

1월 20일. 오후午後 바로 나왔다. 책册을 읽었다. 반장班長이 술표를 한 장 보냈다. 청주淸酒 한 병에 2백8십 원二百八十円이라고.

1월 21일. 뒷집에서 약주藥酒 세 병을 사 왔다. 300원三百円. 오후午後 세대世大에 가니 직원職員은 한 분도 없다. 서울대학大學으로 가, 문리과文理科 학장실學長室에 있다가 총장실總長室로 갔다. 교수敎授들은 다 모였다. 20여 명二十餘名. 학장學長의 말이 있었고 총장總長의 말이 있었다. 인사 겸 위로하는 말이다. 다섯 시 지나 파했다. 민태식閔泰植, 이희승李熙昇 군君과 함께 오다가 돈화문敦化門 앞에서 나뉘었다. 좀 칩다. 대한大寒.

1월 22일. 음력陰曆 정해丁亥 정월正月 1일一日. 군정청軍政廳에 나갔다. 올에는 아니 쉬기로 인사처장人事處長이 선언宣言했다. 그러나 시정市井에서는 다 철시撤市하였다. 어린이들은 때때옷을 입고 세배歲拜도 다니고 늘도 뛴다. 공교히 수요일水曜日이므로 오후午後 바로 퇴청退廳. 김상기金庠基 군君이 왔다. 함께 송석하宋錫夏 군君을 찾었다. 조윤제趙潤濟 군君이 있다. 술과 만두饅頭를 먹인다. 순자順子를 잠간 가보고 김억金億 군君을 찾었다. 막걸리에 소주燒酒를 타 준다. 그 저서著書인 『꽃다발』도 준다. 돌아와 잤다. 꿈을 꾸었다. — 어느 큰 사무事務 보는 집으로 있는데 사무원事務員에는 울릉도鬱倰島, 칠도七島라는 일본日本과의 접경接境에서 온 이도 있다. 꼭 일인日人과 같다. 웨 그런 이를 쓰는가 하면 그가 야구野球 선수選手인 까닭이라 한다. 나는 그를 보고 이렇게 생각했다. — 만일 일본日本이 성했드라면 그런 접경接境에 있는 사람은 일본日本으로 갔을 것인데 하고 은근히 우리나라가 차츰 성해짐을 기뻐하였다. 그리고 그가 그 고향故鄕을 다니러 간다기에 가기가 곤난치 않느냐 한 즉 뱃길이 있다고. 그리고 나는 몇 친구親舊와 가로街路로 오는데 별안간 공중에 서기瑞氣가 돈는다. 우러러 보니 봉황

鳳凰 두 쌍이 너울너울 날어 든다. 나는 손을 들어 보니 그 한 쌍을 받아 받들고 홍을 못 이겨 이런 노래를 지어 부르며 우쭐거렸다.

얼시고나 좋을시고 우리나라 경사로고
봉황이 떼를 지어 너울너울 날아든다
얼시고나 좋을시고 우리나라 경사로고
그 한 쌍을 손에 받들고 이 노래를 부르는도다
얼시고나 좋을시고 우리나라 경사로고
백두산과 동해 바다와 같이 그음 없이 누리소서
얼시고나 좋을시고 우리나라 경사로고

봉황鳳凰은 그림에서 본 그것과 같은데 두 놈은 머리, 모가지, 날개, 꽁지 등 허울이 퍽 화려華麗한 바 그중 꽁지는 공작孔雀의 꼬리 같으며 두어 발이나 길게 뻗쳤다. 이건 그 숨놈인가 하고 두 놈은 그 보다 작고 퍽 아담雅澹하다. 이건 그 암놈인가 한다. 깨고 나서도 신기神氣가 퍽 유쾌愉快하다.

1월 23일. 눈이 나린다. 순자順子와 곰보 마누라가 왔다.

1월 24일. 오후午後 장홍식張鴻植 노인老人을 가 뵈었다. 계란鷄卵 안주按酒에 술을 준다. 천뢰天籟게로 갔다. 동빈東濱, 두계斗溪가 왔다. 주식酒食과 담화談話.

1월 25일. 신동엽辛東燁 군君을 더불고 왔다. 서울대학大學 국문학과생國文學科生 이명구李明九, 김삼불金三不 군君이 왔다. 함께 저녁 겸 술을 먹었다. 순자順子와 구주사댁具主事宅이 왔다. 밤에 갔다.

1월 26일. 조남령曺南嶺 군君이 오고 조운曺雲 군君이 왔다. 동행同行

하여 청량리淸凉里 전농동典農洞에 나가 정익모鄭翼謨 군君을 찾었다. 그 장인丈人 조희성曺喜成 군君의 기제忌祭다. 영광靈光 친구親舊들이 몇 모였다. 술을 먹고 걸어들 왔다.

1월 27일. 오후午後 향린사香隣社 고아원孤兒園의 김유신金庾信 아동극兒童劇을 가 보았다. 조현曺鉉의 감독監督 하下에 꽤 한다. 나오다가 저녁을 사준다. 이명구李明九, 정병욱鄭炳昱 군君이 와『어우야담於于野談』을 벗기기 시작.

1월 28일. 오후午後 하거何居께 가 뵈었다. 조완구趙琬九 씨氏을 만나 보았다. 만두와 술을 준다. 김병룡金秉龍 군君을 찾어보았다. 중풍中風이 퍽 낫었다. 호정戶庭 행보行步는 한다.

1월 29일. 눈이 오다 그치고 맑었다. 좀 눅었다. 국문학과國文學科 구舊 2년생二年生 정병욱鄭炳昱 군君이 고향故鄕 하동河東을 갔다 왔다고 해의海衣 다섯 톳을 가졌다. 학생學生 동맹同盟에 대한 말 하고 오늘은 이명구李明九 군君과 함께 왔다 갔다 한다. 장인식張寅湜 군君이 명함名銜을 두고 갔다.

1월 30일. 저녁에 눈이 좀 왔다. 국문과國文科 학생學生 네 사람이 왔다. 오늘 학생회學生會의 결의건決議件을 적어가지고 왔다. 아악부雅樂部에 들리니 아무도 없다. 종희宗熙, 태희泰熙가 왔다. 경희京熙는 새벽녘에 왔다. 떡과 술과 엿을 가졌다.

1월 31일. 정병욱鄭炳昱 군君이 와『어우야담於于野談』을 벗겼다. 책사冊肆를 들렀다. 고려高麗 이전以前 풍속風俗 자료집資料集 한 책冊을 8백 5십 원八百五十円이라 한다.

2월

2월 1일. 문곡文谷이 새벽에 왔다. 풍문여중교豐文女中校에 들렀다. 사기砂器 뇨강 한 개에 3백 원三百円 주고 사 왔다.

2월 2일. 김상기金庠基 군君을 찾다. 감기感氣로 누었다. 김영완金永完 씨氏를 가보고 김金 군君이 뀐 천 원千円을 전했다. 나도 감기로 십여 일十餘日 되는데 두 귀에서는 버렛 소리가 난다. 가미궁지산加味芎芷散 두 첩을 지어 왔다. 조개탄炭 반 톤을 1천8백 원一千八百円 주고 샀다. 들이는 삯이 150원百五十円. 한 첩은 다려 먹었다. 조개 탄炭은 땠더니 방은 퍽 덥다. 무척 치웠다.

2월 3일. 종일終日 조리調理. 순자順子가 왔다. 천5백 원千五百円을 뀌어 갔다. 오늘도 서북풍西北風 불고 무척 칩다. 배급미配給米 정하는 절차節次 서류書類를 썼다. 또 한 첩을 먹었다.

2월 4일. 세대世大에 가서 두 시간時間을 마치고 의대醫大로 가 두 시간時間 하고 문리과대학文理科大學으로 갔다. 교무실敎務室을 들여다 보고 장지태張之兌 군君을 보고 군정청軍政廳으로 갔다. 이발理髮. 한홍록韓興錄 군君이 정육正肉 3근三斤 인삼주人蔘酒 3병三甁을 가졌다.

2월 5일. 음陰 정월正月 15일十五日. 군정청軍政廳을 갔다가 풍문여고豐文女高를 거쳐 서울대학大學을 가 장지태張之兌 군君을 만나 두부豆腐집으로 갔다 세대世大로 가 두어 시간時間 하고 왔다. 첫 배급미配給米와 밀가루 합合 아홉 말 8백 원八百円.

2월 6일. 좀 눅었다. 군정청軍政廳 갔다가 백양당白楊堂을 들렀다. 동국대학東國大學 가서 시간時間을 마치고 오다 하거何居를 보고 왔다. 남령南嶺 군君이 왔다 적어놓고 갔다. 『문학文學』 임시호臨時號 원고原稿

를 청촉請囑. 백양당白楊堂 엽서葉書가 왔다. 장태영張泰英 군君 집에 들렀더니 그 부인夫人이 술을 준다.

2월 7일. 서울대학大學를 가 장지태張之兌 군君을 보고 오다. 아악부雅樂部를 들려 장인식張寅植 군君을 보고 집에 와 점심點心 먹고 군정청軍政廳을 나갔다. 남령南嶺 군君이 왔다. 풍문豐文 교장校長을 보고 포항浦項 전학생轉學生을 말해 주었다.

2월 8일. 조반早飯하고 음악학교音樂學校를 갔다. 맹휴盟休다. 설로雪路를 조심히 오르나려 남성순南聖淳 군君을 찾었다. 외과의원外科醫院을 경영經營한다. 두 귀를 보였다. 소독消毒했다. 충혈充血이라 한다. 오른편 귀에는 고막鼓膜까지 반이나 충혈充血되었다고. 군정청軍政廳으로 가서 최근학崔根學, 신동엽辛東燁, 이봉수李鳳秀 군君과 가치 필동筆洞 김종민金鍾珉 군君 집으로 갔다. 한참 찾었다. 술을 먹다 저물어 왔다. 원동苑洞 집에 들리니 서徐 노인老人, 영근英根이만 있다. 계동桂洞 집으로 오니 순자順子가 와 있다. 문곡文谷의 부탁한 원고原稿를 다 써 주었다. 장지태張之兌 군君에게 전입학轉入學되었음을 알렸다.

2월 9일. 관희觀熙가 왔다. 『문학文學』에 실리겠다는 '3·1운동三一運動 당시當時의 회억回憶'을 썼다.

2월 10일. 안민세安民世의 민정장관民政長官 취임식就任式이 있었다. 우리 독립獨立 완수完遂에 헌신獻身하겠다 말을 한다,

2월 11일. 세대世大로서 의대醫大로 가니 게도 맹휴盟休. 몇 학생學生이 난로煖爐 옆에 앉아 당번當番을 한다고. 나도 앉어 담화談話를 했다. 서울대학大學 학장실學長室에서 두계斗溪, 천뢰天籟를 만나 동빈東濱께도 갔다. 동빈東濱은 많이 낫다. 술과 저녁을 먹었다.

2월 12일. 군정청軍政廳으로 해서 세대世大에 갔다 하거何居께 들렸

다. 김영관金永琯 군君이 왔었다. 박순양朴順陽 군君이 『레, 미세라프』 제2책第二册 뚜껑을 구해다 끼었다.

2월 13일. 이명구李明九, 김삼불金三不, 정병욱鄭炳昱 군君이 와 『어우야담於于野談』을 벗겼다. 집에 가지고 가 벗기는 것이 빠르겠다 하여 주어 보냈다. 저녁엔 퍽 눅어 녹인다.

2월 14일. 서풍西風이 불고 칩다. 대학大學을 가서 연구실硏究室에서 책册을 보았다. 발이 언다. 이명구李明九 군君이 자기 있는 방으로 가자 한다. 게는 전로電爐가 있다. 오후午後 군정청軍政廳으로 갔다. 순자順子를 보았다. 그 어머니 병이 위중危重하다고 전보電報가 왔다. 전주全州 조병희趙炳喜가 와 잤다.

2월 15일. 문곡文谷이 새벽에 와 『역도力道』 원고原稿를 수정修正했다. 대학大學을 가서 장운초張雲樵(지태之兌)와 함께 풍문여교豐文女校에 왔다가 나는 하거何居께로 갔다. 장발張勃 군君을 만나 김용진金容鎭 씨氏를 찾어보고 담화談話.

2월 16일. 영하零下 17도十七度. 북풍北風. 이주환李珠煥 군君이 왔다. 오후午後 성균관成均館 앞에 갔다. 이성열李聖烈 군君과 김金 군君 경승景承를 만나 운초雲樵의 인도引導로 정숙자鄭淑子 군君 집에서 석찬夕餐. 저녁에도 몹시 칩다. 순자順子께 들렀다. 게집애를 또 데려다 두었다. 17, 8세十七八歲. 영근英根이와는 딴판이다. 며칠이나 있을가.

2월 17일. 역시 칩다. 군정청軍政廳에 갔다가 집으로 와 점심點心. 서울대학大學서 교수회敎授會가 있다고 곧 오라 하기 갔다. 오후午後 2시二時부터 학장學長 이태규李泰圭 씨가 학장회學長會 한 걸 보고報告하고 맹휴盟休 해결解決과 개학開學 일자日字 작정作定. 다섯 시 파罷했다. 순자順子가 구주사具主事댁과 함께 왔다. 순자順子는 대구大口, 계란鷄卵,

구 부인具夫人도 계란鷄卵을 가졌다.

2월 18일. 군정청軍政廳으로서 대학大學에 갔다. 김상기金庠基 군君도 보고 도서관圖書館에서 『조야집요朝野輯要』를 보았다. 『집요輯要』는 정요精要히 된 책冊이다. 오후午後 다섯 시 이병도李丙燾, 김상기金庠基, 이희승李熙昇, 조은영曺恩泳(남령南嶺) 군君이 왔다. 술을 먹었다. 은영恩泳 군君은 먼저 가고 밤이 이슥도록 담화談話. 귀신鬼神 이야기와 골계滑稽의 설화說話. 서 노인徐老人은 아침을 가치 먹었다. 오늘이 구舊 정월正月 28일二十八日 내 생일生日이라고 아이들이 음식飮食을 좀 작만했다. 이훈李壎 군君이 왔다.

2월 19일. 오전午前엔 집에 있다가 오후午後에 김영완金永完 씨氏께 갔다. 마침 술상이 벌어졌다. 두어 잔 먹고 있다가 저녁까지 먹었다.

2월 20일. 문교부文教部에 나갔다. 수송국민학교장壽松國民學校長 이규백李揆百 군君이 와서 오후午後 2시二時 국어연구교수國語研究教授가 있다고 부디 오라고 간청懇請한다. 2시二時에 갔다. 한상철韓相哲 군君이 6학년六學年 1조一組 6학년六學年 제2과第二課 8월 15일 교재教材를 가지고 한다. 한 시간 쯤 보았다. 모두 열성熱誠이다. 비평회批評會가 있다. 형식形式보다 내용內容이다. 퍽 진보進步되었다는 느낌이 난다. 나종에 내가 말하게 되었다. 약간若干 비평批評도 하고 교재教材 꾸민 취지趣旨 설명說明 — 교본教本 교재教材 문제問題. 언어言語, 문자文字, 문학文學, 결론結論 등으로 말했다. 그리고 교장校長 이규백李揆百 교두教頭 황의대黃義大 군君이 나를 빈자떡집으로 인도引導한다. 함께 마시다가 왔다. 서광전徐光前 노인老人이 『사가집四佳集』 한 질帙을 보냈다.

2월 21일. 장적을 다 땠다. 두 다발에 백 원百円 주고 들여 왔다. 한 끼나 땔가? 1만 2천여 원一萬二千餘円이나 산 것이 겨우 두 달 쯤 때었다.

오후午後 두 시에 나왔다. 원동苑洞서 어리굴젓을 사왔다. 130원百三十円.

2월 22일. 풍문豊文에 들렀다. 시험試驗은 다 치뤘다. 석남石南을 가 보았다. 또 신장염腎臟炎이 생겼다. 서徐 노인老人이 와 순열사殉烈士 애사哀辭를 청請한다. 문곡文谷이 와 아침을 함께 했다.

2월 23일. 서남풍西南風. 퍽 녹인다. 경기중학교장京畿中學校長과 장성균張性均 군君이 왔다. 그 교가校歌를 지은 것을 사례謝禮한다. 이종완李鍾完 군君이 왔다. 잡목雜木 다발 열다섯에 1575원千五百七十五円, 마차馬車 장작 하나에 6450원六千四百五十円을 주고 들였다. 성북동城北洞 두계斗溪를 찾다. 놀다가『청성잡기靑城雜記』를 얻어왔다.

2월 24일. 흐리고 녹인다. 이봉수李鳳秀 군君과 점심點心. 세대世大에 갔다. 교무주임敎務主任과 담화談話. 대학大學을 가서 학장실學長室에서 담화談話하다가 이희승李熙昇 군君과 가치 송석하宋錫夏 군君을 찾어 보았다. 순자順子를 가 보고 조문弔問. 충화忠化의 그 어머니가 10여일十餘日 전前 별세別世하였다. 어제 또 전보電報 두 장이 왔다. 천 원千円 부의賻儀. 장태영張泰英 군君을 보았다.

2월 25일. 국민학교國民學校 국어교본國語敎本 6의 2 원고原稿 토의討議. 김연만金鍊萬 군君이 자동차自動車를 가지고 왔다. 함께 그 피혁회사皮革會社로 갔다. 신문기자新聞記者 양성기관養成機關을 세우자고 몇 사람을 모였다. 나와 이순탁李順鐸 군君 외外에는 신문기자新聞記者들이다. 점심點心을 준다. 하거何居를 보았다.

2월 26일. 순자順子, 장태영張泰英, 이윤희李允熙 선생先生을 찾아보았다.

2월 27일. 눈이 퍽 왔다. 오후午後엔 녹인다. 김연만金鍊萬 군君을 찾아

신문학원新聞學院 일을 의논했다. 설의식薛義植 군君이 자기自己 의견意見을 주장主張한다. 나는 먼저 나왔다. 성북동城北洞 두계斗溪께로 갔다. 천뢰天籟, 동빈東濱, 일석一石, 박종홍朴鍾鴻 군君이 모였다. 술과 밥. 학술學術, 문화文化와 잡담雜談. 일석一石과 가치 왔다. 달빛이 있다.

2월 28일. 군정청軍政廳은 내일來日 준비準備로 휴업休業. 국어國語 정화회淨化會도 유회流會. 일석一石, 열운洌雲과 만나 담화談話. 밤엔 장태영張泰英 군君 집에서 놀았다. 한희漢熙 편지와 3백 원三百円 환전표換錢票을 받았다. 요전 내 생일生日을 유념留念하고 보낸 것인데 오늘사 왔다. 고기를 사다가 먹었다. 1근一斤 3백 원三百円까지 하다가 지금은 2백 원二百円이다.

3월

3월 1일. 맑다 흐린다. 『목민심서牧民心書』를 보았다. 세대世大 국어國語 시험試驗 답안答案을 꼲았다. 3·1기념식三一記念式이 각처各處에 있었다. 좌익左翼은 역시亦是 남산南山으로 모였다. 남산南山서 내려오다 우익右翼과 석전石戰이 일어나 순경巡警을 총銃을 놓아 사람이 죽었다 한다. 장태영張泰英 군君 집에 고담古談을 들었다. 순자順子를 가 보았다.

3월 2일. 서풍西風. 비 오다 그치고 치워졌다. 종일終日 책冊을 보았다. 원동苑洞을 가니 순자順子는 서徐 노인老人과 작반作伴하여 용산龍山서 차車 타고 충화忠化 길을 떠났다. 영근英根이게 불조심, 문단속을 신칙했다.

3월 3일. 칩다. 대학大學 문리과文理科 학장실學長室에서 하루를 보냈다. 맹휴盟休 반대反對 학생學生들이 와 여러 시간 토의討議했다. 오늘 등교登校 등록登錄하라 했으나 반대反對 학생學生은 거부拒否했다. 5일까지에 타협妥協하여 해결解決을 짓겠다는 것이다. 빵을 사다 먹었다. 교수敎授 7, 8명七八名이 모였다. 김두헌金斗憲, 최윤식崔允植, 이희승李熙昇 군君과 오다 갈렸다. 장태영張泰英 군君이 정육正肉을 보냈다. 저녁에 장태영張泰英 군君 약방藥房에 갔었다. 모두 졸다가 헤졌다.

3월 4일. 양상경梁相卿 군君이 찾어왔다. 그동안 여러 번 두고 간 그 명함名銜을 보았다. 군정청軍政廳으로 일찍 와 기다리고 있었다. 끌려가 점심點心을 먹었다. 이발理髮. 오늘은 볕이 따뜻하다. 외투外套가 벌서 거치장스럽다.

3월 5일. 아악부雅樂部를 들렀다. 장인식張寅湜 군君에게 끌려 행촌동杏村洞까지 갔다. 그 처남妻娚 신모申某집에서 술을 준다. 가랑비가 온다. 거의 저물어 왔다. 순자順子 집에 들렀다. 곰보 마누라와 십반장十班長이 와 있다.

3월 6일. 대학大學에 갔다 동국대학東國大學으로 갔다. 동빈東濱과 함께 또 대학大學으로 갔다가 두계斗溪를 더하여 계동桂洞집으로 왔다. 술과 밥을 먹고 저녁에 파했다. 김용창金容昌이가 왔다.

3월 7일. 용창容昌이가 9시九時 차車로 떠났다. 군정청軍政廳에 나갔다 오후午後 3시三時 돌아왔다.

3월 8일. 풍문豐文에 가서 한 시간 했다. 3학년三學年 교수敎授. 대학大學으로 갔다. 교수회敎授會가 있다. — 맹휴盟休 학생學生 처리處理, 심사審查 위원委員 선정選定. 오후午後 여섯 시 파했다. 원동苑洞집에 들리니 마침 순자順子 일행一行이 왔다. 양재연梁在連 군君께 조상弔喪. 서徐 노인老人과 담화談話. 계동桂洞으로 와 저녁을 먹다. 김영기金永起,

유진명兪鎭明(제2여중第二女中 교원敎員) 군君이 왔다. 교가校歌를 지어 달라고. 영기永起 군君은 근작近作 몇 수首를 보인다. 별로 진보進步가 없다. 문학文學 이야기를 하다. 9시九時 반半 사이렌이 운다. 통행금지通行禁止 준비準備라 한다. 이야기는 중단中斷되었다.

3월 9일. 인촌仁村을 찾으니 아직 기침起寢을 아녔다 한다. 오전午前 9시九時 반半이다. 석남石南을 찾었다. 손보기孫寶基, 정병욱鄭炳昱 군君이 있다. 동빈東濱도 왔다. 나는 먼저 일어섰다. 집으로 왔다. 동빈東濱도 왔다. 막걸리를 먹고 가치 나섰다. 현대일보現代日報로 문곡文谷을 찾으니 없다. 눈은 뿌린다. 하거何居께로 갔다가 돌아오다.

3월 10일. 대학大學으로서 군정청軍政廳에 갔다. 네 시에 퇴청退廳. 오후午後 7시七時 — 9시九時 사범대학師範大學에 가서 중등교원양성소中等敎員養成所 국문학연습國文學演習을 하다.

3월 11일. 세대世大로서 의대醫大 안호삼安鎬三 군君을 보고 나오다 그 형兄 호준鎬俊 군君을 만나 그 조면공장造綿工場을 가 구경하고 점심點心도 사 주어 먹고 서울대학大學으로 갔다. 학장실學長室에 있다가 미술부美術部로 가 장발張勃 군君을 보았다. 밤 아홉 시엔 중앙방송국中央放送局으로 갔다. 9시九時 반半부터 10시十時까지 설화문학說話文學의 서언序言을 했다.

3월 12일. 군정청軍政廳에 가서 국어정화國語淨化 토의회討議會에 참여參與하고 오후午後엔 세대世大로 가 시간時間을 마치고 하거何居께로 왔다. 홍명희洪命憙 군君이 있다. 담화談話를 하다가 왔다. 순자順子와 석남石南을 보았다.

3월 13일. 비가 좀 왔다. 대학大學에서 종일終日 있었다. 김진섭金晋燮 군君을 보았다. 도서圖書 차람借覽에 대해 말했다. 연구실硏究室에 갓다 놓기로. 장발張勃 군君 청請으로 미술부美術部 보결생補缺生 시험試驗 문제問題 국어國語 몇 제題를 내 주었다. 동빈東濱집으로 갔다. 김두헌金斗憲, 이병도李丙燾, 박홍양朴鴻陽 군君도 왔다. 술과 저녁을 먹었다.

3월 14일. 군정청軍政廳을 갔다 오정午正에 휘문徽文을 가서 교장校長 박술음朴術音, 교무주임敎務主任 이치규李治奎 군君을 보고 경희京熙 입학入學을 말했다. 마침 직원회職員會가 있으니 의논議論하겠다 한다. 문곡文谷을 보고 조선신문연구소朝鮮新聞硏究所로 갔다. 학원응모學院應募 학생시험學生試驗에 대한 의논議論을 하고 진고개로 가서 석찬夕餐.

3월 15일. 남산南山 음악학교音樂學校를 갔다가 군정청軍政廳으로 왔다. 음악학교音樂學校 보결생補缺生 국어시험문제國語試驗問題을 냈다. 박창해朴昌海 군君을 주었다. 풍문豊文 한 시간을 했다. 대학大學으로 미술부美術部 국어國語 답안答案을 꿇았다. 두계斗溪를 만났다. 이윤희李允熙 씨가 왔다. 박문관博文館서 『역대시조선歷代時調選』 10책十册을 보냈다. 경희京熙가 휘문徽文을 다녀왔다. 3학년三學年 2반二班으로 입학入學 절차節次 서류書類를 가져왔다.

3월 16일. 경기중학京畿中學 교원敎員 장성균張性均 군君이 와 『사미인곡思美人曲 속사미인곡續思美人曲의 연구硏究』를 빌려 갔다. 김상기金庠基 군君이 왔다. 가치 나서 고책사古册肆로 갔다. 나는 중앙여중교中央女中校로 갔다. 신문학원新聞學院 모집생募集生 시험試驗이다. 오후午後는 퍽 음산하다. 구두시험口頭試驗을 보는데 무릎이 시리다. 다섯 시에 동빈東濱이 왔길래 가치 문곡文谷 집으로 갔다. 문곡文谷이 술과 밥을 준다. 순자順子가 왔다.

3월 17일. 오전午前 9시九時 경희京熙 데리고 휘문徽文에 가서 교장校

長과 여러 직원職員을 보았다. 경희京熙가 휘문徽文 3학년三學年 2반二班에 입학入學되었다. 학비學費 5610원五千六百十円 내內에 우선 1110원一千一百十円을 주었다. 대학大學으로 갔다 오후午後엔 군정청軍政廳으로 갔다. 밤엔 중등교원양성소中等教員養成所로 국문國文 강의講義.

3월 18일. 의대醫大 신1新一 시험試驗을 보았다. 두계斗溪와 함께 정구충鄭求忠 군君을 찾었다. 양과자洋菓子를 먹었다. 순자順子가 왔다. 오후午後 9시九時 반半 설화문학說話文學 방송放送. 성경린成慶麟 군君이 국局에 와 기다리고 있다 또 시조강습회時調講習會를 하겠다고. 정충시鄭忠時 군君이 아침에 와서 내일 꼭 와 달라고.

3월 19일. 군정청軍政廳 출근出勤. 오전午前 10시十時 경복중학景福中學으로 갔다. 교우회校友會 기념일紀念日. 식式이 있다. 그 교가校歌 해설解說 겸 축사祝辭를 하고 왔다. 오후午後엔 세대世大에 갔다. 그리고 집으로 왔다.

3월 20일. 종일終日 비. 봄비다. 오전午前 9시九時 서울대학大學 출근出勤. 학생學生이 5, 6인五六人 왔다. 더불고 담화談話. 오후午後엔 동대東大에 가 시간時間 마치고 왔다. 두계斗溪, 동빈東濱이 왔다. 가자하여 따러 나섰다. 고려문화사高麗文化社로 갔다. 그 주인主人 유명한柳明韓 군君을 보았다. 그 사원社員 몇 사람과 함께 봉익동鳳翼洞 대방원大芳園으로 왔다. 술, 기생妓生, 밥도 있다. 우리 문화文化 사업事業을 경영經營하는 바 우리의 도움을 받자는 것이다. 놀다가 아홉 시에 파했다. 10시十時는 통행금지通行禁止.

3월 21일. 대학大學에 갔다. 헌법憲法 시간時間과 상치相値되어 내가 그 다음 시간으로 하였다. 아직도 맹휴盟休라 6, 7인六七人 왔다. 그저 담화談話만 했다. 그리고 오후午後 군정청軍政廳으로 가니 편수국編修

局 직원職員 일동一同이 어제부터 동맹同盟하여 경리과장經理課長 유진복兪鎭馥 군君의 불미不美한 행사行事로 그를 축출逐出하자고 또 회의會議한다. 나도 부득이 참여했다. 오후午後 7시七時에야 파했다.

3월 22일. 음악학교音樂學校에 가서 두 시간 했다. 오다가 신문연구소新聞研究所에 들렀다. 풍문여중豐文女中으로 와 한 시간 했다. 시조時調 제4회第四回 강습회講習會를 아악부雅樂部서 했다. 가서 한 시간 강화講話.

3월 23일. 김억金億 군君이 왔다. 장성균張性均 군君이 왔다. 『송강가사松江歌辭 연구研究』 책冊을 또 빌려 주었다. 순자順子를 잠간 가 보고 성북동城北洞으로 가서 두계斗溪를 찾고 함께 한흥록韓興錄 군君을 찾었다. 술과 떡을 먹었다. 천뢰天籟을 찾으니 없다. 오늘 오후午後 4시四時부터 내일來日 9시九時까지 통행금지通行禁止라고 풍설風說이 떠돈다. 순경소巡警所에 물어본즉 전연 거짓말이다. 그것이 오전誤傳이라고 동대문東大門 경찰서장警察署長의 광고문廣告文도 있다. 아침 동빈東濱도 만났다. 또 박홍양朴鴻陽 군君도 만났다. 넷이 동행同行하여 이희승李熙昇 군君께 갔다. 술을 잘 먹었다. 9시九時에 왔다.

3월 24일. 흐리고 빗방울이 듣다 마다 하였다. 자연과自然科와 법과法科 강의講義를 개시開始. 6, 7명六七名 출석出席. 군정청軍政廳을 갔다. 장지영張志暎 군君이 나왔다. 퍽 수척瘦瘠했다. 야학夜學에 갔다.

3월 25일. 눈ㅅ발이 날렸다. 세대世大, 의대醫大로 하여 대학大學 연구실研究室로 갔다. 몇 학생學生을 더불어 문학연구文學研究에 대한 말을 하였다. 그리고 이희승李熙昇 군君을 보고 집으로 돌아왔다. 9시九時 반半 방송放送 — 귀토龜兎이야기. 장태영張泰英 약방藥房에서 놀았다.

3월 26일. 애류崖溜 권덕규權德奎 군君이 아침에 왔다. 그 소저所著

『을지문덕乙支文德』을 갖다 준다. 밥을 가치 먹고 나는 대학大學으로 갔다. 하거何居께 들렀다. 위당爲堂, 벽초碧樵가 나의 주해註解『인현왕후전仁顯王后傳』의 서문序文과 오락誤落 등을 비판批判하더라고 한다. 그 허두虛頭에 춘향전春香傳, 연애戀愛의 싸움을 말한 것이 불경不敬하다는 것이다. 그리고 오식誤植이 많음은 다시 수정修正하기를 나도 인정認定하는 터이다. 위당爲堂은 원래元來 나를 대적하여 흠담欠談을 하여오는 바 연전年前『문장文章』 잡지雜誌에『한중록恨中錄』을 실을 때 한중록恨中錄은 홍낙임洪樂任의 위작僞作이오 혜경궁惠慶宮의 작作이 아니라커니 무어니 하여 자기게 친親히 다니는 청년靑年들에게 선전宣傳하였다. 그래서 내가 그 잡지雜誌에 변명서辨明書를 써 내기까지 하였다. 그 뒤로는 잠잠타가 요점 또 그러는 것이다. 그는 소론少論이라는 색목色目 관계關係와 지조志操가 다름에 있다. 제등齊藤 총독總督 때 신문사新聞社를 하며 벽초碧樵와 위당爲堂 사이가 험악險惡하더니 어찌 또 사돈査頓이 되어 친밀親密히 지내며 가끔 서로 앉아 내 평評을 언짢이 한다. 조운曺雲 군君이 왔다. 나의 저작著作『인현왕후전仁顯王后傳』,『역대시조선歷代時調選』,『어린이 역사歷史』를 주었다. 함께 저녁을 먹었다. 풍문여중豐文女中 교장校長 김성달金性達 군君이 소주燒酒 한 병을 보냈다.

3월 27일. 국문학國文學 학생學生에게『연행록燕行錄』3책三冊과「한양가漢陽歌」를 벗기라고 주었다. 대학大學에 갔다가 군정청軍政廳을 들렀다가 동대東大로 가서 강의講義했다. 신문학원新聞學院에도 들렀다. 조선어학회에도 들려『훈민정음訓民正音』원본原本 사진본寫眞本을 사 왔다. 처妻에게 편지했다.

3월 28일. 군정청軍政廳으로 하여 대학大學에 나갔다. 가랑비가 온다.

학생學生 셋이 왔다. 국문학연구실國文學硏究室에서 담화談話했다. 순자順子게 갔다. 졸곡卒哭이라고 술을 준다. 장태영張泰英 군君 약방藥房에서 놀다 술을 또 먹었다. 춘희春熙가 새벽에 여산礪山길을 떠났다.

3월 29일. 음악학교音樂學校에 갔다. 오다 경향신문사京鄕新聞社 정지용鄭芝溶 군君을 보았다. 풍문豐文을 다녀 순자順子게로 왔다. 졸곡卒哭을 지냈다고 술을 먹인다.

3월 30일. 종일終日 집에 있었다. 오문호吳文浩 군君, 방종현方鍾鉉 군君이 왔다. 방方 군君은 『번역소학飜譯小學』 한 권을 빌려 갔다. 김영관金永琯, 이석보李石輔 씨가 왔다. 남령南嶺 군君이 『문장강화文章講話』를 가지고 왔다. 소창小倉의 『향가 급 이두 연구鄕歌及吏讀硏究』 한 책은 주고 방종현方鍾鉉 군君의 『고어집古語集』은 빌렸다. 『패문운부佩文韻府』의 책冊 모수리에 운자韻字를 썼다. 찾어보기 편의便宜케. 박순양朴順陽 군君이 왔다.

3월 31일. 비가 온다. 대학大學과 중교中敎 야학夜學에 갔다.

4월

4월 1일. 비가 종일 온다. 의대醫大서 그 학장學長과 자동차自動車로 군정청軍政廳으로 갔다. 검정위원회檢定委員會가 있다. 유억겸柳億兼 부장部長과 함께 자동차自動車로 왔다. 오후午後 9시九時 반半 설화문학說話文學 방송放送을 마쳤다.

4월 2일. 국어문학國語文學 전공생專攻生에게 한시가漢詩歌 강의講義 개시開始. 하거何居께 가서 벽초碧樵도 만났다. 벽초碧樵가 나의 『인현왕후전仁顯王后傳』 주해註解의 '세비世妃'는 '계비繼妃', '겸공우악謙恭尤惡'은 '겸공비박謙恭菲薄'의 착오錯誤라 한다, 이는 내가 원본原本 그대로 둔 것이다. 그리고 이병도李丙燾 군君의 『삼국사三國史』 번역飜譯에 '용광필조容光必照'는 광光이 용容하는 데 반드시 조照한다 함을 용容과 광光이 반드시 조照한다 하였다고 한다. 이건 맹자孟子의 '일월유명日月有明, 용광필조언容光必照焉'이다. 착오錯誤가 있으면 정정訂正해 주는 건 고마운 일이라고 나는 말했다. 벽초碧樵는 퍽 겸사謙辭한다. 김동수金同洙 군君과 김영관金永琯 군君이 왔다. 석반夕飯을 함께 했다. 밤엔 꽤 칩다.

4월 3일. 동대東大를 갔다. 오전午前엔 양梁, 이異 양兩 교수敎授가 결석缺席 휴강休講하므로 왔던 학생學生이 많이 가고 4, 5인四五人 남었다. 역사과歷史科 학생學生이 많이 왔다. 삼국三國 이전以前 문학文學을 개괄槪括해 말하였다. 새벽에 신생사新生社 김종식金鍾湜이라는 이가 이극로李克魯 씨 소개紹介로 왔다. 자기 시조時調 수사법修辭法 책册을 출판出版하겠는데 나더러 교열校閱하라는 것이다. 보니 어림없다. 다시 수정修正해 가지고 오라 하였다. 술 한 병을 가졌다.

4월 4일. 밤 비 왔다. 군정청軍政廳 갔다. 대학大學으로 가서 오후午後 끝 시간 했다. 겨우 7, 8인七八人.

4월 5일. 한남서림翰南書林을 들렀다. 김승현 의원金承鉉醫院으로 송석하宋錫夏 군君 문병問病. 이종대李鍾大 군君을 만나 그 숙소宿所로 가 막걸리 몇 잔을 먹었다. 하거何居께 들렀다.

4월 6일. 충무로忠武路 5가五街에 갔다. 고려공사高麗公司를 찾다 못햇다. 동빈東濱께로 가 함께 박홍양朴鴻陽 군君을 찾다. 친뢰天籟, 일석一石이 왔다. 소담한 음식상飮食床이 나왔다. 약주藥酒를 잔뜩 마셨다.

동빈東濱은 이취泥醉하여 떨어지고 나와 일석一石, 천뢰天籟는 왔다. 원동苑洞 김효경金孝經 군君을 찾어보았다.

4월 7일. 김영관金永琯, 동수同洙 군君이 왔다. 비가 온다. 잤다. 중교中敎 강의講義를 가 했다.

4월 8일. 중앙여자중학교中央女子中學校 신문학원新聞學院에 가 국문학國文學 강의講義를 했다. 중앙방송국中央放送局으로 가 설화문학說話文學 방송放送. 하거何居가 왔다.

4월 9일. 충무로忠武路 2가二街로 가 고려공사高麗公司를 찾어 춘복春服을 마추고 선금先金 2천 원二千円을 주었다. 백양당白楊堂에 들렸다. 하거何居께로 와 국문國文책册들도 보고 저녁도 먹었다. 춘희春熙가 시골서 왔다.

4월 10일. 세의대世醫大 학생學生 둘이 왔다. 신문학원新聞學院 강의講義를 듣고저 한다. 수양修養에 대한 말을 하여 들렸다.

4월 11일. 군정청軍政廳에 나갔다. 편찬과장編撰課長 사직서辭職書를 써 냈다. 이봉수李鳳秀 군君허고 추탕鰍湯집에 가서 점심點心을 먹었다. 대학大學으로 가서 유저암兪著庵의 자저自著와 『흠영일기欽英日記』를 보았다.

4월 12일. 두계斗溪, 동빈東濱과 한홍록韓興錄 군君 집에 가 석반夕飯 백주白酒를 받었다.

4월 13일. 양재연梁在連 군君이 와 이발理髮. 민중신문民衆新聞 원고原稿 쓰다. 김동리金東里가 왔다.

4월 14일. 『익종어필첩翼宗御筆帖』을 보고 그 오누 사이ㅅ 왕복往復을 초抄했다.

4월 15일. 설화문학說話文學 방송放送을 결론結論 않고 끝냈다.

4월 16일. 조운曺雲 군君이 그 부인夫人과 왔다. 적어놓고 갔다.

4월 17일. 박태원朴泰遠과 정지용鄭芝溶과 안회남安懷南과 김기림金起林 군君을 의외意外에 모다 만나 석찬夕餐을 했다. 박태원朴泰遠 군君의 담화談話와 안회남安懷南 군君의 침묵沈黙이며 정지용鄭芝溶 군君의 변辯과 김기림金起林 군君의 꼬집는 말이 좋은 적수敵手였다. 문단회합文壇會合으로는 몇 해 만였다. 유쾌愉快히 파罷했다.

4월 18일. 아악부雅樂部에서 시조연구時調硏究 위원회委員會를 열었다. 임원任員 개선改選. 비 왔다.

4월 19일. 시조강습회時調講習會를 마치고 다과회茶果會가 있었다.

4월 20일. 아침 소나기가 지냈다. 장성균張性均 군君이 와서 성산별곡星山別曲을 물었다. 좀 춥다. 「한양가漢陽歌」 주해註解하다. 순자順子가 왔다.

4월 21일. 양복洋服을 찾으러 보냈더니 아무도 없더라고 한다.

4월 22일. 풍문여중豐文女中 교장校長을 만났다. 남령南嶺 군君 일을 타협妥協했다. 밤중에 처妻와 관희觀熙가 왔다.

4월 23일. 오후午後 두 시에 처妻와 함께 왕십리往十里 병달秉達 군君 집으로 갔다. 그 아버지 신信 씨氏 회갑回甲이다. 2백 원二百円 부조.

4월 24일. 『가곡보감歌曲寶鑑』을 읽었다.

4월 25일. 군정청軍政廳으로 하여 대학大學을 갔다. 대구사대大邱師大 임용순任用淳 군君이 그 교가校歌 짓기를 청請한다. 병희炳熙가 와 잤다.

4월 26일. 음악학교音樂學校를 갔더니 교외郊外로 놀러들 갔다. 김영완金永完 씨를 찾다. 이종대李鍾大 군君도 있다. 윤병의尹秉儀 군君께서 소곰 세 말 가조다. 한 말에 오백 원五百円. 재염再鹽. 애류崖溜가 새벽에 왔다. 조반朝飯을 함께 했다.

4월 27일. 훈듯하다. 장을 담았다. 고추장도 담았다. 처妻와 가치 하경덕河敬德 박사博士를 찾어보았다.

4월 28일. 경희京熙 목에 몽올이 선 데 약藥을 사다 바르고 더 했다. 그 약藥은 중지中止하고 사즙蛇汁만 먹게 하였다.

4월 29일. 「한양가漢陽歌」 주해註解.

4월 30일. 정구충鄭求忠 박사博士를 찾다. 경희京熙 목에 몽올 선 것을 상의했다.

5월

5월 1일. 장지태張之兌 군君이 소주燒酒 한 병을 사 가지고 나와 동빈東濱과 가치 중국음식점中國飮食店에 가서 몇 잔 마셨다. 퍽 취한다. 동대東大 강의講義를 마치고 집으로 와 한잠을 잤다. 경희京熙는 저의 어머니와 가치 가서 정鄭 박사博士게 진찰診察을 받았다. 공부工夫 말고 치료治療하라 하여 낙심落心이 되었다. 경희京熙게 일러 안심安心케 하였다. 장태영張泰英께서 숯 다섯 가마 가졌다.

5월 2일. 극예술협회劇藝術協會 유치진柳致眞 군君 작作인 『자명고自鳴鼓』 시연試演을 가 보았다. 사상극思想劇이다. 현실現實에 맞다. 제4막第四幕을 보고는 나는 나왔다. 자동차自動車를 태 준다. 문리과대학文理科大學으로 강의講義. 비가 온다. 하거何居께 가서 그 생신生辰 술을 먹었다. 아침에 그 손자孫子를 시겨 청請했다.

5월 3일. 쾌청快晴. 방종현方鍾鉉 군君이 빌려간 『번역소학飜譯小學』

을 가조고 이윤희李允熙 선생先生이 『중경지中京誌』 1권一卷을 빌려 갔다.

5월 4일. 남령南嶺 군君이 왔다. 『물명고物名考』를 벗겼다. 오후午後엔 처妻와 함께 한성택韓聖澤 군君을 찾고 영상永祥이네 집을 찾었다. 날은 흐렸다.

5월 5일. 자연과自然科 1년생一年生 시험試驗. 장발張勃 군君을 만났다. 정구충鄭求忠 군君을 찾어보고, 경희京熙 치료治療에 대하여 의논하고 안호삼安鎬三 군君을 찾어 의대醫大 피부과皮膚科 최崔 박사博士를 소개紹介해 달라고 했다. 문교부文敎部를 갔다. 김영완金永完 씨를 찾다. 날은 흐렸다.

5월 6일. 흐리다. 의대醫大 1년생一年生 시험試驗. 처妻와 경희京熙가 의대醫大로 왔다. 안호삼安鎬三 군君이 경희京熙를 데리고 의대醫大 피부비뇨과皮膚泌尿科 최재위崔在緯 박사博士께로 갔다. 시험試驗 다 보고 안호삼安鎬三 군君을 만났다. 최崔 박사博士에게 진찰診察을 한바 좀 기다려 하기夏期 방학放學 때 수술手術 치료治療를 하겠고 어간유魚肝油는 2, 3일二三日 후後 구해 주겠다 한다. 그리고 안安 군君과 함께 문교부文敎部로 갔다. 편찬과장編撰課長은 조병욱趙炳旭 군君이 되었다. 최현배崔鉉培, 조병욱趙炳旭 군君과 담화談話했다. 애류崖溜가 새벽에 왔다. 함께 조반早飯과 술을 했다. 문교부文敎部서 유치웅兪致雄 군君을 만나 더불고 집으로 와 팥죽과 술을 했다. 김억金億 군君이 왔다. 또 술을 먹었다. 그리다가 신문학원新聞學院으로 가 강화講話했다.

5월 7일. 대학大學 가서 시험문제試驗問題를 내 주었다. 장지태張之兌 군君허고 점심點心. 나는 세대世大로 갔다. 백양당白楊堂 배정국裵正國 군君을 찾다. 조남령曺南嶺 군君이 나의 시조집時調集 지형紙型을 박문관博文館서 찾어왔다. 『한중록恨中錄』 준準 볼 것과 『의유당관북유람기意幽堂關北遊覽記』 출판出版할 것을 의논했다. 김용준金瑢俊 군君을 만나 그 집으로 들어가 차茶을 마셨다. 양재연梁在連 군君이 와 이발理髮.

5월 8일. 처妻가 오전午前 9시九時 차車로 여산礪山 길을 떠났다. 춘희春熙와 함께 오전午前 7시七時 경성역京城驛으로 갔다. 춘희春熙가 차표車票 사는 걸 알선했다.

5월 9일. 두계斗溪와 운초雲樵를 데리고 와 술을 먹었다. 의학전람회醫學展覽會에 의서醫書 언해諺解 4종四種을 냈다. 두계斗溪게 맡겼다.

5월 10일. 동빈東濱이 왔다. 술을 먹었다. 학생항공연맹회가學生航空聯盟會歌를 지어 주었다.

5월 11일. 편수국編修局 직원職員 야유회野遊會가 있다. 장의사壯義寺 터 위 김동익金東益 별장別莊으로 갔다. 술, 밥, 춤, 노래하다가 저녁때 돌아왔다.

5월 12일. 군정청軍政廳으로 하여 하거何居께 거쳐 사범중교師範中教 강습소講習所로 갔다. 우하又荷 선생先生이 어제 귀꼈다는 말을 들었다.

5월 13일. 신문학원新聞學院에 강의講義를 했다. 다음 시간時間은 강사講師가 안 와서 못 했다. 내가 대신으로 하려 했으나 종종種種 못했다 하고 헤쳐 갔다. 우하又荷 선생先生 조상弔喪. 2백 원二百円 부의賻儀.

5월 14일. 금화산金華山 넘어 장지영張志暎 군君을 찾다. 군君의 회갑回甲이라고. 유진복兪鎭馥, 조병욱趙炳旭 군君이 왔다. 가치 술을 먹었다. 돌아오다 계동桂洞서 울진중학蔚珍中學 교장校長을 만나 끌려 주점酒店에 들어 또 먹었다. 그 교가校歌를 부탁한다.

5월 15일. 동대東大 갔다 집으로 돌아왔다.

5월 16일. 훈듯하다. 고두동高斗東 군君이 부산釜山에서 왔다. 집에서 잤다.

5월 17일. 어젯밤부터 비가 나렸다. 저녁때야 그쳤다. 순자順子가 왔다. 고두동高斗東 군君이 또 잤다.

5월 18일. 김상옥金相沃 군君이 자긔 시조시집時調詩集 초간初刊을 가지고 왔다. 고두동高斗東 군君은 부산釜山을 갔다 온다고 떠났다. 남령南嶺 군君이 왔다.

5월 19일. 『한중록恨中錄』 준準 볼 것이 왔다. 백양당白楊堂서 보냈다. 군정청軍政廳 퇴청退廳길로 사범대학師範大學 중등교원강습소中等教員講習所에 갔다,

5월 20일. 『한중록恨中錄』 준準을 보았다.

5월 21일. 『한중록恨中錄』을 준準 보았다.

5월 22일. 안명길安命吉 군君이 술을 사 준다. 빈속에 꽤 취한다.

5월 23일. 조운曺雲 군君이 아침에 왔다. 함께 조반朝飯. 김상옥金相沃 군君이 와 잤다. 장태영張泰英 군君이 조긔를 사라고 와 말한다.

5월 24일. 백양당白楊堂에 들렸다가 손재형孫在馨 군君을 만났다. 배정국裵正國 군君과 셋이 오찬午餐을 했다. 풍문여중豐文女中에서 동승童僧, 콩쥐 팥쥐 가극歌劇을 보았다. 조긔 10관十貫 백 미百尾를 드리다. 2천 원二千円. 소금도 사서 저리고 30미三十尾는 굴비로 말리게 하였다. 족인族人 열烈 군君이 윤작중尹作重 군君과 왔다. 그 조카의 입학入學을 상의相議하러. 부주父主 하서下書며 병옥秉玉이 편지를 가지고 왔다. 절선節扇 2병二柄도 준다. 종희宗熙가 신열身熱이 높다.

5월 25일. 배정국裵正國 군君이 『한중록恨中錄』 준準 볼 것을 가지고 왔다. 조운曺雲 군君이 왔다. 찬燦 군君이 왔다. 신태영申泰英 군君이 왔다. 점심點心 먹고 나는 조운曺雲 군君과 함께 돈암정敦岩町을 나가 정

지용鄭芝溶을 찾다. 없다. 부의賻儀 3백 원三百円. 그 내간상內艱喪을 일전日前에 당했다.

5월 26일. 운초雲樵 장지태張之兌 군君을 갔다. 두계斗溪와 가치 약주藥酒에 안주按酒에 포취飽醉했다.

5월 27일. 종희宗熙가 또 앓는다. 학질瘧疾이다. 의대醫大서 어간유魚肝油를 얻어 왔다. 경희京熙 먹이려고.

5월 28일. 남령南嶺 군君이 왔다.

5월 29일. 종희宗熙게 금계랍金鷄納을 먹였다. 학질瘧疾은 낫었다. 최근학崔根學 군君이 삼청동三淸洞으로 이사移舍했다. 군정청軍政廳에서 나오다가 가치 술을 먹었다.

5월 30일. 동아일보사東亞日報社에 갔다. 올림픽대회大會 조선선수제패가朝鮮選手制覇歌 모집募集 160여百六十餘에 대한 평선評選이다. 박종화朴鍾和, 설의식薛義植, 김상용金尙鎔, 이길용李吉用, 고재욱高在旭 군君이 모였다. 가작佳作도 없다. 결국結局 권위자權威者에게 위탁委託하기로 한 바 내가 부득이 맡게 되었다. 석찬夕餐은 양식洋食. 자동차自動車로 돌아왔다.

5월 31일. 오상수吳祥洙 군君이 왔다. 풍문豐文 이흥렬李興烈 군君과 함께 선술을 마시다. 이발理髮. 오후午後 7시七時 경성역京城驛 발發. 박순양朴順陽, 태희泰熙 서모庶母와 함께. 차車ㅅ속은 퍽 혼잡混雜하다. 앉을 자리가 없더니 남원南原까지 놀러 간다는 철도鐵道 공부원工部員이 걸상판 한 개를 어데서 가지고 왔다. 그와 태희泰熙 서모庶母와 걸어 앉었다. 자꾸 사람들이 밀려온다. 몸을 돌이킬 수도 없다. 새로 두 시간 지나 대전太田에 이르렀다. 틈틈이 섰는 이들을 나리라고 한다. 그려도 까땍 않는다.

6월

6월 1일. 오전午前 여섯 시 강경江景서 나렸다. 걸어서 여산礪山 갔다. 9시九時다. 동아여관東亞旅館 이 계장李桂長 집에서 밥 사 먹고 10시十時나 하여 진사동眞絲洞에 들었다.

6월 2일. 정태락鄭泰洛 군君이 술을 준다.

6월 3일. 용제龍弟가 와서 가자 한다. 대부大父도 갔다. 병관秉寬이도 있다. 두견주杜鵑酒를 마셨다.

6월 4일. 노성魯城 고모부姑母夫와 석범錫範 군君이 왔다. 조 서방趙書房, 고성리古城里 유 형柳兄, 병철秉徹이가 왔다. 도미道尾, 민어民魚, 낙지 등을 많이 가졌다. 2천여 원二千餘円 시용市用. 일환一煥이 시겨 고기를 샀다. 노인老人 손님이 6, 7인六七人 왔다.

6월 5일. 비가 좀 왔다. 집안사람과 손님과 동리洞里 사람을 모아 조반朝飯과 술. 점심은 용제龍弟의 집에서. 읍내邑內 사람들도 많이 왔다. 음陰 4월四月 17일十七日. 부주父主 팔순八旬 생신生辰.

6월 6일. 손들이 돌아갔다. 오후午後 비가 시작하여 밤새도록 왔다. 용제龍弟에게서 또 마셨다.

6월 7일. 문환文煥이 안해가 근친覲親간다고 떡과 술을 가졌다.

6월 8일. 용은龍隱 김동열金東烈 군君이 김재원金在元 군君허고 찾어왔다. 더불어 마시고 만송晩松께서도 마셨다. 만송晩松과 높은 집을 돌아 신막新幕으로 하여 왔다. 병귀秉龜 형兄이 고기를 낚어다 준다.

6월 9일. 일곱 시에 떠났다. 한희漢熙, 관희觀熙, 태희泰熙 서모庶母랑. 여산읍礪山邑에서 조랑마차馬車를 샀다. 강경江景까지 3백 원三百円. 열 시 반 강경江景 도착到着. 짐을 나리고 역驛에서 기다려 차표車票를 샀다. 급행권急行券도 샀다. 차표車票 사기는 임의롭다. 차車에 오르니 쌀보따리가 가득 쌓여 들어갈 수가 없다. 간신히 뚫고 들었다. 대전太田가서야 자리를 얻어 앉었다. 오후午後 7시七時 경성역京城驛서 나렸다. 자동차自動車를 타고 왔다. 5백 원五百円.

6월 10일. 대학大學서 오다가 김경원金景源 군君을 만나 집으로 왔다. 술을 먹었다,

6월 11일. 비. 군정청軍政廳을 가 보았다. 광목廣木 배급配給을 준다.

6월 12일. 비. 하거何居를 가 보았다. 집에서 가존 중국中國 춘란春蘭을 심었다.

6월 13일. 동아일보사東亞日報社에 가 제패가制覇歌를 주었다.

6월 14일. 운초雲樵 집으로 술을 먹었다. 안주按酒감을 사 가지고 갔다. 두계斗溪와 나와.

6월 15일. 남산南山서 오다. 신문학원新聞學院 사무소事務所에 들었다.

6월 16일. 소낙이. 윤희允熙 씨가 아침에 왔다. 한희漢熙 데리고 안종서安鍾書 치과齒科에 갔다. 차茶을 준다. 그냥 잘 치료治療하겠다 한다. 원동苑洞 들렀다. 순자順子는 없다. 재연在連 군君은 학질瘧疾로 앓는다. 김효경金孝敬 군君을 보았다. 그리고 종일終日 학생學生 답안答案을 끊았다. 장태영張泰英 군君이 중학생中學生 둘을 데리고 왔다. 종자從姊가 바당이로서 왔다. 관희觀熙도 왔다.

6월 17일. 편수국編修局에서 중등국어中等國語 교재敎材 1권一卷 편찬위원회編撰委員會를 열었다.

6월 18일. 종자從姊가 그 양자養子 데리고 떠났다. 3백 원三百円 꿔어주었다. 김효경金孝敬 군君이 왔다. 오전午前 대학大學에 나가 법문과法文科 시간時間을 하고 풍문여중豊文女中에 갔다. 이홍열李興烈 군君과

또 그 학교學校 두어 선생先生과 함께 그 교장校長 김성달金性達 군君에게 가서 위어회葦魚膾와 송순주松筍酒를 시식試食했다.

6월 19일. 군정청軍政廳 다녀 바루 왔다.

6월 20일. 두계斗溪와 가치 와 술을 먹었다.

6월 21일. 소낙비. 남령南嶺 군君이 와 더불고『의유당일기意幽堂日記』를 교준校準과 주석註釋했다.

6월 22일. 김용보金容普 군君이 술 한 병을 가졌다. 김억金億이 와 가치 김진섭金晉燮 군君을 찾고 유자후柳子厚 보고 안서岸曙께로 와 마셨다.

6월 23일. 비가 종일終日 왔다. 김용배金龍培 군君이 설렁탕을 사 준다.

6월 24일. 문교부文敎部로 오전午前 나갔다 왔다. 신문학원新聞學院서 오다가 구주사具主事댁을 보았다. 소주燒酒를 준다.

6월 25일. 비가 간간間間 온다. 고故 최학송崔鶴松 아들이 와 평양平壤으로 간다고 노자路資를 달란다. 평양平壤에 고모姑母가 산다. 게로 나가 의지依支하겠다고. 2백 원二百円을 주었다.

6월 26일. 이병도李丙燾 군君이『일선의열도一善義烈圖』를 반환返還한다.

6월 27일. 비.「산유화山有花」에 대하여 썼다.

6월 28일. 순자順子가 왔다.『한중록恨中錄』상반부上半部를 백양당白楊堂 김상옥金相沃에서 간행刊行했다. 사직동社稷洞 가서 예전 별감別監 다니던 이를 찾다 못했다.

6월 29일. 육지수陸芝洙, 조용만趙容萬 군君이 왔다. 권덕규權德奎도 왔다. 소주燒酒를 마셨다. 세대世大 답안答案 채점採點과 예과豫科 입학문제入學問題를 냈다.

6월 30일. 비. 아악부雅樂部 들렀다. 성경린成慶麟, 홍원기洪元基 군君

을 보았다.

7월

7월 1일. 홍원기洪元基 군君을 데리고 한성漢城 기생妓生 전습처傳習處에 가서 최상옥崔相玉 노인老人을 보고 '승전承傳 노름'에 대하여 물었다. 최崔 노인老人은 옛날 대전별감大殿別監을 다니던 이라 승전承傳 노름 즉 별감別監 노름을 잘 안다.

7월 2일. 오후午後 네 시 육지수陸芝洙 군君이 왔다. 가치 신당리新堂里 고계학원高啓學園에 나갔다. 법학원法學院 야학夜學이 있다. 5시五時반半 — 8시반八時半 국문학國文學 강의講義 개시開始. 여러 직원職員과 나오다가 석반夕飯. 술도 먹었다. 유응호柳應浩 군君을 찾었다. 달을 띠고 돌아왔다.

7월 3일. 비. 의대병원醫大病院 이비인후과耳鼻咽喉科 이병숙李炳肅 군君을 만나 그 치료실治療室로 들어가 양쪽 귀를 뵈었다. 귓속을 씻어 내고 약藥을 발러 준다. 매주每週 화火, 목木, 토土 만나기로 하였다. 안종서安鍾書 군君을 찾었다. 한희漢熙 앒니 고친 비용費用을 말하지 않는다. 그냥 돌아와서 민어, 준치를 사 보냈다. 그것도 안 받으려고 하는 것을 간호부看護婦 시겨 그 안으로 드렸다 한다. 돈암리敦岩里 고故 김낙순金洛淳 군君 집을 가서 그 아들 김병세金秉世를 묻고 2백 원二百円 부의賻儀. 밤새도록 비바람 쳤다.

7월 4일. 비. 풍문豊文과 휘문徽文 교장校長을 찾어보았다.

7월 5일. 김연만金鍊萬 군君을 만나 보고 배정국裵正國 군君을 보고 가치 점심點心을 먹었다. 정병욱鄭炳昱, 김삼불金三不 군君이 왔다.

7월 6일. 오전午前 9시九時 세대世大에 나가 입학시험入學試驗 국어國語 답안答案을 끊았다. 5백여 명五百餘名. 오후午後 5시五時에 돌아왔다. 김억金億, 김도태金道泰 군君이 왔다. 비.

7월 7일. 비. 대학大學에 나가 입학시험入學試驗 감독監督과 채점採點.

7월 8일. 문교부文敎部를 잠간暫間 들렀다가 의대醫大 제2병원第二病院 이병숙李炳肅 군君께 귀 약藥을 바르고 서울대학大學으로 가서 감독監督과 채점採點.

7월 9일. 비. 감독監督, 채점採點.

7월 10일. 비. 채점採點 기입記入.

7월 11일. 비. 오후午後 다섯 시時 박문관博文館에 갔다. 이명선李明善, 양주동梁柱東 군君이 왔다. 가치 『조선문학총서朝鮮文學叢書』를 토의討議코 자리를 옮겨 양식洋食.

7월 12일. 비. 이병숙李炳肅 군君을 찾으니 안 왔다. 귀 치료治療는 못했다. 천도교당天道敎堂으로 갔다. 석남石南 매씨妹氏 송석혜宋錫蕙 양孃의 혼례식婚禮式. 오찬午餐은 영보永保빌딩에서. 그리고 나는 동빈東濱과 석남石南 집으로 와 상객上客과 마셨다. 원동苑洞을 갔었다. 저녁에 순자順子가 왔다.

7월 13일. 조석朝夕에 비. 김억金億 군君과 가치 박종화朴鍾和 군君을 찾었다. 박朴 군君이 나가자 하여 어느 술집에서 저물었다.

7월 14일. 종일終日 비가 쏟아졌다. 강길운姜吉云 군君과 휘문徽文 교장校長을 보았다.

7월 15일. 종희宗熙, 태희泰熙가 시골 갔다. 저녁차車로.

7월 16일. 비. 만세보사萬歲報社에 갔었다. 신문학원新聞學院에 갔다.

7월 17일. 비. 법학원法學院에 나갔었다. 국문학연습國文學演習을 계속繼續해 하였다. 동빈東濱을 찾었다.

7월 18일. 비.

7월 19일. 국문학연습國文學演習의 「한양가漢陽歌」를 띄었다. 이윤희李允熙 씨 댁에서 주식酒食을 받었다. 만세보사萬歲報社에 갔다. 김연만金鍊萬 군君이 석찬夕餐을 준다. 오늘 오후午後 1시一時 20분二十分 동소문東小門 안 네거리에서 여운형呂運亨 씨가 습격襲擊을 당하여 죽었다. 한 청년靑年이 자동차自動車로 뛰어 올라 육혈포六穴鉋를 가슴에 대고 쏘았다.

7월 20일. 한희漢熙, 경희京熙가 아침 차車를 타러 가다 7백 원七百円을 도적 맞고 다시 오차午車로 떠났다. 비.

7월 21일. 순자順子가 아침에 왔다. 숙대淑大 교장校長 임숙재任淑宰 여사女史가 자동차自動車를 보냈다. 김진섭金晉燮, 설의식薛義植, 박종화朴鍾和, 정지용鄭芝溶 군君과 가치 타고 그 집을 갔다. 오찬午餐을 준다. 숙대淑大 강사講師 초대招待다. 설薛은 중로中路서 내리고 김金, 정鄭과 나는 박종화朴鍾和 군君께로 갔다. 자동차自動車는 도로 보내고 그 근처近處 어느 여염閭閻집으로 들어 술을 먹었다, 나종엔 정鄭, 박朴이 싸웠다. 나는 김金은 말렸다. 나는 정鄭을 데리고 나왔다. 비는 온다.

7월 22일. 편수국원회編修局員會가 있었다. 최현배崔鉉培 국장局長의 독단獨斷과 부정당不正當한 행위行爲에 대하여 진정서陳情書를 짓고 성명姓名을 기록記錄고 날인捺印들을 하였다. 나는 제2의원第二醫院으로 간 즉 이병숙李炳肅 군君이 아니 보인다. 서울대학大學로 갔다. 비가 쏟아진다. 비를 맞으며 왔다.

7월 23일. 종일終日 폭우暴雨. 우산雨傘 받고 윤희允熙 씨와 김억金億

군君을 찾었다. 김金 군君이 탁주濁酒를 자꾸 권한다. 돌아와 저녁 찬 밥에 물외를 많이 먹었다, 비위가 좋지 못 하다.

7월 24일. 비는 오다 마다 한다. 제1의원第一醫院에 가 이병숙李炳肅 군君을 만났다. 귀는 치료治療하다가 고무ㅅ줄이 병이나 못 하였다. 풍문여중豐文女中과 세대世大에 갔다. 세대世大는 남대문南大門 밧 그 전 세전世專이다.

7월 25일. 비. 고두동高斗東 군君이 왔다. 뽐픗집에서 술을 먹고 냉면冷麪은 종로鐘路까지 가서 먹었다. 방房을 정돈整頓 그리고 고서古書 활자본活字本을 챙겨 보니 이인영李仁榮 군君이 준 『강목훈의綱目訓義』(세종世宗 18년十八年 갑인자甲寅字와 신대자新大字와의 인본印本) 1책一册과 그 후後 중간본重刊本이 없다. 아무리 찾어도 없다, 시골집에서 없어진 것이다. 이는 퍽 귀중貴重한 것이다.

7월 26일. 비 좀 오다가 개었다. 제2의원第二醫院에 갔더니 이병숙李炳肅 군君이 없다. 경희京熙, 종희宗熙게 편지하였다. 고두동高斗東 군君이 와 잤다. 경남중학慶南中學 교가校歌를 지었다. 고高 군君의 청촉請囑. 법학원法學院에 가서 한 시간 하고 방학放學. 학생學生들의 회의會議가 있어 늦게 돌아왔다. 김위죽金爲竹과 이복기李福基 군君과 중국中國 음식飮食 집에서 저녁을 하였다. 돌아오다가 또 배갈白干을 마셨다.

7월 27일. 오후午後엔 맑고 밤에는 달이 밝다. 순자順子가 왔다. 참외를 사 먹였다. 병국炳國이가 와 잤다.

7월 28일. '가로잡기街路雜記'를 적었다. 대구사범대학大邱師範大學서 또 사람이 왔다. 그 교가校歌를 오늘사 지었다. 조남령曺南嶺 군君이 왔다. 함께 석반夕飯. 지붕을 또 고쳤다. 비가 또 온다. 간밤은 그리케 맑고 서늘터니.

7월 29일. 김갑기金甲基 군君이 왔다. 박육철朴六喆 군君과. 박朴 군君이 서화書畵를 방매放賣하는데 소개紹介해 달라고.

7월 30일. 정충시鄭忠時 군君 집에 조반朝飯. 윤희允熙 씨와 홍영후洪永厚 군君과. 점심때 김갑기金甲基 군君과 신동엽辛東燁 군君과 가치 이종덕李鍾德 군君을 찾어 작반作伴하여 돈암정敦岩町 정인응鄭寅應 군君께로 갔다. 한 시간 이상以上 기다렸다. 박육철朴六喆 군君과 주인主人이 왔다. 서화書畫를 보고 중국음식中國飮食을 먹었다. 그리고 나는 신辛, 이李 양兩 군君과 종로鐘路로 갔다. 유길서점有吉書店 주인主人이 석찬夕餐을 준다.

7월 31일. 무척 덥다. 제1의원第一醫院으로 하여 대학大學에 갔다. 두계斗溪, 동빈東濱을 맞나 점심點心을 먹었다.

8월

8월 1일. 편수국編修局에 나갔다. 철자법綴字法 의논議論으로 다섯 시간時間. 동빈東濱이 왔다.

8월 2일. 제2병원第二病院에 갔다. 이병숙李炳肅 군君이 안 왔다. 만세보사萬歲報社에 갔다. 국립도서관國立圖書館 이재욱李在郁 군君을 보았다. 백양당白楊堂 인곡仁谷을 보았다. 개장국을 먹었다. 원동苑洞 순자順子께 들렀다. 이발理髮.

8월 3일. 비 온다. 몽양夢陽 장사葬事를 우이동牛耳洞에 하는 날. 태희泰熙 모母가 그 발인發靷 구경을 갔다. 혼자 종일終日 집을 지켰다.

8월 4일. 비. 순자順子가 왔다. 경희京熙 편지가 왔다. 김기선金基善

군君이 왔다.

8월 5일. 비. 김영완金永完 씨 댁에 갔다. 한남서림翰南書林서 『전등신화剪燈新話』 2책二册 1질一帙 사오다. 3백 원三百円. 서명호徐明浩 군君이 왔다. 최웅걸崔雄傑 군君이 중등국어中等國語 교본敎本 교재敎材를 문의問議하러 왔다. 밤에 호우豪雨.

8월 6일. 비. 간간間間 멎었다. 지붕을 올라 지와를 고쳤다. 비를 맞었다. 동내ㅅ사람들이 이상한 눈으로 쳐다본다. 어떤 이는 지왓장을 밟으면 깨진다고 충고忠告도 한다. 내가 이왕 계동桂洞서 살 때 수십 년數十年ㅅ동안 내가 손조 지와를 고쳤다. 이렇게 비 올 때엔 지붕을 올라 수ㅅ지와만 밟는다. 암지와는 깨지기 쉽다. 김상기金庠基 군君이 왔다.

8월 7일. 비. 『의유당일기意幽堂日記』 주해註解. 조윤제趙潤濟 군君을 찾다.

8월 8일. 입추立秋. 비. 김상기金庠基 군君이 왔다.

8월 9일. 말복末伏. 비 오다 오후午後엔 그쳤다. 김상기金庠基 군君 집에 갔다. 신동엽辛東燁 군君도 왔다. 김갑기金甲基 군君도 있다. 닭국. 인삼주人蔘酒로 복伏다림을 잘 하였다.

8월 10일. 김영완金永完 씨氏께 갔다. 이명구李明九 군君이 왔다. 『의유당일기意幽堂日記』 주해註解를 다 하고 그 서문序文도 지었다.

8월 11일. 비. 문교부文敎部 갔다가 대학大學으로 가서 일석一石, 종현鍾鉉, 숭녕崇寧 군君을 맞나고 사대師大로 하여 백양당白楊堂 인곡仁谷을 보고 『의유당일기意幽堂日記』 원고原稿를 맡기고 냉면冷麪 점심點心. 복적復籍 학생學生 국어시험문제國語試驗問題를 냈다.

8월 12일. 대학大學에 가 교수회敎授會에 출석出席. 오후午後 한 시 김억金億 군君과 걸어 무학고개 넘어 여자상업학교女子商業學校 교장校長

김도태金道泰 군君을 찾었다. 그 뒤 계곡溪谷에서 목욕沐浴하고 술을 먹었다. 송순松筍을 담은 소주燒酒 한 병을 다 거울렀다. 돌아오다 이병규李炳奎 관사官舍를 들렀다. 얼굴이 시컴해 가지고 생활난生活難을 말한다. 계동桂洞 집으로 오니 병유秉裕가 왔다. 순자順子를 불렀다. 금삼錦蔘 두 냥쭝兩重을 주었다.

8월 13일. 대학大學서 창덕궁昌德宮 후원後苑으로 갔다. 시청市廳 주최主催 남조선南朝鮮 초등교원회初等教員會 3백여 명三百餘名에게 창덕궁昌德宮, 창경궁昌慶宮 사적事蹟을 들겼다. 그리고 영보永保빌딩으로 가서 석찬夕餐을 받었다. 8시八時나 하여 와 잤다. 갑자기 서대문서西大門署 형사대刑事隊가 들왔다. 김영건金永鍵의 있는 곳을 알려 달라고 강청强請한다. 나는 김영건金永鍵의 얼굴을 요전 신문학원新聞學院 방학放學 때 김연만金錬萬 군君의 초대석招待席에 처음 보고는 그 뒤 다시 보지 못 하였다. 형사주임刑事主任 권관식權寬植은 경찰전문학교警察專門學校서 내게 배웠다 한다. 나는 서대문서西大門署로 갔다. 사실事實대로 말했다. 새로 한 시가 넘었다. 권관식權寬植의 증서證書를 가지고 돌아왔다. 거리마다 힐문詰問한다. 청년대青年隊가 더욱 심하다. 집에 와 들으니 형사대刑事隊가 낮때부터 와 이웃집에 매복埋伏하여 염탐하며 우리집에 한 30三十 되는 청년青年이 와 있지 아니하냐고 하였다 한다. 형사刑事 말은 신문학원新聞學院에서 나의 주소住所, 성명姓名을 알었다고. 그들은 내가 김영건金永鍵을 은닉隱匿한 줄 안 것이다. 신문학원新聞學院 강사講師 가운데 내가 가장 든든한 신분身分이라 내 집이 안전安全할가 하고 잠복潛伏한 것인가 — 이렇게 나는 추측推測할 수밖에 없다. 신문학원新聞學院 강사講師니 서로 친분親分이 있으리라 한고.

8월 14일. 대학大學에 가서 시험試驗 감독監督. 장태영張泰英 군君 내외內外분이 아침에 왔다. 이종혜李鍾惠 군君 집에 맥주회麥酒會를 했다. 신동엽辛東燁, 맹원영孟元泳 군君과.

8월 15일. 9시九時 대학大學서 해방기념식解放紀念式를 했다. 문교부장文敎部長 훈사訓辭를 대독代讀했다. 풍문여중豐文女中으로 가서 소주燒酒를 먹고 점심點心도 먹었다.

8월 16일. 제1학기분第一學期分 시험試驗은 끝냈다. 관희觀熙가 왔다 갔다고.

8월 17일. 유석기柳錫基 군君이 왔다. 밤에 벼락 치고 비가 쏟아졌다.

8월 18일. 문교부文敎部를 갔다. 김연만金鍊萬 군君을 맞나 보았다. 어젯밤 벼락 칠 때 전등電燈이 꺼졌다. 뒷골목에 사는 청년靑年(22, 3세二十二, 三歲 전기회사원電氣會社員)이 전신주電信柱에 올라 전기電氣를 고치려다 발전發電되어 떨어져 죽었다. 저녁 여달 시쯤이다.

8월 19일. 백 원百円을 그 청년靑年집에 부의賻儀. 오전午前 중中 시험試驗 답안答案 채점採點을 다 하여 대학大學에 갖다 주었다. 장태영張泰英 군君 집에서 도리갱(각출금各出金) 2백 원二百円을 내어 그 뒷집으로 가 술을 먹었다. 안주按酒는 닭 한 마리로 했다. 닭은 장張이 냈다.

8월 20일. 종일終日 집에 있었다. 양재연梁在連 군君께 환약丸藥 10개十箇를 주었다. 시골을 간다 한다. 밤 아홉 시 처妻와 경희京熙가 왔다. 최 서방崔書房 댁의 소개紹介로 이웃집 의장衣欌을 샀다. 5천5백 원五千五百円. 최 서방崔書房이 옮겨 왔다. 위 아래 두 짝이다.

8월 21일. 대학大學에 갔다.

8월 22일. 문교부文敎部로 해서 세대世大에 나갔다. 풍문여중豐文女中도 들렀다. 하거何居께도 갔다. 7월七月 칠석七夕.

8월 23일. 장태영張泰英 군君을 청請해 해정解酲. 대학大學에 가서 복적생復籍生 제2학기분第二學期分 시험試驗 감독監督. 창덕궁昌德宮 끝 구름다리 길목에서 차확순車廓順을 맞나 데려왔다. 남복男服 입고 머리는 다박머리, 눈이 멀건하고 고개도 잘 고누지 못한다. 나히 11세十一歲, 고향故鄕은 전라도全羅道. 아비는 일찍 죽고 어미는 다시 김가金哥를 얻어 살다 죽고 지난 해 김가金哥와 함께 서울로 와 어느 고아원孤兒院에 들었다가 도망逃亡해 나왔다. 그 고아원孤兒院 애들이 다 도망逃亡했다고. 어젯 저녁붙어 밥도 못 얻어먹었다. 심부림할 집을 얻어 달래 한다. 목욕沐浴시키고 옷을 갈어입혔다. 오후午後 5시五時 필동筆洞 정석윤鄭錫胤 군君 집으로 갔다. 학생사學生社 좌담회座談會다. 박술음朴術音, 김동엽金東燁, 이흥열李興烈, 기외其外 경기중학京畿中學, 덕성여중德成女中서 왔다. 중학생中學生 교육문제敎育問題 토의討議. 주식酒食. 9시九時에 돌아왔다.

8월 24일. 소낙비. 오후午後 4시四時 반半 동빈東濱께 갔다. 다섯 시가 지내서 신동엽辛東燁, 이종덕李鍾悳, 이종임李鍾林 군君이 자동차自動車로 왔다. 함께 타고 돈암동敦岩洞 박육철朴六喆 군君께로 갔다. 박朴 군君과 김갑기金甲基 군君과 한 자리에서 술을 먹었다. 전주全州 소주燒酒와 영계찜. 오늘이 처서處暑. 이날 비 오면 천 석千石이 감減한다고. 황서훈黃瑞勳 군君이 왔다. 경희京熙가 대학大學 제1의원第一醫院 피부비뇨과皮膚泌尿科 612호실六一二號室 입원入院. 처妻가 데리고 갔다. 최 서방崔書房이 짐은 날렀다.

8월 25일. 경희京熙를 가 보다. 사진寫眞을 박었다. 복적생復籍生 시험試驗 감독監督. 채점採點. 국립도서관國立圖書館서 오후午後 2시二時 조선서지학회朝鮮書誌學會 창립회創立會를 했다. 회칙會則, 위원委員, 위원장委員長, 상무위원常務委員 3명三名을 정定했다. 모인 이는 홍순혁洪

淳赫, 민영규閔泳珪, 이두종李斗鍾, 김구경金九經, 박봉석朴奉石, 이재욱李在郁과 나. 사대師大 중등교원강습소中等教員講習所로 가서 개강開講.

8월 26일. 문교부文教部로 하여 대학大學을 갔다. 경희京熙는 오후午後 세 시 — 여섯 시 목 왼편을 수술手術하여 결핵성結核性 몽을 다 따냈다. 확순을 데리고 저녁에 또 경희京熙를 가 보았다. 진주晉州, 경남慶南공립중학公立中學 두 교장校長과 안호상安浩相 군君과 주식酒食을 함께 했다.

8월 27일. 채점採點을 다 해 주었다. 경남중학교장慶南中學校長이 내가 진 교가校歌와 기타其他 수삼 인數三人이 진 걸 가지고 와 보인다. 내가 진 교가校歌를 설명說明해 주었다. 또 함께 주식酒食을 했다. 경남중학교장慶南中學校長과 조윤제趙潤濟, 안호상安浩相과. 차확순車廓順은 의원醫院에서 자고 오늘 오후午後 도망逃亡했다. 순자順子와 가치 의원醫院에 가서 경희京熙를 보았다.

8월 28일. 문교부文教部, 대학大學에 나갔다. 구舊 왕궁王宮 관방官房에 가서 이광수李光壽 군君을 보았다. 경희京熙를 보았다. 붕대繃帶를 새로 갈었다. 경과經過가 좋다. 열熱과 부기浮氣가 내리고 음식飮食도 달게 먹는다. 장태영張泰英 군君 부인夫人이 청실리를 가줬다. 맛이 꽤 청신清新하다.

8월 29일. 오전午前 10시十時부터 교수회教授會에 참석參席. 오정午正에 파罷했다. 경희京熙를 보았다. 조운曺雲, 석정夕汀이 왔다. 처妻가 와 주식酒食을 준다.

8월 30일. 문교부文教部에 갔었다. 이병숙李炳肅 군君을 종일終日 기다렸다. 안 온다. 밤에 경희京熙를 가 보았다. 태희泰熙가 왔다.

8월 31일. 남풍南風이 굉장히 불고 비가 왔다. 밤에 경희京熙를 가 보았다. 편수사編修士 사직서辭職書를 썼다.

9월

9월 1일. 대학大學 가다 경희京熙를 보고 백양당白楊堂을 들리고 만세보사萬歲報社에 갔었다. 비가 왔다. 사대師大 중등교원강습소中等敎員講習所에 갔다. 개성開城 인삼주人蔘酒를 마셨다. 강의講義하다가 또 마셨다. 종희宗熙가 왔다.

9월 2일. 새벽에 태희泰熙게 술병 들리고 하거何居께 갔다. 술을 몇 잔 거울렀다. 아악부雅樂部에 갔다. 경희京熙 보고 대학大學으로 갔었다.

9월 3일. 흐리다. 구舊 왕궁王宮 사무청事務廳에 갔다. 이광수李光壽 군君을 보고 이중각李重珏의 조경단肇慶壇 참봉參奉을 부탁하고 나와 기다렸다. 남령南嶺 군君이 왔다. 초등교육과初等敎育課 사무원事務員 여자女子 셋과 편찬과編撰課 신동엽辛東燁 군君과 이종덕李鍾德 군君이 왔다. 주전과主殿課서 온 지로자指路者와 함께 돌아보았다 — 인정전仁政殿, 선정전宣政殿, 대조전大造殿, 영화당暎花堂, 주합루宙合樓, 희우정喜雨亭, 연경당演慶堂, 옥류천玉流川 태극정太極亭. 태극정太極亭에서 점심點心. 종덕鍾悳 군君은 술과 과실果實, 여자女子들은 밥과 반찬飯饌. 나오다 종덕鍾悳 군君에게 끌려갔다. 청진동淸進洞 어느 음식飮食집. 종덕鍾悳의 애인愛人이 있다. 신辛 군君과 나는 술을 마셨다.

9월 4일. 대학大學을 갔다가 장지태張之兌 군君을 데리고 경찰전문학교警察專門學校에 갔다. 김용창金容昌이가 왔다. 제 사촌四寸을 데리고 동대東大 예과豫科 입학시험入學試驗 보이러. 이길배李吉培 군君도 동대

東大 시험試驗 보러 왔다.

9월 5일. 편찬과編撰課에 가서 사직서辭職書를 냈다. 세대世大로 갔다. 풍문여중豐文女中 영어英語 선생先生을 부탁했다. 배정국裵正國 군君을 보았다. 그리고 한남서림翰南書林과 고서점古書店에 들렀다.『이조실록李朝實錄 풍속관계자료촬요風俗關係資料撮要』1책一冊 8백 원八百円. 샀다. 김영진金永鎭 군君이 찾아왔다. 김소진金蘇鎭 군君 부자父子가 왔다. 영어英語 선생先生 조 씨趙氏가 왔다. 이리裡里 건국청년학숙장建國青年學塾長 이강李剛, 교사敎師 정진우鄭鎭禹, 박희선朴喜宣 군君이 자동차自動車로 찾다가 다시 왔다. 나가서 술을 먹고 돌아왔다. 나를 명예숙장名譽塾長으로 추천推薦했다 한다.

9월 6일. 저녁부터 비. 새벽에 최해봉崔海蓬을 데리고 가 홍증식洪增植 군君께 소개紹介. 김효경金孝經 군君을 찾아보았다. 의원醫院, 대학大學을 나갔다. 불전佛專 교장校長 허영호許永鎬 군君을 보았다. 수의과獸醫科 입학시험入學試驗 국어國語 답안答案 백여 장百餘張을 끊았다. 용창容昌이는 갔다.

9월 7일. 유석기柳錫基 군君이 왔다. 족인族人 길배吉培가 왔다.

9월 8일. 대학大學서 국어국문학과생國語國文學科生을 모아 놓고 여러 가지 주의注意를 했다. 의원醫院 경희京熙를 보았다. 이병숙李炳肅 군君이 왔다. 술을 먹었다.

9월 9일. 세대世大에 나갔다. 두 시간時間 강의講義. 돌아오니 신동엽辛東燁, 권형중權亨重 군君이 와 나가자 한다. 나가서 오찬午餐

9월 10일. 아침에 정충시鄭忠時 군君을 보았다. 대학大學서 국문학개설國文學槪說 개강開講. 한문학사漢文學史 개강開講. 경복중학교장景福中學校長 맹원영孟元永을 찾으니 없다고 한다. 신동엽辛東燁, 손재형孫

在馨 군君도 다 없다.

9월 11일. 종일終日 집에서 원고原稿를 썼다.

9월 12일. 의대醫大 두 시간 개강開講. 의원醫院 경희京熙를 보았다. 퇴원退院하려고 구루맛군을 불렀다. 짐을 다 실어 보내고 나는 대학大學으로 가서 두 시간 국문학개설國文學槪說 강의講義. 장지태張之兌 군君과 점심點心. 김동수金同洙, 영관永琯 군君이 왔다.

9월 13일. 군정청軍政廳을 가 보았다. 풍문여중豐文女中서 학부學父 이사理事 직원職員 석찬회夕餐會가 있다. 맥주麥酒를 서너 병 거울렀다.

9월 14일. 처妻가 오후午後 9시九時로 떠났다. 조용만趙容萬 군君과 월탄月灘을 찾었다.

9월 15일. 대학大學서 '조선의 극가劇歌' 개강開講.

9월 16일. 별과생別科生, 청강생聽講生 구술시험口述試驗을 보다. 종일終日. 러취 장관長官 국장國葬으로 휴업休業인데, 밤에 그 답안答案을 꼲았다. 이병숙李炳肅, 이태극李泰極 군君이 중국음식中國飮食으로 석찬夕餐을 먹인다.

9월 17일. 휴강休講하고 교수회敎授會. 법과대학法科大學의 데모로 문리과文理科 교사校舍를 점령占領함에 대한 방책方策 토의討議. 이사理事, 학생學生 대표代表도 와 말한다. 결의決議는 거부拒否. 오후午後 2시二時부터 9시九時.

9월 18일. 동대東大에 가서 국문학사國文學史 개강開講. 청강聽講하는 학생學生이 가득 찼다. 마치고 신문학원新聞學院 사무소事務所로 갔다. 오후午後 5시五時 또 가서 신문학원新聞學院 졸업卒業 기타其他를 토의討議코 음식점飮食店으로 가서 석찬夕餐.

9월 19일. 대학大學서 일석一石, 소전素筌을 맞나 이야기 했다. 일석一

石은 법대法大의 불법不法 행동行動에 대한 것이고 소전素筌은 나의 권고勸告로 미술부美術部 서법書法을 맡었다는 것이다. 태희 모泰熙母가 천촉증喘促症으로 위석委席.

9월 20일. 풍문여중豐文女中 교장校長 집에서 석찬夕餐, 소주燒酒와 맥주麥酒. 양정희楊定熙, 소병원蘇秉元 군君이 밤에 왔다.

9월 21일. 풍문여중豐文女中 조 선생趙先生 내외內外가 배, 능금을 가지고 왔다. 서명호徐明浩 군君이 배를 가지고 왔다. 갈전葛田 이중각李重珏이가 왔다.

9월 22일. 순자順子가 왔다. 가치 정 씨丁氏 집을 갔다. 정 씨丁氏는 전기회사電氣會社 출근出勤했다. 이중각李重珏과 구舊 왕궁王宮 관방官房에 갔다. 이광수李光壽 군君은 안 나왔다. 전화電話로 말했다. 중각重珏이를 그 집으로 보냈다. 오늘은 사대師大 중교원中敎員 야학夜學까지 여달 시간時間 했다. 태희泰熙 모母가 그냥 위석委席. 가미보중익기탕加味補中益氣湯을 두어 첩貼 썼다. 패모貝母, 행인杏仁, 반하半夏 등 해수咳嗽, 담痰 고칠 약藥을 가加했다. 효험이 있다.

9월 23일. 세대世大를 갔다. 올 때 전차電車를 탔다. 퍽 분잡紛雜하다. 가방을 쨌다. 빼앗긴 건 없다. 원고原稿와 책冊은 소용所用이 없던 모양이다. 전차電車 속은 도적의 소굴巢窟이다. 구舊 왕궁王宮에 가서 이광수李光壽 군君을 만났다. 이중각李重珏은 떠나갔다.

9월 24일. 하거何居께 갔었다. 석반夕飯. 아침엔 손님이 두세 분 왔었다. 시내市內 모 중학某中學 교장校長에게 전학轉學을 청請편지를 써 달라고. 조반朝飯을 먹다 말고 편지를 쓰는데 하거는 왔다가 들오지도 않고 갔다. 손님이 타고 온 자동차自動車를 타고 하거何居께로 가다 중로中路에서 하거何居를 만나 함께 그 댁宅으로 갔다. 나는 하거何居가 노

怒하여 갔나 하였다. 서울대학大學을 가니 시간時間이 좀 늦었다.

9월 25일. 백양당白楊堂에 들렀다. 『한중록恨中錄』 인세印稅 4만여 원四萬餘円을 준다.

9월 26일. 두계斗溪, 동빈東濱과 가치 와 술을 먹었다.

9월 27일. 박증구朴曾求 군君이 자동차自動車를 가지고 왔다. 숙명여자전문학교淑明女子專門學校를 가서 국문학개론國文學槪論 개강開講. 자동차自動車로 돌아오다 군정청軍政廳을 들려 신동엽辛東燁 군君을 보았다. 구舊 왕궁王宮 이광수李光壽 군君과 유해종劉海鍾 노인老人을 보았다. 풍문여중豐文女中을 가니 휴강休講되었다. 장작 두 마차馬車에 1만 3천 원一萬三千円으로 샀다.

9월 28일. 비가 종일終日 온다. 순자順子가 아침에 왔다.

9월 29일. 추석秋夕. 종일終日 집에 있었다.

9월 30일. 세대世大로서 서울대학大學에 갔다. 오후午後 네 시 태화정太華亭에서 이광수李光壽 군君과 유해종劉海鍾 노인老人을 더불고 석찬夕餐.

10월

10월 1일. 아악부雅樂部 제5회第五回 시조강습회時調講習會를 개시開始. 시조時調 문학文學의 서론序論을 약간若干 말했다.

10월 2일. 백양당白楊堂서 인곡仁谷, 소전素筌을 만났다. 하거何居를 보았다. 최 서방崔書房에게 1만 3천 원一萬三千円을 꿔어주었다. 장작 장사를 하겠다 하여.

10월 3일. 종희宗熙 수업료授業料 3천 원三千円을 주었다. 이병숙李炳肅, 이태극李泰極 군君이 석찬夕餐을 먹인다.

10월 4일. 풍문여중豊文女中을 갔다. 이흥열李興烈 군君이 여산국민학교가礪山國民學校歌 작곡作曲을 하였다. 숙전淑專은 자동차自動車가 안 와서 못 갔다.

10월 5일. 김억金億 군君이 왔다. 막걸리를 먹었다.

10월 6일. 여산국민학교장礪山國民學校長 현炫 군君께 편지하고 그 교가校歌 작곡作曲을 동봉同封해 보냈다.

10월 7일. 만 원萬円을 장태영張泰英 군君에게 뀌어주었다.

10월 8일. 아악부雅樂部 가서 시조작時調作 강화講話.

10월 9일. 비. 한글 기념紀念날. 동성중학교東星中學校 가서 한글에 대한 강연講演. 동빈東濱 찾어 술 먹고 가치 나서 월탄月灘, 석남石南을 역방歷訪코 김억金億 군君을 찾었다. 막걸리를 자꾸 권한다. 순자順子가 편지했다. 횡설수설橫說竪說. 순자順子를 보았다. 가야고 탄다는 신申가가 와 있다. 서徐가는 싸워 보냈다 한다. "제 버릇은 개도 못 준다"는 말 그대로다. 광광狂狂, 치치痴痴.

10월 10일. 신문학원新聞學院서 남궁장南宮莊 석찬夕餐을 준다. 백낙준白樂濬, 이순탁李順鐸, 설의식薛義植, 양재하梁在厦 기타其他 몇몇이 모였다. 오늘 제2차第二次 학생모집學生募集 마감이라고. 아침 비가 지냈다.

10월 11일. 풍문여중豊文女中 5학년五學年은 경주慶州 여행旅行 준비準備로 휴강休講.

10월 12일. 법학관法學館에서 신문학원新聞學院 입학생入學生 구술시험口述試驗을 보았다. 무교탕武橋湯집에서 석찬夕餐.

10월 13일. 남령南嶺 군君이 조운曺雲 군君 막내아들을 더불고 왔다.

10월 14일. 백양당白楊堂서 소전素筌, 인곡仁谷을 만나 청요리淸料理집에 오식午食.

10월 15일. 남령南嶺 군君이 와 청강聽講. 조운曺雲이 그 부인夫人과 아들을 다리고 왔다. 아악부雅樂部서 시조강습회時調講習會를 마치고 술과 여흥餘興으로 밤 열 시에 파했다.

10월 16일. 정음사正音社의 「옛글」 원고原稿를 사열査閱했다. 남령南嶺 군君이 왔다.

10월 17일. 장태식張泰植 군君이 술을 사 준다. 순자順子가 왔다.

10월 18일. 박증구朴曾求 군君이 자동차自動車를 몰고 왔다. 타고 숙전淑專에 나가 강의講義했다.

10월 19일. 박태원朴泰遠 군君이 와서 하원夏園의 전기傳記를 벗겼다.

10월 20일. 사대師大 중등교원양성소中等敎員養成所 야학夜學 시간時間을 하고 나니 퍽 피곤疲困하다.

10월 21일. 아침 안개가 끼었다, 청년회관靑年會館서 신문학원新聞學院 제1회第一回 졸업식卒業式을 하였다. 나는 식사式辭를 하였다. 졸업생卒業生은 35三十五 명名. 저녁엔 덕영루德永樓서 사은회謝恩會를 하였다. 배갈白干을 많이 마셨다.

10월 22일. 속이 좋지 못하다. 오후午後는 휴강休講하고 집으로 왔다. 휘문중학교徽文中學校 박술음朴術音 군君을 보았다. 집에 편지를 하였다.

10월 23일. 문리과대학文理科大學 조선어문학연구회語文學硏究會서 국문학國文學 서적書籍 전람회展覽會를 하겠다고 거긔에 적당適當한 고서古書 각종各種 50책五十册을 가져갔다. 오후午後 7시七時 수산신문사水産新聞社 삼층三層에 가서 제2회第二回 모집募集 신문학원생新聞學院

生 2백2십 명二百二十名에 대하여 국어문학國語文學 개강開講.

10월 24일. 대학大學에 가서 전람회展覽會를 보았다. 배화여중培花女中 학생學生에게 국문학國文學에 대한 강연講演을 했다.

10월 25일. 숙전淑專을 나갔다. 풍문豐文으로 해서 집에 와 점심點心 먹고 대학大學으로 갔다. 숙전淑專, 풍문豐文 학생學生에게 국문학國文學 서적書籍에 대한 강연講演을 했다.

10월 26일. 박태원朴泰遠 군君이 술 한 병을 차고 왔다. 가치 마셨다. 대학大學 전람회展覽會에 갔다. 양주동梁柱東, 전형필全鎣弼 군君이 왔다. 국문학생國文學生들을 모여 서적書籍 해설解說을 들렸다. 오후午後 다섯 시 국문학연구실國文學硏究室서 전람회展覽會 보고회報告會를 한다. 나와 일석一石, 방종현方鍾鉉 군君이 참석參席. 조윤제趙潤濟 군君께 모욕侮辱을 당했다고 국문학생國文學生들이 대단 분개한다. 나는 둥근 말로 타일르고 술 먹고 놀았다.

10월 27일. 이병도李丙燾 군君과 점심點心. 이李 군君이 중앙도서관장직中央圖書館長職.

10월 28일. 이중각李重珏 군君이 전인專人하여 편지 했다. 회답回答. 「우리 말글 공부의 방법」 원고原稿를 썼다.

10월 29일. 동빈東濱께 천 원千円 꿔어 주었다. 배급配給 타야겠다는 급急한 사정事情이기 천안중학교天安中學校 교가校歌 작곡作曲 사례금謝禮金 맡은 것을 주었다. 대학大學서 나오다 하거何居께 들렀다. 석반夕飯을 준다. 연평공延平公의 제문집祭文集과 이선李選의 언찰諺札을 얻었다. 간단하되 묘하다.

10월 30일. 아침에 동대東大를 가다 보니 서리가 허옇게 왔다. '효간숭엽상여설曉看菘葉霜如雪'이라는 시구詩句를 읊었다. 권오돈權五惇 군君

이 찾어준다. 몇 친구親舊에게 내 말을 퍽 들었다 하고 시방 문리대학文理大學 중국문학中國文學의 시가詩歌 강좌講座을 맡었다 한다.

10월 31일.

11월

11월 1일. 편찬과編撰課를 가서 신동엽辛東燁 군君 보고 신문학원新聞學院 근세近世 외교사外交史를 맡어 달라 했다. 신辛, 이봉수李鳳秀, 최근학崔根學 군君과 점심點心.

11월 2일. 박태원朴泰遠 군君이 왔다.

11월 3일. 이상로李相魯 군君이 왔다.

11월 4일. 김동리金東里가 왔다.

11월 5일. 신구新舊 총장總長 송영회送迎會를 했다. 문리과대학文理科大學 대강당大講堂서.

11월 6일. 사대師大 회계실會計室, 문리과대학文理科大學 연구실研究室를 거쳐 왔다.

11월 7일. 두계斗溪 집에 가서 석식夕食. 동빈東濱, 천뢰天籟도.

11월 8일. 비 개고 퍽 따뜻하다. 입동立冬. 미국공보원美國公報院을 가서 한글 강연講演 세 시간時間 했다. 맥주麥酒를 준다. 조용만趙容萬 군君과 나오다 월탄月灘을 찾었다 못 보고 술을 먹었다.

11월 9일. 수송국민학교壽松國民學校서 시가론詩歌論 두 시간 했다. 문화강습회文化講習會 4백5십 명四百五十名 모였다. 순자順子가 왔다.

11월 10일. 전정電灯이 병이 낫다. 애들이 애써 고쳤다. 채 더 밝다.

백채白菜 4백여四百餘 통과 무 2천 원二千円어치 사 들였다.

고故 유억겸兪億兼 씨氏 조상弔喪. 2백 원二百円 부의賻儀.

11월 11일. 칩다. 오후午後 2시二時 국립도서관國立圖書館에서 서지학회書誌學會를 했다. 나는 제1회第一回 연구발표硏究發表「서화書話 수종數種 1. 책사冊肆와 서쾌書儈 2.『규장전운奎章全韻』」에 대하여서다. 도서관圖書館 학교學校 학생學生, 연대延大, 동대東大 사과史科 학생學生, 본학회원本學會員이 교실敎室에 찼다. 한 시간 반을 이야기 했다. 의대학장醫大學長 병원장病院長과 자동차自動車로 문리과대학文理科大學을 갔다. 7시七時에 두계斗溪, 동빈東濱, 김두헌金斗憲 군君과 자동차自動車로 돈암동敦岩洞을 나갔다. 이병길李丙吉 군君을 찾었다. 전정電灯이 나흘채 꺼졌다고 양촉洋燭를 켰다. 주식酒食을 준다. 그 따님이 나와 술을 권한다. 그 따님은 교무처敎務處의 사무원事務員이다. 음식飮食은 고급高級이다. 소주燒酒가 독毒하다. 누가 형사刑事를 죽였다고 거리거리서 단속團束을 한다. 밤에 얼었다.

11월 12일. 고故 유억겸兪億兼 씨氏 발인發靷에 가 보았다. 가회동嘉會洞 그 본제本第로서 중앙청中央廳으로 갔다. 10시十時 식式이 있고 11시十一時 떠낫다. 광주廣州 선영先塋에 장사葬事한다고. 대학大學은 휴강休講. 운雲 군君이 왔다.

11월 13일. 박순양朴順陽 군君이 술 한 병 들고 와 본다.

11월 14일. 칩다. 학생學生들이 교실敎室에서 떨고 있다.

11월 15일. 개천절開天節 음陰 10월十月 초3일初三日. 10시十時 대강당大講堂서 축하식祝賀式을 하였다. 볕이 따뜻하다.「조선의 극가劇歌」원고原稿를 쓰다.

11월 16일. 태희泰熙 모母가 박순양朴順陽 군君과 가치 여산礪山을 갔다. 최 서방崔書房 댁이 조석朝夕을 와 해 준다.

11월 17일. 사대師大 중등교원양성소中等教員養成所 시험試驗 후後 첫 시간이다. 그 시험試驗에 대한 설명說明을 약간若干했다.

11월 18일. 오전午前 9시九時부터 문교부文教部 주최主催 신교육건설전람회新教育建設展覽會 심사위원회審査委員會에 나갔다. 의론議論이 있고 오후午後엔 그 전람회장展覽會場인 서울중학교中學校로 가서 전람展覽 현상現狀을 보고 또 회의會議 하고 나는 작문作文 심사위원審査委員과 함께 각지各地 그것을 검토檢討했다.

11월 19일. 서울대학大學을 가서 국문학개론國文學概論 시간時間만 하고 나오다. 김상기金庠基 군君 형수兄嫂 상喪을 위문慰問코 또 서울중학교中學校로 갔다. 다 검토檢討하여 판정判定했다. 그리고 최근학崔根學, 조동탁趙東卓 군君을 더불고 예전 우정국郵政局 앞 주막酒幕으로 들어 한 잔 먹었다.

11월 20일. 남령南嶺 군君이 오고 조운曺雲 군君이 자동차自動車로 왔다. 나섰다. 덕수궁德壽宮으로 갔다. 조현曺鉉, 정순애鄭順愛 군君과의 결혼식結婚式. 내가 주례主禮했다. 연극演劇 출연가出演家가 많이 왔다. 오정午正. 오후午後엔 조현曺鉉 군君 가家로 가서 주식酒食, 담소談笑.

11월 21일. 동빈東濱과 점심點心.

11월 22일. 비. 조히를 사 오다. 정병욱鄭炳昱, 김삼불金三不 군君이 왔다. 「유관순처녀기념가柳寬順處女紀念歌」를 지었다.

11월 23일. 따뜻하다. 남령南嶺 군君과 창문窓門을 발렀다.

11월 24일. 순자順子가 밥을 하였다. 자정子正에 처妻가 왔다. 기차汽車 타기가 곤란困難하여 중로中路에서 이틀이나 묵었다 한다.

11월 25일. 눈이 펄펄 온다. 세대世大에 가서 여섯 시간時間을 했다.

11월 26일. 바람이 분다. 꽁꽁 얼었다. 7천 원七千円을 서울대학大學 회계과會計課에 내었다. 양복洋服을 배급配給한다 해서.

11월 27일. 동대東大로서 진명여중進明女中에 갔다. 교장校長 이세정李世楨 군君은 어데 가고 교무주임教務主任 진서림陳瑞林 군君이 나를 인도引導한다. 제5학년第五學年에게 시가문학詩歌文學 그중中 시조時調를 중심中心하여 강의講義를 시작했다.

11월 28일. 오전午前엔 음산하고 오후午後엔 좀 풀렸다. 의대醫大, 미술부美術部 동양미술사東洋美術史, 국문학개설國文學概說 — 통 다섯 시간時間을 하고 나오다 대동상업학교大東商業學校로 들어 한국대학관韓國大學館 학부學部 정경과政經科 두 시간, 영어과英語科 수리과數理科 두 시간을 하였다.

11월 29일. 비. 중앙청中央廳을 갔다. 미술전람회美術展覽會 구경하고 풍문여중豐文女中으로 갔다. 이리공업학교가裡里工業學校歌 작곡作曲을 이흥렬李興烈 군君께 부탁했다. 그 교장校長이 아침에 와서 사례謝禮 5천 원五千円을 주었다. 이호우李豪愚 군君 매씨妹氏가 찾아왔다. 소작所作 시조時調 몇 수首를 보인다. 고추敲推하였다. 저녁 먹고 이야기하다 갔다.

11월 30일. 종일終日 집에 있었다. 처妻와 함께 하 박사河博士 집에 가서 석찬夕餐을 받었다. 달포 전에 득남得男하였는 바 잘 생겼다.

12월

12월 1일. 임시臨時로 한국대학韓國大學 야학夜學 시간時間을 하였다.

12월 2일. 눈얼음이 쌓였고 몹시 칩다. 세대世大를 갔었다. 교실教室이 치워서 학생學生들이 떨고 있다.

12월 3일. 하 박사河博士를 또 가 보았다. 조용만趙容萬 군君을 보고 순자順子도 보았다. 저녁에 하 박사河博士를 가 보고 몇 사람을 추천推薦했다. 조용만趙容萬 군君이 왔었다. 샤쓰 배급配給을 타 왔다.

12월 4일. 진명여중進明女中에 갔다. 점심點心을 준다.

12월 5일. 동빈東濱, 두계斗溪와 함께 고故 장덕수張德秀 씨氏 조상弔喪을 갔다. 오다가 김영완金永完 씨게 들렀다. 신작申綽 저著『고상서주古尙書注』 원고본原稿本 4책四册을 보았다. 하거何居가 그 부근附近 음식飮食집으로 끌어 대접을 한다.

12월 6일. 문교부文敎部서 이번 신교육건설전람회新教育建設展覽會에 내놓겠다고 얻어간 책册들을 가졌다. 통 53책五十三册인데 한 책册을 빠쳤다. 『송강가사松江歌辭』 사본寫本이다. 내가 벗긴 것이다. 도적을 맞었다더니 그래 없어지지 않었나 한다. 앞집 홍종철洪鍾喆 부인夫人 신행新行날이라고 술을 준다.

12월 7일. 태희泰熙 서모庶母와 장환章煥 모母가 왔다. 김재갑金在甲 군君이 그 며누리 우례于禮했다고 술을 준다.

12월 8일. 대설大雪날. 비가 모ㅅ비처럼 온다. 사대師大 중등교원양성소中等教員養成所 야학夜學은 전화電話로 못 가겠다 하고 비 맞고 대학大學서 돌아왔다.

12월 9일. 세대世大에 나갔다. 제1학기第一學期 강의講義는 마감했다.

12월 10일. 몹시 칩다. 대학大學에 나가 국문학연구실國文學硏究室에서 강화講話했다. 발이 얼었다.

12월 11일. 사대師大로 하여 진명여중進明女中을 나갔다.

12월 12일. 대학大學은 나갔으나 휴강休講. 손이 얼어 필기筆記 시길 수 없다.

12월 13일. 풍문여중豐文女中을 가서 두어 시간時間 했다. 순자順子를 가 보았다. 그 소기小碁 5백 원五百円을 주었다.

12월 14일. 풍문여중豐文女中서 한성사범漢城師範 때 동창同窓들이 모였다. 300원三百円 씩 내어 점심點心. 여달 사람이였다.

12월 15일. 서울대학大學은 오늘부터 방학放學. 한국대학관韓國大學館에 임시臨時 네 시간 했다. 구舊 왕궁王宮 관방官房을 가 보았다.

12월 16일. 종일 집에서 원고原稿 썼다. 하거何居가 밤에 왔다. 몹시 치웠다.

12월 17일. 최해연崔海衍 다리고 대학大學을 가서 내 책冊을 가졌다. 요전 전람회展覽會에 빌렸던 것이다. 아악부雅樂部, 순자順子 집을 가 보았다.

12월 18일. 문교부文教部에 가서 국민학교國民學校 국어교본國語教本 1-2 토의討議.

12월 19일. 김삼불金三不 군君이 와서 오늘부터『고언서찰古諺書札』를 정서淨書하였다.

12월 20일. 김삼불金三不 군君이 왔다. 나는 오후午後 풍문여중豐文女中으로 갔다 김영완金永完 씨 댁에 들려 술을 취醉하여 오다 순자順子게 들렀다. 순자順子, 재연在連이 나를 부축하고 집으로 왔다. 처妻가 퍽 염려念慮하고 그렇게 취醉하도록 먹지 말라 한다.

12월 21일. 김삼불金三不 군君이 왔다. 언찰諺札 난초亂草를 해독解讀.

12월 22일. 김삼불金三不 군君이 왔다. 최 서방崔書房이 와 청산淸算했다. 무 배추 값 7천4백 원七千四百円 제하고 남어지 5천6백 원五千六百円

가좠다.

12월 23일. 동지冬至. 퍽 풀렸다. 애류崖溜가 아침에 왔다. 100 원百円과 전차표電車票 몇 장을 주었다. 김삼불金三不 군君이 왔다. 조운曺雲, 남령南嶺 군君이 왔다. 시조론時調論을 했다. 운雲 군君이 삼인집三人集을 하겠다고. 처妻와 경京, 종宗 양아兩兒와 태희泰熙가 오늘 밤차車로 떠났다. 날이 푹하여 다행이다. 운雲, 남령南嶺 군君은 전등電燈이 꺼진 후 갔다. 재동국민학교가齋洞國民學校歌를 지어다 주었다.

12월 24일. 푹하다. 김삼불金三不 군君이 왔다. 한희漢熙 편지 보다. 양주동梁柱東 군君이 그 따님 시겨 편지를 던진다. 내 책冊을 차람借覽켔다고.

12월 25일. 김인수金仁洙 군君이 새벽에 왔다. 하거何居를 가보고 김상기金庠基 군君을 찾다. 김삼불金三不 군君이 왔다. 집에 와 보니 신석주辛奭柱, 양주동梁柱東 군君이 와서 있다. 양梁 군君께 책冊을 내보였다. 양梁 군君은 술 두 병, 신辛 군君은 안주를 사 왔다. 다 거울렀다. 양梁 군君이 미흡未洽해 또 어데로 나가자 하는 것을 말었다. 『송강가사松江歌辭』, 『청구영언靑丘永言』, 『해동가요海東歌謠』, 『심청전沈淸傳』을 빌려 주었다. 오후午後 3시三時 하거何居 댁으로 갔다. 두계斗溪, 동빈東濱이 와 있다. 그 내방內房으로 들어가 술들을 먹었다.

12월 26일. 오후午後 2시二時 반半 정영만鄭榮萬 양孃이 왔다. 자동차自動車로 함께 덕수국민학교德壽國民學校로 갔다. 3시三時 내지乃至 4시四時 40분四十分 국문학國文學의 역사적歷史的 고찰考察에 대하여 강연講演. 초중교원初中敎員 3백여 명三百餘名 — 교육문화협회敎育文化協會 주최主催. 오다 한국대학관韓國大學館 네 시간을 하였다. 석환碩煥 어머니가 와 앓는다.

12월 27일. 비. 문교부文敎部 가서 국민학교國民學校 『5-2 국어교본國語敎本』을 토의討議. 금융조합연합회金融組合聯合會로 갔다. 그 회가會歌 모집품募集品 심사審査다. 180여百八十餘 편篇. 가작佳作 3편三篇만 뽑혔다. 그 회장會長 이사理事, 김억金億, 이하윤異河潤, 박종화朴鍾和 군君과 함께. 김억金億 군君께 들려 막걸리에 배 불렀다.

12월 28일. 새벽에 하거何居가 오셨다. 조운曺雲 군君이 왔다. 김상옥金相沃, 유柳 군君이 왔다. 남령南嶺 군君이 왔다. 손도심孫道心, 이능우李能雨, 전북도全北道 학무국學務局서 2인二人, 김소진金蘇鎭 군君이 왔다. 양兩 조曺, 김金, 유柳와 종일終日 시론詩論 시화詩話. 백주白酒를 마시면서. 하거何居 댁에 가 보았다. 『평양지平壤誌』 속편續篇을 보았다. 「영명사永明寺 득월루得月樓 중수기重修記」— '득월루영명사지전루야得月樓永明寺之前樓也'는 정조正祖 16년十六年 임자壬子 평안감사平安監司 홍양호기洪良浩記가 있다. 이 누樓는 그 40년四十年 전前 영조英祖 29년二十九年 홍상한洪象漢 감사監司 때 창건創建했다고. 홍상한洪象漢은 영조英祖 28년 7월 12일 내지乃至 29년 11월 10일 재직在職. 의유당일기意幽堂日記의 영명사永明寺 듀월루는 분명分明히 득월루의 오자誤字다.

12월 29일. 남령南嶺, 운雲 군君이 왔다. 박노춘朴魯春 군君이 왔다. 홍원洪原서 진 시조時調와 그 후 지은 것을 초출抄出했다. 하거何居께 갔다.

12월 30일. 대학大學에 갔다. 삼화三華를 만나 함께 돌아왔다. 정충시鄭忠時 군君이 왔다.

12월 31일. 볕도 나고 퍽 따듯하다 눈이 온다. 김삼불金三不 군君이 왔다. 대학大學에 갔다. 배급配給한 옷감을 타다 연구실硏究室에 두고 두계斗溪, 동빈東濱과 가치 나오다 술을 먹었다. 원동苑洞에 들렀다. 순자

順子가 집에 왔다고. 경희京熙 편지 보니 그날 잘 갔다고.

1948년(단기 4281년)

1948년(단기 4281년)

1월

1월 1일. 진명여중進明女中으로 갔다. 교장校長 이세정李世楨 군君이 동교同校 직원職員을 모아 식탁食卓을 버렸다. 정열모鄭烈模, 김용배金容培 군君도 왔다. 여선생女先生의 창가唱歌가 높아지자 나는 나왔다. 풍문여중豐文女中 교장校長 김성달金性達 군君 집으로 갔다. 풍문여중豐文女中 직원職員이 방으로 꼭 찼다. 진명進明서 얻은 엿 세 가락은 여선생女先生들게 선사했다. 배반杯盤이 한창 낭자狼藉했다. 나는 삼 배三盃을 거퍼 했다. 그리고 몇 잔 더 하고 먼저 나왔다. 해는 인왕산仁王山을 넘었다. 엿 한 덩이를 사 가지고 원동苑洞으로 들렀다. 순자順子, 재연在連 군君이 좋아한다.

1월 2일. 종일 원고原稿 정리整理. 삼불三不 군君이 왔다. 순자順子가 왔다.

1월 3일. 오정午正에 태화정泰華亭으로 갔다. 한국대학관韓國大學館의 초대招待다. 몇 잔 마시고 나왔다.

1월 4일. 이상돈李相敦 군君이 와 본다. 삼불三不 군君이 왔다.

1월 5일. 음음陰陰하고 바람이 분다. 녹이다 언다. 한국대학관韓國大學館 개학開學, 네 시간 했다. 원동苑洞서 이발理髮. 박헌병朴憲秉 군君

와『용가龍歌』를 벗겼다.

1월 6일. 소한小寒. 퍽 명랑明朗하다. 재연在連 군君이 왔다. 장적을 쪼갰다. 태희泰熙 모母는 제일극장第一劇場 구경 갔다. 성경린成慶麟 군君이 왔다. 저녁에 장태영張泰英 군君 집에 가 동내洞內 친구親舊 네 사람과 함께 술을 먹었다. 중년中年 과부寡婦가 판다. 두 주전자. 두부豆腐 찌개.

1월 7일. 명랑明朗. 순자順子가 오라기에 갔더니 앓는다. 조운曺雲, 남령南嶺 군君이 왔다. 『삼인시조집三人時調集』을 의논했다.

1월 8일. 아침에 김영완金永完 씨가 왔다. 김영완金永完 씨 댁에 갔다. 술을 주는데 한국대학관韓國大學館 임시臨時 와 달라 하여 돌아오니 다른 강사講師가 왔다 한다. 집에 편지 했다. 석환碩煥 자당慈堂이 돈 5백원五百円 또 꿔어 갔다.

1월 9일. 종일『고대단편선古代短篇選』주해註解했다.

1월 10일. 종일 주해註解했다. 삼불三不 군君이 귀향歸鄕하겠다고.

1월 11일. 정충시鄭忠時 군君을 찾다. 게서 이세정李世楨 군君을 만났다. 셋이 동행同行하여 권태희權泰禧 군君을 찾다. 홍영선洪永善 외外 수인數人이 또 왔다. 혹은 바둑, 혹은 담화談話, 혹은 간서看書로 하루를 보냈다. 나는『육방옹시선陸放翁詩選』을 보았다. 그 희작戲作 ─ '臥看銜枝鵲補巢 方知此老嬾堪嘲 山村四十餘年住 未省曾添一把茅'의 '와간臥看' 2자二字가 퍽 묘妙하다. 석찬夕餐을 준다.

1월 12일. 장태영張泰英 군君께 갔다. 동내 사람이 방으로 차게 모여 고담古談을 한다. 남령南嶺 군君이 오다.

1월 13일. 순자順子가 재연在連을 보내어 만 원萬円을 뉘게 변통해 달라고 한다. 몇 군데 알어보고 한 푼도 못 얻었다. 밤 눈.

1월 14일. 눈이 쌓이고 또 온다. 박노춘朴魯春, 김창현金彰顯 군君이 술 한 병을 가지고 왔다. 문화文話. 아침은 순자順子가 먹였다. 제 생일生日이라고.

1월 15일. 눈 쌔고 좀 칩다. 그러나 동지冬至 후로는 풀렸다. 『근조단편집近朝短篇集』 교주校註.

1월 16일. 원고原稿를 썼다.

1월 17일. 오후午後 두 시 아악雅樂를 갔다. 시조연구회時調硏究會 임시총회臨時總會다. 규칙規則 수정修正, 임원任員 개작改作, 신사항新事項 등이다. 60여 명六十餘名 중中 반수半數 이상以上 모였다. 개회開會 토의討議코 아악부원雅樂部員의 연주演奏며 기타其他 가무歌舞가 있었다. 퍽 유쾌愉快하였다.

1월 18일. 조용만趙容萬 군君이 왔다. 하 박사河博士 경덕敬德 군君께 갔다. 삼불三不 군君이 왔다. 하거何居께 갔다. 안성군安城郡 농업중학교農業中學校서 교가校歌를 지어 달라고 칠첩七楪 유기鍮器를 가졌다.

1월 19일. 하거何居가 왔다. 시조연구회時調硏究會 임원회任員會에 갔다. 오다 장태영張泰英 군君께서 놀았다.

1월 20일. 퍽 녹인다. 길이 질다. 김삼불金三不 군君이 왔다. 「시조時調는 혁신革新하자」 논문고論文稿를 대학원大學院 사무실事務室 김정환金貞煥 군君께 주었다. 『금강수산錦繡江山』이란 책册을 만든다고 청請한 것이다. 두계斗溪를 보고 이명선李明善 군君을 보고 술 먹고 장서은張西隱께 갔다. 오다 순자順子를 만나고 왔다. 밤에 유수柳壽, 유열柳烈 군君 숙질叔姪이 술 한 병 가지고 왔다.

1월 21일. 재연在連이 와서 가자한다. 서광전徐光前 노인老人 생일生日이라고 술을 준다. 연거퍼 다섯 잔을 먹었다. 순주醇酒다. 하거何居께 갔다. 서쾌書儈 몇이 모여 술상을 버렸다. 또 몇 잔을 받었다. 두계斗溪, 동빈東濱이 왔다. 그 내방內房으로 들어가 약주藥酒를 준다. 나는 더 먹지를 아녔다.

1월 22일. 『근조단편소설집近朝短篇小說集』과 『농요農謠와 농정고農政考』 두 책冊을 다 편찬하여 을유문화사乙酉文化社를 주었다. 윤석중尹石重, 조풍연趙豐衍 군君을 보았다. 박태원朴泰遠 군君도 만났다. 백양당白楊堂을 갔다. 배정국裵正國 군君이 점심點心을 사 준다. 박朴 군君은 근저近著 『홍길동전洪吉童傳』과 『약산若山과 의열단義烈團』을 준다. 하거何居께 들렀다. 종일終日 음침하더니 저녁부터 비가 줄줄 나린다. 광풍狂風이 분다. 집이 샌다.

1월 23일. 비가 저녁부터는 눈으로 되어 나린다. 바람도 여전하다. 순자順子게서 고무신 한 커리 가졌다. 5백5십 원五百五十円. 태희泰熙 서모庶母가 두러누었다. 가미보중익기탕加味補中益氣湯을 다섯 첩貼 지었다. 춘희春熙가 와 밥을 한다. 왼쪽 가슴이 절린다. 한국대학관韓國大學館을 간신히 갔었다. 밤 이슥하여 겨우 잠들었다. 풍설風雪은 창호窓戶를 두드린다.

1월 24일. 눈이 두어 자 쌓였다. 허둥지둥 빠지며 가회동嘉會洞을 갔다. 김진용金瑨鎔 군君은 조반朝飯 먹고 있다. 중각重珏 군君 일을 부탁했다. 중각重珏 편지가 또 왔다.

1월 25일. 삼불三不 군君이 와서 『해동가요海東歌謠』를 문의問疑한다.

1월 26일. 고무신 값을 주고 재연在連에게 이발理髮. 조운曺雲, 남령南嶺 군君이 왔다.

1월 27일. 또 눈이 온다. 정충시鄭忠時 군君이 청請한다. 권태희權泰禧, 홍영선洪永善, 박장열朴章烈 군君이 모였다. 배갈白干 몇 잔을 마셨다.

1월 28일. 안성농중安城農中서 그 교가校歌를 가져갔다.

1월 29일. 삼불三不 군君이 왔다. 『근조내간문학집近朝內簡文學集』 주해註解했다.

1월 30일. 교동국민학교校洞國民學校에 갔다. 교장校長 이규백李揆百 군君을 보고 그 직원회職員會에 국어國語 수삼數三 문제問題를 설명說明해 주었다. 서상천徐相天 군君이 와 「독립청년단가獨立青年團歌」를 수정修正해 갔다.

1월 31일. 이지헌李智憲 군君 집에서 오찬午餐.

2월

2월 1일. 하거何居께 갔다. 석반夕飯. 벽초碧樵 홍명희洪命熹 군君과 함께. 태희泰熙가 왔다. 삼불三不 군君이 왔다.

2월 2일. 을유문화사乙酉文化社에 『근조내간문학近朝內簡文學』의 원고原稿를 주었다. 조풍연趙豐衍 군君께. 아악부雅樂部에 들렀다. 이중각李重珏 군君께 전보電報와 편지 했다.

2월 3일. 「농촌農村의 고담古談」을 썼다. 민영철閔泳澈, 안문구安文求 군君이 왔다. 술 두 병을 가졌다.

2월 4일. 백양당白楊堂서 시조집時調集 재판再版 인세印稅 2만 원二萬円 왔다. 국립도서관國立圖書館에 갔다. 서지학회書誌學會가 있다. 조명기趙明基 군君의 송광사松廣寺 장서藏書에 대한 이야기가 있었다. 나오다가 신석호辛奭鎬, 신동엽辛東燁 군君과 우편국郵便局 옆의 집으로 들어 먹었다. 술이 좋다.

2월 5일. 성경린成慶麟 군君이 왔다. 이명선李明善 군君이 준시蹲柹 한 접을 가졌다. 진명여중進明女中에 가서 시조時調 운율韻律을 말했다. 한국대학관韓國大學館 내일來日 시간時間을 오늘 하였다. 경京, 종宗 양아兩兒가 오전午前 1시一時에 왔다.

2월 6일. 장태영張泰英 군君께 갔다. 동내洞內 친구親舊들이 모여 고담古談을 한다. 순자順子한테 갔다. 숙전淑專에 내 이력서履歷書를 냈다.

2월 7일. 이중각李重珏 군君이 왔다. 풍문여중豐文女中 가서 두 시간 했다. 청진동淸進洞 음식점飮食店으로 갔다. 교장校長과 또 두어 선생先生과.

2월 8일. 신기神氣가 좋지 못하다. 순자順子가 왔다.

2월 9일. 2천 원二千円을 태희泰熙 서모庶母게 주어 흰떡, 고기, 나물을 사게 했다. 최 서방崔書房이 천 원千円 차거借去. 삼불三不 군君이 왔다. 하거何居께 갔다.

2월 10일. 따듯하다. 퍽 녹인다. 무자戊子 정월正月 1일一日. 병각秉珏 군君이 저녁에 떠났다. 춘희春熙가 갔다. 고故 윤동주尹東柱 군君 유고遺稿 평評을 썼다.

2월 11일. 대학大學에 나갔다. 장지태張之兌 군君을 만나 그 집으로 가서은西隱을 뵈었다. 오다 오세창吳世昌 씨氏를 찾었더니 없다. 하거何居께 갔다.

2월 12일. 조운曺雲 군君이 왔다. 진명여중進明女中 가서 시조時調 자수字數를 말하였다. 양재연梁在連이 와서 이발理髮했다. 양말洋襪 한 커리 2백 원二百円에 샀다. 재연在連이 가존 것이다.

2월 13일. 「국문학國文學 연구研究의 방법方法」 원고原稿를 쓰다. 이지헌李智憲 군君이 설상을 먹인다.

2월 14일. 신동엽辛東燁 군君이 왔다. 내일來日 권형중權亨重 군君이 청請한다고. 조용만趙容萬 군君이 왔다.

2월 15일. 김소운金素雲이 박노아朴露兒랑 왔다가 책상冊床에 적어 놓고 이호우爾豪雨의 시조時調 고稿를 두었다. 아침에 이병도李丙燾 군君을 찾었다. 가치 권형중權亨重 군君 집에 갔다. 6, 7인六七人 모여 윷을 논다. 음식상飮食床이 벌어지고 가무歌舞를 이었다. 나오다 이정림李貞林 군君 집으로 들려 또 술을 먹었다. 자동차自動車를 태어 돌아왔다. 「국문학國文學 연구硏究의 방법方法」 원고原稿를 다 썼다. 김영관金永琯 군君이 와서 장인丈人 병환病患 위중危重하다고 하였다.

2월 16일. 방종현方鍾鉉 군君이 왔다.

2월 17일. 대학大學 교수회敎授會에 나갔다. 두계斗溪를 보고 김영완金永完 씨 『풍속도병風俗圖屛』과 유삼령柳參領의 『팔도지도병八道地圖屛』의 값 5만 원五萬円을 찾었다. 교수회敎授會에 참석參席. 문리과연구실文理科硏究室 문제問題로 퍽 시간時間을 허비한다. 나는 부득이不得已 사정事情한 학장學長 이태규李泰圭 씨게 말하고 나왔다. 하거何居께로 갔다. 내방內房에 손님이 가득하고 음식상飮食床이 놓였다. 대배大杯 셋을 하고 5만 원五萬円을 전하고 나왔다. 아악부雅樂部로 가서 이李 군君 집에 가 아악부雅樂部 친구親舊와 석찬夕餐을 받었다,

2월 18일. 김효수金孝洙 군君이 와 어제 음陰 무자戊子 정월正月 8일八日에 처부妻父께서 돌아가셨다고. 풍문여중豐文女中으로 가 체조體操의 한 선생韓先生과 화신상점和信商店으로 차표車票를 갔다. 어떤 청년靑年이 3백 원三百円인 정가正價를 4백5십 원四百五十円에 사 준다. 백양당白楊堂에 들렸고 대풍주점大豐酒店서 점심點心 하고 하거何居댁을 들렸다 집으로 왔다. 김영관金永琯 군君이 왔다. 처부妻父 장사葬事에 대하

여 의논議論하였다. 헌 구두를 수선修繕했다.

2월 19일. 오전午前 4시四時 발發. 경희京熙 태희泰熙가 경성역京城驛까지 나왔다. 재동파출소齋洞派出所서 힐문詰問한다. 처부상妻父喪에 간다고 하고 갔다. 남대문南大門을 이르니 행인行人이 많다. 역驛엔 벌서 사람들이 열列을 지어 섰다. 5시五時 30분三十分 떠난다. 그리 분잡紛雜지는 않다. 한 걸상에 세 사람식 앉었다. 나는 유리창琉璃窓이 없는 칸. 대전太田서는 오르는 이가 많다. 오후午後 1시一時 두계豆溪에서 나렸다. 길은 수렁이다. 막은골 고개에 다달으니 산말랑이에 사람들이 서 있다. 그리 오라 하여 가니 장사葬事 지내고 봉분封墳이 다 되었다. 동수同洙 군은 나려간다. 나는 묘전墓前에 울고 나려갔다. 궤연几筵서 곡哭을 하고 동수同洙 군君께 조상弔喪. 처모妻母를 뵙고 여러 복인服人과 인사하고 잤다. 신창범辛昌範 군君도 만났다.

2월 20일. 오정午正에 나섰다. 오후午後 1시一時 두계역豆溪驛서 떠나 2시二時 반半 강경江景에 나렸다. 역장驛長을 찾어보고 용복容復이 집을 찾었다 못 찾고 그냥 걸어오다 영단營團추럭을 만나 타고 여산읍礪山邑에 나렸다. 수리조합소水利組合所서 일환一煥이를 만나 정육正肉 두 근斤을 사 들리고 집으로 갔다. 병룡秉龍이 말을 들으니 처妻는 솝니로 갔다 한다. 전주全州 누님이 와 있다. 밤에 비가 온다.

2월 21일. 도야지가 미주알이 빠져 죽었다. 삶어 용제龍弟와 함께 먹었다.

2월 22일. 조승호趙承鎬 군君이 왔다. 관희觀熙 어머니가 솝니로서 왔다. 처妻는 어제 두계豆溪로 갔다고. 대부大父가 저녁을 준다.

2월 23일. 정태락鄭泰洛 군君이 아침을 먹이고 창환昌煥이가 저녁을 먹인다. 누님과 함께. 유석기柳錫基 군君이 왔다.

2월 24일. 무자戊子 정월正月 보름날. 차례茶禮. 오후午後 7시七時쯤 처妻가 강경江景서 걸어 왔다. 어머니 산소山所 조부모祖父母 산소山所에 성묘省墓.

2월 25일. 용제龍弟가 밤에 왔다. 누님과 함께 담소談笑.

2월 26일. 밭과 논을 둘러보았다. 병섭秉燮 군君이 왔다.

2월 27일. 오전午前 3시三時 갑동甲童이게 짐을 지우고 처妻와 함께 나섰다. 달은 으슴푸레하다. 여산礪山 지서支署 앞에 이르니 순경巡警이 총을 들고 나와 두 손을 들라 하고 내 몸을 더듬는다, 청년단靑年團이 쏟아져 나오더니 그중中 누가 나를 서울대학大學 교수敎授라 한다. 순경巡警은 "예서는 아는 이가 있으나 다른 데는 또 시비是非가 있으리라" 나는 "그는 걱정 마오" 하고 진행進行했다. 통행通行 금지禁止 시간時間인 까닭이다. 망성리望城里 가니 날이 샌다. 강경역江景驛서 세 시간時間 지체했다. 역장驛長과 조역助役 정종순鄭鍾淳 군君을 보았다. 정鄭 군君은 김용신金容甡 군君과의 친구親舊다. 퍽 친절親切히 하며 경성행京城行 이등二等 차표車票 두 장을 사 준다. 11시十一時 40분四十分 발發. 정鄭 군君이 짐까지 들어다 준다. 앉을 자리가 없다. 대전太田 와서야 자리를 얻어 부처夫妻 앉어 왔다. 오후午後 9시九時 경성역京城驛서 나려 자전거自轉車 달은 차車를 타고 계동桂洞 어구까지 왔다. 두 차車에 4백 원四百円. 이등차二等車는 1천2백 원一千二百円.

2월 28일. 대학大學에 가 두계斗溪를 만나 함께 하거何居께 갔다. 한남혁韓南爀 군君이 양주洋酒 2병二甁을 가조다.

2월 29일. 흐렸다. 병훈秉勳 군君과 춘희春熙가 왔다.

3월

3월 1일. 서울대학大學에 가서 3·1기념식三一紀念式에 참석參席. 일기日氣가 명랑明朗. 동빈東濱, 두계斗溪와 함께 성북동城北洞 이관구李寬求 군君을 찾다. 이李 군君을 잠간暫間 보고 두계斗溪 집으로 갔다. 김소진金蘇鎭 군君이 참가參加했다. 술을 먹었다. 김金 군君이 장적 팔 게 있다 하여 그 집으로 갔다. 1만 천 원一萬千円이란데 하잖다. 동빈東濱 허고 돌아왔다.

3월 2일. 춘희春熙와 그 서모庶母가 오전午前 5시五時 반半 차車에 떠났다. 세대世大 가서 두어 시간時間 했다.

3월 3일. 대학大學 가서 국문학개론國文學槪論을 강의講義를 시작.

3월 4일. 동대東大 가서 시간時間을 일찍 끝내고 동대문東大門 앞으로 갔다. 오전午前 11시十一時. 두계斗溪와 김종익金鍾益 군君은 십여十餘 분分 뒤에 왔다. 또 동빈東濱을 한 시간 반 기다렸다. 12시十二時 반半 기동차汽動車를 타고 독도纛島서 나렸다. 서북풍西北風이 몹시 분다. 강江가에서 배를 기다렸다. 꽤 칩다. 뽀드 쌓아 놓은 동東편에 앉었다. 배 탈 사람들이 많이 모였다. 강江엔 물마루가 크게 인다. 배는 와 닿었다. 나무뿌리를 캐어 진 지겟군들이 십여 인十餘人 나린다. 나와 동빈東濱, 두계斗溪, 김종익金鍾益 군君도 탔다. 십여 분十餘分만에 건넜다. 봉은사奉恩寺 옆으로 하여 한티(대치大峙)를 비껴 넘어 광주군廣州郡 언주면彦州面 대치리大峙里 129一二九 김종문金鍾文 집으로 갔다. 종문鍾文은 종익鍾益의 백씨伯氏. 그 자당慈堂의 회갑回甲. 음식상飮食床을 내고 그 자당慈堂과 부친父親과 형제兄弟들이 나와 본다. 5시五時 반半 돌쳐 왔다. 음식飮食 끄러미를 한 봉씩 준다.

3월 5일. 하거何居가 새벽에 왔다. 재연在連 군君이 와서 가자 한다. 원동苑洞 가서 또 조반朝飯을 먹었다. 의대醫大로 하여 문리과대학文理科大學 에 갔다. 두계斗溪, 동빈東濱과 함께 하거何居께 갔다. 대탁大卓을 받었다. 유기성柳冀聖, 이종대李鍾大, 민광식閔廣植 노인老人도 있다. 오다가 아악부雅樂部에 들렀다. 시조연구회時調硏究會 위원회委員會다. 강습회講習會 열기와 아악대감상회雅樂大鑑賞會 열기에 대한 의논. 대강 일자日字를 정했다.

3월 6일. 경칩驚蟄날. 눈이 온다. 재동국민학교齋洞國民學校 교가 발표회發表會다. 오전午前 9시九時 거행擧行. 가서 교가 취지趣旨를 설명說明. 점심點心 먹고 왔다.

3월 7일. 일요日曜 김영기金永起 군君이 자동차自動車를 타고 왔다. 오정午正이다. 나섰다. 함께 덕수궁德壽宮 미술관美術館으로 갔다. 결혼식結婚式이 여럿이 있다. 김영기金永起 군君과 전은자田恩子와의 결혼식結婚式은 오후午後 두 시時. 앞의 하는 모씨某氏의 결혼식結婚式이 그 신부新婦 화장化粧 때문에 한 시간이 늦어 김金 군君은 오후午後 세 시에 하였다. 내가 주례主禮. 마치고 오후午後 네 시, 신부新婦 전은자田恩子 집으로 갔다. 노량진鷺梁津서도 한 5리五里 더 나간다. 신부新婦 아버지는 전승규田升圭. 조선잠사회朝鮮蠶絲會 잠업과장蠶業課長이다. 주식酒食을 먹고 7시七時 반半 돌아왔다.

3월 8일. 대학大學서 강의講義코 손재형孫在馨 군君과 동대東大 교장校長 허영호許永鎬 군君을 찾어보고 진고개로 가 중국中國 음식飮食으로 점심點心. 두계斗溪, 동빈東濱, 예동을 청하여 술 먹다. 내 생일生日.

3월 9일. 세대世大에 나갔다. 이종우李鍾雨, 김억金億 군君이 와 술을 먹었다.

3월 10일. 비. 장지태張之兌 군君을 데리고 와 술을 먹였다.

3월 11일. 동대東大와 진명여중進明女中 가서 시조時調 강의講義.

3월 12일. 비. 대학大學서 국문학개설國文學槪說 강의講義. 삼불三不 군君과 동행同行하였다.

3월 13일. 비. 중앙청中央廳에 가, 편수국編修局을 들러 외무부外務部 일본과日本課에서 출정군인出征軍人 사망자死亡者 명부名簿를 보았다. 여산면礪山面은 태성리台城里 두 사람이 태평양太平洋서 죽었다. 한국대학관韓國大學館 야학夜學에 나갔다.

3월 14일. 두계斗溪 집에서 술을 준다. 동빈東濱, 예동과 가치 먹었다.

3월 15일. 오후午後 음산. 국어國語 시간時間은 휴강休講.

3월 16일. 세대世大에 나갔다. 을유문화사乙酉文化社와 백양당白楊堂에 들렀다.

3월 17일. 교수회敎授會에 나갔다. 나는 중간中間에 나왔다. 운초雲樵가 술을 사 준다.

3월 18일. 진명여중進明女中에 나갔다. 신문학원新聞學院에 나갔다.

3월 19일. 소전素荃이 설렁탕湯을 사 준다. 유관攸觀과 함께 먹었다. 비.

3월 20일. 비. 경희京熙 데리고 종로鐘路 3가三街에서 안호삼安鎬三 군君을 만나 동현銅峴 정근양 의원鄭槿陽醫院으로 갔다. 또 의대醫大 제이병원第二病院으로 갔다. 방사선과放射線科 주임主任과 언약言約하였다. 경희京熙 목병을 치료治療키로. 안安 군君의 알선斡旋이다. 안安 군君을 다리고 집으로 와 술을 먹었다. 풍문여중豐文女中에 나갔다. 하거何居께 갔다. 두계斗溪가 와 있다. 중앙도서관中央圖書館 책冊을 샀다. 나는 『누하선고樓霞選稿』 1책一冊을 가졌다. 석반夕飯을 준다. 돈육豚肉 10근十斤을 샀다. 2천 원二千円.

3월 21일. 집에서 국어문國語文 시험답안試驗答案들을 꼲았다.

3월 22일. 대학大學서 극가劇歌, 국어國語 시험試驗 보았다. 아악부雅樂部서 시조강습회時調講習會를 또 열었다. 오후午後 6시六時부터 한 시간 강의講義. 신조新調다. 이전과는 다르다.

3월 23일. 세대世大에 나갔다. 윤곤강尹崑崗(붕원朋遠) 군君이 자동차自動車를 물고 왔다. 그 따님 결혼식結婚式 축사祝辭를 해 달라고. 청년회관青年會館으로 갔다. 오후午後 3시三時 식式을 거행擧行. 신랑新郎은 성기태成耆泰 군君. 파罷한 후 바루 왔다.

3월 24일. 대학大學서 국문학개설國文學槪說과 한문학사漢文學史 시험試驗을 보았다.

3월 25일. 윤곤강尹崑崗 집에서 석찬夕餐을 준다. 시인詩人, 어학회인語學會人이 많이 모였다. 나는 재차회再次會까지 있었다. 취醉해 돌아왔다.

일기

45권

1948. 3. 26. ~ 1949. 10. 8.

1948년(단기 4281년)

3월

3월 26일. 시험試驗 답안答案을 끊았다.

3월 27일. 풍문여중豐文女中으로 갔다. 하거何居께 갔다. 아악부雅樂部를 갔다.

3월 28일. 대학大學을 가서 동빈東濱, 두계斗溪과 함께 유자후柳子厚 군君 찾었다. 오찬午餐을 준다. 신동엽辛東燁 군君 집에서 대탁大卓을 낸다. 취하고 배불렀다.

3월 29일. 구舊 왕궁王宮 관방官房에 나가서 이광수李光壽 군君을 보고 가치 와 점심點心.

3월 30일. 세대世大서 오후午後 바루 돌아왔다. 하거何居께 들렀다. 전라도全羅道 친구親舊들이 시조時調를 부른다. 술도 사온다. 주병건朱柄乾 군君도 참가參加했다. 석반夕飯까지 먹었다.

3월 31일. 대학大學에 나갔다. 예동, 동빈東濱, 두계斗溪, 운초雲樵와 가치 술을 먹었다. 두계斗溪가 냈다. 정병욱鄭炳昱, 김삼불金三不 군君이 왔다.

4월

4월 1일. 빗낱 듣고 종일 흐렸다. 동대東大, 진명여중進明女中, 신문학원新聞學院을 나갔다. 숙전淑專, 문교부文敎部, 문필가文筆家의 축들이 찾어왔다 한다.

4월 2일. 오전午前 3시三時 반半에 일어났다. 조반早飯 먹고 경京, 종宗 양아兩兒를 데리고 나섰다. 아직 어둡다. 4시四時 반半 서울역驛에 이르렀다. 5시五時가 넘어서야 김삼불金三不 군君이 오고 20분二十分 지나 강한영姜漢永 군君이 왔다. 기차汽車 출발出發 1분一分 전前에 겨우 차표車票를 사 가지고 경京, 종宗 양아兩兒는 도로 보내고 달음질하여 삼등간三等間에 올랐다. 초만원超滿員이다. 우리 일행一行은 다시 이등간二等間으로 갔다. 마침 전북학무국장全北學務局長 윤택중尹宅重과 고창高敞 장학사奬學士를 만나 나는 한 자리를 얻었다. 그리고 차장車掌의 특별特別한 후의厚意로 이등二等 차표車票를 샀다. 미인美人 장교將校가 늦게 온 까닭에 이 차車가 십여 분十餘分 늦었다. 차장車掌은 나를 일찍 흠모欽慕하였다 한다. 비는 차창車窓에 뿌린다. 차車는 잘 간다. 오후午後 5시五時 반半 정읍역井邑驛서 나렸다. 고창高敞 신길동申吉童, 신기영辛基泳 형제兄弟가 자동차自動車를 몰고 와 기다린다. 일행一行은 바루 타고 갔다. 한 시간 남짓하여 고창읍高敞邑에 이르렀다. 신길동申吉童 군君의 고창高敞 좌익左翼 테로 사건事件 이야기를 미처 못 다 듣고 나렸다. 여러 신申 씨氏들이 나왔다. 잠간 신기영辛基泳 군君 집으로 들렀다가 신길동申吉童 군君 집으로 옮겼다. 저녁을 먹고 일찍 잤다.

4월 3일. 길동吉童 군君과 가치 군청郡廳을 가서 내무과장內務課長 유기철柳基哲과 군수郡守 안진길安晉吉을 만났다. 국민학교장國民學校長

김혁장金爀章과 중학교장中學校長 김세원金世元도 모였다. 오날은 중학교中學校 남녀男女 학생學生, 내일來日은 군내郡內 교원敎員과 일반인一般人에게 강연講演을 해 달라는 것이다. 이렇게 약속約束하고 나와 길동吉童 군君의 인도引導로 신오위장申五衛將(재효在孝, 호號 동리桐里)의 사던 집을 보았다. 인수引水하던 개울과 수각水閣과 벽오동碧梧桐은 그저 있다. 또 돌아 한 집을 보니 큼즉한 도리 기둥 6, 7六七개가 얼마쯤 잘려 찌가 낮은 새 집을 받치고 있다. 그 전성全盛할 때의 면모面貌를 알겠다. 12시十二時 반半 중학교中學校를 갔다. 여중女中 교무주임敎務主任 백남영白南永 군君이 그 학도學徒 수백 명數百名을 데리고 왔다. 남녀男女 학도學徒와 교원敎員들이 한 강당講堂에 가득 찼다. 두어 시간 말했다. 우리 민족民族 정신精神에 대하여. 저녁엔 군청郡廳, 학교學校, 경찰서警察署, 또는 읍내邑內 유지有志들이 기영基泳 군君 집에 모여 나를 대접待接한다. 음식飮食은 길동吉童 군君 집에서 하였다. 서장署長 김정주金廷周는 경찰전문학교警察專門學校 때 나에게 배웠다 한다. 통행금지通行禁止 시간時間인 10시十時 전에 파했다.

4월 4일. 김승옥金升玉, 오의균吳毅均, 신기준申基準, 신기복申基福 군君에게 신오위장申五衛將의 사적事蹟을 들었다. 그중中 신기복申基福 군君이 가장 열심熱心으로 그 문적文籍을 수집蒐集하는 이다. 『허두가虛頭歌』 1책一册과 『박타령』, 『춘향전春香傳』 남창男唱 각各 1책一册을 얻어 보았다. 혹 나의 사본寫本과 대조對照도 하고 없는 건 적기도 하고 『허두가虛頭歌』, 『박타령』은 빌려왔다. 오후午後 1시一時 중학교中學校로 갔다. 오날은 일요일日曜日도 아랑곳없이 군내郡內 교원敎員 수백 명數百名과 5, 6학년五六學年들이 모였다. 조선 문화文化와 우리 정신精神에 대하여 세 시간 강연講演을 했다. 저녁에 읍내邑內 유지有志, 교원敎員,

군수郡守가 와서 소주燒酒를 퍽 먹인다. 연일連日 감기感氣로 몸이 좋지 못하다. 군수郡守가 사례금謝禮金 5천 원五千円을 두고 갔다.

4월 5일. 다섯 시에 일어났다. 몸이 거북하다. 구역口逆질이 난다. 좀 게웠다. 간신히 물 말어 두어 술 먹고 술은 입에 대지도 못 하였다. 강한영姜漢永 군君도 가치 갔다. 여섯 시 반半 자동차自動車를 탔다. 길동吉童, 삼불三不 군君과 가치. 지루한 고개를 넘어 장성長城 4가리四街里까지 40리四十里를 왔다. 일곱 시 좀 지냈다. 역장驛長을 찾어보고 차표車票를 청한 즉 대전太田 이북以北은 없다 한다. 대전太田까지 샀다. 신기준申基準 군君이 2천 원二千円을 삼불三不 군君께 맡겼다. 7시七時 반半 나와 삼불三不 군君은 차車에 올랐다. 이등간二等間으로 들어갔다. 정법과政法科 탁卓 군君이 열차列車 조역助役 이한근李漢根 군君과 목포木浦를 갔다 온다. 탁卓 군君의 소개紹介로 이한근李漢根 군君이 대전太田서 이등차二等車 두 장을 끊어다 준다. 편안히 앉어 담화談話하며 왔다. 오후午後 7시七時 반半 서울역驛 도착到着. 정각正刻보다 10여 분十餘分쯤 늦었다. 삼륜자전거三輪自轉車를 타고 왔다.

4월 6일. 등록登錄. 문교부文敎部 가서 초등과初等課 이호성李浩盛 군君을 보았다. 내일 대전太田 가기로 작정作定했다. 이봉수李鳳秀, 김탄월金灘月하고 종로鐘路로 가서 점심點心. 오후午後 3시三時 반半 청년회관靑年會館에 가서 『조선말큰사전』 축하회祝賀會를 하였다. 문학가동맹文學家同盟 주최主催. 들어설 데가 없이 모였다. 두어 시간이나 했다. 정음사正音社서 어학회語學會, 문학가동맹원文學家同盟員들에게 양식洋食을 먹였다.

4월 7일. 오전午前 7시七時 서울역驛에 나갔다. 문교부文敎部 초등과장初等課長 이호성李浩盛, 박명석朴命錫 군君을 만났다. 또 수행원隨行

員 한 분이 있다. 삼등차三等車에 올랐다. 8시八時 출발出發. 이호성李浩盛 군君과 나는 꼬빡 서서 대전太田까지 갔다. 오정午正 전에 나렸다. 도학무국道學務局서 마중 나왔다. 취원翠園서 오찬午餐하고 남일각南一閣으로 들었다. 나는 계룡학관鷄龍學館 정훈丁薰 군君을 찾었다.

4월 8일. 원동국민학교元洞國民學校로 가서 중앙실천연구회中央實踐硏究會를 열었다. 조선朝鮮서는 처음이다. 종래從來 강습회講習會와는 썩 다르다. 충청남북忠淸南北, 전라남북全羅南北, 경상남북慶尙南北의 6도六道의 교원敎員과 대전大田 초·중등初中等 교원敎員과 각도各道 학무국學務局 장학사奬學士들이 모였다. 나는 국어문학國語文學을 담당擔當했다. 초·중등初中等 교본敎本 교재敎材 토의討議의 의문疑問의 해답解答과 그 둘의 오착점誤錯点을 비정批正했다. 그럭저럭 해를 지웠다. 저녁은 각도各道 장학사奬學士며 대전大田 유지有志와의 대접待接을 받어 단양옥丹陽屋으로 갔다. 취원翠園의 다음 되는 음식점飮食店이라 한다. 무던히 취醉했다. 나는 일어나 계룡학관鷄龍學館으로 갔다. 주학반晝學班은 기다리다 가고 야학반夜學班만 남었다. 그려도 많다. 한시 반 강연講演. 공부工夫 잘 하라고. 그리고 남일각南一閣으로 갔다.

4월 9일. 무덥다. 인원人員이 가장 많은 충청忠淸 남북반南北班의 차례다. 땀을 흘리며 조선 특수성特殊性을 말했다. 오후午後엔 비가 온다. 대전太田 초·중初中 교장校長들이 모여 우리를 초대招待한다. 비를 무릅쓰고 어느 음식점飮食店으로 갔다. 기생妓生들도 있다. 질탕히 놀았다. 비는 여전히 온다. 남일각南一閣으로 와 잤다.

4월 10일. 경상慶尙 남북반南北班이다. 오전午前에 끝내고 오후午後엔 폐회閉會. 도학무국道學務局에서 자동차自動車로 우리 일행一行과 대전太田 초·중初中 교장校長 약간若干을 태워 유성儒城 온천溫泉으로 갔다.

비는 개고 앵화櫻花, 행화杏花만 만발滿發했다. 온천溫泉서 목욕沐浴하고 논산옥論山屋서 크게 마셨다. 기생妓生들이 술을 권한다. 그러나 취醉하지는 않는다. 도로 대전太田 남일각南一閣으로 왔다. 학무과장學務課長 염준호廉俊浩 군君의 야담野談 몇 자루가 나왔다. 나는 듣다가 졸았다.

4월 11일. 이호성李浩盛, 이명석李命錫 군君은 대구大邱로 갔다. 오찬午餐은 대전역(太田驛) 상층上層 식당食堂서 부윤府尹이 냈다. 나는 수행원隨行員 한 분과 오후午後 두 시 차車로 떠났다. 도학무국道學務局 과장課長, 장학사奬學士들이 임금林檎 끄러미를 주며 전송餞送한다. 삼등차三等車에 탔으나 다행히 자리를 얻어 앉었다. 오후午後 여섯 시에 서울 왔다.

4월 12일. 대학大學에 나가 강의講義. 무교동武橋洞 한가람에서 윤곤강尹崑崗 시집詩集『피리』출판기념회出版紀念會를 했다. 저물었다. 나오다 서정주徐廷柱 군君 축에게 끌려 주점酒店.

4월 13일. 세대世大 나갔다. 최윤식崔允植 군君과 오식午食. 전동典洞 옹기점甕器店 뒷집서.

4월 14일. 두계斗溪, 동빈東濱, 예동과 함께 송석하宋錫夏 군君을 찾었다. 병은 듣던 말보다는 가볍다. 술과 만두를 준다.

4월 15일. 빗낱이 오락오락 하였다. 동북대학東北大學, 진명여중進明女中을 나갔다. 신문학원新聞學院서 국문학國文學 강의講義 시작始作.

4월 16일. 박창해朴昌海 군君과 여자女子가 찾어왔다. 국문학國文學을 배우겠다고.

4월 17일. 풍문豐文, 아악부雅樂部로 하여 성균관成均館 뒤 안호삼安鎬三 군君 집으로 갔다. 의대醫大 제2병원第二病院 방사과放射科 두어 분과 이비과耳鼻科 한 분이 모였다. 술 네 병은 우리 집에서 가져갔다. 뜰 앞의 꽃을 보며 마셨다. 안주按酒을 많이 장만했다. 늦게 돌아왔다. 막 자려고 누었더니 조용만趙容萬, 임영빈任永彬 군君이 퍽 취醉해 왔다. 소주燒酒 두 병, 조기 두 마리를 사 왔다. 춘희春熙와 그 서모庶母가 여산礪山서 왔다.

4월 18일. 아악부雅樂部서 시조연구회원時調研究會員 일동一同을 데리고 창덕궁昌德宮 후원後苑 노리를 하였다. 오늘은 일요일日曜日. 사람을 들이지 않는다고 금호문金虎門에 써 붙였으나 들어가 본 즉 인산인해人山人海다. 연경당演慶堂, 옥류천玉流川, 태극정太極亭을 설명說明해 주었다. 그리고 가장 높은 봉에 올라 오반午飯과 술. 남녀창男女唱 광대 소리도 들었다.

4월 19일. 대학大學 오후午後 시간時間은 휴강休講하고 왔다.

4월 20일. 오전午前 5시五時 반半 호남행차湖南行車로 처妻는 떠났다. 김인수金仁洙 군君이 그 부친父親 생신生辰이라고 청請한다. 의대醫大를 갔다. 김영완金永完 씨 댁으로 갔다. 만당滿堂 빈객賓客. 술 몇 잔을 받고 이규환李圭煥과 가치 그 집으로 갔다. 경성운동장京城運動場 뒤다. 그 형수兄嫂 신행新行 익일翌日이다. 식산은행殖產銀行 축과 음식상飮食床을 받다. 양주洋酒다. 꽤 먹었다.

4월 21일. 조남령曺南嶺, 김삼불金三不이 왔다. 한대韓大 야학夜學에 불려갔다. 관희觀熙가 왔다.

4월 22일. 몹시 바람이 분다. 동대東大로서 진명여중進明女中을 가니 적적寂寂하다. 교외郊外 소풍消風하러 갔다 한다. 신문학원新聞學院에 갔다.

4월 23일. 의대醫大 추후追後 시험試驗을 보았다. 한대韓大 야학夜學

을 갔다. 밤은 제법 차다. 관희觀熙 장인丈人을 가 보다. 위병胃病으로 위석委席. 석남石南을 보다.

4월 24일. 김동규金東珪 군君과 함께 자동차自動車를 잡어 타고 숙전淑專을 나갔다. 정지용鄭芝溶 군君을 만났다. 두 시간 국문학개론國文學概論 강의講義. 풍문豐文을 갔다. 이광수李光壽 군君을 찾어 술을 가치 먹었다. 진명여중進明女中을 갔다. 진서림陳瑞林 군君이 한턱 낸다. 소담하다. 정열모鄭烈模, 김용배金龍培 군君도 왔다. 순자順子를 보았다.

4월 25일. 명랑明朗. 석곡石斛이 한 숭이 피었다. 방향芳香이 쏜다. 박춘명朴春明 군君이 찾어왔다. 「시조혁신론時調革新論」을 교준校準. 「극가劇歌」 원고原稿을 쓰다.

4월 26일. 오후午後 1시一時 교수회敎授會. 신임총장新任總長 장이욱張利郁 씨氏가 와 성명聲明했다. 전前 총장總長과 다름이 없는 말 — 아량雅量과 애국심愛國心으로 해 가자는 바이다.

4월 27일. 하거何居께 들렀다.

4월 28일. 국문과國文科 학생회學生會가 있어 개설概說은 휴강休講.

4월 29일. 아침에 정태락鄭泰洛 군君이 왔다. 어젯밤에 서울 도착到着해 아현阿峴 뉘게서 잤다고. 김상기金庠基 군君이 두 번이나 와서 끌려 나섰다. 삼판동三坂洞 강대양姜大良 군君의 초대招待. 문과文科 교수敎授가 거의 다 모였다. 배갈白干과 음식飮食과 담화談話. 두계斗溪, 예동汭東도 왔다.

4월 30일. 김구경金九經 군君과 두계斗溪와 점심點心. 고대高大 교수敎授 한 분도 함께. 학술學術 담화談話.

5월

5월 1일. 정태락鄭泰洛 군君이 도미道味 기타其他 생선을 사왔다. 그리고 술 한 병을 받어다 먹었다. 국제문화관國際文化館 출판부出版部 편집과장編輯課長 강처중姜處重 군君과 김삼불金三不, 정병욱鄭炳昱 군君이 와서 국문학전집國文學全集 출판出版 계획計劃를 의논한다. 다시 만나기로 했다.

5월 2일. 아침에 장태영張泰英 군君을 청請하여 정태락鄭泰洛 군君과 함께 밥을 먹었다.

5월 3일. 교수회教授會, 연구실硏究室 문제問題 교섭위원交涉委員을 셋을 전前 대책위원對策委員으로 추천推薦했다. 법과생法科生 40여명四十餘名이 와 사과생史科生들이 농성籠城하고 있는 사학과史學科 연구실硏究室을 습격襲擊하였다. 문리대文理大 학생위원장學生委員長이 뺨을 맞었다. 총장總長이 출동出動하여 조정調停시켰다. 돌연突然 어데서 청년青年 4, 5인四五人이 자동차自動車를 타고 와서 법과생法科生, 문리대文理大 학생學生들을 난타亂打하였다. 순경巡警이 와 잡어갔다. 교수회教授會는 오후午後 1시一時로 6시六時 반半까지 했다. 나는 두계斗溪, 동빈東濱과 가치 와 정태락鄭泰洛 군君과 옆집으로 옮겨 두어 병 기울렀다.

5월 4일. 세대世大서 와 정태락鄭泰洛 군君과 낙원시장樂園市場을 돌아 종로鐘路로 나서 냉면冷麪을 먹었다.

5월 5일. 오전午前 5시五時 반半 차車로 정태락鄭泰洛 군君이 떠났다. 문리대文理大 오후午後 시간時間은 휴강休講. 김영완金永完 씨게 갔다. 2만 7천 원二萬七千円을 전해 주었다.

5월 6일. 진명여중進明女中은 임시臨時 시험試驗으로 휴강休講.

5월 7일. 동빈東濱이 감기感氣로 누었다기 가 보았다. 밤비.

5월 8일. 오다 개었다. 오후午後 3시三時 국제문화관國際文化館에 갔다. 이명선李明善, 김삼불金三不 군君도 왔다. 출판부出版部 과장課長 강처중姜處重 군君과 기외其外 수인數人과 함께 그 부근附近 음식점飮食店으로 가 『국문학전집國文學全集』을 우선 12책十二册만 내기로 의논하였다. 전골, 술, 밥에 배가 불렀다.

5월 9일. 종일終日 집에 있었다. 인천仁川 박문여자중학교가博文女子中學校歌를 지었다. 그 학교學校 교사教師가 와서 찾어갔다.

5월 10일. 보선普選날. 휴업休業. 집에서 「우리의 설화문학說話文學」 원고原稿를 40장四十張(200자二百字) 썼다. 김억金億 군君이 왔다. AENUS 한 병을 거울렀다.

5월 11일. 세대世大에 가서 설화문학說話文學 강의講義.

5월 12일. 세대世大의 현상모집懸賞募集 문예작품文藝作品을 끊았다.

5월 13일. 진명여중進明女中 시조강의時調講義 종료終了. 백양당白楊堂 주인主人을 보았다. 『의유당일기意幽堂日記』는 쉬 나온다고.

5월 14일. 국제문화관國際文化館서 출판出版할 『국문학전집國文學全集』의 원고原稿 「구운몽九雲夢」을 교열校閱.

5월 15일. 오후午後 5시五時 두계斗溪, 동빈東濱 그 외 몇 친구親舊와 마셨다. 계동桂洞 뉘 집에서.

5월 16일. 최규동崔奎東 씨, 안호준安鎬俊 군君, 이헌구李軒求 군君을 찾었다.

5월 17일. 오후午後엔 동빈東濱, 두계斗溪와 가치 천향원별장天香園別莊 앞 천변川邊 정자亭子로 나갔다. 동대東大의 원유회園遊會다. 벌서 다

들 취醉해 쓸어졌다. 저물어 왔다.

5월 18일. 조양중학교朝陽中學校 교사敎師가 그 교가校歌를 지어 달라고 왔다.

5월 19일. 이세정李世楨 군君이 왔다. 윤건노尹健老 군君이 왔기에 나의 『가람시조집嘉藍時調集』 한 권을 주고 구舊 왕궁王宮서 빌렸던 책册들을 돌려보냈다.

5월 20일. 오후午後 2시二時 서지학회書誌學會 월회月會에 가서 원한경元漢慶 박사博士의 「조선朝鮮에 관關한 서양인西洋人의 문헌文獻」에 대한 강연講演을 들었다.

5월 21일. 동빈東濱이 점심點心을 준다. 흐리고 냉冷하다. 밤에 비가 온다.

5월 22일. 오전午前 3시三時 기침起寢. 태희泰熙 서모庶母가 벌서 일어나서 밥을 짓는다. 3시三時 반半에 경희京熙 다리고 나섰다. 재동齋洞 파출소派出所엔 그냥 통과通過되고 안국동安國洞 파출소派出所에선 신분증명서身分證明書와 여행증명서旅行證明書을 내 뵈였다. 오히려 통행금지通行禁止 시간時間 중中엔 불가不可타고 한다. 청진동淸進洞 나서는 "기차汽車 타러 갑니다" 한 즉 "예, 가시오" 한다. 수도청首都廳에선 증명서證明書를 보곤 "미안未安합니다 가시오" 하고 고담 남대문南大門 파출소派出所에서는 증명서證明書를 보더니 "서울대학大學이 어데 있소" 하고 힐난詰難한다. 벌서 네 시가 지내고 행인行人이 많이 왕래往來한다. 나는 경성역京城驛으로 가서 열차구列車口 조역助役 이한근李漢根 군君을 찾어 이등차二等車로 올랐다. 차장車掌이 자리를 잡어 준다. 편안히 갔다. 오후午後 1시一時 21분二十一分에 강경역江景驛서 내렸다. 걸어갔다. 탁주濁酒 한 되를 마시고 오후午後 6시六時 진사동眞絲

洞에 도착到着. 집안이 무고無故. 저녁에 전주全州 두 누의가 왔다. 병룡秉龍이도 왔다.

5월 23일. 만송晩松 정태락鄭泰洛 군君이 술을 준다.

5월 24일. 만송晩松과 가치 여산礪山 구읍舊邑에 갔다. 우편국장郵便局長 이우민李愚玟 군君이 술을 준다. 장에 나와 이한주李漢周 군君과 또 술을 먹었다. 2천 원二千円을 일환一煥이게 주어 흥성興成을 하였다.

5월 25일. 아버지 생일生日. 화평花坪 유 형柳兄과 종석鍾錫이와 기촌綺村의 외당숙外堂叔과 고산高山 당숙주堂叔主와 기외其外 여러 손님이 어제 와서 잤다. 이 손님들과 동내洞內 사람들이 모여 조반朝飯을 하고 유 형柳兄, 외당숙外堂叔과 기타其他 몇 손님은 오후午後에 가고 또 딴 손님들이 와 잤다.

5월 26일. 오전午前 6시六時 나섰다. 걸어 강경역江景驛 도착到着. 다행히 이등차二等車엔 탔으나 퍽 분잡紛雜하다. 국회원國會員과 야미쌀 때문에 앉을 자리가 없다. 31일三十一日이 남조선南朝鮮 시초始初 국회일國會日이라 한다. 간신히 왔다. 서울역驛서 경희京熙를 다리고 계동桂洞으로 왔다.

5월 27일. 동대東大 가고 두계斗溪 집으로 가서 몇몇이 만나 담화談話와 술을 했다.

5월 28일. 대학大學을 갔다가 두계斗溪와 함께 운초雲樵 집으로 가서 소주燒酒 몇 잔 하고 자동차自動車로 한국대학관韓國大學館을 갔다. 건란建蘭 고근古根을 등분登盆. 춘란春蘭 개식改植.

5월 29일. 김동규金東珪 군君과 가치 숙대淑大 갔다가 풍문여중豐文女中에 들렀다. 그 교장校長와 함께 나서 계동桂洞 장태영張泰英 군君을 데리고 안국동安國洞 어느 음식점飮食店으로 가서 소창消暢하였다. 순자

順子에게 들렀더니 서광전徐光前 노인老人은 토사吐瀉로 4, 5일四五日 신고辛苦하였다. 재연在連 군君이 이발理髮을 해 주고 순자順子는 술을 사 오고 고기를 구어 준다.

5월 30일. 김영관金永琯, 이광수李光壽 군君이 왔다. 가치 이李 군君께로 가서 한 병 사다 놓고 담화談話를 했다. 하거何居께 갔다. 흐리고 덥다.

5월 31일.(월요月曜) 조선朝鮮 국회國會 개시일開始日이라고 경휴일慶休日이 되었다. 집에 종일終日 있었다가 오후午後 5시五時 을유문화사乙酉文化社를 갔다. 아직도 경축慶祝한 각各 단체團體 행렬行列이 종로鐘路로 간다. 기다려 그 끝난 뒤에 건너갔다. 아동兒童의 작품作品 — 동요童謠와 작문作文을 끊는 모임이 있다. 피천득皮千得, 이희승李熙昇 군君이 오고 주최 측主催側은 윤석중尹石重, 조풍연趙豊衍 외外 몇 사람이다. 다 끊고 석찬夕餐. 자동차自動車로 왔다. 이응구李應九 군君이 왔다.

6월

6월 1일. 비가 약간若干 뿌렸다. 세대世大 갔다 와서 중앙중학교中央中學校 창립創立 40주년四十週年 고故 직원職員 추도회追悼會에 갔다. 세우細雨 중中 한데서 식式을 거행擧行하여 거의 끝나게 되었다. 나는 맨 뒤에 분향焚香만 하고 학부형學父兄 측側의 추도문追悼文 지어 간 건 읽지는 않고 주었다. 김억金億 군君과 함께 술을 먹었다. 전주全州 조병국趙炳國이가 밤에 왔다.

6월 2일. 이재훈李載壎 군君 와 오찬午餐.

6월 3일. 동대東大 갔다가 문교부文敎部(일전日前에 구舊 왕궁王宮 사무소事務所로 이전移轉)를 들렀다. 구舊 왕궁王宮 예식과장禮式課長 유해종劉海鍾과 편찬과編撰課 몇 친구親舊들 보고 문리과대학文理科大學으로 가 교수회敎授會에 참여參與했다. 먼저 나와 신문학원新聞學院으로 가 강의講義. 병국炳國이가 와 자고 첫새벽에 떠났다.

6월 4일. 국문학개설國文學槪說 추가追加 시험試驗.

6월 5일. 숙대淑大 갔다가 남산南山의 음악학교音樂學校로 갔다. 두 시간時間 기다려 「고창高敞 신오위장申五衛將 사적事蹟 조사調査 보고報告」를 한 시간 하였다. 돌아오다가 이주환李珠煥 군君과 함께 대풍옥大豐屋서 술을 먹었다.

6월 6일. 덕수궁德壽宮서 김응범金應範 군君과 박희영朴姬榮 양의 결혼식結婚式 주례主禮를 했다. 오후午後 1시一時 — 2시 반二時半. 그리고 원동元洞 김응범金應範 군君 집으로 끌려가서 두어 시간時間이나 기다려 대접待接을 받고 왔다.

6월 7일. 박철재朴哲在 군君과 점심點心. 가방끈이 떨어졌다.

6월 8일. 세대世大서 나오다가 숙대淑大 학생學生을 만나 올림픽 냉면冷麪의 대접을 받고 가방 집에서 가방을 수선修繕하고 교동校洞 어구서 이재수李在秀 군君을 만나 주방酒房으로 들려 담화談話를 하였다. 밤은 퍽 무덥었다.

6월 9일. 비. 두계斗溪와 점심點心. 비를 맞고 대학大學을 가고 오고 하였다. 가물다가 처음 많이 오는 비다.

6월 10일. 동대東大 가서 2학기二學期 시험試驗을 보았다. 또 비가 온다.

6월 11일. 비. 이희승李熙昇 군君과 자동차自動車를 타고 한국대학관韓國大學館을 갔다.

6월 12일. 비. 양정희楊定熙 군君이 왔다. 함께 옆집으로 가 술을 먹었다. 재연在連을 불러 이발理髮. 양楊 군君은 집에서 잤다. 이중각李重珏이가 왔다.

6월 13일. 오정午正에야 갠다. 양정희楊定熙 군君과 또 술을 먹었다. 양楊 군君은 가고 김억金億 군君이 와 또 끌려가 먹었다.

6월 14일. 이중각李重珏 군君을 데리고 구舊 왕궁王宮을 갔다. 전주全州 조경묘肇慶廟 겸兼 조경단肇慶壇 참봉參奉으로 임명任命. 오후午後 6시六時 아악부雅樂部서 제7회第七回 시조강습회時調講習會를 열었다. 5십여 명五十餘名 왔다. 중각重珏이는 내일來日 호남행湖南行 차車를 타려고 남대문南大門 밖에서 잔다고 떠났다.

6월 15일. 조운曺雲 군君이 왔었다 — 대학大學 연구실硏究室로.

6월 16일. 신오위장申五衛將의 『허두가虛頭歌』를 벗겼다.

6월 17일. 남령南嶺 군君이 왔었다. 이 근래近來 시조時調 운동運動에 대하여 써 보겠다고 그 재료材料를 얻어 갔다.

6월 18일. 조운曺雲 군君을 두계斗溪에게 소개紹介하여 도서圖書 열람권閱覽券을 얻게 하였다.

6월 19일. 용산龍山 천옥환千玉煥 군君 집에 나가 이대梨大 문과文科 8, 9인八九人에게 「의유당일기意幽堂日記」를 강의講義. 풍문여중豐文女中, 아악부雅樂部 시조강습회時調講習會을 마치고는 강만진姜晩進, 이종배李鍾培 군君에게 끌려 대풍옥大豐屋으로 갔다. 10시十時 돌아오다. 전주全州 누님이 오셨다. 원본原本이라는 『청구영언靑丘永言』을 얻었다.

6월 20일. 종일終日 집에서 『청구영언靑丘永言』 찬자撰者 조사調査. 누님은 병순炳珣이게 갔다.

6월 21일. 대학大學서 아악부雅樂部 시조강습회時調講習會를 거쳐 왔다.

6월 22일. 세대世大에 가서 신입학생新入學生 국어國語 시험문제試驗問題를 끊았다. 하거何居께 다녀왔다.

6월 23일. 아악부雅樂部 다녀왔다. 전등電燈이 아니 켜져서 초저녁부터 잤다.

6월 24일. 순자順子를 보았다. 얼굴에 열화熱花가 솟았다. 요전도 그렇더니 또 일었다. 빚이 15만 원十五萬円, 서 노인徐老人허고 싸워 이제야 헤졌다 하고 울고 또 하소연을 한다. 아악부雅樂部로 하여 백양당白楊堂 들려 『의유당일기意幽堂日記』 출간出刊의 인세印稅를 약간若干 받고 국립도서관國立圖書館 박봉석朴奉石 군君을 가서 만났다. 도서목록圖書目錄 전람회展覽會다. 별 것 없다. 『석보상절釋譜詳節』(그 원고原稿 4책四冊 6六, 13十三, 9九, 19十九)을 국립도서관 장國立圖書館藏) 제13책第十三冊 모수리 제3결第三結 안에 "공24共卄四"란 것을 박봉석朴奉石 군君이 발견發見했다. 그런 즉 『월인석보月印釋譜』는 공24책共二十四冊이 분명分明하다. 강전江田이가 이 책冊을 얻어 해설解說을 쓰고 누구누구가 이 책冊 전질全帙은 몇 책冊이니 했으나 박봉석朴奉石 군君이 가장 진적眞的한 발견發見였다. 조병순趙炳珣 집에 갔더니 병순炳珣이는 열熱이 높아 적십자병원赤十字病院에 오날 입원入院하고 누님만 있다. 수수한 가운데 술과 점심을 준다. 성희聖熙가 중앙중학中央中學 시험試驗 보러 왔다.

6월 25일. 문리과대학文理科大學와 한국대학관韓國大學館 강의講義를 여전如前히 했다.

6월 26일. 비 오다 개었다. 이대梨大 국문학부國文學部 여자女子 5명五名이 비 맞고 와서 강의講義를 들었다. 시조時調에 대하여 —

6월 27일. 홍종인洪鍾仁 군君이 왔다.

6월 28일. 흐리다. 대학大學서 또 홍종인洪鍾仁 군君을 만났다.

6월 29일. 누님이 오셨다. 이충무공李忠武公 순국殉國 350주년三百五十週年 기념좌담회紀念座談會를 통위부統衛部서 오후午後 3시三時부터 했다. 김도태金道泰, 이인영李仁榮, 신석호辛奭鎬, 이병도李丙燾 군君과 나. 나는 5시五時쯤 하여 나와 장충동奬忠洞 193一九三 연우정燕宇亭으로 갔다. 숙대淑大 국문과國文科 졸업생卒業生의 사은회謝恩會다. 비가 온다. 옷을 적시고 왔다.

6월 30일. 휴강休講. 교수회教授會. 예동汭東, 두계斗溪, 유응호柳應浩 군君과 함께 어느 술집에 들었다. 비 맞고 왔다. 졸업생卒業生 송별회送別會에 잠시 참석參席.

7월

7월 1일. 문리과대학文理科大學 입학入學 시험試驗. 방종현方鍾鉉 군君과 나는 국어답안고사國語答案考査. 누님이 돈암동敦岩洞서 오셨다.

7월 2일. 누님이 병순炳珣께로 가셨다. 또 국어답안고사國語答案考査. 밤에 천동天動하고 비 오다 말었다.

7월 3일. 국어國語 답안答案을 다 끊았다. 아악부雅樂部서 이혜구李惠求 군君의 「조선악보朝鮮樂譜에 대한 강의講義」와 박상근朴相根의 가야금산조伽倻琴散調(고수鼓手 김인근金仁根)가 있었다. 견지동堅志洞 금해정錦海亭으로 가서는 시조연구회時調研究會 주최主催인 이동백李東白 옹翁의 판소리 — 백구가白鷗歌, 단가短歌, 화용도華容道와 박상근朴相根의 산조散調를 듣는 모임이 있다. 회비會費 5백 원五百円. 주인主人 조유

색趙柳色의 가야금伽倻琴 병창並唱도 있었다. 권덕규權德奎 군君에게 천원千円을 주었다. 중풍中風은 그 모양인데 또 약藥을 먹는다고. 순자順子가 왔다.

7월 4일. 종일 비. 자동차自動車 타고 민족박물관民族博物館에 갔다. 오전午前 10시十時다. 두계斗溪만 왔다. 그 담 홍종인洪鍾仁, 김도태金道泰, 신석호辛奭鎬, 이인영李仁榮 군君이 왔다. 오후午後 여섯 시에 파했다. 세대世大, 숙대淑大, 신문학원新聞學院 국어답안國語答案을 다 고점考點했다.

7월 5일. 오후午後 2시二時 교수회敎授會 참석參席했다가 먼저 나왔다. 서대문西大門 세무서稅務署를 갔다. 아악부雅樂部서 자동차自動車를 타고. 제8회第八回 시조강습회時調講習會를 예서 열었다. 한 시간時間하였다.

7월 6일. 세대世大 가서 예과豫科 1학년一學年 한 시간. 오다 병순炳珣네 집을 들렀다. 점심點心 해 준다. 세무서稅務署로 갔다.

7월 7일. 대학大學서 구술시험口述試驗을 보았다. 비가 쏟아진다. 간신히 전차電車를 타고 동현銅峴서 나렸다. 서울 타임스사社로 갔다. 김동석金東錫 군君이 있다. 기다려 조운曺雲, 김연만金鍊萬, 설정식薛貞植을 만났다. 나는 운雲 군君과 가치 나와 남대문南大門안 남일옥南一屋으로 가 마셨다.

7월 8일. 오전午前 10시十時 시청市廳에 갔다. 사육신묘死六臣墓 보존회保存會가 있다. 45명四十五名 모였다. 박종화朴鍾和 군君의 발언發言으로 내가 임시臨時 의장議長이 되었다. 파罷한 뒤 신석호辛奭鎬, 홍순혁洪淳赫, 이홍직李弘稙과 가치 또 남일옥南一屋로 갔다.

7월 9일. 오전午前 10시十時 반半부터 교수회敎授會. 한대관韓大館서 국어國語 시험試驗. 중앙중학교中央中學校에 갔다. 성희聖熙 입학금入學金 연기延期했다.

7월 10일. 오후午後 한 시 서대문西大門 세무서稅務署서 강의講義. 병순炳珣네 집에서 점심點心.

7월 11일. 오전午前 10시十時 아악부雅樂部 시조연구회時調硏究會 창립創立 제3년第三年 기념식記念式 거행擧行. 내빈來賓과 회원會員이 일소당佾韶堂이 가득 찼다. 조운曺雲 군君이 왔다. 여러 회원會員에게 소개紹介. 문교부文敎部서는 교화국장敎化局長이 왔다. 공로자功老者에게 기념품紀念品을 준다. 나와 이주환李珠煥, 성경린成慶麟 군君이 받었다. 식式을 파하고는 가악歌樂와 승무僧舞가 있었다. 오후午後엔 창덕궁昌德宮으로 들어 인정전仁政殿을 보고 주합루宙合樓로 가서 점심點心과 여흥餘興. 그리고 또 회원會員들이 금해정錦海亭으로 끌고 가서 석찬夕餐.

7월 12일. 장지태張之兌 군君이 그 부친父親 생일生日이라고 점심點心을 준다. 약소주藥燒酒를 너무 먹었다. 그리고 서대문西大門 세무서稅務署 강의講義를 했다.

7월 13일. 세대世大에 갔다. 병순炳珣네 집을 들렀다. 시조時調 강의講義를 했다.

7월 14일. 조운曺雲 군君이 그 동서同壻 정鄭 군君을 다리고 대학大學으로 왔다. 오후午後는 휴강休講하고 조曺, 정鄭와 가치 나서 종로鐘路 개장국 집으로 갔다. 오날 초복初伏이다. 대만원大滿員이다. 겨우 한 자리를 얻어 진땀을 흘리고 먹었다. 배갈白干을 준다. 풍문여중豐文女中으로 가 교장校長께 말하고 정鄭은 2만 원二萬円 기부寄附. 그 따님 정현鄭賢 군君이 풍문豐文에 입학入學하였다. 운雲 군君과 또 아악부雅樂部

를 갔다. 성경린成慶麟, 채희창蔡熙昌 군君과 자동차自動車로 전몽수田蒙秀 군君을 찾어가 시조문학지時調文學誌 출간出刊 계획計劃을 토의討議. 소주燒酒를 많이 먹었다. 소낙비.

7월 15일. 오전午前 10시十時 문교부文教部 편수국編修局서 하기대학夏期大學 국어문학國語文學 강좌講座에 대하여 상의相議. 최 서방崔書房 시겨 봉래동蓬萊洞 동화양조주식회사東華釀造株式會社에서 소주燒酒 1두一斗 30원三十円 주고 가조다. 전표錢票는 서대문西大門 세무서稅務署서 해주었다. 신문학원新聞學院을 다녀 왔다. 성희聖熙가 시골서 왔다.

7월 16일. 이대梨大 학생學生 3명三名이 왔다. 설화문학說話文學에 대하여 말했다.

7월 17일. 민족박물관民族博物館에 갔다. 또 충무공忠武公 업적業蹟 좌담座談.

7월 18일. 문리대文理大 시험試驗. 비.

7월 19일. 오후午後 5시五時. 서대문西大門 세무서稅務署에 갔다. 성경린成慶麟, 이주환李珠煥 군君도 왔다. 석찬夕餐을 받었다. 소낙비.

7월 20일. 경京, 종宗 양아兩兒와 태泰, 성聖 2아二兒가 급행急行 호남차湖南車로 떠났다. 오후午後 풍문여중豊文女中 직원職員과 이사理事들과 가치 화계사華溪寺로 나가 목욕沐浴, 식음食飮, 담소談笑타 왔다. 오늘은 유두流頭날.

7월 21일. 신문학원新聞學院 본과本科 1년一年 입학시험入學試驗의 구술시험口述試驗을 하였다. 순자順子가 와서 놀고 갔다. 밤비.

7월 22일. 문리대文理大에 나갔다. 조운曺雲 군君이 왔기 함께 아악부雅樂部로 가서 시조작법時調作法 강좌講座 열 일과 잡지간행雜誌刊行 계획計劃을 세웠다.

7월 23일. 비. 대학大學에 갔었다. 장지태張之兌 군君 시겨『혜빈궁일기惠嬪宮日記』를 초抄하였다.

7월 24일. 비. 이대梨大 학생學生들이 왔다. 시화詩話.

7월 25일. 비. 김억金億 군君이 왔기 책상册床머리 술 한 병을 다 말렸다.

7월 26일. 대학大學에 나갔다. 비.

7월 27일. 예동汭東에게 끌려 공평동公平洞 추탕鰍湯집으로 갔다. 비는 쏟아진다. 두계斗溪, 동빈東濱 외外 3, 4인三四人. 열 시에 파罷했다.

7월 28일. 대구大邱 이호우李鎬雨 군君께 편지. 의대醫大 예과생豫科生 초대招待에 참여參與. 대학식당大學食堂에서.

7월 29일. 대학大學에 갔다. 비는 줄줄 온다. 9대학九大學 국어과회國語科會란데 일석一石, 도남陶南 외外에 김창제金昌濟밖엔 안 왔다. 오후午後 5시五時 아악부雅樂部서 자동차自動車로 중앙방송국中央放送局에 갔다. 시조좌담회時調座談會. 성경린成慶麟, 이주환李珠煥, 양상경梁相卿, 권석신權石臣, 석순균石舜均 등이다. 오후午後 7시七時까지 30분三十分에 마치고 금해정錦海亭으로 와 석찬夕餐. 기생妓生도 있었다. 가무歌舞, 여흥餘興. 10시十時에 돌아왔다.

7월 30일. 동빈東濱 백씨伯氏 김갑기金甲基 군君이 왔다. 오후午後 동빈東濱 집에 모였다. 예동汭東, 두계斗溪 외外 수인數人. 여중女中 독본讀本에 대한 의논議論이었었다. 경아京兒 편지를 보았다. 농형農形은 풍작豊作 운운云云.

7월 31일. 대학교수회大學敎授會에 나갔다. 먼저 나왔다. 아악부雅樂部에 들렀다. 시조時調 창작創作 지도강습회指導講習會 지원자志願者가 25, 6명二十五六名이라고. 어제 신문新聞에 광고廣告가 났다. 대학大學

국문과國文科 정병욱鄭炳昱, 김삼불金三不, 김세환金世煥, 강한영姜漢永 군君이 와서 10시十時 지나 갔다. 비는 또 온다. 고창高敞 신길동申吉同 군君께 편지.

8월

8월 1일. 종일終日 비. 시험試驗 답안答案들은 다 끊았다.

8월 2일. 대학大學에 가 성적점成績点을 교무과教務課에 주었다. 비. 아악부雅樂部서 오늘부터 오는 7일까지 오후午後 5시五時 반半 내지乃至 8시八時 반半 시조창작時調創作 강좌講座을 하게 되었다. 35명三十五名 청강聽講.

8월 3일. 비.

8월 4일. 아침을 석남石南 송석하宋錫夏 군君을 가보았다. 3, 4일三四日 전前부터 구역嘔逆이 나고 신열身熱이 높다. 얼굴빛이 못 되었다. 정신精神은 좋다. 약간若干 담화談話. 문교부文教部에 가 최현배崔鉉培, 장지영張志暎 군君을 만났다. 국기國旗의 감리坎離 괘卦가 바뀌었다고 경무부警務部 있는 누가 말성을 한다고. 국기國旗는 구舊 왕궁王宮에 있던 걸 의依한 것이었다. 대학大學에 가서 교수회教授會 하고 이희승李熙昇 군君과 국문학과國文學科 졸업卒業 논문論文에 평론評論했다. 비.

8월 5일. 석남石南이 오후午後 3시三時 15분十五分에 별세別世. 두계斗溪, 동빈東濱, 예동汭東 외外 여러 친구親舊가 모였었다. 밤에도 자정子正까지 있다 왔다. 윤석천尹錫天 군君이 왔다.

8월 6일. 또 석남石南 호상소護喪所에 갔다. 비.

8월 7일. 비. 석남石南 호상소護喪所에 가서 명정銘旌을 썼다. "석남石南 송석하지구宋錫夏之柩"라고. 그전에 은진恩津 송씨宋氏를 써야 하느니 하는 문제問題가 분운紛紜했던 모양이다.

8월 8일. 비. 석남石南 호상소護喪所에 갔다.

8월 9일. 오전午前 8시八時 반半 석남石南 출상出喪. 그 집으로서 민족박물관民族博物館 전정前庭에서 영결식永訣式을 10시十時부터 하여 11시十一時 마쳤다. 나는 우인友人 대표代表의 조문弔文을 읽었다. 그리고 수구隨柩하여 망우리忘憂里 묘지墓地로 나갔다. 여러 친구親舊가 모였다. 빗낱이 듣다 만다. 장사葬事를 다 지냈다. 점심을 하고는 돌아왔다, 한국대학관韓國大學館 강의講義.

8월 10일. 오후午後 네 시 아악부雅樂部에 갔다. 장사욱張師旭 군君이 『민요民謠와 향토악기鄕土樂器』라는 책冊을 출판出版하였다고 자축自祝키 위하여 아악부雅樂部 몇 친구親舊와 나를 초대招待한다. 청진동淸進洞 어느 음식점飮食店에 가서 잘 놀았다. 비는 쏟아져 낙수는 폭포요 마당은 강江이였다. 주파主婆의 타령과 춤이 있었다. 사대師大 하기夏期 강습講習에 가서 국문학國文學 강의講義.

8월 11일. 한국대학관韓國大學館 강의講義. 비는 오다 말었다. 관희觀熙와 병국炳國이가 왔다.

8월 12일. 입추立秋. 종일終日 집에서 『가루지기타령』 교주校註. 동내洞內 다니던 여자女子가 와서 나의 은銀숫가락을 훔쳐갔다. 태희泰熙 모母가 마슬 간 뒤에 그 여자女子가 와 들어가 기척이 없기에 내가 "왜 왔느냐" 하였더니 아무 대답도 없이 갔다.

8월 12일. 종일終日 『가루지기타령』 교정校正.

8월 13일. 말복일末伏日. 순자順子 가보고 아악부雅樂部 가서 술 먹었다.

8월 14일. 풍문여중豐文女中에 가서 시학무국市學務局 주최主催 시내市內 중학교원中學教員 국어강습회國語講習會 강의講義. 시가詩歌 네 시간. 김성달金性達 군君 집으로 가서 맥주麥酒, 소주燒酒, 석반夕飯. 『가루지기타령』은 다 교주校註하여 국제문화관國際文化館 출판부出版部에 주었다.

8월 15일. 종일終日 집에 있었다. 태희泰熙 모母가 해방기념解放紀念날 가로街路 구경이 있다고 나갔다. 『어우야담於于野談』, 『구운몽九雲夢』의 해설解說을 썼다. 춘희春熙가 왔다.

8월 16일. 장태영張泰英 군君 외外 6, 7인六七人 동내洞內 친구親舊들과 함께 삼청동三淸洞 골짜기 냇물놀이를 하였다. 각기各其 출렴出斂. 내가 발설發說하여 갔다. 나는 나무 한 다발, 소주燒酒 한 되, 돈 백 원百円. 장張 군君은 쌀을 냈다.

8월 17일. 홍원洪原 가기 전에 이관구李寬求 군君한테 빌려 온 『두시언해杜詩諺解』 활자본活字本 원본原本에 집의 소장所藏 목판본木版本을 대준對準했다. 25권二十五卷이다.

8월 18일. 문교부文教部 편수국編修局에 갔다. 이봉수李鳳秀, 신동엽辛東燁 군君을 보았다. 오다 순자順子를 보고 데리고 가서 냉면冷麪을 먹었다.

8월 19일. 『두시언해杜詩諺解』 25권二十五卷을 이관구李寬求 군君께 갖다 주었다. 음陰 7월七月 백종百種. 이병도李丙燾, 김소진金蘇鎭 군君도 와 있다. 성북동城北洞 그 위 골짜기로 갔다. 목욕沐浴. 소주燒酒로 반일半日를 보냈다.

8월 20일. 삼불三不 군君이 왔다. 강한영姜漢永 군君이 왔다.

8월 21일. 이리농중裡里農中 국어교사國語教師 황희영黃希榮 군君이 맡겼던 교본教本 원본原本을 찾어갔다. 강한영姜漢永 군君과 함께 창경원昌慶苑 사무실事務室에 갔다. 『계축일기癸丑日記』를 먼저 벗기게 했다. 편수국編修局 가서 이봉수李鳳秀 군君을 보았다. 사공환司空桓 군君을 보고 부산釜山 여비旅費를 탔다. 김삼불金三不 군君과 화신和信 가서 부산행釜山行 급행急行 차표車票와 급행권急行券을 샀다. 돌아오다 정육正肉 1근一斤을 사 가지고 와 구어 먹었다. 조은영曺恩泳 군君이 왔기 데리고 세대世大 의예醫豫 입학入學 시제試題를 씌고 참외 네 개를 사다 먹었다.

8월 22일. 오전午前 다섯 시 기침起寢. 일곱 시 서울역驛에서 김삼불金三不 군君과 만나 부산행釜山行 삼등석三等席을 잡어 달라고 3백 원三百円을 주었다. 양주동梁柱東, 이하윤異河潤 일행一行을 만나 먼저 들어가 자리를 잡었다. 차車ㅅ속이 퍽 혼잡混雜하고 무덥다. 오후午後 6시六時 반半 부산釜山 착着. 대전太田서 강습講習 마치고 온 일행一行을 만났다. 도청道廳서 마중 나온 추럭을 탔다. 부산여중釜山女中으로 갔다. 재봉실裁縫室을 합숙처合宿處로 하였다. 나와 신동엽辛東燁 군君은 경남중학교장慶南中學校長 안용백安龍伯에게 끌려 어느 음식점飮食店으로 들어 놀다가 그 관사官舍로 가서 잤다. 적산가옥敵産家屋이다. 제법 정원庭園도 꾸미고 이층二層 다다미방이다. 술 한 병을 곁에 두고 자꾸 권한다.

8월 23일. 아침이 좀 늦었다. 자동차自動車로 부산여중釜山女中을 갔다. 딴 분이 벌서 내 강의講義 시간時間에 들어갔다. 나는 오후午後로 밀렸다. 천천히 걸어 나섰다. 부산전매서釜山專賣署 북린北隣 삼영三榮 무역상회貿易商會를 찾었다. 주인主人 고두동高斗東 군君이 있다. 이층二層 일본제日本制 집을 새로 짓고 그 뒤엔 또 창고倉庫를 지었다. 나는 주인主人과 이층二層 다다미방으로 들었다. 앞에는 전차電車, 추럭, 짐차車, 인마人馬 등이 연락부절連絡不絶하는 가장 분주奔走한 거리요 절영도絶影島가 마주 보인다. 부산여중釜山女中으로 다시 와 중등교원中等教員 9십여 명九十餘名에게 국문학사國文學史 강연講演을 세 시간 내려하고 고高 군君 집으로 왔다. 생선生鮮 도미회와 술을 먹었다. 부府 학무과장學務課長 정모鄭某가 왔다.

8월 24일. 부府 학무과장學務課長 정鄭이 와서 가치 동광국민학교로 갔다. 부내府內 국민학교國民學校 교원教員들을 모아 사회생활과社會生活科 강습講習을 열었다. 오전午前 9시九時 내가 처음 국문학國文學 강연講演을 했다. 오후午後엔 부산여중釜山女中으로 가 강연講演을 마치고 부府 학무과學務課 정鄭에게 끌려 송도松島로 나갔다. 신동엽辛東燁, 박만규朴萬奎도 참가參加. 동춘루東春樓서 놀았다. 바람이 몹시 불어 유리창琉璃窓을 닫었다. 누樓 아래는 파도波濤가 와 부드친다. 건느는 바루 절영도絶影島요 한편으로는 현해탄玄海灘이 트이었다. 대마도對馬島는 희미한 안갯 속에 누었다. 해수욕海水浴하는 남녀男女들은 오몰조몰 모였다. 주식酒食 — 생신生新한 전복, 도미, 기타其他 여러 회膾에 술은 취하지 않는다.

> 좁은 거리 지나 바다가를 나고 보니
> 서늘하다기보다 바람은 너무 세고
> 뉘이도 무엇에 막혀 밀리다간 마는고

고高 군君 집에 또 잤다. 김삼불金三不 군君이 왔다고 한다.

8월 25일. 고高 군君 황산皇山에게 시조時調를 써 주었다.

부산釜山

고운 산山ㅅ골이오 또한 고운 해항海港이다
옴막사리라도 답답다 하지 말고
이따금 송도松島에 나서 현해탄玄海灘을 바라보라

김삼불金三不 군君과 허웅許雄이 왔다. 허許는 부산대학釜山大學 국어문과國語文科 주임主任. 황皇과 가치들 역驛으로 가보니 해운대海雲臺 행行은 벌서 떠낫다. 범부凡夫 김정설金鼎卨을 찾고 허許의 집으로 가서 점심點心. 또 술을 먹다가 부산여중釜山女中 교장校長 추월영秋月映이 자동차自動車를 몰고 송도松島로 가자 한다. 김金, 허許 양군兩君도 동행同行. 높은 언덕 집으로 들었다. 바다를 굽어보며 전복회로 퍽 마셨다. 부산여중釜山女中은 구덕산九德山 아래 있으며 일인日人의 학교學校이던 걸 해방解放 후 여중女中을 창립創立했다 하고 교가校歌를 지어 달라고 부탁한다. 다시 허許의 집으로 왔다. 비가 온다. 모긔가 엉기어든다. 뜬 눈으로 밤을 새웠다.

벼룩과 빈대 사끼 다투어 솔솔거리고
모긔는 수없이 웅웅 엉기어 드노니
송장이 아닌 이 몸으로 이 밤 어이 새울가

8월 26일. 비는 한 대종이다. 부산여중釜山女中으로 가 기차汽車 이등권二等券과 노비路費을 얻고 나는 추럭으로 또 고두동高斗東 군君 집으로 왔다. 정병욱鄭炳昱 군君은 오늘도 아니 온다. 통영統營 도천리道泉

里 수산중학교水産中學校 박유홍朴有弘(휘문중학徽文中學 출신出身)과 마산공립여중馬山公立女中 김태홍金泰洪 군君이 왔다. 김金은 시詩와 시조작時調作의 원고原稿를 가지고 와 묻는다. 비평批評하였고 시문학담詩文學談을 하였다. 천 원千円을 내어 술과 안주를 사오라 하였다. 술과 저녁밥을 가치들 하였다.

가는 비 굵은 비로 온 종일 나리는 비
베개 머리에 낙수소리 듣다가
머잖은 해운海雲 풍경風景을 꿈으로나 보노니

8월 27일. 비는 아니 멎는다. 7시七時 반半 역驛으로 나갔다. 김삼불金三不 군君이 먼저 와 있다. 허웅許雄도 고두동高斗東도 나왔다. 급행차急行車 이등석二等席에 앉었다. 빈자리가 많다. 낙동강洛東江 연변沿邊를 지나 골로 골로 차車는 꿰틀고 나간다. 수축修築 식림植林만 하거드면 무비명승지無非名勝地다.

아아 우리 님을 밉다고 말을 마라
갖은 그 얼굴을 일즉 보았는가
단장만 하고 나서면 천하일색天下一色이려니

청도淸道 다음 경산慶山에 이르자 삼불三不 군君이 손을 들어 한편 산山머리를 가리치며 자기 마을이라 한다. 마을마다 임금林檎 밭이다. 임금林檎 소산所産으로 유명有名한 곳이다. 벼는 그다지 되지 못하였다. 좀 가믈었던 모양이다. 대구大邱서 나렸다. 고등법원高等法院 서무과庶務

課로 이호우李鎬雨 군君을 찾었다. 자동차自動車로 대봉동大鳳洞 그 집으로 갔다. 새로 진 걸사傑舍다. 12만 원十二萬円에 사 가지고 십十여만 원円을 더 드려 꾸몄다 한다. 수백數百여 평坪. 뒤에는 논과 밭. 고요한 촌락村落이다. 임창순任昌淳 군君이 사랑채에 산다. 나는 안사랑으로 들었다. 정원庭園 — 석가산石假山, 못, 감나무, 포도葡萄 자장, 각종各種 화초花草를 심었다. 빗소리가 소란騷亂하다. 그러나 고두동高斗東 군君 집에서 듣던 항시港市의 소음騷音과는 질質이 다르다. 그는 한 맹렬猛烈한 전장戰場이었고 이는 평화平和로운 전원田園이었다. 퍽 안정감安定感을 준다.

앞 논엔 새 미나리 담 머리 호박덩굴
봉추산鳳雛山 한 모르에 이 집을 찾어드니
그립던 나의 고장을 돌아온가 하였다

여내 나리는 비 이 날도 아니 멎어
감닢 포도葡萄닢에 밤에도 그저 그 소리
실 같던 앞개울 물이 홍수洪水 되어 흐른다

청우헌聽雨軒에서 주인主人 호우豪雨 군君이 여내 술을 권한다. 임창순任昌淳 군君은 늦게야 경북여중慶北女中서 돌아왔다. 밤이 이슥도록 담화談話. 새로 도배한 썩 명랑明朗한 방에 모긔장을 치고 누비이불을 덮고 편히 잤다. 삼불三不 군君은 경산慶山으로 갔다.

8월 28일. 새벽에 일어보니 비는 갰다. 문門을 나서 앞개울 홍수洪水을 거슬러 거닐었다. 들 빛이 퍽 새롭다. 임任 군君이 강연講演을 청請한다. 오후午後 이李 군君과 가치 경북여중慶北女中으로 갔다. 한 10분十分이면 간다. 봉추산鳳雛山 허리를 넘어 논틀밭틀 또는 큰 방죽 가, 언덕 모통이로 가면 대구大邱서는 가장 크다는 이 여중女中이다. 교장校長, 학감學監 여러 교사教師를 만나보았다. 부내府內 중 15중학十五中學에 회장回章을 돌렸다는 것이 겨우 5, 6교五六校 남녀男女 학생學生과 교원教員들이 모였다. 그러나 천千여 명 드는 강당講堂으로 다 찼다. 국문학國文學에 대하여 그 정신精神을 말했다. 한 시간時間 반半 이상이다. 마친 뒤에 석찬夕餐을 먹이겠다 하였으나 나는 이李, 임任 양군兩君과 가치 이李 군君 집으로 돌아왔다. 술상을 내 온다. 나는 옥판玉版 선지宣紙에 시조時調 몇 수首를 써서 임청명任青溟(창순昌淳 군君의 호號)께와 호우豪愚, 호우豪雨(이호우李鎬雨 군君의 호號)께 주었다. 또 저녁에 사대師大 기타其他 선생先生과 임任, 이李 군君이 나를 그 근처近處 어느 집으로 초대招待한다. 전등電燈이 이 지대地帶엔 아니 들와 초를 켰다. 나는 좀 취했다. 횡설수설橫說竪說을 하였다.

8월 29일. 삼불三不 군君이 왔다. 임금林檎 한 망태를 가지고. 이李, 임任 양군兩君과 삼불三不 군君과 함께 역驛으로 걸어갔다. 40분四十分은 걸렸다. 이李 군君이 아는 이 시겨 차표車票도 사고 자리를 잡아 준다. 10시十時 반半 떠났다. 오후午後 6시六時 서울서 나렸다. 자동차自動車를 잡어 타고 계동桂洞ㅅ집으로 왔다.

8월 30일. 태희泰熙 형제兄弟와 병유秉裕가 왔다. 삼불三不 군君이 왔다.

8월 31일. 처妻와 경京, 종宗 2아二兒가 왔다. 대학大學 가서 교수회教授會를 하였다. 이태규李泰圭 학장學長 사임辭任에 그 후임後任를 투표投票 추천推薦. 최윤식崔允植, 박종홍朴鍾鴻, 이희승李熙昇이 점수點數 최고最高의 차서次序다. 총장總長도 임석臨席.

9월

9월 1일. 대학大學서 9시九時부터 편입編入 전입학轉入學 시험試驗을 하였다. 1백60명一百六十名. 이길배李吉培 군君 부자父子가 왔다. 오후午後 여섯 시 집에서 이영주李永柱, 강처중姜處重 외外 6, 7인六七人과 석찬夕餐을 했다.

9월 2일. 오후午後부터 비가 와 6, 7六七 시간時間 계속繼續. 대학大學에 나가 국어답안國語答案을 꼲았다.

9월 3일. 세대世大로 하여 신문학원新聞學院에 갔다. 학원學院 신학기新學期 일 토의討議.

9월 4일. 흐리다. 9시九時 대학大學에 갔다. 구술시험口述試驗과 교수회敎授會. 먼저 나와 풍문여중豐文女中에 가 김성달金性達 군君과 교무주임敎務主任과 학부형學父兄 정鄭 군君과 남령南嶺 군君과 함께 태화정泰華亭서 석반夕飯.

9월 5일. 김삼불金三不, 정병욱鄭炳昱 군君이 왔다. 정鄭 군君에게 『두언杜諺』 원간본原刊本(활자活字) 제6권第六卷를 빌려 주었다. 한희漢熙 혼수婚需에 4만 원四萬円이 들었다.

9월 6일. 처妻와 병유秉裕가 오전午前 9시九時 급행차急行車로 떠났다. 정읍井邑 조병국趙炳國과 전주全州 누님께 편지했다. 전주全州 고사동高砂洞 정경자丁慶子를 알어보아 달라고. 대학大學에 갔다. 하거何居를 찾었다.

9월 7일. 무덥다. 세대世大와 풍문여중豐文女中을 나가 개강開講. 태화정泰和亭으로 갔다. 한국대학관韓國大學館서 교수敎授 초대招待 겸 이태규李泰圭 박사博士 환송회歡送會가 있었다.

9월 8일. 종일 비.

9월 9일. 하거何居께 갔었다. 김병업金炳業 씨를 만났다. 말말끝에 나의 사정事情을 말했다. 나는 시골집과 서울집이 있어 나의 처妻는 시골집에 있고 예는 마땅한 사람을 얻어 둘 수밖에 없다. 요전 처妻가 올 때 솝니서 영흥永興 여자女子 34세三十四歲 된 이를 데리고 왔으나 꼭 있으려는 의사意思도 없고 범절凡節이 합당合當치 못하여 도로 갔다 하였더니 마침 42세四十二歲 된 얌전한 여자女子가 명륜동明倫洞에 있다고 권勸해 준다고. 한국대학韓國大學 야학夜學에 갔다.

9월 10일. 대학大學을 갔다 풍문여중豐文女中으로 가서 오후午後 1시一時 반半 천향원天香園 별장別莊으로 갔다. 신임新任 교원敎員과 이사理事의 환영회歡迎會다. 맥주麥酒을 많이 먹고 돌아와 또 두어 친구親舊에게 끌려 국일관國一館으로 가서 10시十時에 돌아왔다.

9월 11일. 하거何居께서 김병업金炳業 씨를 만났다. 그 여자女子가 오후午後 7시七時 오겠다고. 조남령曺南嶺 군君이 왔다. 과연 7시七時 반半쯤 하여 그 여자女子가 찾어왔다. 서로 간담肝膽을 토로吐露하였다. 용모容貌, 자태姿態가 청초淸楚하고 언어言語가 온화穩和하다. 집의 사정事情과 형편形便을 자세히 알렸다. 의향意向은 있다. 다시 와서 집 살림을 감독監督하겠다 하고 늦게야 갔다.

9월 12일. 이윤희李允熙 노인老人을 가 보았다. 이화대학梨花大學 졸업생卒業生 세히 왔다.

9월 13일. 교수회敎授會에 참석參席. 극문과劇文科를 문리과文理科에 두겠다는 건 거부拒否. 하거何居께 갔다 김병업金炳業 씨를 만나 가치 명륜明倫 3가三街 김해金海 김 씨金氏를 찾어 보았다. 또 딴 수작을 하며 계륵鷄肋과 같다. 오는 토요일土曜日 오겠다고 한다.

9월 14일. 백양당白楊堂 주인主人을 만나 오반午飯.

9월 15일. 문리과대학文理科大學서 국문학개설國文學概說과 시조론時調論를 개강開講. 장태영張泰英 군君과 이지헌李智憲 군君이 가회동嘉會洞 최 과부崔寡婦를 중매하겠다 한다.

9월 16일. 오후午後 3시三時 대학大學서 김삼불金三不 군君을 만나 또 강한영姜漢永, 이명선李明善 군君과 동행同行하여 삼불三不 군君 집을 갔다. 정릉貞陵 동구洞口다. 술에 떡에 먹었다. 그 아들 돌잔치다. 약간若干 돈을 주었다.

9월 17일. 오후午後 하거何居께 갔다. 동빈東濱, 두계斗溪를 만났다. 책册을 보고 오찬午餐도 받었다. 『근조단편집近朝短篇集』 재교再校를 보았다. 오늘은 추석秋夕. 아침에 토란국을 끓였다.

9월 18일. 숙대淑大을 갔었다. 김金 씨氏는 아니 왔다.

9월 19일. 밤비가 왔다. 이대梨大 졸업생卒業生 두엇이 왔다. 이혜구李惠求, 이상돈李相敦, 김억金億 군君이 왔다. 『협률대성協律大成』을 보았다.

9월 20일. 이상한 꿈 — 동희東熙가 왔다. 헌헌軒軒한 장부丈夫다. 그리고 얼굴이 퍽 검었다. 웨 그리 검었느냐 한 즉 그동안 흑룡강黑龍江 연안沿岸에 가 있었더니 그 강풍江風에 끌었다 하며 지금도 못 가게 하는 걸 도망逃亡하여 걸어왔다 한다. 옷은 양복洋服, 또는 호복胡服 같은 것을 껴입었다. 또 한 꿈은 단아端雅한 여자女子를 얻어 사는 바 자식子息이 우쿨하다. 해방解放 직후直後까지는 동희東熙가 오는가 오는가 하매 동희東熙가 온다고 정거장停車場을 나가는 둥, 또는 동희東熙를 보았으나 어디로 가 버리는 둥 하는 몽롱朦朧한 꿈을 종종種種 뀌었다. 그러나 그 후 동희東熙는 죽었는가 보다 하매 꿈도 없었던 바이었다. 아악부

雅樂部서 또 시조강습회時調講習會 시작.

9월 21일. 세대世大를 가는데 전차電車ㅅ속이 퍽 혼잡混雜하다. 남대문南大門 안에서 정차停車이 되어 많이 나렸다. 나는 좀 너그럽게 서서 「대한농총가大韓農總歌」를 생각하였다. 세대世大 앞에 나려서 보니 나의 가방을 째었다. 그 속의 원고原稿까지 갈러졌다. 이 가방이 두 번채 당한다. 김병업金炳業 씨를 만나 보았다. 김씨녀金氏女가 내일來日 온다고. 이덕봉李德鳳 씨게 「대한농총가大韓農總歌」를 적어 주었다.

9월 22일. 오후午後 비가 온다. 김 씨金氏 여자女子는 안 왔다.

9월 23일. 동대東大에 나갔다. 사대師大로 하여 왔다. 장태영張泰英 집에서 윤 씨尹氏 여자女子를 보았다. 좀 똥똥하다.

9월 24일. 신청주新淸酒 한 병을 사왔다. 3백 원三百円.

9월 25일. 의대醫大 후원後苑 회춘원回春苑에서 문리대文理大의 신학장新學長 환영歡迎 겸兼 교수위로회敎授慰勞會가 있었다. 후원회後援會 이사理事 강세형姜世馨 씨의 초대招待를 받었다. 오후午後 10시十時 돌아왔다.

9월 26일. 안서岸曙 데리고 이웃집에서 한 병을 기울였다.

9월 27일. 이지헌李智憲 군君 알선斡旋으로 윤 씨尹氏 여자女子를 만나기로 한 바 아악부雅樂部 시조강습회時調講習會에 갔다 오니 늦었다고 한다.

9월 28일. 세대世大 갔다 을유문화사乙酉文化社에 들려 2만 원二萬円 인세印稅를 미리 받었다.

9월 29일. 시조時調 강의講義는 임시臨時 학생회學生會로 휴강休講. 신문학원新聞學院 졸업생卒業生들이 은시저銀匙著 한 벌을 보냈다. 전주全州서 학무국學務局에 있는 이봉구李鳳九와 대학기성회장大學期成會長

유직양柳直養 군君이 찾어와 학장學長 또는 교수敎授를 응낙應諾해 달라고 조른다. 거부拒否하고 다만 강사講師 명의名義만 하기로 하였다. 박승철朴勝喆 군君과 두계斗溪와 함께 마셨다.

9월 30일. 동대東大에 나갔다. 신문학원新聞學院에도 갔었다. 신문학원新聞學院엔 신학기新學期 첨이다. 풍문여중豐文女中에 들렸다. 한문漢文 선생先生 부탁하던 말은 달리 되었다.

10월

10월 1일. 아침에 장태영張泰英 군君, 이지헌李智憲 군君을 만났다. 문리대文理大에 나갔다가 두계斗溪, 동빈東濱, 운초雲樵와 함께 설렁탕집으로 갔다. 나는 오후午後 국어國語 시간時間을 한 시간만 하고 돌아와 재동齋洞 들어가는 청요리淸料理집 앞에서 장태영張泰英 군君을 만났다. 윤 씨尹氏 여자女子가 와 기다리고 있다. 데리고 그 집 우층으로 들어갔다. 가장 조용한 방으로 들었다. 음식飮食을 청請하고 윤 씨尹氏 여자女子와 간담肝膽을 토로吐露하고 배갈白干으로 합환合歡하고 그리고 가회동嘉會洞 그 집으로 가보고 우리집까지 데리고 와 뵈어 주었다. 오늘 정면正面으로 대對하여 보니 용모容貌는 보잘 것 없다. 이 달 17일 오라고 언약言約하였다. 그러나 이 밤을 벼록 두어 마리가 솔솔거리므로 단잠은 못 잤다.

10월 2일. 숙대淑大에 갔다. 조선어학회朝鮮語學會을 거쳐 김영완金永完 씨 댁에서 점심點心 하고 아악부雅樂部 시조時調 제9회第九回 강습회講習會를 마치고 전몽수田蒙秀 군君의 초대招待을 받었다.

10월 3일. 비가 좀 왔다. 윤尹명순을 가 보았다. 오후午後 이원헌李元憲 군君이 오라고 하여 가니 윤尹명순과 그 동서同壻 고高 씨가 와 있어 술들을 취하였다. 그리고 내게 자꾸 권한다. 가양家釀 송순주松筍酒다. 윤尹는 불성인사不省人事. 충남도청忠南道廳 김진문金振文 군君이 왔다.

10월 4일. 오전午前 7시七時 서울역驛에 나갔다. 김진문金振文 군君이 왔다. 또 김도태金道泰 군君이 왔다. 여행증명서旅行證明書를 냈다. 이등차표二等車票는 다 나갔다 하고 삼등인정서三等認定書를 준다. 김진문金振文 군君이 야미로 논산論山까지의 이등표二等票와 급행권急行券을 샀다. 편히 앉어 왔다. 논산論山 오도록 빈자리가 많었다. 논산論山 군청郡廳을 가니 대전太田서 추럭이 안 왔다. 음식점飮食店서 기다렸다. 다 저물어서 대전太田 일행一行이 왔다. 함께 부여扶餘 동양여관東洋旅館에 들다. 군수郡守 한상현韓相賢, 중학교장中學校長 조중국趙重國이가 와 본다. 석찬夕餐을 함께 했다.

10월 5일. 「국어國語와 국민國民」으로 맨 첫 시간時間 백 분百分 동안을 했다, 경찰서장警察署長 전봉수田鳳秀도 와 듣고 인사한다. 사백오륙십 명四百五六十名 ― 충남忠南 각各 군郡 내무과장內務課長 내지乃至 면리원面吏員. 오후午後 본부本府 교화국敎化局서 온 김일선金一善 양孃과 고란사皐蘭寺까지 돌아왔다.

10월 6일. 「민족民族, 국민國民의 특성特性」 강연講演. 나는 본부本府서 온 이와 도道에서 온 이를 데리고 대왕포大王浦, 마내(마천馬川)를 돌았다. 마내는 남천南川이란 말이다. 이게 왕홍사王興寺의 인수引水하던 못이 아닌가 한다. 오후午後 도·군道郡 직원職員과 강습원講習員 일동一同과 부소산扶蘇山, 고란사皐蘭寺를 갔다. 도·군道郡 직원職員과 우리는 군郡 소유所有인 노리배를 탔다. 낙화암落花岩을 돌아 구드래를 이르러 군수郡守가 자기自己 집을 다녀온다고 들어가더니 도학무국장道學務局長 정의택鄭義澤, 지방과장地方課長 신구영申求永 군君과 그 수행원隨行員 몇과 기생妓生 하나와 술 한 통 음식상飮食床 둘을 앞뒤에 세고 온다. 담소談笑와 주식酒食. 엿바위 이층二層 집으로 올랐다. 전정電灯은 안 들오고 촉燭를 켰다. 또 술이다. 가무歌舞도 벌어졌다. 의자왕義慈王의 남어지 풍류風流인 듯 싶으다. 어두운 강江과 벌을 건너 동양관으로 오다.

10월 7일. 9시九時 반半 서울서 간 우리 일행一行은 추럭 타고 논산論山으로 와 점심點心 먹고 서울 가는 이들을 떠나보내고 나는 추럭으로 신막新幕까지 왔다. 충남도청忠南道廳 신생활운동본부新生活運動本部 사무장事務長 강영식姜榮植 군君이 따러 왔었다.

10월 8일. 병유秉裕가 오고 고산高山 당숙堂叔이 오다. 오늘 장에 쓰라고 만 원萬円을 내주었다. 일환一煥이가 장보러 갔다. 밤에 증조고曾祖考 제사祭祀를 지냈다.

10월 9일. 병관秉寬이가 오다. 정태락鄭泰洛 군君을 청請하여 두어 잔 마셨다.

10월 10일. 김삼배金三培 군君이 와 한희漢熙 의거리와 장롱의 유리琉璃를 넣었다. 도야지를 잡었다.

10월 11일. 음陰 9월九月 9일九日. 황국黃菊은 아직 아니 핀다. 전주全州 누님이 오셨다.

10월 12일. 아침 비가 듣다 말고 볕이 산듯하게 난다. 오후 두 시 반 공주公州서 자동차自動車가 왔다. 송한용宋漢用 군君이 그 맏아들 석일錫一과 공주여사公州女師 교원敎員 두엇과 하인下人 하나를 데리고 왔다. 우선 요기 시기고 초례醮禮를 지냈다. 네 시 반에 신랑新郎만 남고 공주公州서 온 이들은 도로 갔다. 병춘秉春, 관寬, 용龍, 철徹과 회음會

歓. 신랑新郎 석일錫一은 순실淳實하다.

10월 13일. 흐리다 갰다 한다. 어머님 할아버님 산소山所에 성묘省墓. 전주全州 순우順雨 모母가 왔다. 또 1만 2천 원一萬二千円을 내주었다.

10월 14일. 따뜻하고 맑다. 8시八時 반半 강경江景서 공주公州서 추럭이 왔다. 짐과 하인下人은 공주公州 차車에 싣고 나는 병룡秉龍과 한희漢熙, 석일錫一과 갑동甲童 어멈과 두 누의와 관희觀熙 어머니와 강경江景 차車를 타고 10시十時 반半 떠났다. 집 사람들은 신막新幕까지 나와 전송餞送한다. 오후午後 1시一時 반半 공주公州 도착到着. 중동中洞 180一八0번지番地 송헌태宋憲泰 집. 헌태憲泰는 송한용宋漢用 군君의 부친父親. 위암胃癌으로 위석委席하였다 하고 한용漢用 군君의 세 아우와 그 자질子姪과 우리 족제族弟 병원秉元 군君이 와 본다. 다담상茶啖床을 내왔다. 현구고見舅姑를 재촉하였다. 또 큰상床을 내왔다. 개혼開婚이라고 큰상床을 했다 한다. 성찬盛饌과 지주旨酒를 먹었다. 갑동甲童 어멈만 남고 병룡秉龍과 역터 산직山直이는 강경차江景車로 떠나보냈다. 강경차江景車 운전수運轉手는 병원秉元 군君의 삼종三從 병록秉祿이다. 저녁에 사범대학장師範大學長, 중학교장中學校長 여럿이 와 또 술상이 버러졌다. 사돈과 가치 잤다.

10월 15일. 7시七時 빼스로 공주公州를 떠났다. 농업학교農業學校 교원教員 축을 만나 조치원鳥致院서 또 술 몇 잔을 하고 가치 대전太田서 온 차車를 타고 오후午後 2시二時 서울역驛서 내렸다. 자동차自動車를 잡아타고 계동桂洞으로 돌아왔다. 윤尹명순을 가 보았다. 그때 취했던 것이 퍽 죄송罪悚했던 모양이다. 병유秉裕가 왔다.

10월 16일. 김동규金東珪 군君과 숙대淑大에 갔다. 전화電話가 왔다. 자동차自動車로 을지로乙支路 2가二街에 와 신문학원新聞學院에 들렀다.

지방기자地方記者 강습講習에 한 시간 국문학國文學 강연講演을 했다.

10월 17일. 이대梨大 졸업생卒業生 셋이 와 『계축일기癸丑日記』 강독講讀을 했다. 오늘 밤에 가회동嘉會洞 윤명순尹命順이 와 잤다. 종희宗熙가 왔다.

10월 18일. 문리대文理大에 나갔다.

10월 19일. 세대世大에 나갔다. 풍문여중豊文女中도 갔었다. 밤에 익산益山 갈앝 이중각李重珏의 큰아들과 그 재종再從과 일환一煥이가 왔다. 중각重珏 군君이 장단長湍 선산先山에 갔다가 갑자기 죽었다 한다.

10월 20일. 일환一煥이 일행一行이 장단長湍을 갔다가 또 왔다. 중각重珏 군君 형兄이 벌서 성빈成殯하고 군산羣山서 화물차貨物車를 얻어 운반運搬하려 익산益山으로 도로 갔다 한다.

10월 21일. 일환一煥 일행一行이 떠났다. 시계時計를 누가 끌러 갔다. 윤尹명순의 가조 온 괘종掛鐘과 시간時間을 맞추고 양복洋服 주머니에 두었던 것이다. 갓갓으로 의심이 난다. 국민대학國民大學에 갔다.

10월 22일. 태희泰熙 식구食口가 원서동苑西洞으로 이사移舍갔다. 최근학崔根學, 박창해朴昌海, 한韓 군君이 왔다. 끌려 나갔다. 충무로忠武路 경제구락부經濟俱樂部서 석찬夕餐. 국제출판사國際出版社서 준다. 윤尹명순이 방을 다 도배했다. 안방에서 잤다.

10월 23일. 아문각雅文閣 주인主人과 조남령曺南嶺 군君이 왔다. 끌려 나갔다. 석찬夕餐. 종희宗熙가 일본日本으로 가 무전학교無電學校 다니겠다는 걸 효유曉喩하여 안돈安頓시겼다.

10월 24일. 흐리고 무덥다. 이대梨大 졸업생卒業生 둘이 와 공부工夫했다.

10월 25일. 공주公州서 한아漢兒 편지가 왔다.

10월 26일. 후암동厚岩洞 장태영張泰英 군君을 찾았다. 못 만났다.

10월 27일. 시계時計가 바느질 그릇에 있다. 끈이 풀어져 떨어졌던 모양이다.

10월 28일. 국민대학國民大學에 또 갔다.

10월 29일. 대구大邱 이호우李鎬雨 군君께 답장答狀 — 이봉수李鳳秀 군君과 그 매씨妹氏와의 의혼議婚에 낭재郎材의 범절凡節을 말하였다.

10월 30일. 문리대文理大 운동회運動會에 가 보았다. 홍봉진洪鳳珍 군君과 몇 잔을 하였다.

10월 31일. 종일終日 집에 있었다. 안해에게 편지를 썼다. 김영관金永琯 군君이 왔다. 과부寡婦집 가서 술을 함께 먹었다.

11월

11월 1일. 윤尹이 혼자 여산礪山을 가서 인사를 하겠다고 떠났다. 경희京熙가 서울역驛까지 전송餞送하였다.

11월 2일. 세대世大 갔다가 후암동厚岩洞 장태영張泰英 군君을 보고 함께 나와 남일옥南一屋서 점심點心을 먹었다.

11월 3일. 개천절開天節. 동빈東濱, 두계斗溪가 왔다. 가치 하거何居께 가 술을 먹었다.

11월 4일. 국민대학國民大學을 나갔다.

11월 5일. 중앙여자중학교中央女子中學校서 '시조時調의 유래由來' 강화講話했다.

11월 6일. 송죽관松竹館을 갔다. 고려문화사高麗文化社의 초대招待.

11월 7일. 입동立冬. 「임진란壬辰亂을 취재取材한 국문학國文學」 원고原稿를 쓰다. 『신천지新天地』의 청이다. 윤尹이 여산礪山서 왔다. 아버님 병환病患이 침중沈重하다고.

11월 8일. 칩다. 세종중등교원양성소世宗中等教員養成所 강의講義.

11월 9일. 백양당白楊堂과 김영완金永完 씨게 들렀다.

11월 10일. 칩다. 김삼불金三不 군君이 국제문화관國際文化館서 고료稿料(『가루지기』) 2만 원二萬円과 서울신문사新聞社 『신천지新天地』 고료稿料 6천 원六千円을 가조다.

11월 11일. 오전午前 4시四時 기침起寢. 5시五時 조반早飯. 경희京熙 다리고 나섰다. 아직 어둡다. 간간間間 순경巡警이 묻는다. 가방에는 무엇이 들었으며 어디서 어디를 가느냐고. 여섯 시 50분五十分 호남행湖南行 급행차急行車에 탔다. 아홉 시 출발出發이 임시臨時 시국時局 관계關係로 오늘부터 이렇게 떠난다. 차간車間이 너그럽다. 여수麗水, 순천順天 사건事件으로 여수행麗水行은 순천順天까지밖에는 아니 간다. 나는 이리裡里까지 차표車票을 샀으나 오후午後 1시一時 강경江景서 나렸다. 여산礪山서는 빠스가 아니 다닌다. 그냥 걸어서 왔다. 해가 동동해서 여산礪山 당했다. 장날이다. 사람들이 군데군데 모였다. 김충진金忠鎭 군君을 만나 어느 집으로 들어가 술을 먹었다. 병룡秉龍이를 만났다. 아버지 병환은 그냥 중하시다고 한다. 바루 진사동眞絲洞으로 왔다. 벌서 수십 일數十日 위석委席하셨다. 2, 3일二三日 전前부터 미음米飮을 자신다. 정신精神은 전 같으시다. 왼 목의 난 몽올은 감 만하고 땡감처럼 띵띵하다. 신열身熱이 38도三十八度 23분二三分. 혓바닥에는 백태白苔가 잔뜩 끼었다. 누님이 곁방에서 자겠다 하고 나는 안에서 자다 자정子正에 또 나와 뵈었다. 기운이 까란져 좀 지무신다. 사온 임금林檎으로 집을 내 드렸다.

11월 12일. 아침엔 신열身熱이 좀 나렸다. 밤에는 열熱이 더 한다. 가미자음탕加味滋陰湯을 연복連服하신다. 서모庶母가 밤에 술을 가졌다. 병룡秉龍이와 마셨다. 곁방에 잤다.

11월 13일. 낮에 신열身熱이 38도三十八度 2분二分. 밤에 37도三十七度. 미음米飮, 임금林檎 집, 우유牛乳로 3시三時 잡수시고 약藥은 가미자음탕加味滋陰湯을 하루 두 첩帖씩 쓴다. 곁방에서 잤다.

11월 14일. 날은 눅었다. 정애貞愛 혼례婚禮가 있었다. 신열身熱이 37도三十七度 3분三分. 오전午前엔 36도三十六度. 왕전旺田 누의가 왔다.

11월 15일. 소끌 열 마지기 벼를 져 들였다. 일군 다섯이. 천백여千百餘 뭇. 이 근년近年 처음 많이 났으며 결실結實도 잘 했다. 종일 흐리다가 저녁에 빗낱이 듣다 만다. 오후午後 일곱 시 신열身熱이 37도三十七度 2분二分. 정애貞愛 내외內外가 와 보았다.

11월 16일. 맑었다. 병룡秉龍이가 금마金馬을 가서 이창로李昌魯 군君을 청請해 왔다. 영류증癭瘤症인 바 치자청간탕梔子淸肝湯에 해대海帶, 곤포昆布, 해조海藻(마자반) 각各 일과一戈 더하여 쓰라 한다. 위중危重하시지는 않다 한다. 순우順雨 모母가 왔다.

11월 17일. 면장面長, 교장校長, 금조金組 이사理事가 왔다. 조철원趙喆元 군君이 왔다. 우유牛乳, 설탕雪糖을 좀 가지고.

11월 18일. 왕전旺田 누의가 떠났다. 체온體溫은 35三十五 8분八分. 밤엔 주무시었다.

11월 19일. 전주全州 누님이 떠났다. 체온體溫 37도三十七度, 오후午後 여섯 시로부터 자정子正까지. 그러나 전과 같이 괴롭게는 아니 여기신다. 순우順雨 모母가 진수당鎭壽堂(곁의 방)에 잤다. 내가 밤에 불을 때 주었다. 고산高山 당숙堂叔이 오셨다.

11월 20일. 퍽 따뜻하다. 손돌이치위도 헛말이 되었다. 아침에 남南쪽 화단花壇을 파고 협죽도분夾竹桃盆과 난초분蘭草盆을 묻고 무화과無花果 나무를 옮겨 심고 모다 짚으로 싸매 주었다. 백白도라지를 네 뿌리 캐었다. 처妻의 대하증帶下症에 쓰려고. 수탉은 의봉儀鳳 씨네 집에서 사 왔다.

11월 21일. 병옥秉玉(순우順雨 모母)이가 용안龍安 돈다산으로 갔다. 관희觀熙가 목포木浦서 왔다. 병주秉胄가 이리裡里서 대구大口는 못 사고 생명태生明太만 다섯 마리 사 왔다. 생명태生明太는 아니 잡수는다 한다.

11월 22일. 관희觀熙가 서울을 갔다. 경희京熙 편지를 보았다. 서울집은 무고無故하단다. 밤에 열熱이 올라 못 주무신다.

11월 23일. 흐리다 비 좀 왔다. 한 모양이시다.

11월 24일. 비. 한 모양이시다.

11월 25일. 비 오다 개고 바람이 쌀쌀하다. 점점 긔운이 깔앉어 가신다.

11월 26일. 점심 미움을 잡수시러 일어 앉으시다가 졸도卒倒하였다. 그리고 다섯 시간時間 동안에 한 번 잡수시되 누우신 채 숫갈로 떠 넣어 드렸다. 한때 온 집안사람이 모였다. 용제龍弟도 와 밤을 새웠다.

11월 27일. 병유秉裕가 서울 간다기에 경희京熙게 편지며 사열査閱한 국어國語 교본敎本 인정건認定件 4책四册을 부쳤다. 날은 퍽 명랑明朗하다. 관희觀熙가 서울서 왔다. 계동桂洞 집은 무고하다.

11월 28일. 관희觀熙가 목포木浦로 갔다. 환후患候는 더욱 침중沉重하다. 화평花坪 유 형柳兄이 왔다.

11월 29일. 용제龍弟가 이리裡里 가서 백목白木 10필十疋, 마포麻布 3필三疋을 떠 왔다. 유 형柳兄은 떠났다. 나는 수삭數朔 동안 줄던 원기元氣가 다시 회복回復되었다.

11월 30일. 타작打作은 다 하였다. 소끌 열 마지기에 32석三十二石을 수확收穫. 근년近年 처음이다. 아버님께서는 진기성이 없고 분별하시는 힘이 점점 적어지고 하시는 말씀도 몰라 듣겠다.

12월

12월 1일. 섭씨攝氏 8도八度. 구름 끼었다. 늦게 비가 왔다. 서울 문리과대文理科大 학장學長 최윤식崔允植, 중앙도서관장中央圖書館長 이병도李丙燾, 세부란시의대世富蘭偲醫大 예과豫科 김종흡金宗洽, 공주읍公州邑 중동中洞 180一八0 송석일宋錫一께 편지 하였다.

12월 2일. 따듯하다. 아버님 기백氣魄이 10十의 6, 7六七쯤 남으셨다. 말슴은 더욱 눌삽訥澁하시고 정신은 없으시다. 다만 미음은 여전如前히 잡수신다. 얼마 아녀 당변當變할 듯 십으다. 김영진金英振, 송주보宋柱普, 신창선申昌善 씨가 왔다.

12월 3일. 이응구李應九, 정삼섭鄭三燮 군君이 왔다. 밤부터 천촉증喘促症이 생기셨다. 마음이 퍽 조마조마하다.

12월 4일(무자戊子 11월十一月 4일四日). 섭씨攝氏 12도十二度. 용제龍弟 생일生日이다. 아침을 가치 하자고 하여 갔다. 서모庶母와 처妻더러 잠시 시측侍側을 떠나지 말라 하였다. 문희文熙가 와서 위급危急하다 한다. 뛰어와 본 즉 기식氣息이 엄엄하시다. 드디어 오전午前 10시十時 30

분三十分 운명하셨다. 부고訃告를 각처各處에 쓰이게 하였다. 서울 경희京熙, 공주公州 한희漢熙, 전주全州 두 누의게 각각各各 전보電報를 쳤다. 여막廬幕에서 밤을 새웠다. 조객弔客을 수응酬應하였다. 지구록知舊錄을 작성作成.

12월 5일. 조객弔客 수응酬應. 초종록初終錄, 조객록弔客錄, 부의록賻儀錄에 각각各各 기록記錄. 정태락鄭泰洛 군君 호상護喪. 또 밤을 새우다. 전주全州 누님이 오시다. 한희漢熙 내외內外도 왔다. 노성魯城 아저씨가 오셨다.

12월 6일. 전주全州 청수동淸水洞 누의가 왔다. 경희京熙가 왔다. 소렴小斂, 대렴大斂, 입관入棺, 성복成服하고 전奠을 올렸다. 친척親戚들이 다 모였다. 온양溫陽 순희順熙도 왔다. 화평花坪 유 형柳兄과 종석宗錫이가 왔다.

12월 7일. 학현鶴峴 상여喪轝를 갖다 본 즉 퍽 낡었다, 물리치고 학동鶴洞 상여喪轝를 가졌다. 맹석孟錫이가 왔다.

12월 8일. 섭씨攝氏 14도十四度. 퍽 명랑明朗하다. 조전朝奠, 발인發靷. 10시十時 신막新幕서 영결식永訣式 온 이가 3백여 명三百餘名. 오후午後 2시二時 하관下棺 성분成墳. 반혼제返魂祭. 초우제初虞祭.

12월 9일. 아침에 손님들은 다 떠났다. 오후午後 비가 온다.

12월 10일. 아침에 재우제再虞祭. 성묘省墓. 비 개고 달이 밝었다.

12월 11일. 아침에 삼우제三虞祭. 성묘省墓. 이리裡里 병석秉錫 군君이 왔다. 상여喪轝 모신 이와 기타其他 몇몇을 청하여 술을 먹였다. 마산馬山 송성표宋聖杓 씨가 왔다. 아침 안개가 자옥하였고 낮은 퍽 명랑明朗하였다.

12월 12일. 조석朝夕엔 섭씨攝氏 2도二度. 낮에는 12도十二度. 용안龍

安 두무다리 박종호朴鍾浩 군君이 왔다.

12월 13일. 화초花草 앞을 정리整理. 대부大父 더불고 앞 논 수파水破 난 곳을 둘러보고 방천防川하기를 의논했다.

12월 14일. 비. 만송晩松이 저녁에 와서 박하사탕薄荷沙糖 한 병을 사 달라고.

12월 15일. 섭씨攝氏 12도十二度. 첫 보름 전奠 올리고 성묘省墓. 유해식柳海植 형제兄弟가 조상弔喪 왔다.

12월 16일. 아침에 영도零度. 못 물이 살얼음 끼었다. 왕전旺田 누의와 날말 윤尹집이 떠났다.

12월 17일. 퍽 명랑明朗하다. 일찍 일어나 아침을 재촉하고 아홉 시 전에 신막新幕을 나왔다. 경희京熙, 일환一煥, 병룡秉龍이가 왔다. 한 30분三十分 지나 이리행裡里行 뻐스를 탔다. 정삼섭鄭三燮 군君이 자리를 사양하여 준다. 솝니 당하여 바루 서울 가는 차표車票 이등二等을 9백 원九百円에 샀다. 11시十一時 반半 차車ㅅ속에서 동대東大 학생學生 박수춘朴壽春을 만났다. 자리를 사양하여 주고 여내 음식飮食을 사 준다. 서울 와서도 자동차自動車를 사 함께 타고 계동桂洞을 왔다. 임성빈任性彬 군君이 조문弔問 왔다. 부의금賻儀金 1만 천一萬千여 원이 있다.

12월 18일. 비 온다. 배급配給쌀 팔다. 태희泰熙 서모庶母에게 5천 원五千円을 주었다. 이병도李丙燾, 김상기金庠基, 이희승李熙昇 군君이 조문弔問 왔다.

12월 19일. 이지헌李智憲, 김영완金永完 씨氏, 김동규金東珪, 김억金億, 장지태張之兌, 하경덕河敬德 박사博士, 박수춘朴壽春 군君이 왔다.

12월 20일. 밤에 비 왔다. 계순桂順이가 제 본집인 논산論山을 내일 간다기 2천 원二千円을 주었다. 종희宗熙게 5천7백 원五千七百円을 주었다. 책冊도 사고 양복洋服 하복下服도 사고 전기電氣 기구器具도 산다 한다. 1천3백 원一千三百円은 이리裡里, 논산論山 차표車票값.

12월 21일. 오전午前 3시三時 반半 기침起寢. 태희泰熙 형제兄弟가 왔다. 또 중앙학교생中央學校生이 왔다. 5시五時 종희宗熙, 계순桂順이, 집에 있는 학생學生과 서울역驛으로 나갔다. 비는 온다. 김삼불金三不 군君이 왔다. 김민수金敏洙 군君이 부의금賻儀金을 가졌다.

12월 22일. 동지冬至. 문리과文理科 대학大學에 나가, 내 연구실研究室과 홍순태洪淳太와 학장學長 최윤식崔允植과 장지태張之兌, 김상기金庠基, 이병도李丙燾 군君을 보고 동빈東濱과 두계斗溪가 설렁탕을 사 준다. 한국대학관韓國大學館에 가 한 시간 했다. 퍽 따듯하다.

12월 23일. 김상인金尙人, 이윤희李允熙, 성경린成慶麟 군君이 조문弔問 왔다. 김상기金庠基, 김두헌金斗憲, 박종홍朴鍾鴻, 이병도李丙燾 군君이 왔다. 오찬午餐을 먹다. 김도태金道泰, 김억金億 군君이 술 두 병을 가지고 왔다. 김삼불金三不 군君이 풍문여중豐文女中의 부의賻儀와 월급月給을 가지고 왔다. 신오위장申五衛將의 『허두가虛頭歌』를 다 벗겼다.

12월 24일. 퍽 따듯하다. 『신오위장본집申五衛將本集』 제4책第四册을 보충補充하여 매었다. 아악부雅樂部 이주환李珠煥, 채희창蔡熙昌 군君이 부의금賻儀金을 가지고 와 조문弔問한다. 한국대학관韓國大學館 제1학기第一學期 시험문제試驗問題를 내였다. 안문구安文求, 민영철閔泳澈 군君이 술을 두 병 가지고 왔다. 김성달金性達, 이종우李鍾禹, 김억金億 군君이 왔다. 이병도李丙燾 군君이 『규합총서閨閤叢書』 빌려갔다.

12월 25일. 비 온다. 김삼불金三不, 이능우李能雨 군君이 왔다. 김金 군君은 『신오위장본申五衛將本』 전全 5책五册과 『홍길동전洪吉童傳』(완판完板)과 『요로원야화기要路院夜話記 외外 11편十一篇』, 『단편소설집短篇小

說集』 소본草本을 빌려갔다.

12월 26일. 오전午前 3시三時 기침起寢. 5시五時 윤병순尹炳順과 서울역驛을 나왔다. 비는 부슬부슬 나린다. 아직 어둡다. 여섯 시 전이다. 바루 개찰開札하고 들어갔다. 완행차緩行車다. 다시 급행차急行車을 찾어 이등간二等間으로 올랐다. 텡 비었어. 순경巡警이 와 묻는다. 너무 일찍 들어 왔다며 인정 쓰는 양을 보인다. 여섯 시 50분五十分 떠난다. 자리마다 찼다. 하태흥河泰興 군君을 만났다. 음식飮食 담화談話, 오후午後 1시一時 5분五分 이리裡里서 나렸다. 비는 안 온다. 점심點心 먹고 빼스 정류소停留所서 기다렸다. 공업학교工業學校 교원敎員이란 청년靑年이 장차 서울대학大學을 다니겠다고 나를 관대款待한다. 4시四時 반半 출발出發이 늦게 5시五時 반半 떠나게 되었다. 길이 질은 탓이라고 한다. 빼스에서 동대東大 학생學生을 만나 금마金馬까지 가치 오고 나는 6시六時 반半 신막新幕서 나렸다. 준희俊熙을 불러 가방 들리고 어두운 길을 걸었다. 가끔 푹푹 빠졌다. 집에선 적연寂然하다. 내일 내가 올 줄 알았다고.

12월 27일. 흐리고 비도 좀 온다. 『박타령』을 벗기기 시작했다. 저녁에 대부大父, 만송晩松이 와 놀았다.

12월 28일. 병룡秉龍이가 이리裡里 갔다 와 본다. 흐렸다. 저녁은 좀 칩다. 유진섭兪鎭燮 군君이 조문弔問 왔다. 사랑 새 방 벽장을 청소淸掃하였다. 궤짝 속에 갈머둔 책冊 가운데 『통속세계전사通俗世界全史』 20책二十冊과 『푸루타크 영웅전英雄傳』 4책四冊이 없어졌다. 이건 연전年前 내가 서울서 돌아와 살 때도 없어졌던 것을 ○○ 집에서 찾어왔었다. 또 그 놈의 짓이다. 또 이렇게 되었을가. 이런 책冊을 어떻게 애써 장만한 것임을 번연히 알면서 한 말도 없이 이랬을가. 조카라고 믿을 놈이 아니다. 다시 대면對面하고 싶지 않다. 종일終日 마음을 끓였다.

12월 29일. 따듯하다. 병목계秉睦契 날이다. 종항간從行間이 거의 다 모였다. 떡, 밥, 술을 먹였다.

12월 30일. 음陰 12월十二月 초1일初一日. 전奠을 올리고 성묘省墓. 정육正肉 두 근斤 중부댁仲父宅에 사 보냈다.

12월 31일. 비. 『박타령』을 벗겼다.

1949년(단기 4282년)

1949년(단기 4282년)

1월

1월 1일. 중부仲父 생신生辰. 아침을 가 먹었다. 병춘秉春이가 왔다. 점심點心은 병룡秉龍, 병관秉寬이와 먹었다. 처妻의 생일生日. 동희東熙만 없고 자녀子女가 다 모였다.

1월 2일. 만송晩松이 아침을 준다. 『박타령』을 벗겼다.

1월 3일. 오전午前 3시三時부터 몹시 칩더니 눈이 온다. 이종호李宗浩 남편 대전太田 김두회金斗會가 왔다. 십十여 년 전 휘문徽文 졸업卒業.

1월 4일. 눈이 제법 쌓였다. 영하零下 4도四度. 공주公州 한아漢兒가 떠났다. 종희宗熙와 문환文煥이와 논산論山까지 걸어갈 작정. 다행히 서울 가는 추럭을 만나면 좋겠다. 간간間間 볕이 난다. 그러나 칩다. 전주全州 누님도 그 시동생媤同生 조충원趙忠元 집으로 가셨다. 그 질녀姪女 혼일婚日이 오는 10일(음陰 12월十二月). 처妻는 여산읍礪山邑까지 갔다. 한아漢兒 일행一行은 추럭을 못 만나 도로 왔다. 종일終日 『박타령』 벗겼다.

1월 5일. 청명晴明하다. 오전午前 7시七時 영하零下 8도八度. 밤눈이 와 쌓였다. 비로소 겨울 맛이 난다. 한아漢兒 일행一行은 학동鶴洞 마차馬車로 8시八時 반半 떠났다. 강경江景이로 갔다. 낮엔 영하零下 3도三

度. 용제龍弟가 왔다. 칠구漆狗를 해 먹는다고 가자 한다. 가다가 정태락鄭泰洛 군君을 다리고 가서 개고기와 술과 밥을 먹었다. 조승호趙承鎬 군君이 조문弔問 왔다.

1월 6일. 오전午前 7시七時 영하零下 8도八度. 낮엔 2도二度. 병관秉寬, 김사집金士執, 양기석梁己錫 군君이 술 한 병을 들고 왔다. 저녁때 정태락鄭泰洛 군君과 대부大父와 함께 신막新幕 용제龍弟 집으로 갯국을 먹었다. 납구臘狗가 약藥이 된다 한다.

1월 7일. 영하零下 8도八度 내지乃至 영도零度. 여산礪山 지서장支署長과 그 직원職員 둘이 요전의 전근轉勤했다 하고 인사하러 왔다. 뜰 앞엔 눈이 그저 쌓이고 산ㅅ새는 두어 마리 와 짖어권다.

1월 8일. 순희順熙 모녀母女가 떠났다. 뻐스가 안 와서 신막新幕 용제龍弟집에서 잤다. 김재원金載元, 김동열金東烈 군君이 왔다.

1월 9일. 경희京熙가 네 누의 데리고 솝니로 갔다. 오후午後 1시一時 반半. 종희宗熙와 문환文煥이가 왔다. 공주公州서 왕전旺田 와 자고. 섭씨攝氏 4도四度. 용제龍弟가 갯국과 술을 보냈다.

1월 10일. 섭씨攝氏 5도五度. 경희京熙가 왔다. 오전午前 5시五時 차車로 대전太田을 갔다 한다. 이리裡里 윤석중尹石重 군君이 와 잤다. 신막新幕 용제龍弟게서 석반夕飯. 은동隱洞 김동수金同洙 군君이 음陰 12월十二月 2일二日 별세別世 부고訃告.

1월 11일. 섭씨攝氏 7도七度. 야정野井 김규면金奎冕 군君과 이희종李希鍾 군君이 왔다. 굇골 송병옥宋炳玉 군君이 조문弔問 왔다.

1월 12일. 현炫, 전烇 군君이 왔다. 섭씨攝氏 8도八度.

1월 13일. 환煥 군君이 왔다. 섭씨攝氏 8도八度. 성묘省墓.

1월 14일. 『박타령』을 연일連日 벗겼다. 진눈가비가 왔다. 종희宗熙가

제 송아지를 팔었다. 만 원萬円.

1월 15일. 몹시 칩다. 서북풍西北風. 만송晩松이 청하여 갔더니 감주甘酒를 준다. 대부大父도 왔다. 담화談話하다 자정子正에 파罷했다.

1월 16일. 전남반란사변全南反亂事變에 순직殉職한 생양동生陽洞 송병채宋炳采 군君의 추도사追悼辭를 지었다. 여산면장礪山面長 주최主催로 내일來日 추도회追悼會를 한다 한다. 면장面長이 읽을 것이다. 전주全州 순우順雨가 왔다. 눈이 왔다.

1월 17일. 만송晩松과 이병수李秉秀 군君이 왔다. 또 송환식宋瓛植 군君이 왔다.

1월 18일. 『박타령』을 다 벗겼다. 준準을 하다.

1월 19일. 갈알 이용극李用克, 이용우李用禹 군君이 와 조문弔問하였다. 유숙留宿하고 대부大父, 만송晩松, 인仁 씨와 자정子正이 지내도록 담화談話. 일환一煥이가 술을 내었다. 서울 윤병순尹炳順께 편지하였다.

1월 20일. 이원우李元雨 군君이 와 묻는다.

1월 21일. 순우順雨가 돈자산으로 갔다.

1월 22일. 경희京熙를 은동隱洞 보냈다.

1월 23일. 인仁 씨氏가 술을 준다.

1월 24일. 경희京熙가 왔다.

1월 25일. 종희宗熙가 서울 갔다.

1월 26일. 만송晩松집서 도야지 잡고 청하였다, 밤엔 대부大父가 술을 준다. 공주公州 송한용宋漢用 대인大人이 음陰 12월十二月 22일二十二日 별세別世 부고訃告가 왔다.

1월 27일. 이원호李元鎬 군君이 왔다. 공주公州 송한용宋漢用 군君께 조전弔電 하였다.

1월 28일. 『박타령』 준準을 다 보았다. 음陰 무자戊子 제석除夕. 용제龍弟와 인 씨仁氏랑 자정子正에 만송晩松 집에 놀았다. 만송晩松이 여의환如意丸 한 봉을 준다.

1월 29일. 기축己丑 원일元日. 흐리다 저녁부터 비가 왔다. 꽤 왔다. 전奠 올리고 삼형제三兄弟 함께 성묘省墓 갔다. 부모父母, 조부모祖父母 산소山所. 대부大父 집에서 술을 준다.

1월 30일. 개었다. 병주秉胄가 아들을 낳았다. 딸 일곱 두고 아들은 처음. 병룡秉龍의 꿈으로 인하여 이름을 현희賢熙라 지었다. 묘향산妙香山 보현사普賢寺를 용제龍弟가 병주秉胄랑 갔는바 병주秉胄는 법당法堂에서 아들 하나를 얻어 가지고 왔다 한다. 졸곡卒哭을 지냈다. 점심點心은 창환昌煥이 집에서 먹고 역驛터 아자씨 집에서 술을 먹었다.

1월 31일. 병문秉文네 집에서 점심點心을 준다. 떡국과 술. 장환章煥이가 서울 갔다 오다 정종正宗 한 병을 사 가지고 왔다. 비가 좀 왔다.

2월

2월 1일. 만송晩松이 설상을 준다. 병룡秉龍이 와 셈을 탔다. 찬물내기 장적은 아직도 천오백여 포千五百餘包가 남었다. 병룡秉龍이게 넘겨 줄 돈이 3만 원三萬円. 7백七百 포包 판 건 용제龍弟가 그 돈을 찾어 가릴 것이다. 병옥秉玉이가 왔다. 밤에 대부大父, 만송晩松이 왔다. 문희文熙가 술 한 상을 채려 왔다. 종일終日 흐렸다.

2월 2일. 오전午前 네 시 기침起寢. 일곱 시에 처妻와 경아京兒와 함께 우차牛車를 타고 떠났다. 떼매 시겨 집의 소를 끌렸다. 안개가 끼었다 벗어지고 해가 솟았다. 길은 더러 진 데가 있다. 간간間間 나와 경아京兒는 걷기도 하였다. 11시十一時 강경역江景驛에 이르렀다. 차표車票 사러 일렬一列로 길게 섰다. 좀처럼 차표車票를 살가 싶지 않다. 조역助役 정종순鄭鍾淳 군君을 찾었다. 다행이 만났다. 이등二等 경성행京城行 차표車票 두 장과 두계豆溪 한 장을 얻었다. 그리고 사무실事務室에서 기다리다 탔다. 처妻도 이등실二等室에 함께 앉었었다. 두계역豆溪驛에서 내렸다. 나와 경아京兒는 오후午後 8시八時 40분四十分 경성역京城驛서 내렸다. 자동차自動車로 계동桂洞까지 왔다.

2월 3일. 맑다 흐리고 밤엔 비 좀 왔다. 종일終日 집에서 신오위장본申五衛將本『박타령』초본鈔本 준準을 다 보았다. 난蘭의 몬지를 씻어주고 물을 주어 볕을 쬐였다.

2월 4일. 꽤 칩다. 음陰 정월正月 7일七日. 외구外舅 소기小朞. 문리과대학文理科大學에 갔다. 장지태張之兌 군君과 점심點心을 먹었다. 설렁탕집에서 장張 군君이 자가自家에서 신세新勢(정종류正宗類)를 가졌다. 다시 대학大學으로 왔다. 이병도李丙燾, 김상기金庠基, 장지태張之兌 군君과 가치 고故 김영완金永完 씨氏 조상弔喪을 갔다. 하거何居 김영완金永完 씨氏가 지난 2일 (음陰 기축己丑 정월正月 5일五日) 별세別世. 부의賻儀 천 원千円. 상제喪制 김인수金仁洙, 의수義洙, 지수智洙를 다 보았다. 그리고 김金, 이李, 장張과 집으로 와 술을 먹었다.

2월 5일. 또 고故 김영완金永完 씨氏 집을 찾었다. 성복成服하였다. 영연靈筵에 곡哭하고 상제喪制께 조문弔問.

2월 6일. 양순자梁順子를 보았다. 중학교中學校 선생先生 두 분이 와 교재教材의 난어구難語句를 묻고 작문作文도 고쳐 달라 한다. 김삼불金三不 군君이 와『해동가요海東歌謠』를 문의問議한다. 이혜구李惠求, 김억

金億 군君이 왔다, 술을 먹었다. 강의정姜義廷, 유홍준兪弘濬 군君이 신세新勢 한 병을 들고 왔다. 강한영姜漢永 군君 왔기에 고창高敞서 빌온 『박타령』, 『허두가虛頭歌』 두 책冊을 주었다.

2월 7일. 부산釜山 고두동高斗東, 마산馬山 김태홍金泰洪, 괴산槐山 윤주경尹柱慶, 여산礪山 본제本第에 편지하였다. 김삼불金三不 군君이 왔다. 김두헌金斗憲 군君이 왔다. 함화진咸和鎭, 이수경李壽卿 군君이 조문弔問 왔다. 어학회語學會 이중화李重華, 최현배崔鉉培, 장지영張志暎, 정인승鄭寅承 군君이 조문弔問 왔다. 오후午後 5시五時 반半 어학회語學會 가서 중등교원양성소中等教員養成所 시간時間 설화문학說話文學의 종류種類에 대하여 말했다. 고故 김영완金永完 씨氏 댁宅을 단여왔다.

2월 8일. 풍문여중豐文女中과 문교부文教部 편수국編修局을 가 보았다. 이봉수李鳳秀 군君을 보고 손진태孫晉泰 군君도 보았다. 이李 군君이 종로鐘路 가서 점심點心을 사준다. 한국대학관韓國大學館 시간時間을 하였다. 이완규李完珪 군君이 조문弔問 왔다.

2월 9일. 오전午前 5시五時 기침起寢. 고故 하거何居 김영완金永完 씨氏 발인發靷을 가보았다. 여섯 시 출발出發. 조선일보朝鮮日報 부탁한 원고原稿 ―「긴급緊急한 국어國語 문제問題」를 썼다. 자정子正 지내 잤다.

2월 10일. 조선일보사朝鮮日報社 학예부學藝部서 그 원고原稿를 찾어갔다. 조남령曺南嶺 군君이 왔다. 가치 『가루가지타령』 3교三校를 보았다. 국제문화관國際文化館 『조선민족총서朝鮮民族叢書』 제3집第三輯으로 출판出版.

2월 11일. 음랭陰冷. 저녁 비. 한국대학관韓國大學館 네 시간을 하였다.

2월 12일. 기축己丑 정월正月 15일. 비 오다.

2월 13일. 태희泰熙와 임성빈任性彬 군君을 찾어보았다. 삼불三不 군

君이 와『가루지기타령』3교三校 건件을 가져갔다. 하반부下半部는 보다 만 것이었다. 이병도李丙燾 군君이 왔다. 술을 먹었다.『매창집梅窓集』과『화주花珠』를 빌려주었다. 충남忠南 장학사奬學士 김현명金顯明와 대덕군大德郡 내무과장內務課長 김영배金英培 군君이 왔다. 영배英培 군君 자제의 전입학轉入學을 부탁한다. 김억金億 군君 집에서 탁주濁酒를 먹인다.

2월 14일. 오전午前 10시十時 문리대文理大에 갔었다. 학장회學長會가 있어서 오후午後 1시一時로 교수회敎授會는 물렸다. 두계斗溪와 설렁탕 점심點心. 교수회敎授會는 3시三時 반半에 끝나고 교수敎授들은 후원회後援會 즉 학부형學父兄들을 초대招待하려 종로鐘路 남산옥南山屋으로 갔다. 나는 참여參與했다가 어학회語學會 강습講習에 가서 한 시간時間 마치고 또 갔었다. 모다 취醉했다. 나오다 낙원장樂園莊으로 갔다. 맥주麥酒를 거울렀다. 김억金億 군君과 함께 왔다. 북풍北風이 귀를 얼린다. 달빛도 쌀쌀하다. 태희泰熙 서모庶母가 시골 갔다.

2월 15일. 몹시 칩다. 세대世大 갔다가 문리대文理大로 가서 김상기金庠基, 이병도李丙燾 군君과 함께 자동차自動車로 경성공업학교京城工業學校를 나갔다. 교장校長 고백한高白漢 씨가 교내校內를 구경시킨다. 그리고 중국음식中國飮食집과 청대문靑大門집으로 가서 대접을 한다. 그 교가校歌를 지어 달라 한다.

2월 16일. 문리대文理大 시험試驗을 가 감독監督하고 오후午後 1시一時 반半 신세대사新世代社로 갔다. 김기림金起林 군君도 왔다. 국일관國一館으로 가서 좌담座談을 하였다. 신생활新生活, 연애戀愛, 결혼結婚 등등.

2월 17일. 좀 풀렸다. 국민대학國民大學 가서 선조宣祖 봉서封書와『동번東樊』편을 가르쳤다.

2월 18일. 의대醫大에 가니 시험試驗 중中. 박朴 군君 종화鍾和를 찾다. 아침상을 내 오고 술을 내 온다, 김응현金膺賢 군君도 왔다. 오후午後 두 시時 반半에 돌아왔다. 문리대文理大로 하여 오다. 순자順子를 보고 한국대학관韓國大學館에서 두 시간時間 했다. 춘희春熙가 왔다.

2월 19일. 밤 비. 풍문여중豐文女中을 다녀 국민대학國民大學으로 시간時間을 했다.

2월 20일. 비. 이대梨大 졸업생卒業生 이형덕李亨德, 문은선文恩善이 왔다. 『근조내간선近朝內簡選』을 한 권씩 주었다.

2월 21일. 문리대文理大서 국문학개설國文學概說과 국어國語 A반班 167인百六十七人 시험試驗 보았다. 세종중등교원양성소世宗中等教員養成所 국문학시험國文學試驗 보았다.

2월 22일. 한대韓大에 나갔다.

2월 23일. 오후午後 풍문여중豐文女中 낙성식落成式에 갔다. 가사과家事科에서 음식飮食을 소담하게 채렸다.

2월 24일. 비. 국민대國民大에 나갔다. 동국대東國大에서 국문학사國文學史 한문漢文 유입流入과 『한중록恨中錄』 일절一節을 하였다.

2월 25일. 내 생일生日이라고 음식飮食을 좀 작만했다. 태희泰熙 자당慈堂과 춘희春熙, 윤도학尹道學을 청해 먹었다. 문리대文理大 중앙도서관中央圖書館에 책冊 아홉 권을 장황粧潢하라고 맡겼다. 손재형孫在馨 군君이 점심點心을 사 준다. 이재훈李載壎 군君과 함께 설렁탕과 족과 술.

2월 26일. 김삼불金三不, 강한영姜漢永 군君이 왔다. 이재훈李載壎 군君이 와 가치 나갔다. 을유문화사乙酉文化社로 하여 그 집을 갔다. 중국요리中國料理을 채려 냈다.

2월 27일. 비. 이대梨大 졸업생卒業生 셋이 왔다. 『숙영낭자전淑英娘子傳』을 말했다. 신화神話 재료材料로 구성構成된 것을. 유진관兪鎭寬, 조승현趙承鉉 군君이 오다.

2월 28일. 문리대文理大와 의대醫大 예과豫科에 나갔다. 안호삼安鎬三 군君 집으로 가서 그 형兄 안호준安鎬俊과 모여 주식酒食. 저물어 파罷했다.

3월

3월 1일. 문리대文理大에서 3·1기념식三一紀念式을 하고 학장실學長室에서 배갈白干을 거우르고 또 동대문東大門 밧 경창옥京昌屋으로 가 먹고 낙원장樂園莊서 파했다.

3월 2일. 종일終日 집에 있었다. 「평화平和의 학원學園」과 경기공업학교가京畿工業學校歌를 지었다.

3월 3일. 동대東大, 민대民大에 나갔다. 신문학원新聞學院도 들렀다.

3월 4일. 밤 비. 문리대文理大에 나가 장황粧潢한 책册 11책十一册을 가졌다. 두계斗溪, 성재誠齋, 동빈東濱, 예동汭東과 오찬午餐.

3월 5일. 서풍西風이 분다. 비는 개고 칩다. 오전午前 4시四時 반半 기침起寢. 윤尹병순이 여산礪山을 갔다. 9시九時 발發 급행차急行車로. 1만 5천 원一萬五千円을 소끌는 고지 주라고 보냈다. 김현명金顯明, 김삼불金三不 군君이 왔다. 오후午後 한 시 아악부雅樂部에 가서 시조연구회時調硏究會 제4회第四回 총회總會를 하였다. 임원任員 개선改選에 또 내가 회장會長 되었다. 두계斗溪, 예동汭東, 박종홍朴鍾鴻 군君이 자동차自

動車로 와서 함께 가자 한다. 서대문西大門안 손정규孫貞圭 양孃 집으로 갔다. 최윤식崔允植 학장學長이 은하銀河 두 병 약주藥酒 한 병을 가졌다. 우리는 각각 5백 원五百円을 냈다. 동빈東濱과 박철재朴哲在 군君은 나중 왔다. 임분순任分順 양孃이 왔다. 원탁円卓을 둘러앉어 구절판九折板, 신선로神仙爐, 담화談話, 순배巡盃로 해를 지웠다.

3월 6일. 이대梨大 졸업생卒業生 문은선文恩善, 이형덕李亨德, 이영원李英媛 군君와『계축일기癸丑日記』를 읽었다.

3월 7일. 문리대文理大 교수회敎授會에 나갔다. 어학회語學會 세중世中에 나가 설화문학說話文學의 특성特性과 실화實話 우화寓話의 구별區別를 말했다.

3월 8일. 세대世大 갔다 최학장崔學長과 자동차自動車로 왔다. 학도호국대學徒護國隊 행렬行列로 인하여 한 시간 지체遲滯되어 최학장崔學長과 점심點心을 사 먹었다. 한대韓大 네 시간時間 했다.

3월 9일. 문리대文理大에 나갔다. 순자順子와 점심點心을 먹었다. 훈훈한 바람이 불더니 비가 온다.

3월 10일. 동대東大로서 민대民大에 갔다. 임시臨時 휴강休講이 되었다. 시험試驗 문제問題만 주고 왔다. 신문학원新聞學院 강의講義 시작.

3월 11일. 문리대文理大에 나갔다. 임시臨時 교수회敎授會가 있었다. 한대韓大 네 시간時間했다.

3월 12일. 숙대淑大 시험試驗 문제問題를 내 주었다.

3월 13일. 정충시鄭忠時 군君이 와서 권태희權泰禧 군君 집으로 놀러 가자 한다. 최근학崔根學, 이세정李世楨 군君이 왔다. 날은 흐리다. 비도 좀 온다. 권태희權泰禧 군君 집으로 갔다. 정鄭, 홍洪, 국鞠, 황黃의 동창생同窓生이 모였다. 바둑과 고담古談. 석반夕飯 후後 왔다.

3월 14일. 지난 8일부터 여산礪山서 저 어머니가 올가 하여 경京, 종宗 두 아이가 번갈러 날마다 오후午後 7시七時 서울역驛을 나갔다. 오늘은 전보電報를 쳤다. 문리대文理大의 강의講義를 시작했다. 세종중교世宗中敎에 갔다. 이주환李珠煥 군君이 『시조창법時調唱法』 8책八冊을 빌려 갔다.

3월 15일. 세대世大를 갔다. 풍문여중豐文女中을 가니 새 교실敎室로 옮긴다고 휴강休講. 한대韓大서 돌아오매 처妻와 한희漢熙와 윤尹이 와 있다. 경희京熙가 역驛에 나가서 자동차自動車로 왔다 한다.

3월 16일. 문리대文理大 갔다. 시조론時調論 개강開講.

3월 17일. 비. 동대東大 갔다. 자동차自動車 타고 왔다. 신문학원新聞學院 갔다 오는데 길이 질어 욕보았다. 장醬 담았다. 소금 천오백 원千五百円어치 샀다.

3월 18일. 의대醫大, 문리대文理大에 갔다. 한대韓大 네 시간.

3월 19일. 최근학崔根學 군君과 함께 금룡출판사金龍出版社에 갔다. 승기야끼를 먹었다. 승기야기는 일본日本 쓰끼야끼를 이전 노인老人들이 이르던 것.

3월 20일. 종일 집에 있었다.

3월 21일. 처妻와 한희漢熙가 9시九時 급행急行으로 여산礪山을 향向하여 떠났다.

3월 22일. 풍문여중豐文女中을 갔다가 끌려가 다방茶房골서 석찬夕餐.

3월 23일. 문리대文理大 가서 국문학연습國文學演習도 좀 했다.

3월 24일. 신문학원新聞學院 보결補缺 구술시험口述試驗과 강의講義로 하루를 보냈다.

3월 25일. 문교부文敎部 국기제정위원회國旗制定委員會에 갔다. 양상

음하陽上陰下, 건남곤북乾南坤北, 이동감서離東坎西로 수정修正되었다.

3월 26일. 숙대淑大에 가서 강의講義하고 다시 문리대文理大로 와서 중앙도서관中央圖書館서 서지학회書誌學會의 이병도李丙燾 군君 '조선朝鮮 여류문사女流文士 저서著書' 강화講話를 듣고 파罷하여 신동엽辛東燁, 이홍직李弘稙 군君과 술을 먹었다.

3월 27일. 정충시鄭忠時, 이윤희李允熙 씨氏가 왔다. 사대師大 여학생女學生이 와 조선朝鮮 장醬에 대한 문헌文獻을 벗겨갔다. 『신교육新教育』 원고原稿 썼다.

3월 28일. 한희漢熙 편지를 보았다. 잘들 가고 장적과 대도 팔렸다고. 덕수상업학교장德壽商業學校長 정욱鄭昱 군君을 가 보았다.

3월 29일. 세대世大서 다시 문리대文理大로 갔었다. 김영배金英培 군君이 그 아들 종대鍾大 군君과 왔다. 점심點心 먹고 풍문여중豐文女中을 갔었다.

3월 30일. 문리대文理大에 갔었다.

3월 31일. 동대東大, 민대民大에 갔다. 신문학원新聞學院도 갔다.

4월

4월 1일. 김상기金庠基, 이병도李丙燾 군君이 자동차自動車로 와서 함께 나섰다. 경기공업학교京畿工業學校에 갔다. 경기공업학교京畿工業學校는 5주년五週年 창립기념創立紀念, 증축기념增築紀念, 교가발표校歌發表 등 식式을 거행擧行한다. 오전午前 10시十時부터다. 나는 교가校歌에 대하여 설명說明했다. 식후式後엔 교장校長 고백한高白漢 씨氏 관사官舍

서 오찬午餐이 있고 그리고 또 청대문靑大門집 또 요리料理집을 갔다. 9시九時에 파罷해 왔다.

4월 2일. 숙대淑大 자동차自動車가 와서 타고 갔다. 민대民大도 갔다.

4월 3일. 비 왔다. 하 박사河博士 집에서 놀다 석반夕飯.

4월 4일. 문리대文理大에 갔다. 세중世中도 갔다.

4월 5일. 식목일植木日. 오후午後 2시二時 신문학원新聞學院을 갔다. 2주년 기념二週年紀念. 졸업생卒業生과 태화관泰華館으로 놀았다.

4월 6일. 문리대文理大서 오후午後엔 휴강休講하고 교수회敎授會.

4월 7일. 민대民大에 갔다. 부학장副學長 박朴오순淳 씨氏가 내 강의講義를 와 듣고 파罷한 후 중국요리中國料理집으로 배갈白干을 사 준다. 돌아오다 강도强盜를 만나 시계時計를 뺏겼다.

4월 8일. 문리대文理大에 갔더니 호국대護國隊 연습練習이 있어 휴강休講되었다. 돌아오다 김용진金容鎭 씨氏를 만나 그 댁으로 끌려들어가 약주藥酒를 먹었다.

4월 9일. 비 오다 개었다. 민대民大도 갔다.

4월 10일. 동대東大, 국민대國民大 교가校歌와 서울중학中學 체육가體育歌를 지었다.

4월 11일. 이병도李丙燾 군君과 가치 을유문화사乙酉文化社에 가서 민병도閔丙燾 군君과 충무로忠武路를 가 석찬夕餐. 그 선비先妣 소기小朞 기념紀念으로 『조선여류문집朝鮮女類文集』 출판出版켔다고 조력助力하라고.

4월 12일. 세대世大와 풍문豐文은 그 학교學校 사정事情으로 휴강休講.

4월 13일. 비를 맞으며 문리과대학文理科大學 학도호국대學徒護國隊 분열식分列式을 했다.

4월 14일. 신문학원新聞學院을 갔었다.

4월 15일. 오전午前 9시九時 사대師大 운동장運動場으로서 문리대文理大 학도學徒와 집합集合해 경성운동장京城運動場으로 가 국립國立 서울대학大學 학도호국대결성식學徒護國隊結成式을 보고 나는 예동汭東, 두계斗溪, 동빈東濱과 배오개장 어느 음식飮食집에서 오식午食. 김삼불金三不, 정병욱鄭炳昱, 남령南嶺 군君이 와 가치 석식夕食.

4월 16일. 국제문화관國際文化館서 고료稿料를 가졌다.

4월 17일. 『가루지기』 4교四校를 보았다. 최근학崔根學 군君이 중학中學 6학년六學年 『국독교본國讀敎本』 재교再校를 가지고 와 다시 첨삭添削했다.

4월 18일. 문리대文理大에 가서 첫 시간時間 국문학개설國文學槪說만 보고 호국대護國隊 결성식結成式 준비準備로 오후午後엔 휴강休講되었다.

4월 19일. 세대世大에 나갔다. 시간時間을 다 한 후 김면오金冕五 군君허고 표준시계포標準時計鋪로 가서 5천 원五千円 주고 시계時計를 부탁했다.

4월 20일. 문리대文理大 시조론時調論는 휴강休講하고 학생學生들을 데리고 아악부雅樂部로 와서 가곡歌曲, 가사歌詞, 시조時調의 창唱을 들렸다. 그리고 회춘원回春苑서 원유회園遊會를 했다.

4월 21일. 세대世大 자동차自動車가 왔다. 그 예배당禮拜堂으로 가서 오전午前 8시八時 반半부터 9시九時까지 단군성조檀君聖祖 사적事蹟을 말했다. 동대東大는 휴강休講. 민대民大서 신구新舊 시조時調를 했다.

4월 22일. 오전午前 10시十時 전 경성운동장京城運動場으로 갔다. 전국全國 학도호국대결성식學徒護國隊結成式인데 차차 모여든다. 나는 문리과대학文理科大學 뒤에 서서 그 식式을 다 보고 시가행렬市街行列은 그만 두고 박종홍朴鍾鴻, 고형곤高亨坤 군君과 배오개장 어느 음식점飮食店서 오찬午餐.

4월 23일. 흐리다 만다. 세대世大 차車를 타고 가서 예배당禮拜堂서 기자동래설箕子東來說을 말하고 남대문南大門 안 표준시계포標準時計鋪에 드니 부탁한 시계時計는 아직 구하지 못 하였다고. 동대東大에 갔다. 오늘 원유회園遊會다. 오후午後 1시一時나 되어 음식상飮食床이 벌어졌다. 나는 몇 잔 하고 먼저 나왔다. 자동차自動車를 불러 타고 국민대國民大로 가서 춘향전春香傳 끝을 마쳤다. 아악부雅樂部로 왔다. 제11회第十一回 시조강습회時調講習會를 한 시간時間씩 하고 폐회閉會했다. 청강생聽講生 60여 명六十餘名. 이주환李珠煥, 성경린成慶麟, 장사훈張師勛 군君과 가치 석찬夕餐.

4월 24일. 김억金億 군君이 왔다.

4월 25일. 세종중등교원양성소世宗中等教員養成所서 『석보상절釋譜詳節』 제6第六 한 대문을 써 주고 설명說明했다.

4월 26일. 세대世大, 풍문여중豐文女中, 한대韓大에 나갔다.

4월 27일. 문리대文理大에 갔다가 이병도李丙燾 군君과 나오다 술을 먹었다. 대전太田 권용두權容斗 군君이 정훈丁薰 군君의 편지와 약주藥酒 두 병을 가지고 왔다.

4월 28일. 세대世大 예배당禮拜堂, 동대東大, 민대民大, 신문학원新聞學院 갔다가 그 곁의 음식점飮食店서 신문학원新聞學院 사무원事務員들과 석찬夕餐.

4월 29일. 문리대文理大와 한대韓大에 나갔다. 대전太田 권용두權容斗 군君이 왔다. 시조문학時調文學을 말했다.

4월 30일. 세대世大 예배당禮拜堂을 갔다. 또 표준시계포標準時計鋪에 들리니 주인主人이 없다. 풍문여중豐文女中으로 왔다. 빼스를 타고 청암사青岩寺 앞 골짜기로 갔다. 후원회後援會서 직원職員 위로慰勞를 함이다. 맥주麥酒, 소주燒酒, 우육牛肉, 저육猪肉이다. 여흥餘興도 있었다. 날은 종일終日 흐렸다. 밤비가 왔다.

5월

5월 1일. 늦게야 개였다. 이웃 사는 이재항李載伉 군君이 청한다. 그 생일生日인 듯. 양반兩班 노老축이 많이 모였다. 술, 밥으로 하루를 보냈다. 시계時計를 찾어왔다. 서서제瑞西製 17형十七型 오린파스 18석十八石 백지판白支板 닉켈 측側.

5월 2일. 흐리다. 문리대文理大의 임시臨時 교수회敎授會가 있어 4, 5시간四五時間 끌었다. 일석一石과 자동차自動車를 타고 나는 조선어학회에 갔다. 세종중등교사양성소世宗中等教師養成所서 한 40분四十分 강의講義. 조병국趙炳國이가 왔다.

5월 3일. 세대世大 예배당禮拜堂 강의講義하고 풍문여중豐文女中 갔다가 을유문화사乙酉文化社에 가서 아동兒童 작품作品 동요童謠와 작문作文을 골고 남산옥南山屋 가서 석식夕食. 모인 이는 일석一石, 정지용鄭芝溶, 박목월朴木月과 을유문화사乙酉文化社의 윤석중尹石重, 조풍연趙豐衍 군君 외外 1인一人. 조병국趙炳國이가 떠났다.

5월 4일. 문리대文理大 나갔다. 점심點心은 김소진金蘇鎭 군君이 사 준다. 이병도李丙燾 군君과 함께. 밤에 비 오다.

5월 5일. 종일終日 비. 이번은 오던 중 많이 왔다. 세대世大 예배당禮拜堂으로 동대東大에 가니 오늘은 음陰 4월 8일. 석가탄신釋迦誕辰이라고 휴강休講. 집으로 왔다가 다시 나서 민대民大에 갔다. 종로경찰서장鐘路警察署長이 나와 간담회懇談會를 하였다. 신문학원新聞學院을 갔다. 길이 퍽 질었다.

5월 6일. 비. 의예醫豫 첫 시간 휴강休講하고 종로경찰서鐘路警察署 가서 국민정신國民精神에 대하여 강연講演. 한대韓大에 나갔다.

5월 7일. 세대世大 예배당禮拜堂으로 숙대淑大, 민대民大를 갔다. 병문秉文이가 맹환孟煥 데리고 왔다. 시계時計를 도로 표준시계포標準時計鋪에 수선修繕하라고 맡겼다.

5월 8일. 병문秉文이가 떠났다. 9시九時 반半 아악부雅樂部 앞에서 배화여중培花女中 추럭을 탔다. 홍원기洪元基, 성경린成慶麟 군君과 그 교장校長 이운용李沄容 기타其他 교원敎員 학도學徒와 화계사華溪寺로 갔다. 호국대護國隊 문예부文藝部 지원자志願者가 소풍消風 겸 시조문학時調文學 음악音樂에 대하여 듣겠다고. 화계사華溪寺 앞마당서 한 30분三十分 시조문학時調文學을 나는 맡고 성成, 홍洪 양군兩君은 음악音樂 설명說明과 창唱이 있었다. 점심點心 후 또 6학년六學年을 모여 놓고 나는 시조창작時調創作을 말했다. 오후午後 3시三時 반半 돌아왔다. 하 박사河博士, 홍성희洪性憙 군君을 찾었다.

5월 9일. 오후午後 교수회敎授會. 문리대文理大 소식 공개장公開狀 집필자執筆者 처벌문제處罰問題로 다섯 시간이나 끌었다. 7시七時 파하여 나오다 예동汭東, 두계斗溪, 동빈東濱, 박종홍朴鍾鴻 군君과 어느 음식점飮食店에 들었다. 정용순鄭容淳 군君이 와 잤다.

5월 10일. 선거기념일選擧紀念日 공휴公休. 이웃 이재선李載善 군君이

청請한다. 아침밥 겸 약주藥酒를 준다. 세대世大 예배당禮拜堂에서는 자동차自動車를 몰고 왔다. 거부拒否하고 아니 갔다. 술을 퍽 취했다. 어제도 밥은 아니 먹고 오늘 아침도 밥은 아니 먹었다. 집에 와 푹신 잤다. 저녁을 먹고 나니 김삼불金三不, 남령南嶺 군君이 술을 사 가지고 왔다. 또 먹었다.

5월 11일. 무덥다. 문리대文理大에 가서 국문학개설國文學槪說, 시조론時調論 강의講義를 하고 시청市廳 회의실會議室로 갔다. 신생활촉진회新生活促進會 제1분과第一分科 '의례儀禮' 위원회委員會다. 분과회장分科會長을 선정選定했다. 동덕여중학교장同德女中學校長 조동식趙東植 씨氏다. 그리고 파罷했다.

5월 12일. 비 온다. 오전午前 7시七時 경희京熙 데리고 서울역驛에 나갔다. 목포木浦 급행急行은 10시十時 반半 발發. 경희京熙는 들여보내고 나는 떠났다. 순조順調로 가다 대전太田서 두 시간時間 지체遲滯. 군대軍隊가 올랐다. 오후午後엔 갰다. 논산論山서 여산礪山 가는 빠스는 벌서 갔다. 나는 강경江景이로 가 나렸다. 오후午後 7시七時가 넘었다. 걸어서 9시九時에 집에 갔다. 전주全州 누님이 와 있다.

5월 13일. 또 비가 온다. 대부大父 집에서 점심點心. 만송晩松 집에 가 놀았다.

5월 14일. 아버님 생신生辰. 전奠을 드렸다. 산소山所에 갔다.

5월 15일. 영희永熙와 용제龍弟와 함께 신막新幕서 빠스를 탔다. 퍽 좁다. 간신히 솝니를 갔다. 서울 가는 완행緩行 이등표二等票 석 장을 샀다. 12시十二時 5분五分에 떠났다. 송정식宋廷植, 양상경梁相卿 군君을 만났다. 오후午後 8시八時 15분十五分 서울역驛서 나려 자동차自動車로 왔다.

5월 16일. 문리대文理大, 어학회語學會를 갔다 오니 윤尹이 자기 집에 누었다. 살림 기구器具를 가져가겠다고 한다. 거자막류去者莫留다. 하는 수 없다. 아무 재미가 없다는 것이다.

5월 17일. 비 오다. 용제龍弟가 떠났다. 세대世大 예배당禮拜堂 강연講演. 1, 2년一二年 강의講義 마치고 풍문여중豐文女中, 한대韓大를 다녀왔다. 밤새도록 잠을 이루지 못 했다. 최 서방崔書房이 장적 세 마차에 4만 5백 원四萬五百円을 주고 사 왔다.

5월 18일. 개었다. 문리대文理大 갔다 오후午後 3시三時 시청市廳 신생활新生活 촉진회促進會를 갔다. 5시五時 돌아오다 고故 김영완金永完 씨 댁을 찾고 김병업金炳業 씨를 만나 술을 먹었다, 집에 드니 윤尹이 자기 기구器具 등等을 모다 옮겨갔다. 시골서 가존 두견주杜鵑酒 한 병도 모다 거울러 먹고 주정을 하고 갔다.

5월 19일. 세대世大 예배당禮拜堂과 동대東大, 민대民大, 신문학원新聞學院, 덕수공립국민학교德壽公立國民學校를 다녀왔다. 9시九時에 돌아와 저녁을 먹는데 김억金億 군君이 왔다. 두견주杜鵑酒를 먹었다. 이완규李完珪 군君이 왔다. 윤尹이 와서 술을 권하며 잔 사설辭說을 한다. 무던이 취했다. 종희宗熙 시겨 바래 주었다.

5월 20일. 문리대文理大, 한대韓大을 다녀 와 저녁을 먹는데 시골서 처妻가 왔다.

5월 21일. 세대世大 예배당禮拜堂, 숙대淑大로 하여 표준시계포標準時計鋪를 갔다. 또 그 주인主人이 없다. 민대民大 마치고 이종진李鍾珍 부인夫人 집을 갔다. 술을 준다.

5월 22일. 김병업金炳業 씨 왔다.

5월 23일. 문리대文理大, 세종중등교사양성소世宗中等教師養成所를 갔다.

5월 24일. 세대世大 예배당禮拜堂, 세대世大 예과豫科, 풍문여중豐文女中을 다녀 다시 문리과대학文理科大學으로 예동汭東과 최윤식崔允植, 이병도李丙燾 군君과 함께 청진동淸進洞 어느 음식점飮食店으로 석찬夕餐.

5월 25일. 문리대文理大로 갔다. 오후午後 교수회敎授會. 나는 먼저 나왔다. 김金○영永 군君이 왔다. 조용만趙容萬, 김홍관金弘琯, 김억金億 군君과 나섰다. 제1관第一館에서 석찬夕餐.

5월 26일. 동대東大, 민대民大, 신문학원新聞學院을 갔었다. 경희京熙 시겨 시계時計을 찾어왔다.

5월 27일. 좀 무덥다. 의대醫大 예豫, 문리과대文理科大로 갔다. 한대韓大를 가서 강의講義.

5월 28일. 10용사十勇士 추도회追悼會를 오후午後 2시二時 경성운동장京城運動場에서 한다고 각各 대학大學, 중학교생中學校生을 초집招集. 세대世大 예배당禮拜堂으로 가서 강연講演하고 문리대文理大로 갔다. 휴강休講. 나는 두계斗溪와 김두종金斗鍾 군君과 성낙훈成洛勳 군君과 의대醫大 병원病院서 점심點心 먹고 자동차自動車로서 고대高大로 나갔다. 서지학회書誌學會 제17회第十七回 위원회委員會 고대高大 교수敎授 김형규金亨奎 분의 언해諺解에 대한 이야기다. 『운곡행장耘谷行狀』, 『천태사교의天台四敎儀』도 보고 박물관博物館, 도서관圖書館도 보았다. 『석보상절釋譜詳節』 원본原本도 보았다. 5시五時에 파했다. 오날 장적을 팼다. 장정壯丁 6명六名. 점심과 술도 먹이고 5천 원五千円을 주었다. 문은선文恩善 군君이 왔다. 내 시조집時調集과 『역대시조선歷代時調選』을 주었다.

5월 29일. 임성빈任性彬, 조용만趙容萬 군君이 왔다. 이웃집에 가 술을 먹고 하박사河博士 경덕敬德 군君을 찾었다. 서울신문新聞을 사임辭任

했다 한다.

5월 30일. 문리대文理大, 세종중등교사강습소世宗中等教師講習所를 단여왔다.

5월 31일. 세대世大 예배당禮拜堂과 예과豫科 시간時間 후 풍문여중豐文女中을 갔다.

6월

6월 1일. 문리대文理大를 갔다.

6월 2일. 동대東大로서 진명여중進明女中 전람회展覽會를 가보다. 박종화朴鍾和 군君을 만났다. 오찬午餐을 진명교進明校서 준다. 민대民大에 갔더니 휴강休講이다. 그 사무원事務員과 빈자떡집으로 갔다. 몹시 덥다. 전주全州 누님이 오셨다.

6월 3일. 문리대文理大 갔다. 일석一石, 담설擔雪, 고대高大 모군某君과 점심點心. 한대韓大를 갔었다. 구 주사具主事 댁과 순자順子를 만났다.

6월 4일. 진주사범학교가晋州師範學校歌를 지어 보냈다. 세대世大 예배당禮拜堂, 숙대淑大를 갔다 문리대文理大로 갔었다. 김삼불金三不 군君의 연구발표研究發表가 있었다. 국문과國文科 학생學生과 다른 대학교大學校 학생學生도 모였다. 「판소리와 신오위장申五衛將 예술藝術」이다. 퍽 흥미興味롭다. 다 한 후 간단히 평評하였다. 돌아왔다. 김동욱金東旭 군君이 술 한 병을 가지고 왔다. 석반夕飯 후 또 국문과國文科 학생學生 9인九人이 소주燒酒 한 병을 가지고 왔다. 집에 있던 술을 거울렀다. 나더러 대외對外 발표發表를 하라고 한다. 그중中엔 고대高大 학생學生도 왔다. 그는 다만 한 시간이라도 고대高大를 나오라고 여러 번 말한다. 이것이 지금 우리 학계學界의 한 실정實情인가 하고 마음이 조인다.

6월 5일. 비가 오다 만다. 처妻가 10시十時 반半 급행차急行車로 떠났다. 온 종일終日 고서古書 ―『천태사교의天台四敎儀』,『운곡행록耘谷行錄』,『금강경삼가해金剛經三家解』,『남명南明』,『훈몽자회訓蒙字會』,『구급방救急方』 해제解題를 썼다. 김병업金炳業, 이병교李秉矯 군君이 왔다.

6월 6일. 문리대文理大에 나갔다. 국립도서관國立圖書館에 가『천태사교의天台四敎儀』,『운곡행록耘谷行錄』,『금강경삼가해金剛經三家解』,『남명南明』,『훈몽자회訓蒙字會』,『구급방救急方』 해제解題를 주었다. 김홍관金弘琯 군君을 찾다.

6월 7일. 세대世大에 갔다. 비가 온다. 문리대文理大 교수회敎授會에 갔다.

6월 8일. 문리대文理大 시간時間도 하고 다만 국문학연습國文學演習만 궐했다.

6월 9일. 오전午前 10시十時 반半 청년회관靑年會館에 갔다. 장정원張靜遠(장지태張之兌 군君 장녀長女)과 이영로李永魯와의 결혼식結婚式 주례主禮를 했다. 동뢰연同牢宴은 다동茶洞그릴서. 이응구李應九 군君과 나오다가 전前 우편국郵便局 앞에서 한 잔을 했다. 신문학원新聞學院 에 갔다가 7시七時에 돌아왔다. 청주淸州 시조회장時調會長 유만형柳萬馨 군君 초대회招待會에 참여參與.

6월 10일. 의예醫豫, 문리대文理大를 갔더니 6·10만세六十萬歲 기념紀念 휴강休講. 김삼불金三不 군君이 왔다. 신동엽辛東燁 군君이 진주사범교장晋州師範校長 장성균張性均 군君과 왔다. 함께 나가 술을 먹었다.

6월 11일. 세대世大 예배당禮拜堂, 숙대淑大를 다녀 와 필동筆洞 이응구李應九 군君 집으로 갔다. 장지태張之兌 군君이 문리대文理大 관계關係의 십여十餘 분을 청請하였다. 주식酒食.

6월 12일. 김억金億 군君이 왔다.

6월 13일. 문리대文理大에 나갔다.

6월 14일. 세대世大 예배당禮拜堂, 세예世豫, 풍문여중豐文女中을 갔다. 한대韓大 시간時間도 했다.

6월 15일. 문리대文理大에 갔다.

6월 16일. 동대東大, 민대民大, 신문학원新聞學院도 갔다.

6월 17일. 국문과國文科에서 졸업생卒業生 송별회送別會가 있어 참석參席했다.

, **6월 18일.** 세예배당世禮拜堂과 숙대淑大를 갔다. 문리대文理大 교수회敎授會에 나갔다. 어제 김삼불金三不 군君과 수명數名 학생學生이 검거檢擧되었다는 말을 들었다. 학총學總서 주최主催하는 시가詩歌 강좌講座 즉 예전 금천대옥金千代屋으로 가서 「시조작법時調作法」에 대하여 두 시간 강화講話.

6월 19일. 부산釜山 제세황諸世晃, 도동道東이 왔다. 생선 끓이고 몇 잔 나누었다.

6월 20일. 강의講義는 쉬었다. 입학시험入學試驗 준비準備.

6월 21일. 시험試驗 감독監督과 채점採點. 오후午後 10시十時 돌아왔다. 비 좀 왔다.

6월 22일. 채점採點만으로 오후午後 10시十時 반半 돌아왔다. 삼불三不 군君 부인夫人이 왔다. 학장學長이 동대문서東大門署에 갔다. 이왕 교육자협회教育者協會 회원會員이 되어 회비會費도 두 달 것을 냈다 한다. 그 까닭에 구류拘留되었다 한다. 퍽 근신謹愼하고 공부工夫에나 열중熱中한 사람이 왜 그런 데 들었던고. 한 액厄이다.

6월 23일. 오전午前 6시六時 문리대文理大에 나가 채점採點. 오후午後 네 시 교수회敎授會. 제1차第一次 발표發表.

6월 24일. 고산高山 유종석柳鍾錫, 전주全州 병옥秉玉(여산礪山 다녀) 왔다. 김영관金永琯 군君도 와 잤다. 문리대文理大 구술시험口述試驗을 보았다.

6월 25일. 종일終日 집에 있었다.

6월 26일. 종석鍾錫이는 오전午前 9시九時에 떠나갔다. 나는 문리대文理大에 나갔다. 오후午後 1시一時 교수회敎授會를 열고 입학생入學生 사정査定을 하였다. 오날 백범白凡 김구金九 선생先生이 경교장京橋莊 본저本邸에서 군인軍人 안두희安斗熙에게 피살被殺했다.

6월 27일. 문리대文理大, 세종사중世宗師中에 갔다. 문리대文理大 합격자合格者 발표發表는 오후午後 2시二時 예정豫定이 교무처敎務處 말성으로 인하여 5시五時 되었다.

6월 28일. 세대世大 예배당禮拜堂으로 민대民大 거쳐 풍문여중豐文女中에 갔다. 한대韓大 시간時間도 했다. 몹시 무덥다.

6월 29일. 비가 좀 왔다. 백범白凡 선생先生 입관入棺. 문리대文理大에 갔다. 숙대淑大 국문학부國文學部 전문專門 일부一部 졸업생卒業生 사은회謝恩會 금곡원金谷園에 갔다.

6월 30일. 총장실總長室에서 종일終日 졸업증명서卒業證明書를 썼다.

7월

7월 1일. 문리대文理大 갔다. 백양당白楊堂을 갔다. 『의유당意幽堂』 재판再版에 대하여 의논議論했다.

7월 2일. 세대世大 예배당禮拜堂으로 하여 동대東大에 갔다. 학기學期 시험試驗 문제問題를 주었다. 『계축일기癸丑日記』, 『난설헌집蘭雪軒集』, 『매창집梅窓集』 해설解說을 썼다.

7월 3일. 종일 집에 있었다. 『의유당일기意幽堂日記』, 『한중록恨中錄』 해설解說을 썼다. 을유문화사乙酉文化社에 주었다.

7월 4일. 문리대文理大에 가서 송한용宋漢用 군君을 만났다. 밤에 조용만趙容萬, 임성빈任性彬, 김억金億 군君이 잔뜩 취해 왔다. 세종중등교사양성소世宗中等敎師養成所 학생學生 작품作品을 평評하였다.

7월 5일. 백범白凡 선생先生 장일葬日. 공휴公休. 종일終日 칩복蟄伏. 병옥秉玉이가 떠났다. 명륜동明倫洞으로 그 시숙媤叔 집에서 자고 내일來日 시골로 간다고. 하경덕河敬德 박사博士를 찾다. 고전소설古典小說을 말했다.

7월 6일. 문리대文理大 가서 국문학개설國文學槪說, 시조론時調論을 했다. 오후午後 세 시 대전太田 지헌영池憲泳 군君을 만나 가치 점심點心 먹고 동지사同志社에 갔다. 「어린이 나라」의 노래 현상모집심사회懸賞募集審査會다. 양주동梁柱東, 김기림金起林은 아니 오고 정지용鄭芝溶 군君은 왔다. 초선初選은 지용芝溶 군君이 해 놓았다. 동지사同志社 정인택鄭人澤 외外 수인數人과 또 박문출판사博文出版社 주간主幹 이원수李元壽 군君과 의논하여 하나를 뽑고 선외選外 가작佳作 2편二篇을 추렸다. 그리고 선후감選後感을 썼다. 동지사同志社 간부幹部들이 그 근처近

處 요리料理집에서 맥주麥酒, 석반夕飯을 준다.

7월 7일. 신문학원新聞學院에 가서 전수과專修科 모집생募集生 구술시험口述試驗을 보았다. 수도청首都廳 사찰과査察課, 학생과學生課서 나와 작금昨今 양일兩日 신문학원新聞學院 구술시험口述試驗 때문에 모인 학생學生을 무슨 다른 회집會集으로 알고 묻는다. 곽복산郭福山 군君이 그 진상眞狀을 잘 말하여 보냈다. 시험試驗을 끝내고 점심點心. 나는 세종중등교사양성소世宗中等敎師養成所 시험試驗 문제問題를 갖다 주었다. 또 신문학원新聞學院으로 두 시간時間을 마치고 집으로 왔다. 11시十一時쯤 수도청首都廳 사찰과査察課 사찰査察 제3계第三係 김호익金昊翊 외外 서원署員 4, 5인四五人이 와, 내가 이왕 문학동맹위원장文學同盟委員長인 걸 힐문詰問한다. 나는 가맹加盟도 않고 한 번도 그 소임所任으로 출석出席한 일이 없었다 하고 휴지休止 뭉텡이 끄내고 그 증거證據 서류書類를 찾었으나 얼른 보이지 않는다. 다만 문학가동맹文學家同盟서 출석出席해 달라고 그 회관會館 있는 곳을 그림까지 그려 보낸 편지 두 장을 서원署員이 가지고 가며 내일來日 좀 와 달라고 "수도청首都廳 사찰과査察課 사찰査察 제3계第三係 김호익金昊翊"을 써 준다. 그 후 촛불 아래서 자세히 뒤적이니 증거證據 서류書類 3편三篇이 나온다. 제1第一은 1946년一九四六年 1월一月 20일二十日 조선문학동맹朝鮮文學同盟 전국문학자대회全國文學者大會 준비위원회準備委員會서 1946년一九四六年 2월二月 8, 9八九 양일간兩日間 종로청년회관鐘路靑年會館에서 전국문학자대회全國文學者大會를 개최開催하겠으니 참가參加하여 달라 하고 동봉同封 가맹신청서加盟申請書를 제출提出해 달라는 편지의 동봉同封 가맹신청서加盟申請書가 고대로 있는 것이오. 제2第二는 조선문학가동맹朝鮮文學家同盟 중앙집행위원회中央執行委員會 서기국書記局서 가맹신청서加盟申請書 제출提出에 관關한 건件이라 하고 귀하貴下의 가맹신청서加盟 申請書 미비未備로 인쇄印刷에 회부回付치 못 하고 있사오니 동맹신청서同盟 申請書에 서명署名 날인捺印하여 3월 25일까지 제출提出하라는 것과 기일期日까지 제출提出치 아니 하실 때에는 가맹加盟을 거부拒否하시는 것으로 알고 처리處理하겠다는 가맹加盟 독촉督促하는 편지가 또 고대로 있는 것이오. 제3第三은 1946년一九四六年 3월三月 5일五日 전조선문필가협회全朝鮮文筆家協會 결성준비위원회結成準備委員會서 3월三月 13일十三日 종로청년회관鐘路青年會館에서 전조선문필가협회全朝鮮文筆家協會를 창립創立하겠다는 엽서葉書 청첩請牒과 결성대회취지서結成大會趣志書 외 그 취지서趣志書의 결성준비위원結成準備委員엔 내 이름도 있는 것이다. 나는 그때 문필가협회가입文筆家協會加入함은 서명署名 날인捺印한 일이 있었다. 나는 문학동맹文學同盟엔 가맹加盟을 아녔으므로 일절一切 그 의무義務와 책임責任을 이행履行할 것이 없었다. 이뿐더러 이 전후前後 내게는 알리지도 않고 무슨 단체團體, 또는 개인個人으로서 내 이름을 팔아 쓰기를 종종種種한다. 그러나 나는 그걸 일일一一히 성명聲明도 아니 하였다. 퍽 귀찮은 일이다.

7월 8일. 문리대文理大에 가서 제2학기말第二學期末 시험문제試驗問題를 주고 수도청首都廳에 김호익金昊翊을 찾어갔다. 마침 없다. 나와서 서울 시청市廳 학무국學務局 문화과장文化課長 이명세 씨를 보고 사육신비문死六臣碑文을 한글로 짓기로 하고 다시 갔다. 김호익金昊翊 씨氏를 만났다. 더운데 왔다 하고 의자倚子를 내 주며 관곡款曲히 한다. 문학가동맹文學家同盟에 가맹加盟치 않은 증거서류證據書類를 다 내보였다. 더 미안未安타 하고 경찰신문警察新聞과 잡지雜誌에 애국정신愛國精神을 고취鼓吹하는 글을 많이 써 달라고 한다. 나는 나왔다. 서울신문사장新聞社長 박종화朴鍾和 군君과 순문예純文藝 잡지雜誌 주간主幹 김동리金東里 군君을 만나 보았다. 집으로 왔다. 오후午後 3시三時 중앙청中央廳 공보처장실公報處長室로 갔다. 선전대책중앙위원회宣傳對策中央委員會다. 현상모집懸賞募集한 선전강화宣傳强化 포쓰타 ─ . 또는 국민가요國民歌謠 심사審査인 바 포쓰타 ─ 는 즉석卽席에 1, 2, 3등一二三等와 선외選外 가작佳作들을 뽑고 가요歌謠는 초선初選한 후 다시 의논議論키로 파罷했다. 문리대文理大로 다시 갔다. 예동汭東, 두계斗溪, 동빈東濱을 만났다. 함께 백주白酒를 시음試飮했다.

7월 9일. 저녁부터 비가 시작하여 밤새도록 온다. 기뻐 잠이 아니 온다. 「늦비」란 시조時調 두 수首를 읊고 진천공립농업중학鎭川公立農業中學 교가校歌와 부산釜山 천일天一고무공업사工業社 공장가工場歌를 지었다.

7월 10일. 가랑비. 시조연구회時調研究會 창시創始 3주년기념三週年紀念으로 (실實은 12일十二日이지만 오늘 일요일日曜日로 닥아 창경원昌慶苑 놀이를 하자던 것) 아악부雅樂部에 갔다. 수십 명數十名 모였다. 고담古談을 하다가 오후午後 음식飮食이 벌어졌다. 가무歌舞. 가객歌客과 기생妓生도 있었다.

7월 11일. 개었다. 40여四十餘 미리나 왔으나 미흡未洽하다. 문리대文理大 가서 국문학개설國文學槪說 시험試驗 보았다. 삼불三不 군君이 왔다. 그 졸업논문卒業論文을 보았다.

7월 12일. 한대韓大 야학夜學에 갔다.

7월 13일. 문리대文理大에 갔다. 교수회敎授會. 이숭녕李崇寧 교무과장敎務課長 사임辭任에 대하여 김두헌金斗憲 교무과장敎務課長으로 추천推薦하였다. 대전太田 김수金綏 군君이 와서 충남忠南 하기중등교사강습회夏期中等教師講習會를 예산禮山 수덕사修德寺서 하겠다고 나를 와 달라고 한다. 점심點心을 사 준다. 방종현方鍾鉉, 이승희李昇熙, 이병도李丙燾, 김두헌金斗憲, 김상기金庠基 군君과 함께 먹었다. 국문학과國文學科 졸업논문卒業論文 구술시험口述試驗을 보았다.

7월 14일. 종일終日 집에서 각各 학교學校 시험試驗 답안答案 고사考査.

7월 15일. 문리대학文理大學에 나갔다. 국립國立 서울대학교大學校 졸업식卒業式을 운동장運動場에 했다. 대통령大統領 이승만李承晩 박사博士, 부대통령副大統領 이시영李始榮, 국회의장國會議長 신익희申翼熙, 문교부장文敎部長 안호상安浩相 박사博士, 미국米國 대사大使 무처와 각各 학장學長과 교수敎授와 학생學生과 학부형學父兄들과 성대盛大한 식式을 거행擧行. 10시十時 내지乃至 12시十二時에 마쳤다. 다과茶果를 준다. 한대韓大 야학夜學에 갔다. 비가 쏟아진다. 밤새도록 왔다. 4, 50四五十 미리는 왔다.

7월 16일. 오후午後 1시一時 다방동茶房洞 성남誠南 그릴로 갔다. 선전대책중앙위원회宣傳對策中央委員會 국민國民의 노래 모집募集 심사審査다. 2등二等 하나 3등三等 둘을 뽑았다. 영랑永郞, 이헌구李軒求, 유치진柳致眞, 박종화朴鍾和, 도상봉都相鳳과 나. 양식洋食을 먹인다. 나오다 도상봉都相鳳 군君과 청량음淸凉飮을 하였다.

7월 17일. 국민대학國民大學을 가보고 신동엽辛東燁 군君을 찾다. 천일공장가天一工場歌를 전하고 종로鐘路 한일관韓一館으로 나와 찹살 막걸리를 먹다. 정충시鄭忠時 군君도 찾다.

7월 18일. 문리대文理大 갔다. 국어國語 시험試驗. 두계斗溪, 김소진金蘇鎭, 이규동李揆同 군君과 가치 정읍井邑집에서 점심點心. 의예과醫豫科 안호삼安鎬三 군君, 박朴 군君과 나오다 청주淸酒 한 병을 거울렀다.

전주全州서 병옥秉玉, 순우順雨 모녀母女가 왔다. 순우順雨가 세의世醫 고등간호부高等看護婦 시험試驗 보러.

7월 19일. 초복初伏. 오후午後 5시五時 대학병원大學病院 식당食堂에서 위로회慰勞會을 열었다. 교무과장敎務課長을 사면辭免한 이숭녕李崇寧 군君과 신임新任한 김두헌金斗憲 군君과 학장學長 최윤식崔允植 기외其外 여러 교직원校職員이 모였다. 소주燒酒와 양식洋食. 그리고 다시 문리대文理大 본관本館 이층二層으로 가서 호국대護國隊 간부幹部 학생學生과 교직원校職員이 서로 담화談話와 석반夕飯.

7월 20일. 종일 집에 있었다.

7월 21일. 김삼불金三不, 정병욱鄭炳昱, 허웅許雄 군君이 왔다. 병옥秉玉이가 왔다.

7월 22일. 비가 좀 오다 말었다. 오후午後 5시五時 문리대文理大에 갔다. 최학장崔學長, 일석一石, 김종흡金宗洽, 예동汭東과 가치 봉미원鳳美園으로 갔다. 고공립高共立 아버지가 석찬夕餐을 먹인다.

7월 23일. 삼불三不, 병욱炳昱, 허웅許雄 군君이 왔다. 양재연梁在連 군君이 와 5백 원五百円을 취해 갔다.

7월 24일. 종일終日 집에 있었다. 태희泰熙 형제兄弟가 시골 가는데 노비路費가 없다고 2천 원二千円 꿔어 갔다.

7월 25일. 경京, 종宗 양아兩兒가 급행차急行車로 여산礪山 갔다. 오전午前 9시九時 대종교大倧敎 남도총본南道總本 하기강습회夏期講習會에 갔다. 고전문학古典文學 강의講義 — 국문학개설國文學槪說. 오후午後는 5시五時부터 매양 두 시간時間 식式.

7월 26일. 비가 온다. 오전午前은 대종교大倧敎 총본사總本司. 오후午後에 한대韓大에 나갔다. 동빈東濱이 왔었다.

7월 27일. 비. 대종교大倧教 총본사總本司에 오전午前 오후午後 다 나갔다.

7월 28일. 비. 대종교大倧教 총본사總本司에 오전午前 오후午後 다 나가서 도합都合 8시간八時間 강의講義를 했다. 김인수金仁洙 군君을 찾어 보았다.

7월 29일. 중복中伏. 비 개었다. 대종교大倧教 총본사總本司는 오전午前 네 시간時間에 다 마쳤다. 함흥咸興 개장국을 먹었다. 정원택鄭元澤 군君과.

7월 30일. 『주방문酒方文』 교주校註. 퍽 힘든다. 종이가 해져서 없어진 자字가 간간間間 있다. 그러나 퍽 고古하다. 3백 년三百年 전이다.

7월 31일. 빗방울이 듣는다. 이지헌李智憲 군君이 술과 점심點心을 준다. 민병도閔丙燾 군君 선비先妣 소기小朞다. 갔다. 석반夕飯.

8월

8월 1일. 『주방문酒方文』 교주校註. 아악부雅樂部에 갔다. 12회十二回 강습講習.

8월 2일. 『주방문酒方文』 교주校註.

8월 3일. 문리대文理大 갔다. 동빈東濱을 찾다. 월급月給을 탔다.

8월 4일. 마사회馬事會서 양재하梁在厦 군君과 부회장副會長이 왔다. 애마愛馬의 노래 작作에 감사感謝하다는 인사다. 7천 원七千円을 준다. 족질族姪 전炷 군君이 왔다. 나갔다. 술을 먹었다. 오상수吳祥洙 군君과

도 함께.

8월 5일. 시조강습회時調講習會에 갔다. 방房을 정돈整頓했다.

8월 6일. 오전午前 7시七時 서울역驛에 갔다. 대전太田까지 급행차急行車표와 급행권急行券을 샀다. 문리대文理大에 가서 제2학기第二學期 성적기입첩成績記入帖을 교무과敎務課에 주었다. 두계斗溪를 만나 보았다. 이명구李明九 군君의 내 연구실硏究室에 있는 『원명元明 희곡戲曲의 연구硏究』 한 책册를 빌려 갔다.

8월 7일. 여섯 시 일어났다. 일곱 시 자동차自動車 타고 서울역驛을 나가 여덜 시 부산행釜山行 급행急行을 탔다. 이병도李丙燾, 사공환司空桓 군君을 만나 동행同行하다가 천안天安서 갈리고 나는 대전太田서 내렸다. 정의택鄭義澤, 최재철崔在喆 군君과 함께 신구영申求永 학무국장學務局長 이종호李鍾晧 장학사奬學士가 마중 나왔다. 어느 요리料理집에서 맥주麥酒, 스시로 점심點心 하고 우리 세 사람과 이민철李敏喆 장학사奬學士와 지쁘 동승同乘하여 공주公州를 향向했다. 동학사東學寺 동구洞口를 지나 공암리孔岩里서 서고청徐孤靑 나셨다는 공암孔岩을 들여다보고 갑사岬寺로 직행直行했다. 무넘이 넘어서 좌左편 동곡洞谷으로 꺾여 한 10리十里, 좁은 골 시내 따러 수림樹林 속으로 들었다. 몇 천 마리 맴이가 오페라를 한다. 갑사岬寺 마당 앞에 내려 우리는 그 곁 시내를 다다른 박충식朴忠植 간성장艮成莊으로 들다. 이 별장別莊은 본시 윤덕영尹德榮의 것이었다. 장이욱張利郁 박사博士는 벌써 와 있다. 기외其外 다른 강사講師들과 김우평金佑枰 씨氏도 있다, 그 위 시내에 목욕沐浴. 함께들 잤다. 들으면 소낙비가 쏴 쏟아진다. 앞 시냇소리다. 모긔도 없다.

8월 8일. 법당法堂 앞 강당講堂에서 오전午前엔 국어國語와 국문학國文學 오후午後엔 시가詩歌의 종류種類에 대하여 강의講義. 사외 송석일

宋錫一이가 와 본다. 석반夕飯 후 청산별곡青山別曲 창唱을 연습演習시켰다. 학무국學務局 김 과장金課長이 가장 열중熱中한다.

8월 9일. 아침에 그 뒤 계곡溪谷으로 올라 대성암大聖庵을 보았다. 오늘이 백종百種이라고 공양供養을 하며 나더러 아침을 먹으라 한다. 공주公州 사투리 쓰는 젊은 중이다. 그 위 깊은 골짜기엔 여러 길 되는 폭포瀑布가 있다 하나 나는 총총悤悤하여 그냥 내려오다가 앞 시내 바위틈에서 석창포石菖蒲를 캐었다. 간성장艮成莊에 돌아와 조반朝飯 후 앞 시내 건너 대적전大寂殿 사리탑舍利塔 ― 이는 조각彫刻가 기묘奇妙하다 국보國寶로 일컬는다. 이 절 위 말랑이엔 북사자암北獅子庵, 남사자암南獅子庵, 하사자암下獅子庵이 있었는데 지금은 북사자암北獅子庵만 남고 남사자암南獅子庵 터에서 윤덕영尹德榮이가 옮겨다 놓았다. 대적전大寂殿 남南편 시내 건너에는 영규대사靈圭大師가 머믈렀다는 청련암青蓮庵 비인 터가 있다. 다시 건너와 법당法堂 서西편 표충원表忠院을 보았다. 예는 서산대사西山大師 그 좌左엔 사명당四溟堂, 우右엔 영규靈圭의 영정影幀들이 걸렸다. 영규대사靈圭大師의 묘墓가 월암리月岩里 부근附近에 있으며 자래自來 갑사岬寺서 이를 수호守護 제향祭享한다 하고 영규대사靈圭大師는 청련암青蓮庵에 있을 때 날마다 나무하러 가면 몽둥이를 깎어다 마루 밑에 쌓었다든가 도키를 잃고 왔다든가 하던 것이 나종 임진란壬辰亂을 당하여 의병義兵을 일으키매 그 몽둥이와 도키는 창검槍劍으로서 다 썼다 한다. 주지住持 말이다. 장 박사張博士와 김우평金佑枰 씨氏는 오전午前 중中 떠났다. 김金 씨氏는 피서避暑 왔었다. 나는 점심點心 후 이민철李敏喆, 송석일宋錫一과 지쁘로 떠났다. 공주公州 석일錫一 집에 들어 사돈 송한용宋漢用 군君을 보고 오후午後 5시五時 떠나 고마나루를 건너 신풍新豐, 유구維鳩, 차동재, 신양新陽을 지나 예산농중禮山農中 교장校長을 찾어 교장실校長室서 석식夕食. 8시八時 후 떠나 달빛을 띠고 평원平原 광야廣野로 수십 리數十里 가서 윤봉길尹奉吉 의사義士 고택故宅인 덕산德山을 지나 순회巡回하는 순경巡警 둘을 더 싣고 낮윽한 고개머리에 이르러 주막酒幕에다 지쁘는 두고 그저 걸어 바위 서리 비탈로 또 고개를 넘어 송림松林 속으로 드니 수덕사修德寺다. 마당에는 4층四層 고탑古塔이 섰다. 강습원講習員들이 맞으며 퍽 반긴다. 그 아래 숭덕여관崇德旅館으로 들었다. 두계斗溪, 정해곤丁海崑, 김수金綏, 지헌영池憲英, 이재복李在福 군君과 강습원講習員들이 모여 들어 악수握手를 한다. 술, 담화談話로 90도九十度 넘는 더위도 다 잊었다. 달은 소나무 사이로 비친다. 한 옆엔 물소리가 졸졸거린다. 밀대 방석의 고전적古典的 생활生活이 새롭다. 이윽하였다. 방으로 들어 모긔장 속에서 잤다. 수일數日 밤은 모긔를 퍽 뜯겼다 한다. 모긔장은 수덕사修德寺서 가존 것이란다.

8월 10일. 오후午後 수덕사修德寺 법당法堂서 「국어국문학國語國文學에 대하여」 두 시간 강화講話. 강습원講習員은 충남忠南 각처各處의 중학교中學校 국어교사國語敎師 60여 명六十餘名. 저녁에 충남忠南 학무국장學務局長 신구영申求永 군君이 왔다. 술상이 벌어졌다. 또 채규중蔡奎重 군君(현재現在 대전중학교太田中學校, 전前 휘문중학徽文中學 출신出身)이 술을 준다. 두계斗溪랑 먹었다. 무척 덥다. 밤에 비가 온다.

8월 11일. 비가 개었다. 똘물이 좀 불었다. 질문質問 응답應答, 교재敎材 해설解說로 오전午前 두 시간. 오후午後엔 수덕사修德寺 뒤 덕숭산德崇山(지금 숭덕산崇德山) 계곡溪谷으로 올라 금선동金仙洞 정혜사定慧寺를 보았다. 꽤 높다. 안계眼界가 넓다. 소낙비가 지난다. 바루 그 위 견성암見性庵으로 갔다. 일엽一葉 여승女僧(신문학운동新文學運動에 한때 날치던 모던 문학여성文學女性)이 나와 소승小僧 소승小僧 하며 합장合掌 배례拜禮를 한다. 우리 일동一同은 법당法堂 관세음보살觀世音菩薩(대리석大理石 일인日人 제製 소상小像)께 절하고 그 옆 다락으로 올라 이 정혜사定慧寺와 견성암見性庵을 창건創建한 걸승傑僧인 손만공孫滿空의 사진寫眞과 업적業蹟을 보았다. 만공滿空은 여상女像이다. 민대가리에 뒷곡지 겨우 남은 나팔나팔한 머리를 이마께까지 거슬러 늘여 놓은 것이 마치 모던 껄의 파마넨트와도 비슷하다. 일엽一葉과 해학諧謔을 하고 또 두어 잔 고개를 돌아 만공滿空이 노쓰던 전월사轉月舍 — 극히 협착狹窄하되 뒤엔 암벽岩壁, 앞엔 훤칠한 들, 또 한편엔 석대石臺 즉 만공滿空의 수도장修道場이오 구석구석의 매란梅蘭, 창포菖蒲, 만년청萬年靑 분盆과 골동骨董. 일본식日本式 취미趣味다. 워낙 이 덕숭산德崇山부터가 그렇다. 장산壯山은 아니되 무림茂林, 수석水石, 동학洞壑, 봉만峯巒이 다 인교적人巧的이다. 그러나 한 개 암석岩石에도 속객俗客의 제자題字가 없는 건 과연 만공滿空이다. 이 산 한 폭幅은 금강산金剛山과 다름없다. 금강산金剛山은 속화俗化하였으나 아직 이 산山만은 그냥이다. 견성암見性庵 측간厠間의 유리창琉璃窓만은 한 살풍경殺風景이다. 다시 정혜사定慧寺 마당 앞 소나무 사이에서 역사歷史, 국어國語 두 반班을 합하여 「국문학國文學과 사회생활社會生活에 대하여」 강화講話를 5십여五十餘 분分 내가 하고 담엔 일엽一葉 여승女僧의 불교佛敎에 대한 광장설廣長舌을 들었다. 일체一切 불법佛法이다. 다 여승女僧도 와 듣는다. 그리고 진영각眞影閣 — 경허鏡虛, 만공滿空의 영정影幀과 만공滿空의 쓰던 기물器物을 보고 거의 저물어 숭덕여관崇德旅館으로 석반夕飯 겸 일동一同 합석연合席宴을 하였다. 노래, 고담古談, 춤. 이윽하여 파했다.

8월 12일. 오후午後 두 시에 강습講習은 마쳤다. 나는 네 시간 계속하여 민요民謠와 시조時調, 설화說話와 소화小話, 또는 국문학國文學의 요목要目을 말했다. 점심點心 후 해산解散. 추럭이 사고事故 났다. 한 5리五里 나와서도 퍽 기다렸다. 고개머리 주막酒幕 한 집이고 느티나무가 4, 5주四五株 서 있고 80八十 노인老人이 삼덕재三德齋 즉 그 주막酒幕에 살고 있다. 노인老人은 약간若干 한문 식자漢文識字가 있다. 냉수冷水도 먹고 담화談話도 하다 해가 진 후 추럭으로 떠나 예산여관禮山旅館에 오니 10시十時. 밥을 시겨 먹다. 농중農中 교장校長과 교감敎監이 와본다.

8월 13일. 새벽에 두계斗溪는 금마총金馬塚을 보러 홍성洪城으로 가고 나는 조반朝飯 후 천안天安으로 가겠다는 김수金綏, 지헌영池憲英 군君을 작별作別하고 이재복李在福(호號 금당錦塘, 공주사대公州師大 교수敎授) 군君과 공주公州 중등학교中等學校 교사敎師 5, 6인五六人과 뻐스 타고 다시 공주公州로 세 시간 만에 왔다. 공주농중公州農中 이태영李泰永(별명別名 검둥이), 이은설李殷卨, 공주중학公州中學 김병호金柄浩(별명別名 팥죽), 윤재수尹在洙, 이재복李在福 군君이 중화요리中華料理집으로 끌어 오찬午餐을 준다. 배갈白干으로 취醉했다. 금당錦塘과 함께 송석일宋錫一께로 왔다. 영희英熙가 나왔다. 나는 누었다. 영희英熙가 부채질을 한다. 한잠 잤다. 다섯 시 금당錦塘이 왔다. 쌍수산성雙樹山城 구경 — 남문루南門樓, 쌍수산성雙樹山城 비각碑閣, 영은사靈隱寺, 북루北樓(공북루拱北樓), 동루東樓, 다 가보고 창벽蒼壁, 장기杖器ㅅ들도 바라보고 내려 금당錦塘 집으로 가서 옷을 벗고 목욕沐浴, 석식夕食. 금당錦塘은 불전佛專 졸업卒業 국어문학國語文學의 독습独習, 시조時調 신시新詩 습작習作 등이 노력努力이 비심非尋하다. 시조작時調作은 숭덕여관崇德旅館서도 보았거니와 그 서재書齋의 약간若干 서적書籍과 노트가 쌔인 걸 보면 과연 독실篤實한 학인學人이다. 이번 내게 깊은 계기契機를 말한다. 전부터 사모思慕했던 양이다. 송한용宋漢用 군君이 왔다. 자꾸 자기게로 가자고 하나 나는 그 서재書齋에서 잤다.

8월 14일. 아침에 석일錫一이가 왔다. 금당錦塘과 가서 밥을 먹었다. 그리고 금당錦塘과 사돈과 가서 박물관博物館을 보고 나와 산비탈 느티나무 그늘에 쉬고 돌아와 점심點心, 오후午後 두 시 빠스로 떠났다. 사돈, 석일錫一, 이태영李泰永 군君이 전송餞送. 논산論山 4시四時 착着. 5시五時 발發 빠스로 여산礪山 여섯 시 도착到着. 가방 들고 걸었다. 신막新幕 용제龍弟 보고 소주燒酒 먹고 집으로 오다 중부仲父 뵈왔다. 아버지 영연靈筵에 곡배哭拜. 처妻와 경京, 종宗 양아兩兒가 달려든다.

8월 15일. 95도九十五度. 용제龍弟, 병관秉寬이가 왔다.

8월 16일. 동풍東風. 대부大父를 샛막을 가 보았다. 만송晩松도 왔다. 논밭을 둘러보았다.

8월 17일. 동풍東風. 모샛골을 가 병암甁岩 아자씨를 보고 상진곡上眞谷 가서 전곡田穀과 시목柿木을 보고 진성眞成 숙叔 술을 먹었다.

8월 18일. 오전午前 두 시부터 비가 온다. 오후午後엔 멎었다. 그러나 똘물도 붇지 않었다, 시드던 고추, 꽤는 좀 소생蘇生했다. 생질甥姪 김용대金容大, 휘문徽文 학도學徒 오세충吳世忠이 떠나려다 비 때문에 말었다. 두레먹이 술을 대부大父가 준다. 병옥秉玉이가 서울서 왔다.

8월 19일. 김용대金容大, 오세충吳世忠이 떠났다. 일기책日記冊들을 내어 1932년 8월 17일, 동소 10월 5일. 동소 12월 26일. 1933년 2월 23일 조條의 『신오위장申五衛將 가사집歌辭集』에 대한 기사記事를 초출抄出했다. 병춘秉春 군君이 왔다. 용제龍弟께로 가서 술 먹었다. 대부大父, 만송晩松, 병춘秉春, 병철秉徹이와 함께. 밤에 돌아왔다. 비 온다.

8월 20일. 비는 개었다. 여산리礪山里서 논산행論山行 빠스를 탔다.

경京, 종宗 양아兩兒는 여산리礪山里까지 왔었다. 논산역論山驛서 세 시간 기다려 서울행行 이등차二等車로 올라 오후午後 8시八時 서울역驛서 내렸다. 자동차自動車로 왔다. 병희炳喜 댁이 와 있다.

8월 21일. 병희炳喜 댁 남매娚妹가 떠났다. 『호남악부湖南樂府』 교준校準을 보고 『옹고집전雍固執傳』을 벗기다.

8월 22일. 김삼불金三不 군君과 김억金億 군君이 왔다. 순자順子가 와 잤다.

8월 23일. 『규합총서』 준準을 보았다.

8월 24일. 중앙청中央廳 문교부文敎部 편수국編修局를 가 보았다. 오다 풍문여중豐文女中을 들렀다. 김성달金性達 군君과 개장을 사 먹었다.

8월 25일. 오후午後 이대梨大 졸업생卒業生 문은선文恩善 이형덕李亨德이 포도葡萄를 가지고 왔다. 비가 온다. 최근학崔根學 군君이 왔다. 김시필金時必 군君께로 갔다. 옥호玉壺로 갔다. 비가 줄줄 쏟아진다. 올해로는 처음 보는 비다. 맥주麥酒를 들이켰다. 비는 끊이지 않는다. 자동차自動車로 계동桂洞을 왔다. 밤새도록 비가 왔다. 개천물이 퍽 불었다.

8월 26일. 개었다. 밤에 종희宗熙가 왔다. 강한영姜漢永 군君이 군산群山서 과하주過夏酒 한 병을 가지고 왔다.

8월 27일. 의대醫大 예과豫科 교수회敎授會에 나갔다. 시간時間 작정作定. 문리대文理大에 갔다. 월급月給 타고 두계斗溪, 김화진金龢鎭, 운초雲樵, 안호삼安鎬三, 박영빈朴永彬 군君과 함께 오찬午餐. 이재수李在秀 군君이 왔다.

8월 28일. 김억金億이 왔다.

8월 29일. 비가 왔다. 동대東大에 나갔다가 문리대文理大, 예술대학藝術大學에 갔었다. 예술대학藝術大學서 모집募集 시험試驗을 보겠다 하여 국어國語 시제試題를 내어 주었다. 한성일보漢城日報 속간續刊, 오락문제娛樂問題 좌담회座談會 태화정泰和亭서.

8월 30일. 문리대文理大를 갔다. 두계斗溪랑 막거리를 마셨다. 밤은 차다. 서퇴暑退가 되었다.

8월 31일. 문리대文理大 교수회教授會에 나갔다. 이재수李在秀, 김삼불金三不, 강한영姜漢永 군君이 왔다. 오후午後 10시十時 처妻와 경희京熙가 왔다.

9월

9월 1일. 이재수李在秀 군君이 왔다. 국문학國文學에 대하여 갓갓으로 묻는다. 예술대학藝術大學, 미술부美術部에 나갔다. 국어國語 답안答案을 끊았다 그리고 오후午後 여섯 시 미술부美術部 음악부音樂部 교수教授 다섯과 두계斗溪와 함께 석찬夕餐.

9월 2일. 이재수李在秀 군君이 왔다. 아악부雅樂部에 갔다. 중앙청中央廳서 경비經費 예산서豫算書가 나왔다 한다. 수천여 원數千餘円을 내어 막걸리 댓병을 사다 축하祝賀를 했다.

9월 3일. 오후午後 5시五時 다방茶坊골로 가서 국민대학國民大學의 초대招待을 받었다.

9월 4일. 안방을 뜯었다. 만여 원萬餘円이 들었다.

9월 5일. 이형덕李亨德 군君이 왔다.

9월 6일. 안방 도배塗褙를 하다.

9월 7일. 처妻가 어제 저녁 생生배추 절인 걸 먹고 설사泄瀉 위경련胃

痙攣이 났다. 의원醫員 불러 4관四關 주고 인삼양위탕人蔘養胃湯 3첩三帖을 지어 먹였다.

9월 8일. 아악부雅樂部 가서 근조 가악近朝歌樂에 대하여 대강 말했다.

9월 9일. 삼불三不 군君이 왔다. 인삼人蔘 한 냥쭝兩重에 8백 원八百円 주고 사다가 대려 처妻를 먹였다.

9월 10일. 오후午後 네 시 신문학원新聞學院에 가 졸업식卒業式 보고 사은회謝恩會도 참석參席하고 자동차自動車로 왔다.

9월 11일. 오후午後 한 시 효자동孝子洞 전차電車 종점終點서 세대世大 졸업생卒業生 양재모梁在謨 군君 외外 십十여 명과 창의문彰義門 밧 장張 씨氏 별장別莊에 가 놀고 저물어 왔다.

9월 12일. 처妻가 오전午前 10시十時 반半 급행急行으로 떠났다. 문리대文理大 가서 교무처장敎務處長 김종흡金宗洽 씨氏를 만나고 두계斗溪, 예동汭東, 동빈東濱과 이옥형李鈺衡 양孃 결혼식結婚式에 축사祝辭를 하고 장양각長養閣 가 잔치를 받아 보았다.

9월 13일. 최학근崔學根, 장덕순張德順 군君이 술 한 병을 들고 왔다. 하 박사河博士가 왔었다.

9월 14일. 문예사文藝社 홍구범洪九範 군君이 와서 「문장文章을 회상回想하며」 원고原稿를 찾어갔다. 아악부雅樂部 가서 근조초 가악사近朝初 歌樂史 강의講義 두 시간.

9월 15일. 동대東大 가서 두 시간 — 근조문학사近朝文學史 서序.

9월 16일. 의예醫豫, 문리대文理大를 나갔다.

9월 17일. 비가 온다. 교수회敎授會. 동빈東濱과 나오다 청주淸酒 몇 잔 했다. 세중世中에 갔다. 9시九時 반半 또 백주白酒를 사왔다.

9월 18일. 비 온다. 최근학崔根學 군君이 인세印稅 5만 원五萬円을 가

조고 지쁘로 또 김시필金時必 군君과 와서 나가자 한다. 또 옥호玉壺로 갔다. 9시九時 지나 왔다. 문교부文敎部서 국어교본國語敎本에 넣은 작자作者 가운데 좌익左翼이 있다 하여 공보처公報處서 지적指摘하여 빼기로 하여 큰 문제問題가 되었던 모양인데 고등교육국장高等敎育局長 사공환司空桓은 내가 문학가동맹文學家同盟 부위원장副委員長이라고 또한 말성을 부려 웨 성명서聲明書를 아니 내는가 하였다 한다. 그러나 공보처公報處서는 좌익左翼을 a, 중간中間을 b, 우익右翼을 c로 표시表示하여 문교부文敎部에 보낸바 나는 c로 하였더라고 한다. 누님이 전주全州서 오셨다.

9월 19일. 문리대文理大에 나갔다. 김구경金九經 군君과 점심點心.

9월 20일. 국립國立 공무원훈련소公務員訓練所 입소식入所式에 갔다. 국무총리國務總理, 심계원장審計院長, 총무처장總務處長, 본소本所 직원職員, 입소생入所生 5십여 명五十餘名. 총리總理 훈사訓辭, 명제세 씨明濟世氏의 축사祝辭, 소장所長 훈사訓辭. 나는 풍문여중豐文女中으로 서 부인徐夫人과 동행同行하여 팔판동八判洞으로 하여 효자동孝子洞 국민대학國民大學을 갔다.

9월 21일. 아악부雅樂部, 문리대文理大에 갔다.

9월 22일. 동대東大, 공무원훈련소公務員訓練所를 갔다.

9월 23일. 시청市廳 부인과婦人課 주최主催 부인婦人 강습회講習會에 국문國文 강의講義. 문리대文理大도 나갔다.

9월 24일. 한대韓大 학생學生 김병구金秉球 군君 한채빈韓彩彬 양孃과의 결혼식結婚式에 주례主禮했다.

9월 25일. 이숭녕李崇寧 군君 외간상外艱喪 조문弔問. 청량리淸凉里로 갔다. 예동汭東을 만나, 형제주점兄弟酒店서 석찬夕餐.

9월 26일. 문리대文理大 나갔다.

9월 27일. 풍문여중豐文女中에 갔다가 교장校長 집으로 끌렸다. 강낙원姜樂遠 군君도 왔다. 석찬夕餐.

9월 28일. 문리대文理大 교수회敎授會. 국문과國文科 신입생新入生 환영회歡迎會에 교수敎授로는 나 혼자 출석出席. 2차회二次會에도 끌려 갔다.

9월 29일. 동대東大 공무원소公務員所에 갔다. 또 두계斗溪, 동빈東濱과 민閔 군君의 송별회送別會에 갔다. 문리대文理大 부근附近 음식점飮食店.

9월 30일. 김효경金孝經이 진단학회震檀學會 소유所有『이조실록李朝實錄』기타其他 도서圖書 4백여 책四百餘册을 팔어먹은 일로 우리가 연명連名 고소告訴하였는 바 종로경찰서鐘路警察署서 오라기 두계斗溪, 상백想伯, 예동汭東, 조명기趙明基, 유홍열柳洪烈, 송석주宋錫周 군君과 종로서鐘路署 수사과搜查課 홍과장洪課長을 보았다. 유홍열柳洪烈, 두계斗溪가 대표代表로 날인捺印했다. 나오다 한일식당韓一食堂서 점심點心. 순자順子가 왔다.

10월

10월 1일. 민대民大를 가서 네 시간 — 국어國語와 국문학國文學 강의講義 시작. 또 숙대淑大로 가서 시조時調 강의講義 시작. 영도사永導寺로 가서 조선어학회朝鮮語學會 사건事件에 고생하던 이 기념회紀念會가 있었다. 7년七年 전 이날 처음 검거檢擧되었다. 회명會名은 십일회十一會

라 하였다. 20여 명二十餘名 모였다. 담화談話, 석반夕飯. 걸어 왔다. 세중世中은 시간時間이 지냈다.

10월 2일. 종일 집에 있었다. 사육신死六臣 사적事蹟 비문碑文을 순한 글로 짓고 단종端宗과 사육신死六臣 소작所作의 노래를 찾아 적었다.

10월 3일. 국경일國慶日. 개천절開天節. 문리대文理大에 가서 식式에 참석參席. 학장실學長室서 술을 사다가 경축慶祝했다.

10월 4일. 풍문여중豐文女中에 갔었다.

10월 5일. 아악부雅樂部, 문리대文理大 갔다. 두계斗溪, 운초雲樵와 함께 가 몇 잔 거울렀다.

10월 6일. 추석秋夕. 놀았다. 순자順子를 만나 보았다.

10월 7일. 의대예醫大豫, 문리대文理大, 신문학원新聞學院을 갔었다.

10월 8일. 민대民大 낙성식落成式에 참석參席. 을유문화사乙酉文化社, 금룡주식회사金龍株式會社 가서 박노갑朴魯甲 군君 양여讓與한『초급初級 중학국어中學國語』교본敎本 3책三册 출판권出版權 날인서捺印書를 주었다. 숙대淑大에 갔다.

일기

46권

1949. 10. 9. ~ 1950. 10. 5.

1949년(단기 4282년)

10월

10월 9일. 종일終日 집에서 원고原稿를 쓰다. 한글날.

10월 10일. 숙대淑大 가서 한글날 강화講話. 경복중학景福中學으로 최현배崔鉉培 씨氏가 와서 강화講話 중이라 한다. 어학회語學會서 신신 부탁해 놓고 헛걸음을 시긴다. 교수회敎授會. 서울대학교가大學校歌 작사作詞 촉탁囑托을 받었다. 최윤식崔允植 학장學長 사직서辭職書를 마포서麻浦署 형사刑事가 와 받었다.

10월 11일. 풍문여중豊文女中에 갔다. 서울대학교가大學校歌와 응원가應援歌를 지었다.

10월 12일. 아악부雅樂部, 문리대文理大 가서 박물관博物館서 이상백李相佰 군君을 만나 진단학회震檀學會의 『이조실록李朝實錄』 전부全部를 찾어온 것을 보고 동빈東濱, 두계斗溪, 유홍열柳洪烈, 이상백李相佰 군君과 한일관韓一館서 석식夕食.

10월 13일. 동대東大, 공무원훈련소公務員訓練所로 하여 문리대文理大에 갔다. 학회學會 출자出資하겠다는 이의 집에 가서 석찬夕餐.

10월 14일. 의예医豫, 문리대文理大, 동대東大 야학부夜學部, 신문학원新聞學院에 갔다.

10월 15일. 민대民大서 「한글과 이두吏讀, 한문漢文」 강의講義. 비 왔다. 세중世中에 갔다. 국립도서관國立圖書館 가서 희서전람회稀書展覽會 보고 「장책裝册 유래由來」 강화講話.

10월 16일. 안서岸曙가 와 『우리 말갈』 빌려 갔다.

10월 17일. 문리대文理大에 나갔다.

10월 18일. 종일 원고原稿를 쓰다. 「한일韓日의 불합법적不合法的 관계關係」 2백二百 자字 2십二十 매枚. 동대東大 야학夜学에 국문학사國文学史 시작.

10월 19일. 문리대文理大에 나갔다. 서지書誌와 고전古典 시간詩間에 학생學生 데리고 국립도서관國立圖書館에 가서 희서稀書를 보이고 장책裝册에 대하여 설명說明해 주었다.

10월 20일. 동대東大, 문리과文理科에 나갔다. 조윤제趙潤濟 교수敎授가 학장學長이 되었다 한다.

10월 21일. 의예医豫, 문리대文理大, 신문학원新聞学院 나갔다.

10월 22일. 오전午前 10시十時 아악부雅樂部로서 그 부원部員들과 청량리역淸凉里驛으로 갔다. 일행 십육 인. 오봉빈吳鳳彬 군君도 참가參加. 제천행堤天行 차를 탔다. 역마다 퍽 지체遲滯한다. 우리는 짐 차간車間에서 은하銀河를 거우르며 담소談笑. 오후 세 시나 지내 용문역龍門驛서 내렸다. 다문多文 공립국민교장公立國民校長과 성경린成慶麟 군君이 영접迎接 나왔다. 천일관天一館서 점심點心 먹고 네 시 반에 떠나 도보徒步 이십 리 땅검이에 용문사龍門寺로 들었다. 구경 온 이가 많었다. 어느 국립학교國立學校며 서울 유산객遊山客들. 우리는 간신히 방 둘을 얻었다. 용문산龍門山은 일운一云 미지산彌智山. 장산壯山이다. 수림樹林, 암석巖石, 계곡溪谷, 봉만峯巒이 유수幽邃하다. 용문사龍門寺는 삼국

때 창건創建했다 하나 4240년 정미丁未 의병義兵 통에 다 소화燒火되고 4248년 을묘乙卯에 중건重建했다. 탑도 보암즉한 것이 없다. 앞에 은행銀杏나무 한 주가 정정亭亭히 섰다. 여달 아람이 넘는다. 마의태자麻衣太子가 와 심었다 하나 한 오륙백쯤 되겠다. 그리고 이 나무가 울면 나라의 큰 일이 생긴다고 한다. 지난 해 울어 이李 대통령大統領이 되고 올해는 울어 김구金九 씨氏가 죽었다 한다.

10월 23일. 뒤 계곡溪谷도 좀 올라가 보았다. 단풍丹楓이 한창이다. 점심點心 먹고 떠났다. 오후 세 시 또 천일관天一館으로 들었다. 청주淸酒 맛이 좋다. 밤 아홉 시나 하여 집에 왔다. 저녁은 한일관韓一館서 먹고. 성경린成慶麟, 임동혁任東赫 군君과 함께.

10월 24일. 문리대文理大에 나갔다. 신구新舊 학장學長 송별식送別式과 학도호국대學徒護國隊 대장大將 취임식就任式 사열식查閱式을 보았다. 이재훈李載壎 군君과 점심點心.

10월 25일. 풍문여중豐文女中과 동대東大 야간대학夜間大學에 갔다.

10월 26일. 아악부雅樂部로서 문리대文理大에 갔다. 오늘 오후 한 시 강당講堂에서 국립國立 서울대학교가大學校歌 발표식發表式이 있다. 홍순태洪淳太 군君과 점심點心 먹고 문리대文理大 강당講堂에 갔다. 국립國立 서울대학교大學校 학생學生과 교수敎授가 빽빽하게 모였다. 내가 지은 교가校歌를 읽으며 해설解說했다. 담엔 현제명玄濟明 군君이 그 작곡作曲에 대하여 설명說明했다. 퍽 유쾌愉快했다. 대학원장大學院長 윤일선尹日善, 신임新任 문리대학장文理大學長 조윤제趙潤濟가 있었다.

10월 27일. 동대東大 공무원훈련소公務員訓練所에 갔었다.

10월 28일. 문리대文理大 가서 진단학회震檀學會 협의協議와 교수회敎授會를 했다.

10월 29일. 국민대國民大에 갔더니 웅변대회雄辯大會다. 숙대淑大를 갔다. 백양당白楊堂을 들렀다. 세중世中에 갔다. 퍽 칩다.

10월 30일. 물이 얼었다. 오전午前 9시九時 동대문東大門에 나갔다. 기다려 신문학원新聞學院 학생들을 만나 뚝섬으로 갔다. 봉은사奉恩寺로 갔다. 오후午後 두 시나 하여 술과 점심을 먹었다. 찬 술이 맛이 없다. 다 저물어 돌아왔다.

10월 31일. 경성운동장京城運動場으로 갔다. 9시九時다. 기다려 문리대文理大 교수들과 학생을 만났다. 서울대학교大學校 연합운동회聯合運動會다. 개회식開會式을 보고는 나왔다.

11월

11월 1일. 풍문여중豐文女中 갔다 그 학교 응원가應援歌를 짓고 남산南山 집으로 가서 석찬夕餐. 동대東大 야학夜學에 갔다.

11월 2일. 아악부雅樂部, 문리대文理大에 갔다.

11월 3일. 동대東大, 공무원훈련소公務員訓練所에 갔다.

11월 4일. 용인龍仁 능곡陵谷 정희군政熙君이 왔다. 문리대文理大, 의예医豫 갔다.

11월 5일. 민대民大, 숙대淑大, 세중世中을 갔다.

11월 6일. 정희政熙 군君이 자동차自動車로 왔다. 가치 나서 성북동城北洞 김필진金弼鎭 군君 집으로 갔다. 경비대장警備隊長과 김필진金弼鎭 군君 형제兄弟와 정희政熙 군君과 함께 찌프 타고 안양安養을 가서 금성방적주식회사金星紡績株式會社를 구경하고 그 사장社長 김성곤金星

坤 군君도 우리와 함께 떠났다. 수원水原서 화홍문華虹門을 보고 음식점飮食店 들어 점심點心 먹고 동문東門으로 나서 대지고개를 넘어 용인龍仁 능꼴 국민학교國民學校로 갔다. 아이들께 말을 해 주고 정희政熙 군君 집으로 갔다. 술 겸 저녁상이 나와 퍽 먹었다. 달이 밝었다. 떠나오다가 그 앞 주막에서 또 먹었다. 집으로 돌아와 쓰러졌다. 정희政熙 군君은 능꼴 국민학교장國民學校長이다. 나더러 그 교가校歌를 지어 달라는 것이었다.

11월 7일. 문리대文理大 갔다가 눈이 아퍼서 오후 바루 왔다.

11월 8일. 송석일宋錫一이 작일昨日 득남得男했다고 전보電報. 처妻가 밤에 왔다. 호남차湖南車가 연착延着되었다고.

11월 9일. 아악부원雅樂部員이 연주演奏하러 가서 휴강休講. 문리대文理大 나갔다.

11월 10일. 동대東大, 공무원소公務員所 나갔다.

11월 11일. 안서岸曙가 아침에 왔다. 가치 해정解酲했다.

11월 12일. 민내民大 갔다 오다, 안서岸曙 집에서 만당晩堂, 두계斗溪 만나 술 먹었다. 세중世中에 나갔다. 백채白菜 4백四百 통을 사 오다. 2만 4천 원二萬 四千円.

11월 13일. 아침에 하경덕河敬德 박사博士를 가 보았다. 또 맹장수술盲腸手術하고 퇴원退院하였다. 그 아우 태성泰成 군君도 있다. 짐장하다.

11월 14일. 문리대文理大에 나갔다. 몹시 칩다. 북동풍北東風이 분다.

11월 15일. 풍문여중豐文女中과 동대東大 야간부夜間部에 나갔다.

11월 16일. 비가 온다. 문리대文理大 학생이 청량리淸凉里 자연부自然部로 모였다. 전향轉向 학생學生의 보고報告가 있다. 오후 늦게야 비가 멋다.

11월 17일. 북동풍北東風이 세게 불고 무, 배추가 다 얼었다. 동대東大에 나갔다. 발이 시렸다.

11월 18일. 문리대文理大서 편지가 왔다. 어제 오전 중 서울특별시特別市 경찰국警察局 사찰과査察課 검열계檢閱係로 출두出頭하라는 통지通知가 왔다고. 이 편지를 어제 저녁때야 받었다. 검열계檢閱係로 가 보았다. 이북以北 문화인文化人에게 보내는 메쎄-지 — 나는 이극로李克魯에게 해 달라는 부탁이다. "찾어 뵙고 부탁할 말을 바뻐서 못하고 이렇게 오시게 하여 퍽 미안未安합니다"고 한다. 의예醫豫, 문리대文理大에 갔다. 아악부雅樂部서 광주光州 지부支部의 박만순朴萬順, 박동실朴東實, 한순애韓順愛 등 환영회歡迎會가 있다. 참여參與했다. 신문학원新聞學院도 갔다. 눈이 펑펑 온다.

11월 19일. 처妻가 새벽 급행차急行車로 떠났다. 4만 8천 원四萬八千円을 주었다. 국민대학國民大学, 숙대淑大를 나갔다. 바루 세중世中으로 왔다. 오늘은 오후 네 시부터 시작하였다. 다 하고 나서 안安 군君과 술을 먹었다.

11월 20일. 이극로李克魯께의 편지를 써 검열계檢閱係로 보냈다. 「민요잡고民謠雜攷」 원고原稿 25매二十五枚 썼다. 『태양신문太陽新聞』의 부탁이다. 삼불三不 군君, 한영漢永 군君이 왔다. 용복龍福이 와 잤다.

11월 21일. 문리대文理大를 나갔다. 하 박사河博士를 가 보았다. 양화洋靴 경희京熙 것과 내 것을 새로 지어 가졌다. 1만 천 원一萬千円.

11월 22일. 풍문여중豐文女中에 갔다. 동대東大 야간대학夜間大學에도.

11월 23일. 아악부雅樂部, 문리대文理大 갔다.

11월 24일. 동대東大, 공무원훈련소公務員訓練所 나갔다.

11월 25일. 의예医豫, 문리대文理大, 신문학원新聞學院 나갔다.

11월 26일. 민대民大, 숙대淑大, 세중世中을 나갔다.

11월 27일. 안서岸曙허고 최윤식崔允植 군君을 찾었다. 김도태金道泰 군君 만나 김제옥金濟玉 군君 집으로 가 술 먹고 나오다 한일옥韓一屋서 점심點心.

11월 28일. 문리대文理大 나갔다.

11월 29일. 풍문여중豐文女中, 동대東大 야간夜間에 나갔다.

11월 30일. 문리대文理大만 갔다. 아악부원雅樂部員은 공주公州 갔다.

12월

12월 1일. 봄 같다. 동대東大, 공무원훈련소公務員訓練所에 나갔다. 서울신문사新聞社 주보週報에 실리겠다고 내 서재書齋를 촬영撮影해 갔다.

12월 2일. 의예医豫, 문리대文理大 나갔다. 찬燦 군君이 왔다. 오랫만이다. 저녁을 함께 먹었다. 신문학원新聞學院을 늦게 갔다.

12월 3일. 민대民大, 숙대淑大로 하여 장태영張泰英 군君을 찾었더니 시골 갔다 하고, 그 부인夫人이 술을 사다 먹인다. 그 계씨季氏도 만났다. 세중世中으로 왔다. 그 앞집에서 안安 군君과 또 먹었다. 그리고 국문학개론國文學概論 두 시간을 했다.

12월 4일. 남녀 학생들이 찾어 왔다. 삼불三不 군君도 왔다. 안서岸曙도 왔다. 시계時計 수선修繕 3천 원三千円. 오후午後 4시四時 반半 조선호텔에 갔다. 기다렸다. 다섯 시나 되어 아는 이들이 모인다. 방종현方鍾鉉, 이숭녕李崇寧, 유열柳烈, 정인보鄭寅普, 이은상李殷相, 기타 사대師

大, 고대高大 교수敎授 한 20인이 모였다. 글시를 받는다. 사진을 찍는다 하여 여섯 시가 넘었다. 이는 유열柳烈 군君이 어느 출판사出版社서 나에게는『시조개론時調槪論』,『한양가漢陽歌』주석註釋을 해 달라고 청한 것였다. 나는 시민관市民館으로 갔다. 종합예술제綜合藝術祭 마즈막 날이다. 어떤 헌병憲兵이 친절히 인도하여 준다. 무대舞臺 뒤로 들어가니 아는 친구들이 있다. 김영랑金永郞, 양주동梁柱東, 김진섭金晉燮, 이하윤異河潤, 박종화朴鍾和, 임학수林學洙, 홍효민洪曉民, 김동명金東鳴을 만났다. 내 차례는 이극로李克魯에게 멧세-지 낭독朗讀이다. 낭독朗讀했다. 3천 원三千円을 준다. 임학수林學洙 군君과 나오다가 신출옥新出屋에 간 즉 벌서 잔다. 다시 종로鐘路로 나와 한일관韓一館 마즘편 행랑行廊 뒤 골목 어느 음식점飮食店에 들었다. 술 한 대에 고기 한 접시다. 담화談話하다가 나오니 비가 온다. 달이 밝더니 한 시간 후에 이렇다. 사못 비 맞고 왔다.

12월 5일. 꽁꽁 얼었다. 눈이 약간 뿌렸다. 북풍北風이 몹시 칩다. 오전午前 11시十一時 김삼불金三不 군君이 왔다. 그 부인夫人도 왔다. 함께 자동차自動車 타고 시민관市民館 뒤 예배당禮拜堂으로 갔다. 정인보鄭寅普 주례主禮하는 결혼식結婚式이 있다. 두 시간 기다렸다. 그리고 지호영池浩榮, 박재혁朴在爀 결혼식結婚式 — 내가 주례主禮했다. 월탄月灘 형제兄弟들이 다 왔다. 월탄月灘은 축사祝辭, 신랑新郞 지池 군君과는 6대六代 세교世交라고 한다. 식후式後 나는 대한관大韓館의 동뢰연同牢宴을 거쳐 신랑新郞 집으로 가서 석찬夕餐을 받었다.

12월 6일. 풍문여중豐文女中 갔다.「민요民謠와 시조時調의 관계關係」를 썼다.

12월 7일. 아악부雅樂部로 하여 문리대文理大 나갔다.

12월 8일. 좀 풀렸다. 동대東大서 시험감독試驗監督을 했다.

12월 9일. 안서岸曙가 왔다.

12월 10일. 오전午前 10시十時 김억金億 군君과 함께 중앙청中央廳 제1회의第一會議 갔다. 총무원總務院 총무처總務處서 새해의 삼일절三一節, 제헌制憲, 중광重光, 개천절開天節, 공무원公務員 등 노래 여섯을 모집한 바 나도 그 심사위원審査委員으로 되었다. 제2회第二回다. 1, 2, 3 등一二三等으로 써 냈다. 모이는 10여 명 다시 제정위원制定委員을 선정하여 게다 위임하기로 하고 그 선정은 총무처總務處에 일임一任하였다. 식당食堂에서 오반午飯을 준다. 김억金億 군君 나오다 어느 음식점飮食店에 들었다. 나는 돈암동敦岩洞 찬燦 군君 집으로 갔다. 찬燦 군君 형제며 그 새 사돈이 모였다. 맏며느리 보았다. 천 원千円을 주었다. 나는 한 상床 받고 일어섰다. 조윤제趙潤濟 군君이 어제 검거檢擧되었다 한다.

12월 11일. 비. 원고原稿를 썼다.

12월 12일. 비. 문리대文理大, 의예医豫, 미술부美術部에 갔다. 김환기金煥基 군君 만나 술 먹었다. 순자順子게 들렀다.

12월 13일. 흐리다. 월삼 시계時計를 6천 원六千円 더 주고 가졌던 엔징 주고 바꾸었다. 재동齋洞 시계점時計店에서. 순자順子가 왔다.

12월 14일. 눈 왔다. 아악부雅樂部, 신문학원新聞學院 갔다.

12월 15일. 경무대景武臺 경찰서警察署에 갔다. 조윤제趙潤濟 군君이 이북以北 갔다 와 김일성대학金日成大學 찬양讚揚했다는 일을 작년昨年 어느날 교수회敎授會 석상席上에서 한 것인가 하고 나를 증인證人으로 부른 것이다. 사실事實대로 말했다. 안 한 일을 했다고 할 수도 없으려니와 한 일을 아니 했다고 할 수도 없다. 바루 나왔다.

12월 16일. 오전午前 세 시 반 일어나 다섯 시에 나섰다. 경아京兒 다리고 재동齋洞 네거리서 자동차自動車로 서울역 가서 여섯 시 이십 분 이등차二等車로 떠났다. 대전太田 못 및어 건 개울 다리 우에서 나무 이고 가던 부녀婦女 하나이 갈려 죽었다. 숍니는 오후午後 2시二時 10분十分 착着. 두 시간 더뎠다. 여산礪山 가는 버스는 병났다. 그냥 걸어서 오다가 촌村 부녀婦女 한 분을 만나 얘기하며 동행同行하여 금마金馬까지 왔다. 음식집에 들어 두어 잔 마시고 역터 산직山直이 집에서 화국花國이를 다리고 가방과 봇다리를 들리고 왔다. 신막新幕 용제龍弟 집에서 술 먹고 용제龍弟와 건너 왔다. 밤은 깊었다.

12월 17일. 중부仲父, 대부大父, 치도治道, 만송晩松을 찾어 보았다. 밤에 대부大父와 만송晩松이 놀러 왔다. 비가 좀 온다.

12월 18일.『옹고집전』을 벗겼다.

12월 19일. 만송晩松과 여산리礪山里 가서 고故 김성재金誠齋(영진英振) 영연靈筵과 환煥 군君을 조문弔問하고 금곡리金谷里 병춘秉春 군君을 문병問病하고 우편국郵便局 이응구李應九 군君 집에 들었다. 그 큰 자부子婦의 우례于禮다. 연상宴床 받고 돌아왔다.

12월 20일. 음陰 11월十一月 초1일初一日. 누님과 경京, 종宗 양아兩兒가 왔다. 만송晩松과 용제龍弟 집에서 회음會飮.

12월 21일. 대부大父 댁宅에서 영사계永思契가 있다. 종족宗族 수십 명이 모였다. 고산高山 당숙堂叔과 유 형柳兄이 오셨다.

12월 22일. 친족親族, 친척親戚, 친구親舊 등 조객弔客이 많이 왔다. 노성魯城 윤석범尹錫範 군君도 왔다. 밤을 샜다.

12월 23일. 음陰 11월十一月 초4일初四日. 아버지 소기小朞다. 질명質明에 향사享祀. 성묘省墓. 조객弔客들이 돌아간다.

12월 24일. 눈 오다. 북풍北風이 세다. 석범錫範 군君이 갔다. 용제龍

弟 집에 할아버님 자손계子孫契를 하였다.

12월 25일. 북풍北風. 이한주李漢周 군君과 술 먹다. 도미道味찜과.

12월 26일. 『국문학개론國文學槪論』 초草하다.

12월 27일. 참숫골 경숙敬叔 댁宅에서 대부大父랑 술 먹었다. 누님과 병옥秉玉 누의가 떠났다.

12월 28일. 병춘秉春 군君이 오전 중 별세別世했다고. 만송晩松이 저녁에 놀러 왔다.

12월 29일. 만송晩松과 금곡리金谷里 가서 고故 병춘秉春 군君을 조문弔問. 경아京兒는 상경上京. 박택규朴宅圭 송주주宋柱周 씨氏를 방문訪問.

12월 30일. 『국문학개론國文學槪論』 초草하다. 병주秉胄가 술을 먹인다. 만송晩松과 함께. 능원교가陵院校歌를 지었다.

12월 31일. 비. 개론槪論 초草하다. 용제龍弟가 와 본다.

1950년(단기 4283년)

1950년(단기 4283년)

1월

1월 1일. 종아宗兒가 가슴아픠로 몹시 고통苦痛한다. 밤을 뜬 눈으로 새웠다. 회증蛔症으로 다스려도 그치지 않는다.

1월 2일. 공의公醫가 왔다. 회증蛔症이 아니고 담즙膽汁에 석회질石灰質이 막혀 치미는 것이라 하고 주사注射하더니 즉시卽時 낫는다.

1월 3일. 종아宗兒 병病이 갱발更發. 여산礪山 공의公醫에게 가서 주사注射 맞고 낫다. 만송晩松과 술 먹었다.

1월 4일. 용제龍弟가 꿩고기가 있다 하여 만송晩松하고 가 먹었다.

1월 5일. 오전 여섯 시 나섰다. 달이 있다. 걸어서 강경江景이를 갔다. 아홉 시도 못 되었다. 대전太田 가는 차車가 있다. 타고 세 시간 만에 대전太田 갔다. 부산釜山 가는 차車는 벌서 다 갔다. 정훈丁薰 군君을 찾어 오식午食. 그 집으로 가 유숙留宿. 경남慶南 학무국學務局에 전보電報했다.

1월 6일. 이창구李昶求 군君을 찾고 11시十一時 반半 급행急行 타고 오후午後 5시五時 40분四十分 부산釜山 착着. 차車 중에서 이종우李鍾禹 군君을 만나 오식午食을 함께 했다. 그는 그 큰아들이 마산馬山에 있어 게를 간다고. 충무공忠武公 3백6십 년三百六十年 기념식記念式이 진해만鎭海灣에 있다고 가는 국회위원國會委員 기타 친구親舊도 많이 만났다. 역

驛으로 나서니 정병욱鄭炳昱, 허웅許雄 외에 한글전용촉진회원들이 많이 마중 나왔다. 자동차自動車로 부산여중釜山女中으로 갔다. 마침 한글전용촉진회 위원 월례회月例會가 있다. 일동을 다 만나 보았다. 김윤경金允經 군君도 있다. 각 중학교장中學校長도 있다. 회를 파한 후 중학교장中學校長들과 위원 몇몇과 어느 음식집으로 들어 술과 밥과 접대부接待婦 노래와 담화談話로 지내다가 나와 김金은 고성여관固城旅館으로 갔다.

1월 7일. 오전午前 나는 국문학國文學 세 시간 반 했다. 남일국민학교南一國民學校 강당講堂서.

1월 8일. 오전, 오후 여섯 시간 했다. 정병욱鄭炳昱, 허웅許雄(부산대학釜山大學), 김기준金琪俊(부산중학釜山中學), 김정한金廷漢(부산대학釜山大學), 이주홍李周洪(수산대학水産大學) 군君이 나와 김윤경金允經 군君을 춘양원春陽園으로 초대招待한다. 즉흥 시조時調들을 지었다.

> 부산釜山은 우리 남방南邦 더운 줄로 알엇더니
> 동지冬至라 이르는 이 달 치위는 치위러라
> 춘양원春陽園 오늘 밤에야 부산釜山인 줄 아노라

1월 9일. 오전 세 시간 하고 나는 삼영상회三榮商會 고두동高斗東 군君을 보고 도청직원道廳職員 일동에게 「우리 민족民族과 국문학國文學」이란 강연講演을 하고 저물어 부산상중釜山商中 교장校長 이종준李鍾駿 외의 직원 4인四人과 김윤경金允經 군君과 자동차로 초량草梁 부산진釜山鎭 상중商中(구舊 동래군東萊郡 서면西面, 지금 부전동釜田洞)서 빵크가 났다. 동래東萊 고읍古邑을 고쳐 동래東萊 온정溫井인 동래관東萊館에 갔다. 8시八時. 술상 기생妓生 단가短歌로 피로疲勞를 잊었다. 정전停電되어 온정溫井은 허탕이다. 이는 내게 부산상중釜山商中 교가校歌를 지어 달라는 조건條件이다.

1월 10일. 9시九時 발發 돌아오다. 나는 범일동凡一洞서 나려 박영자朴英子(현現 사대師大 학생學生 졸업논문卒業論文 준비準備)를 만났다. 어제 찾어와 언약言約하고 등대等待하고 있다. 그 집으로 갔다. 그 부친 박재표朴再杓 군君을 보고 술, 점심을 먹고 그 앞의 자성대子城臺를 올라 보고 택시 타고 남일교南一校로 왔다. 마침 6학년六學年 여자반女子班이 모여 나를 기다리고 있다. 시조時調를 40四十여 분 말해 주었다. 두 시간 국문학개론國文學槪論을 말하고 시청市廳 직원職員에게 강연講演 —「우리 민족民族과 국문학國文學」. 경남중학교장慶南中學校長 안용백安龍伯 군君이 초대招待한다. 자옥 눈이 왔다. 부산釜山서는 3, 4년三四年만의 첨이라 한다.

1월 11일. 오후 두 시간 하고 부산지회釜山支會 결성식結成式이 있어 나는 축사祝辭 하고 다 마치고는 한글전용 촉진회장 박기출朴己出(밝기출이라 명함名銜에 썼다) 박사博士와 안용백安龍伯과 촉진회促進會 위원委員들과 함께 삼협원三峽園에 가서 석찬夕餐.

1월 12일. 오전 두 시간 반 하고는 나는 허웅許雄 군君과 화랑예식부로 갔다. 이명선李明善 군君도 만났다. 그 아우 경선慶善 군君과 양영혜梁榮惠 양孃과의 결혼식結婚式이다. 축사祝辭 하고 피로연披露宴하는 문화식당文化食堂으로 갔다. 비가 온다. 또 신부新婦 집으로 갔다. 술을 꽤 먹었다. 오후午後 5시五時 반半 공보원公報院으로 시민市民에게 강연講演 — 한글 전용에 대하여. 장응두張應斗 군君이 왔다.

1월 13일. 오전 중 내 강의講義는 마치고 고두동高斗東 군君을 찾고 또 남일국민교南一國民校로 와 강습講習 종료식終了式 축사祝辭, 촬영撮影. 밝기출 박사博士 집으로 갔다. 그 뜰에서 촬영撮影, 연회宴會. 밤 깊어 고성여관固城旅館으로 왔다.

1월 14일. 오전午前 부민학교府民學校서 시문詩文에 대한 좌담회座談會. 수십 명 모였다. 그리고 허웅許雄, 정병욱鄭炳昱, 김기준金琪俊, 김정한金廷漢, 이주홍李周洪, 김윤경金允經 군君과 함께 기차汽車로 해운대海雲臺 갔다. 못 및어 정과정鄭瓜亭을 바라보고 가서 내리니 오후 두 시. 해운대海雲臺 온천溫泉으로 들었다. 텅 비었다. 목욕하고 음식점으로 들어 점심 먹고 퇴락頹落한 여각旅閣 사이로 바닷가 모래벌로 나갔다. 모래는 감웃하다. 원 해운대海雲臺라는 데와 오륙도五六島도 바라보고 거닐다가 다시 온천으로 와 촬영하고 달음질하고 차를 잡어 타고 부산진釜山鎭서 내려 양영혜梁榮惠 집으로 들어 동상례東床禮를 받고 허웅許雄 댁으로 와 잤다.

허분한 모래 언덕 엉성한 여각旅閣이다
구름은 둥실둥실 물결은 출렁출렁
오륙도五六島 한머리에는 저녁볕이 잦는다

짠내 나는 밭에 보리닢 연연하고
소매로 안겨드는 바람 끝 훈훈하고
앞에는 망망茫茫한 창파蒼波의 어선漁船 하나 떠 있다

차車로 오며가며 풍경風景도 볼만하다
고목古木이 서고 내 하나 흐르고

산山 아래 모래 밭머리 정과정鄭瓜亭이 여기라네

1월 15일. 김윤경金允經 군君은 떠났다. 나는 정鄭, 허許 양군兩君과 함께 보수동寶水洞 1가一街 62六二 김오섭金五攝을 찾았다. 문리대文理大 국문과國文科 2학년二學年 김정숙金貞淑의 부친父親이다. 여러 번 나를 청請하였다. 부녀父女를 다 만나보고 그 부인도 나와 인사한다. 주식酒食을 성비盛備했다. 고두동高斗東 군君 집으로 갔다. 김정한金廷漢 또는 한글동학 회원들이 왔다. 또 술을 함께 하였다. 나는 고高 군君과 잤다.

1월 16일. 오전午前 8시八時 반半 부산역釜山驛으로 나갔다. 한글동학회 여러분이며 허웅許雄, 정병욱鄭炳昱, 김기준金琪俊 군君이 전송餞送한다. 멸치, 오증어를 준다. 이등차二等車로 오후午後 6시六時 반半 서울역驛서 내렸다. 자전인력거自轉人力車를 타고 계동桂洞 집으로 왔다. 비가 온다.

1월 17일. 종일 여름비처럼 줄줄 내린다. 아악부雅樂部, 한글학회, 풍문여중豊文女中으로 가 보았다. 김억金億 군君도 보았다. 삼불三不 군君과 장張, 김金 2군二君이 왔다.

1월 18일. 아악부雅樂部를 갔다. 여산礪山 본제本第에 편지했다. 하 박사河博士를 가보고 건시乾柿 한 접을 주었다. 이정자李晶子가『운영전雲英傳』을 물어러 왔다.

1월 19일. 의예과医豫科, 문리대文理大의 국어國語, 고전古典과 서지書誌, 국문학연습國文学演習 답안答案 채점採點.

1월 20일. 의예医豫, 문리대文理大에 제1학기성적표第一學期成績表 제출. 안호삼安鎬三 댁宅에서 두계斗溪랑 장발張勃 군君이랑 마셨다.

1월 21일. 김태홍金泰洪 군君 시고詩稿를 읽었다. 이민근李敏根 군君이 왔다.

1월 22일. 사대師大 여학생女學生 박영자朴英子가 소설小說 네 책冊을 빌어 갔다. 동대東大 학생 둘이 졸업논문卒業論文을 의논하러 왔다. 문리대文理大 학생學生들이 왔다.

1월 23일. 문리대文理大 국문학연구실國文學硏究室에 가서 『세조실록世祖實錄』을 보았다. 두계斗溪와 함께 장현식張鉉植 군君을 찾었다. 없다. 동빈東濱을 찾고 나오다가 점심點心. 순자順子가 와 잤다.

1월 24일. 종일終日 집에서 책冊을 보았다.

1월 25일. 아악부雅樂部서 한 시간 했다. 김종익金鍾翊 군君과 휘문중학徽文中學을 갔다가 나오다 점심點心. 백양당白楊堂 배인곡裵仁谷과 또 점심點心. 을유문화사乙酉文化社 고故 김영완金永完, 순자順子집을 거쳐 왔다. 을유문화사乙酉文化社의 『근조여류문학집近朝女類文學集』은 오날사 제본製本되었다. 잘 되든 못하였다.

1월 26일. 사육신死六臣의 사적史蹟 비문碑文을 또 팔백여 자로 지었다. 이건 이왕 김형민金炯敏 시장市長 적에 사육신묘死六臣墓 보존회保存會가 있어 나도 그 회會에 초참招參되어 박종화朴鍾和 군君 발언發言으로 임시臨時 의장議長도 되었고 그 추천推薦으로 그 비문碑文을 짓기로 하여 그 소청所請대로 이천여 자 지었더니 그 비석碑石이 좁다고 또 천 자千字 이내로 지으라 하기 이번 휴가에 하려 여산礪山, 부산釜山으로 갔다가 오날에야 지었다. 시청市廳 문화과장文化課長께 내었다. 하박사河博士, 홍성희洪性憙, 윤병순尹炳順을 다 찾어 보았다.

1월 27일. 고故 영광靈光 조희성曺喜成 따님이 초청招請했다. 오날은 그 부친父親 기제일忌祭日. 그 부친父親 친구親舊들을 모여 추도追悼하겠다는 것이다. 나도 갔다. 조희충曺喜忠 군君 또는 영광靈光 남녀며 그 남편 친구들이 많이 모였다. 통음痛飮.

1월 28일. 순자順子가 음식을 보냈다.

1월 29일. 막 녹인다. 순자順子 집에 가서 순자順子는 못 보고 이발. 이재수李在秀 군君이 왔다. 나가서 저녁을 먹었다.

1월 30일. 눈비가 섞어 온다. 바람도 설란하다. 간신히 문리대文理大에 나갔다. 시청市廳 문화과文化課 신생활위원회新生活委員會에 참석參席지 못 하겠다고 전화電話. 교수회敎授會. 참석했다.

1월 31일. 풍문여중豐文女中에 갔다가 문창서림文昌書林에 가서 지남문指南文을 찾어달라고 하였다.

2월

2월 1일. 아악부雅樂部에 가 가악사歌樂史 강의講義. 두계斗溪가 왔다. 두어 잔을 가치 했다.

2월 2일. 동대東大에 채점採點을 갖다 주었다. 문리대文理大로 가서 두계斗溪랑 민백희閔百熹 군君과 함께 먹었다. 『조선역대여류문학집朝鮮歷代女類文學集』이 다 되었다고 석찬夕餐을 준다. 그 책冊도 일부一部 증정贈呈을 받었다. 을유문화사乙酉文化社 축과 이상백李相佰 군君과 함께 먹었다. 은주전자銀酒煎子 한 벌을 준다.

2월 3일. 몹시 칩다. 백양당白楊堂의 간행할 「충무공忠武公의 문학文學」을 쓰다.

2월 4일. 몹시 칩다. 세종중등교원양성소世宗中等敎員養成所 이사한 곳을 갔다. 아직 수리 못해 강의講義는 개시開始하지 안 했다. 홍정식洪鼎植, 장지영張志暎 군君을 만났다.

2월 5일. 문리대文理大, 동대東大 학생들이 왔다. 술도 사 왔다.

2월 6일. 눅었다. 눈발이 날린다. 문리대文理大 나갔다. 동빈東濱도 찾다. 「충무공忠武公의 문학文學」 원고原稿를 백양당白楊堂에 보냈다.

2월 7일. 풍문여중豐文女中 가서 두 시간 강의 「권정승權政丞」 했다. 부산상중釜山商中 작곡作曲을 이홍렬李興烈 군君께 찾어왔다. 이李 군君과 나오다 마당집도 갔다. 순자順子가 와 잤다.

2월 8일. 비. 아악부雅樂部 시간時間했다. 삼불三不 군君이 와 소감所感을 말한다. 『신오위장전집申五衛將全集』 출판出版키에 대하여

2월 9일. 종일 집에서 「산문문학개론散文文學概論」 원고原稿를 다시 쓰다. 병순炳珣이가 영동永同 시가媤家를 다녀왔다 건시乾枾와 호도胡桃를 가졌다. 안 부뚜막을 최 서방崔書房 시겨 고쳤다. 흐렸다.

2월 10일. 문리대文理大에 나갔다.

2월 11일. 집에서 원고原稿 썼다.

2월 12일. 최근학崔根學 군君이 왔다.

2월 13일. 문리대文理大 나가 국문학연습國文學演習과 국어國語를 했다.

2월 14일. 풍문여중豐文女中에 가 두 시간時間했다.

2월 15일. 아악부雅樂部, 문리대文理大 다 나갔다.

2월 16일. 동대東大 나가. 개강開講 네 시간. 시청市廳 문화과文化課에 사육신死六臣의 사적비문碑文을 주었다. 사례謝禮 2만 원二萬円을 준다.

2월 17일. 문리대文理大 나갔다. 일석一石이 와 국문과國文科에 대한 담화談話를 한다. 경인庚寅 정월正月 1일一日. 장서은張西隱을 가 보았다.

2월 18일. 흐리다. 눈발이 날렸다. 세종중등교원양성소世宗中等教員養成所를 가 국문학개론國文學概論 세 시간 했다.

2월 19일. 맑다.

2월 20일. 칩다. 문리대文理大에 나갔다.

2월 21일. 풍문여중豐文女中 갔다. 동대東大도 갔다.

2월 22일. 문리대文理大, 아악부雅樂部 나갔다. 동빈東濱과 점심點心.

2월 23일. 동대東大가 추가追加 시험試驗 보았다. 남산南山 올라 이혜구李惠求 군君을 찾다. 술과 밥을 준다. 김성태金聖泰 군君과 함께 먹다.

2월 24일. 의예医豫, 문리대文理大 갔다.

2월 25일. 민대民大. 아악부雅樂部서 가곡歌曲, 가사歌詞, 시조時調의 연주演奏 듣다. 세중世中 가서 시험試驗 보았다.

2월 26일. 칩다. 북풍北風. 안서岸曙랑 안석영安夕影 영결식永訣式에 갔다. 염상섭廉尙燮 군君을 만나 오다 몇 잔 하고 윤곤강尹崑崗 영결永訣에 갔다. 삼불三不, 한영漢永 군君이 왔다.

2월 27일 문리대文理大 나갔다. 이병주李丙疇 군君이 왔다. 술 한 병 가지고.

2월 28일. 종일 집에서 원고 썼다.

3월

3월 1일. 문리대文理大 삼일절식三一節式에 참석. 나오다 예동汭東, 동빈東濱, 박종홍朴鍾鴻, 일석一石, 최윤식崔允植 군君과 함께 술을 먹었다.

3월 2일. 동대東大 갔다. 김인수金仁洙 군君 찾어 향료香醪를 맛보다.

박상렬朴商烈 군君도 찾다.

3월 3일. 의예医豫와 문리대文理大에 나갔다. 신문학원新聞学院도 갔다. 개강開講.

3월 4일. 민대民大, 숙대淑大, 세중世中 갔다. 돌아오니 처妻와 용운龍雲이가 왔다.

3월 5일. 종일終日 집애 있었다. 통영統營 이영도李永道(정향丁香) 군君이 유자柚子 술 한 병과 못짐 한 톳을 가지고 왔다. 소작所作 시조時調를 평評하다.

3월 6일. 문리대文理大 나갔다. 비가 좀 온다.

3월 7일. 미술부美術部 가서 국문학개론國文学概論 개강開講. 풍문여중豐文女中, 민대民大 야학夜學에 나갔다. 정향丁香이 왔다.

3월 8일. 아악부雅樂部, 문리대文理大 나갔다.

3월 9일. 동대東大 나갔다.

3월 10일. 의예医豫, 문리대文理大 나갔다. 신문학원新聞學院도 갔다.

3월 11일. 민대民大로서 아악부雅樂部 가서 『별주부鼈主簿전』 즉 『수궁가水宮歌』 창唱 강장원姜章元 고鼓 임종성林鍾成의 판소리를 듣고 이주환李珠煥, 성경린成慶麟, 이혜구李惠求 군君과 한 잔 하고 세중世中에 갔다.

3월 12일. 예동汭東 집에 가 술 먹다.

3월 13일. 문리대文理大 갔다. 문환文煥이가 왔다.

3월 14일. 미술부美術部, 풍문여중豐文女中 나갔다. 동대東大 야학夜學엔 못 갔다. 병룡秉龍이가 오다.

3월 15일. 문교부文教部 편찬국編撰局 신석호申奭鎬, 이봉수李鳳秀, 유진묵俞鎭默, 최학근崔學根 군君이 와 술을 먹었다. 공주公州 송宋집 내외

內外와 찬영燦永이가 왔다. 병옥秉玉이며 태희泰熙 형제와 그 모친이며 장환章煥이 모친이 왔다. 김영관金永琯, 김건수金建洙 군君이 왔다.

3월 16일. 내 육순六旬 생일生日 음 정월 28일. 양력으로는 3월 8일 벌서 지냈다. 영관永琯 군君 내외, 하경덕河敬德 박사博士, 이재항李載伉, 김건수金建洙 군君이 와 함께 조반朝飯. 낮엔 아악부雅樂部 이주환李珠煥, 성경린成慶麟, 채희창蔡熙昌이 와 술 먹고 저녁엔 문리대文理大의 두계斗溪, 동빈東濱, 담석擔石, 일석一石, 일사一簑, 심악心岳, 공무원훈련소公務員訓練所의 박상렬朴商烈 군君이 와 술 먹다.

3월 17일. 의예과医豫科 문리대文理大 나갔다. 강한영姜漢永, 김종익金鍾益, 삼불三不, 이능우李能雨 군君이 와 석식夕食. 병룡秉龍이는 떠났다. 이승만李承萬 군君 외간상外艱喪. 조문弔問.

3월 18일. 민대民大, 숙대淑大 갔다 오다 처妻와 함께 장태영張泰英 군君을 찾어 보았다.

3월 19일. 행인杏仁 부친상父親喪 발인發靷에 가 보았다.

3월 20일. 석일錫一 내외內外와 찬영燦永이가 떠났다. 칩다. 눈이 날린다. 문리대文理大 갔다.

3월 21일. 예술부藝術部와 풍문豊文에 나갔다. 동대東大 야학夜學에도.

3월 22일. 아악부雅樂部 문리대文理大 갔다.

3월 23일. 동대東大 나갔다. 훈련소訓練所 들렀다. 박상렬朴商烈 군君은 못 만났다.

3월 24일. 의예医豫, 문리대文理大 나갔다. 신문학원新聞學院 출강出講.

3월 25일. 국민대國民大로서 문리대文理大 교수회敎授會 참석參席. 세중世中에 나갔다.

3월 26일. 한글촉진회促進會 일요강습회日曜講習會에 나가 국문학國

文學 강연講演.

3월 27일. 문리대文理大 갔다.

3월 28일. 예술부藝術部와 풍문豐文에 갔다.

3월 29일. 아악부雅樂部와 문리대文理大 출강出講.

3월 30일. 동대東大 출강出講.

3월 31일. 의예医豫, 문리대文理大, 신문학원新聞学院 출강出講. 병옥秉玉이가 대전太田 갔다.

4월

4월 1일. 처妻와 문환文煥이가 떠났다. 여산礪山으로 직행直行. 민대民大에 나갔다가 덕수궁德壽宮으로 한대韓大 이종의李鍾宜 군君과 세대世大 고등간호학교高等看護學校 이금옥李琴玉 양孃과의 결혼식式 주례主禮를 하고 오후午後 3시三時 흑석리黑石里 이종의李鍾宜 집으로 술 먹고 들오다 세중世中에 가니 한글학회관會館 문제問題로 휴강休講되었다.

4월 2일. 최 서방崔書房 시겨 장태영張泰英 군君이 주선周旋해 준 장적을 가조다. 손 구루마로 여섯 차, 장적 값이 3만 원三萬円이오 들오는 삯이 5천7백 원五千七百円. 김인수金仁洙 군君을 찾다. 함께 가서 술 한 대하였다.

4월 3일. 김인수金仁洙 군君께서 국문책國文册 소설小說 총叢 22책二十二册 가조다. 문리대文理大 갔다. 박상렬朴商烈, 동빈東濱과 석음夕飮.

4월 4일. 훈련소訓練所 공무원公務員들과 남한산성南漢山城 갔다. 동빈東濱, 박상렬朴商烈도. 서장대西將臺서 점심點心. 오후午後 7시七時 돌아왔다. 동대東大 야학夜學 갔다. 홍효민洪曉民을 만나 다방茶房에 갔다.

4월 5일. 식목일植木日. 공휴公休. 비가 종일終日 오다. 김성태金聖泰 군君 부탁한 개성중학開城中學 교가校歌를 지어 보냈다.

4월 6일. 동대東大 나갔다.

4월 7일. 의예醫豫 문리대文理大 나갔다. 신문학원新聞學院서 창립 3주년기념創立三週年紀念 쟁반을 졸업생卒業生들이 준다.

4월 8일. 민대民大로서 아악부雅樂部에 갔다. 경기창京畿唱 — 좌창坐唱 입창立唱을 듣다. 강한영姜漢永 군君이 왔다. 『계축일기癸丑日記』 주석註釋을 하겠다.

4월 9일. 한글촉진회促進會 일요강습日曜講習에 가 두 시간 강의講義.

4월 10일. 문리대文理大 나갔다. 조윤제趙潤濟 학장學長을 그만 두겠다고 조회朝會때 말했다. 두계斗溪, 동빈東濱과 함께 훈련소訓練所 가서 제2회 수료식第二回修了式을 보고 축사祝辭를 했다. 수도여중首都女中 나가 시조時調 강의講義를 한 시간 반 했다. 이전 제2여중第二女中이다. 3학년三學年 이상이 들었다. 김종익金鍾益, 강한영姜漢永 군君도 함께 갔다.

4월 11일. 미술부美術部로서 풍문여중豐文女中에 갔다. 동대東大 야간부夜間部에 갔다.

4월 12일. 아악부雅樂部, 문리대文理大를 나갔다.

4월 13일. 동대東大를 나갔다.

4월 14일. 의예医豫로서 문리대文理大에 가 교무처敎務處서 서울대학교大學校 각各 대학大學과 전문부專門部 졸업卒業을 썼다.

4월 15일. 민대民大로서 숙대淑大에 나갔다. 정형용鄭亨容 군君 만나 손진태孫晉泰 학장學長 설說을 들었다.

4월 16일. 신동엽辛東燁 군君을 찾다. 함께 나서 종로鐘路 비단상점商店 이종덕李鍾德 군君을 찾어 백학白鶴 한 병을 거우르고 다시 신辛 군君 집으로 왔다 뽐붓집으로 가서 밤이 들도록 놀았다.

4월 17일비 오다. 병철秉徹이가 왔다. 농회農會가 있다고.

4월 18일. 미술부美術部와 풍문豐文과 동대東大 야간부夜間部에 나갔다. 병철秉徹이가 와 잤다.

4월 19일. 누님께 7천 원七千円을 드렸다.

4월 20일. 누님과 병철秉徹이가 떠났다.

4월 21일. 의예医豫, 문리대文理大 갔다.

4월 22일. 덕수궁德壽宮에 가 신태식申泰植 군君과 이호복李好馥 양孃과의 결혼結婚 축사祝辭를 하다. 그리고 후암동厚岩洞 신부新婦 집에 가서 밤 10시十時 오다.

4월 23일. 송정식宋廷植, 동대東大 졸업생卒業生, 김삼불金三不 군君, 병원秉元 형兄, 수당壽堂이 오다. 종일 접객接客했다. 순자順子가 왔다. 「시조작법時調作法」 기고起稿.

4월 24일. 문리대文理大 나갔다.

4월 25일. 미술부美術部 갔더니 전람展覽 준비準備라 하여 휴강休講. 동대東大 야간부夜間部 가서 시험試驗 보았다.

4월 26일. 아악부雅樂部서 강의講義. 국립박물관國立博物館 가서 「고전古典과 서지書誌」 청강聽講하는 학생들에게 고지古紙와 활자活字를 보이고 해설解說했다. 문리대文理大로 가서 담설擔雪, 예동汭東, 동빈東濱과 석음夕飮 하고 오다. 순자順子께 들리니 서 노인徐老人이 자기 집에서 앓다 도로 와 있다.

4월 27일. 동대東大서 근세시문近世詩文, 국문학사國文學史 시험試驗 보았다. 두계斗溪와 운초雲樵 집으로 정종正宗을 거울렀다. 운초雲樵 초청招請하였다.

4월 28일. 의예医豫, 문리대文理大 갔다. 신임학장新任學長 남창南倉 손진태孫晉泰를 만나 보았다. 퍽 수척瘦瘠하였다.

4월 29일. 병원秉元 씨氏게 종가宗家 기부금寄附金 천 원千円 보냈다. 초대장招待狀을 받고 국립극장國立劇場(전前 시공관市公館) 개시식開始式과 신라사극新羅史劇「원술랑元述郎」제2막第二幕까지 보고 나왔다. 세종중교世宗中敎 한 시간 했다.

4월 30일. 이종익李宗翼 군君이 그 부친父親과 숙부叔父와 함께 왔다. 저녁에 처妻가 왔다. 쌀 여섯 가마를 기차汽車에 부쳤다 한다.

5월

5월 1일. 문리대文理大 갔다. 오후午後 5시五時 아협兒協에 가서 모집募集 동요童謠 작문作文을 심사審査. 일석一石, 피천득皮千得, 윤석중尹石重, 조풍연趙豐衍. 남산南山집서 석찬夕餐.

5월 2일. 미술부美術部 갔었다.

5월 3일. 오후午後 2시二時 특별시청特別市廳 신생활新生活 촉진회促進會. 나는 의례분과위원儀禮分科委員으로 갔다. 총회總會다. 임원개선任員改選, 의견意見 발표發表다. 아악부雅樂部로 와 시조時調 강습회講習會서 개론槪論 강의講義 시작.

5월 4일. 동대東大 국어國語 채점採點.

5월 5일. 의예医豫, 문리대文理大 가서 국어國語 강의講義.

5월 6일. 문리대文理大 교수회教授會에 나갔다가 바로 돌아와 졸업증서卒業證書를 다시 썼다. 세종중교世宗中教에 나갔다.

5월 7일. 이종익李宗翼 군君 숙부叔父가 왔다. 김상기金庠基 군君과 함께 자동차自動車 타고 서울역驛에 나갔다. 이등차二等車 탔다. 이숭녕李崇寧 교수教授도 왔다. 한 시간 반에 축현杻峴서 내렸다. 동양헌東洋軒서 점심. 바로 인천회관仁川會館으로 가서 주례主禮하였다. 이병태李炳台 씨氏 장남 종익宗翼 군君과 송양헌宋陽憲 씨氏 영매令妹 정숙貞淑 양孃과 결혼식이다. 식후式後 다시 동양헌東洋軒서 연회宴會. 재차회再次會가 있다. 인천仁川 세무서장稅務署長 이정옥李正玉 관사官舍로 갔다. 또 술 먹다. 석반夕飯. 자다.

5월 8일. 주인主人 이정옥李正玉 자동차自動車에 우리 일행一行 김상기金庠基, 이숭녕李崇寧과 함께 서울로 왔다. 오전午前 11시十一時 계동桂洞 내 집으로 닿다. 이정옥李正玉 씨가 정종正宗 세 병을 운전수運轉手게 들리고 내 집 문門 앞까지 왔다.

5월 9일. 오후 다섯 시 김인수金仁洙 군君을 잠간 찾고 신문학원新聞學院 가서 시험 답안을 주고 곽복산郭福山 군君과 함께 아서원雅敍園에 갔다. 이는 신문학원新聞學院서 각 신문 편집국장編輯局長 초대하여 앞으로 본本 학원學院을 진전進展코저 함이다. 오날 비용은 전前 문장사文章社 경영經營하던 김연만金鍊萬 씨의 영념另念이었다. 오랫만에 펵 취했다. 그러나 신기神氣가 좋다. 걸어서 계동桂洞 본제本第에 왔다. 그려도 홍은 남는다.

5월 10일. 아악부雅樂部 가서 강의講義하고 문리대文理大 갔다가 즉

시 돌아와 하 박사河博士 경덕敬德 군君을 찾고 다시 아악부雅樂部 가서 시조時調 한 시간 하고 김상기金庠基 군君을 가보고 두어 잔 마시고 왔다.

5월 11일. 집에서 『소학생小學生』 잡지雜誌 원고原稿 아협兒協 현상모집懸賞募集 선후평選後評를 썼다. 이병태李炳台, 이종익李宗翼 군君 부자父子가 왔다. 정종正宗 두 병을 가지고. 국도신문國都新聞 기자 박문서朴文緒 군君이 왔다. 「시조時調의 전통적傳統的 발전發展」 원고原稿를 주었다.

5월 12일. 서울대학교大學校 졸업식卒業式을 문리대文理大서 했다. 예동汭東, 두계斗溪, 동빈東濱, 박종홍朴鍾鴻 군君과 함께 와 백학白鶴 두 병을 먹다.

5월 13일. 문리대文理大 교수회敎授會 참석參席. 신문학원新聞學院서 하와이 실업가實業家 강근칠康根七 씨氏 내외분을 초대招待하는 데 갔다. 하와이 이야기를 많이 들었다.

5월 14일. 신동엽辛東燁 군君이 왔다. 콩나물집으로 끌려가 부산釜山 친구와 놀다가 밤에 왔다.

5월 15일. 문리대文理大 입학시험入學試驗 감독監督.

5월 16일. 국어國語 답안答案을 꼲다가 여섯 시에 왔다. 처妻가 떠났다. 병옥秉玉이가 와 있다.

5월 17일. 국어國語 채점採點을 밤 열 시까지 했다. 비가 온다. 바람도 분다.

5월 18일. 교수회敎授會 하고 오후 발표發表 — 제1차학술시험第一次學術試驗 합격자合格者. 인천 세무서장稅務署長 이정옥李正玉 군君이 와 끌려갔다. 해동옥海東屋서 석찬夕餐.

5월 19일. 오전에 구술시험口述試驗 보았다. 미술부美術部, 의대예医大豫, 법과法科를 가 보았다. 정훈丁薰 군君이 왔다고.

5월 20일. 오전 10시十時 교수회敎授會. 오전 중 학과주임회學科主任會에서 토의討議했다는 것이 이 교수회敎授會서 작정作定되었다. 즉 종래 해 오던 원칙 — 제1지원第一志願이 부족不足하면 제2지원第二志願 또는 제3지원第三志願으로 보충補充하되 그 성적순成績順으로 하자는 것이다. 나는 세종중등교원양성소世宗中等敎員養成所로 가서 두 시간 했다. 좀 흐리고 빗낱도 들었다.

5월 21일. 도봉산곡道峯山谷으로 놀러 가자키로 문리대文理大에 갔더니 암도 없고 연기延期되었다 한다. 예동洒東만 가 보았다.

5월 22일. 대전太田 정훈丁薰 군君과 함께 문교부文敎部에 갔다. 문교부文敎部 차장次長과 장관長官 백낙준白樂濬 군君을 보았다. 그리고 나는 집으로 왔다. 오후午後 5시五時 신문학원新聞學院으로 갔다. 정훈丁薰 군君이 와 기다렸다. 강의講義 마치고 즉시 문교부文敎部로 가니 다 나갔다. 바루 예동洒東 집으로 가서 예동洒東을 데리고 유하정有夏亭(관훈동寬勳洞)으로 가서 석찬夕餐을 받었다. 처妻의 편지를 보았다.

5월 23일. 종일 집에서 작문作文 교본敎本 사열査閱과 국민대학國民大學 국어國語 입학시험入學試驗과 의예醫豫 제2학기第二學期 국어國語 답안答案을 끊았다.

5월 24일. 아악부雅樂部와 문리대文理大, 의예醫豫에 갔다. 경희京熙가 공대工大 전기공학과電氣工學科 입학入學되었다.

5월 25일. 종로鐘路 청년회관靑年會館서 오전 열한 시 이경우李慶雨 군君과 최예희崔禮熙 양孃의 결혼예식結婚禮式 주례主禮하고 복해헌福海軒서 동뢰연同牢宴을 했다.

5월 26일. 문리대文理大며 풍문여중豐文女中을 갔다.

5월 27일. 세종교원양성소世宗教員養成所을 갔다. 정인승鄭寅承 군君과 술 먹고 오다가 또 김인수金仁洙 군君을 만나 먹고 통행금지通行禁止인 열두 시가 지냈다. 순경巡警을 만나 사실대로 말하고 왔다.

5월 28일. 의사醫師 한문식韓文植 군君을 찾어 보고 경희京熙게 마이신 주사注射를 놓아 달라고 했다. 김인수金仁洙 군君께 책册값 8천8백 원八千八百円을 갚고 고주지古周紙, 화전지花箋紙, 봉투封套 등을 한 뭉텅이 얻고 함께 술도 먹었다.

5월 29일. 문리대文理大서 일반一般 국어시험國語試驗을 보고 김화진金龢鎭 군君의 술을 먹었다. 김종익金鍾益, 김삼불金三不, 강한영姜漢永 군君이 와 나의 회갑기념논문집回甲紀念論文集에 대하여 의논했다. 순자順子를 보았다. 병이 낫었다. 사이다를 사 먹였다. 소복蘇復하라고 2천 원二千円 주었다. 경희京熙 공대工大 입학금入學金 5만 원五萬円과 마이신 다섯 대 8천 원八千円을 주었다.

5월 30일. 오전 일곱 시 중앙중학교中央中學校 강당講堂서 오하영吳夏英을 투표投票했다. 오날은 선거 때문에 휴일되었다. 오후 다섯 시 김삼불金三不, 강한영姜漢永 군君이 왔다. 서울역으로 나갔다. 김金, 강姜 양군兩君과 경아京兒가 전송한다. 강경역江景驛 차표車票를 2천5백 원二千五百円 주고 샀다.

5월 31일. 오전午前 4시四時 10분十分 강경江景서 내리다. 손에다 도장圖章을 찍어 준다. 아직 통행금지通行禁止 시간이다. 걸어 35리를 오다. 여산리礪山里 이르니 7시七時다. 도중途中의 소감所感을 읊었다.

닭이 자조 울고 산머리 달은 잦고

푸나무 들 언덕 상긋한 새벽바람
너무도 익은 이 길에 발도 한결 가볍다

달은 넘어가고 먼동이 밝어온다.
누런 보리밭 종달새 소리소리
마을의 곤한 잠들은 몇몇이나 깼는지

어제 선거選擧에는 누가 당선當選하였을가
고샅 고샅에 모이어 수군수군
말마다 남녀노소가 모다 정객政客이였다

이진수李珍洙 군君이 맞어들인다. 잠간 한훤寒暄하고 나왔다. 집에 드니 아우 조카 제수弟嫂가 다 모여 조반朝飯을 먹는다. 오날은 보름 아버님 영연靈筵에 전奠을 올렸다. 대부大父, 만송晩松, 윤극중尹克重 군君도 만났다. 중부仲父도 가 뵈었다. 대뜰 가서 목욕沐浴.

6월

6월 1일. 용제龍弟가 5·30五卅 선거選擧에 낙선落選. 19명 출마出馬. 윤택중尹宅重이가 뽑혔다. 5천 원五千円 주어 장을 보았다. 왕밭 누의가 왔다.

6월 2일. 음陰 4월四月 17일十七日 아버님 생신生辰. 전奠을 올렸다. 대부大父, 만송晩松, 정현상鄭顯尙 씨를 청하여 한 잔 먹였다. 만송晩松

집으로『당음唐音』을 찾고 대부大父 댁宅서 갯국울 먹었다.

6월 3일. 새벽 비가 왔다. 겨우 읍진浥塵. 오전午前 9시九時 신막新幕서 종아宗兒 데리고 빼스를 탔다. 이리裡里 이르매 열한 시. 이진수李珍洙 군君도 동행同行. 목포木浦서 온 차車를 탔다, 한 자리를 얻었다. 오후午後 8시八時 반半 서울역驛 착着. 경아京兒와 경희京熙 친구親舊가 나왔다. 자동차自動車로 왔다.

6월 4일. 종일 집에 있다. 노재남盧在南 군君이 왔다. 경기중학京畿中學 교장校長 맹주천 군孟柱天君을 가 보았다. 부산釜山서 정병욱鄭炳昱, 허웅許雄 군君이 왔다.

6월 5일. 문리대文理大 가서 김상기金庠基 군君을 만났다. 풍문여중豐文女中 신문학원新聞學院에 나갔다. 원자탄原子彈 빈대 약을 뿌렸더니 빈대가 다 죽었다.

6월 6일. 공무원훈련소公務院訓練所 가서 두 시간 강의. 오후 허웅許雄, 정병욱鄭炳昱, 이능우李能雨, 김삼불金三不 군君이 왔다.『두언杜諺』중간본中刊本 21二十一, 25권二十五卷을 허웅許雄 군君께 빌려 주었다. 술과 밥을 먹였다. 9시九時 반半 차車로 떠난다고. 준희俊熙 시겨 굴비 백 미百尾를 사 왔다. 3천5백 원三千五百円.

6월 7일. 아악부雅樂部 가악사歌樂史 두 시간 했다. 김용배金龍培 군君이 와 동대東大 교수敎授가 되어 달라 하며 8시간八時間은 담당擔當해야 한다고. 저녁부터 비가 부슬부슬 나린다.

6월 8일. 종일終日 비 온다. 공무원훈련소公務員訓練所 두 시간 하고 문리대 가서 두계斗溪, 동빈東濱을 더불고 왔다. 두견주杜鵑酒 시음회試飲會를 했다. 박상렬朴商烈 군君이 향원香源 한 병 들고 김매사金梅史와 왔다. 빗소리를 들으며 잔을 들고 담소談笑 가무歌舞, 밤이 이윽하여 파했다.

6월 9일. 문리대文理大 미술부美術部 장발張勃 군君 만나고 특별시청特別市廳 비서실秘書室서 신생활新生活 촉진회促進會 상례喪禮를 토의하고 한국고미술협회韓國古美術協會서는 희귀본稀貴本 진열陳列을 보고 동대東大로 갔다. 학장學長 보고 국문과國文科 교목教目을 말하였다. 이윤희李允熙 씨가 와 『금오신화金鰲新話』를 빌려 갔다.

6월 10일. 이능우李能雨 군君이 왔다. 아악부雅樂部서 김여란金如蘭 여사女史의 춘향가春香歌를 들었다.

6월 11일. 동두東斗, 동빈東濱, 운초雲樵와 함께 황학정黃鶴亭을 갔다. 사후射帿를 않는다. 효창공원孝昌公園으로 갔다 한다. 미인米人도 왔다 갔다고. 김성달金性達 군君을 찾으니 없다. 신동엽辛東燁 군君을 찾어보고 인하여 콩나물집으로 가 마시다가 밤에 돌아왔다.

6월 12일. 문리대文理大 갔다. 조회만 하였다. 신문학원新聞學院에 가 강의講義.

6월 13일. 동대東大서 국문학개론國文学概論에 대하여 말했다. 풍녀豐女에 갔다가 이성렬李聖烈 군君과 아악부雅樂部로 가 성成, 채蔡 양군兩君과 준주樽酒하였다.

6월 14일. 아악부雅樂部 강의講義. 문리대文理大 갔다.

6월 15일. 동대東大의 근세시문近世詩文과 시조론時調論 시작.

6월 16일. 의예医豫와 문리대文理大 갔으나 아직 강의講義는 안 했다. 김인수金仁洙 군君을 찾어 함께 나와 점심點心 하고 공무원훈련원公務院訓練院에 가서 두 시간 했다.

6월 17일. 숙대淑大 가서 두 강의講義(시조론時調論, 고문특강古文特講) 개시開始. 오다가 장태영張泰英 군君을 찾어 찹쌀막걸리를 먹었다. 김용준金瑢俊 군君을 찾어보았다.

6월 18일. 노재남盧在南, 김삼불金三不 군君이 왓다.

6월 19일. 문리대文理大서 1학년一學年 입학식入學式을 하였다. 일찍 돌아와「시조時調의 창唱과 작作」원고原稿를 쓰다가 신문학원新聞學院 강의講義도 잊었다. 병표秉杓가 왔다.

6월 20일. 동대東大, 풍문여중豐文女中으로 갔다. 비가 오기 시작한다. 밤에 꽤 왔다. 희우喜雨다. 감우甘雨다. 진단학회震檀學會서 남산南山 집으로 초대招待. 한 8명八名 모였다. 비는 오고 술맛이 채 난다. 예동汭東, 상백想伯, 두계斗溪, 인곡仁谷, 조병준趙炳俊, 유홍렬柳洪烈, 일사一蓑다. 잡담雜談 회해詼諧. 비빔밥까지 먹었다. 병식秉植 군君이 왔다.

6월 21일. 장충일獎忠日 휴일休日. 비는 온다. 동빈東濱이 왔다.

6월 22일. 비. 동대東大 갔다. 중앙고등학교中央高等學校 개교식開校式 참석參席. 수주樹州, 근원近園과 맥주麥酒을 마셨다.

6월 23일. 의예医豫, 문리대文理大서 개강開講. 문리대文理大선 국문학개론國文学概論, 고전서지古典書誌(작년昨年 것 계속).

6월 24일. 비. 국민대학國民大學은 졸업식卒業式. 바루 숙대淑大로 나가 강의講義. 처妻의 편지 보고 바루 답장答狀. 태희泰熙 모母가 여산礪山 갔다. 예서 자고. 병표秉杓는 서울역驛까지 갔다가 도로 왔다.

6월 25일. 비. 문리대文理大 학생學生 몇이 왔다. 인민군人民軍이 삼팔선三八線 각처各處로 들와 남진南進하고 있다 한다. 병개秉凱가 왔다.

6월 26일. 문리대文理大서 한 시간 했다. 신문학원新聞學院을 갔다. 인민군人民軍 의정부議政府까지 왔다 한다.

6월 27일. 동대東大를 갔다. 동북쪽에서 대포大砲 소리가 점점 가까이 들린다. 휴강. 동대문東大門 상업은행商業銀行 수표手票로 월급月給

4만9천5백 원四萬 九千五百円을 받어가지고 동대문東大門 상업은행商業銀行으로 오니 피난민避亂民이 밀물처럼 밀려오고 은행에는 돈을 찾는 이가 많어 찾을 수가 없다, 풍문여중豐文女中으로 왔더니 역시 휴강. 새벽 세 시쯤 하여 사이런이 십 분 동안 비명悲鳴하고는 미아리 돈암동敦岩洞께서 맹렬한 대포며 총 소리가 나고 취운정翠雲亭 뒤 낙산駱山 머리, 남산南山 머리서 고사포高射砲 소리가 자꾸 나고 원남동苑南洞께서 시가전市街戰이 벌어지고 피난군避亂軍이 떼를 지어 달어온다. 뜬눈으로 샜다. 중앙청中央廳 우에 빨간 기旗를 꽂았다. 서울을 완전히 점령했다. 이승만李承晩 대통령大統領 이하 대관大官과 국회원國會員, 각 정당政黨, 각 부호富豪들은 벌써 탈주脫走하고 국군國軍은 한강漢江 인도교人道橋를 두 군데가 끊어 놓고 갔다. 남령南嶺 군君이 왔다. 태희泰熙 형제兄弟며 이영희李英熙 군君이 피난避亂 와 있다.

6월 28일. 아악부雅樂部를 갔다. 대포며 총소리는 여내 나고 비행기飛行機도 오락가락 한다.

6월 29일. 문리대文理大 가서 임시臨時 자치위원회自治委員會 좌장座長으로 추천되어 개회開會 준비準備를 했다. 비행기飛行機며 고사포高射砲 소리는 사람을 자주 놀랜다. 인민군人民軍이 와 김구경金九經을 잡어 가려는 걸 빼놓았다.

6월 31일. 오전午前 10시十時 문리대文理大서 교수敎授 임시臨時 자치위원회自治委員會를 했다. 위원장委員長은 유응호柳應浩 군君을 지명指名하여 찬동贊同을 얻어 되었고 나는 상임위원常任委員으로 피선被選되었다. 이는 임시臨時 문리대文理大의 수호守護키 위하여 조직組織한 것이다.

7월

7월 1일. 뚝섬 방면서 맹렬猛烈한 전투성戰鬪聲이 장시간長時間 났었다.

7월 2일. 용산龍山, 노량鷺梁서 맹렬猛烈히 싸우는 소리가 밤낮으로 이어 났다. 강한영姜漢永, 김석선金錫璇 군君이 왔다.

7월 3일. 오전午前 두 시부터 8시八時까지 마포麻浦, 영등포永登浦 대안對岸에서 전투戰鬪 소리가 물 끓듯 하였다. 동대東大로서 문리대文理大까지 갔었다. 교수자치위원회敎授 自治委員會를 교직원자치위원회敎職員自治委員會로 변개變改하고 청량리淸凉里 이학부理學部 상임위원常任委員과 합동合同 위원회委員會를 하고 약간若干 사항事項을 토의討議했다. 오후午後 두 시 총장總長 관사官舍 이층二層으로 옮겼다. 문리대文理大는 인민군人民軍이 들었다. 동빈東濱게 갔다.

7월 4일. 비가 쏟아졌다. 찬燦 군君이 왔다. 김억金億 군君께 3천 원三千円 주었다. 굶고 있다.

7월 5일. 상임위원회常任委員會에 갔다. 비.

7월 6일. 동빈東濱게 갔다. 태희泰熙 형제가 와 있다가 쌀 석 되 가지고 제 있던 집으로 갔다.

7월 7일. 조선어학회朝鮮語學會, 자치위원회自治委員會 갔다.

7월 8일. 천동天動과 소나기. 이재훈李載壎 군君이 오다.

7월 9일. 병식秉植 군君이 제 동무와 떠나갔다. 고향으로 간다고. 장환章煥이 뉘가 자식을 업고 왔다. 문리대文理大 자치위원회自治委員會, 동빈東濱, 두계斗溪를 가 보았다.

7월 10일. 문리대文理大 자치위원회自治委員會에 갔다. 하 박사河博士, 김안서金岸曙를 만났다. 장환章煥 뉘게 5백 원五百円 주어 보냈다.

7월 11일 조기형趙冀衡, 태희泰熙, 승희承熙가 와 있다. 자치위원회自治委員会에 갔다.

7월 12일. 아침에 종희宗熙, 기형冀衡, 태희泰熙, 승희承熙가 여산礪山을 간다고 떠났다. 안서岸曙 집에서 염상섭廉尙涉 군君을 만났다. 자치위원회自治委員會. 밤비가 많이 왔다. 이력서履歷書 써 냈다.

7월 13일. 비. 자치위원회自治委員會 갔다. 두계斗溪와 함께 점심. 교협敎協 입회入會를 교수敎授 전체全體게 시긴다.

7월 14일. 자치위원회自治委員會 갔다. 오전에 돌아왔다. 경희京熙가 복통腹痛이 났다. 한약漢藥을 두 첩 지어다 먹였다. 삼불三不 군君이 왔다.

7월 15일. 위원회委員會에 갔다. 전체 회會를 하고 금은동연金銀銅鉛 헌납獻納과 매일每日 10시十時 출근出勤키로 하셨다. 박화성朴花城이 왔다.

7월 16일. 위원회委員會에 갔다. 용산龍山 방면 폭격이 격렬, 염연炎煙이 충천衝天했다. 오전午前 10시경十時頃 운雲 군君이 와 잤다.

7월 17일. 위원회委員會 가서 11시十一時 교직원敎職員 학생學生이 용산역龍山驛으로 징용徵用되어 파괴된 철도鐵道를 몇 군데 메우다. 오후午後 7시七時 40분四十分까지. 또 야역夜役을 하라 하나 모다 피로하여 돌아왔다.

7월 18일. 위원회委員會 나갔다. 순자順子가 왔다.

7월 19일. 위원회委員會 갔다.

7월 20일. 위원회委員會 갔다.

7월 21일. 최 서방崔書房 시겨 방공防空호를 마당에 팠다. 위원회委員會 갔다.

7월 22일. 비. 위원회委員會며 조선어학회에 갔다.

7월 23일. 위원회委員會 갔다.

7월 24일. 위원회委員會서 전체 회會를 하고 교직원教職員 중 제명除名된 19명十九名을 발표發表.

7월 25일. 교육성教育省 주최主催 해방지구解放地區 교원정치교양강습회教員政治教養講習會(경기중학교京畿中學校서 경기京畿, 서울시市, 강원도江原道 일부一部의 중학中學 교원教員과 대학大學 교수教授)에 출석出席(지정指定에 의依하여) 하였다. 오전午前 8시八時 반半 내지乃至 오후午後 6, 7시六, 七時. 강습회 자치위원회自治委員會를 했다.

7월 26일. 강습회講習會 출석出席. 용산龍山 공습空襲이 잦었다.

7월 27일. 강습회 출석. 오늘 용산龍山 공습空襲은 이층二層 유리창琉璃窓이 울린다. 지난 16일 용산龍山 공습할 때와 같다. 그때엔 총장실總長室 이층二層 유리창琉璃窓이 울렸다. 위원회委員會를 하곤 오후엔 네 시에 왔다.

7월 28일. 강습회講習會 출석出席. 출석出席을 시간마다 조사한다.

7월 29일. 강습회講習會 출석出席. 경력심사經歷審查. 교육성教育省서 나와.

7월 30일. 강습회講習會 출석. 오전 중만 수강受講. 오후에 국도극장國都劇場으로 영화映畫 구경 갔다. 나는 어제 오후 7시七時까지 기다리다가 경력심사經歷審查를 못 받고 오늘 오후 4시四時야 받었고 또 양식이 좀 다른 경력서지經歷書紙에 정서精書하고 사진寫眞도 두 장 붙여 냈다. 나오다 종로鐘路 전주全州집에서 이능우李能雨 군君이 석찬夕餐을 먹인다. 찹쌀막걸리와 비빔밥. 밤에 설사를 여러 번 했다.

7월 31일. 비 좀 왔다. 강습회講習會 출석. 점심 때 경기중학 강당에서 교육자 궐기대회. 위원을 선정하고 결의문을 지어 발표하기로 했다. 경

京을 병순炳珣에게 보냈다. 오후 11시十一時 반半 구인민위원회舊人民委員會서 와 의용군義勇軍 갈 이를 찾었다. 김용태金容泰 군君을 보고 아악부雅樂部 보존保存을 부탁하였다.

8월

8월 1일. 강습회講習會 출석出席. 오후 4시四時 반半 천동天動과 폭우暴雨. 순자順子 집을 가 보았다.

8월 2일. 강습회 출석. 오날은 오전 중만 수강受講, 오후 바루 한청韓青빌딩 예맹藝盟서 내일 꼭 와 달라 한다. 아악부雅樂部 보존책保存策을 의논하자고.

8월 3일. 예맹藝盟으로 갔다. 조운曺雲, 안영일安永一, 안회남安懷南 군君을 만났다. 또 성경린成慶麟 군君도 만났다. 아악부雅樂部 보존保存하기를 의논했다. 9시九時 안회남安懷南 군君께 끓려 단성사團成社로 갔다. '미제米帝 만행蠻行에 남조선南朝鮮 과학자科學者 예술가藝術家 항의抗議 대회大會'다. 나를 사회司會로 지정指定하였다. 반半 시간時間 지나시기는 대로 나는 등단登壇, 사회사司會辭를 낭독朗讀. 실내室內가 어두어 글자가 아니 보인다. 다시 전등電燈을 켜고야 읽었다. 모인 이는 한 5백여 명. 정열모鄭烈模 군君이 보고서報告書 낭독朗讀, 담엔 토론문討論文 낭독朗讀, 각계 한 명씩 다섯이였고, 담엔 한인석韓仁錫 군君의 결의문決議文 초안草案 낭독朗讀 후 가부可否 묻고 초안草案대로 가可타고 만장일치滿場一致. 그리고는 세계평화옹호세계위원회世界平和擁護世界委員會에게 보내는 멧세-지를 김양춘金陽春 양孃, 쓰딸린 대원수大元帥

에게의 멧세-지를 이상춘李常春, 김일성金日成 장군將軍에게의 멧세-지를 양주동梁柱東 군君이 낭독朗讀하고 수정 여부를 묻고 의견이 없으므로 박수拍手 폐회閉會. 폐회 후 연예공연演藝公演이 있다. 잡가雜歌, 판소리, 가얏고. 공습空襲 때문에 두 시간이나 기달려「청년青年」,「베를린 함락」 영화映畵를 보았다. 씩씩하고 무섭고 주의主意가 있다. 여섯 시나 돌아왔다. 공습이 잦었다. 경京이 최 서방崔書房 집으로 와 있다. 송태영宋太永 집도 비라 한다 하여.

8월 4일. 경기중학京畿中學을 가니 인민군人民軍이 문門을 지키고 있다. 우리는 덕성여중德成女中으로 갔다 다시 삼청국민학교三淸國民學校로 가 아홉 시부터 수강受講.

8월 5일. 강습회講習會를 갔다. 오전午前 9시九時에야 직업동맹職業同盟서 전농全農의 전달傳達이라 하고 한 청년青年이 교단敎壇에 나서 "지금 의용군義勇軍으로 나가는데 경기중학京畿中學 강습회講習會는 한 피난소避亂所라 하고 위협적 공갈적 언사를 많이 하며 수강受講도 말고 즉시 자기 학교學校로 돌아가 교직원敎職員 전부全部를 거느리고 다시 삼청동三淸洞 시중회時中會 자리로 와 심사審査를 받으라" 한다. 그러고 다시 "각 학교 대표 한 사람을 뽑아 각기 학교로 기별奇別하라" 한다. 남은 이들은 제5반第五班과 합하여 청강聽講하라 한다. 나는 집으로 왔다. 심사審査 가면 게서 자고 나가게 될는지 몰라 이를 말도 있고 가방도 두려 하여. 오정午正이다. 집 대문이 아니 잠겼다. 대문 안에 들어서니 낯모르는 중년여자와 영희永熙가 서서 있다가 황겁히 안마당으로 달어가며 중년여자는 괜이 장적가비를 만지고 도키자루를 구하러 왔다고 한다. "웨 남의 집에 와 그 따위 소리를 하느냐" 한즉 쏜살같이 달어났다. 살펴보니 쌀 한 되를 숯 섬 위에 헌 소쿠리를 덮어 놓았다. 영희永熙를 잡고 바른대로 말하라 하니 방색만 한다. 매를 들어 두어 번 때려도 제가 아녔다고만 한다. 그리고 그 여자를 데리러 간다 하고 달어났다. 경희京熙를 불러 집 보라하고 나는 또 삼청동三淸洞으로 심사審査 받으러 갔다. 차차 각 학교서 모인다. 자세히 들으니 토지개혁土地改革 해설대解說隊로 모집하여 수일數日 강습 시겨 각지로 파견하는데 아직 그 인수人數가 부족하여 소학小學, 중학中學, 대학大學 교원敎員를 채용採用하겠다 한다. 한 시간쯤 기다리니 강습원講習員들은 도로 강습회講習會로 가서 청강聽講하라 한다. 삼청동三淸洞 국민학교國民學校로 갔다. 교육성敎育省에서 교섭交涉하여 다시 강습케 하였다. 그 상부上部서는 전연 그런 명령을 한 일이 없다고 한다. 우리는 오후 청강聽講을 했다. 미국米國 비행기飛行機 구라마가 자주 지붕 위로 오락가락한다. 맨 하층下層 교실敎室 제5반第五班과 합하였다. 파하여 오다가도 공습空襲 때문에 한참 멈추었다. 최 서방崔書房네가 와서 저녁 죽을 끓였다. 밤에 소낙비.

8월 6일. 강습회는 시중회時中會 하던 집으로 옮겼다. 오후엔 수도극장首都劇場에 가서「베를린 함락」제2第二를 마자 보았다. 북조선 또는 해방 뉴스도 보았다. 영희永熙가 들왔다. 그동안 굶은 모양이다. 남겨 논 밥 한 그릇을 다 먹었다 한다. 다시는 그런 부정한 짓을 말라 하고 솔직히 고백하라 하니 이번 쌀 한 되만 팔었다고. 또 그런 짓을 하면 죽여 달라 한다. 밤에 소낙비. 밤의 공습도 잦었다. 동빈東濱, 두계斗溪가 왔다.

8월 7일. 밤 소낙비. 다섯 강의講義를 들었다. 일곱 시나 되어 왔다. 경아京兒가 정구충鄭求忠 의원醫院에 갔다.

8월 8일. 입추立秋. 네 강의講義 마치고 보통교육국普通敎育局 사범부師範部에 있는 리재경의 '오년간五年間 북반부北半部 민주교육民主敎育

발전發展'에 대한 말을 들었다. 일곱 시 지나서 왔다. 구라마가 왔다 갔다 한다. 모다 책상 밑에 숨었었다.

8월 9일. 강의講義 마치고 청소 당번 되어 좀 늦게 돌아왔다. 공습. 요전 심사審査 결과結果 문리대文理大선 7, 8명 채택採擇. 이 강습회講習會 온 이는 다 들었다 한다.

8월 10일. 다섯 강의講義. 밤 공습空襲이 잦었다. 퍽 무덥다. 영희永熙가 건설대建設隊 부역賦役을 나갔다.

8월 11일. 다섯 강의講義. 오후 배가 좀 아프다. 여섯 시 돌아와 낙원동樂園洞 가서 가지 수십 개 사고 막걸리 두 잔과 설렁탕 한 그릇 사 먹었다. 밤 공습이 잦었다.

8월 12일. 다섯 강의講義. 궐기대회蹶起大会 모다 의용義勇 지원志願하기로 했다. 지난 7월 31일 궐기대회에 2백여二百餘(총總 강습생講習生 490여 명四百九十餘名 중中)명이 의용군義勇軍으로 나가고 아직도 젊은 이의 의용군義勇軍 나갈 이 있기 때문에 다시 이 회를 함이였다. 강사講師와 강습생講習生이 합동하여 담화회談話會을 하였다. 여홍餘興으로 창가唱歌, 무용舞踊, 만담漫談도 있었다.

8월 13일. 네 강의講義. 수료식修了式. 그리고 해가 저물어 의용군義勇軍 심사장審査場으로 가기 늦었다 하여 강습장講習場에서 합숙合宿했다. 저녁은 짐밥 두 덩이로 충복充腹. 말복末伏.

8월 14일. 수송인민학교壽松人民學校로 새벽에 갔다. 심사장審査場으로 들었다. 두어 시간 후 만 17세 이하 37세 이상과 여자는 아니 뽑는다 하고 돌아가라 한다. 나는 김일출金一出, 박종홍朴鍾鴻 군君과 나오다 익선동益善洞서 찹쌀막걸리 한 되를 받어 먹었다. 계동桂洞 집으로 와 석반夕飯 먹고 자서전自敍傳을 써 오후午後 3시三時 문리대文理大로 가다 최용해崔龍海 군君을 만나 공습空襲 시간에 담화談話를 하였다. 비를 맞었다. 문리대文理大 사무소事務所로 가 즉시 총장總長 관사官舍에의 교육성教育省으로 갔다. "집에 돌아가 사업事業을 하라" 한다. 비는 계속하여 온다. 유응호柳應浩 군君과 함께 나오다 주교옥舟橋屋으로 가 막걸리 먹었다.

8월 15일. 문리대文理大에 나갔다. 염상섭廉尙涉 군君이 굶는다 하여 2천 원二千円 주었다. 공산당사共產黨史 독회讀會를 한다. 수의대獸醫大로 가서 문리대文理大 학생과 합동하여 8·15八一五 해방 5주년기념식五週年紀念式을 하였다. 동빈東濱을 찾어 함께 나서 익선동益善洞으로 와 점심. 오후午後 3시三時 명령대로 휘문중학교徽文中學校로 갔다. 한 시간 남아 기다려 강당講堂서 8·15八一五 해방 5주년 기념 종로 구역 각급 학교 합동 보고대회에 참석하였다. 인민군人民軍의 기다란 보고며 축사며 멧세-지 낭독朗讀이 있었고 폐회한 후 써클이 있었다. 7시七時 지나 파했다.

8월 16일. 문리대文理大 가서 독서회讀書會. 진고개서 비르 두 고프를 사 먹고 백양당白楊堂, 동광당東光堂을 들려 왔다. 오후午後 3시三時 반半 소나기.

8월 17일. 동광당東光堂을 거쳐 문리대文理大로 갔다. 독서회讀書會. 오정午正에 끝났다. 배급미配給米는 1인一人 대 5일분五日分 쌀 반 보리 반 도합都合 6홉六合을 76원七十六円에 주고 타 왔다. 새벽에 최 서방崔書房이 2천 원二千円을 꿔어 갔다. 저육猪肉 반半 근斤에 5백 원五百円 주고 샀다. 맥주麥酒 한 병을 3백5십 원三百五十円 주고 먹었다. 몹시 덥다. 공습空襲은 가끔 온다.

8월 18일. 문리대文理大 나가 독서회讀書會. 교책教責 명령命令에 의

하여 오후 한 시 휘문중학徽文中學 강당講堂으로 오다. 세 시나 되어 조국통일전선 중앙위원회 호소문 지지 종로 구역 각급 학교 궐기대회를 한다. 호소문 낭독, 토론, 결론, 폐회 후 서명 날인을 하였다. 나는 계동 인민위원회서 하기 때문에 아니하였다. 조용만趙容萬 군君이 저녁에 왔다. 이야기 하였다.

8월 19일. 동대東大 전용식 강사講師가 오날부터 문리대文理大 교직원敎職員께 노어露語를 강습講習케 하였다. 두계斗溪를 찾다. 소주와 개떡으로 점심點心. 문리대文理大 학생위원회学生委員會서. 이동림李東林 군君 집에서 성대盛待를 받었다.

8월 20일. 칠석七夕. 독서회讀書會. 노어露語 강습講習. 동빈東濱 보고 오다. 연필鉛筆 15개十五個 3백 원三百円. 일본제日本製다. 한 개는 어떤 이가 달라 하여 주었다. 거리서 아이가 판다. 상점商店서는 백 원百円이라도 이런 연필鉛筆은 없다.

8월 21일. 독서회讀書會. 노어露語. 밤에 공습空襲이 잦었다.

8월 22일. 노어露語만 하였다. 소주 한 잔. 비가 온다. 새 구두를 내어 신고 고무신은 뒤창을 수선시켰다. 밤엔 완연히 생량生凉했다. 자다가 천의를 내 덮었다. 올해 기후는 이상하다. 서울서는 삼복중에도 밤에는 이불을 덮게 되었던 것이 올해엔 벗고 문만 닫고 잤었다. 전쟁과의 관계도 있겠다. 심신心身이 퍽 긴장緊張키도 했고 날마다 밤마다 폭격爆擊이 심키도 하므로가 아닌가 한다.

8월 23일. 교육성教育省(그전 국대國大 총장總長 관사官舍)에 가서 교수요목教授要目 준準을 보았다. 일석一石이 그 양부養父 상喪을 당했다. 쌀과 보리 배급配給을 탔다. 이번에는 1일분一日分 5백五百 그람(3홉三合 3작三勺 가령) 13일분十三日分을 탔다. 값은 5백 원五百円. 돌아오다 익선동益善洞서 찹쌀막걸리 두 잔 하고 낙원동樂園洞 시장市場(일전日前에 다 헐리고 한데서들 판다) 가지 수십數十 개介(3백 원三百円), 우육牛肉 반半근斤(5백 원五百円)을 샀다. 밤의 공습空襲이 길었다. 오전午前 1시一時 내지乃至 3시三時.

8월 24일. 경아京兒 생일生日. 글무와 고깃국을 끓였다. 여섯 시부터 공습空襲. 미기米機 두어 대가 연신 돌아다닌다. 날은 쾌청快晴하다. 매화옥梅花屋에서 전 원고를 읽었다. 고기를 다져 가지고 된장을 지져 점심点心을 먹었다. 오날은 처서處暑다. 더위도 다 갔다. 11시十一時 반半에야 해제解除다. 문을 나섰다. 원서동苑西洞 동구洞口서 또 경보警報 통행금지通行禁止. 문리대文理大 앞에서 또 경보警報 통행금지通行禁止. 오후 세 시에야 문리대文理大 임시臨時 사무소事務所를 갔다. 이명선李明善 군君과 의논하여 일석一石 부친상父親喪 조문弔問을 내가 대표代表하여 가기로 했다. 어제 저녁때 교육성教育省서 교원教員들을 심사審查하여 평양平壤을 보내어 강습講習 1개월一個月 하고 돌아와 10월十月 1일一日부터 수업授業케 한다 하고 출근出勤하는 대로 교육성教育省으로 오라 한다. 박종홍朴鍾鴻, 김일출金一出 기타 몇 분과 함께 갔다. 기다리는 동안 나는 박종홍朴鍾鴻 군君허고 교수요강教授要綱 준準을 보았다. 고등교육국高等教育局 책임責任 박준영朴俊泳이 감독監督하고 있다. 이탁李鐸 군君이 나더러 나히 많은 교원教員들을 적어 내라, 여달 사람쯤은 평양平壤을 보내지 않고 예서 준準을 보게 한다고 나는 서너 사람을 적어 주었다. 그리고 박준영朴俊泳더러 나는 일석一石 문상問喪을 가겠으니 속히 심사審查케 해 달라 하였다. 박朴이 가더니 심사원審查員이 바뻐서 만나 보지 못했다 한다. 준準 한 편을 다 보고 나니 박朴이 쪽지에 적어 주며 심사원審查員을 가 보라 한다. 가 보았다. 나는 치질痔疾이 있어 걸어서 평양平壤을 못 가겠다 했다. 다른 이들은 심사審査를 받고 래일 오후午後 발정發程하란다고. 나는 나왔다. 중로中路서 통행금지通行禁止을 두 번 당하였다. 여섯 시가 지냈다. 일석一石께 갔다. 일석一石은 오날 새절 장지葬地로 갔다 하고 그 집 처녀處女가 수작을 한다. 교직敎職 9명九名 부의賻儀 4천5백 원四千五百円에 나는 5백 원五百円을 더하여(천 원千円) 도합都合 5천 원五千円을 내 주었다. 해는 저물었다. 부리나케 돌아왔다.

8월 25일. 공습空襲으로 두 차례 멈추어 교육성敎育省에 갔다. 문리대文理大 사무소事務所엔 이명선李明善 군君 혼자만 있다. 정태진丁泰鎭 군君과 교강敎綱 교정校正. 오후엔 각 대학大學에서 교정校正하러 8, 9 명이 왔다. 심사審査 받은 이들은 평양平壤을 가겠다고 보따리를 지고 왔다. 공습은 여전히 온다. 다섯 시에 40여 명이 평양을 향하여 떠났다. 나는 김용준金瑢俊 군君과 나오다 익선동益善洞서 막걸리 두어 잔을 했다. 군복 입은 박팔양朴八陽 군君을 만나 한참 이야기들 들었다.

8월 26일. 교육성敎育省을 가서 교정校正 보고 다섯 시에 나왔다. 덕수궁德壽宮으로 가 운雲 군君을 보았다. 함께 종로鐘路 3가三街로 와서 신소사申召史 집에서 막걸리를 먹었다. 부안扶安 정낙선鄭洛善 학생學生이 병옥秉玉이 편지를 가지고 왔다. 여산礪山 소식消息을 들었다. 용제龍弟는 피신 중이고 공주公州서 한희漢熙가 와 있다고. 오전 1, 2시一二時 잠이 깬다. 공습空襲 소리에.

8월 27일. 교육성敎育省에 갔다 오후午後엔 나왔다. 운雲 군君을 덕수궁德壽宮 박물관博物館으로 찾었다. 자동차自動車로 국악원國樂院을 갔다. 오후午後 네 시. 기생妓生들의 판소리 연습練習함과 남녀男女 광대廣大의 소리를 들었다. 문맹文盟, 극맹劇盟에서도 왔다. 7시七時 지나 파했다. 공습空襲이 잦다.

8월 28일. 교육성敎育省 가서 일거리가 안 와서 오후午後 3시三時 돌아왔다. 공습空襲 때문 길이 늦었다. 최 서방崔書房이 마늘을 사 왔다. 한 접에 2천 원二千円. 소주燒酒는 1승一升 2천5백 원二千五百円을 한다. 10시十時 반半 자다가 동회洞會로 불려 갔다. 도장圖章을 가지고. 나중에 심사審査하겠다고 돌아왔다.

8월 29일. 오전午前 3시三時 또 동회洞會로 갔다. 가족家族 경력經歷과 현주소現住所를 묻고 날인捺印을 하라 한다. 교육성敎育省서 오후午後 3시三時 나오다. 백양당白楊堂을 들리었다. 또 전편傳便으로 여산礪山 소식消息을 들었다.

8월 30일. 오전午前 9시九時 나섰다. 공습空襲으로 두어 번 정지停止. 문리대文理大 직맹職盟과 교육성敎育省을 다녀오다 김인수金仁洙 찾어 보았다.

8월 31일. 교육성敎育省에 가서 교정校正을 다 보았다. 다시 심사審査를 받고 평양平壤 강습을 가라 하기 심사원審査員을 만나보고 요전에도 나는 치질痔疾이 있어 못 갔다 했다. 문리대文理大를 들렸다. 집으로 와서 또 경력서經歷書 자서전自敍傳을 썼다. 먼젓 번 써 낸 건 교육성敎育省서 분실紛失되었다. 이일李一 군君을 찾었다. 난초분蘭草盆을 여럿을 놓고 앉었다. 고려자기高麗磁器 분원사기盆院砂器도 꽤 모였다. 난蘭과 자기磁器 등을 내보이며 그 취미趣味을 말한다.

9월

9월 1일. 문리대직맹회文理大職盟會 문리대접수文理大接受에 박종홍朴鍾鴻은 본부本府와 대학원大學院, 이희승李熙昇은 문리대文理大, 나는 박물관博物館. 동빈東濱을 보고 오후午後 5시五時 나오다.

9월 2일. 문리대직맹文理大職盟서 당사독회黨史讀會. 동빈東濱, 이종세李鍾世, 윤무병尹武炳와 함께 문리대文理大 박물관博物館으로 갔다. 못 저긴 판목板木을 떼고 들어가 보았다. 장부帳簿는 있으나 물품物品은 산란散亂했다. 정리整理하자면 노력努力과 시일時日이 상당히 걸리겠다. 이李와 윤尹은 실직失職되고 굶고 있다. 내일來日 다시 보기로 하고 갔다. 장지태張之兌 군君이 천 원千円을 급히 꾸어 갔다. 박물관博物館은 다시 판목板木을 대고 못을 저졌다. 문리대文理大 집은 그간 인민군人民軍이 들었다 나갔다 하였다.

9월 3일. 문리대직맹文理大職盟에 갔다. 오늘 시인위市人委와 다시 교섭交涉한 후 문리대접수文理大接受를 하겠다 한다. 당사독회黨史讀會. 휘문중학교徽文中學校 강당講堂으로 가라 하여 나는 박종홍朴鍾鴻 군君과 왔다. 학생절学生節 서울시 기념보고회紀念報告會는 두 시간이나 기다려 오정午正에 개회開会. 보고報告, 축사祝辭, 토론討論, 결의문決議文, 멧세-지 폐회閉会. 오후午後 3시三時 반半. 돌아왔다. 5일분五日分 배급미표配給米票를 준다. 김형金衡○편에 2백 원二百円을 주어 우리 집에 가서 영희永熙와 같이 가라 하였다. 집에 오니 배급미配給米는 타고 거스를 돈이 없어 어느 상점商店에 가 백 원百円을 잔돈으로 바꾸어 달라 하여도 바꾸어 주지 않아서 그냥 2백 원二百円을 주고 25원二十五円을 못 찾었다고 영희永熙가 말한다.

9월 4일. 문리대직맹文理大職盟서 당사黨史를 또 읽는다. 오후午後 다섯 시 이능우李能雨 군君과 나오다 청석青石골서 막걸리를 먹었다. 어제 배급미표配給米票는 형衡○가 학교学校로 가조고 쌀값 165원百六十五円 제하고 35원三十五円을 거슬러 영희永熙가 손에 쥐고 갔다 한다. 집에 와서 영희永熙에게 다시 이 사실을 물었더니 그런 일이 없다고 발명한다. 그리고 밖으로 달어났다. 경희京熙 시겨 찾어도 없다. 밤이 이슥하여 왔다. 다시 나무랜 즉 다시는 속이거나 도적질을 않겠다고 맹서한다.

9월 5일. 비, 종일 온다. 문리대文理大 나갔다. 독회讀会. 8월八月 월급月給을 지난 31일三十一日 또는 오늘 주겠다더니 또 오는 10일十日로 밀운다. 이인기李寅基 군君과 일석一石과 장국을 사 점심하다. 오늘 비 오는 중에는 미기米機가 안 왔다.

9월 6일. 문리대文理大 숙직宿直. 저녁밥을 갖다 먹었다. 밤 공습空襲이 잣다.

9월 7일. 박물관博物館을 또 조사調査했다. 이종세李鍾世, 윤무병尹武炳과 함께. 그리고 점심을 사 먹였다.

9월 8일. 문리대文理大 시위市委는 이사 가고 재판소裁判所가 옮겨 든다. 박물관博物館 비품備品과 참고품參考品의 보고서報告書를 시위市委에 주었다. 임시사무소臨時事務所는 도서관圖書館 일부一部 연구실研究室를 쓴다.

9월 9일. 문리대文理大에 나갔다. 김억金億 군君이 소주를 가지고 왔다. 장醬과 된장을 김金 군君에게 주었다.

9월 10일. 오전午前 8시八時 반半 국립도서관國立圖書館에 붙들려 가 고서古書를 감정鑑定하였다. 별난 것이 없다. 문리대文理大로 가서 이명선李明善 군君을 보니 시청市廳으로 가서 양정糧政 윤송輪送에 대한 지시指示를 받으라 한다.

9월 11일. 오전午前 10시十時 서울 시청으로 갔다. 원창상 기타 사무원의 실지 지시와 시인위원장(리승엽)의 지시 등을 듣고 려비 6천 원六千円을 타고 신임장을 받었다. 리능우 군과 락원동으로 가 설렁탕으로 저녁을 하였다. 왼쪽 아금니가 밤새도록 아펐다.

9월 12일. 아홉 시 시청으로 갔다. 다시 원창상의 지시를 듣고 나는 계동 집으로 와 점심 먹고 집안일을 일르고 나섰다. 서로 약속한 시간 전에 가 이삼실李三實(연대延大)을 만나고 또 한 시간 기다리다가 전차 타고 청량리淸凉里 태백 창고로 갔다. 창고장 기타 반원과 인사하고 세 시간이나 지난 후 심현상沈鉉尙(고대高大), 손응록孫應祿(고대高大) 양군兩君이 왔다. 밥은 식당食堂, 짐은 강신혁 선생 집, 잠은 창고 앞뜰에서 가마니 덮고 잤다. 두 우차牛車 열네 가마니가 왔다. 받어 쌓았다. 새벽은 칩다. 창고 안으로 들었다.

9월 13일. 동대문구 인민위원장과 량정과장을 가보고 동신 창고를 쓰기로 말하고 휘경동徽慶洞으로 나가 동신 창고장 도창현을 보고 사람 보내어 시인민위원회 운수부와 련락하여 동신 창고 쓰기를 결정하였다. 그리고 우리 일행 책임자責任者 심현상沈鉉尙은 다시 동대문구東大門區 량정과장糧政課長을 보러 갔다가 못 만나보고 왔다. 우리 일행一行은 동신 창고 노무원勞務員 김진복 집에 숙식宿食을 하였다. 밤에 배가 아펐다. 오좀이 자주 마렵다. 그동안 두어 달포 조반朝飯 석죽夕粥하던 창자에 아침 점심 저녁 세 끼를 먹어 과過했던 모양이다. 위가 갑자기 확대擴大된 까닭인가 부다.

9월 14일. 심현상沈鉉尙, 손응록孫應祿, 도창현이 동대문구東大門區 인민위원회人民委員会 량정과장과 타협妥協하러 갔다. 다 저녁때야 돌아왔다. 태백 창고에 있는 사무원만으로도 족하니 우리는 다시 태백 창고로 가서 기다리라고 동대문구東大門區 량정과장은 말을 하였다. 이는 우리는 불필요하니 돌아가라는 말이다. 태백 창고서 기다릴 것 없이 집으로 돌아가겠다 한 즉 그렇게 하라 한다고 하였다. 우리는 각기 귀가하였다.

9월 15일. 오전午前 10시十時 서울시 인민위원회人民委員会(저동苧洞 그 전 세무서稅務署)로 갔다. 심沈, 손孫 양군兩君을 만나 가지고 운수과장을 찾었다. 운수과장이 좀 기다려라 한다. 두어 시간 뒤에 또 말한 즉 내일來日 오전午前 8시八時 다시 오라 한다. 계동인민위원회桂洞人民委員会 가서 경희京熙 귀향증서歸鄕證書(신병요양차身病療養次로 본적지本籍地로 간다는 것)를 맡었다. 톱 1천2백 원一千二百円, 자귀 3백 원三百円을 주고 사 왔다.

9월 16일. 아침 비. 지난밤부터 이어 공습空襲. 량정부糧政部에 갔다. 공습空襲 중中에는 사람을 들이지 않는다. 9시九時 넘어도 심현상沈鉉尚, 손응록孫應祿, 이삼실李三實은 아니 온다. 나는 운수과장에게 문리대文理大 직장職場으로 가 기다리겠다 하고 왔다. 오다가 공습空襲으로 네 번이나 정지停止, 두 시간 이상以上을 보냈다. 소주燒酒 떡 점심點心에 배도 부르지 않었으나 8백5십 원八百五十円 들었다.

9월 17일. 문리대文理大 임시사무소臨时事務所에 나갔다. 동빈東濱허고 두계斗溪를 가 보았다. 수당壽堂을 만났다. 공습空襲 때문에 늦게야 돌아왔다. 미군米軍이 인천仁川 상륙上陸했다 한다. 쌀 소두小斗 한 가마에 2만 천 원二万千円. 하루 사이 만 원万円이나 올랐다.

9월 18일. 문리대文理大 나갔다. 오후午後 두 시 왔다.

9월 19일. 문리대文理大 나갔다. 감긔가 들었다. 오정午正에 나왔다.

9월 20일. 문리대文理大서 종일終日 있었다. 오전午前 8시八時에 갔더니 직원 전체 대기待機하라고 하여 붙잡혔다가 오후 다섯 시 넘어서 돌아왔다. 중앙학교中央学校 뒷산을 폭격 또는 기관총機関銃 소사掃射하였다. 벼룩이 퍽 성하여 내 방에는 수은水銀을 피었다.

9월 21일. 동빈東濱을 찾어보았다.

9월 22일. 수의대獸医大 일부, 성균관成均館 일부, 동성중학교東星中学校가 분소焚燒되었다. 문리대文理大 임시사무소臨时事務所서 점심때쯤하여 목격目擊하였다. 발화發火의 원인原因은 모른다.

9월 23일. 임시사무소臨时事務所에 나갔다. 밤엔 문리대文理大 체육장體育場이 분소焚燒되었다.

9월 24일. 임시사무소臨时事務所에 갔다. 순자順子께 들렀다. 순자順子가 있다. 저녁을 먹인다. 와 잤다. 윙윙하는 노케트포砲가 창덕궁昌德宮게로 떨어진다. 거리에 부상병負傷兵 운반運搬이 연속連續했다. 내 앞에 가던 학생學生이 "이래저래 다 죽는다" 한다.

9월 25일. 사무소事務所를 가보니 어젯밤에 문리대文理大 뒤 십여 집을 무너지고 노무원勞務員의 한 가족 4명四名이 중상重傷했다. 오후 두 시 또 윙윙하고 노케트포砲 소리가 난다. 방공防空호로 대피待避했다. 오다 보니 종로鐘路 5가로五街路 시장市場이 불바다가 되었다. 또 사직동社稷洞, 내수동內需洞, 적선동積善洞도 불바다가 되었다. 그리고 오후午後 12시十二時로부터 다섯 시까지 대포 소리 소총小銃 소리가 끓었다. 이승만李承萬, 임성빈任性彬 군君이 찾어 왔다. 병순炳珣이 식구 조趙일형 식구 십여 명이 피난 왔다.

9월 26일. 추석秋夕인지도 몰랐다가 계산약방桂山藥房에 가서야 알었다. 오늘은 아침부터 포성砲聲이 끊는다. 종일 집에 있었다. 가장 긴요한 서적書籍과 기명器皿과 의복衣服과 쌀 몇 되고 쌓아 놓고 사태 여하를 보아 피난하려 했다. 오후 서너 시부터 창덕궁昌德宮께로 노케트포砲를 붓기 시작하여 밤새도록 퉁탕 쏴 윙윙하고 그 중 쏴하다가 쾅하고 불길이 헤치고 떠러지며 불이 난다. 이러한 두 종류種類다. 간간 머리 위로도 지낸다. 뜬 눈으로 샜다, 그리고 구리마 7,8 대가 이어 와 삼청동三淸洞 또는 종로통鐘路通으로 기관총機關銃 소사掃射를 하였으며 각처各處서 화해火海를 이루었다. 서울 공격은 이게 절정적絶頂的이다.

9월 27일. 시가전市街戰 총성銃聲이 점점 가까이 들리고 비행기飛行機 팔구 대가 시가市街 각처各處와 돈암동敦岩洞께로 기관총 소사를 하였다. 병순炳珣이 데리고 홍성낙洪性樂 학생學生이 서대문西大門 병순이 집을 갔다. 큰 거리에는 국군國軍과 유엔군軍이 왕래하고 중앙청中央廳 앞에는 태극기太極旗가 달렸다 한다. 서울 회복이 만 92九十二개 일 만이다. 약간若干 인민군人民軍은 좁은 골목으로 방황彷徨하고 중앙학교문中央學校門을 와 다시 지키고 있다. 그들이 말하기를 "계동桂洞서도 시가전市街戰이 있을 터이니 피난避亂하라"는 풍설風說이 아침부터 돈다. 순자順子가 와 "어떻겠느냐" 묻고 향린香隣(이승만李承萬)도 당황하여 다른 곳으로 피난避亂을 가자하고 조일형趙一衡 군君도 요동搖動이 되었다. 나는 "그냥 여기 있어 형편을 보아 피하게 되면 피하자" 하고 이들을 안정케 하였다. 임성빈任性彬, 이승만李承萬 군君을 두 번이나 만났다. 밤에는 노케트포砲 떠러지는 윙윙 소리가 멀리 들린다. 안면安眠했다. 또 하나의 사경死境을 지내 보았다.

9월 28일. 문리대文理大로 나갔다. 약간 학생과 조윤제趙潤濟 군君이 왔다. 학생들이 파수를 본다. 나는 직원職員들을 불러 임시臨時 대책對

策을 하려 하고 나오다 김상기金庠基 군君을 만나 함께 이병도李丙燾 군君을 찾어갔다. 마침 나갔다 한다. 도로 오다 유홍렬柳洪烈 군君을 만나 오라 하고 문리대文理大로 갔다. 조윤제趙潤濟 군君은 갔다. 김金 군君과 교사校舍, 박물관博物館, 도서관圖書館을 둘러보았다. 큰 손상損傷은 없다. 우리 민족民族과 국가國家의 만행이다. 우리가 이 직장職場을 사수死守코자 하는 건 우리 귀중貴重한 도서圖書며 교사校舍와 그 설비設備다. 이런 때 잠종병식潛踵屛息하다가 태평泰平하면 나와 사리사욕私利私慾 권리權利 쟁취爭取나 한다면 우리 민족民族 국가國家는 누가 수호守護할 것인가? 생명生命을 바치고 전선戰線에 나서 싸우는 동포同胞는 누가 후원後援할 것인가? 민족民族, 국가國家를 위하는 옳은 일을 하다가 죽어야 할 것 아닌가? 통탄痛嘆할 노릇이다. 나는 매양 이충무공李忠武公의 『난중일기亂中日記』를 읽으며 이런 건 고금古今이 다름이 없음을 분개한다. 우리는 책임감責任感과 단결력團結力이 부족不足하다. 이는 잘 지도指導, 개혁改革하여야겠다. 나는 김金 군君과 이런 말을 하였다. 차상원車相轅, 유홍렬柳洪烈, 이병도李丙燾 군君이 왔다. 이병도李丙燾 군君은 아까도 왔었다 한다. 대강 상의하고 오후 네 시 반 돌아오다.

9월 29일. 문리대文理大에 나갔다. 동빈東濱을 찾고 도서관장실圖書館長室로 갔다. 신도성愼道晟, 최문환崔文煥, 동빈東濱이 왔다. 오후 두 시 반 나오다 나를 찾어온 한홍록韓興祿 군君을 만났다. 한韓 군君이 마침 그 아우 한완석韓完錫 군君(문리대文理大 호국대護國隊 감찰부장監察部長, 국문과國文科 3학년생三學年生)을 보러 왔더니 호국대護國隊 학생學生들이 현재 재적在籍한 교수敎授들을 검토檢討하고 나를 김삼불金三不, 이명선李明善과 친親하다고 6·28六二八 이후 활약活躍했다 하고 잡으러 간다 하기 완석完錫 군君이 제 형兄더러 뫼시고 가라 하여 왔다 한다. 나는 홍록興祿 군君 집 성북동城北洞 북구北區 187一八七의 31三一로 갔다. 내가 이렇게 피신해 보기는 평생 처음이다. 어제 오늘 문리대文理大서 조윤제趙潤濟 심복心腹인 이명구李明九, 손보孫寶기 또 하나 윗수염 나고 호국대護國隊 완장腕章 두른 수상殊常한 무리가 어칠거리는 것을 보았다. 그중 이명구李明九는 6·28六二八 후 첨에는 아니 보이다가 나중에는 나와 굽실거리며 학생위원회學生委員會에 금은 헌납金銀獻納을 가장 많이 하고 조윤제趙潤濟를 배척排斥 훼손毁損하고 김삼불金三不과 친하고 나를 숭배한다는 자수서自首書까지 써 냈다. 그러나 이명선李明善 교책校責이 제적除籍을 하였다. 그 뒤에는 일불현형一不現形하였다. 이명구李明九는 본시 휘문중학徽文中學 출신으로서 내게 일찍 수학受學도 하였다. 문리대 국문과를 졸업한바 이숭녕李崇寧, 방종현方鍾鉉, 이희승李熙昇 교수敎授들이 다 이명구李明九를 싫어한다. 조윤제趙潤濟 학장學長적에 국문과國文科 조수助手 김민수金敏洙를 내쫓고 이명구李明九를 들이어 대리강의代理講義까지 시켰다. 오늘 나의 이 봉변은 그들의 분명 그들의 교사敎唆다. 6·28六二八 후 좌익교수左翼敎授나 학생이 득세하여 나와 몇 교수는 아직 제적除籍은 않었으나 반동反動의 혐의嫌疑를 받지나 않을가 하고 전전긍긍戰戰兢兢하고 이 늙은 몸이 날마다 끌려 다니며 혹시 우익교수右翼敎授나 학생學生의 문제問題가 나는 때면 옹호擁護를 했을망정 모해謀害는 아녔다. 내 평생이 용심用心이 "영인부아寧人負我, 무아부인無我負人"이었다. 그러므로 8·15八一五 후나 6·28六二八, 9·28九二八 후도 나는 태연히 행동했다. 조곰치라도 양심에 껴르는 일을 했으면 내가 어찌 그럴 수 있으랴. 나는 분울憤鬱했다. 홍록興祿 군君 집에서 잤다.

9월 30일. 아침에 두계斗溪를 가 보았다. 어제 내가 도서관장실圖書

館長室에서 나온 뒤 윗수염 난 학생學生과 한완석韓完錫이 나를 찾으러 와 두계斗溪에게 "이병기李秉岐 선생先生이 9·28九二八 후 학교에 나오는 건 비양심적非良心的이 아닌가? 아니다. 그 선생의 한 일이 양심적良心的이기 때문에 나온 것이다. 이번 적색분자赤色分子는 모다 탈주脫走했다. 그 선생은 양심적良心的 가책苛責이 없으므로 나왔다. 그건 그렇겠읍니다. 그 선생이 좌익左翼 학생學生에게 숭배崇拜 받고 김삼불金三不, 이명선李明善과 친하여 이번 활약活躍하지 않었는가? 그건 그 선생이 심성心性이 좋아 좌익左翼뿐 아니라 우익右翼 학생學生에게도 숭배崇拜를 받고 김삼불金三不, 이명선李明善과의 친분親分은 학술學術 관계關係뿐이고 사상思想 관계關係는 아니다. 사상思想 관계關係가 있으면 그 선생先生도 이번 탈주脫走치 않을 수 없었을 것이다." 하였다 한다. 아침 때 완석完錫 군君이 왔다. 오늘 문리대교수회文理大教授會를 열고 부서部署를 작정作定한 바 이병도李丙燾 선생先生이 학장學長 서리署理, 신도성愼道晟 선생先生이 학생과장學生課長, 유홍렬柳洪烈 선생先生이 임시臨時 교무과장教務課長이 되었다고 하며 문리대文理大 총책임總責任이 서리학장署理學長에게 있으니 호국대護國隊는 그를 도아 가겠다 한다. 저녁 때 완석完錫 군君이 또 왔다. 6·28六二八 후의 문리대文理大 서류書類를 다 가져온바 내 자서전自敍傳을 읽어 본 즉 그런 정도程度는 아무 일 없겠다 한다. 완석完錫 군君도 내 자서전自敍傳을 보고야 해혹解惑이 된 모양이다. 홍록興祿 군君은 아니 온다. 시청市廳서 야역夜役을 하는가 보다. 여고교장女高校長 김도태金道泰 군君을 찾다. 무사만행無事萬幸이다.

10월

10월 1일. 아침에 두계斗溪를 가 보고 학교 일을 의논하고 나는 집으로 가 있어 한동안 쉬겠다 하고 나는 계동桂洞 집으로 왔다. 일석一石을 찾어갔다. 그 집이 전부 타고 재만 남었다. 그 이웃집으로 가 일석一石을 보았다. 지난 27일 새벽의 원인 모르는 불이 나 박격포拍擊砲 파편破片 때문에 쓰고 있던 이불을 벗어나 겨우 알몸둥이만 살었다. 식구는 다 살었으나 가구家具 가산家産 이웃집에서 갖다 맡긴 의복衣服, 재봉침裁縫針 8개八個 서책書册 노트가 다 소실燒失되었다 한다. 입을 옷이 없어 학교도 못 간다고. 홍파동紅把洞, 행촌동杏村洞으로 넘어 오다. 이 두 동내가 거의 다 분소焚燒되었다. 만목처참滿目悽慘하다. 청운동淸雲洞 이능우李能雨 군君을 찾다. 『춘향전春香傳』, 『가곡보감歌曲寶鑑』, 『신오위장본집申五衛將本集』(4四) 등을 추심推尋게 했다. 석반夕飯과 약주藥酒 먹고 계엄戒嚴하는 가로街路 — 소로小路로는 못 간다 — 로 왔다. 신동엽辛東曄 군君 집도 들렀다. 안호준安鎬俊 군君을 찾으니 인민군에게 붙들려 갔다. 그 아우 안호삼安鎬三 군君을 찾으니 무사하고 장발張勃 군君을 찾으니 시골 가 피난하고 가족家族 가구家具가 온전히 돌아왔다.

10월 2일. 종일 집에 있었다. 저녁때 한홍록韓興祿 군君이 왔다. 내게 대한 호국단護國團 학생들의 오해는 다 풀었다는 그 아우 완석完錫 군君의 말을 전한다.

10월 3일. 임성빈任性彬 군君을 보고 월탄月灘의 안환安還했다는 말을 들었다. 박종목朴鍾穆 군君 궤연几筵을 찾어가 일곡一哭하고 그 맏상제와 부인夫人도 보고 조위弔慰하였다. 남대문 밧 도화동桃花洞을 갔다. 게도 폐허廢墟 되었다. 장태영張泰英 군君 집만은 그냥 남었다. 딴 사람이 그 집을 지키고 있다. 돌아오다 보니 남대문시장이며 관철동이 전부 폐허가 되었다. 길에서 아롱啞聾을 만나 친구들의 안부를 들었다.

10월 4일. 김인수金仁洙 군君을 찾다. 무사히 지냈다. 장태영張泰英 군君이 와 잤다. 전가全家 무사타고.

10월 5일. 이능우李能雨 군君께 서책書冊을 추심推尋했다. 폭격된 가사家舍를 아직 정리整理치 못하여 서책書冊을 찾어 놓지 못했다 한다. 조흥은행朝興銀行서 만 원萬円을 찾었다.

일기

47권

1950. 10. 6. ~ 1951. 12. 21.

1950년(단기 4283년)

10월

10월 6일. 나는 9·28九二八 이전 92일九十二日 동안 변동便同 포로생활捕虜生活이었다. 신명身命을 보전하고 자식 두 놈을 의용군義勇軍에 아니 빼앗기노라고 백발白髮이 더 낳다. 9·28九二八 UN군과 국군의 힘으로 서울이 회복回復되며 문리대도 복교復校되어 교직원敎職員과 학도호국단學徒護國團의 부서部署도 다시 짜이었다. 나는 그동안 포로捕虜가 된 죄로 집에서 근신謹愼하고 있었다. 오늘 문리대에 가서 임시臨時 서리학장署理學長 이병도李丙燾 교수敎授게 "나는 아직 한동안 집에서 근신謹愼하고 있어 상부上部의 처분處分을 기다리겠다" 하고 돌아왔다. 방공호를 헐어 앞마당을 복구復舊하였다. 최 서방崔書房(관석寬錫)이 와 장적을 잘러 마루 밑으로 들여쌓았다. 하경덕河敬德 박사博士를 가 보았다. 복통腹痛으로 누었다. 김억金億 군君 집에서는 안서岸曙가 잡혀간 후 소식을 모른다고 그 처자妻子들이 울고 있다.

10월 7일. 종일 집에서 『국문학개론國文學槪論』 원고原稿를 썼다. 장태영張泰英 군君이 집세 들 이 이몽룡李夢龍과 함께 왔다. 문간방과 건너방을 주기로 했다.

10월 8일. 하경덕河敬德 박사博士를 가 보았다. 병病은 한 모양이다 .

김억金億 군君 집에 들렀다. 포천抱川 등지等地서 억류抑留되었다는 풍문風聞이 있다 한다. 원고原稿 썼다.

10월 9일. 순우順雨가 그 동무 임옥화林玉花와 함께 살어왔다. 대전太田서 도망하였다 한다. 원고原稿 썼다.

10월 10일. 수원세무서水原稅務署에 있는 김희중金熙中이 찾어왔다. 원고原稿를 썼다.

10월 11일. 흐리다 비 왔다. 문리대에 나가 책임자責任者 방종현方鍾鉉 군君을 보고 증명서證明書를 청하니 심사審査가 끝나지 않으면 못한다고 한다. 이숭녕李崇寧 교수敎授가 부산釜山서 왔다. 그 이야기를 반갑게 들었다. 서병욱徐丙旭 군君에게 여행증명서旅行證明書를 헌병대憲兵隊에 내 달라고 부탁하였다. 원고原稿 썼다.

10월 12일. 원고原稿 썼다. 서徐 군君이 와서 여행증명서旅行證明書를 어제 그 규정規定이 변하여 동회洞會와 파출소派出所와의 인정認定을 첨부添附하게 되었고 통 네 벌을 내라 한다. 다시 더 써서 동회洞會에 보냈다. 동내 한 청년을 청하여 뒷간을 쳤다. 문 앞에 땅을 파고 게다 묻었다. 6백 원六百円 주고 막걸리 두 잔을 사 먹였다. 속이 시원하다.

10월 13일. 이능우李能雨 군君과 이희승李熙昇 군君과 고故 한충韓冲 군君 집과 병순炳珣이 집을 찾어보았다. 풍문여중豐文女中도 들렀다. 교장 김성달金性達 군君도 만났다. 무고無故하다. 원고原稿 썼다.

10월 14일. 원고原稿 썼다. 이홍직李弘稙 군君이 술을 사 가지고 와 함께 마셨다.

10월 15일. 원고原稿 썼다. 비가 오후 시작 종야終夜 왔다. 용복龍福이가 왔다.

10월 16일. 비가 개었다. 원고原稿 썼다. 규칙規則이 변경汴京되어 여행증명서旅行證明書를 다시 종로경찰서鐘路警察署에 냈다. 수도경찰국首都警察局 경위警衛 이광섭李匡燮 군君이 소개해 주었다. 이몽룡李夢龍 부자가 와서 집세는 아니 든다 하고 이만 원二萬円을 도로 가져갔다.

10월 17일. 국민대학國民大學을 갔다. 6월六月 봉급俸給을 찾으러. 내일 다시 오라 한다. 원고原稿 썼다.

10월 18일. 이웃 조만수趙萬壽가 돌확을 도로 물러가고 5천 원五千円을 돌려보냈다. 동국대학東國大學을 가서 6월六月 봉급俸給을 독촉督促한 즉 내일 다시 오라고. 원고 썼다. 임옥화林玉花는 순화병원順化病院으로 갔다.

10월 19일. 원고 썼다. 종로서鐘路署서 여행증명서旅行證明書를 찾어 왔다. 경아京兒가 그동안 다섯 번을 왕래했다. 경아京兒을 동대東大, 국대國大에 보냈더니 또 연타延拖하고 아니 준다. 비가 종일 온다. 최관석崔寬錫이 왔다. 순자順子 보고 꾸어간 돈을 받어 달라고 했다.

10월 20일. 비 오다 흐렸다 했다. 새벽에 김두헌金斗憲 군君을 찾어가 6·28六二八 새벽에 와 두고 간 선자扇子와 보따리(쌀 담은)를 환완還完했다. 동빈東濱을 보았다. 돌아와 경과보고서經過報告書를 썼다. 예동汭東이 이걸 써서 문리대文理大 교책校責 방종현方鍾鉉께 내라는 것이다. 오후午後 7시七時나 되어 이병도李丙燾, 김상기金庠基 양군兩君이 최윤식崔允植 군君 집에서 원산元山서 가존 술에 잔뜩 취해 왔다. 함께 잤다.

10월 21일. 비는 갰다. 최 서방崔書房이 만 원萬円을 변통變通해 오고 또 탁주濁酒 한 병을 가졌다. 두계斗溪, 동빈東濱과 해정解酲하였다. 동빈東濱 집에 된장 한 대야를 퍼 보냈다.

10월 22일. 경아京兒를 장태영張泰英 군君께 보내어 만 원萬円을 변통變通해 왔다. 국민대학國民大學서 1만 4천4백 원一萬四千四百円 6월

봉급俸給을 보내 주었다. 니꾸사꾸 하나 3천5원三千五円에 사고, 노트 10책十册을 2천4백 원二千四百円에 사고, 우육牛肉 반 근半 斤 8백 원八百円, 무 한 단 2백 원二百円에 샀다. 장태영張泰英 부인夫人이 홍시紅柹를 사 가지고 왔다. 고추장 한 단지를 주었다. 오후午後 다섯 시에 경아京兒 데리고 나섰다. 국문학개론國文學槪論과 시조론時調論과 서지書誌와 고전古典에 당한 참고재료參考材料 등을 새로 산 니꾸사꾸에 넣어 가지고. 도동桃洞 1가一街 회춘약방回春藥房 장태영張泰英 군君에 가 잤다.

10월 23일. 오전午前 7시七時 떠났다. 한강漢江 인도교人道橋 옆에서 여행증명서旅行證明書를 내 뵈고 배를 타고 건너서 노량정거장鷺梁停車場으로 철도鐵道 밟어 영등포정거장永登浦停車場으로 갔다. 차 탈 사람은 임립林立했다. 차는 언제 떠날는지 모른다. 벌서 열 시가 지냈다. 인천仁川 가는 차는 두 번이나 떠났다. 오후 한 시나 되어 부산釜山 간다는 차가 움지긴다. 나는 경아京兒 데리고 그 군중 속에서 몸을 짜며 화물차貨物車ㅅ간으로 간신히 올랐다. 꼬빡 서서 천안天安까지 왔다. 다섯 시다. 게서는 나리는 이 있어 앉기도 했다. 자정에야 대전太田을 당했다. 나려서 정거장停車場 앞 음식점飮食店서 요긔하고 도로 역내驛內로 갔다. 역驛도 다 타 버리고 임시사무소臨時事務所만 있다. 어칠어칠하다가 밤을 새웠다, 지하도地下道엔 차 탈 이가 눕고 앉고 하여 빈틈이 없고 군데군데 화톳불을 피어 퍽 맵다. 그리고 여긔저긔 똥 무더기가 쌓여 옷과 발에 묻는다. 무서리가 나리고 바람 끝은 칩다. 날은 야속히도 아니 샌다.

10월 24일. 아홉 시에 떠난다는 호남차湖南車가 열한 시에야 움지기려 한다. 화물차貨物車 아홉 간을 달었다. 모다 올랐다. 인자는 가게 되었구나 하고 나도 경아京兒와 함께 맨 뒤 화물차貨物車ㅅ간에 올라 앉었었다. 별안간 차장車掌이 와 두계豆溪 앞 철도鐵道에 사고事故가 생겨 못 간다 한다. 모다 나렸다. 나는 경아京兒와 보행步行키로 했다. 점심 먹고 11시十一時나 되어 대전太田 도청道廳 앞으로 하여 유천柳川을 향했다. 동행同行들이 많다. 감도 사 먹고 이리역裡里驛 건축과建築課에 있는 백낙세白樂世 군君과 유천柳川서 동행하여 가수원佳水院, 진잠鎭岑을 지나 두계豆溪로 왔다. 재작야再昨夜에는 연산역連山驛을 공산군共産軍이 불 지르고 작야昨夜엔 두계豆溪를 습격襲擊하여 청년단원 6명六名, 순경巡警 1명一名 공산군共産軍 1명一名이 죽었고 오늘 오전午前 중中에도 그 소굴巢窟인 구권 부근附近서 접전接戰을 했다 한다. 두계교豆溪橋서 김용제金容濟를 만나 처가妻家의 편안함을 들었다. 주점酒店에서 소주 두어 잔 먹고 나는 경아京兒와 은동隱洞을 갔다. 빙모聘母를 뵈았다. 3천 원三千円을 고기나 사 잡수시라고 드렸다. 돌처 왔다. 두계豆溪 지서支署 앞엔 순경대巡警隊 섰다. 양정고개를 넘어 광석리를 온 즉 대전太田서 기차汽車가 온다. 군인軍人이 앞에 타고 행객行客들은 뒤에 탔다. 다름질을 했으나 밎지 못 했다. 그냥 걸었다. 오후 여섯 시가 가까웠다. 통행금지通行禁止를 아니 당하려고 잰 걸음 쳤다. 연산連山 구읍舊邑엔 유엔군과 국군國軍이 많이 와 수비守備하고 있다. 정거장停車場 앞으로 갔다. 경찰단警察團에게 여행증명서旅行證明書를 내보이고 여관旅館으로 들었다. 만원滿員이다. 애걸하여 한 방을 얻었다. 석반夕飯 후 퍽 졸려서 누워 잤다.

10월 25일. 안개가 끼었다. 백낙세白樂世 군君과 해정解酲을 했다. 약주藥酒 한 대와 술국. 5백 원五百円이다. 약주도 좋다. 서울 같으면 이만하면 2천5백二千五百 원円 이상이다. 조반 후 떠나 사다리(신교리新橋里)

를 지나 은진恩津 구읍舊邑으로 하여 가치말을 왔다. 장날이다. 장터로 가 니야까를 교섭交涉해 놓고 저육猪肉 네 근 사고 점심과 술을 먹었다. 9백5십 원九百五十 円이다. 오후 두시, 경아京兒가 발이 부르텄다. 니야까에 태우고 니꾸사꾸도 실었다. 여산礪山 원수리源水里까지 2천二千 원円에 작정. 여산리礪山里서 문희文熙, 문환文煥이를 만나 집이 편안하다는 말을 듣고 김창배金昌培, 김병찬金秉瓚을 만났다. 김병찬金秉瓚 군君 집에서 청주淸酒 한 대접을 준다. 마시고 이야기 했다. 또 문희文熙가 우육牛肉과 술을 사 준다. 진사동眞絲洞 집으로 왔다. 작은 아버지를 뵈았다. 집안 사람과 동내 사람들이 다 와 인사한다. 병철秉徹, 병룡秉龍이도 잘 있고 종희宗熙는 오늘 대전太田으로 향해 떠났다. 내 소식을 알러 서울까지 간다고. 찬비가 오다 말었다.

10월 26일. 문환文煥이를 오전午前 7시七時 숩니로 보냈다. 차가 안 가서 종희宗熙가 있으면 데리고 오라고. 여산礪山 장에 천 원千円을 주어 제수祭需를 사라 하였다. 어머니 기고忌故다. 문환文煥이가 오후午後 한 시 돌아왔다. 종희宗熙는 어제 아침에 떠났다고. 자정子正 지나 행사行祀했다. 황화면皇華面께서 오후 열 시쯤 하여 포총砲銃 소리가 한 30분간三十分間 났었다. 창문窓門을 발렀다.

10월 27일. 외손外孫 송찬영宋燦永 생일生日. 제 아비도 오늘 왔다. 병관秉寬, 만송晩松, 김용성金庸性(만송晩松 처남妻娚), 병원秉元 씨가 왔다. 대부大父 청하여 술을 대접했다. 서모庶母 생신生辰. 병원秉元 씨와 함께 병철秉徹이 집에서 석반夕飯. 창환昌煥이 장인丈人 김고산金高山이 왔다.

10월 28일. 병표秉杓가 대전太田서 어제 왔다고 와 본다. 종희宗熙는 지난 26일 아침 차로 서울 갔다 한다. 병원秉元 씨가 떠났다. 만송晩松

께 가서 검정꽤죽을 먹었다. 그 처남妻娚 김金 군君도 있다. 우렁이 안주按酒가 청신淸新하다. 저녁에 병룡秉龍이가 건너와 오늘 룡추내서 인공군人共軍 수백 명數百名이 둔취屯聚하여 여산리礪山里를 습격襲擊한다는 보도가 왔다. 여산리礪山里에 기별奇別했다는 이야기 하다가 오후午後 12시十二時 반半 지나서 닭 우는 소리 듣고 함께 잤다. 잠이 막 들라 할 제 문희文熙 집이 불이 나고 사람도 죽었다고 문환文煥이 자친慈親이 와 말한다. 나서 보니 화광火光이 충천衝天하고 문희文熙의 처자妻子를 학살하고 문희文熙 자친慈親은 중상重傷을 당하고 타는 문희文熙 처의 시체는 끄내고 문희文熙 아들 석배石培의 시체는 끄내지도 못 한 채 불은 그 안채 전부를 맹렬孟烈히 태우고 있다. 내종에 자상히 들은즉 수십 명數十名 무기武器 가진 그들이 와 문희文熙 사랑방에서 경비警備하고 있던 동내 청년대靑年隊들에게 손을 들라 하고 문희文熙 일가놈이 누구냐 하고 즉시卽時 안으로 들어가 불 놓고 사람 죽이는 바 다 엎드려라 하여 다 엎드렸더니 이불 덮고 짓쳤다. 문희文熙 처는 맞으며 나는 문희文熙 처가 아니고 문희文熙 처는 피신했다 한 즉 라이타 불을 켜대고 보고 사뭇 쳐서 그 모자母子를 죽이고 돈을 내노라 하며 문희文熙 자친慈親을 짓쳤다. 그리고 한편으로는 농을 뒤져 옷을 내 가지고 달어났다. 태성리台城里, 두여리斗餘里에도 방위대원防衛隊員 집을 살인殺人 방화放火했다.

10월 29일. 아침에야 여산리礪山里 지서支署와 방위대防衛隊와 문희文熙, 철희喆熙, 문환文煥이 왔다. 석배石培 시체屍體도 불속에서 끄내여 그 모자母子를 뒤 양달에다 묻었다. 문희文熙, 문환文煥, 병룡秉龍 부자父子며 문희文熙 딸들은 문희文熙 자친慈親을 모시고 오후 두 시에 추럭타고 전주全州로 갔다. 이날 밤에도 련첩 개 짓는 소리에 잠을 못 잤다.

노신魯迅의 『지나소설사支那小說史』를 보았다.

10월 30일. 으름골 당숙堂叔과 윤익중尹翊重 군君이 왔었다. 철제徹弟가 이리裡里 가서 수일數日 되겠다고. 생양동生陽洞 정숙鄭叔이 오고 강경江景이 영배寧培, 옥배玉培가 왔다. 영배寧培와 옥배玉培는 강경江景서 양조업釀造業을 했다 한다. 전주全州서 문희文熙, 기형璣衡이가 왔다. 문희文熙 자친慈親은 위험危險튼 않다 한다. 오후午後 11시十一時 내지 12시十二時 개가 사뭇 짖었다. 가끔 야포野砲소리가 들린다. 『지나소설사支那小說史』를 읽었다.

10월 31일. 청명淸明하다. 만송晩松이 천궁川芎 캐러 가다 들렀다. 송석일宋錫一이가 떠났다. 창뜰 길佶 씨가 나를 보러 왔다. 병두秉斗도 서울서 무고無故하다고 한다. 대부大父(조명祖明 씨), 병관秉寬도 왔다. 술을 드렸다. 오후 회정回程했다. 기형璣衡도 떠났다. 저녁에 만송晩松이와 진사동眞絲洞 이가李家를 다 멸한다는 풍설風說이 있다고 퍽 송구悚懼한다. 그건 유언비어流言飛語라고 나는 말하고 우리 이가李家가 그런 앙화를 받을 죄罪는 아니 지었다 하였다. 문희文熙의 사변事變 당함을 인하여 그런 말들을 지어낸 것이다. 6·25六二五 사변事變 이후 별별 유언비어流言飛語가 시끌었었다. 그 패악悖惡과 무지無知가 막심莫甚하다. 『지나소설사支那小說史』를 읽었다.

11월

11월 1일. 『지나소설사支那小說史』 상권上卷을 다 보았다. 호월壺月 병수秉秀가 와 본다. 갈알 이용극李用克 군君이 왔다. 바루 회환回還했다.

11월 2일. 『지나소설사支那小說史』 하권下卷을 읽었다. 소끌 청재논 나락을 베었다. 고지 먹은 일군 십十여 명이. 모샛골 인仁 씨가 술을 먹인다. 어제부터 또 고약한 유언비어流言飛語가 돈다. ― 세 집 죽일 놈이 있으며 모면하려면 쌀 몇 가마니를 준비해 노라고 ―

11월 3일. 관희觀熙가 목포木浦서 걸어왔다. 섬에 가서 피난避難하고 제 처자妻子는 지금 목포木浦다 두고 저만 왔다고. 퍽 염려했더니 왔다. 문운門運이 체쇠替衰치는 않었다. 『지나소설사支那小說史』 하권下卷도 다 보았다. 용제龍弟가 와 본다. 오후 흐리고 훈답다. 밤에 비가 좀 왔다.

11월 4일. 종일 비. 구 일기책舊日記册을 내어 대강 경력經歷을 조사調査했다.

11월 5일. 비는 개고 흐렸다. 병유秉裕가 서울서 왔다. 종희宗熙 편지도 보았다. 쌀 없고 돈 없고 여행증명서旅行證明書도 얻기 어려워 퍽 고생하는 모양이다. 쌀 한 가마니를 보내 달라고. 용안龍安 돈다메서 병옥秉玉이가 술 한 병 들고 왔다. 순우順雨 이야기를 자세히 했다. 병철秉徹이도 이리裡里서 왔다. 유언비어流言飛語는 여전히 돈다.

11월 6일. 구 일기舊日記 조사調査. 병옥秉玉이가 돈다메로 갔다. 자정 지나서 황화면皇華面 지서支署(무드기로 옮긴)가 습격襲擊을 당했다 한다.

11월 7일. 구 일기舊日記 조사調査. 『국문학개설國文學槪說』를 썼다.

11월 8월. (음陰 9일 29일 입동立冬) 흐리다 비낮이 듣는다. 『국문학개설國文學槪說』을 썼다. 하라버지, 아버지 산소에 올라 성묘했다.

11월 9일. 병주秉胄가 술을 먹인다. 대부大父, 석성石城 숙叔, 만송晩松과 함께. 그리고 신막新幕 최치안崔致安 회갑回甲 잔치에 초대하여 갔다.

11월 10일. 만송晩松이 저육猪肉을 샀다고 술을 준다. 태희泰熙 자친慈親이 서울서 일전日前에 떠나 왔다. 계동桂洞집 소식을 들었다. 으름골 당숙堂叔이 오셨다.

11월 11일. 맑고 따듯하다. 『개설槪說』의 잡가雜歌 창조唱調 종별種別을 썼다. 간간 야포野砲소리가 들린다. 백증조비伯曾祖妣 온양溫陽 정씨鄭氏 기제忌祭. 오후午後 9시九時 신 술을 먹고 토란국을 먹고 누어 자다가 촉랭觸冷하여 복통이 난다. 환약 한 개 먹고 배를 따뜻한 방바닥에 대었더니 신간히 가랐다.

11월 12일. 만송晩松과 인仁 씨氏가 왔기 술 두어 잔을 가치 먹었다. 그리고 생강生薑 한 뿌리를 먹고 자는데 또 배가 오른쪽 갈비 밑이 살살 아프기 시작한다. 환약丸藥, 석류石榴 생즙生汁을 먹어도 그치지 않는다. 또 뜬눈으로 엎치락뒤치락하다가 날을 밝혔다.

11월 13일. 만송晩松과 대부大父가 와 본다. 만송晩松이 사瀉하는 환약丸藥 7개七介를 준다. 설사泄瀉는 안 되고 오좀만 자주 나온다. 신열身熱이 솟고 땀이 흐른다. 입술이 타고 혀에는 백태白苔가 끼었다. 돌을 구어 뜸을 하면 좀 낫다. 이중탕理中湯을 세 첩 지어 먹어 보았다. 오후엔 용제龍弟가 4관四關을 주고 보두寶竇 들은 환약丸藥을 먹인다. 그려도 복통腹痛은 여전하다. 여산리礪山里 양약상洋藥商 이세운李世運이 왔다. 서로 의논하여 피마자蓖麻子 기름을 한 잔 가량 먹었다. 세 시간 지난 후에 설사가 대롱에 물 쏟듯 세 번 나왔다. 그리고 신열身熱도 내리고 복통腹痛도 개었다. 미움만 먹고 잠도 잘 잤다.

11월 14일. 눈ㅅ발이 날렸다. 밥을 물 말었다. 그러나 구미口味는 아지 회복回復지 않는다. 종일 누었다 일었다 하였다. 영하零下 4도四度 첫 얼음 얼었다.

11월 15일. 정현상鄭顯尙 숙叔과 만송晩松이 왔다. 관희觀熙가 신막新幕 용제龍弟 집에서 얻어 온 술을 함께 먹었다. 앞 논두렁에서 뜯어온

쑥을 지져 점심도 저녁도 비벼 좀 먹었다. 밤 열한 시쯤 하여 또 복통이 시작한다. 아랫배가 쌀쌀 아프다. 또 피마자 기름을 한 종자기 먹었다. 세 시간 후 설사泄瀉는 하되 뭉얼뭉얼하게 나온다. 복통은 그치지 않는다. 아편阿片을 콩낱만큼 먹었다. 한 시간 가량 지통止痛되었다. 돌을 구어 뜸을 했다. 아픈 도수度數가 경감輕減된다.

11월 16일. 아침에 누른 밥 숭융만 마시고 종일終日 굶고 돌 구어 뜸을 하고 누어 있었다. 철제徹弟가 숍니서 왔다. 여산礪山 장에서 곰거리를 사 왔다. 경희京熙를 세운世運 군君께 보냈더니 식후食後에 먹을 소화제消化劑만 지어 왔다. 밤에는 잘 잤다.

11월 17일. 누른밥 숭융을 삼시 먹었다. 저녁엔 무 생집을 먹었다. 술도 따듯하게 디어 두 잔을 마셔 보았다. 오른쪽 갈비 밑엔 아직도 눌르면 약간若干 아프고 시장ㅅ긔는 없다. 밤에 비가 온다.

11월 18일. 비가 개었다. 아침엔 누른밥 숭융과 물고기 지짐을 나수 먹었고 점심은 숭융만 마셨다. 저녁은 아니 먹었다. 으름골 당숙堂叔이 오셔 저녁을 자시며 종희宗熙가 언제 오느냐기에 "오겠지오. 지금 오는지도 모르지오." 하자 밖에서 종희宗熙가 온다고 한다. 오늘 새벽에 얼픗 잠이 드자 처가 "아버지 꿈에 네가 온다고 하시더니 과연 오는구나" 한다. 다시 깨었다. 이런 꿈을 말만 아녔을 뿐이었다. 종희宗熙가 왔다. 계동桂洞 집도 무고無故하다고. 꿀 한 숟가락을 먹었다. 좀 낫다. 오른 갈비 밑엔 눌르면 여전如前히 아프고 뱃속이 그저 더뿌룩하다. 곰곰 생각하다가 자정에는 일어나 석류石榴를 깨틀어 한 숭이를 시는 배앝고 물만 먹었다. 속이 시원하다. 그리고 아픈 증症도 갠다. 비로소 양약良藥을 발견發見했다. 곰국물만 마시고 곤히 잤다.

11월 19일. 삼시 숭융과 곰죽을 먹었다. 먹은 후엔 석류 한 덩이씩 먹었다.

11월 20일. 아침엔 밥을 먹었다. 점심엔 곰국과 호박죽을 먹고 뒷산山을 올라 거닐었다. 5대조五代祖 긍포공肯圃公의 『부천록膚淺錄』를 읽었다. 덕성德性과 덕행德行이 높으시었다. 나흘 만에 처음 뒤를 보았다. 바람이 몹시 불고 날은 훈듯하다. 밤에 비가 좀 왔다.

11월 21일. 아침엔 안개가 끼었다. 머슴애 달희 시켜 앞 못 아래 바미에 골을 치고 똥을 퍼어 주었다. 오늘 장에 곰거리를 샀다. 용제龍弟가 와 잤다.

11월 22일. 따듯하다. 못 아래 바미에 닭의 똥 겨를 덮고 그 우에 마늘씨를 뿌리고 흙을 덮었다. 협죽도夾竹桃를 짚으로 싸 주었다. 곰국을 먹었다.

11월 23일. 갈비를 먹었다. 오랜만이다. 오늘이 소설小雪. 무 배추를 다 뽑았다. 귀만네게 무 배추를 육천 원어치 더 샀다. 『개설槪說』의 잡가雜歌의 형태形態까지 썼다. 잡가편雜歌篇은 이걸로 마감하였다. 훈듯하다. 종일終日 여막廬幕 점석苫席 ○○○○○.

11월 24일. 음陰 10월十月 망일望日 관희觀熙가 오늘 아침 전奠을 채려 왔다.

11월 25일. 뜰 앞에 심었던 목서木犀 나무를 캐여 하라버지 산소山所 앞에 옮겼다. 관희觀熙, 경희京熙, 달희達熙, 갑동甲童이를 데리고.

11월 26일. 대부大父 생신生辰 가서 반주飯酒를 먹었다. 날씨가 좀 쌀쌀하다. 독담불 가서 이발. 2백 원二百円.

11월 27일. 밤눈이 좀 왔다. 역기驛基 남원南原 양씨梁氏 묘제墓祭. 조카며 자식들을 보냈다. 병관秉寬이가 와서 자기 생일生日이라 술을 먹자고 가자 한다. 만송晩松과 갔다. 술, 떡국, 담소談笑. 학동鶴洞 병섭秉

燮 군君을 병택秉宅 상사喪事를 위문. 신막新幕 정현창鄭顯昌 숙叔을 찾었더니 술을 준다. 저물어 왔다.

11월 28일. 흐렸다. 용제龍弟가 와 잤다. 밤에 눈 와 쌔였다.

11월 29일. 개었다. 따듯하다. 『부천록膚淺錄』을 읽었다. 종희宗熙, 용주容周 시겨 앞산山 배나무를 집터로 옮겨 심었다.

11월 30일. 용창容昌이가 신막新幕서 잡혀갔다. 논산군論山郡 광석면光石面 치안대원治安隊員이 와서.

12월

12월 1일. 흐렸다. 두무杜舞다리 산소山所 제수전祭需錢을 그 산직山直이게 보냈다.

12월 2일. 처妻가 여산공의礪山公医에게 갔다. 왼쪽 무릎 안쪽에 뻗으면 혹처럼 땡땡하게 돋고 쑤시고 저리고 아퍼 굴신屈伸이 거북하다. 올봄부터 시작하여 점점 더하다. 보혈주사補血注射를 맞었다. 계속하여 맞어야겠다. 대부大父가 술을 먹인다.

12월 3일. 따듯하다. 남풍南風이 슬슬 분다. 만송晩松과 생양동生陽洞 정현상鄭顯尚 숙叔을 찾어 보았다. 수리조합水利組合 저수지貯水池 된 후 나는 처음이다. 지변池邊 행로行路는 한 시경詩境이다. 물오리가 뜨고 눈은 잦았다.

12월 4일. 비 오다 눈이 오다 하였다. 『녹헌집鹿憲集』을 읽엇다. 『녹헌집鹿憲集』은 우리 방조傍祖 휘諱 곤坤의 호號. 정묘正廟 때 사람. 불우한 시인이었다.

12월 5일. 중공군이 평양까지 왔다 한다. 『녹헌집鹿憲集』을 읽었다. 용제龍弟가 와 잤다.

12월 6일. 정현상鄭顯尙 숙叔이 왔다. 아버지 대상大詳 제수祭需를 약간 여산礪山장에 사 왔다.

12월 7일.

소끌 나락을 들였다. 병주秉胄 집에서 술을 먹었다 만송晩松과. 흐리고 훈덥다.

12월 8일. 흐렸다. 만송晩松이 어젯밤 제사 음식을 먹인다.

12월 9일. (음陰 11월十一月 1일一日.) 눈이 와 쌓였다.

12월 10일. 눈이 와 쌓였다. 목욕沐浴. 전주全州 누님이 오셨다. 이리裡里 조병희趙炳熙 내외와 날말 윤尹집도 왔다.

12월 11일. 봄날 같다. 음陰 11일 초初3일. 집안이 다 모였다. 조객弔客도 많이 왔다. 밤을 새웠다.

12월 12일. (음 11월 초사일.) 아버지 대기大朞다. 오전午前 5시五時 진설陳設 행사行祀하였다. 새벽에 성묘省墓하고 혼백상자魂帛箱子를 아버지 묘전墓前에 묻었다. 저녁은 용제龍弟집에서 먹었다. 용제龍弟 생일生日. 조병희趙炳喜 내외는 갔다. 처의 무릎병은 주사注射 후 차도差度 있다.

12월 13일. 이한주李漢周 군君이 왔다. 만송晩松과 대부大父와 함께 담소談笑하다가 점심. 오후午後엔 흐렸다.

12월 14일. 만송晩松과 함께 즛절 송주보宋柱甫 씨를 가보고 삿골 병수秉秀 군君을 찾어 보았다.

12월 15일. 윤익중尹翊重 군君이 창뜰을 다녀왔다. 박영국朴永國 영애令愛 혼사婚事를 탐문探問하고 말한다. 밤 비.

12월 16일. 눈이 쌓였고 또 온다. 바람도 되오 분다. 고故 병춘秉春 군君 소기小朞다. 가 보려다가 말었다. 2천 원二千円으로 위문. 처妻가 몸살 겸 감기感氣로 앓는다.

12월 17일. 눈이 온다. 화해음和解飮을 지어 먹였다. 처妻에게.

12월 18일. 눈이 온다. 경희京熙 시겨 여산리礪山里서 쌍패산雙敗散을 지어 왔다. 인삼人蔘, 길경을 더 넣었다. 두 첩 먹였더니 두통頭痛, 경통頸痛이 좀 낫었다. 철제徹弟가 이리裡里 갔다.

12월 19일. 볕 나고 녹인다. 철제徹弟가 부자附子 넉 냥쭝兩重을 사 왔다.

12월 20일. 향가鄕歌 재료材料를 다시 검토檢討해 보았다.

12월 21일. 물고리 뼈를 사 오다. 부자附子를 이 뼈 우린 물에 대려 처妻의 무릎 병에 쓰려고. 밤에 비 오다.

12월 22일. 동지 팥죽을 먹었다. 현창顯昌 숙叔이 왔다.

12월 23일. 눈이 오다. 종일終日. 처妻가 여산병원礪山病院 가서 주사 맞고 왔다. 학동鶴洞서 병석秉錫 군君이 왔다.

12월 24일. 흐리다. 종희宗熙가 감기로 앓는다.

12월 25일. 맑다 흐리다. 전주全州 조병희趙炳喜가 왔다.

12월 26일. 맑다. 서울서 영희永熙가 왔다. 최관석崔寬錫, 양순자梁順子 편지를 보았다. 계동桂洞ㅅ집은 최 서방崔書房 관석寬錫에게 맡겼다. 서울은 반수半數 이상以上이 소개疏開하였다고. 중공군中共軍이 삼팔선三八線까지 넘었다 한다.

12월 27일. 맑었다. 만송晩松이 와 이야기하였다. 화평花坪 유 형柳兄이 중풍中風이 되었다. 그리고 인공군人共軍이 화평花坪 등지를 차지하고 있다 한다.

12월 28일. 명랑明朗하다. 심신心神이 상쾌하다. 『개설槪說』을 초草하다. 향가鄕歌다. 간명직절簡明直切한 설명說明을 힘쓴다. 잔설은 산山기슭에 남고 석양夕陽은 앞산山에 잦고 산山새는 뜰에 지절거린다. 한가함보다도 고요함이 더욱 사랑스럽다. 도시都市도 영화榮華도 성예聲譽도 업적業績도 계획計劃도 다 잊는다. 이런 순간瞬間만이 나는 기쁘다.

12월 29일. 『개설槪說』 향가鄕歌의 예例를 썼다. 누님, 병희炳喜가 조춘원趙春元께로 갔다.

12월 30일. 만송晩松을 가 보다. 윤익중尹翊重 군君과 왕굴 자리를 친다.

12월 31일. 밤에 눈이 좀 왔다. 독담불 가서 기다려 이발을 했다. 음산하고 서남풍이 분다. 서울 소식은 여전하다. 피난군避亂軍은 좀 끔한 모양이다.

1951년(단기 4284년)

1951년(단기 4284년)

1월

1월 1일. 맑다. 서모庶毋가 술을 준다. 용龍, 철徹 양제兩弟와 경주慶州 누님과 서모와 함께 해정解酲을 하였다. 전주全州 누님이 조충원趙忠元께서 오셨다. 자식들을 데리고 꽃을 꺾다가 꿈을 깨었다.

1월 2일. 맑다. 따듯하다. 대부大父게 갔다가 이만필李萬必 군君께 끌려 대부大父 인仁 씨氏, 윤익중尹翊重 군君과 독다릿골 박노철朴魯哲 집으로 갔다. 고경삼高京三이네가 와 술을 판다. 두 대를 거울렀다. 화원花園에다 용龍를 기르는 꿈을 꿔었다.

1월 3일. 『개설槪說』 향가鄕歌의 참고參考를 쓰다가 이한주李漢周 군君이 와 이야기했다. 만송晩松도 왔다.

1월 4일. 흐리다 맑다 했다. 유엔군軍 서울 후퇴後退했다고.

1월 5일. 만송晩松과 함께 사직社稷재 이원성李源成 군君을 찾어 점심點心 먹고 이형화李馨和 궤연几延 일곡一哭하고 신보영申輔永 군君 찾고 정갑원鄭甲源 씨氏를 찾고 왔다. 흐렸다.

1월 6일. 소한小寒. 오후 눈이 온다. 만송晩松이 와 놀았다. 눈비가 섞어 온다. 음울陰鬱하다.

1월 7일. 비가 온다. 만송晩松, 대부大父, 윤익중尹翊重 군君이 왔다.

1월 8일. 병희炳喜 3부자三父子가 오고 기형璣衡이가 왔다. 음음陰陰.

1월 9일. 기형璣衡이는 갔다. 우설雨雪. 창환昌煥이가 술을 먹인다.

1월 10일. 우설雨雪. 음陰 12월 초初3일. 중부주仲父主 생신生辰. 아침을 가 먹었고 처妻의 생일生日. 점심點心은 대부大父, 병문秉文, 만송晩松과 집에서 먹었다.

1월 11일. 약간若干 쌀쌀하다. 전주全州 누님이 전주全州 가신다고 떠났다. 정갑원鄭甲源 씨氏가 오셨다. 볕이 났다.

1월 12일. 몹시 칩다.

1월 13일. 영하零下 10도十度. 이 지방 치위로는 근년近年 첨이다.

1월 14일. 장희章熙가 밥을 아니 먹는다. 문희文熙가 사변事變 당한 후 문희文熙 가족이 여산읍礪山邑으로 가 있고 제 뉘만 예 있어 집에서 조석朝夕을 먹였다.

1월 15일. 장희章熙가 죽었다. 정갑원鄭甲源 씨氏가 오셨다. 날이 풀렸다.

1월 16일. 흐리다 맑다 하였다.

1월 17일. 쾌청快晴하였다. 수원水原을 탈환奪還했다 한다. 『개설槪說』 향가鄕歌를 썼다. 미인米人이 와 앞 신작로新作路 닦는데 가가家家 부역賦役이다.

1월 18일. 흐렸다. 당숙堂叔 백씨伯氏 댁宅에서 술을 먹인다. 어젯밤 종조부從祖父 기고忌故다. 날은 퍽 풀려 5, 6도五六度 되었으나 아직도 음달은 잔실殘雪이 희뜩희뜩하고 길은 퍽 질었다. 유종석柳鍾錫이가 왔다.

1월 19일. 달희達熙가 국군國軍 응소應召로 갔다.

1월 20일. 좀 칩다. 종석鍾錫이가 전주全州로 갔다. 밤에 눈 오다.

1월 21일. 대한大寒. 음陰 12월 14일. 영하零下 7도七度.

1월 22일. 역시 칩다. 『개론槪論』 시조時調를 썼다.

1월 23일. 용제龍弟와 박우덕朴雨德 군君이 왔다.

1월 24일. 전주全州서 경희京熙 사주四柱 받으러 유제운柳濟雲 군君이 왔다. 대부大父 댁宅에서 동내洞內 먹이 술을 먹었다. 사십四十 이하 응소應召가 연기延期되었다.

1월 25일. 흐리다. 고산高山 방면서 종일 포성砲聲이 굉굉轟轟했다. 빨찌산 토벌討伐 운운云云.

1월 26일. 맑다. 경희京熙 사주四柱를 쓰였다. 어름골 당숙堂叔이 오셨다. 유제운柳濟雲과 경희京熙가 전주全州를 갔다. 소를 팔다. 2십4만二十四萬 원円.

1월 27일. 박우덕朴雨德 군君이 떠났다. 문리대文理大 편지 권고사직勸告辭職 상급심사上級審査 기별奇別이 왔다.

1월 28일. 경희京熙가 어제 갈앗서 자고 왔다. 연길涓吉을 가지고. 신묘辛卯 정월正月 초3일初三日 미시未時 납폐納幣 전안奠雁. 정월正月 12일十二日 우례于禮

1월 29일. 고산高山 빨찌산 토벌討伐 포성砲聲이 굉굉轟轟.

1월 30일. 김화진金龢鎭 군君이 동부인同夫人허고 피난避亂 가다가 찾어왔다. 점심 먹고 떠났다.

1월 31일. 빨찌산 토벌討伐에 어름골 당숙堂叔이 가옥家屋을 소실燒失했다. 왕전旺田 용길容吉이가 왔다.

2월

2월 1일. 종희宗熙, 문환文煥이가 혼수婚需를 찾으러 전주全州 갔다.

2월 2일. 치도治道가 술을 주어 마셨다. 대부大父랑. 경희京熙 혼서지婚書紙를 만들어 썼다. 용길容吉이가 떠나갔다.

2월 3일. 일만一晩 군君이 와 건너방을 뜯고 새로 놓았다.

2월 4일. 대부大父 댁宅 머슴방에 밤이 이슥하도록 놀았다.

2월 5일. 경인庚寅 12월 29일 그믐날. 병주秉胄랑 건너방 도배를 하였다.

2월 6일. 신묘辛卯 정월正月 일일一日. 증조고비曾祖考妣, 조고비祖考妣, 고비考妣 차례茶禮.

2월 7일. 병주秉胄, 일환一煥이가 건너방 장판張板을 놓았다. 뒷갓서 마차가 왔다. 모샛골 누님이 술을 준다.

2월 8일. 오전 일곱 시에 경희京熙, 병철秉徹, 종희宗熙, 관희觀熙, 병표秉杓, 떼쇠가 마차로 전주全州를 갔다. 눈이 약간 온다. 만송晩松이 술을 준다. 장지택張之澤 군君이 내성來省.

2월 9일. 눈이 온다. 병주秉胄가 술을 먹인다. 병철秉徹, 관희觀熙, 떼쇠가 돌아왔다.

2월 10일. 전주全州서 신부新婦 일행一行이 왔다. 경희京熙, 종희宗熙, 병표秉杓 누님과 마차가 왔다. 이필우李弼祐와 그 매부妹夫 장張 군君이 왔다.

2월 11일. 오전 네 시 반 인시寅時 신부新婦가 사처下處(창환昌煥이 집)서 집을 들었다. 11시十一時 현구고舅姑를 받었다. 나는 며누리게 "오늘부터 우리 집에 들왔다. 우리 집과 사회와 나라를 행복하게 하여다고.

하자면 네가 가지고 있는 지혜智慧, 지식知識, 역량을 다해 정성 드리고 공경하여 하면 되리라. 나는 네게 예물禮物 대신 이런 말을 주는 걸 잘 명심하라" 하였다. 제족諸族이 다 모였다. 김화진金稣鎭 군君이 왔다. 고담古談으로 자정까지 지냈다. 일기日氣가 청명淸明하였다.

2월 12일. 이응구李應九, 장지택張之澤, 이한주李漢周 군君이 왔다. 술을 먹었다. 화진稣鎭 군君이 떠났다. 순우順雨 모녀母女가 왔다.

2월 13일. 한배漢培가 왔다. 윤일중尹一重, 유진홍兪鎭弘 군君이 왔었다.

2월 14일. 화진稣鎭 군君이 와 잤다.

2월 15일. 흐리다. 밤에 눈이 왔다.

2월 16일. 화진稣鎭 군君이 떠났다. 석교石橋 정갑원鄭甲源 씨氏를 가 뵈았다. 새벽에 선제禪祭를 지냈다.

2월 17일. 만송晩松 집에서 점심과 술을 먹었다.

2월 18일. 감기가 들었다. 심한 건 아니었다.

2월 19일. 화진稣鎭 군君이 왔다.

2월 20일. 화진稣鎭 군君이 떠났다. 경숙敬叔 씨가 청하여 술을 준다. 안주按酒가 맞어 잘 먹었다. 뒷산山 성묘省墓를 하였다.

2월 21일. 마파람이 종일 불고 밤새도록 비가 왔다.

2월 22일. 갰다. 은동隱洞서 어제(정월 16일) 빙모聘母 상사喪事를 당했다고 점동占童이가 왔다.

2월 23일. 흐리고 동북풍이 약간 분다. 오전午前 7시七時 점동占童이 데리고 나섰다. 은진恩津 사다리 점촌店村으로 이녕泥濘 또는 홍수洪水를 건너 연산連山 역전驛前서 우육牛肉과 술을 사 먹고 오후午後 3시三時 떠나 개태開泰ㅅ재를 넘어 입암立岩 가자柯子골 왕대旺岱로 은동隱洞에 이르렀다. 6시六時 반半. 근近 백 리百里 길이었다. 퍽 곤비困憊했다.

궤연几筵 일곡一哭. 오날 장례葬禮를 지냈다고.

2월 24일. 영관永琯 군君과 두계교豆溪橋 건너 김용기金容基 외간상外艱喪을 물었다. 일환一煥이 부의금賻儀金 영수領收도 들었다. 열수熱洙 집도 가보고 택수宅洙 군君과 한양漢陽말 이李 군君도 문상. 장모丈母, 장인丈人 묘도 성묘. 밤 이슥도록 담화談話.

2월 25일. 열수熱洙 집에서 조반朝飯. 희수希洙 군君이 지서支署까지 와 논산論山 가는 추럭을 잡어 주어 타고 논산論山까지 왔다. 보행步行 황화정皇華亭이 와 윤성중尹成重 군君 문상을 하고 마침 와 있는 김영룡金永龍 군君을 찾어 담화談話하다 잤다.

2월 26일. 조반 후 걸어 여산礪山에 이르다. 장이다. 만송晩松과 경京, 종宗 양아兩兒를 만났다. 고무신을 수선하고 또 한 커리를 샀다. 4천8백四千八百 원円.

2월 27일. 비가 종일 오다. 병주秉冑 생일. 술을 먹었다.

2월 28일. 비는 갰다. 동북풍. 공주公州 서徐ㅅ집이 와 본다.

3월

3월 1일. 맑다.

3월 2일. 북동풍. 몹시 칩다. 서徐ㅅ집이 떠났다.

3월 3일. 밤 눈. 전주全州 누님과 누의와 유제운柳濟雲 군君이 왔다. 김영관金永琯 군君이 왔다.

3월 4일. 날말 누의며, 왕전旺田 누의 모자母子며, 공주公州 송석일宋錫一이가 왔다.

3월 5일. 신묘辛卯 정월正月 28일二十八日, 나의 회갑回甲. 일기日氣가 화창和暢하다. 헌수獻壽를 받고 또 내빈來賓들과 종일 마셨다. 수백 명였다. 크게 취하였다.

3월 6일. 비가 온다. 김영관金永琯과 병관秉寬이와 이원호李元鎬 군君과 종일 담소談笑. 저녁에 도燾, 소병문蘇秉文, 소병원蘇秉元 군君이 와 함께들 잤다.

3월 7일. 손들은 떠났다. 이한주李漢周 군君이 수연운壽筵韻를 다시 쓰러 왔다.

3월 8일. 유제원柳濟元 군君도 떠나고 송석일宋錫一과 그 처자妻子와 왕전旺田 누의 모자母子도 떠났다.

3월 9일. 흐렸다. 이겸태李謙泰, 소진호蘇鎭浩, 송정식宋廷植 군君이와 담화談話하고 점심 후 갔다.

3월 10일. 맑다. 만송晩松과 함께 여산리礪山里 가서 이응구李應九, 장지택張之澤, 장지태張之兌 그 매부 이근영李根榮 군君 들을 찾어보고 술 먹고 오후 왔다. 윤석중尹石重 군君이 집중執重 부인夫人과 왔다.

3월 11일. 흐렸다. 고무신을 회갑回甲날 잃고 또 샀다.

3월 12일. 명랑明朗하였다. 만송晩松, 장지태張之兌, 이응구李應九, 장張 군君 매부 이근영李根榮 군君이 왔다. 담소談笑하고 만두饅頭로 점심과 술 먹고 이응구李應九 군君 집에서 또 술을 먹었다.

3월 13일. 석중石重 군君과 집중執重 부인夫人이 떠났다.

3월 14일. 오후午後 6시六時쯤 대전太田서 헌병憲兵 1인一人, 학생과원學生課員 1인一人이 논산論山, 여산礪山 지서원支署員과 청방靑防의 응원應援을 얻어 도합都合 십여十餘 명名이 와 우리 집을 포위包圍하고 김용주金容周를 내놓으라고 야단법석을 하며 김동수金東洙를 잡어 포승捕繩으로 묶고 경희京熙에게도 대들어 공갈恐喝 또는 구타毆打를 하고 내게는 육혈포六穴砲를 들여대고 공포空砲를 세 방 하며 용주容周는 작년昨年 10월에 떠나갔다 하는 나의 말을 듣지도 않고 나와 경희京熙를 포승跑乘으로 묶으려 한다. 그려도 나는 그냥 바구고 있었다. 내 뵈라는 양민증良民證, 교수증教授證을 보이매 공포空砲 놓던 대전太田서 온 헌병憲兵은 사과謝過를 한다. 내 집, 병철秉徹이 집, 일환一煥이 집, 갑동甲童이 집을 다 뒤지고 용주容周가 육혈포를 가졌다 하며 용주容周와 육혈포六穴砲를 내놓으라 하고 마침 일환一煥이 머슴방에 피했던 동수東洙만 양민증良民證이 없다고 데리고 가며 면장面長 병철秉徹이가 숩니서 오면 논산헌병대論山憲兵隊로 즉시 보내라 한다. 용주容周 아우가 대전太田서 붙들려 용주容周가 면장面長 병철秉徹이 집에 있다고 한다는 것이다. 유제운柳濟雲 군君이 와 어제(2월 6일) 유 형柳兄 중환重桓이 별세別世했다 한다, 만 원萬円 부의賻儀.

3월 15일. 국군國軍이 경성京城을 들어갔다고 라디오서 전한다. 김화진金龢鎭 군君이 와 잤다. 서조모庶祖母 기고忌故. 병주秉胄가 술을 먹인다. 병철秉徹이가 왔다.

3월 16일. 김金 군君이 왕궁王宮으로 떠났다. 일환一煥이를 여산礪山지서支署서 불렀다.

3월 17일. 노성魯城 윤석범尹錫範 군君이 왔다 점심 후 갔다. 김화진金龢鎭 군君이 그 따님과 와 잤다. 입성축하회入城祝賀會가 있다. 병주秉胄가 공주公州를 갔다. 일환一煥이와 병철秉徹이가 자정子正에야 왔다. 경년庚年 집에서 그 따님 이바지를 먹었다.

3월 18일. 김金 군君 부녀父女가 옥천沃川를 향하여 떠났다. 병주秉胄가 왔다. 만송晩松과 이응구李應九 군君을 가 보았다. 으름골 당숙堂叔

이 오셨다.

3월 19일. 아산牙山 신申집이 현옥鉉玉, 현득鉉得이를 데리고 나흘 만에 왔다. 내 회갑回甲에도 못 와서 어린 것은 띄여 놓고 매일 육칠십 리六七十里를 걸었다. 인仁 씨氏가 술을 사 준다.

3월 20일. 창환昌煥이 술을 먹인다. 작은 어머님 기제忌祭를 지냈다.

3월 21일. 집을 이었다. 신申집이 정육正肉 한 근을 사 왔다. 육회肉膾를 하여 먹었다. 정육正肉 1근一斤 2천7백 원二千七百円. 백미白米는 소두小斗 1두一斗 7천 원七千円. 춘분春分.

3월 22일. 현옥鉉玉이 데리고 북당北堂골 가서 마(산약山藥)를 캤다. 두릅나무 십여 주를 캐다가 울타리 새에 심었다. 정갑원鄭甲源 씨氏가 오셨다 한다. 대전太田서 이경복李京馥이가 추럭 타고 왔다. 점심 후 이리裡里로 갔다. 종희宗熙도.

3월 23일. 마를 갈어 달걀 노린재 빼고 게다 사분지 삼과 사분지 일은 피마자蓖麻子 가루와 혼합하여 넣어 밥솥에 쐶어 식후 경희京熙게 먹이다. 연주連珠에 신효神效하다 한다. 산약山藥 한 근 가량을 먹어야 한다.

3월 24일. 현옥鉉玉이 데리고 북당北堂골 우右켠 밭머리 돌담불을 헐고 마를 캤다. 오늘은 제법 큰 놈을 캤다. 여산리礪山里 김충진金忠鎭 군君이 어제 별세했다고. 2월 17일. 밤에 비 오다.

3월 25일. 아침은 좀 개었다. 만송晩松과 여산리礪山里 가서 고故 김충진金忠鎭 군君 문상問喪. 오늘 발인한다고 하였으나 비가 와서 비 개기만 기다리고 있다. 비 맞고 왔다. 종희宗熙도.

3월 26일. 비. 치도治道가 저육猪肉 한 근 사 오고 만송晩松이 사어沙魚 한 마리 사고 인仁 씨氏가 술 두 병 조명祖明 씨氏가 술 한 병 내가 술 세 병 내어 내일 북당골 놀이를 하기로 했다.

3월 27일. 흐리다. 만송晩松, 조명祖明 씨氏, 인仁 씨氏, 치도治道, 이만필李萬弼, 김순일金順一, 경숙敬叔 씨氏, 병문秉文, 병선秉宣이, 나랑 북당北堂골에 모여 가재 잡어 지지고 저육猪肉 굽고, 사어沙魚 찌고, 청태靑苔 모찜으로 안주하여 여섯 병을 다 거우르고 경숙敬叔 씨氏가 점심點心밥 내와 먹고 김순일金順一 노래와 만송晩松 춤으로 파하다. 파하고 돌아 들오니 비가 온다. 용복龍福이가 그 장교將校들과 추럭 타고 왔다. 조명祖明 씨氏 댁에서 점심 먹고 떠났다.

3월 28일. 병수秉秀 군君과 이원호李源鎬 군君, 정현상鄭顯尙 숙叔이 왔었다.

3월 29일. 북당北堂골 가서 마를 캤다. 고루근菰蔞根도 캤다.

3월 30일. 하지夏至감자를 심었다. 한재곤韓在坤 군君이 헌병 대위로서 이리裡里까지 왔던 길에 찾어왔다. 부하 네 사람을 데리고 지프차로 왔다. 점심 후 떠났다. 윤상만尹相萬 씨가 와 잤다.

3월 31일. 정현상鄭顯尙 숙叔 생일이라고 술을 먹인다. 조명祖明 씨氏랑 만송晩松이랑 용제龍弟랑 그 동갑 친구親舊 4, 5인四五人과 함께 먹고 오다 용제龍弟 집에 술과 쑥떡을 먹었다. 전주全州 명륜대학明倫大學서 자동차自動車 타고 학장學長 이우식李愚軾, 교무敎務 허정렬許政烈, 유직양柳直養, 양상경梁相卿, 최경렬崔景烈, 교무敎務 박준규朴準規 등 6인六人이 정종正宗 두 병, 정육正肉 네 근斤을 가지고 나를 초빙招聘하러 왔다. 두견주杜鵑酒를 먹이고 허락許諾하여 보냈다. 비는 또 온다. 용제龍弟랑 만송晩松 집에서 또 술을 먹었다. 밤에는 철제徹弟 집에서 엽부獵夫들이 잡은 노루피를 칠홉 사발이나 마셨다. 양기陽氣가 증진增進한 듯한다.

4월

4월 1일. 갰다. 구 일기舊日記 책冊에서 나의 경력經歷을 약간若干 초抄했다.

4월 2일. 현옥鉉玉이 데리고 석창포石菖蒲 수백數百 뿌리를 북당北堂골 하류下流 연안沿岸에 옮겨 심고 머위 뿌리를 북당北堂골서 캐다가 아래 남새밭 머리에 심었다.

4월 3일. 우대愚臺 아래서 매화梅花를 캐다 못 옆 미나리ㅅ강 우에 심고 게 있던 다래 넝쿨을 하라버지 내외內外분 산소山所 앞에 심었다.

4월 4일. 독담불서 이발하고 오다가 용제龍弟 집에서 술 먹고 으름골 당숙堂叔 만나 몇 잔 더 먹고 만송晩松을 찾고 와 또 먹었다.

4월 5일. 현옥鉉玉, 현득鉉得이 모자母子가 아산牙山을 향하여 떠났다. 이리裡里서 병원秉元 형兄이 와 잤다. 만송晩松이 술을 주어 함께 먹었다.

4월 6일. 병원秉元 형兄과 함께 만송晩松게서 조반朝飯. 정원庭園을 다스리고 형개자荊芥子, 소자蘇子, 백편두白片豆, 회향茴香 등을 심었다.

4월 7일. 북당北堂골서 마를 캤다. 용제龍弟 집에서 술을 먹었다. 창평倉坪 길佶 씨氏가 왔었다.

4월 8일. 3월 3일. 노루목 오세조五世祖 묘제墓祭에 갔다. 증조모曾祖母 산소山所 성묘省墓. 일환一煥, 병주秉冑와 조고비묘祖考妣墓 앞에 지석誌石을 묻었다.

4월 9일. 천문동天門冬을 캐어 거피去皮하고 심心을 발러 폭건暴乾하다.

4월 10일. 마를 캤다. 전주全州서 맹석孟錫이가 왔다. 야정野井 김규훈金奎勳 군君이 왔다. 동남풍東南風이 분다. 북당北堂골서 목욕沐浴.

4월 11일. 비 오다 개었다. 2천 원二千円을 만송晩松게 주었다. 내일 병수秉秀 군君게 가서 놀 비용費用.

4월 12일. 인 씨仁氏, 중 씨仲氏, 만송晩松허고 신막新幕 용제龍弟집에 해정解酲을 하고 정현상鄭顯尙 숙叔을 찾어 용제龍弟도 함께 삿골 병수秉秀 집으로 갔다. 병관秉寬, 김성숙金性孰, 이한주李漢周, 하재영河在瑛, 송두섭宋斗燮 군君이 모이고 조병준趙炳俊, 최 모崔某도 있어 한 순배巡盃를 하고 여산礪山 송씨宋氏 천阡으로 올라 가재 사냥을 하여 지지고 또 순배巡盃를 하고 점심밥도 먹고, 술 한 주전자 들고 박택규朴澤圭를 찾다. 어눌語訥은 하되 알어는 보고 내게 특히 두 잔을 권한다. 오다가 송만회宋晩悔를 찾고 하재영河在瑛 집에서 술 먹었다. 퍽 취醉했었다.

4월 13일. 마를 캤다. 관희觀熙 집에서 술을 먹인다. 향희香熙 혼인날이 달 20일인데 내가 15일 전주全州로 가겠다 하여 미리 대접待接하는 게다.

4월 14일. 갑철甲哲 데리고 가서 마를 캤다. 치도治道가 짓는 그 집 앞 논 2백4십 평二百四十坪을 치도治道게 주었다. 15만十五萬 원円. 용제龍弟게 학동산장鶴洞山莊 5정五町 8단八段을 주었다. 35만 원円을 준다. 큰 집에 큰일을 여러 번 치루고 군색하다고 이렇게들 하여 준다.

4월 15일. 김준식金俊植, 김화진金龢鎭 군君이 왔다. 오후午後 두 시 전주全州 명륜대학明倫大學서 추럭을 몰고 홍순채洪淳采, 박준규朴準規, 이종택李鍾澤 세 분이 나를 데리러 왔다. 약간 기구器具를 실리고 처妻와 누님과 정자貞子, 운배雲培, 종희宗熙, 병표秉杓, 태희泰熙와 강아지 한 마리와 함께 떠났다. 나와 처妻는 운전수運轉手 옆에 탔었다. 금마金馬서 정차停車하고 김용섭金容燮, 이기진李祁眞 두 청년이 나를 숭배하고 기다렸다. 홍순채洪淳采 군君허고 두 청년이 주는 술을 먹었다. 홍군은 분혼촌紛魂村 운자韻字를 적어 주곤 그 본가本家를 갔다.

> 日旱路乾塵紛紛, 不風不雨寸斷魂
>
> 隨處停車臨酒屋, 春城皆是杏花村[3]

을 얽었다. 다섯 시나 되어서 전주全州에 이르렀다. 일행一行은 나의 우사寓舍로 보내고 나는 명륜대학明倫大學으로 갔다. 학장學長 이우식李愚軾과 교직원敎職員과 유지有志들이 모여 있다. 인사하고 끌려 노송각老松閣으로 갔다. 기생妓生 광대廣大도 있다. 신申쾌동이며 명창名唱. 음식飮食과 가무歌舞. 10시十時 전 파하고 오목대梧木臺 밑 우사寓舍로 와 잤다.

4월 16일. 처妻와 누님과 가치 맹석孟錫이 집에 가서 형兄님 궤연几筵에 일곡一哭. 술을 사 왔다. 오다가 화초花草 집에 들렀다. 주인主人 마담과 인사하였다. 유창석柳昌錫, 증석曾錫 군君을 찾었다. 술을 준다. 학장學長과 유지有志 4, 5인四五人이 노송각老松閣으로 또 초대한다. 신申쾌동과 기생妓生 3, 4인三四人. 거문고 병창並唱. 통행금지通行禁止 전에

---

3 날씨 가물고 길 말라 먼지는 자욱한데
바람도 비도 없으나 넋이 마디마디 끊어지네.
가다 수레 멈추면 곧 술집이 있으니
봄날 성이 모두 행화촌(杏花村)이로구나.

* 행화촌(杏花村)은 술집 또는 술집이 많은 마을을 뜻하는데, 두목(杜牧)의 〈청명(淸明)〉에서 온 말이다. 제2구의 '寸'은 글자가 분명하지 않은데, '欲'일 가능성도 있다. "欲斷魂"(넋이 끊어질 듯하네)은 〈청명(淸明)〉의 제2구에 나오는 시구이다. 이 작품은 두목의 〈청명〉을 참조하여 쓴 것으로도 보인다.

왔다. 사중師中 기타 친지親知들이 왔다 한다. 용복龍福이가 지프차車로 장교將校 둘과 와 잤다. 계동桂洞 집을 가 보았다 하는 바 최 서방崔書房이 꼭 지켜서 아무 손실도 없고 최 서방崔書房은 나를 보러 일전日前에 떠났다 한다. 찬영燦永 모자母子가 왔다.

4월 17일. 오후午後 동북풍東北風. 명대明大에 나갔다. 학장學長과 은殷종관 군君도 왔다. 서울 문리대文理大 소식消息를 자세히 들었다. 은殷 군君이 학도의용대가學徒義勇隊歌를 지어 달라고 부탁한다. 종희宗熙, 병표秉杓, 태희泰熙가 떠났다. 산약山藥 두 근斤을 사 보냈다. 찬영燦永 모자母子가 왔다. 운배雲培를 데려갔다.

4월 18일. 오전午前 10시十時 학장學長이 자동차로 왔다. 함께 나섰다. 명대明大로 가서 허정렬許政烈, 유직양柳直養 두 분도 동반同伴하여 각 관서官署 각 중학中學 유지有志 인사人士들을 찾었다. 임용택林龍澤, 양상경梁相卿, 송주상宋柱祥, 이광렬李光烈과 제8군 사단장 최영희崔榮喜 군君. 최崔 군君은 휘문중학徽文中學 졸업생卒業生이었다. 퍽 반가워한다. 계동桂洞집 서적書籍 운반할 추럭을 부탁하였다. 점심은 유직양柳直養 씨 소가小家에서 먹었다. 밤에 비가 줄줄 나렸다. 하태웅河泰雄이 왔다. 그 백형伯兄이 동경東京서 별세別世하였다.

4월 19일. 오후 갰다. 우산을 사 들고 명대明大에 나갔다. 심교수沈教授와 담화談話. 길배吉培 군君이 왔다. 학장學長이 양화洋靴를 준다.

4월 20일. 고대高大 교수教授 김형규金亨奎 군君이 찾어 왔다. 명대明大 국어과國語科를 맡어달라고 했다. 완산동完山洞 누님 집에서 점심點心을 먹인다. 병희炳喜를 찾었다. 명대明大 문과文科 학생學生 박종호朴鍾浩 군君이 동과同科 학생學生 둘을 데리고 와 여러 가지로 묻는다. 명대明大서 쌀 한 가마니와 장적 한 구루마 가졌다.

4월 21일. 명대明大에 나갔다. 김형규金亨奎 군君이 왔다. 박준규朴準規 군君이 점심點心을 사 준다. 김金 군君이 국어학國語學 국강國講 국어개론國語概論을 맡았다. 한재곤韓在坤 군君 약혼연約婚宴에 처妻와 가치 갔었다.

4월 22일. 명대明大 교직원敎職員 일동一同이 남고사南固寺로 놀러 갔다. 홍순채洪淳采 군君도 왔었다. 밥과 술. 학장學長은 취醉했다. 부액扶腋하고 왔다. 이학근李學根, 오상현吳相鉉, 최경렬崔景烈, 허정렬許政烈 군君이 내방來訪. 홍순채洪淳采, 박준규朴準規 군君이 와 술을 먹였다.

4월 23일. 전북全北지방공무원양성소地方公務員養成所에 나가 네 시간 국사國史 강연講演. 오후午後 7시七時 명대明大 야간부夜間部서 시강始講.

4월 24일. 해석海石(이학근李學根)을 찾어 가치 나서 소남小南(오상현吳相鉉)을 가보고 데리고 묵로墨鷺(이용우李用雨)를 찾어보고 유연柳然, 홍성천洪惺川을 찾어보고 왔다. 소남小南이 왔다. 술을 먹었다. 처妻가 여산礪山을 갔다. 관희觀熙도. 윤우병尹佑炳 군君을 찾다.

4월 25일. 오전午前엔 강의講義 준비準備. 오후午後 유창석柳昌錫 군君을 찾었다. 석반夕飯을 준다. 해석海石과 허강許鋼 군君이 왔었다.

4월 26일. 명대明大 가서 국문학사國文學史와 그 개론槪論을 시강始講. 해석海石, 소남小南이 찾어왔다. 콩나물국으로 점심. 비 오다.

4월 27일. 비 왔다. 명대明大 가서 오후午後 국문학연습國文學演習을 시강始講. 소남小南 자제 오치수吳治洙 군君이 왔다. 박준규朴準規 군君께 소개. 홍순응洪淳應, 홍순태洪淳太, 윤오병尹午炳 군君이 왔다. 성모병원聖母病院 김영룡金永龍 군君을 찾어 보다.

4월 28일. 관희觀熙, 문환文煥, 고故 이항주李恒周 자제, 종희宗熙, 갑동甲童이가 그적긔 왔다가 오늘 셋이 갔다. 비가 줄줄 온다. 이발. 오전午前 10시十時 공무원양성소公務員養成所 폐의식閉議式에 가 축사祝辭.

4월 29일. 개었다. 용머리고개 병원에 가서 조명祖明 씨를 102호실서 보았다. 혀밑 암을 수술했다. 허강許鋼 군君이 왔다. 홍순태洪淳太 군君이 자부子婦 우례于禮를 받고 초대招待한다. 명대明大 교직원이 거의 다 왔다. 거음巨飮하였다. 갑동甲童이는 성모병원聖母病院서 진찰한바 위산과다증胃酸過多症이라 한다. 갑동甲童, 종희宗熙는 오늘 9시九時 뻐쓰로 떠났다.

4월 30일. 전주사범全州師範 부속국민학교장附屬國民學校長 조해형趙海衡 군君이 찾어와 내일來日은 그 학교學校 14회十四回 개교기념開校紀念날이라고 와 달라 한다. 지방공무원양성소地方公務員養成所서 네 시간 강연講演. 김용진金容鎭 군君께 『해동가요海東歌謠』 건乾 한 책册을 빌려 왔다.

5월

5월 1일. 오전午前 10시十時 부속국민학교附屬國民學校에 나갔다. 효산曉山 이광렬李光烈 군君과 김용규金容圭(개명改名 영배英培) 군君도 와 있다. 기념식記念式의 축사祝辭를 했다. 30여 년三十餘年 전前 내가 이 학교學校 전신前身인 제이공보교第二公普校에 4년四年이나 있었다. 교사校舍가 다 변경變更되었다. 창상滄桑의 느낌이 있다. 식式 파罷한 후 사진寫眞 박히고 오찬午餐. 일화逸話, 잡화雜話, 가무歌舞도 있다. 김용배金容培 군君이 나의 우사寓舍까지 왔다. 관희觀熙가 왔다.

5월 2일. 오정午正에 처妻가 왔다. 주인 유호양柳浩錫 군君이 와 인사하고 술을 준다. 소남小南도 마침 와 함께 마셨다.

5월 3일. 명대明大 가서 오전 중 네 시간을 다 했다. 밤에 한재곤韓在坤, 관희觀熙 데리고 제8사단第八師團 사령장관司令長官 최영희崔榮喜 군君을 찾어보고 서울 집에 있는 서책書冊 운반運搬을 다시 부탁하였다. 바람이 몹시 분다.

5월 4일. 김영룡金永龍 군君을 새벽에 가 보았다. 금명간今明間 여산礪山으로 간다 한다. 명대明大 갔었다. 지난 22일 남고사南固寺 갔을 때 억경대億景臺 운韻을 지었다.

> 看花渡水抱山回, 半日登臨億景臺.
> 佛舍南屹孤寂立, 江天坼北共長開.
> 亂中惟有愁千斛, 相對那無酒一盃.
> 乘醉聯笻談且笑, 斜陽夕路將歸來.[4]

윤우병尹祐炳 군君을 가 보았다.

5월 5일. 비 오다가 개었다. 용제龍弟가 왔다. 우당愚堂 이우식李愚軾

---

4 꽃구경에 물 건너 산을 끼고 돌아가
반나절 올라가니 억경대(億景臺)에 이르렀네.
절집은 남쪽에 우뚝하여 외롭게 섰고
강과 하늘은 북쪽에 트여 길게 열렸네.
난리 중에 오직 근심만 천 말인데
마주하여 어찌 술 한 잔 없으리오.
술기운에 지팡이 나란히 하여 담소하다가
기우는 해에 저녁 길로 장차 돌아가리라.

댁에서 초대招待한다. 억경대億景臺 운韻을 쓰고 술과 밥을 먹었다. 방공연습防空演習을 한다.

5월 6일. 허강許鋼 군君을 찾어 가치 나 해석海石을 찾어 데리고 한벽당寒碧堂에 오르고 오다가 조해형趙海衡, 유창석柳昌錫, 홍순채洪淳采, 오상수吳祥洙 군君을 찾었으나 다 출타出他하였다. 다시 해석海石 집으로 들어 술 한 병 거우르고 나와 이용대李容大 군君을 불러내어 오목대梧木臺로 올랐다. 시가市街가 퍽 불었다. 오후午後 여섯 시에 본도本道 학무과장學務課長 황黃 군君과 장학사奬學士가 자동차로 와서 청한다. 나섰다. 전진轉進하여 서울여관旅館으로 갔다. 문리대文理大 교수教授며 연대延大 교수教授들을 만났다. 도지사道知事 김가전金嘉全, 법원장法院長 이우식李愚軾도 왔다. 함께 석반夕飯을 하였다.

5월 7일. 종일終日 끄무릇했다. 아침에 길배吉培와 그 종형이 와서 본다. 서울여관旅館 가서 연합대학聯合大學에 온 교수教授들을 보고 담화談話하다가 도립극장道立劇場으로 갔다. 전라북도全羅北道 전시연합대학戰時聯合大學 개강식開講式이다. 예정은 오전午前 11시十一時나 12시十二時가 되었다. 연대聯大에 등록登錄한 학생이 남녀男女 병幷 3백 명三百名. 거의 다 모이고 유지有志들과 교수진教授陣이 다 모였다. 장내場內 만원滿員이다. 개식開式. 나는 폐식閉式 전에 만세萬世 삼창三唱 지휘指揮를 했다. 그리고 전주여중全州女中으로 일동一同이 가서 점심點心 하고 그 학교學校 학도學徒들의 가극歌劇을 보았다. 또 개강기념 강연회開講紀念講演會가 있다. "국민사상國民思想의 지도指導"는 김두헌金斗憲, "사회학상社會學上의 개인個人 가치價值"는 정석해鄭錫海, "국제사회國際社會의 신지향新指向"은 신기석申基碩 군君이다. 7시七時 반半 끝났다. 명대明大서 도청道廳 관계인關係人과 연대聯大 교수教授들은 노송각老松閣으로 초대招待한다. 예동汭東과 함께 자동차自動車로 가서 먹었다. 김가전金嘉全 도지사道知事는 기독교인이라 내 옆에서 술도 못 먹고 앉었다. 오늘은 우육牛肉도 있다. 임시臨時 정령政令에 내년 4월까지 도우屠牛 금지禁止나 절각우折脚牛만은 잡기도 한다 한다. 점심點心은 탕국. 거긔도 우육牛肉이었다. 11시十一時 전 파罷했다.

5월 8일. 오후午後 3시三時부터 전북도청全北道廳 사회교육국장실社會敎育局長室에서 전북全北 연합대학聯合大學과 종합대학綜合大學 문제問題에 대한 좌담회座談會가 있었다. 나도 출석出席. 종합대학綜合大學 문제問題는 확정確正한 결론結論도 없이 7시七時에 파罷하고 전주시全州市 유지有志의 초대招待로 부용관芙蓉館에 갔었다. 주식酒食 성비盛備다. 예동汭東과 나는 우당愚堂 이우식李愚軾 댁으로 끌려갔다. 또 계탕鷄湯과 술을 먹고 유숙留宿했다.

5월 9일. 예동汭東이 이리裡里, 군산群山으로 가는데 나는 우당愚堂과 지프차로 동산농장東山農場까지 가서 명대明大 교사校舍로 쓸 그 집들을 함께 보았다. 이상적理想的 학원學園 터다. 창고를 고치면 교실도 수십數十 처處 되겠다. 예동汭東을 작별하고 돌아왔다. 용제龍弟는 오늘 아침에 떠났다 한다. 이희균李曦均 군君과 그 친구 둘이 진안鎭安서 피난避難하다가 찾어왔다. 병철秉徹이가 왔다. 한재곤韓在坤 군君이 감로주甘露酒 한 병을 준다. 철배徹培 군君과 그 동창 정선모鄭善謨 군君이 왔다.

5월 10일. 용제龍弟가 여산礪山으로 회정回程했다. 『국문학개설國文學槪說』 원고原稿를 쓰다. 전북全北 전시연합대학戰時聯合大學의 국문학개설國文學槪說을 개강開講.

5월 11일. 오상수吳祥洙 군君을 찾어 보고 이희균李曦均 군君을 영어

英語 교사敎師로 채용採用해 달라고 부탁. 연대聯大의 국문학개설國文學概說 강의講義. 예동汭東은 군산群山서 와서 광주光州를 향向하여 떠났다고. 길배吉培 군君이 왔다. 이상구李相求, 이희균李曦均 군君이 왔다.

5월 12일. 명대明大를 거쳐 전주여중全州女中 교장校長을 가 보고 매주 수요일 4, 5, 6四五六 학년의 국어國語를 교도敎導키로 하고 강당에서 인사의 말을 했다. 지방공무원에게 가르킬 국사國史 원고原稿를 쓰다. 길배吉培 군君이 와 국문학사國文學史의 잡어구雜語句를 묻는다. 향가鄕歌 기타 고가古歌의 해석解釋을 해 주다.

5월 13일. 흐리고 소냉蕭冷하다. 완산동完山洞 누님을 가 보다. 소주를 주어 몇 잔 먹었다. 『삼국사기三國史記』, 『동국통감東國通鑑』을 빌어왔다. 기형璣衡이가 가졌다. 김용식金龍植 군君이 왔다. 담화談話하고 술을 먹었다.

5월 14일. 흐리고 빗낱 듣는다. 제4회第四回 지방공무원양성소地方公務員養成所 가서 시강始講 — 국사國史 — 민족정신民族精神의 고찰考察. 명대明大에 들렀다. 여산礪山서 처妻와 4제수씨四弟嫂氏, 관희觀熙 처妻 자녀子女와 계제수씨季弟嫂氏가 왔다.

5월 15일. 오후午後 1시一時 한재곤韓在坤 군君과 김정자金貞子 양孃과의 결혼식結婚式 주례主禮를 전북여중全北女中서 했다. 밤비가 왔다. 제지공장製紙工場 김승태金昇泰 군君이 노송각老松閣으로 연합대학聯合大學 교수敎授를 초대招待한다. 나도 갔다. 양산兩傘을 바꾸였다.

5월 16일. 전주여중全州女中 6, 5, 4년六五四年 국어國語를 개강開講.

5월 17일. 연대聯大 국문학개설國文學概說 강의講義. 제수弟嫂와 그 일행이 떠났다.

5월 18일. 연대聯大 국문학개설國文學概說 강의講義.

5월 19일. 연대聯大에 갔었다. 오상수吳祥洙 군君을 가보고 이희균李曦均 군君의 객비客費를 선급先給케 했다. 소남小南, 해석海石이 왔는데 주인 유호석柳浩錫 군君이 술을 내어 함께 취했다. 처妻가 저녁 자동차自動車로 여산礪山 갔다. 관희觀熙와 함께.

5월 20일. 중바위 송석정松石亭을 갔었다. 지산只山, 백당白堂, 춘계春溪 기외其外 시詩 축이 많이 모였다. 송석정松石亭 주인主人은 석농石儂 이석한李錫漢. 풍류風流 남아男兒다. 점심 후 영시詠詩가 있다. 돌아오다가 춘계春溪가 개장국을 사 준다.

5월 21일. 바람이 몹시 불고 간간 비가 뿌린다. 자동차自動車 타고 공무원양성소公務員養成所 가서 세 시간 국사國史를 강의講義.

5월 22일. 연대聯大서 오전엔 개설概說 오후에 국문강독國文講讀. 학생 정홍규鄭洪奎 군君에게 끌려 그 집으로 갔다. 그 백부伯父는 응국應國, 부친父親은 응관應觀, 계부季父는 응진應珍인데 응진應珍은 난초蘭艸 애호자愛好者였다. 6·25사변六二五事變에 별세別世. 응국應國, 응관應觀도 화초花艸를 조아한다. 향료香醪와 석찬夕餐을 준다. 관희觀熙가 왔다.

5월 23일. 전여중全女中서 세 시간 국어國語 강의講義. 김용식金龍植 군君이 왔다. 이범선李範善 군君을 만나 그 집으로 가서 점심点心.

5월 24일. 정홍규鄭洪奎 군君이 왔다. 춘계春溪허고 해정解酲.

5월 25일. 정인승鄭寅承 군君이 찾어왔다. 그 서랑壻郎과. 개장국 점심點心. 전시연합대학戰時聯合大學이 식량영단食糧營團으로 이전移轉해 갔다.

5월 26일. 명대明大에 갔었다. 윤석주尹錫疇 군君 만나 맹석孟錫 집을 가고 석주錫疇 집으로 가서 점심. 천동天動 소낙비. 오후 두어 시간 폭주暴注. 밤만 한 우박이 쏟아졌다.

5월 27일. 명대明大 교수회教授會에 참석. 연합대학聯合大學과의 연락連絡 문제問題 토의討議.

5월 28일. 지방공무원양성소地方公務員養成所에 갔다. 처妻와 종희宗熙가 왔다. 명대明大 야학夜學에 나가다. 병철秉徹이도 왔다.

5월 29일. 연대聯大 가서 한번 강의講義하고 병철秉徹이와 현炫, 하재홍河在弘과 가치 도청道廳에 가서 학무과장學務課長, 사회교육국장社會教育局長 보고 여산학교礪山學校 복구공사復舊工事 원조援助를 청했다. 다시 연대聯大로 와서 또 강의하고 김용배金龍培, 서정갑徐廷甲, 고형곤高亨坤, 고석구高錫九 군君과 함께 도청 뒤 요리料理집에서 초대를 받었다. 도학무과道學務課서 하는 것이다. 김가전金嘉全 지사知事도 왔다.

5월 30일. 비가 온다. 전여중全女中에 갔다. 명대明大, 연대聯大에 들렀다.

5월 31일. 비. 명대明大가서 국문학사國文學史 강의講義. 연대聯大 와서 국문國文 특강特講. 정홍규鄭洪奎 군君이 날 데리러 왔다. 그 집으로 갔다. 주인主人 정응관鄭應觀과 김포광金包光(영수映遂)을 만나 보았다. 술잔을 들며 포광사뇌布光詞腦 즉 산타령山打令 '나지나 나지나 사나지로다'과 이두吏讀 즉 사使(사辭)의 인人변 없는 것과 백장청규百丈清規의 '다탕茶湯'은 즉 차담으로 된 말이라는 그 연구담研究談을 들었다.

6월

6월 1일. 연대聯大 명대明大다 나갔다. 병옥秉玉이가 왔다.

6월 2일. 이발. 해석海石 만나 이준녕李俊寧 씨 가家에 갔다. 보강 사는 일가다.

6월 3일. 완산동完山洞 누님 생신生辰. 만 원萬円 보내고 처와 함께 가서 조반朝飯. 효산曉山 이광렬李光烈 군君을 찾어 보았다. 석식夕食은 병희炳喜 집에서 하였다. 처妻와 병옥秉玉이와 갔다. 비가 쏟아진다. 우산 받고 돌아왔다. 인 씨仁氏와 경년庚年과 봤다. 술을 사 먹였다.

6월 4일. 비가 갰다. 교동校洞 58 양사재養士齋로 이사했다. 홍순채洪淳采 군君이 있었던 집이다. 홍洪과 박준규朴準規 군君이 와 그 짐들을 가져갔다. 종희宗熙가 왔다. 공무원양성소公務員養成所에 갔다. 국사國史 강의講義 끝내고 시험문제를 내 주었다. 촬영撮影. 명대明大 야학夜學에 갔다. 병오秉午가 와 잤다. 밤 비.

6월 5일. 연대聯大서 두 강의講義했다.

6월 6일. 전주여중全州女中 네 시간 하고 연대聯大 가서 국문학특강國文學特講을 했다. 미광양복점美光洋服店에 하복夏服을 맞추었다. 하복下服 감은 4만 원四萬円에 뜨고, 짓는 수공手工만 1만 5천 원一萬五千円, 기타 부속품附屬品이 5, 6천 원五六千円이다. 오늘은 통 여섯 시간 강의講義. 윤석주尹錫疇 군君이 집알이를 왔다. 대부大父가 또 설저암舌低癌 수술 차手術次로 왔다.

6월 7일. 명대明大 두 강의講義. 누님이 만 오천萬五千 원円을 꾸어 왔다.

6월 8일. 연聯, 명대明大 갔다가 미광양복점美光洋服店에서 만 육천 원萬六千円(천 원 단초 값) 주고 하복夏服을 찾어왔다.

6월 9일. 종일終日 집에서 『국문학개설國文學槪說』 초고草稿를 정리整理.

6월 10일. 종일終日 『국문학개설國文學槪說』 초고草稿 정리整理.

6월 11일. 해석海石, 이준녕李俊寧, 임혁규林爀圭 군君이 와 나가자 한다. 해석海石이 자기 집에서 오찬午餐을 준다.

6월 12일. 연聯, 명대明大로서 정응관鄭應觀 군君 집으로 가 포광包光, 치옹癡翁을 만나 담화談話, 대작했다. 서모庶母, 병룡秉龍, 경희京熙 내외가 왔다.

6월 13일. 전여중全女中 갔다 용제龍弟와 함께 명대明大로 갔다 나와 개장국으로 점심點心 하고 연대聯大 1강一講을 했다. 명대明大 이사회理事会다. 15명十五名 이사理事 천정薦定코 이사장 유직양柳直養 피선被選. 유직양柳直養 이사장理事長이 노송각老松閣으로 초대招待한다. 종합대학綜合大學 추진推進을 자축自祝함이다.

6월 14일. 용제龍弟가 떠났다. 철제徹弟가 왔다. 명대明大두 강의講義. 명대明大학장 이우당李愚堂이 추럭을 타고 와 가자 한다. 그 집으로 갔다. 서정갑徐廷甲, 고형곤高亨坤, 이리농대裡里農大 김문식金文植 군君도 왔다. 석찬夕餐을 잘 먹고 담화談話.

6월 15일. 연대聯大, 명대明大에 갔다. 명대明大 교수회教授會다. 예산豫算 문제問題 의정議定. 명대明大 김정기金正基 군君을 찾었다. 어제 나 있는 집 개와를 고치다가 실족失足해 떠러졌다. 상처는 없다. 환약丸藥을 네 개를 주었다.

6월 16일. 『국문학개설國文學概說』 원고原稿 쓰다. 해석海石을 가 보고 내일 임혁규林爀圭 군君을 찾기로 약속.

6월 17일. 정인승鄭寅承, 이학근李學根 군君이 왔다. 가치 나서 검암리劒岩里 임혁규林爀圭 군君을 찾다. 점심 후 임 군林君과 가치 그 사돈 이준녕李俊寧 군君을 찾다.

6월 18일. 전북全北 지방공무원양성소地方公務員養成所에 나가 국사國史 강의講義. 명대明大 야학夜學도 나갔다.

6월 19일. 비가 한나잘 왔다. 서모庶毋가 떠나려다가 뻐쓰가 아니 가서 도루 왔다. 연대聯大에 나갔다.

6월 20일. 서모庶母, 경희京熙 내외가 여산礪山으로 갔다. 전주여중全州女中, 명대明大, 연대聯大에 나갔다.

6월 21일. 명대明大 나갔다. 직원회職員會가 있었다. 종합대학綜合大學 준비準備.

6월 22일. 하지夏至. 명대明大, 연대聯大 다 갔었다.

6월 23일. 김상기金庠基 군君이 부산釜山서 왔다. 그 합숙소로 찾어갔다. 더불고 교동校洞 58五八 우사寓舍로 와 두어 잔 기울렸다. 저녁은 청풍관淸豐館에서 먹었다. 명대明大서 초대함이다.

6월 24일. 동빈東濱을 찾었다. 소공素空 집에 술 한 병 가지고 갔다. 포광包光, 유태섭柳泰燮과 놀다.

6월 25일. 공무원양성소公務員養成所 가서 강의講義. 동빈東濱을 만났다.

6월 26일. 동빈東濱과 함께 소공素空을 찾고 고경선高京善 군君 집으로 갔다. 효산曉山, 포광包光, 소공素空 또 몇 분과 우당愚堂도 왔다. 성찬盛饌을 냈다. 취해 돌아왔다. 유호석柳浩錫 군君 돈 4만 원四萬円을 가지와 꿔여 준다. 쌀과 나무가 막 떠러졌다.

6월 27일. 종희宗熙가 여산礪山서 보리, 쌀 말을 가지고 왔다. 여름 모자帽子 자색赭色을 샀다. 2만 2천 원二萬二千円. 전여중全女中은 운동회運動会다.

6월 28일. 명대明大서 강의講義. 유호석柳浩錫 군君과 개장국으로 점심. 창신여관昌新旅館서 양상경梁相卿 군君이 부른다. 갔다. 고형곤高亨坤, 김상기金庠基, 이우식李愚植, 박천일朴天一 군君이 와 있다. 나는 먼저 나와 연대聯大서 춘향전春香傳 강의講義를 했다. 학생들이 특청特請

함이다.

6월 29일. 명대明大, 연대聯大 강의講義. 연대聯大 교수회敎授會가 있었다.

6월 30일. 동빈東濱을 명대明大서 만났다. 그 백씨伯氏 갑기甲基 군君 생일生日이다. 갑기甲基 군君 자제ㅅ집으로 가서 오찬午餐을 먹었다.

7월

7월 1일. 동빈東濱을 찾어가 고형곤高亨坤, 김용배金龍培 군君과를 데리고 와 교동校洞 우사寓舍서 오반午飯과 술 마시고 한벽당寒碧堂과 최병심崔秉心 학자學者를 찾어 보았다. 우당愚堂을 가보다.

7월 2일. 지방공무원양성소地方公務員養成所에 갔었다. 명대明大로 가서 교수회敎授會를 하고 냉면冷麵을 가 먹었다. 비가 온다. 김화진金龢鎭 군君이 왔다. 명대明大 야학夜學에 나갔다.

7월 3일. 연대聯大 가서 세 강좌講座. 김화진金龢鎭 군君과 동빈東濱과 오반주午飯酒. 처妻가 오며 닭 한 마리를 가졌다. 이걸 삶어 반주飯酒했다.

7월 4일. 김화진金龢鎭 군君은 오늘 떠났다. 명대明大 나갔다.

7월 5일. 비 오다. 명대明大 나갔다. 신기석申基碩, 김용배金龍培 군君과 개상을 먹었다. 합숙소合宿所 가서 동빈東濱을 보았다.

7월 6일. 종희宗熙가 여산礪山 갔다. 연대聯大, 명대明大에 갔었다.

7월 7일. 도청道廳 지사실知事室서 연대聯大 교수회敎授會. 나도 참석參席. 강사講師 대우待遇 문제問題 토의討議다. 파한 후 김용식金容植 군

君 집으로 모다 갔다. 석찬夕餐. 주인主人은 과수원果樹園, 양조장醸造場, 직조공장織造工場 등을 하고 있다. 석주錫疇 군君이 그 누의와 처자妻子와 왔다.

7월 8일. 연대聯大 강사講師 합숙소合宿所로 가 김상기金庠基 군君과 작별作別했다.

7월 9일. 명대明大에 나갔다. 우당愚堂과 지방地方 유지有志 몇 분과 스리꼬타를 타고 동산촌東山村 농장農場을 가보고 돌아와 시조회時調會를 창신여관昌信旅館서 하였다. 석찬夕餐.

7월 10일. 연대聯大 세 강좌했다. 대전太田 병록秉祿 군君이 추럭 가지고 왔다. 종희宗熙도 왔다.

7월 11일. 비. 병록秉祿 군君이 묵었다. 대야를 도적맞았다. 전주여중全州女中 가서 시험試驗 보았다.

7월 12일. 병록秉祿 군君이 오수獒樹로 갔다 돌아가는 길에 처妻와 종희宗熙가 여산礪山으로 함께 갔다. 소공素空을 찾어 보았다.

7월 13일. 이웃에 사는 임봉주林鳳周 군君이 소주燒酒를 먹인다. 퍽 취하였다. 한재곤韓在坤 군君이 여산礪山을 거쳐 오며 쌀 한 말, 술 한 병 가졌다.

7월 14일. 양회수梁會洙 군君이 왔다. 우당愚堂 송별회送別會에 갔다. 중바위 아랫 절이다. 주식酒食. 비가 온다.

7월 15일. 임봉주林鳳周 군君과 함께 나서 노송동老松洞 백정기白定基 군君을 찾어 보고 게서 이석한李錫漢 군君을 만나 함께들 나서 김연식金鍊植(호號 학구學鷗) 서낭壻郎인 방 판사方判事 집으로 갔다. 우당愚堂도 왔다. 한시漢詩 축들이 수십數十여 명 모였다. 관寬, 관觀, 난難, 관冠, 간看 운자韻字로 사율四律을 지었다. 오찬午餐. 회비 삼천 원. 오다 임봉주

林鳳周 군君 집으로 들어 또 몇 잔 하였다.

7월 16일. 비 좀 왔다. 지방공무원양성소地方公務員養成所를 가 보았다. 이녕泥濘에 발을 옮기기가 힘들었다. 명대明大 야학부夜學部 국문학개설國文學槪說 시험.

7월 17일. 우당愚堂을 가 보았다. 연대聯大에 나갔다. 은종관殷鍾寬 군君이 오다.

7월 18일. 오전午前 10시十時 이우식李愚軾 군君이 대법관大法官 부임차赴任次로 부산釜山을 향하여 떠난다. 송별하는 이가 퍽 많다. 교동校洞 동회장洞會長 백남석白南淅 군君을 만났다. 공무원公務員 쌀표票를 시청서 찾어달라고 또 전기회사에 교섭해 달라고 부탁했다. 그 형 백白남혁도 만났다. 내가 제이공보第二公普 있을 때 내게 배웠다. 유두流頭날. 연대聯大 나갔다.

7월 19일. 초복初伏. 명대明大가서 시험. 합숙소合宿所 가서 김용배金龍培 고형곤高亨坤 군君을 만나 소주 먹고 임봉주林鳳周 군君 집에서 정응관鄭應觀, 김포광金包光과 소주를 많이 마셨다. 동회洞会서 쌀표票를 보냈다.

7월 20일. 연대聯大, 명대明大를 갔다. 옳은 눈이 뜰 수 없이 아프다. 소주燒酒탈이다. 국문학개설國文學槪說 강의講義를 간신히 했다. 명대明大서 5만 원五萬円 선취先取하여 4만 7천5백 원四萬七千五百円으로 백미白米 한 가마 4두四斗 4승四升(7, 8월분 합하여)을 사 왔다. 공무원公務員 배급配給은 1인분이 1일一日 3홉三合이다. 시장市場 미가米価는 1두一斗 1만 천 원一萬千円. 김영배金英培 군君이 오다.

7월 21일. 전여중全女中 답안答案 고사考査. 임택룡林澤龍 박사博士 집서 시조회時調會. 모인 이가 일곱 명, 석찬夕餐을 먹인다.

7월 22일. 전여중全女中 답안答案 고사考査.

7월 23일. 고전문학古典文學 강의講義 원고를 쓰다. 비 오다. 임조환林祖煥 군君이 왔다.

7월 24일. 유증석柳曾錫, 윤우병尹祐炳, 민용식閔龍植 군君이 왔다. 용제龍弟가 왔다. 소공素空이 오다.

7월 25일. 용제龍弟가 이리裡里로 갔다. 박희선朴喜宣 군君이 왔다. 최상덕崔相悳(호호號 소암小庵) 초대招待한다. 소공素空, 김용선金瑢璇, 유태섭柳泰燮 군君이 모였다. 김金, 유柳의 시조창時調唱을 들었다.

7월 26일. 고전문학古典文學 강의講義 원고를 다 썼다. 프린트사로 보냈다. 연대聯大, 명대明大에 나갔다. 박희선朴喜宣 군君이 술을 사준다. 처妻와 태희泰熙가 왔다.

7월 27일. 연대聯大 시험試驗 감독監督. 박희선朴喜宣 군君이 오다.

7월 28일. 태희泰熙가 여산礪山으로 갔다. 일환一煥이 자친慈親 육순六旬 생일生日이 내일이다. 호박, 가지, 외를 5천 원五千円어치 사 보냈다. 박희선朴喜宣, 정봉모鄭奉謨(호號 매곡梅谷) 군君이 주효酒肴을 사 와 함께 마셨다. 임택룡林澤龍 박사博士 집을 갔다. 일곱 명이 모였다. 회명會名은 국풍회國風會 즉 우리나라의 풍류風流, 풍월도風月道라는 의미意味다. 그리고 회會의 강령綱領은 화랑도花郎徒의 도의상마道義相磨, 가악상열歌樂相悅, 유오산수遊娛山水 그대로 하자고 하였다. 시조문학時調文學을 말하고 김영배金英培 군君이 사온 소주燒酒 마시고 파罷했다. 고경선高京善 군君이 제주濟州 비자림榧子林서 캐 왔다는 풍란風蘭한 등걸을 가졌다. 이 풍란風蘭은 세엽細葉, 대엽大葉 두 가진데 그 자웅雌雄이라 한다. 비자榧子나무 석은 등걸에 이끼를 끼우고 풍란風蘭을 게다 착근着根케 했다. 세細가 웅雄, 대大가 자雌.

7월 29일. 중복中伏. 몹시 덥다. 이력서履歷書를 써 명대明大에 냈다. 전북국립대학교全北國立大學校 총장總長 앞에 교수승낙서敎授承諾書와 이력서履歷書를 내는 것이다. 합숙소合宿所서 놀다 왔다. 은종관殷鍾琯 군君이 자동차自動車로서 자기 부친父親 소상小祥에 가자는 걸 안 갔다. 오후 소낙비가 지냈다. 좀 서늘해졌다.

7월 30일. 명대明大에 나갔다. 추가시험追加試驗을 본다. 허정렬許政烈 군君과 점심. 그 집도 가 보았다.

7월 31일. 명대明大 교수회敎授會에 갔었다. 오전 중엔 연대聯大 가서 국문특강國文特講 시험試驗을 감독監督. 김형규金亨奎 군君께 전북연합全北聯合 강사 대우 차별 문제를 질의. 다수多數한 강사들은 불평을 가지고 품고 있는 모양이다. 부산釜山서 온 이들과 여기 어떤 이는 그 소위所謂 전임교수專任敎授라고 월정月定 5십만 원五十萬円 내지乃至 3십5만 원三十五萬円이라는 거액을 받었다 하되 강사들에게 일정한 시간료뿐이다. 김 군은 부산서 온 이들이 그렇게 한 것이라고 한다. 이리裡里 원불교회圓佛敎會서 창립한 원광대학圓光大學 학장學長 박길진朴吉眞 씨가 왔다. 오는 8월 5일 정식으로 인가가 나온다 하며 교학과敎學科, 국문과國文科를 두겠는데 나더러 국문과장國文科長(명예名譽)을 맡어달라고 또 교수敎授도 해 달라는 것이다. 허락하였다.

8월

8월 1일. 연대聯大 가서 시험試驗 답안答案이며 7월분分 급료給料도 찾었다. 그 소위 답안答案 고사료考査料는 아니 넣었기 말을 하고 돌아 왔다. 김형규金亨奎, 유태규柳泰圭 군君(서무과장庶務課長)이 와서 사과謝過를 한다. 답안答案 채점採點을 하였다.

8월 2일. 처妻가 여산礪山으로 갔다. 삼례중학교장參禮中學校長 황석원黃錫園 군君이 그 교직원校職員 조두현曺斗鉉 군君께 명함名銜을 보내어 그 교가校歌를 지어 달라고 간청한다. 송은규宋殷圭 군君이 찾어와 한문漢文 소양所養을 말한다. 답안答案 평점評點.

8월 3일. 명대明大 나가 추가시험追加試驗 평점評點을 주었다. 해석海石, 학롱學聾이 왔었다. 소공素空을 찾어 보았다. 소암小庵이 왔다. 함께 담소談笑. 강경江景 남교동南校洞 김낙희金洛羲란 분이 그 아들에게 편지를 보냈다. 그 아들은 강경상업학교江景商業學校 학생으로서 시가詩歌의 성벽性癖이 있다. 6, 7일六七日 전前도 와서 내 강의講義를 방청傍聽했다. 우육牛肉을 사 왔다. 이름은 김金.

8월 4일. 간밤 밤중엔 생량生凉하였다. 음陰 7월 초初2일. 명대明大에 갔더니 김형규金亨奎 군君은 전북중학全北中學에 가고 없다. 오늘 회會는 아니 되겠다. 서원書院고개 병원에 가서 조종록曺宗祿 군君을 보았다. 수술手術 후 낫어 간다고 한다. 누님을 보았다. 참외와 술을 주신다. 오후엔 임택룡林澤龍 군君 집으로 갔다. 일곱쯤 모였다. 시조時調 몇 수首를 설명說明. 참외, 소주燒酒, 도마도를 먹다. 소낙비가 잠간 지냈다.

8월 5일. 비가 제법 왔다. 연대聯大에 나갔다. 9시九時 반半 국어국문학國語國文學 강습회講習會 개회식開會式. 나는 축사祝辭했다. 그리고 고전문학古典文學 강의講義 두 강좌講座를 계속하였다. 서울 문리대文理大 졸업생卒業生 환송회歡送會에 갔다. 재학생 십칠팔 명, 졸업생은 이길배李吉培 군君이다. 고형곤高亨坤, 고석구高錫龜 군君도 참석參席.

8월 6일. 명대明大나갔다가 최상덕崔相悳 군君을 찾다. 이준호李畯鎬 군君도 있다. 약주와 소주를 낸다. 송주상宋柱祥 군君도 찾어 보았다.

8월 7일. 강습회講習會 나가 네 강좌講座 하였다.

8월 8일. 강습회講習會 세 강좌講座. 입추立秋. 말복末伏. 땀이 퍽 흘렀다.

8월 9일. 세 강좌講座. 소낙비 지냈다. 칠석七夕.

8월 10일. 세 강좌講座. 이 강좌회講座會를 내일까지 연기했다.

8월 11일. 두 강좌講座. 국어국문학國語國文學 강습회講習會 폐회식閉會式을 했다. 나는 그 종료증서終了證書를 수여授與하였다. 강습생講習生들의 주과회酒果會가 있었다. 국풍회國風會에도 갔었다. 모인 이가 10명十名.

8월 12일. 전주시全州市 금융조합소金融組合所 직원職員들과 자동차를 타고 동산東山 앞 백사장白沙場 천변川邊으로 놀러 갔다. 명대明大서는 나와 박준규朴準規, 박효삼朴孝參 군君이 갔었다. 담소, 목욕, 소주, 수박, 참외, 가물치회로 하루를 보냈다. 저물어 자동차自動車로 돌아왔다. 전全 비용費用은 전주全州 금조金組가 담당했다.

8월 13일. 유제운柳濟雲 군君이 전북 도지사 김가전金嘉全과 유엔 민사부民事部와의 서울 여행증명서旅行證明書를 내 왔다. 연대聯大에 갔었다. 소공素空을 찾어 함께 나서 닭탕과 찹쌀 막걸리를 사 먹었다. 다시 소공素空 집으로 갔었다. 소암小庵, 포광包光도 왔다. 또 찹쌀 막걸리를 사다가 먹었다.

8월 14일. 연대聯大서 국어국문학國語國文學 강습講習 사례금謝禮金 9만 원九萬円을 받었다. 이발. 소공素空께 오늘 이준호李畯鎬 씨 집 초대招待에 못 갔다고 알리고 박희선朴喜宣 군君과 오후午後 2시二時 반半 전주역全州驛을 떠나 이리裡里를 갔다. 삼남신문사三南新聞社 장순하張諄

河 군君을 찾어 장張, 박朴 양군兩君허고 마동馬洞 북부北部 105—0五 한배漢培 집을 찾어 갔다. 마침 한 추럭이 한 집 앞에 멈췄다 간다. 그 집이다. 한배漢培 말이 그 아버지 昮彬이가 서울서 추럭 타고 왔다가 중앙시장中央市場으로 갔다 한다. 우리도 중앙시장中央市場으로 갔다. 昮彬과 이교식李敎植 군君을 만났다. 昮彬 군君이 자기 집으로 가서 기다리라고. 우리는 시장에서 합주合酒를 사 먹고 또 마동馬洞 북부北部 105—0五로 갔다. 석반夕飯 후 이윽하여 昮彬 군君이 추럭에 쌀가마를 싫고 운전수와 추럭 주인과 왔다. 오늘은 늦었으니 자고 가자 한다. 잤다.

8월 15일. 6시六時 발發, 여산礪山 신막新幕서 정거停車. 용제龍弟 집에서 해정解酲. 관희觀熙 입던 군복軍服을 갖다 입고 7시七時 반半 발發. 공주公州서 다이야를 갈었다. 두어 시간 지체. 배로서 금강錦江을 건넜다. 천안天安서 점심點心. 간간間間 헌병이 서서 검문. 저물어 수원水原 들어 9시九時 영등포동永登浦洞 삼영상회三榮商會(미곡米穀 판매소販賣所) 앞에서 나려 그 이웃 괴산여관槐山旅館서 잤다. 헌병들이 옆에서 기생 삼사 인 데리고 술을 먹고 노래를 부른다.

8월 16일. 昮彬의 군용차軍用車로 조발早發. 한강교漢江橋 제일검문소를 통과했다. 한배漢培는 내가 데리고 가는 이라 했다. 계동桂洞 중앙중학中央中學 교문 앞에 다다르니 미군米軍 통신부대通信部隊가 중앙중학교中央中學校에 들어 있으며 수위守衛가 엄嚴하다. 운전수가 찡찡거리며 추럭을 뒷걸음질 시겨 그 아래 벌우물 갓 마당으로 가서 돌린다. 오늘 내로 책册은 다 묶어 놓을 터이니 내일 일찍 꼭 와 달라고 운전수게 신신 부탁하였다. 그리고 2二의 42四二 번지番地 내 집을 들고 보니 마당가에는 바라기 한초旱草 등이 수북하게 깃었다. 방엔 지저기 헌 솜만 널려 있고 반반한 기명器皿, 금침衾枕, 의복衣服 등은 다 도적해 갔다.

매화옥梅花屋 간판看板도 띄어다 안마루 밑에 엎어 두었고 매화옥梅花屋 방문 자물쇠만은 그냥 잠겨 있다. 열고 보니 동벽東壁 들창문을 열고 이불, 요, 옷상자, 은주전자酒煎子, 안성安城 칠七첩반상 등은 다 가져가고 다만 책상과 책冊들은 그대로 있다. 즉시 옆집 이재선李載善 군君과 그 집 사람들과 중앙중학교中央中學校 백다록白多祿과 또는 인거隣居하는 조은복趙殷福과 한배漢培를 데리고 책들을 묶고 싸왔다. 날이 저물도록 하였다. 가지고 간 쌀 두 말은 이재선李載善 군君게 주고 앞으로 내 집도 지켜 달라고 자물쇠와 열쇠도 맡겼다. 장둑대엔 항, 동의, 독들이 족 놓였고 양철洋鐵 자숫물통과 세수洗手통은 물이 가득 담겨 녹이 벌게 슬어 그 앞에 있고 건란建蘭, 중국中國 춘란春蘭은 죽어 썩은 채로 풀 속에 있다. 밥은 이재선李載善 군君 집에서 먹고 매화옥梅花屋에 불을 지피고 게서 한배漢培랑 잤다. 가구家具 등속은 모다 건너방에 넣고 문에 못을 박았다.

8월 17일. 오전午前 4시四時 비 오다 그쳤다. 백白, 조趙를 불러 짐을 다 벌우물께로 옮겼다. 비는 또 두어 번 지냈다. 짐을 빈 가게에 들여쌓고 앉어 군용차軍用車 오기만 고대苦待. 한배漢培는 계동桂洞 입구入口에 나가 기다렸다. 미군米軍 차車는 연락부절連絡不絶하고 양洋갈보들은 그 앞 골목으로 이사移舍 들고 밤엔 양인洋人들이 삼삼오오三三五五히 찾어온다. 오늘은 비상非常 경계警戒다. 내외內外ㅅ 헌병憲兵, 순경巡警, 경방단원警防團員들이 떼지어 순행巡行하며 힐문詰問하고 또 공습경보空襲警報도 있다. 밤중은 하여 양인洋人과 순경巡警이 떨친 강도强盜 — 담총擔銃한 놈을 수색搜索 와서 옆 가게서 자던 한배漢培를 끌어내어 묶어 가려기 내 데리고 왔다 하였다. 밤새도록 한잠 못 잤다. 새벽부터 물 질러오는 남녀노소男女老少의 담화談話가 소란騷亂하다.

8월 18일. 오늘도 꼬빡 기다렸다. 차車는 안 온다. 오고 가는 이마다 나를 유심히 본다. 혹은 책冊을 파느냐 고물古物을 사느냐고 묻는다. 밤이 깊었다. 구둣 소리가 중앙중학교中央中學校께서 나더니 양인洋人 십여 명이 오다 한편 벽에 숨는다. 그리고 지프차 한 대가 아래서 와 지낸다. 양인洋人 하나가 내 앞으로 와 꿇어앉으며 "색시" "색시" 한다. 나는 그 앞 양갈봇집을 가리쳐 주었다. 고맙다 하고 가더니 또 하나가 와서 꿇어앉으며 천 원千円 자리 지전紙錢 한 웅큼을 내 손에 넣어 주기 나는 "노—", "노—"하고 아니 받었다. 그 고개를 숙으리고 고맙다 하며 갔다. 양갈보집의 노랫소리가 요란하게 들린다. 두어 시간 후 양인洋人 5, 6五六 명이 노래하며 돌아간다. 그중 한 사람은 14, 5세十四五歲 여학생女學生을 끼고 간다. 양인洋人이 와 있는 데는 이렇게 양洋갈보가 성한다.

8월 19일. 동부새가 불고 빗날이 가끔 듣는다. 전기회사電氣會社 서무과庶務課 이창규李蒼圭 군君께 한배漢培를 보내어 영등포永登浦 삼영상회三榮商會 융彬이게 전화하려 했으나 불통이다. 한배漢培게 짐을 지키라 하고 나는 걸어 남대문 앞 서울 특별시特別市 경찰국警察局으로 이광섭李匡燮 군君을 찾어보고 전화을 걸었으나 또한 불통不通이다. 서울 역전驛前으로 가서 간신히 추럭을 타고 영등포永登浦 삼영상회三榮商會로 갔다. 융彬, 작焯 형제兄弟가 있다. 융彬의 군용차는 미곡운반米穀運搬만 허가許可 맡었다 하여 책은 못 실런다 하고 만기滿期 되어 또 허가許可 맡으러 대구大邱 준장准將께로 내일 간다 한다. 나는 그러면 아무 차車나 잡어 달라고 했다. 1, 2 일만 기다리면 이리裡里 가는 차가 있겠다 한다. 점심 겸 술이나 먹으려고 융彬이를 앞세우고 나섰다. 매산여관梅山旅館으로 갔다. 밥은 없다. 융彬 군君이 술을 가조라고 시긴다. 벍엉 과

자菓子, 잡채雜菜 한 그릇, 부께미 한 그릇, 소주燒酒 한 대 반을 큰 상에 버려 내온다. 융彬 군君과 대작對酌. 바루 옆에선 기생妓生 주인主人 양주兩主가 격렬激烈히 싸운다. 그 마누라가 뉘게 추파秋波를 보냈다고 강짜를 함이다. 사나히는 63, 4세六十三四歲나 되었다. 기생妓生들이 어머니 아버니 부르며 말린다. 한바탕 큰 풍파風波다. 그 싸움이 그친 뒤엔 기생妓生들이 내게로 모여 들어 먹고 마시고 노랫가락도 한다. 융彬 군君은 상점商店으로 갔다. 기생들은 시간대時間代까지 쳐 4만 5천 원四萬五千 円을 부른다. 나는 내 주고 삼영상회三榮商會로 가서 이교식李教植 군君을 데리고 시장으로 돌다가 성환成歡 참외 두 개를 사서 한 개씩 먹었다. 매산여관梅山旅館에 와 누었었다. 대전太田 추럭 한 대가 이리裡里까지 쌀 실러 가는데 7십만 원七十萬円 작정作定하여 40만 원四十萬円은 그 화주貨主가 내고 나더러는 30만 원三十萬円을 내라 한다. 그리 허마하였다. 매산여관梅山旅館서 수십 명 장삿군과 함께 잤다.

8월 20일. 동북풍東北風이 심히 분다. 비행기飛行機 소리에 담화談話 소리가 잘 듣기지 않는다. 아홉 시가 넘었다. 2二통 반 추럭 운전수는 한韓만수 조수助手는 한韓만일 둘 다 이십여 세쯤 되었고 퍽 순실順實하다. 데리고 나서 씨에이씨증명서證明書를 보이고 책册을 실러 간다 하고 한강교漢江橋를 쉽게 통과하여 바루 계동桂洞으로 들어갔다. 벌우물께서 회전回轉시겨 대령待令하고 있던 백白, 조趙와 한배漢培와 이재선李載善 군君과 합력合力하여 짐들을 다 실었다. 그리고 그들을 작별作別하고 우리는 떠났다. 용산龍山 제1검문소第一檢問所다. 정차停車시기고 헌병대憲兵隊 사무소事務所로 나는 한 헌병憲兵과 갔었다. 씨에이씨, 또는 전북도지사증명서全北道知事證明書를 다 빼앗고 불합법不合法이라 하며 그 보고서報告書를 작성作成한다. 나는 변명과 항의抗議를 하다가 마침내 그 보고서를 가진 헌병憲兵 한 사람과 가치 추럭을 돌리어 낙원동樂園洞 오성학교五星學校 자리 헌병대憲兵隊 본부本部로 왔다. 수십 대 추럭이 억류抑留되어 한 마당 가득하다. 우리 추럭도 그 틈에 끼었다. 나는 따러 차량계車輛係로 들어갔다. 계원係員은 한 말 묻지도 않고 어서 나가서 종로경찰서에 물자반출원物資搬出願을 내어 경찰국장警察局長의 인증서認證書를 맡어가지고 오라고 한다. 사실事實은 10일간 억류抑留로되 나는 숭배崇拜하는 헌병憲兵들이 있어 나의 편의便宜를 도와줌이다. 일이 이렇게 되매 자하自下로보다도 자상自上으로 주선周旋함이 신속하리라 하고 나는 수위守衛 문번門番에게 굽실거리고 그 본부 문을 나서 특별시特別市 경찰국警察局으로 갔다. 보안과保安課 이광섭李匡燮 군君을 찾으니 마침 자리에 없다. 그 계장係長더러 물으니 언제 올는지 모른다 한다. 나는 제2층第二層(김천대金千代 집) 경무과警務課로 가 국장局長 보기를 청하매 그 비서실秘書室를 가리쳐 준다. 비서실로 들어가니 이윤희李允熙 씨 맏자제 용찬庸贊 군君이 반기며 맞는다. 영어英語 번역을 하고 있다. 나는 전말顚末을 다 말하고 국장을 보게 해 달라 하였다. 옆의 사람에게 나를 소개하여 준다. 나는 기다려 먼저 와 앉은 6, 7명 군인의 뒤를 이어 국장실로 들었다. 국장局長 윤우경尹宇景 씨는 일어서서 예禮를 하고 퍽 경건한 태도였다. 나는 말하고 신속히 풀려 가도록 해 달라고 하였다. 웨 반출搬出 허가원許可願을 아니 하였느냐 하며 종로서鐘路署 가서 허가원許可願을 내라고 하기 나는 그리 할 터이니 명함名銜 한 장을 주시오 하였다. 명함보다도 전화電話를 해 드릴 것이라 한다. 나는 고맙다 하고 나와서 종로鐘路로 갔다. 공교히 도장圖章도 아니 가졌다. 황토마루께 다 가서 도장포圖章鋪을 발견發見코 3분三分만에 쌔겼다. 천 원이라는데 가진 돈은 4백 원. 다시 낙원동樂園洞 본부本部

로 가서 돈을 몇 만 원萬円 가지고 와 도장圖章을 찾고 경찰서警察署 수사계搜査係로 들어 가니 주임主任이 있다. 경무국警務局 전화電話를 받었고 기다리고 있노라 하며 문 앞 대서소代書所로 가 반출허가원搬出許可願 세 벌을 써 오라 하기 가서 즉시 세 벌을 써다 주었다. 접수接受하고 그 계장係長이 들오매 경찰국警察局에서 가속도加速度로 해 드리라는 전화가 왔다 하고 허가원許可願의 동회장洞會長, 통장統長, 반장班長, 파출소인派出所印 등은 생략케 하고 오늘 벌서 7시七時 경사警査들이 귀가歸家했으니 내일 10시十時쯤 오라고 한다. 나는 나와 김인수金仁洙 군君을 찾었다. 퍽 반가워 한다. 술을 사 준다. 나는 감긔들었다는 운전수를 데리고 인수仁洙 군君 댁에서 잤다. 중공군中共軍때 들왔고 가족들은 다 건재健在하고 서적은 많이 분실하였다 한다. 내외內外 분만 있다. 나는 한韓만수 군과 안 마루서 잤다. 동부새는 여전히 분다.

8월 21일. 김金 군君 부인夫人께서 장을 보아다 아침밥을 하여 준다. 먹고 나서니 10시十時다. 종로서鐘路署에 가니 내 일 맡은 경사警査들은 목욕沐浴, 이발理髮 갔다고 없다. 계장係長 김원기金元起 군君이 왔다. 자세히 알고 보니 고향 친구다. 세 들어 경사警査들어 불러 경사警査 김시형金時衡을 시겨 나허고 동행하여 조사케 한다. 계동이 멀다고 아니 가려 한다. 나는 달래어 데리고 뒷문으로 나서 샛골목서 만 원을 담배값이나 하라고 주었다. 낙원동 헌병대 본부로 갔다. 수위가 제법 딱딱하다. 김金 경사警査는 그냥 가자고 한다. 계동桂洞으로 갔다. 동회洞會에는 아무도 없다. 나는 반장班長 이재선李載善 군君 집으로 가니 간밤에 9세九歲 여女가 죽어 묻으로 갔다. 무당 불러 자리걷이를 한다. 다시 나려와 김 경사金警査 데리고 가서 2二의 42四二 번지番地 장서실藏書室을 보이고 인거인隣居人들에게 증명證明을 받고 돌아오다가 냉우유冷

牛乳 다섯 병을 사 먹이고 종로서鐘路署로 와서 김 경사金警査가 탄산지紙로 조사서調査書 다섯 벌을 만들어 놓고 바둑 두러 나갔다. 계장係長이 독촉督促하여 그걸 합合하여 두 벌을 하여 나의 허가원許可願 두 벌은 경찰국警察局으로 내는 문서文書에 붙인다. 그리고 여러 군데를 거쳐 날인捺印하여 경찰국으로 내는 건 나를 주며 경찰국 수사계搜査係로 가지고 가라고 한다. 벌서 오후 세시 반. 나는 쏜살같이 가서 경찰 비서실 이용찬李庸贊 군君을 주었다. 함께 바루 수사과搜査課 서무계장庶務係長께 갔다. 계장係長은 국장局長의 전화를 종로서鐘路署에 했다 하고 즉시 그 계원係員에게 허가원許可願 문서文書를 주며 속히 하라고 한다. 용찬庸贊 군君은 그 옆에 지켜 서서 재촉한다. 삼십 분 못 다 되어 다 절차를 밟어 앙재서仰裁書에 끼어 가지고 나와 함께 국장실로 가자한다. 가보니 없다. 나는 나와 기다리다 국장이 왔다 하기 들어가 보고 "특히 념려해 주신 덕택에 풀려 가게 되어 감사한 말슴이나 여쭈자고 왔읍니다. 그건 재가裁可하여 내려갔으니 허가원許可願 인증서認證書를 찾어 가지고 가시오. 퍽 고맙습니다" 하고 나는 나와 기다렸다. 바루 한 분이 인증서認證書를 갖다 준다. 나는 용찬庸贊 군君과 작별作別하고 낙원동樂園洞 본부本部로 왔다. 인증서認證書를 차량계車輛係에 내니 그 계장실係長室로 나를 인도한다. 계장係長 이원태李遠台. 서울 법대法大 재학으로 내게 강의講義를 들었다 하며 내 수첩手帖에 "101헌병대대憲兵大隊 제2중대第二中隊(서울지구地區 헌병대憲兵隊) 제3계장第三係長 육군陸軍 중위中尉 이모李某"라 적어 주며 이담이라도 서울 오셔 무슨 일이 있거든 저를 찾어 달라고 한다. 그리고 강의 듣던 이야기를 하고 나는 추럭에 와 앉었더니 제2중대장第二中隊長의 통과증通過證 쪽지를 인증서認證書에 첨부하며 씨에이씨, 전북도지사 증명서證明書과 다 내여 준

다. 여섯 시가 지냈다. 우리 추럭은 떠나 용산龍山 제1검문소第一檢問所(헌병대憲兵隊 파견소派遣所)에 이르러 인증서認證書 통과증通過證을 내보이고 그 사무소로 가서 김성휘金聖輝 헌병憲兵이 기뻐하며 문부文簿에 기입記入하고 내 도장圖章과 자기 도장圖章을 찍고는 쪽지를 띄고 노랑 종이 통과증通過證을 인증서認證書에 붙여 주며 이 노랑 종이는 영등포永登浦 최후 종합검문소綜合檢問所서 띄고 통과通過하면 그만이라 한다. 떠나 제2검문소第二檢問所에 이르매 한 헌병憲兵이 어제도 본부本部에 들어 말을 하였다 하고 퍽 기뻐한다. 고맙다 하였다. 퍽 고마운 일이다. 그들은 나의 간접間接 제자弟子라 하고 내 일을 퍽 암조暗助하였다. 교육자敎育者의 복福이란 이런 걸 받음이 아닐가. 나는 태연히 제3검문소第三檢問所를 당하여 인증서認證書, 통과서通過書를 내 보이니 10여 명 헌병이 둘러 서서 위조라 하고 씨에이씨를 내 보이니 읽는 척하되 모르고 도지사증명서道知事證明書까지 다 빼앗고 제 본부本部 영등포永登浦로 가자고 한다. 순경巡警 두 명은 그 틈에 서서 방관傍觀만 하더니 하나가 나를 보고는 수십 년 전 제자라 하며 헌병 바람에 어쩔 줄 모르고 내 귀에 대고 가만이 저이들이 돈을 먹으려 함이라 한다. 우리 앞에는 종이 한 덩이와 종이 장사를 억류抑留하였다. 그리고 십여 명 헌병이 우리 추럭으로 올라 떠났다. 영등포永登浦 그 본부本部란 데를 이르니 조고마한 집에 어린 헌병 두 명이 앉었다. 저의 동무요 상관上官도 아니다. 한편에 ㄱ자로 긴 걸상을 놓고 군복軍服 한 장사부치가 십오륙 명 코만 쑥 빠치고 걸어 앉었고 한편에 시민증市民證, 신분증身分證이 잔뜩 쌔였고 아기 업은 안악네가 울고 서서 그걸 달라 한다. 나더러도 걸상에 끼어 앉으라기에 따져나 보고 앉든지 마든지 하자 하고 바짝 대들어 어째서 인증서認證書, 통과증通過證을 위조僞造라 하느야 한 즉

허가원許可願의 동월仝月 자字의 동仝 자字가 좀 번쳤다 한다. 이건 종로서鐘路署 앞 대서소代書所서 탄산지에 쓰다가 그리 된 것이다. 또 전북도지사증명서全北道知事證明書에 자自 ×월月 ×일日 지至 ×월月 ×일日 ×일간日間을 오서誤書하여 정정訂正하고 여행 목적 증명원證明願을 한 것을 정오正誤는 전북도지사全北道知事가 날인捺印할 것이라기에 원인願人의 자서自書엔 원인願人이 정오正誤하고 대서代書하면 대서인代書人이 정오正誤하는 것이다. 또 이 세 가지가 허가원許可願, 증명원證明願 뿐이고 증명서證明書는 아니라기에 이건 관청官廳의 일정한 서식인 바 원서願書인 동시 증명서證明書다. 이 따위 몰상식沒常識한 말을 하기 나는 나의 신분증명서身分證明書를 내 보이며 이것도 위조僞造인가 사진寫眞도 내 사진이 아닌가 하고 "나는 적어도 대학 교수다. 뉘게 그런 몰상식한 수작을 하는가 나는 헌병대憲兵隊 본부本部 가서 항의라도 하겠고 군사재판에 진정陳情이라도 하겠다" 하였다. 헌병은 아무 대답도 못 하고 그 곁에 앉은 헌병에게 증명서證明書 등을 주며 상부上部에 가서 재가裁可를 물어라 하나 빼돌빼돌하고 아니 가려 하다가 나가는 체 하더니 도로 들와 증명서 등을 내게 도로 주며 가시다가 상부上部에 뵈라 한다. 나는 짐짓 상부上部는 어디 있느냐 한 즉 노량鷺梁에 있다고 한다. 그러면 십 리나 지내 와서 웨 이러냐 하고 운전수를 불러 가자고 나오라 하매 운전수는 벌벌 떨며 헌병께 빌고 서서 선생님은 선생 노릇만 하여 교제交際할 줄을 모르고 그리 하였다 하며 용서하라고 한다. 그리다 가라고 하니까 나온다. 떠나 영등포동永登浦洞을 왔다. 한배漢培는 삼영상회三榮商會로 가고 운전수, 조수며 나는 평양냉면과 소주을 사 먹고 추럭을 운전수 시겨 삼영상회三榮商會 앞으로 갔다. 융彬 군君이 대구大邱서 이리裡里로 쌀 사러 간다던 화주貨主는 어제 기다리다가 갔다고 한다. 어찌 하면 좋을가 하매 운전수 한韓 군君이 나더러 십만 원만 더 써 여산礪山까지 4십만 원을 내라 하기 그리 하자 하고 욱彧 군君의 솜뭉텅이 하나를 더 실고 한배漢培도 올라 타고 하여 떠났다. 일곱 시는 좀 지냈다. 마즈막 검문소檢問所도 그대로 통과하였다. 수원水原 지내며 땅거미는 되었다. 사뭇 갔다. 자정이 되어 소정리小井里 지내어 덕평리德坪里에 이르러 나는 운전대運轉臺서 잤다. 달빛은 어슴푸러하다. 다른 추럭도 두어 대 우리 앞에 멈췄다. 길가에 거적을 깔고 사람들이 누었다.

8월 22일. 여섯시 떠났다. 원터고개(차령車嶺)를 넘어 광정廣亭 활원(운궁雲弓) 지나 웅진熊津을 배로 건넜다. 순경이 시민증市民證 검사檢査. 조수 한韓만일은 검자檢字 인印을 아니 찍었다고 탈을 잡는다. 나는 시내로 와 중동中洞 동회洞會로 사돈査頓 송한용宋漢用을 찾었다. 아직 안 나왔다. 동북풍 불고 빗낱은 오락가락한다. 다시 웅진熊津으로 갔다. 만일은 순경을 따러 강 건너로 갔다. 포도葡萄를 사 먹이며 검문소檢問所 청년과 순경들이며 만일 군君을 무사無事토록 해 달라고 운전수더러 시내 네거리로 오라 하고 나는 또 시내로 와 동회洞會서 송한용宋漢用 군君을 만나 그 사택舍宅으로 가 술 먹으며 조수 시민증市民證에 검자檢字 인印 맡도록 경찰서警察署 교섭交涉해 달라 하고 함께 나오니 추럭은 벌서 네거리에 와 있고 운전수 한韓 군君은 게두덜거린다. 음식점飮食店에 들어 밥 시겨 먹고 오정午正에 떠났다. 여산礪山 신막新幕을 오니 세 시나 되었다. 집안 애들 시겨 동내洞內 장정壯丁을 출동出動하여 짐을 나르게 하고 나는 한韓만수 군君과 용제龍弟 집으로 들어 마침 끓은 개장국에 술 몇 잔 하였다. 한韓 군君은 취하여 운전대運轉臺로 와 누었다. 약간 비를 맞치며 책冊을 다 날렀다. 용제龍弟가 6만 원六萬円, 병주秉胄가 2십4만 5천 원二十四萬五千円, 내가 9만 5천 원九萬五千円, 도합 40만 원四十萬円을 하여 운전수를 주었다. 그리고 나는 집으로 들었다. 처妻는 전주全州 가고 처형妻兄만 와 있다. 밤에 비가 온다. 짐을 풀어 모정茅亭에 쌓았다.

8월 23일. 종일 서남풍西南風 불고 비가 온다. 천우신조天祐神助다. 만약 노중路中에 이런 비를 만났드라면 책은 다 썩을 것이다. 만분萬分 다행하다. 휴지休紙를 정돈整頓하고 진수당鎭壽堂에 불을 때고 책을 다 그리 들여쌓았다. 사랑마루에서 잤다. 황黃바위가 옆에서 자다 새벽에는 칩다 하나 나는 여러 날 흥분興奮한 끝이라 치운 줄을 모르겠다.

8월 24일. 신막新幕서 논산論山 차를 10시十時에 타고 오정午正 전주全州 착着. 연대聯大서 나의 행구行具는 교동校洞 집으로 보내고 제2회第二回 국어국문학國語國文學 강습생講習生에게 두 강좌講座 하고 집에 드니 처妻는 오늘 여산礪山을 갔다. 여섯 시 반 또 야간부夜間部에 두 강좌.

8월 25일. 양복洋服, 모자帽子를 세탁소洗濯所에 맡겼다. 임택룡林澤龍 박사博士를 방문訪問. 명대明大 가서 유직양柳直養, 허정렬許政烈 군君을 만나 고급高級 승격昇格한다는 말을 들었다. 법우사法雨寺를 찾어가 김백당金白堂, 소공素空, 포광包光을 만나고 또 소주도 마셨다.

8월 26일. 연대聯大 가서 네 강좌 하여 제2회강습第二回講習을 수료修了시겼다. 주최主催하던 김용문金容文 군君 말을 들으면 내가 서울서 속히 돌아오지 아녀 이번 강습생講習生들이 퍽 영락零落하였다가 내가 온 뒤 희색喜色이 만안하였으며 안 오다가 다시 온 이도 많었다고 한다.

8월 27일. 새벽에 명대明大 교무주임敎務主任 박준규朴準規 군君을 찾어 보고 학교일을 말해 두고 나는 11시十一時 연대聯大서 정인승鄭寅承, 김용문金容文 군君과 만나 12시十二時 반半 군산群山행 뻐스로 떠나 이리를 지나 오후 두 시 반 군산 개복동開福洞 금학여관金鶴旅館 제1호실第一號室에 들었다. 무덥다. 벼룩이 쏠아 잠을 못 잤다.

8월 28일. 흐리다. 김金, 정鄭 양군兩君과 군산신문사群山新聞社, 군산대학群山大學을 방문訪問. 국어국문학國語國文學 강습처講習處인 중앙국민학교中央國民學校를 갔다. 교장 권정식權正植, 학감學監 이기원李奇源 군君을 보았다. 숙친熟親한 이다. 오후 한 시 개강. 회원 60여 명 강당서. 국문학國文學 2강二講. 비가 굉장하게 온다. 사범학교장師範學校長 최봉칙崔鳳則 군君과 그 학감學監이 와 본다.

8월 29일. 군산중학群山中學 양재성楊載成과 가치 명산동明山洞 가서 박우덕朴雨德(질녀서姪女壻) 상점商店서 점심. 오후 2강二講. 최봉칙崔鳳則 군君이 저녁에 우리를 초대. 향원香源과 배암장어 요리.

8월 30일. 양재성楊載成 군君이 자기 집으로 점심點心 초대招待. 그 부친父親 정희定熙 군君과 함께 먹었다. 정인승鄭寅承 군君 오전 강의 마치고 전주全州 가고 나는 오후 강의를 독담獨擔. 군사교육軍事敎育을 맡은 육군 보병 제5005부대 정훈政訓 주임장교主任將校 임용태任龍泰 군君이 찾어 와서 그 부대 오백 명에게 강연을 해 달라 하여 여섯 시 반에 가서 민족정신民族精神을 한 시간 말하였다. 임任 군君이 따러 나와 술을 사 준다. 저녁밥은 아니 먹고 또 질녀姪女가 가존 양주洋酒를 먹고 양정희楊定熙 군君 집에서 잤다. 어떻게도 곤했든지 오좀 눈 줄도 몰랐었다.

8월 31일. 오전午前 1강一講. 임林 학부형學父兄 집서 술을 먹고 또 1강一講코 권정식權正植 군君의 오찬午餐을 받고 또 1강一講 후엔 수료식修了式 거행擧行. 금학여관金鶴旅館에 갔더니 못 재겠다 한다. 양정희楊定熙 군君과 공원을 갔다. 비가 온다. 황해도黃海道서 교장도 지냈다는 청년이 가게를 보고 있다. 과자와 양주 몇 병을 가지고. 담화談話. 우덕

雨德이 집으로 오니 그 부친이 왔다. 함께 석반夕飯. 함께 양정희楊定熙 군君 집에서 잤다.

9월

9월 1일. 7시七時 발發. 우덕雨德 집에서 해정解酲. 양재성楊載成 군君이 따러 나왔다. 군산 기차는 오늘사 개통開通한다. 양楊 군君이 사 주는 차표車票 가지고 8시八時 10분十分 발發, 이리裡里 9시九時 착着. 기다려 김용문金容文 군君 만나 한양여관漢陽旅館다 숙소宿所을 정定하고 삼남일보三南日報 사장社長, 서무부장庶務部長과 장순하張諄河, 전사진田四鎭 군君을 보고 남성중학교南星中學校 학감學監 양재근楊載根, 이중각李重珏 군君을 보았다. 양楊, 이李 양군兩君이 점심을 사준다. 이리여중裡里女中, 농대農大를 역방歷訪하고 조철원趙哲元 군君도 찾고 누의도 보았다. 여중교장女中校長은 현現 도지사道知事 김가전金嘉全의 삼촌三寸인 김영배金英培, 칠십 노인이다. 야소교인耶蘇敎人.

9월 2일. 이리여중裡里女中서 11시十一時 개강開講 후 나는 1강一講. 원광대학円光大學 여학생들이 복숭아 한 꾸러미를 사 왔다. 정인승鄭寅承 군君이 왔다. 오후 또 1강一講. 서울 이혜구李惠求 군君이 찾어 왔다. 그 동서同壻인 현 수리조합장 김원중金元中 사택으로 갔다. 술을 낸다. 철제徹弟가 와 보고 천길선千吉善 군君이 와 보고 여중女中의 김희남金喜南 군君이 와 석찬夕餐을 준다.

9월 3일. 건재健齋랑 농대農大를 가보고 한배漢培를 찾고 공업고등학교장工業高等學校長 이종표李鍾杓, 족제族弟 병익秉翊, 병규秉珪, 또 김남곤金南坤 군君을 보고 학생들에게 화랑도정신花郎徒情神 강연을 한 시간 하였다. 오후엔 연속連續 2강좌二講座. 5시五時 역전驛前으로 가 빠스 타고 여산礪山 오다. 집에 드니 처妻는 이제 전주全州서 왔다고. 조고祖考 기제忌祭. 용제龍弟, 철제徹弟며 제종숙질諸從叔姪이 다 모여 행사行祀.

9월 4일. 8시八時 반半 신막新幕서 용제龍弟랑 빠스 타고 10시十時 반半 이리裡里 착着. 한양여관漢陽旅館에 드니 건재健齋, 농대학장 백남혁白南赫, 김교문金教文 군君이 왔다. 김교문金教文 군君 집에서 오찬午餐. 2차二次 강의講義 마치고 병익秉翊 군君 따러 그 사택으로 갔다. 병각秉珏, 세희世熙 군君도 모였다. 석반夕飯.

9월 5일. 여중女中 가서 한배漢培 군君을 만나, 마동馬洞 작焯 군君 집으로 갔다. 그 안해 권경례權敬禮가 퍽 반가워한다. 벌서 1남4녀를 두었다. 닭 잡고 점심點心을 하여 준다. 오후 두 강의講義를 계속하여 마치고 나는 병석秉錫 군君을 찾어 데리고 나와 합주合酒를 먹고 여중女中으로 가 폐강식閉講式을 하였다. 7시七時 반半이 되어 원광대학円光大學 여학생과 우리 일행은 걸어 5리나 되는 원광대학円光大學을 찾어갔다. 북일면北一面 한 날등 송간松間 속이다. 신작로 옆이다. 원불교円佛教 본부도 여긔다. 선종법사先宗法師는 박중빈朴重彬(법호法號 소태산小太山), 현종법사現宗法師는 송규宋奎(정산鼎山), 원광대학장円光大學長 박길진朴吉眞은 소태산小太山의 아들이고 교감敎監은 이완철李完喆(응산應山), 원광중학円光中學 교장校長은 박장朴將(천天)식植이다. 남녀 학생 기숙사, 학장學長 법사法師의 사택舍宅, 강당講堂 등이 있다. 박길진朴吉眞, 송규宋奎, 이완철李完喆이 치의緇衣를 입고 와 본다. 소식蔬食만 한다면서도 저육猪肉과 술을 준다. 석반夕飯 후 잤다.

9월 6일. 김남곤金南坤, 김교문金敎文, 정인승鄭寅承 군君은 먼저 가고 나는 남녀 학생에게 한 시간 문학文學 강의講義하고 김용문金容文, 이대梨大 여학생女學生과 왔다. 나는 간신히 전주행全州行 뻐스를 이리裡里 역전驛前서 타고 비좁은 속에서 진땀을 내고 오후 세 시 전주全州를 왔다. 집에는 병옥秉玉이가 와 있다.

9월 7일. 비가 온다. 이우식李愚軾 군君을 찾어 보았다. 함께 명대明大로 가서 학생들에게 경과經過 보고報告하는 걸 듣고 교직원敎職員과 이우식李愚軾과 그 부근 음식점서 오찬午餐을 하였다. 임택룡林澤龍 박사博士를 보다. 임학롱林學聾이 와 본다.

9월 8일. 비 온다. 용제龍弟가 김형주金炯周 군君 데리고 왔다. 이성우李星宇 군君이 왔다. 길배吉培, 김용문金容文 군君이 술을 사왔다. 종일 집에 있었다.

9월 9일. 용제龍弟가 떠났다. 길배吉培 군君이 왔다. 학롱學聾과 소공素空 집을 갔다. 포광包光도 왔다. 신청주新淸酒 두 병을 거울렀다. 소공素空 집과 소암小庵을 찾어 소주을 먹었다. 처妻가 여산礪山서 왔다.

9월 10일. 공무원양성소公務員養成所 가서 네 시간 강의講義. 명대明大도 들렀다. 서울서 이재선李載善 군君 편지가 왔다.

9월 11일. 연대聯大에 나갔다. 동대東大의 제2차第二次 학생모집學生募集 시험試驗이 있다. 명대明大도 갔었다. 해석海石이 왔다.

9월 12일. 공무원양성소公務員養成所 가서 두 시간 강의講義. 비가 좀 왔다. 정인승鄭寅承 군君이 왔다. 양주洋酒를 마셨다.

9월 13일. 처妻와 운배雲培가 여산礪山 갔다. 유직양柳直養 씨가 왔다. 국풍회國風會에 갔다. 10여 명 모였다. 신라통일新羅統一에 대하여 강화講話했다. 술을 먹고 파하였다.

9월 14일. 연대聯大 교수회敎授會에 나갔다. 오후 여섯 시 반 귀가歸家. 국민대國民大 나택주羅澤柱 군君이 정육正肉 2근二斤, 청주淸酒 1병一甁, 소공素空이 약주藥酒 1병一甁, 김영배金英培 군君이 국풍회國風會서 십만 원을 가졌다.

9월 15일. 추석秋夕. 사돈 유창석柳暢錫 군君 집에서 저녁을 먹인다. 찬영粲永 모자母子가 왔다. 『신오위장가집申五衛將歌集』을 벗겼다.

9월 16일. 김도태金道泰 군君이 왔다. 술 한 병을 거울렀다. 진해鎭海 항공사관학교航空士官學校 교수敎授로 있다. 전재민戰災民 학도學徒 조사차로 왔다. 함께 이정우李晶雨 변호사辯護士를 찾았다. 술을 먹인다.

9월 17일. 김도태金道泰 군君을 찾아 보았다. 학롱學聾과 함께 소공素空께 가서 건란建蘭 향긔를 들으며 술을 마셨다. 명대明大, 연대聯大도 갔었다. 정인승鄭寅承, 권승욱權承昱, 김도태金道泰 군君이 왔기 술을 내었다.

9월 18일. 명대明大에 나갔다. 김도태金道泰 군君이 작별하러 왔다. 도서운반비 20만 원二十萬円을 명대明大서 얻어다가 윤석주尹錫疇 군君께 주었다. 차용한 것을 갚었다. 장적 131속百三十一束을 6만 5천5백 원六萬五千五百円에 사 들였다. 나택주羅澤柱 군君과 국민대학國民大學사무원 이수호李洙浩 군君이 술을 가지고 왔다. 해석海石이 『이평사집李評事集』을 가졌다. 해석海石께서 낙질落帙된 『고려사高麗史』 13책十三册을 가졌었다. 비가 좀 지내다.

9월 19일. 연대聯大 국문학개설國文學槪說 개강開講 1좌一座 했다. 명대明大에 갔다. 청구서점靑丘書店에 들러 『요금원사어해遼金元史語解』 10책十册과 『능엄경언해楞嚴經諺解』 제4第四 1책一册도 보고 사자 하니 두고 본다고 아니 판다. 어제 김형규金亨奎 군君이 김근수金近洙 군君

소개紹介로 『능엄경楞嚴經』 원판본原板本 4책四册과 을해자乙亥字 활자본活字本 2책二册을 매책每册 만 원萬円으로 사 갔다. 내가 사자 하매 값을 올리자는 것이다. 소공素空, 학롱學聾이 왔다.

9월 20일. 연대聯大서 국문학사國文學史 시강始講 1좌一座. 김형규金亨奎 군君이 『능엄경楞嚴經』 원판본原板本 제1第一, 제3第三, 제4第四, 제10第十과 을해자乙亥字 활자본活字本 제5第五, 제9第九 도합都合 6책六册을 사 가졌는데 그중中 제1第一 목판본木板本과 제5第五 활자본活字本을 보여준다. 활자본活字本의 대문은 을해자乙亥字의 대자大字로 박였다, 희귀본稀貴本이다. 명대明大에 갔다.

9월 21일. 연대聯大 국문학개설國文學槪說 강의講義 1좌一座. 여산礪山서 중부仲父 상사喪事의 전보電報가 오다. 명대明大 가서 말하고 또 임택룡林澤龍 박사博士게도 말하였다. 정래동丁來東, 양희석梁熙錫, 길배吉培, 유제운柳濟雲, 정기수丁奇洙 군君이 왔다. 담화談話. 양주洋酒를 몇 잔 거울렀다. 정기수丁奇洙 군君은 문리대 불문과 4학년이다. 요전 서울 갈 제 정丁 군君이 씨에이씨 접수계接受係에 있어 도서圖書 운반증運搬證을 내주었기 일전 내가 정丁 군君을 찾어 보고 감사함을 말하였었다. 정丁 군君은 금년 졸업하기에 학점이 좀 부족하다. 추가追加 시험試驗을 보게 하였다.

9월 22일. 유창석柳昌錫 군君이 왔다. 오전午前 9시九時라기 나서 뛰어갔다. 대전太田 가는 빠스는 표票를 팔고 있다. 9시九時 반半 출발. 10시十時 40분四十分 신막新幕서 내렸다. 중부仲父 영연靈筵에 곡哭했다. 출상出喪이다. 뒷산 치표置標 자리 중숙모仲叔母와 합장合葬. 대부大父를 보았다. 텍이 붓었고 말도 못한다.

9월 23일. 처妻와 신막新幕서 빠스를 탔다. 오후午後 두 시다. 짐을 깔고 앉었다. 거의 네 시나 하여 전주全州서 내렸다.

9월 24일. 지방地方 공무원양성소公務員養成所에 갔다. 두 시간 강의講義로 마쳤다. 명대明大서 국어國語 시문試問을 등사지謄寫紙에 썼다.

9월 25일. 명대明大서 입학入學 시험試驗을 보다. 80八十명 수험受驗. 국어國語 답안答案을 가지고 와 끊았다. 학농學聾이 소주燒酒를 먹인다.

9월 26일. 연대聯大 1강一講을 하고 명대明大로 갔다. 구술시험口述試驗, 신체검사身體檢査. 처妻가 몸살이 났다. 노성魯城 고모부姑母夫가 오셨다.

9월 27일. 연대聯大 1강一講. 명대明大로 가 시험試驗 고사考査하여 합격자合格者 발표發表. 향교鄕校 석전釋奠에 가 점심點心. 연대聯大 교수회敎授會에 출석出席 토의討議. 추가追加 시험試驗, 신입생新入生 개강開講 등등. 유호석柳浩錫 군君 편便에 고창高敞 신기업申基業 군君께 편지하고 신오위장申五衛將『허두가虛頭歌』를 빌리라 하였다.

9월 28일. 연대聯大 2강二講.

9월 29일. 비가 왔다. 종일終日. 많이 왔다.

9월 30일. 박희선朴喜宣 군君이 술과 생선生鮮을 가지고 왔다.

10월

10월 1일. 명대明大 교수회敎授會. 박희선朴喜宣 군君허고 소공素空을 찾었다.

10월 2일. 명대明大 학생學生 사열査閱. 사범학교師範學校 운동장運動場과 그 동東편 산야山野에서. 사열관査閱官은 박승훈朴勝薰 보좌관補佐

官 수명數名. 오전午前 8시八時부터 오후午後 5시五時까지. 청풍관淸風館서 석식夕食.

10월 3일. 개천절식開天節式. 명대明大서 하였다.

10월 4일. 연대聯大, 명대明大 각各 1강一講. 오후午後 3시三時 도학무과道學務課서 한글날 식式과 강연회講演會 준비準備 토의討議. 박준규朴準規, 박효삼朴孝參 군君과 나와 집에서 술을 먹었다. 항아리 네 개, 뚜경 한 개 3만 4천 원三萬四千円, 태가駄價 삼천 원三千円. 하태웅河泰雄 군君 집에서 가졌다.

10월 5일. 처妻가 여산礪山으로 갔다. 오전午前 9시九時 발發 뻐스로. 연대聯大, 명대明大를 나갔다.

10월 6일. 명대明大에 나갔다. 도지사道知事 김가전金嘉全이 어제 군산群山 해항海航 사령장관司令長官 집에서 어제 오후午後 8시八時경頃 별세別世했다고.

10월 7일. 함열면咸悅面 흘산리屹山里 김형주金炯周 형제兄弟가 주육酒肉, 생선生鮮을 가지고 왔다. 소병원蘇秉元, 유창석柳昌錫, 홍순채洪淳采, 은성학殷成鶴, 김근수金近洙 군君이 왔다. 술을 냈다. 이웃 임봉주林鳳周 군君 집으로 가서 7, 8七八명 내빈來賓과 함께 성찬盛饌 향료香醪를 받었다. 니취泥醉했다.

10월 8일. 지방공무원양성소地方公務員養成所 가서 2강二講. 명대明大 보결생補缺生 국어國語 시답試答을 끊았다. 구술시험口述試驗도 보았다.

10월 9일. 한글날. 오전午前 명대明大서 사정회査定會. 오후午後 한 시부터 전주여중全州女中 강당講堂서 한글날 식式과 강연회講演會. 나는 훈민정음訓民正音 낭독朗讀. 한글 약사略史 강화講話. 국민대학國民大學 신입생新入生 환영회歡迎會 참석參席. 저녁엔 다리봉다점茶里逢茶店서

'국문학國文學의 맛나는 고시가화古詩歌話'를 했다. 문세영文世榮 조선어사전朝鮮語辭典과 께일 한영자전韓英字典을 사 왔다. 조어사전朝語辭典은 2만 5천 원二萬五千円. 한영자전韓英字典은 1만 2천 원一萬二千円.

10월 10일. 명대明大, 연대聯大서 각各 1강一講. 국민대國民大 이수호李洙浩 군君이 오식午食을 사 준다. 공무원양성소公務員養成所 가서 3강三講.

10월 11일. 전북중全北中 운동장運動場에서 고故 도지사道知事 김가전金嘉全 영결식永訣式을 오전午前 10시十時 반半부터 오후午後 2시二時 반半까지 하였다. 그리고 행진行進하여 완산完山 장지葬地로 갔다. 관민官民, 학도學徒, 기독교인基督教人 등 인해人海를 이루다.

10월 12일. 연대聯大서 특강特講. 교수회教授會 과 운영위원회運營委員會로 오후午後 1시一時부터 7시七時까지. 학장學長 추천推薦 문제問題로 분요紛擾. 김형규金亨奎 군君이 홀로 반대反對한다. 그리고 운영위원회運營委員會 자체自體를 거부拒否하기에 나는 그러면 웨 이 회會를 초집招集했느냐 하고 일어서 나오려 하였다. 의장議長 유직양柳直養 씨도 그 자리를 내 놓았다. 오는 15일로 다시 개회開會하자 하고 파했다.

10월 13일. 오전午前 9시九時 대전행太田行 뻐스를 타고 떠났다. 10시十時 반半 신막新幕서 내려 용제龍弟 집에서 술 먹고 건너가 집에서 점심點心. 대부大父는 병환病患이 차감差減이 없다. 김동수金東洙 군君이 와 있다.

10월 14일. 비가 온다. 김동수金東洙 군君과 가아家兒 형제兄弟를 다리고 서울서 가존 서적書籍을 정리整理하다. 정갑원鄭甲源 씨 댁에 빨지산대隊가 와서 5만 원五萬円, 닭 5수五首, 구두, 양복洋服 등을 가져갔다고 한다. 대전太田서 양순자梁順子 편지가 왔었다.

10월 15일. 오늘도 종일終日 서적書籍 정리整理. 대개는 다 있으나 『두시언해杜詩諺解』 전全 12책十二册 중中 10十, 12十二의 2책二册이 없고 『여암전서旅庵全書』 중中 1一, 2二, 3권三卷이 없고 조운曺雲, 남령南嶺, 가람嘉藍인 『삼인시조집三人時調集』 원고原稿가 없다. 여산礪山 지서支署서 50五十여 명이 나와 밤새도록 경계警戒.

10월 16일. 모친母親 기고忌故. 오늘도 종일終日 서적書籍 정리整理하여 대강은 되었다. 김화진金龢鎭 군君이 와 자다. 자정子正 지내여 행사行祀. 여산礪山 지서支署의 야경단원夜警團員도 음복飮福케 하였다.

10월 17일. 오후午後 2시二時 15분十五分 뻐스로 전주全州를 왔다. 몹시 덥다. 우물을 질어 목욕沐浴.

10월 18일. 연대聯大, 명대明大 각各 1강一講.

10월 19일. 연대聯大서만 3강三講.

10월 20일. 종일終日 비. 나 있는 방구돌 도배. 국풍회國風會에 나왔더니 임택룡林澤龍 박사博士, 유직양柳直養, 고경선高京善 세 사람뿐. 오늘도 유회流會. 고경선高京善 군君이 자기自己 집으로 가자 한다. 유직양柳直養 씨와 나는 갔다. 서화첩書畵帖을 내보인다. 저녁상에 소주燒酒 곁드려 내온다. 먹고 어두어서 왔다. 길이 질었다.

10월 21일. 비. 구돌을 바르다. 우물이 불었다.

10월 22일. 공무원양성소公務員養成所에 가 3강좌三講座를 마치고 그 옆의 고등공업학교高等工業學校로 가 국사國史 1강一講, 국문國文 1강一講 개시開始.

10월 23일. 명대明大 가서 3강三講.

10월 24일. 비. 명대明大, 연대聯大 각各 1강一講. 연대聯大서 교수회教授會 또는 운영위원회運營委員會. 오후午後 2시二時부터 7시七時까지.

무기명無記名 투표投票로 고형곤高亨坤 군君이 학장學長 되었다. 그리고 운영위원장運營委員長은 유직양柳直養 씨로 되었다. 모다 원만円滿히 되었다. 나오다 중견中堅 교수敎授 몇이 함께 술을 먹었다.

10월 25일. 연대聯大, 명대明大 각各 1강一講. 오후午後 전주全州 남중학교南中學校를 가 교무주임敎務主任과 강의講義 시간時間을 협의協議. 백정기白定基 군君을 찾으니 임봉주林鳳周, 송창宋彰 군君이 있다. 함께 담소談笑코 왔다. 저녁에 양희석梁熙錫, 박희선朴喜宣, 김용문金容文 군君이 술을 가지고 왔다. 함께 마셨다. 처妻가 왔다.

10월 26일. 연대聯大 3강三講. 연대聯大 학장學長이 부산釜山 간다고.

10월 27일. 임林 박사博士 집에 갔더니 출타出他했다. 방바닥 도배를 시작했다.

10월 28일. 학롱學聾과 가치 홍종철洪鍾徹 군君께 갔다. 수십 명數十名 모였다. 칠언율시七言律詩 조朝, 초招, 속俗, 요遙, 교橋 운韻이다. 쓰고 읊고 먹고 마신다. 회비會費는 3천 원三千円. 나는 먼저 나왔다.

10월 29일. 고공高工을 나가 2강二講 연속連續하고 오상수吳祥洙 교장校長, 농중農中 교장校長, 중앙국민中央國民 교장校長 또는 한인수韓仁洙 군君과 함께 오찬午餐. 오吳 교장校長이 먹인다.

10월 30일. 명대明大 나가 3강三講. 방 도배를 다 했다.

10월 31일. 연聯, 명대明大 거쳐 전주全州 남중南中 가서 고상高商 5, 6학년五六學年 국문학사國文學史 각各 한 시간. 이리裡里 중앙대中央大 학장學長 김태오金泰午와 교수敎授 학생學生이 찾어 왔다. 이번 토요일土曜日 가기로 했다. 명대明大 야학夜學 특강特講 9십 분九十分.

11월

11월 1일. 연聯, 명대明大 각各 1강一講.

11월 2일. 명대明大 오전午前 1강一講을 하고 집으로 왔다. 싸이렌 소리가 난다. 오정午正이다. 거퍼 두 번이 난다. 아이들이 적기機가 왔다고 하기 나서 보니 도청道廳께서 화염이 충천衝天하고 폭발 소리 콩 튀듯 한다. 사람들은 다 놀래고 분산分散하기도 한다. 나는 거리에 나서 알어보니 도청道廳 무기고武器庫에 불이 났다 한다. 오후午後 3시三時 겨우 소화消火. 도청道廳은 전소全燒. 발화發火는 부주의不注意로서다.

11월 3일. 오전午前 8시八時 빠스를 타러 나갔다. 8시八時 반半 떠날 것이 9시九時 반半에야 떠났다. 나는 11시十一時 이리裡里서 나려 중앙대학中央大學을 갔다. 어느 창고倉庫를 교실敎室로 개작改作. 그 부교장副校長 김태오金泰午, 교수敎授 장환張桓 군君을 보았다. 오전午前 1강一講, 오후午後 2강二講. 복래여관福來旅館서 김태오金泰午, 장환張桓 군君과 동숙同宿.

11월 4일. 오전午前 2강二講. 이혜구李惠求 군君과 오반午飯. 오후午後 1강一講 후 장순하張諄河, 김용문金容文 군君과 술 먹다. 네 시 반半 전주全州로 떠날 빠스는 네 시 전에 떠났다. 김용문金容文 군君과 구舊 이리裡里로 가서 어떤 추럭을 타고 전주全州로 왔다.

11월 5일. 짐장을 한다. 지방공무원양성소地方公務員養成所 가서 2강二講. 고공高工서 2강二講. 자물쇠 둘을 샀다.

11월 6일. 명대明大 3강三講. 이발理髮. 비가 아침부터 밤새도록 온다. 연대聯大는 경찰국원警察局員에게 집을 빼앗기고 전북중학교全北中學校으로 옮아가기로 했다.

11월 7일. 북중北中을 가 보니 연대聯大는 교실教室 준비準備가 못 되었다. 명대明大 1강一講. 고상高商 6학년六學年 2강二講. 남포석藍浦石 벼루와 오동梧桐나무 벼룻집을 샀다. 비는 개고 북풍北風이 차다.

11월 8일. 연聯, 명대明大 각各 1강一講. 오후午後 고상高商 5학년五學年 1강一講. 북풍北風이 차다. 박희선朴喜宣 군君이며 원광대학円光大學서 두 청년靑年이 날 데리러 왔다. 내가 안 온다고 학생學生 동맹同盟이 났다 한다. 내주來週 1일一日 가기로 하였다.

11월 9일. 연대聯大서 3강三講.

11월 10일. 오전午前 10시十時 반半 이리裡里 가서 중앙대학中央大學 김태오金泰午, 정두동丁斗東, 장환張桓, 조동필趙東弼 군君을 만났다. 오전午前 1강一講. 오후午後 2강二講. 김태오金泰午, 정래동丁來東 군君과 동숙同宿.

11월 11일. 또 3강三講 하고 김용문金容文 군君과 가치 원광대학円光大學으로 갔다. 김포광金包光이 왔다. 동숙同宿. 밤에 비 왔다.

11월 12일. 국문학개설國文學概說 2강二講 한양가漢陽歌 1강一講. 이날 밤에 금마金馬가 습격당하였다.

11월 13일. 김용문金容文 군君은 떠났다. 3강三講.

11월 14일. 김포광金包光이 떠났다. 박길진朴吉眞 학장學長이 부산釜山서 왔다. 3강三講. 야우夜雨.

11월 15일. 3강三講.

11월 16일. 3강三講. 밤에 또 비 왔다.

11월 17일. 솝니서 전화電話가 왔다. 이병도李丙燾, 고형곤高亨坤 군君이 와서 부른다. 1강一講 후 떠났다. 농과대학農科大學으로 가다가 이병도李丙燾, 고형곤高亨坤, 백남혁白南赫 군君을 만나 백白 군君 이웃 주점

酒店으로 가서 잔쯕 취醉해 누었다. 저녁을 먹고 백白 군君 집에서 연침聯枕하고 잤다.

떠나가시는 길에 이리로 다시 만나
잔뜩 취한 술을 감과 밤으로 깨고
따듯한 구돌에 누어 옛날 일을 말했다.

고 읊었다. 두계斗溪는 부산釜山으로 가는 길이다. 백白 군君이 밤과 감을 내 왔다.

11월 18일. 두계斗溪와 작별作別하고 나는 11시十一時 뻐스로 왔다.

11월 19일. 지방공무원양성소地方公務員養成所서 2시간二時間 강의講義, 고공高工서 2시간二時間 강의講義. 윤석범尹錫範 군君과 시장市場서 오찬午餐

11월 20일. 명대明大 3강三講.

11월 21일. 연대聯大서 국문학개론國文學概論 1강一講. 유엔군軍이 북중北中을 쓴다고 오날 오후午後 5시五時까지 비어 놓아라 한다. 남중南中으로 연대聯大는 가기로 했다. 명대明大 1강一講. 오후午後 세 시 명대明大 교직원敎職員, 이사理事와 회의會議. 종합대학綜合大學 실시實施로 문리과대학文理科大學 관리管理 책임자責任者는 나, 법과대학法科大學 관리管理 책임자責任者는 박준규朴準規로 추천推薦되었다. 정선모鄭善謨 군君이 임실관任實館서 술과 밥을 준다. 집으로 돌아오니 순자順子가 와 있다.

11월 22일. 비 왔다. 남중南中을 가니 연대聯大는 휴강休講. 전북대학교全北大學校 사무국事務局서 각各 대학大學 관리管理 책임자회責任者會

가 있었다. 문리대文理大는 나, 법대法大는 박준규朴準規, 농대農大는 백남혁白南赫, 공대工大는 이종표李鍾杓, 상대商大는 서홍선徐鴻善. 5시五時 파하여 부여관扶餘館서 석찬夕餐. 처妻가 왔다.

11월 23일. 남중南中을 가다가 명대明大로 갔다. 오전午前 10시十時 또 관리管理 책임자회責任者會를 하였다. 오찬午餐 후 또 계속繼續하여 4시四時 반半 파하였다. 비 오다 그치고 치워졌다.

11월 24일. 명대明大, 연대聯大 사무소事務所로 하여 소공素空을 찾어보고 포광包光의 연대聯大 불교문화사佛敎文化史 시간표時間表를 알리라고 하였다. 박희선朴喜宣 군君이 왔다. 삼양화원三陽花園서 난蘭 세 분盆 가졌다. 동풍東風이 불었다.

11월 25일. 소낙비가 지냈다. 난蘭 두 분盆을 개식改植.

11월 26일. 지방공무원양성소地方公務員養成所 1강一講. 고공高工 1강一講. 명대明大를 다녀왔다. 풍설風雪이 밤에 야단이었다.

11월 27일. 문리대文理大 3강三講. 밤에 눈이 또 왔다.

11월 28일. 처妻와 순자順子가 여산礪山으로 갔다. 연대聯大 1강一講, 문리대文理大 1강一講. 문리文理·법대法大 교수회敎授會. 출제위원出題委員 선정選定.

11월 29일. 연대聯大, 명대明大 각各 1강一講. 고상高商도 갔었다.

11월 30일. 연대聯大 3강三講. 문리대文理大도 가 보았다.

12월

12월 1일. 문리대文理大에 나가 보았다. 종희宗熙, 준희俊熙가 왔다.

12월 2일. 전북대학교全北大學校 입학入學 국어國語 시험試驗 문제問題 내었다. 문리대文理大에 나가 보았다.

12월 3일. 문리대文理大, 법대法大 시험試驗을 보고 국어國語 답안答案을 끊고 구술시험口述試驗을 보았다. 종宗, 준俊 양아兩兒가 갔다.

12월 4일. 문리대文理大 교수회敎授會. 40명四十名 뽑았다. 35점三十五点 이상以上이다,

12월 5일. 연대聯大도 갔다. 문리대文理大 합격자合格者 발표發表했다.

12월 6일. 며누리가 왔다. 십만 원十萬円을 주었다.

12월 7일. 연대聯大도 나갔다.

12월 8일. 문리대文理大에 가 보았다.

12월 9일. 며누리 친정親庭 백모伯母의 회갑回甲이라고 청請한다. 아침을 가 먹었다. 박희선朴喜宣 군君 내외內外와 최승범崔勝範 군君이 술을 사 가지고 왔다.

12월 10일. 문리文理, 법法 양대兩大 개강식開講式을 하다. 내가 훈화訓話를 했다.

12월 11일. 문리대文理大는 전북중학全北中學 구舊 교사校舍로 옮아 수업授業을 했다. 헌병대憲兵隊서 본대학本大學 교실을 둘이나 사용使用함이다.

12월 12일. 문리대文理大는 다시 본 대학 교사校舍로 왔다. 헌병대가 나가기를 기다리고 종일終日 휴강休講. 종희宗熙, 장환章煥이가 왔다.

12월 13일. 종宗, 장章 양아兩兒는 갔다. 문리대文理大 수업授業을 시기다. 호국대護國隊 운영위원회運營委員會를 조직하고 내가 축사祝辭를 했다. 임실관任實館서 정선모鄭善謨, 고형곤高亨坤 군君과 술 먹었다.

12월 14일. 며누리가 여산礪山으로 갔다. 연대聯大 합숙소合宿所서 연

대聯大 교수회敎授會 했다. 술에 취했다. 위로 옳은편 둘째 아금니 하나가 빠졌다. 준희俊熙가 왔다. 눈이 종일 왔다. 녹으면 온다.

12월 15일. 종일 눈. 문리대文理大 나갔다. 김포광金包光과 점심. 돌아오다 박희선朴喜宣, 최승범崔勝範 군君과 술 먹었다.

12월 16일. 준희俊熙가 갔다.

12월 17일. 처妻와 서모庶母가 왔다. 저문 때다. 어제는 차車가 없어 못 오고 오늘도 늦게야 추럭 타고 왔다 한다.

12월 18일. 문리대文理大 2강二講.

12월 19일. 연대聯大 1강一講. 유직양柳直養, 박준규朴準規 군君이 부산釜山 갔다.

12월 20일. 문리대文理大 보결補缺 시험試驗 보았다. 11명十一名 뽑았다.

12월 21일. 연대聯大 갔다 바루 문리대文理大로 가서 학생學生, 교직원敎職員 일동一同과 용진면龍進面 아중리牙中里 비행장飛行場으로 나갔다. 시내 각各 국민학교國民學校, 고등高等, 중학교中學校, 대학교大學校 또는 각各 동洞 인민人民들이 다 나간다. 10+여 만 명名이다. 서로 어깨를 비빈다. 게다가 추럭, 지프가 오락가락한다. 나는 소리도 없이 오는 헌병憲兵 지프차車에 넘어졌다. 상처는 없었다. 10시十時 반半 출발出發하여 12시十二時 도착到着. 서라는 데 서서 오후午後 네 시가 지냈다. 비행기飛行機가 10+여 대 왔다. 대통령大統領과 수행원隨行員들 무쵸 대사大使 등이 순행巡行하고 연설演說을 하나 들리지 않는다. 4시四時 반半 그들이 떠난 후 우리는 왔다. 유엽柳葉의 술을 먹었다.

일기

48권

1951. 12. 22. ~ 1954. 8. 27.

1951년(단기 4284년)

12월

12월 22일. 문리대文理大 나갔다. 구름 끼었다.

12월 23일. 종일終日 집에 있었다. 김용배金龍培, 전烇, 김근수金根洙, 소공素空이 왔다. 유종석柳鍾錫이가 그 질녀姪女 혼식婚式을 지내고 술 두 병을 가지고 왔다. 원광대학円光大學서 시험답안試驗答案과 술 한 병을 가졌다. 동지冬至. 따듯하다.

12월 24일. 문리대文理大에 나갔다. 날말 뉘가 왔다.

12월 25일. 기독성탄축일基督聖誕祝日. 문리대文理大에 나갔다. 비 온다.

12월 26일. 비 온다. 순우順雨 혼식婚式을 가 보았다. 김용배金龍培 군君이 술을 먹인다.

12월 27일. 이리裡里 농대農大 학장學長 백남혁白南赫 군君이 왔다. 더불어 오찬午餐을 하였다. 노송동老松洞 411四一一번지 방인원房仁源 가家에서 정기수丁奇洙 군君과 방증례房曾禮 양孃과의 결혼식結婚式이 있었다. 나는 취醉하여 축사祝辭를 했다.

12월 28일. 연대聯大로 하여 문리대文理大에 나가서 교수회敎授會를 열고 임시 휴가休暇를 이달 31일로부터 오는 1월 12일까지 작정作定했다. 박준규朴準規 군君도 왔다. 저녁에 연대聯大 교수회敎授會 겸 석찬회夕餐會가 있었다. 비는 온다.

12월 29일. 문리대文理大 나가서 봉급俸給과 상여금賞與金 등을 의정議定. 경희京熙가 왔다. 날말 뉘가 떠났다.

12월 30일(임신壬辰 12월十二月 초初 삼일三日). 처妻의 생일生日. 찬영燦永이 식구食口와 완산동完山洞 누의와 병옥秉玉이와 모여 조반朝飯, 오반午飯을 했다.

12월 31일. 비 온다. 서모庶母와 완산동完山洞 누의와 처妻와 경희京熙가 여산礪山으로 갔다. 유엽柳葉 집에서 연대聯大 망년회忘年會가 있었다. 취하여 9시九時 넘어 돌아왔다.

1952년(단기 4285년)

1952년(단기 4285년)

1월

1월 1일. 문리대文理大에 나가 신년식新年式 축사祝辭를 하고 축배祝盃를 들었다. 이우식李愚軾 군君을 찾어 보았다. 오후 2시二時 시청市廳에 가서 신년新年 축하祝賀 교환회交歡會를 하였다. 유직양柳直養 씨 댁에 가서 술을 먹었다.

1월 2일. 오전 8시八時 반半 군산群山 가는 빠스를 타러 나갔다. 9시九時나 되어 떠났다. 이리裡里서 내려 중앙대학中央大學으로 갔다. 김태오金泰午, 정래동丁來東 군君을 만났다. 한 강의講義를 했다. 국문학개설國文學槪說이다. 복래여관福來旅館서 잤다.

1월 3일. 세 강의講義. 정래동丁來東 군君은 부산釜山을 갔다.

1월 4일. 시험試驗 본다고 휴강休講. 병원秉元 형兄을 찾어 보고 가치 나와 술을 먹었다. 청년단장靑年團長 성成 군君이 초대招待한다. 남궁현南宮鉉 군君이 자기 집에서 저녁을 먹인다. 비 왔다.

1월 5일. 3강三講. 이혜구李惠求 군君을 만났다.

1월 6일. 3강三講. 정환晶煥, 조병희趙炳喜가 왔다. 정환晶煥 군君 집을 갔다. 병석秉錫 군君도 보고 오찬午餐. 그리고 빠스 타러 정류장停留場에 이르니 여산礪山 가는 빠스는 사고事故로 수일數日채 아니 다닌다.

전주全州로 왔다. 오후 8시八時나 되었다.

1월 7일. 고형곤高亨坤 군君을 보고 문리대文理大로 갔다. 이우식李愚軾 군君을 찾어 보았다. 어제 우리 집을 찾어왔다고.

1월 8일. 여산礪山서 완산동完山洞 누님과 처妻가 왔다.

1월 9일. 따듯하다. 양회수梁會水 군君 혼례식婚禮式을 다가동多佳洞 26二六 번지서 거행擧行. 나는 축사祝辭 했다.

1월 10일. 문리대文理大 나갔다. 이준녕李俊寧 군君을 찾어 보았다.

1월 11일. 연대聯大 학기學期 시험試驗 시작始作. 나가 보았다.

1월 12일. 연대聯大, 문리대文理大 나갔다. 오상수吳祥洙 군君 따님 정자貞子 양孃 결혼식結婚式에 가 축사祝辭. 그리고 그 동뢰연同牢宴에도 갔었다.

1월 13일. 문리대文理大 갔다.

1월 14일. 문리대文理大, 연대聯大를 나갔다.

1월 15일. 군사기념일軍事記念日. 문리대文理大에 나갔다. 창신관昌新館서 오찬午餐.

1월 16일. 문리대文理大에 나갔다. 문리대文理大 학생 최규남崔圭南 군君 동뢰연同牢宴에 갔었다. 연대聯大도 가 보았다. 이승호李承鎬 군君이 왔다.

1월 17일. 홍순병洪淳秉, 신만우申晩雨 군君이 왔다.

1월 18일. 문리대文理大, 연대聯大에 나갔다. 삼양화원三陽花園에 들렀다.

1월 19일. 바람은 부나 눅었다. 해석海石이 왔기에 가치 나서 문리대文理大로 하여 이성우李星宇 군君을 찾었다.

1월 20일. 맑고 따뜻하다. 김용원金容元 군君의 석찬夕餐 초대招待.

1월 21일. 대한大寒. 문리대文理大로서 연대聯大에까지 나갔다. 연대聯大서 김포광金包光과 함께 나오다가 김용문金容文이 술을 사 주어 먹고 소공素空께 들려 놀다 왔다.

1월 22일. 문리대文理大 세 강의講義. 우당愚堂 이우식李愚軾 군君 집으로 석찬夕餐. 소공素空, 포광包光, 신만우申晩雨 군君도 왔다.

1월 23일. 처妻가 여산礪山으로 갔다.

1월 24일. 문리대文理大 1강一講. 소공素空, 소암小庵을 찾어 보았다.

1월 25일. 반다미 뒤 덕진德津 언덕서 제8사단第八師團 소속 대대의 모의전투模擬戰鬪 실시實施가 있었다. 8사단장八師團長 부친父親 소암小庵이 지프차에 소공素空을 실고 문리대文理大로 찾어왔다. 박준규朴準規 군君과 같이 나는 타고 나갔다. 오후 1시一時부터 한 시 반 실시實施가 있었다. 퍽 장쾌壯快하다. 현대적現代的 문명文明의 표현表現이다. 이왕 일본군日本軍의 모의전투模擬戰鬪와는 비약적飛躍的 진보進步인 것이다. 마치고 돌아오다가 창신관昌新館서 석찬夕餐. 몹시 치웠다. 북풍北風이 불었다.

1월 26일. 역시 칩다. 문고리에 손이 붙는다.

1월 27일. 임진壬辰 정월正月 1일一日. 찬영粲永이와 그 부모父母가 와 조반朝飯을 함께 하였다. 종일終日 세배歲拜 오는 이가 있었다.

1월 28일. 해석海石이 와 청請한다. 그 집으로 가 오찬午餐 하고 박준규朴準規 군君 집으로 가서 석찬夕餐을 받었다.

1월 29일. 문리대文理大로 갔다. 오후 2시二時 허정렬許政烈 군君 집의 초대招待를 받었다.

1월 30일. 문리대文理大 갔다 오다 고형곤高亨坤 군君을 만나 그 집으로 가 술을 먹었다.

1월 31일. 칩다. 문리대文理大 나갔다. 정인승鄭寅承 군君을 데리고 와 홍종철洪鍾哲 군君을 찾었다가 못 보고 내게로 와서 청담淸談을 하였다.

2월

2월 1일. 몹시 칩다. 연대聯大 나갔다.

2월 2일. 부산釜山 갈 노비路費 5십만五十萬 원円을 받었다. 처妻가 왔다.

2월 3일. 오전 8시八時 반半 발發. 김용문金容文 군君이 빼스 표票를 사 준다. 10시十時 반半 이리裡里 중대中大로 갔다. 장환張桓, 한태수韓太壽 군君을 만났다. 2강二講. 칩다.

2월 4일. 4강四講. 용문容文 군君과 손부학장孫副學長 종진宗珍 군君이 왔다. 영남관嶺南館서 석찬夕餐을 준다.

2월 5일. 2강二講. 오늘이 입춘立春. 오후 두시 반 손孫, 김金 양군兩君과 함께 대전太田 가는 차로 떠나 8시八時 반半 대전太田 중동여관中洞旅館서 잤다.

2월 6일. 음陰. 오정午正에 부산釜山 가는 삼등차三等車를 탔다. 퍽 비좁다. 대구大邱 가서야 겨우 한 자리를 얻어 앉었다. 심심키에 고담古談을 했다. 8시八時 반半 부산역釜山驛서 내렸다. 역驛을 나가기도 퍽 시간時間이 걸렸다. 너무 혼잡混雜키 때문이었다. 비는 줄줄 온다. 그 부근附近 대흥여관大興旅館서 잤다. 자기만에 5천五千 원円.

2월 7일. 비가 갰다. 조동早動하여 고두동高斗東 군君을 찾으니 없다. 어느 음식점飮食店서 동동주酒와 조반朝飯. 시청市廳에 있는 문교부文敎部로 갔다. 고등교육국장실高等敎育局長室을 드니 정의택鄭義澤, 박철재朴哲在 군君이 있다. 김두헌金斗憲 군君은 두 시간이나 기다리다가 못 보았다. 홍익대학弘益大學으로 점심點心. 2강二講. 보수동宝水洞 3가三街 경남여관慶南旅館으로 숙소宿所을 정했다. 정훈부政訓部 전사편찬회戰史編纂會로 가 이병도李丙燾, 김상기金庠基, 방종현方鍾鉉, 김두헌金斗憲, 이희승李熙昇 군君을 만나 석찬夕餐을 받고 「충무독본忠武讀本」의 원고原稿를 분담分擔했다. 내가 그 2분二分의 1一을 맡었다.

2월 8일. 두계斗溪을 가 보고 참고서參考書 수책數冊을 얻고 문교부文教部 예동汭東을 보고 전주全州 문리대文理大, 법대法大 일을 의논하고 영주英酒 한 병을 받어가지고 나와 국립국악원國立國樂院을 찾어 이주환李珠煥, 성경린成慶麟 기외其外 부원部員들을 다 만나 보았다. 홍대弘大 3강三講. 강한영姜漢永, 정한숙鄭漢淑, 고두동高斗東 군君이 와 본다.

2월 9일. 홍대弘大 3강三講. 「충무독본忠武讀本」 원고原稿를 쓰다.

2월 10일. 정한숙鄭漢淑, 정병욱鄭炳昱, 허웅許熊 군君이 와 본다. 종일終日 원고原稿 썼다. 두계斗溪와 황산皇山을 가 보았다.

2월 11일. 홍대弘大 3강三講으로서 마쳤다. 고두동高斗東(황산皇山) 군君 집으로 옮겼다. 원고原稿를 썼다.

2월 12일. 원고原稿 썼다. 상하上下 사쓰 10만 원十萬円. 와이사쓰 4만 원四萬円. 넥타이 3만三萬. 음우陰雨. 강한영姜漢永이 중국요리中國料理를 융성隆盛하게 초대招待. 두계斗溪와 예동汭東과 함께 먹었다.

2월 13일. 새벽에 일어나 원고原稿를 끝냈다. 두계斗溪를 가보고 원고原稿를 전했다. 문교부文教部 김두헌金斗憲 군君과 백낙준白樂濬 장관長官을 가 보았다. 영주동瀛州洞으로 중앙중학교中央中學校을 찾었다가 아모도 못 만나고 문리대文理大(서울대학교大學校)로 가 약간 서류書類를 얻고 다시 시청市廳으로 와 중앙중학교中央中學校 연락사무소連絡

事務所 윤재중尹在重 군君을 보고 종희宗熙 졸업증卒業證을 부탁하였고 국악원國樂院으로 가 술 두 병을 받어다 먹었다. 양복洋服 아랫두리 5만원五萬円.

2월 14일. 비. 오전 5시五時 일어나 김용문金容文 군君과 행구行具를 들고 황산皇山 집을 나섰다. 황산皇山이 양촉洋燭 60여 각을 주었다. 부산역釜山驛서 6시六時 반半 발發. 퍽 분잡紛雜하다. 국악원國樂院 부원部員 3명三名을 만나 겨우 자리를 얻었다. 대전太田은 오후 3시三時 착着. 중동여관中洞旅館으로 들다.

2월 15일. 순자順子와 서광전徐光前 노인老人을 찾어보았다. 홍익대학弘益大學 강의講義 시작. 외투外套를 벗고 강의講義하다 오한惡寒이 들었다.

2월 16일. 순자順子가 왔다. 돈을 주었다. 홍대弘大서 종일 강의講義 마쳤다. 지헌영池憲永, 정훈丁薰 군君이 와 본다. 정丁 군君과 같이 가서 호서대학湖西大學 강화講話하고 정丁 군君 집서 잤다.

2월 17일. 전주全州 가는 첫 빠스를 탔다. 정丁 군君이 와 전송餞送. 전주全州 송주행宋柱幸 군君을 만나 동행同行. 나는 여산礪山 신막新幕서 내렸다. 고서古書 몇 책册을 챙겨 가지고 오후 5시五時 빠스로 김용문金容文 군君과 함께 왔다. 처妻는 와 있다. 순돌이는 수레 끌고 왔다. 여산礪山서 메주, 기타其他를 가졌다.

2월 18일. 문리대文理大에 나가 보았다.

2월 19일. 문리대文理大서 3강三講. 칩다. 교수회教授會. 오후 네 시 청년단장青年團長 손권배孫權培 가家에서 태백신문太白新聞 피로연披露宴을 한다고 초청招請을 받어 갔다. 문사文士 화가畵家들이 모였다. 서정주徐廷柱 군君이 무례無禮히 굴기에 꾸짖었다. 유엽柳葉 군君 집을 거쳐 또 술을 먹고 왔다. 종희宗熙가 왔다.

2월 20일. 연대聯大 1강一講. 밤에 바람이 찼다. 감기 들었다.

2월 21일. 연대聯大, 문리대文理大 각各 1강一講. 형방패독산荊防敗毒散에 소엽蘇葉 5분五分 가加하여 두 첩을 지어다 먹고 또 계란鷄卵에 화주和酒해 마셨다.

2월 22일. 흐리고 우박 왔다. 여산礪山서 현炫, 하재홍河在弘, 병룡秉龍, 병철秉徹, 일환一煥, 관희觀熙, 장환章煥, 경희京熙가 왔다. 연대聯大 2강二講. 문리대文理大로 다녀왔다. 김용문金容文, 정순도鄭淳道 군君이 2십만 원二十萬円을 가졌다.

2월 23일. 맑다. 내 진갑進甲이다. 이학근李學根, 허강許鋼, 이종림李鍾林, 유창석柳昌錫, 송은섭宋殷燮 군君과 조반早飯. 오후 5시五時엔 문리대文理大, 법대法大 교직원敎職員 25, 6명二十五六名을 초대招待.

2월 24일. 여산礪山서 온 아우 조카들은 다 갔다. 오후 3시三時 연대聯大 교직원敎職員 10十여 명을 초대招待.

2월 25일. 비 오다 눈이 왔다. 눈이 퍽 쌓였다. 문리대文理大에 나갔다.

2월 26일. 문리대文理大 3강三講. 감기가 심하다.

2월 27일. 연대聯大 1강一講. 문리대文理大도 나갔다.

2월 28일. 연대聯大 1강一講. 문리대文理大 1강一講. 종宗, 경京 양아兩兒가 갔다.

2월 29일. 연대聯大 2강二講. 유맹석柳孟錫 집을 가서 고故 유 형柳兄 소상小祥을 물었다.

3월

3월 1일. 전주국민학교全州國民學校서 3·1절식三一節式의 나는 회고사回顧辭를 하였다. 오전 10시十時 반半 — 오정午正.

3월 2일. 오상수吳祥洙 군君이 왔다. 함께 오찬午餐. 도청道廳으로 가서 네 시간이나 기다려 문교부장관文敎部長官 백낙준白樂濬과 고등교육국장高等敎育局長 김두헌金斗憲 군君을 보았다. 오후 8시八時다. 철배徹培 군君과 박준규朴準規 군君과 함께 오다가 철배徹培 군君이 술을 사 주어 먹었다.

3월 3일. 칩다. 도청道廳 앞에선 대학大學, 중학생中學生의 사열식査列式을 백 장관白長官께 보이고 전북중학교全北中學校 운동장運動場선 백 장관白長官 환영식歡迎式이 성대盛大하였다. 전북대학교全北大學校가 노송각老松閣서 백 장관白長官, 고등교육국장高等敎育局長 오찬午餐 대접. 문리대文理大도 백 장관白長官이 왔었다. 이리裡里로 떠났다.

3월 4일. 문리대文理大 3강三講. 박준규朴準規, 임성근任成根 군君과 노송각老松閣서 석찬夕餐.

3월 5일. 연대聯大 1강一講.

3월 6일. 문리대文理大서 고등교육국장高等敎育局長 김두헌金斗憲 군君을 기다렸다. 오후 여섯 시 반에 왔다. 창신관昌新館으로 가서 석찬夕餐.

3월 7일. 문교사회국장실文敎社會局長室서 고등교육국장高等敎育局長 임석臨席 하下 전북대학교全北大學校 학장學長, 이사理事 총회總會를 열고 여러 가지 사항事項을 토의討議하였다. 오후 한 시로부터 7시七時까지다. 별실別室에서 학장회學長會도 하였다.

3월 8일. 오전 중 고등교육국장高等敎育局長이 문리대文理大에 와서 명륜대학明倫大學 학생 조치措置를 협의協議하였고 학생에게 훈사訓辭도 있었다. 사범학교장師範學校長이 창신관昌新館서 오찬午餐을 준다.

3월 9일. 아침에 우당愚堂 집으로 가 예동汭東을 보았다. 함께 유직양柳直養 씨 댁으로 가 조반朝飯. 고형곤高亨坤 군君 집에서는 차茶를 마시고 전주여중全州女中 교장校長이 창신관昌新館서 오찬午餐을 주었다. 그리고 예동汭東은 대전太田으로 떠났다.

3월 10일. 처妻가 여산礪山으로 갔다. 날이 좀 칩다. 연대聯大 운영위원회運營委員會에 참석參席. 고故 정래길丁來吉 군君 조문弔問.

3월 11일. 고故 정래길丁來吉 군君 발인식發靷式에 나는 우인友人 대표代表로 조사弔辭를 하였다. 이능우李能雨 군君 편지를 보았다.

3월 12일. 문리대文理大서 국문학國文學 시험試驗 답안答案을 받고 연대聯大 1강一講. 중앙대학中央大學, 원광대학円光大學 답안答案을 끊았다.

3월 13일. 흐리다 비 왔다. 연대聯大 1강一講. 부산釜山 갔다온 김용문金容文 군君 만났다. 문리대文理大로 갔다. 오후 1시一時 전북대학全北大學 학장회學長會엔 이리裡里, 군산群山서 아니 왔다. 전북대학교全北大學校 사무부원事務部員과 떡국으로 점심點心. 2시二時 반半에야 개회開會. 이리농대裡里農大서는 안 왔다. 6시六時까지에 폐회閉會. 비는 부슬부슬 나린다.

3월 14일. 5시五時 기침起寢. 8시八時 빠스 정류장停留場에 가서 9시九時 10분十分 발發. 정래동丁來東 군君과 동행同行. 10시十時 반半 이리裡里 중대中大 김태오金泰午 군君을 보고 3강三講. 오후 4시四時 반半부터는 국악감상회國樂鑑賞會를 에덴 다점茶店서. 나는 춘향전春香傳 해설解說 이혜구李惠求 군君은 판소리 설명說明을 했다.

3월 15일. 아침에 원대圓大로 갔다. 김형규金亨奎 군君이 와 있다. 송석일宋錫一이 와서 종희宗熙가 중앙中央 졸업증서卒業證書가 안 왔다고. 처妻가 그 때문에 감기 중 내전來全하였다고 한다. 간단히 일러 보냈다.

3월 16일. 5강五講.

3월 17일. 오전 2강二講 하고는 떠났다. 중대中大 김태오金泰午 군君을 잠간 찾어 보았다. 뻐스로 3시三時 반半 전주全州 착着. 처妻가 와 있다. 시장市場에서 옹곳, 수뿌더미 나물을 사 왔다.

3월 18일. 처妻가 여산礪山으로 갔다. 나는 문리대文理大를 가 보았다.

3월 19일. 문리대文理大로서 연대聯大 가서 1강一講. 정선모鄭善謨 군君이 또 술을 먹인다.

3월 20일. 문리대文理大, 연대聯大 각各 1강一講. 임성근任成根 군君과 오반午飯. .

3월 21일. 연대聯大 2강二講. 전북全北 병사사령부兵事司令部에서 각各 기관장회機關長會를 하고 동원動員에 대한 말이 있었다. 한 시간 반 나도 가서 들었다. 장지태張之兌 군君을 찾어 보고 데리고 나와 석찬夕餐을 하였다.

3월 22일. 흐리고 비도 좀 왔다. 문리대文理大로서 연대聯大에 갔다. 찬영燦永이 집을 가 보았다.

3월 23일. 장지태張之兌, 김형규金亨奎 군君이 왔다. 숭어를 사 가지고 왔다. 지지고 술을 먹었다. 문리대文理大에 가 보았다. 신석정辛夕汀, 박희선朴喜宣 군君이 왔다. 또 술을 먹었다. 밤에 서북풍西北風 불고 눈이 좀 왔다.

3월 24일. 오상수吳尙洙 군君과 함께 공업고등학교工業高等學校를 갔다. 11시十一時부터 졸업식卒業式이 있었다. 나는 축사祝辭를 하였다. 오후 2시二時에 마쳤다. 다과茶果를 준다. 오吳 군君이 또 창신관昌新館으로 초대招待. 오찬午餐.

3월 25일. 상업고등학교商業高等學校 졸업식卒業式에 갔다. 축사祝辭를 했다. 김용문金容文 군君을 만나 오반午飯. 문리대文理大에 갔다가 임성근任成根 군君과 함께 창신관昌新館서 석찬夕餐.

3월 26일. 연대聯大 가서 「고전古典과 서지書誌」 시험試驗 감독監督.

3월 27일. 문리대文理大 1강一講.

3월 28일. 연대聯大서 국문학사國文學史 시험試驗 감독監督.

3월 29일. 이리裡里 원광대학円光大學을 가서 오후 2강二講.

3월 30일. 4강四講. 한양가漢陽歌를 끝냈다. 밤에 비 왔다.

3월 31일. 농대農大 제1회第一回 졸업식卒業式에 축사祝辭를 했다. 그리고 "어린 밀보리가 몰라보게 자라 있고 누런 풀 언덕에 파란 시루꽃 너물 꽃마다 방긋방긋이 천국天國같이 보이네"를 써 졸업생卒業生을 주었다. 5시五時 이성득李聖得 도지사道知事와 자동차自動車 타고 잡담雜談을 하며 왔었다.

4월

4월 1일. 문리대文理大 3강三講. 교수회教授會서 입학入學 절차節次 작정作定.

4월 2일. 문리대文理大 나갔다. 이능우李能雨 군君게 답장答狀.

4월 3일. 문리대文理大 1강一講. 본부本部서 학장회學長會를 했다.

4월 4일. 문리대文理大 나갔다. 경희京熙가 왔다.

4월 5일. 동산촌東山村으로 식수植樹하러 갔다. 면장面長, 국민학교장國民學校長, 지서주임支署主任을 다 방문訪問했다. 밤나무 일만一萬 2천5백二千五百 주株, 소나무 1만 2천5백一萬二千五百 주株에 밤나무 3천三千 주株, 소나무 4천四千 주株는 국민학교國民學校에 주었다. 면장面長과 유지有志들을 오찬午餐을 준다. 또 학부형學父兄이 초대招待를 한다. 다 저물어 왔다. 경희京熙는 떠났다.

4월 6일. 양정희楊定熙와 신申 군君이 왔다. 함께 나서 문리대文理大며 시화전람회詩畵展覽會를 거쳐 서천西川 갓 여염집에서 석반夕飯. 종희宗熙가 왔다.

4월 7일. 비 왔다. 문리대文理大, 연대聯大의 동국대학東國大學 졸업생卒業生 환송회歡送會를 가보고 선각여관仙閣旅館의 국립國立 서울대학교大學校 시험試驗 출장원出張員을 찾어보았다. 종희宗熙가 문리대文理大 입학入學 지원志願.

4월 8일. 문리대文理大, 법대法大 입학시험入學試驗. 국어國語 답안答案 채점採点.

4월 9일. 구술시험口述試驗과 체격검사體格檢査.

4월 10일. 이리裡里 정환鼎煥 군君이 왔다. 홍익대학弘益大學 졸업생卒業生 환송회歡送會에 갔다. 군산群山 경비부警備府서 초빙장招聘狀이 왔다.

4월 11일. 오전 중 입학생入學生 사정회査定會. 문리대文理大선 60六十여 명 뽑았다. 나는 오후 1시一時 뻐스로 군산群山을 갔다. 가니 비가 온다. 비를 맞고 해군 경비부海軍警備府로 갔다. 사령관司令官 이기복李起福 군君을 보았다. 이왕 서울 덕수상업학교德壽商業學校의 동료同僚

였다. 반가워한다. 장유회사장醬油會社長 정두현丁斗鉉 군君 외外 수인數人 유지有志가 왔다. 일류식당一流食堂에 가서 석찬夕餐을 준다. 그리고 정두현丁斗鉉 댁宅으로 갔다. 집치장이 호화豪華로웠다. 6·25六二五 사변事變 때 그 내무부서장內務副署長 사택舍宅이 되어 의금기명衣衾器皿 등을 다 도실盜失하였다. 한 이불 덮고 잤다.

4월 12일. 가랑비가 나린다. 오전 9시九時 반半 이기복李起福, 홍洪 문관文官, 세관장稅關長 이승정李承鼎, 중앙여교장中央女校長 정찬홍鄭燦弘, 상업은행商業銀行 지배인支配人 이보호李輔虎, 정두현丁斗鉉 부처夫妻와 따님과 그 친구親舊의 따님 — 둘 다 고등학교高等學校 졸업卒業 — 운전수運轉手 통 12인十二人 일행一行이 스리고타로 떠났다. 보다 더 가려던 이가 있었으나 비 온다고 중지中止하였다 한다. 그러나 땅은 촉촉하고 몬지가 안 나서 좋다. 강경江景서 점심点心. 논산論山으로 하여 부여扶餘 갔다. 평제탑平濟塔, 부소산扶蘇山, 송월대送月臺, 낙화암落花岩, 고란사皐蘭寺 보고 배타고 구드래서 스리고타로 직행直行 공주公州 했다. 공주여관公州旅館서 잤다. 사돈 송한용宋漢用, 사대師大 이재복李在福 군君이 와 본다.

4월 13일. 7시七時 발發. 이재복李在福 군君도 동행同行. 마곡사麻谷寺로 갔다. 산수山水가 좋다. 그 대웅전大雄殿 이층二層집이 좋다. 고려高麗 때 세웠다 한다. 영묘하다. 영기가 띠었다. 김구金九 선생先生의 유적遺跡이 있다. 방, 계단階段, 수식송手植松. 회정回程하여 공주公州로 왔다. 쌍수산성雙樹山城 보고 이재복李在福과 갑사甲寺로 갔다. 갑사甲寺 주위周圍의 울밀鬱密하던 수림樹林도 없어졌다. 6·25六二五 사변事變 그들이 이리 와 잠복潛伏하므로 그 부근附近 주민住民들 시겨 남벌濫伐하여 버렸다. 마치 비 끝이라 계수溪水는 창일漲溢하다. 갑사甲寺는 본시 갑사岬寺다. 갑사사甲士寺라기도 하였다. 예는 계룡산鷄龍山 뒤다. 계룡산鷄龍山은 계남산鷄藍山, 계립산鷄立山, 계악鷄岳, 옹산翁山, 옹산翁山이라기도 하였다. 갑사甲寺를 중지中止하고 그 주위周圍에 암자庵子가 많었으며 찰간당刹竿幢, 우리말로는 짐대 이것이 고高 28층二十八層인 철조鐵造이었는데 지금은 24층二十四層만 남어 이나마 여기밖에는 없다. 절에 큰 일이 있으면 짐대에 기旗를 달아 다 알린다고 한다. 또 마을서도 무슨 의식儀式이 있으면 짐대를 세우고 하던 것이었다. 점심点心 시겨 먹고 박충식朴忠植 별장別莊—윤덕영尹德榮의 별장別莊이던 것—에서 잤다. 물소리가 퍽 요란하다. 불을 뜨겁게 땠다.

4월 14일. 6시六時 발發. 공주公州 가서 이재복李在福 군君과 작별作別코 우리 일행一行은 유성儒城으로 가서 온천목욕溫泉沐浴, 조반朝飯 하고 진잠鎭岑, 두계豆溪로 하여 신도新都안으로 갔다. 소조蕭條하다. 연산連山 개태開泰 철정鐵鼎을 보고, 은진미륵恩津彌勒을 보고, 여산礪山 경유經由하여 금마金馬 왕궁탑王宮塔 보고 이리裡里 전주여관全州旅館서 주식酒食. 이혜구李惠求 군君도 만나보고 나는 5시五時 20분二十分 차로 왔다. 기차가 뻐스보다 빠르고 편하다. 비가 좀 왔다.

4월 15일. 문리대文理大 3강三講.

4월 16일. 처妻가 여산礪山 갔다. 연대聯大서 시험試驗 감독監督. 동풍東風이 심하다. 소공素空이 왔다. 학롱學聾은 병와病臥. 소공素空만 데리고 술 먹었다.

4월 17일. 구름이 동북東北으로 몰리고 좀 훈듯하고 비가 곧 나릴 듯하다. 우산雨傘을 가지고 문리대文理大에 갔다. 오전 9시九時 40분四十分, 군산群山 해군경비부海軍警備府서 군산群山 해군국海軍局 국장局長 김종우金鍾禹 씨가 다녀가고 고군산古群山 탐승探勝 일정日程이 좀 변경變更된 기록記錄을 남겼다. 국문학개설國文學槪說 1강一講. 그리고 김영호金榮昊 군君이 이력서履歷書를 주며 점심点心을 준다. 소주燒酒 한 병을 샀다. 도청道廳을 갔다가 내무국장內務局長과 도지사道知事는 출타出他 중이라 못 보고 병철秉徹이를 만나 집안 소식消息을 자세히 들었다. 오후엔 갠다. 이안숙李安淑 처자處子가 군산群山 중앙여교장中央女校長 정찬홍鄭燦弘 군君 편지 가지고 와 문리대文理大 입학入學을 청請한다. 입학入學 원서願書를 내라고 했다. 이태극李泰極, 양순자梁順子게 답장答狀.

4월 18일. 오전 8시八時 기차로서 임성근任成根, 계용桂容각, 박준규朴準規들과 함게 동산촌東山村 농장農莊을 가보고 대학大學 교실로 개조改造하기를 의논했다. 점심点心 후 우리는 추럭 타고 군산群山을 갔다. 정두현丁斗鉉 군君을 찾었다. 그리고 정丁 군君 앞 세고 상대商大로 가보고 그 서무과장庶務課長과 나와 일류식당一流食堂서 석찬夕餐. 함양여관咸陽旅館서 잤다.

4월 19일. 흐리다. 오전 10시十時 해군사령관海軍司令官 이기복李起福 군君을 경비부警備府로 가보고 우리 유지有志 8, 9인八九人과 중국인中國人 거류단장居留團長 임전갑林殿甲, 소학교장小學校長 동을신佟乙新과 교원教員, 남녀男女 학생 수십 인, 해군海軍 10여十餘 명名, 박격포 10十여 개를 추럭 스리코타 지프로 떠났다. 지경地境, 만경萬頃, 김제金堤, 원평院坪 지나 산곡山谷으로 들었다. 산앵山櫻이 만발滿發하였다. 만인교萬人橋, 금강교金剛橋 건너 금산사金山寺다. 3층三層 미륵전彌勒殿, 부도浮屠와 탑塔들을 보았다. 보물寶物로 아홉 가지가 등록登錄되었다 한다. 비는 부슬부슬 나리다 만다. 잔디밭에서 점심点心을 먹고 그 뒷산으로 박격포 시사試射를 하였다. 그리고 나는 사령관司令官 이기복李起福

과 박준규朴準規 군君과 지프차로 앞서 떠났다. 원평院坪서 박희선朴喜宣 군君을 만나 중학교中學校로 들었다. 이건 사찰寺刹서 경영한다. 나서 오다 중로中路서 사고事故가 났다. 마침 전주全州 가는 정훈부政訓部 차를 만나 고쳐 가지고 저물어 군산群山을 갔다. 정두현丁斗鉉 군君 집으로 들었다. 박준규朴準規, 이혜구李惠求, 최문규崔文圭, 전원배田元培, 임성근任成根 군君과 그 석찬夕餐 받고 해군사령관海軍司令官 관사官舍로 가 고악감상회古樂鑑賞會를 하였다. 내가 춘향전사春香傳史를 말하고 이혜구李惠求 군君은 판소리 해설解說을 했다. 자정子正이 되어 파했다. 함양여관咸陽旅館서 잤다.

4월 20일. 흐리다. 아홉 시나 되어 해군경비부海軍警備府서 떠나 사령관司令官 이기복李起福, 정두현丁斗鉉, 일류一流 마담, 박준규朴準規와 나는 빠른 경비선警備船을 타고 기외其外 해군海軍과 임성근任成根, 이혜구李惠求, 군산群山 유지有志들은 다른 경비선警備船을 탔다. 우리 배가 앞서 갔다. 금강錦江 하류下流로 비온 끝이라 누렁물이다. 두어 시간 지나 고군산古群山 부근을 이르매 푸른 바다다. 파도가 일어 배가 흔들린다. 고군산古群山 속으로 들어간 즉 주위로 산들이 둘러 있고 물결도 잔잔하다. 선유도仙遊島로 올랐다. 왕환기王煥起 집에 점심点心 시기고 그 뒤 산으로 올라보았다. 남으로는 위도蝟島, 칠산도七山島가 보인다. 국민학교장國民學校長 신영식申永植 군君이 소주燒酒를 가지고 왔다. 예는 생선生鮮도 잡히지 않는다. 한 십 리 장자도島까지 가야만 조기도 구할 수 있다 한다. 그러나 퍽 안옥하다. 사장沙場도 있고 호수湖水도 있다. 여름이면 더욱 좋겠다. 점심点心 후 우리는 경비선警備船 타고 돌아왔다. 파도波濤도 없다. 군산群山 와서 정두현丁斗鉉 군君 집에서 석식夕食하고 경비부警備府 차로 이리裡里를 왔다. 나는 박준규朴準規, 임성근任成根 군君과 전주여관全州旅館서 잤다.

4월 21일. 오전 7시七時 기차로 박준규朴準規 군君과는 전주全州을 왔다. 8시八時 반半 집에 들다. 오전 문리대文理大 나갔다. 퍽 피곤疲困하다.

4월 22일. 문리대文理大서 국학문개설國學文概說, 국문학사國文學史 특강特講 시험試驗을 보았다. 종희宗熙, 병표秉杓가 왔다.

4월 23일. 종희宗熙, 병표秉杓가 떠났다. 문리대文理大 나갔다.

4월 24일. 윤택중尹宅重 군君을 풍성여관豊城旅館서 보았다.

4월 25일. 동회洞會 가서 시의원市議員 백남석白南淅게 투표投票. 문리대文理大 나갔다. 홍순응洪淳應 군君이 왔다.

4월 26일. 문리대文理大 나갔다. 종희宗熙, 병표秉杓가 왔다.

4월 27일. 문리대文理大 가서 국어國語 문제問題를 내 주었다.

4월 28일. 문리대文理大 재모집再募集 학술學術 시험試驗. 지원자志願者 212명二百十二名.

4월 29일. 여산礪山서 처妻가 왔다. 문리대文理大 구술시험口述試驗 신체검사身體撿査 등.

4월 30일. 성적成績 점수 기입記入.

5월

5월 1일. 오전 중 사정회査定會. 오후 5시五時 발표發表. 한인수韓寅洙 군이 석찬夕餐을 준다.

5월 2일. 종일終日 동풍東風. 저녁때부터 폭풍우暴風雨. 샐 녘까지 계속繼續했다. 퍽 송구悚懼스러웠다. 앞뒤 판장板墻이 나자빠졌다.

5월 3일. 풍우風雨는 그치고 간간間間 가랑비. 문리대文理大 이윤식李閏植 데리고 판장板墻을 고쳐 세웠다. 구기자枸杞子 반半 근斤을 소주燒酒에 잠갔다.

5월 4일. 문리대文理大, 법대法大, 본부本部 교직원敎職員 원유회園遊會를 객사동客舍洞 오영석吳榮錫의 아천정我泉亭으로 갔다. 그 손자孫子 오문현吳文鉉 군君이 알선斡旋하였다. 나는 그 앞 시내서 목욕沐浴. 영산홍映山紅이 만발滿發. 오찬午餐. 우의雨意가 있다. 오후 3시三時 회환回還. 대동여관大東旅館으로 가서 부산釜山서 온 이주환李珠煥, 김보남金寶男, 김태수金泰洙 군君을 찾어 보았다.

5월 5일. 이주환李珠煥, 김보남金寶男, 김용문金容文 군君과 함께 전북신문全北新聞, 태백신문太白新聞, 사범학교師範學校, 전북고녀全北高女, 전주여중全州女中, 연대聯大를 심방尋訪. 오찬午餐은 장터 곰봇집에서. 고故 정래길丁來吉 생질녀甥姪女 이인선 가李仁仙家서 석반夕飯.

5월 6일. 연대聯大 교실敎室서 시조時調 무용舞踊 강습講習 개시開始. 이주환李珠煥, 김보남金寶男, 김태수金泰洙, 김용문金容文 군君을 청하여 오찬午餐을 먹었다.

5월 7일. 대동여관大東旅館 이주환李珠煥 군君을 보고 문리대文理大, 연대聯大 강습講習도 나가 보았다. 양회수梁會水, 정인승鄭寅承, 박준규朴準規 군君을 청하여 석반夕飯.

5월 8일. 이주환李珠煥 군君과 함께 석반夕飯. 연대聯大 강습講習도 가 보았다.

5월 9일. 처妻와 완산동完山洞 누님이 여산礪山을 갔다. 강습講習도 가 보았다.

5월 10일. 아침에 도의원道議員 이양호李養浩게 투표投票. 강습소講習

所서 이우민李愚玟 군君을 만나 이주환李珠煥 군君과 함께 한광석韓光錫 군君의 초대招待를 가서 받었다. 밤이 깊어 돌아왔다.

5월 11일. 시조時調, 무용舞踊 폐강식閉講式 거긔에 대하여 말하고 고문당古文堂의 본가本家에 임택룡林澤龍, 이우식李愚軾, 고경선高京善 기타 유지들과 수강생受講生 몇과 송별연送別宴을 하였다.

5월 12일. 오전 7시七時 대동여관大東旅館 가서 이주환李珠煥, 김보남金寶男, 김태수金泰洙 군君을 보고 문리대文理大선 2십만 원을 연출捐出하여 11시十一時에 대전太田가는 뻐스로 떠나 보냈다. 서무과장庶務課長 임길부任吉傅, 교학과장教學課長 양회수梁會水 군君을 데리고 연대聯大 가서 교실教室 책상冊床 걸상을 조사調査하였다. 석식夕食을 함께 하였다.

5월 13일. 경京, 종宗 양아兩兒와 문환文煥이가 왔다. 문리대文理大 나갔다.

5월 14일. 법法, 문文, 연대聯大 교수教授와 이사회理事會. 문리대文理大가 연대聯大 자리 즉 전주고등학교全州高等學校 뒷 교사校舍로 이사移舍 가기와 교구教具를 나누는 문제問題를 의논. 부산釜山서 해군海軍 소령 염상섭廉尙燮 군君이 찾어왔다. 양회수梁會水 군君과 다 함께 옴막에서 오찬午餐.

5월 15일. 법法, 문文 양대兩大의 신입학생新入學生 입학식入學式. 염형섭廉亨燮 군君이 오찬午餐을 초대招待하다. 자다가 뒷목에서 무엇이 설설 기기에 손으로 더듬으니 지네다. 가만이 고래를 숙이고 있다가 벗어 논 옷으로 싸잡어 내쳤다. 불 켜고 보니 앞 창窓 두껍지에 붙었다. 파리채로 때려 잡았다.

5월 16일. 양회수梁會水 군君하고 보입생補入生 결정決定. 오후午後 2

시二時 연대聯大 운영회運營會에 갔다. 석식夕食 후 파罷했다.

5월 17일. 김형규金亨奎 군君과 함께 여산礪山을 갔다. 정인승鄭寅承 군君도 추후追後하여 왔다. 신막新幕 용제龍弟게서 두견주杜鵑酒를 먹고 집에서도 먹었다. 서적書籍을 보였다. 『용비어천가龍飛御天歌』 상하上下 2책二册은 정인승鄭寅承 군君에게 빌리고 『두시언해杜詩諺解』 원본原本 1책一册은 김형규金亨奎 군君을 주었다.

5월 18일. 오전 8시八時 떠나 이리裡里로 왔다. 중대中大 김태오金泰午, 정래동丁來東 군君을 찾어 보고 호남의원장湖南醫院長과 청년단장靑年團長과도 가치 오찬午餐. 담화談話하고 5시五時 기차로 전주全州를 왔다.

5월 19일. 문리대文理大는 전고全高 뒷 교사校舍서 개강開講. 국문학개설國文學槪說 1강一講. 성낙훈成樂薰 군君이 부산釜山서 왔다. 청請하여 석반夕飯. 비가 줄줄 나린다. 철배徹培 군君이 왔다. 그 집으로 가 성낙훈成樂薰 군君과 또 술을 먹었다.

5월 20일. 오후 맑었다. 전원배田元培 군君이 왔다. 임성근任成根 군君도 왔다. 함께 점심点心.

5월 21일. 문리대文理大 나갔다. 김형규金亨奎 군君 집에서 오찬午餐을 준다. 박효삼朴孝參, 유태규柳泰圭, 김근수金根洙 군君과도 함께. 쌀 한 말을 누님게 보냈다.

5월 22일. 2강二講. 처妻가 왔다. 문환文煥이도. 완산동完山洞 누님 생일生日. 아침을 가 먹고 저녁을 병희炳喜게서.

5월 23일. 문리대文理大서 오후 늦게야 돌아왔다. 최승범崔勝範, 홍순채洪淳采 군君이 왔다. 홍洪 군君은 『어린이 역사歷史』를 빌려 갔다. 용제龍弟가 와 있다. 박준규朴準規 군君도 왔다. 술을 더불어 마셨다.

5월 24일. 문리대文理大 나갔다 와서 점심点心 먹고 전주역全州驛으로 가 차를 탔다. 박준규朴準規 군君과 대전太田서 온 민헌식閔憲植, 이희양李喜陽 군君과 동행同行. 대전太田 가서 화전여관花田旅館에 들다. 민閔, 이李 양군兩君이 정종正宗 한 병을 사 왔다.

5월 25일. 8시八時 반半 부산행釜山行 차를 탔다. 오후 한 시 반 대구大邱서 내렸다. 수복여관壽福旅館으로 들었다.

5월 26일. 8시八時 도청道廳 전국대학장全國大學長 안내소案內所로 갔다. 김두헌金斗憲, 김상기金庠基, 김희기金喜基, 기타其他 친구親舊들을 만나 보았다. 뻐스로 경북대학교慶北大學校로 갔다. 임시臨時 신건新建한 교사校舍 대강당大講堂이 회장會場이다. 10시十時 개회開會. 그중 교육법敎育法 시행령施行令 개설槪說과 학생 군사훈련軍事訓練에 관關한 설명說明이 시간時間을 약간 요要하였고 그리고 주식晝食. 이건 경북대학교慶北大學校서 내었고 유치원幼稚園 아동兒童의 유희遊戲가 있었고 오후엔 지시사항指示事項, 토의사항討議事項이 있었고 5시五時 후後엔 비를 무릅쓰고 뻐스로 돌아와 시장市長의 초대招待 양식洋食이 이었다. 나는 박준규朴準規 군君과 함께 민태식閔泰植 군君을 따러 화월花月 호텔로 들었다. 밤새도록 비 왔다.

5월 27일. 비는 멎었다. 도청道廳 안내소案內所로 가서 뻐스로 경북대학교慶北大學校 회장會場에 갔다. 토의사항討議事項은 계속繼續되었다. 바우웰 박사博士의 미국米國 현現 교육상황敎育狀況의 강연講演도 듣고 또 토의討議하고 공보처公報處의 영화映畵도 보고 주식晝食. 주식晝食은 청구대학靑丘大學서 주는 것이다. 청구대학靑丘大學은 5년五年 전부터 노동자층勞動者層을 상대相對하여 야간대학夜間大學을 시작始作하여 온바 성적成績이 좋아 문교부文敎部서 정식正式 허가許可를 얻어 오늘 오후 중 개교식開校式을 하였다 한다. 중학中學 남녀男女의 연기演技

가 있었다. 춘향무春香舞, 장군무將軍舞도 있었다. 오후 또 토의討議. 백낙준白樂濬 장관이 와 훈사訓辭가 있었다. 군인軍人이 와 병사兵事 설명說明도 있었다. 그리고 오후 6시六時엔 도지사道知事 신현돈申鉉燉, 도의회道議會 의장議長 정재원鄭載元의 초대招待로 도청道廳 식당食堂에 가서 석찬夕餐을 하였다. 화월花月 호텔로 갔다. 김상기金庠基 군君도. 민태식閔泰植 군君이 맥주麥酒를 사 왔다. 동숙同宿.

5월 28일. 김두헌金斗憲, 김상기金庠基, 민태식閔泰植 군君 기외其外 7인七人과 함께 조반朝飯. 민태식閔泰植 군君이 양주洋酒를 사왔다. 나는 강세형姜世馨 군君과 함께 나서 대구역大邱驛으로 갔다. 이리공과대학裡里工科大學 이종표李鍾杓 군君도 만나 차를 탔다. 대전太田서 나렸다. 이희양李喜陽, 민헌식閔憲植 군君이 등대等待하고 있다. 가치 가서 평양냉면平壤冷麵을 먹고 오후 3시三時 이리행裡里行 뻐스로 이리裡里를 왔다. 거의 오후 7시七時. 전주여관全州旅館으로 들었다. 정래동丁來東 군君을 보았다. 이종표李鍾杓 군君이 석찬夕餐을 사 준다. 먹고 잤다.

5월 29일. 7시七時, 전주행全州行 차로 떠났다. 차중車中서 계용각桂龍珏 군君을 만나 담소談笑 중 전주全州 도착到着. 집에 들어 조반朝飯. 오식午食 후 문리대文理大 나갔다. 오후 5시五時 돌아왔다.

5월 30일. 처妻와 완희完熙와 완산동完山洞 누님이 여산礪山 갔다. 본부本部서 이사理事, 서무과장庶務課長, 학장회學長會. 총장總長 김두헌金斗憲 박사博士 도임到任 영접迎接과 개교開校 절차節次를 협의協議. 오전 10시十時로 오후 5시五時까지. 경희京熙가 왔다.

5월 31일. 문리대文理大, 본부本部에 나갔다. 전烇 군君을 만나 개장국집으로 갔었다.

6월

6월 1일. 본부本部에 나가 보았다.

6월 2일. 문리대文理大 나갔다.

6월 3일. 경아京兒가 떠나 대전太田 경유經由하여 부산釜山을 간다고.

6월 4일. 여산礪山서 처妻와 문환文煥이가 왔다.

6월 5일. 전북대학교全北大學校 총장總長 김두헌金斗憲 박사博士가 비행기飛行機로 온다 하여 오전 6시六時 법대法大로 가서 박준규朴準規, 유직양柳直養, 계룡각桂龍珏과 함께 하이야를 타고 군산群山을 향向하여 떠났다. 간간間間 비가 온다. 군산群山 가서 비행장飛行場으로 직주直走했다. 땅은 질다. 하이야가 사고事故가 생겼고 비행장 순시巡視하는 엄피는 와 힐난詰難을 한다. 벌서 오정午正이다. 10시十時 5분五分 착着인 비행기는 안 왔다. 그려도 비행장 문 밖에 나와 기다렸다. 오후 두시나 하여 군산群山 일류식당一流食堂서 점심点心 하고 목천포木川浦로서 바루 전주全州로 왔다.

6월 6일. 본부회本部會에 나갔다. 최승렬崔昇烈 군君 생일生日 잔치에 갔었다. 총장總長 김金 박사博士는 오후 11시十一時 대전太田으로서 왔다.

6월 7일. 본부本部에 가서 오후 3시三時 유직양柳直養, 계용각桂龍珏, 박준규朴準規 군君과 함께 자동차自動車 타고 덕진德津 나가 문교부文教部 장관長官 백낙준白樂濬, 전북대학교全北大學校 총장總長 김두헌金斗憲, 서울대학교大學校 총장總長 최규남崔圭南 박사博士를 마지하였다. 와서는 선각여관仙閣旅館서 석찬회夕餐會가 있었다. 퍽 무더웠다.

6월 8일. 오전 10十 시時 전북중학교全北中學校 교정校庭에서 전북대학교全北大學校 개교식開校式이 시작되었다. 부산釜山서 가존 "카웅"을

5단과대학장五 單科大學長이 입었고, 문교부文敎部 장관長官, 전북全北, 서울 양 대학교大學校 총장總長도 입었다. 지방地方 관민官民 3백여 명, 5단과대학五單科大學 학생은 물론이고 기타 남녀 내빈이 많아 초유初有의 성황盛況을 이루었다. 식전式典 후엔 오찬午餐, 연예演藝, 5단과대학五單科大學 리-그 축구蹴球 농구籠球가 있었다. 백白 장관長官, 최崔 총장總長, 김金 총장總長은 내일來日 광주光州 전남대학교全南大學校 개교식開校式에 가겠다 하고 남원南原을 향向해 떠났다.

6월 9일. 처妻는 여산礪山 갔다. 5단과대학五單科大學 경기競技는 계속繼續하여 원만円滿히 친목親睦 의미意味를 표현表現하였다. 나도 종일終日 참관參觀하고 돌아오다 유직양柳直養 댁宅에서 소주 마시고 이우식李愚軾, 허정렬許政烈 군君과 파罷하였다. 밤에 비가 약간 뿌리다 말었다.

6월 10일. 문리대文理大 나가 2강二講. 임실관任實館서 부산釜山서 온 이종육李鍾六, 송경국宋慶國 군君과 석찬夕餐.

6월 11일. 양상경梁相卿 군君 집을 가 보니 김金 총장總長이 어제 아니 왔다. 벌여 논 큰 상床의 술만 두어 잔 먹였다. 문리대文理大, 본부本部에 나갔다.

6월 12일. 김金 총장總長이 오후 1시一時 광주光州로서 왔다. 이사회理事會에 참석參席하였다. 김金 총장總長은 선각여관仙閣旅館에 유숙留宿. 교학과장敎學課長 양회수梁會水 군君이 서울문리대文理大로 간다는 걸 극력極力 만류挽留하였다. 경희京熙가 부산釜山서 왔다.

6월 13일. 새벽에 양회수梁會水 군君 집을 가서 데리고 선각여관仙閣旅館으로 가 김金 총장總長을 보았다. 김金 총장總長도 퍽 만류挽留한다. 정선모鄭善謨군君 집에서 김金 총장總長, 이우식李愚軾, 성낙훈成樂熏,

이철배李澈培, 나를 청請하여 아침을 먹인다. 5단과대학장회五單科大學長會가 있었다.

6월 14일. 문리대文理大 나가 송병초宋秉初 군君을 데리고 전임강사專任講師 이상以上 자격資格 심사審査 원안原案을 작성作成하고 학생수學生數 일람표一覽表를 꾸몄다. 유호석柳浩錫 군君과 점심点心을 하였다. 전준열全俊烈, 정선모鄭善謨, 이철배李澈培 군君이 오다.

6월 15일. 전북대학교全北大學校 본부本部를 가 보았다.

6월 16일. 본부本部를 갔다.

6월 17일. 오후 총장總長이 문리대文理大에 와서 학생께 훈화訓話.

6월 18일. 조발早發하여 군산群山을 갔다. 정두현丁斗鉉 군君 집에서 오찬午餐. 상대商大서 5단과대학장회五單科大學長會. 교직원敎職員 심사審査. 일류一流서 석찬夕餐. 정두현丁斗鉉 군君 장회사醬會社 이층二層에서 잤다.

6월 19일. 총장總長은 7시七時 미군美軍 기차로 부산釜山을 향向하여 떠났다. 나는 정인승鄭寅承 군君과 이리裡里로 왔다. 중대中大 들렀다가 원대圓大로 가서 국문학개설國文學槪說 1강一講.

6월 20일. 원대圓大서 국개설國槪說 4강四講. 또 잤다.

6월 21일. 중대中大로 와서 3강三講. 부산釜山서 온 김태오金泰午 군君을 만나 보았다. 오후 3시三時 뻐스로 전주全州로 와 문리대文理大에 들렀다.

6월 22일. 종일終日 내객來客이 많었다.

6월 23일. 문리대文理大 나갔다.

6월 24일. 문리대文理大 2강二講.

6월 25일. 6·25六二五 사변事變 기념紀念날 휴강休講. 상대商大 학장學

長으로 신임新任한 박효삼朴孝參 환송회歡送會를 창신관昌信館서 했다.

6월 26일. 문리대文理大 2강二講.

6월 27일. 오전 7시七時 20분二十分 기차로 이리裡里에 갔다. 고형곤高亨坤, 박광서朴光緒 군君과 동행同行. 이리裡里 내려 원광대학円光大學으로 가서 4강四講. 소낙비가 지냈다. 대학大學 간부幹部와 함께 파강罷講 후後 황등黃登 부근附近 요교지腰橋池께로 산보散步 갔다. 촌료村醪도 맛보았다.

6월 28일. 떠나 8시八時 반半 중앙대中央大 도착到着. 3강三講 하고 3시三時 뻐스로 왔다.

6월 29일. 성낙훈成樂熏 군君이 왔다.

6월 30일. 문리대文理大 나갔다. 퍽 무덥다. 밤비가 왔다.

7월

7월 1일. 문리대文理大 2강二講. 또 밤비가 왔다. 모종은 하겠다. 아침에 고추 모종을 하고 저녁때 가지 모종도 하였다.

7월 2일. 문리대文理大 나갔다. 오후 2시二時 돌아오니 정자貞子가 빨래하러 갔다. 완산동完山洞 누님이 떡살구를 가지고 오셨다. 다섯 시다. 점심点心을 안 먹었으니 저녁이나 일찍 하라고 정자貞子더러 일렀다. 7시七時 반半이 지내도 저녁밥은 안 되었다. 나는 심화心火가 났다. 문門을 나섰다. 찬영燦永이게 갔다. 우육牛肉에 술을 준다. 먹고 돌아오니 문門 밖에서 우리 개가 소리를 하며 별낳게 반기며 뛰고 덤빈다. 사람보다도 네가 낫구나 하는 감탄感嘆을 하였다. 태희泰熙가 왔다.

7월 3일. 문리대文理大 2강二講.

7월 4일. 문리대文理大 나갔다. 정래동丁來東 군君이 왔다.

7월 5일. 기차 불통不通으로 중대中大는 못 나갔다.

7월 6일. 성낙훈成樂熏 군君이 왔다.

7월 7일. 태희泰熙가 여산礪山으로 가고 여산礪山서 처妻가 왔다.

7월 8일. 문리대文理大 2강二講.

7월 9일. 문리대文理大 나갔다.

7월 10일. 정래동丁來東 군君 중국문학사中國文學史 강의講義 때문에 나는 휴강休講하였다. 처妻가 여산礪山을 갔다.

7월 11일. 문리대文理大 나갔다.

7월 12일. 기차 불통不通으로 중대中大는 못 나갔다.

7월 13일. 종일 집에 있었다. 초복初伏.

7월 14일. 문리대文理大 나갔다. 박재삼朴在森 군君의 시조작時調作을 비평批評해 보냈다.

7월 15일. 문리대文理大 2강二講.

7월 16일. 총장總長 김두헌金斗憲 박사博士가 왔다. 법대法大, 본부本部에 갔다.

7월 17일. 제헌절制憲節. 선각여관仙閣旅館으로 총장總長을 가 보았다. 함께 본부本部로 왔다. 법대法大 강당講堂서 문리文理, 법法 양대兩大가 합동合同하여 기념식記念式을 거행擧行. 나는 기념사記念辭를 했다. 그리고 김포광金包光과 나오다가 동문관東門館서 오찬午餐. 집으로 돌아와 누웠더니 백철白鐵 군君이 국학대國學大의 상무이사常務理事 고봉기高鳳基 씨와 찾어왔다. 매실주梅實酒를 마셨다. 가치 나서 선각여관仙閣旅館으로 갔었다. 냉수冷水 목욕沐浴을 하였다. 총장실總長室에서 오라기 갔더니 매실주梅實酒 상床이 벌어졌다. 권하는 대로 마셨다. 또 백철白鐵실室로 가서 맥주麥酒를 거울렀다. 국학대학國學大學서 나더러 국문학國文學 강좌講座를 맡어달라는 것이다. 신학기新學期부터 나가기로 하였다. 취醉해서 인력거人力車로 왔다. 경희京熙는 아침 여산礪山을 갔다.

7월 18일 문리대文理大 갔다가 본부本部로 갔다. 종일終日 학장회學長會을 하였다.

7월 19일. 문리대文理大 나가서 교학과장敎學課長과 서무과장庶務課長에게 학장회의學長會義서 결정決定한 사항事項을 지시指示했다. 어제 백철白鐵, 고봉기高鳳基 씨가 문리대文理大 와서 명함名銜을 놓고 대전太田으로 갔다. 전주사범학교全州師範學校로 가서 이화학理化學 교실敎室을 보고 교장校長 신申 군君도 만나보고 문리대文理大와 공용共用하기로 협정協定하였다. 김성덕金成德 군君이 술을 사 준다. 오후 7시七時 소낙비가 왔다. 그간間 오던 중 낫게 왔으나 겨우 마당물이 흘렀을 뿐이었다. 문환文煥이가 여산礪山서 왔다.

7월 20일. 아침에 선각여관仙閣旅館을 가서 총장總長을 보았다. 11시十一時 문리대文理大 나갔다. 교직원敎職員이 보였다. 총장總長을 더불고 청풍관淸豐館으로 가서 교직원敎職員과 함께 오찬午餐. 묵로墨鷺도 만났다. 비 오다.

7월 21일. 선각여관仙閣旅館 총장總長을 보고 전임傳任 전형銓衡을 타협妥協. 그리고 문리대文理大로 갔다. 포광包光, 소공素空이 오다. 처妻가 왔다.

7월 22일. 문리대文理大 2강二講. 아침에 선각여관仙閣旅館을 가서 총장總長과 작별作別. 총장總長은 오전 11시十一時 대전太田으로 가서 부산釜山 행行. 이날 부산釜山서 고두동高斗東, 변영로卞榮魯, 이희승李熙昇 등 9인九人이 모여 시조작가회時調作家會를 조직組織하고 나를 회장會長으로 추대推戴. 양묵당梁默堂이 동래東萊로 이사移舍 간다고 한다. 청請하여 석반夕飯. 찬영燦永이가 왔다. 수박을 샀다.

7월 23일. 중복中伏.

7월 24일. 문리대文理大 2강二講. 종희宗熙가 어제 개고기 먹고 배 앓는다.

7월 25일. 하휴夏休. 학생 동원動員 강습講習 격려激勵. 종희宗熙 복통腹痛.

7월 26일. 학생 동원動員 국문학國文學 강연講演. 종희宗熙 설사.

7월 27일. 오정午正부터 저녁때까지 비 왔다. 땅이나 겨우 추겼다. 종희宗熙는 이점기가 있다.

7월 28일. 이리裡里 중대中大 가서 3강三講 하고 오후 5시五時 왔다. 종희宗熙가 자조 뒤간으로 간다. 성모병원聖母病院 약藥 썼다.

7월 29일. 이리裡里 중대中大 3강三講. 종희宗熙 병은 여전如前.

7월 30일. 이리裡里 중대中大 3강三講. 종희宗熙는 성모병원聖母病院 입원入院.

7월 31일. 비가 쏟어졌다. 마당이 강江이 되었다. 문리대文理大 나가 보았다.

8월

8월 1일. 문리대文理大서 국문학國文學, 사학 강습회史學講習會를 열

었다. 오전 8시八時 반半 시강始講. 국문학國文學 2강二講. 종희宗熙가 퇴원退院

8월 2일. 문리대文理大 나가 보았다. 강습講習 회원會員이 120여 명.

8월 3일. 강습회講習會 2강二講. 주사主事들은 본부本部서 수험受驗.

8월 4일. 강습회講習會 6강六講. 정자貞子가 앓는다.

8월 5일. 대통령大統領, 부통령副統領 선거일選擧日. 향교鄕校 가서 투표投票. 박재삼朴在森 군君께 답장答狀. 시조時調도 퇴고推敲하고 평評하였다.

8월 6일. 강습회講習會 2강二講.

8월 7일. 오후 네 시 반 강습회講習會 폐강식閉講式 겸 국문학國文學, 사학史學 이수증履修證 수여授與. 강습생講習生과 강사講師와 대성관大成館서 석찬夕餐.

8월 8일. 문리대文理大 가 보았다.

8월 9일. 일환一煥, 관희觀熙, 병철秉徹이가 왔다.

8월 10일. 조병희趙炳喜가 고기를 사 가지고 왔다.

8월 11일. 문리대文理大의 조병희趙炳喜, 김용원金容元, 윤은성尹銀成, 정인승鄭寅承, 양회수梁會水, 김형규金亨奎, 송병宋炳조, 김용민金容敏, 임길부任吉傅, 김상기金相基, 법대法大의 박준규朴準規, 조종복趙宗福, 진수종陳守鍾, 이순상李純相과 박영래朴榮來 군君 내외內外와 함께 부여扶餘를 향向하여 8시八時 반半 대전행太田行 뻐스를 탔다. 일환一煥, 병철秉徹, 관희觀熙도 여산礪山을 갔다. 논산論山서 부여행扶餘行 뻐스를 갈어탔다. 오후 1시一時 착着. 평양냉면平壤冷麵 집에서 점심点心. 평제탑平濟塔, 박물관博物館, 창고지倉庫址, 사자루泗泚樓, 백화루百花樓, 고란사皐蘭寺로 하여 내려 배를 타고 조룡대釣龍臺, 낙화암落花巖 보고 윤은성尹銀成 군君이 가존 소주燒酒 병을 거우르고 대재각大哉閣, 수북정水北亭, 규암窺岩을 보고 덕성여관德成旅館서 석반夕飯. 또 배를 타고 밤새도록 내려 강경江景이에 이르렀다.

8월 12일. 말복末伏. 호남湖南호텔서 조반朝飯. 기차 타고 이리裡里 와 게서 갈어타고 전주全州로 왔다. 오후 1시一時. 종희宗熙, 문환文煥이가 왔다. 무척 덥다.

8월 13일. 종희宗熙, 일환一煥은 여산礪山으로 갔다. 무척 덥다. 김정상金正祥 군君이 원고지原稿紙 가지고 왔다. 두어 시간 담화談話.

8월 14일. 처妻가 여산礪山 갔다. 오후 5시五時 소나기가 한 시간 폭주暴注하였다. 40四十미리. 오던 중 제일第一이다. 삽시에 마당이 창일漲溢했다. 곧 시詩라도 나올 것 같다.

8월 15일. 백당白堂과 전全 군君을 찾었다. 청담淸談하다가 저물었다. 오후 비가 지냈다. 전북全北 병사구兵事區 사령장관司令長官 박시창朴始昌 씨가 찾어왔다.

8월 16일. 문리대文理大 나갔다. 부산釜山 고두동高斗東 군君 편지를 보았다. 그 원고原稿를 퇴고推敲했다.

8월 17일. 신만우申萬雨 군君 보고 김형규金亨奎 군君 찾으니 완산동完山洞으로 이사移舍했다. 한약방漢藥房 여럿을 거쳐 오미자五味子, 구기자枸杞子 약간 양兩을 겨우 구했다. 이윤식李潤植 군君이 와서 남새밭을 갈었다. 무, 배추를 심었다. 『연의삼국지演義三國誌』를 읽었다. 길배吉培가 왔다. 「비」 3수三首를 지었다.

8월 18일. 문리대文理大에 나갔다. 비가 많이 왔다. 서西쪽 판장板墻이 자빠졌다.

8월 19일. 문리대文理大에 나갔다. 묵로墨鷺 이용우李用雨 군君을 청

請하여 술을 먹었다.

8월 20일. 문리대文理大 나갔다. 이윤식李潤植 군君이 와 판장板墻을 일으켰다. 묵로墨鷺가 내 작作인 「비」 3수三首를 그림을 그려 왔다.

8월 21일. 문리대文理大 학생 남흔南欣, 윤제환尹濟煥, 묵로墨鷺, 송주상宋柱常, 홍순채洪淳采, 순우順雨, 병희炳喜 처자妻子, 노성魯城 석범錫範 3녀三女랑 경찰국警察局 추럭을 타고 여산礪山을 갔다. 신막新幕서 내려 집에 들어 국어문학國語文學, 사학史學, 사서辭書, 지리서地理書 등 수백數百 권을 내어 오후 실고 돌아오다 이리裡里 주상柱常 군君 자젯집을 거쳐 왔다. 밤 아홉 시. 학생 둘 시겨 양사재養士齋로 들였다. 추럭비費는 15만 원十五萬円. 밤에 비가 쏟어졌다. 건너방이 샌다.

8월 22일. 최승범崔勝範 군君이 왔다. 여산礪山서 가존 책冊을 정리整理. 문리대文理大 나갔다가 최승범崔勝範 군君과 대성관大成館서 구름재 박병순朴炳淳 군君의 술을 먹었다. 중앙중학교中央中學校 교감校監과. 밤에 또 비. 부산釜山 고두동高斗東 군君께 편지와 그 원고수정原稿修正 건件과 그 서문序文과 졸작拙作 「비」 3수三首와 묵로墨鷺 화畵를 보냈다.

8월 23일. 처서處暑. 또 비가 왔다. 문리대文理大 나갔다.

8월 24일. 이윤식李潤植 군君이 와서 앞밭에 무를 갈었다. 묵로墨鷺와 함께 임택룡林澤龍 박사博士를 찾었다. 게서 점심点心 먹고 소공素空 집 난蘭을 보고 양상경楊相卿 군君을 찾었다 못 보았다.

8월 25일. 문리대文理大 나가 교수회教授會. 저물어서야 왔다. 밤비.

8월 26일. 최승범崔勝範 군君과 김근수金根洙 군君이 와서 책冊을 보았다. 밤에 큰 비.

8월 27일. 문리대文理大 나갔다. 처妻가 이귀만李貴萬 부인夫人과 왔다.

8월 28일. 종일終日 큰비가 왔다. 총장總長 부인夫人이 이사移舍 왔다. 찾어 보았다.

8월 29일. 문리대文理大 나갔다. 이우식李愚軾 군君도 찾어 보았다.

8월 30일. 귀만貴萬 부인夫人이 갔다. 또 비 왔다.

8월 31일. 총장總長이 어제 왔다. 그 사택舍宅으로 가 보았다. 또 비. 전주全州호텔로 가서 광주光州 전남대학교全南大學校 최상채崔相彩 총장總長을 찾어보았다. 변卞 법원장法院長도 와 있다. 그 수행원隨行員, 운전수運轉手 등을 데리고 청풍관淸豐館으로 갔다. 김金 총장金總長, 계임국桂任局 과장課長, 우당愚堂, 김용배金龍培, 고경선高京善도 왔다. 총總 14인十四人. 오찬午餐으로 문리대文理大서 대접待接했다. 밤에 큰비.

9월

9월 1일. 문리대文理大 나가 개강開講 겸 조회朝會를 하였다. 밤에 또 큰비. 퍽 소란騷亂하였다. 천정天井이 샜다. 이범선李範善 군君 수연壽宴에 갔다.

9월 2일. 온 종일終日 비. 밤엔 동풍東風과 비. 곳불이 들었다. 코가 곽 막혔다. 문리대文理大 나갔다 법대法大로 가서 총장실總長室에서 학장學長, 교학과장회敎學課長會를 하였다. 오후 여섯 시까지. 송일촌宋一村 집에서 묵로墨鷺와 술을 먹었다. 오희五熙, 종희宗熙가 왔다.

9월 3일. 폭풍暴風. 문리대文理大에 나갔다. 김金 총장總長이 왔다. 오후 6시六時 김金 총장總長과 건재健齋, 계용각桂龍珏, 이우식李愚軾 군君을 청請하여 석반夕飯을 하였다. 「청구영언靑丘永言과 해동가요海東歌

謠」를 썼다.

9월 4일. 문리대文理大 2강二講. 부산釜山서 고두동高斗東 군君이 지난 달 20일 부산釜山서 "시조연구회時調硏究會"를 조직組織하고 『시조연구時調硏究』란 잡지雜誌를 낸다고 나더러 그 창간사創刊辭며 또 논문論文을 써 달라기에 창간사創刊辭와 「역대시조歷代時調의 작풍作風」이란 소논문小論文을 쓰기 시작始作. 삼천포三千浦 박재삼朴在森 군君에게 답장答狀.

9월 5일. 문리대文理大 갔다 와서 「역대시조歷代時調의 작풍作風」을 탈고脫稿하고 고두동高斗東 군君께 편지도 썼다.

9월 6일. 비가 왔다. 본부本部에 가서 임성근任成根 편에 부산釜山 고두동高斗東에게 가는 원고原稿며 편지를 부쳤다.

9월 7일. 종일終日 또 비. 본부本部서 오전 중은 학장회學長會를 하고 오후엔 창신관昌信館서 도미渡美하는 김金 총장總長 송별회送別會를 하였다.

9월 8일. 약간 비. 문리대文理大 나갔다. 오후 3시三時 처妻와 귀만貴萬 부인夫人이 용복龍福이 추럭으로 여산礪山 갔다. 경희京熙가 왔다.

9월 9일. 오전 8시八時 전주역全州驛 갔다. 박준규朴準規, 유호석柳浩錫, 정인승鄭寅承, 박효삼朴孝參 군君을 만나 차를 탔다. 차표車票를 사 가지고 일행一行이 먼저 들어가려고 개찰開札를 먼저 청請한 바 우리 일행一行뿐 아니라 남녀학생男女學生 기타其他가 우 디밀어 퍽 분잡紛雜하였다. 나는 개찰開札은커녕 그 차표車票조차 잃었다. 다시 차표車票를 사 가지고 들어갔다. 동이리東裡里(구舊 이리裡里)서 우리 일행一行은 내렸다. 가다가 김만흥金萬興 군君을 만나 그 집에 들렀다. 농대農大로 갔다. 점심点心 때나 되어 도서열람실圖書閱覽室서 전북대학교全北大學

校 이사회理事會를 열고 학장회學長會도 하였다. 그리고 나와서 중국 요리점中國料理店에서 이리교육회裡里教育會 초대招待를 받었다. 오후 3시三時 반半. 김金 총장總長은 도미渡美 차次로 부산釜山을 향向하여 대전太田으로 떠나갔다. 나는 이우식李愚軾, 허정렬許政烈 군君과 이리역裡里驛으로 갔다. 병룡秉龍을 만나 여산礪山 집 소식消息을 들었다. 다섯 시다. 역驛엔 사람들이 족립簇立했다. 일행一行은 차표車票를 사 가지고 먼저 나가려 어깨를 비비고 요리조리 뚫고 나갔다. 이상한 느낌이 나자 살펴보고 아래 양복洋服 고비에 끼어 두었던 월삼 시계時計가 없어졌다. 이우식李愚軾 군君의 아래 양복洋服 고비는 단초만 빼놓고 미처 못 가져갔다. 시계時計를 잃은 지가 세 번채다. 첫 번은 서울 원남동苑南洞 전차電車서 내리다, 둘째 번 계동桂洞 어구서 웬 놈이 떼밀어 꺼꾸러지다 당하였다. 다 급거急遽한 때다. 이런 때 이런 손실損失이 있다. 오후 여섯 시 반 돌아왔다. 퍽 무덥다.

9월 10일. 문리대文理大 나갔다. 이종수李鍾壽, 조병희趙炳喜를 데리고 시계점時計店에 나가 월삼 19석十九石으로 12만 원十二萬円에 샀다. 같은 월삼 19석十九石을 어느 점店에선 22만 원二十二萬円을 달라고 하며 거만스럽게 군다. 퍽 무덥다. 이웃 김성근金聲根 군君(호영강습원湖英講習院 수학受學)이 술을 먹인다. 소주燒酒, 탁주濁酒로 취했다. 비가 왔다.

9월 11일. 비가 왔다. 문리대文理大 2강二講. 유태규柳泰圭 군君이 법대法大 전강專講 임명장任命狀을 가지고 와 사례謝禮한다. 박재삼朴在森 군君게 답장答狀.

9월 12일. 비. 부산釜山 이태극李泰極, 대구大邱 남광우南廣祐, 진주晉州 홍원기洪元基, 공주公州 이병교李秉矯 군君 답장答狀.

9월 13일. 문리대文理大 나갔다. 신임新任 교학과장教學課長 김상오金

相五, 구임舊任 교학과장敎學課長 양회수梁會水, 정인승鄭寅承 군君과 곰봇집에서 점심点心을 함께 하며 교무敎務를 의논했다. 성심여중聖心女中 교장校長을 두 번이나 찾어 못 보고 문주석文珠石 이력서履歷書와 추천장推薦狀만 전했다.

9월 14일. 집에 있었다. 태희泰熙가 사관후보생士官候補生 시험試驗 합격合格되어 부산釜山 가는데 만 원萬円 주었다. 철배徹培가 왔다.

9월 15일. 문리대文理大 나갔다. 서무과장庶務課長, 신구新舊 교학과장敎學課長과 곰봇집에 교무校務 협의協議코 점심点心.

9월 16일. 문리대文理大 2강二講.

9월 17일. 문리대文理大 나갔다.

9월 18일. 문리대文理大 2강二講. 귀만貴萬 부인夫人이 왔다. 용복龍福이도 추럭을 몰고 왔다. 조히 상자箱子 다섯 개를 집으로 보냈다.

9월 19일. 8시八時 차로 이리역裡里驛서 내렸다. 바루 북일면北一面 도치盜峙(道峙) 원광대학円光大學으로 갔다. 국문학개론國文學概論 3강三講. 박朴 학장學長 집에서 소담한 석찬夕餐을 준다.

9월 20일. 조반朝飯 후 박朴 학장學長과 함께 지프차로 솝니 왔다. 나는 중대中大로 갔다. 부학장副學長 김태오金泰午 군君과 정래동丁來東 군君, 고형곤高亨坤 군君을 만났다. 그리고 2강二講. 오후 5시五時 넘어 빠스로 여산礪山 신막新幕 가 내렸다. 용제龍弟에게서 석식夕食하고 건너왔다. 봇물이 넘친다.

9월 21일. 책冊을 다 내어 포쇄하였다. 10시十時 반半 최승범崔勝範, 김근수金根洙 군君이 왔다. 책冊을 뽑아 네 상자箱子에 넣어 그중 한 상자箱子는 오후 다섯 시 최승범崔勝範 군君 회정回程 편便에 부쳤다. 조고祖考 기고忌故. 어름골 당숙堂叔도 오셨다. 『수호지』 4책四冊 전질全帙을 창환昌煥게 차여借與.

9월 22일. 오후 신막新幕 나가 다섯 시나 기다렸다. 2시二時 대전太田 전주행全州行 차는 만원滿員 되어 그냥 지냈다. 해군용海軍用 추럭을 타고 삼례參禮 와 다시 군산群山 전주행全州行 버스로 올라 8시八時 넘어 교동校洞 양사재養士齋로 왔다. 책冊 상자箱子 둘을 가졌다. 처妻, 김근수金根洙 군君도 왔다.

9월 23일. 문리대文理大 나갔다. 소공素空과 두어 잔 마셨다.

9월 24일. 문리대文理大 1학기一學期 시험試驗 개시開始. 문리대文理大 나가 성경린成慶麟 군君게 회답回答. 우표郵票 3백三百 원円하던 것이 천千 원円으로 지난 20일부터 올랐다. 포광包光이 왔었다.

9월 25일. 문리대文理大 나가 시험장試驗場 순시巡視.

9월 26일. 문리대文理大 나갔다. 김정상金正祥 군君 편지 보았다.

9월 27일. 처妻는 여산礪山 가고 나는 이리裡里 중대中大 나갔다. 고형곤高亨坤 군君과 동이리東裡里서 내렸다. 시장市場 휴지休紙 가게서 책冊을 더듬었다. 도엽稻葉의 『광해군시대지제주관계光海君市代之濟州關係』 1책一冊을 5천 원五千円에 샀다. 그리고 중대中大서 3강三講. 오후 또 동이리東裡里 시장市場을 둘러 이리역裡里驛으로 가 기차 타고 6시六時 반半 전주全州로 왔다.

9월 28일. 사령관司令官 박시창朴始昌을 찾어보고 전烇 군君을 찾고 함께 나서 정 군鄭君 인승寅承을 찾으니 출타出他. 고형곤高亨坤, 박보서朴備緖 군君을 찾고 다 함께 남문南門 밧 시장市場 곰보집에 가 점심点心. 능열 버섯을 샀다. 병교秉嶠게 한 편지가 도로 왔다. 광주光州 김정상金正祥 군君께 답장. 김세휘金世徽 군君이 왔었다.

9월 29일. 문리대文理大 나갔다. 김세휘金世徽 군君이 왔었다. 이리裡

里 외국어학원外國語學院에 취직就職하겠다고.

9월 30일. 문리대文理大 나갔다. 계용각桂龍珏, 임성근任成根 군君이 왔다. 소공素空과 함께 전북중학교全北中學校 동東편 길로 나서 달롱개재를 넘어 성깃골(백동리)로 갔다. 한편에는 고산高山 가는 신작로新作路가 있고 조고만한 골짜기 두어 집인 소조蕭條한 곳에 북새가 밀린 잡초雜草가 깃은 조고만 못에 시들은 연蓮 닢이 약간 솟아 있다. 이게 백련白蓮이다. 이왕 소공素空 집 훈장訓長이던 조 씨趙氏의 별장別莊, 백련당白蓮堂의 유지遺址. 지금은 장 씨張氏의 소유所有. 백련白蓮 뿌리를 캐려 한 즉 말성이 많다. 마침내 한 전재민戰災民 청년靑年을 만나 그더러 캐게 하였다. 두어 뿌리 얻어 가지고 돌아왔다. 김용민金容民 군君과 시장市場 곰보집에서 석찬夕餐.

10월

10월 1일. 경희京熙가 여산礪山 갔다. 백련白蓮 뿌리를 보냈다. 문리대文理大 나갔다. 김용원金容元 군君이 찾어 왔다. 백련白蓮은 조고祖考 호号 동우東愚, 석石은 우석愚石, 담潭은 우담愚潭이라 하여 그 가난한 처지處地에 울 밑 논 한 바미를 파 못을 하고 노성魯城 팔송묘八松墓 전前 방죽의 팔송八松이 중국中國서 가젔다는 백련白蓮을 7십 리七十理 거리距離에 옮겨다 심어 퍽 무성茂盛하더니 연전年前 선고先考께서 다시 못을 청척淸滌하시며 백련白蓮은 없어지고 말었다. 그 뒤 내가 백련白蓮을 구하던 중 소공素空을 인하여 백련白蓮을 얻은 것이다.

10월 2일. 흐리다. 경희京熙가 여산礪山 갔다.

10월 3일. 추석秋夕. 개천절開天節. 이학근李學根 군君이 술을 먹인다.

10월 4일. 처妻가 논산고농論山高農 김대현金大炫 군君과 왔다. 김金은 그 처녀작處女作 시집詩集『청사青史』를 가지고 왔다. 읽고 그 서序를 써주었다.

10월 5일. 국학대학國學大學 고봉기高鳳基 군君이 왔다. 문리대文理大 나갔다. 고봉기高鳳基 군君이 강태연姜泰演(그 아드님 두식斗植은 국학대학國學大學 전임專任), 고형곤高亨坤 군君과 나를 청풍관請豐館으로 청請하여 석찬夕餐을 준다. 내내주來來週부터 국학대학國學大學 출강出講하기로 했다.

10월 6일. 문리대文理大 과주임회科主任會.

10월 7일. 처妻가 대전太田 가는 첫 버스로 여산礪山 갔다. 문리대文理大엔 교수회教授會, 본부本部엔 학장회學長會가 10시十時부터 있었다. 오후 5시五時 정인승鄭寅承 군君 집에 학장學長들은 초대招待한다.

10월 8일. 문리대文理大 나갔다. 소공素空, 포광包光, 학롱學聾이 왔다. 술을 먹었다.

10월 9일. 한글 반포 506五0六주 기념날. 도립극장道立劇場서 성대盛大히 기념식을 하였다. 나는 기념사記念辭, 그리고 강연회講演會. 나는 세종대왕世宗大王의 업적을 말하였다. 오후 5시五時부터는 고향다방故鄉茶房서 '한글의 밤'을 하였다. 어학회語學會 사건事件 당시當時의 회억담回憶談을 하였다. 정인승鄭寅承, 김동희金東熙, 홍순채洪淳采 군君과 진안鎭安서 와 사는 정병호丁炳鎬를 찾었다. 경희京熙가 왔다.

10월 10일. 문리대文理大 개강開講. 날이 무덥더니 비가 온다. 법대法大 강당講堂서 한글 강습회講習會를 하는데 오후 7시七時 나가서 '문장文章 표현법表現法'을 말했다.

10월 11일. 8시八時 20분分 전前 전주역全州驛에 나갔다. 국학대학생國學大學生이 대전太田 갈 차표車票를 사 놓았다. 9시九時 이리裡里 착着. 중대中大서 2시간二時間 시험試驗 감독監督. 전주여관全州旅館서 점심点心. 오후 3시 반 발發, 7시 반 대전太田 착着. 도청道廳 동東편 제일여관第一旅館 투숙投宿. 북풍北風 불고 치웠다.

10월 12일. 새벽에 순자順子를 찾다. 서울 갔었다. 재연在連과 영근英根만 있다. 양식糧食이 떨어졌다고 한다. 만 원을 주었다. 정훈丁薰, 이창구李昶求 군君을 찾었다. 다 출타出他. 금잔듸 다방茶房 시화전詩畵展을 가 보았다. 박희양朴喜陽 군君을 만나 함께 그 도립 문리대학장 민태식閔泰植 군을 찾었다. 유성儒城 온천溫泉에 갔다. 박朴의 친구 이달영李達榮 군君을 만나 만두饅頭로 점심点心. 밤에 창구昶求 군君이 왔다. 국학대학장國學大學長 강세형姜世馨 군君이 찾어 왔다.

10월 13일. 정훈丁薰, 박희양朴喜陽 군君이 왔다. 2강二講. 국문학國文學 10강十講으로 그 개설槪說을 대강代講. 미락味樂서 점심点心. 강姜 학장學長과.

10월 14일. 국학대國學大 3강三講. 창구昶求 군君 집에서 점심点心. 대전太田 지방법원장地方法院長 임한경林漢璟, 고봉기高鳳基, 이응영李應泳, 정달영鄭達永 군君과 원장院長 자동차自動車로 훗테 다방茶房 가서 주인主人 마담 오동애吳同愛를 데리고 성남장誠南莊으로 가서 석찬夕餐. 명창名唱이라는 오수근吳秀根의 시조창時調唱도 듣고 에로 문학文學인 담화談話. 거의 10시十時에 돌아왔다. 비가 왔다.

10월 15일. 2강二講. 주병건朱柄乾, 고봉기高鳳基, 이응영李應泳 군君과 함흥咸興집에서 탕반湯飯. 문리대文理大 나가 손낙범孫洛範, 지헌영池憲永 군君도 보았다. 지池 군君이 양식洋食 석반夕飯을 사 준다. 서풍

西風 차다. 서리가 왔다.

10월 16일. 민閔 학장學長이 새벽에 왔다. 2강二講. 미락味樂서 점심点心. 양재연梁在連을 가 보았다. 영근英根이가 소주燒酒를 사 왔다. 제일여관第一旅館 곁집 이웅다방茶房서 오동애吳同愛를 만났다. 퍽 반가워 한다.

잎이 지는 나무 빨간 열매만 남고
찬바람 자고 된 서리 내리는 밤도
상床머리 야화野花 한 송이 그저 그 봄이고나

동애同愛를 두고 읊었다. 또는 이 시국時局을 두고 읊었다. 최승범崔勝範 군君이 왔다.

10월 17일. 서리가 왔다. 2강二講. 오전에 내 강의講義는 끝냈다. 함흥咸興집서 점심点心. 민閔 학장學長이 청請한다. 미장양식점美粧洋食店서 석찬夕餐. 손낙범孫洛範, 김순동金順同, 민태식閔泰植 군君과. 그리고 공보처公報處서의 호서문학회湖西文學會 주최主催인 '문학文學의 밤'에 갔다. 정훈丁薰 군君이 문학회장文學會長으로 사회司會를 한다. 나는 축사祝辭. 그리고 최승범崔勝範, 지헌영池憲永 군君과 지池 군君 집으로 갔다. 자정子正까지 술 먹고 담화談話.

10월 18일. 최승범崔勝範 군君 나서 8시八時 차를 탔다. 두 시간 연발延發. 오후 1시一時 반半 이리裡里서 뻐스를 간신히 타고 왔다. 며누리가 와 있다.

10월 19일. 책冊을 포쇄. 시계時計 수선修繕. 김관식金冠植 군君이 왔다.

10월 20일. 문리대文理大 나갔다. 김관식金冠植 군君이 갔다. 김상오

金相五 군君을 찾어 보았다.

10월 21일. 문리대文理大 3강三講. 비가 줄줄 온다.

10월 22일. 문리대文理大 2강二講.

10월 23일. 문리대文理大 나갔다.

10월 24일. UN데이. 휴일休日. 정지려丁芝麗와 기외其外 수인數人이 『연비燕飛』 동인집同人集 초고草稿를 가지고 와 보아 달라고 한다. 양주洋酒 두 병도. 시문학詩文學 이야기를 하였다. 경희京熙 내외內外가 여산礪山 갔다.

10월 25일. 이리裡里 중대中大 가서 3강三講. 백남채白南采, 신병우申柄雨, 이철배李徹培 군君이 오찬午餐을 먹인다. 철배徹培 군君과 오후 5시五時 차로 왔다.

10월 26일. 개와蓋瓦장이가 개와蓋瓦를 고쳐 놓았다.

10월 27일. 문리대文理大 나갔다 오전 중 돌아왔다. 찬영燦永 집에 갔다.

10월 28일. 문리대文理大 3강三講.

10월 29일. 문리대文理大 2강二講. 고봉기高鳳基, 이병도李丙燾, 김태홍金泰洪 군君께 편지했다.

10월 30일. 정자貞子게 야단했다. 부정不正한 행위行爲가 있기에.

10월 31일. 이리裡里 중대中大 나가 1강一講 하고 와 문리대文理大 교수회敎授會. 비가 왔다. 문리대文理大 교직원敎職員과 곰보집에서 석반夕飯.

11월

11월 1일. 솝니 중대中大 가서 3강三講 하고 철배徹培와 함께 오후 5시五時 20분二十分 차로 돌아왔다. 경희京熙가 왔다.

11월 2일. 내일은 어머님 기고忌故, 모리는 서모庶母의 육순六旬이기 고기, 과실果實을 사, 경희京熙를 보냈다. 강태연姜泰演 군君을 찾어 보았다. 술과 오반午飯을 준다. 이학근李學根 군君이 왔었다.

11월 3일. 문리대文理大 나갔다.

11월 4일. 문리대文理大 3강三講. 처妻와 종희宗熙가 왔다.

11월 5일. 문리대文理大 3강三講.

11월 6일. 문리대文理大 나갔다.

11월 7일. 이리裡里 중대中大, 원대圓大를 가 강의講義하고 왔다.

11월 8일. 이리裡里 중대中大 3강三講 하고 왔다.

11월 9일. 부산釜山 문교부文敎部 총무처總務處 신申 군君이 왔다. 정인승鄭寅承, 박준규朴準規, 성낙훈成樂薰 군君이 왔다.

11월 10일. 처妻가 여산礪山 갔다. 「임진왜란壬辰倭亂과 의병義兵의 궐기蹶起와 전국戰局 추이推移의 대개大槪」을 쓰기 시작始作. 이는 『호남절의사湖南節義史 임진편壬辰篇』의 초고草藁. 광주光州 전보電報를 쳤다.

11월 11일. 문리대文理大 3강三講. 비가 온다.

11월 12일. 문리대文理大 2강二講. 비가 온다. 묵로墨鷺 이용우李用雨 군君이 어제 밤에 중풍中風으로 별세別世. 십만 원 부의賻儀.

11월 13일. 흐리다. 문리대文理大 갔다. 바루 와 쓰던 초고草稿를 끝냈다.

11월 14일. 이리裡里 가서 중대中大 1강一講. 북일면北一面 가서 원대

圓大 2강二講. 도로 이리裡里 와서 전주여관全州旅館서 잤다. 밤새도록 전등傳燈이 켜 있다.

11월 15일. 중대中大 1강一講. 11시十一時 40분四十分 목포행木浦行을 타고 네 시 송정리松汀里서 바꿔 타고 극락강極樂江 지나 광주光州에 다았다. 문리대 학장文理大學長 서리署理 이병의李秉儀와 교학과장教學課長 이동훈李東薰 군君이 역驛에 나와 있다. 짚으로 광주시光州市 수기동須奇洞 서석여관瑞石旅館으로 들었다. 즉시 전남대학교全南大學校 총장總長 최상채崔相彩 박사博士 자택自宅 불로병원不老病院으로 갔다. 오늘 최崔 박사博士의 총장總長 취임식就任式이 있었다. 그리고 만찬회晩餐會가 있다. 문리대文理大, 의대醫大, 공대工大, 농대農大, 상대商大 학장學長과 그 후원회장後援會長과 기타其他 유지有志들이 모였다. 의대醫大 학장學長 이종륜李鍾綸 박사博士는 예전 의예醫豫 교무주임教務主任으로 있을 때 나와 잘 아던 이었고, 문리대文理大 후원회장後援會長 권계수權桂洙 군君은 퍽 친하게 한다. 서석호텔에 와 잤다. 8·15八一五 직후直後 전남全南 도지사道知事던 최 모崔某의 소가小家가 경영經營하는 여관旅館이다. 각 관청官廳 손님이 많이 오는 모양. 조용치는 못하다.

11월 16일. 아침에 김정상金正祥 군君이 왔다. 내 전보電報를 받고 어제 역驛에까지 나왔으나 좀 늦었다 한다. 정상호鄭尙好 군君 집을 찾어갔다. 북창北窓 자손子孫으로 그 종가宗家였다. 그 건너 양림楊林이란 마을이 그의 원거原居하던 곳. 6, 7대六七代 상전相傳. 문리대文理大의 전신前身인 대성대학大成大學을 창설創設. 그리고 종합대학綜合大學 된 뒤 문리대文理大 학장學長으로 있다가 올해 8월에 두었다. 김정상金正祥, 왕재일王在一, 고문석高文錫, 한규종韓圭鍾 군君과 술도 마시고 밥도 먹었다. 담화談話도 많이 하였다. 『호남절의사湖南節義史 임진편壬辰篇』

의 체제體制 및 차서次序도 의논하였다. 이병의李秉儀, 동훈東薰 군君이 밤에 와 본다. 농대학장農大學長은 송재철宋在哲, 공대학장工大學長은 박하욱朴夏郁, 상대학장商大學長은 정중섭鄭重燮이라 한다.

11월 17일. 오전 중은『절의사節義史』초고草稿들을 수정修正. 오후 문리대文理大 가서 3강三講. 국문학國文學 10강十講으로서 개설槪說을 대강代講. 의대醫大를 가 보았다. 이병의李秉儀 군君은 교학처장敎學處長이다. 이종륜李鍾綸 박사博士와 함께 오반午飯.

11월 18일. 아침에 권계수權桂洙 군君이 왔다. 진더리(지금은 백운동白雲洞) 명산名産인 무심황모필無心黃毛筆 4병四柄과 가진 별소別梳 소小 10개十介, 대大 3개三介를 샀다. 문리대文理大 가 보니 이병훈李丙勳 박사博士가 왔다. 3강三講. 날이 좀 칩다. 원고原稿 수정修正. 두계斗溪와 동숙同宿.

11월 19일. 원고原稿 수정修正. 이동훈李東薰 군君이 와 곰국으로 점심点心. 3강三講. 저녁에 이병두李丙斗, 이혁李爀, 이병의李秉儀, 이동훈李東薰 군君이 오다. 아침엔 정상호鄭尙好 군君이 장생주長生酒 1병一甁을 가지고 왔다. 왕재일王在一, 김정상金正祥 군君이 왔었다. 일기日氣는 좀 따듯하다.

11월 20일. 원고原稿 수정修正과 국문학國文學 강의講義도 다 마치었다. 문리대文理大서 두계斗溪와 나를 최양임崔良任이라는 여장군女將軍이 경영經營하는 다래식당多來食堂으로 초대招待. 여장군女將軍은 6·25六二五 사변事變 때 자기가 장두 되어 파옥破獄을 하고 동지同志들을 많이 구출救出했다. 한 여중女中 거인巨人이다. 체격體格도 석대碩大하다.

11월 21일. 나는 오늘 떠나려다가 임진 6주갑기념壬辰六周甲紀念 출판회出版會서 몹시 만류挽留하므로 하루 연기延期했다. 두계斗溪와 함께 정상호鄭尙好 군君 집으로 갔다. 김정상金正祥 군君과 동반同伴. 또 장생주長生酒와 오찬午餐. 저녁에 부용식당芙蓉食堂으로 갔다. 호남湖南 6주갑기념六周甲紀念 출판회出版會 동지同志들이 초대招待. 기생妓生도 둘이나 왔다.

11월 22일. 두계斗溪와 작별作別하고 광주역光州驛에 나갔다. 이병의李秉儀, 왕재일王在一, 김정상金正祥, 김두원金斗源 군君이 나와 송별送別한다. 송정리역松汀里驛서 사史 변호사辯護士를 만나 간신히 애걸하여 철경鐵警 칸에 올랐다. 사뭇 수라장修羅場이다. 칸칸에 족립簇立하여 몸을 도리킬 수도 없다. 나는 정읍井邑서 내렸다. 전주행全州行 뻐스를 탔다. 오후 2시二時 중간中間서 타는 많었다. 다섯 시 반 전주全州로 왔다. 처妻가 어제 와서 짐장을 하고 있다.

11월 23일. 강태연姜泰演 군君을 찾어보고 짚차 부탁付託.

11월 24일. 처妻와 경종京宗 양아兩兒가 여산礪山 갔다. 문리대文理大 나갔다.

11월 25일. 문리대文理大 3강三講. 그리고 와서 완산동完山洞 누님과 순우順雨와 강태연姜泰演 군君과 짚차로 5시五時 발發, 여산礪山 6시六時 10분十分 착着. 용제龍弟와 강姜 군君과 밤 이슥도록 마셨다.

11월 26일. 퍽 일기日氣가 온화溫和. 철제徹弟와 종아宗兒를 연산역連山驛 앞으로 떠나보냈다. 오정午正 납폐納幣. 오후 여섯 시 철제徹弟가 회환回還. 강태연姜泰演 군君은 석반夕飯 후 전주全州로 갔다. 내외內外 손님이 많이 왔다. 나는 안 새방서 잤다.

11월 27일. 병주秉冑 큰딸도 재명일再明日 혼식婚式이 있다. 약간 선물을 하고 가서 술도 먹었다. 비가 종일終日 왔다. 전북문리대全北文理大 학생 17명十七名이 축혼祝婚하고 와 잤다.

11월 28일. 비는 개고 온화溫和하다. 전북문리대全北文理大 학생들은 갔다. 오후 세 시나 되어 종아宗兒 내외內外가 왔다. 즉시卽時 현구고見舅姑를 시겼다. 며누리는 온순溫順 상약하다. 전주全州서 정인승鄭寅承, 박준규朴準規, 김근수金根洙 군君이 오고, 송宋 집 내외內外며 질서姪婿들이며 이리裡里 병석秉錫 군君이 왔다. 손님과 술 먹다가 자정子正 넘어서 잤다.

11월 29일. 아침 해정解酲만 하고 정인승鄭寅承, 박준규朴準規, 김근수金根洙, 이병석李秉錫 군君과 가치 이리행裡里行 빠스 타고 이리裡里 와서 정鄭, 박朴, 김金 군君과는 전주全州로 왔다. 술 두 병 가지고 오다 한 병은 빠스 속에서 깨틀고 한 병은 인천관仁川館서 점심点心에 먹었다.

11월 30일. 전烇 군君이 시조時調를 지어 가지고 왔다. 약간 고쳐 주었다. 소공素空, 박희선朴喜宣 내외內外가 왔다. 가지고 온 술을 다 거울렀다. 고두동高斗東 군君 편지 보았다.

12월

12월 1일. 아이젠하워 환영회歡迎會가 있다. 교직원이 다 나갔다. 비가 온다. 이태극李泰極 군君께 회답回答.

12월 2일. 눈이 왔다. 졸한猝寒. 문리대文理大 3강三講. 「첫눈」 두 수首를 지었다.

12월 3일. 문리대文理大 2강二講. 동문관東門館서 김상오金相五, 김근수金根洙, 임길부任吉傅 군君과 타협妥協. 김상오金相五 군君 교학과장敎學課長 만류挽留.

12월 4일. 군사훈련軍事訓練 오늘부터 3일간. 법대法大 후원後援 이사회理事會 참석. 명대明大 재산財產 사용使用 문제問題 즉 법대法大 교실敎室 매수買受 건件. 점심点心. 처妻가 왔다.

12월 5일. 이리裡里 중대中大에 가서 1강一講. 문리대文理大로 와서 친목경기親睦競起. 교수회敎授會. 오후 5시五時 양사재養士齋서 문리대文理大, 법대法大, 상대商大, 농대農大, 본부本部 교직원敎職員 40四十여 명名 초대招待했다. 종아宗兒 혼인婚姻에 부조扶助들을 하였다.

12월 6일. 이리裡里 중대中大 가서 3강三講. 김태오金泰午, 정래동丁來東 군君도 만났다. 네 시 뻐스로 왔다.

12월 7일. 오전 9시九時 반半 대전太田 행行 뻐스로 떠났다. 대전太田 화전여관花田旅館에 들었다. 고봉기高鳳基 군君을 찾어보고 끌려가 석찬夕餐. 화전여관花田旅館서 잤다.

12월 8일. 국학대학國學大學 3강三講. 부산행釜山行 이등차표二等車票를 알선斡旋. 정인승鄭寅承, 박효삼朴孝參, 박준규朴準規, 백남혁白南赫 군君이 와 화전여관花田旅館서 잤다. 나는 양순자梁順子 집에서 잤다.

12월 9일. 오전 중 1강一講. 11시十一時 대전역장실太田驛長室로 가서 이등차표二等車票 5장五張, 삼등차표三等車票 2장二張. 양순자梁順子도 부산釜山 간다. 12시十二時 반半 떠났다. 우리 일행一行은 5대 학장五大學長, 본부本部 교학처장敎學處長은 이등차二等車에 탔다. 눈이 막 퍼붓는다. 그 때문, 또는 유엔군軍 물자物資 수송輸送 때문에 기차는 퍽 후행後行한다. 직행直行이란 건 이름뿐이다. 차중에서 민영규閔泳珪 군君을 만나 담화談話. 민閔 군君은 복통腹痛.

12월 10일. 9시九時 반半 부산釜山 착着. 눈이 110百十미리나 왔다. 몇십 년만 처음이란다. 여관旅館은 남포동南浦洞 송미여관松美旅館. 명물

名物 깍드기 설렁탕湯으로 조반朝飯코, 문교부文教部로 가서 장관長官, 차관次官, 총무과장總務課長, 고등교육국장高等教育局長, 기술국장技術局長, 보통교육국장普通教育局長, 대학과장大學課長들을 찾어보고 인사 겸 여러 가지 부탁을 하였다.

12월 11일. 우리 일행一行은 택시을 잡어 타고 학장회장學長會場인 서대신동西大新洞 부산대학釜山大學으로 갔다. 10시十時부터 오후 5시五時까지 회의會議는 끝냈다. 신新 문교부장관文教部長官 환영歡迎 지방학장地方學長 연회宴會를 제2군인회관第二軍人會館서 했다.

12월 12일. 고두동高斗東 군君과 국학원國學院을 찾었다. 또 문교부文教部에 갔다. 사회부장관社會部長官 박술음朴術音 군君도 찾어보았다. 저녁은 고두동高斗東 군君 집에서. 두계斗溪, 강한영姜漢永, 기타 친구들이 모였다. 나는 고두동高斗東 집에서 잤다.

12월 12일. 또 문교부文教部에 갔다. 국악원國樂院 가서 김보남金寶男 군君과 함께 김성달金性達 군君을 찾었으나 못 만났다. 서울대학교 문리대 졸업생들과 이병도李丙燾, 김상기金庠基 군君이 찾어 왔다. 두계斗溪와 나는 김상기金庠基 군君으로 가서 석찬夕餐.

12월 14일. 나는 오후 1시一時 강한영姜漢永 군君과 서울대학교大學校 본부本部로 가서 국어국문학회國語國文學會의 이명구李明九 군君 '고려가요高麗歌謠의 연극성演劇性' 발표회發表會에 갔다. 내가 수업授業한 문리대文理大, 기타其他 대大학생, 졸업생卒業生이며 이희승李熙昇, 이숭녕李崇寧 군君 기타其他 대학大學 교수教授들도 모였다. 나더러 총평總評을 하라 한다. 총평總評과 국문학國文學에 대한 이야기를 했다. 그리고 동광동東光洞 중국中國 음식점飲食店서 석찬夕餐을 준다.

12월 15일. 국악원國樂院 가서 성경린成慶麟, 김보남金寶男 군君을 데리고 나와 오식午食하고 나와 김보남金寶男 군君과는 김성달金性達 군君 집으로 갔다. 4, 5四五 시간時間 기다렸다. 그리고는 김성달金性達 군君과 게서 석찬夕餐. 돌아와 보니 이병도李丙燾, 김상기金庠基 군君이 와서 여러 시간 기다렸다 한다.

12월 16일. 오전 네 시 기침起寢. 부산역釜山驛에 나가서 한 시간 반 이상 기다려 서울행 직행차直行車를 탔다 오후 여섯 시 대전太田 왔다. 화전여관花田旅館서 잤다.

12월 17일. 오전 10시十時 전주행全州行 빼스를 탔다. 오후 5시五時 전주全州로 왔다.

12월 18일. 경희京熙는 여산礪山 갔다. 문리대文理大 나갔다. 본부本部에도 가 보았다. 공주公州 송한용宋漢用 군君을 청請하여 석반夕飯. 신석정辛夕汀, 박희선朴喜宣 군君들이 왔다. 종희宗熙가 왔다.

12월 19일. 문리대文理大 나갔다. 최승범崔勝範 군君 부친父親이 찾어 왔다. 종희宗熙는 여산礪山 갔다.

12월 20일. 문리대文理大 교수회敎授會. 부산釜山 학장회學長會 이야기. 기타其他 토의討議. 동문관東門館 곰보집서 교직원敎職員와 함께 석찬夕餐.

12월 21일. 최승범崔勝範 군君이 와서 자기 이우移寓한 가자미골 절로 가자 한다. 고상高商 앞 고개를 넘었다. 잔설殘雪을 밟었다. 무 산지産地로 유명有名하다. 조고마한 암자庵子다. 소조蕭條 한적閑寂하다. 박병순朴炳淳, 박희선朴喜宣, 김근수金根洙 군君도 왔다. 술상을 낸다. 또 2, 3인二三人 최崔 군君의 일가 손님이 왔다. 돌아오다가 박병순朴炳淳 군君 집에서 석반夕飯. 그리고 와 보니 처妻와 경희京熙 내외內外가 왔다.

12월 22일. 문리대文理大 나갔다. 유제운柳濟雲 혼례婚禮에 금반지 부조했다.

12월 23일. 문리대文理大 3강三講.

12월 24일. 고등교육국장高等教育局長 안용백安龍伯 군君이 왔다. 청풍관請豐館서 본부本部와 법대法大와 문리대文理大가 안용백安龍伯 군君을 청請하여 석찬夕餐. 문리대文理大 폐강閉講. 명일明日부터 신년新年 2월 1일까지 휴가休暇.

12월 25일. 오전 11시十一時 안용백安龍伯 군君이 대전太田으로 떠났다. 전송餞送했다. 유제운柳濟雲과 그 장인丈人 신구영申求永 군君을 가 보았다. 신행新行이다. 저녁에 정인승鄭寅承, 박효삼朴孝參, 박준규朴準規, 계용각桂龍珏 군이 왔다. 찬영粲永이 동생同生을 낳다 한다.

12월 26일. 정인승鄭寅承 군君과 함께 박의서朴義緖 군君 집에 초대招待를 받었다. 술이 좋았다.

12월 27일. 오전 10시十時부터 본부本部서 학장회學長會. 구구區區한 토의討議로 하루를 보내고 병사부兵事部 사람들을 청請하여 낙양관洛陽館서 석찬夕餐을 하였다. 이우식李愚軾 군君도 왔다. 나는 최후最後 설전舌戰을 하였다. 모다 정청靜聽할 뿐이다.

12월 28일. 또 학장회學長會가 연장延長되었는데 교학과장敎學課長 김상오金相五 군君께 대리代理. 그려도 명년明年 문리대文理大 예산豫算이 좋게 되었다고 조르는 성화에 서무과장庶務課長이 와서 나를 부른다. 창신관昌信館서 5대五大 학장學長 및 교학과장敎學課長, 서무과장庶務課長을 회합會合하여 석찬夕餐.

12월 29일. 문리대文理大 나갔다. 신석정辛夕汀 외 김해강金海剛, 백양촌白楊村 등 문인文人들이 신천지新天地에서 회합會合하여 산옥山玉이 집으로 가 망년회忘年會를 찍지게 하였다. 산옥山玉이 외外 수인數人 이성異性이 제법 교양敎養 있게 놀았다. 비록 음담淫談은 있을망정 이 또한 한 예술적藝術的이었다. 그 진솔眞率한 김해강金海剛의 실험담實驗談이야말로 가장 홍미興味가 있었다. 나는 그 서론序論이었고 그는 그 본론本論이었다. 한 극락세계極樂世界이었다. 통행금지通行禁止 시간時間 때문에 극락세계極樂世界도 깨져 버렸다. 달은 밝었다. 명정酩酊한 양 걸어 왔다. 부산釜山 김상기金庠基, 이병도李丙燾 군君께 편지했다.

12월 30일. 처妻와 경희京熙는 9시九時 반半 뻐스로 여산礪山 갔다. 미국美國 가 있는 김두헌金斗憲 군君과 대전시太田市 인동仁洞 80八0 번지番地 이창영李昶永 군君께 편지했다.

12월 31일. 외약 발 복상씨에 부스러미 났다. 건닳어 진집이 났다. 그다지 아프지는 않다. 박희선朴喜宣, 신석정辛夕汀 기외其外 몇이 저녁에 왔다. 4285년四二八五年을 보내는 마즈막 날이라고. 소공素空과 같이 전운석田雲石 약방藥房을 찾었다. 게서 음율도 듣고 계곡溪谷, 운강雲岡을 데리고 나와 오목대梧木臺 서편 네거리 동편 주점酒店서 먹었다.

1953년(단기 4286년)

1953년(단기 4286년)

1월

1월 1일. 김포광金包光이 왔다. 청주淸酒 두 병 사 가지고 소공素空께로 갔다. 계곡溪谷, 운강雲岡도 와 있다. 한 병은 거우르고 한 병만 가지고 백당白堂 입산入山 회갑回甲에 갔다. 약간 먹고 돌아왔다.

1월 2일. 문리대文理大 나가 보았다. 병희炳喜, 김용원金容元 군君이 왔다.

1월 3일. 새벽에 정인승鄭寅承 군君을 가 보았다. 「정읍사井邑詞의 고찰考察」을 썼다. 완산동完山洞 누님이 오셨다. 퍽 칩다.

1월 4일. 강철종姜喆鍾, 김상오金相五, 신만우申晩雨, 성낙훈成樂熏 군君이 왔었다. 「정읍사井邑詞의 고찰考察」은 끝냈다. 복상씨가 안 낫기에 삼산당약방三山堂藥房의 고약膏藥을 사다 붙였다. 강철종姜喆鍾 군君이 부산釜山 간다기에 연희대학교延禧大學校 조의설趙義卨 군君께 출강出講 비행기비飛行機費 4십만 원四十萬円과 편지를 써 주었다.

1월 5일. 문리대文理大에 나갔다. 며누리가 여산礪山으로 갔다. 문선규文璇圭 군君이 오찬午餐을 준다. 성낙훈成樂熏 군君도 함께. 소공素空 집으로 갔다. 박희선朴喜宣, 김준영金俊榮 군君이 찾어 왔다. 소공素空과 가치 나섰다. 박희선朴喜宣 군 집으로 갔다. 김준영金俊榮 군君이 가존 술을 마시자 한다. 신석정辛夕汀, 유임일柳林一, 최승범崔勝範 군君도 왔다. 저녁은 유임일柳林一 군君 집에서 준다.

1월 6일. 명랑明朗 온화溫和하다. 사대師大 4학년四學年 ~군君이 와 송강가사松江歌辭를 그 졸업논문卒業論文에 쓰겠다고 초록抄錄한다. 나는 오상수吳尙洙 군君이 청請하기에 창신관昌信館으로 갔다. 김상오金相五, 강용구姜龍求 군君도 와 있다. 퇴기退妓도 둘이 있다. 석찬夕餐하고 돌아왔다. 여산礪山서 처妻가 왔다. 눈이 와 쌓였다.

1월 7일. 철배徹培 군君이 왔다. 함께 가서 정선모鄭善謨 군君 집서 석찬夕餐.

1월 8일. 박보서朴俌緖 군君이 왔다. 저녁밥 후에 끌려갔다. 어느 주점酒店서 비상非常한 소녀少女의 얘기를 들었다. 모골毛骨이 송연竦然하였다.

1월 9일. 오전 10시十時 도청道廳 회의會議. 각各 기관장機關長 각各 학교장學校長을 모아 '병역兵役 완수完遂를 위한 좌담회座談會'를 한다. 전북대학교全北大學校서는 내가 참석參席. 나는 특特히 노무자勞務者, 경찰관警察官, 학생 소집召集은 고려考慮해 달라고 하였다. 문리대文理大로 갔다 왔다. 병주秉冑, 일환一煥, 완희完熙, 건배建培가 왔다.

1월 10일. 소공素空이 와 나가자 한다. 중흥요리관中興料理館으로 갔다. 오다가 고경선高京善 군君을 찾었다. 부산釜山 갔다. 그 따님 임순林順 군君이 소주燒酒를 준다.

1월 11일. 병주秉冑, 일환一煥과 처妻는 여산礪山으로 갔다. 소공素空, 오당吾堂이 왔다. 임길부任吉傅 군君도 왔다. 전주여고全州女高 김재항金在恒 군君이 조화朝花 한 병을 가지고 왔다. 고故 묵로墨鷺 화폭畫幅을 문리대文理大서도 사달라고. 쾌락快諾하였다.

1월 12일. 김두헌金斗憲 군君께 가는 편지를 써 가지고 공보원장公報院長 이춘성李春成 군君을 찾었다. 미인美人 원장院長도 만나 보았다. 편지는 이춘성李春成 군君게 주었다. 그가 미국美國 유학留學을 김두헌金斗憲 군君게 알선斡旋해 달라는 것이다. 최승범崔勝範 군君, 중대中大 박영근朴榮根 군君이 왔다. 『시정신詩精神』에 줄 「눈」 한 편과 수필隨筆인 「시詩의 진리眞理」를 신석정辛夕汀게 전하라고 주었다. 임실任實 삼계三溪 지서支署 내內 김문흡金文洽, 법대法大 최원범崔元範 군君이 왔다. 담소談笑하였다.

1월 13일. 귀가 시리다. 북풍北風을 안고 문리대文理大에 나갔다. 15일부터 24일까지 하겠다는 국어문학國語文學 강습회講習會는 이 비상非常한 치위로 인하여 무기無期 연기延期하라고 게시揭示 및 신문보도新聞報道를 하게 하였다. 지원자志願者도 지금까지 9명九名이다.

1월 15일. 완산동完山洞 누님과 함께 9시九時 반半 대전행(太田行) 빠스를 간신히 탔다. 거의 오정午正이나 되어 신막新幕을 갔으나 게서는 정지停止를 않는다. 여산礪山서 내렸다. 집에 드니 인아족척姻婭族戚이 와 모였다.

1월 15일. 조기형趙璣衡, 이찬희李餐熙가 왔다. 왕밭 누의가 왔다.

1월 16일. 김근수金根洙 군君이 왔다. 유제운柳濟雲, 종제형從弟兄, 송석일宋錫一 부자父子가 왔다. 나는 아희들게 술과 과포果脯를 들려 가지고 가서 조비고祖妣考, 선비고先妣考 산소山所에 생묘省墓를 하였다.

> 아버님 어머님 앞에 절을 하옵나이다.
> 술을 부어놓고 절을 하옵나이다.
> 뜨거운 눈물을 겨우며 절을 하옵나이다.

1월 17일. (임신壬辰 12월 초3일) 처妻의 회갑回甲. 안마당에 차일遮日 치고 헌수獻壽를 받었다. 시조時調를 지어 용제龍弟 시켜 불렀다.(별록別錄) 김근수金根洙 군君을 대전太田을 갔다. 인근隣近 동리洞里 남녀노소男女老少들을 대접待接. 밤에 눈이 와 쌓였다.

1월 18일. 김고산金高山 장丈, 임주백林周伯 군君이 왔다.

1월 19일. 송석일宋錫一 부자父子는 갔다.

1월 20일. 대한大寒. 대전太田서 처제妻弟와 그 손자孫子며 온양溫陽 외손外孫이 떠났다. 김고산金高山 장丈이 술을 준다. 창환昌煥이 둘쨋놈 이름을 '산배山培'라 지었다. 사랑방 장판 수리修理를 하였다.

1월 21일. 석교石橋 정갑원鄭甲源 씨를 가보고 임주백林周伯도 보고 신막新幕 용제龍弟게서 술과 석반夕飯.

1월 22일. 8시八時 반半 이리裡里 행行 뻐스로 떠나 이리裡里서 오정午正에 전주全州 행行 뻐스로 오후 2시二時 전주全州로 돌아왔다. 집에 전화電話(315)가 되었다.

1월 23일. 박영근朴榮根 군君이 왔다. 내일來日 무장茂長 가기를 다짐한다.

1월 24일. 7시七時 조반早飯. 8시八時 반半 박영근朴濚根 군君이 자동차自動車 가지고 왔다. 박희선朴喜宣 군君도 왔다. 함께 탔다. 가다 풍남동豐南洞서 잠시暫時 정지停止하고 또 다섯이 탔다. 그리고 용龍머리 고개로 나아갔다. 날은 따듯하다. 새 봄이다. 시조時調 3장三章도 지었다. 별록別錄했다. 태인泰仁, 정읍井邑, 흥덕興德, 고창高敞 지내 무장茂長 진금오陳金午 양孃으로 갔다. 오후 3시 반. 떡국으로 요기. 그리고 4시四時 반半 지나 예배당禮拜堂서 결혼식結婚式. 목사牧師님 주례主禮. 두어 시간 걸렸다. 나는 축사祝辭, 이어 결혼기념강연結婚紀念講演을 30분간 했다. 그리고 진씨陳氏 가家에 가 잤다.

1월 25일. 10시十時 반半 떠났다. 나는 신랑新郞, 신부新婦, 여상객女上客과 함께 자동차 타고 고부古阜, 김제金堤로 하야 백구면白鷗面 학동리 김영근金濚根 군君 집으로 왔다. 떡국과 술을 먹고 떠나 저물어 전주全州로 왔다.

1월 26일. 흐렸다. 오늘도 정응관鄭應觀(소공素空) 군君이 왔다. 문리대文理大, 법대法大, 본부本部로 가서 효산曉山 서화전람회書畵展覽會를 가 보고 정인승鄭寅承 군君과 점심. 병희炳喜가 왔다. 중대中大서 백미白米 한 가마니 가졌다.

1월 27일. 맑다. 한韓씨녀女가 김태자金太子 시詩를 가조고『장인걸전張人傑傳』을 빌려 갔다.

1월 28일. 문리대文理大 나갔다. 시내市內 고등학교장高等學校長과의 좌담회座談會. 전북대학교全北大學校 본부本部서 하고 동문관東門館서 오반午飯.

1월 29일. 처妻와 완산동完山洞 누님이 여산礪山서 왔다.

1월 30일. 문리대文理大 나갔다. 소공素空을 찾어 보았다.

1월 31일. 유제한柳濟漢, 박희선朴喜宣 군君이 왔다. 오후 2시二時 소공素空, 운강雲岡(이두환李斗桓), 죽도竹島(김태문金泰文), 운석雲石(전병인全炳寅)이 와서 음률音律을 하였다.

2월

2월 1일. 신석정辛夕汀이 왔다.

2월 2일. 문리대文理大 나갔다. 개강開講. 종희宗熙가 왔다.

2월 3일. 문리대文理大 1강一講하고 오후엔 도립극장道立劇場서 「원술랑元述郎」 극劇를 보았다.

2월 4일. 입춘立春. 문리대文理大 2강二講. 공보원장公報院長과 만나 담화談話.

2월 5일. 온화溫和하다. 문리대文理大 나갔다. 시화전詩畵展을 가 보다. 공보원公報院서.

2월 6일. 첫 뻐쓰로 솝니 중대中大에 가 1강一講하고 원대圓大로 나가 2강二講. 원대圓大는 고급대학高級大學으로 승격昇格. 그 학장學長이 석찬夕餐을 준다.

2월 7일. 중대中大로 와 3강三講. 정월正月 분分 월급月給을 받었다.

2월 8일. 신석정辛夕汀, 해강海剛 기외其外 3, 4우三四友와 카멜다방茶房에 모여 담화談話했다.

2월 9일. 백철白鐵 군君이 왔다. 문리대文理大 나갔다. 데리고 집으로 와 석찬夕餐.

2월 10일. 문리대文理大 나갔다. 오후 백철白鐵 군君과 김상오金相五 군君과 상고商高 앞 주점酒店서 오반午飯.

2월 11일. 전주여고全州女高 강당講堂서 9시九時부터 병사兵事에 관關한 각各 교장校長,학장회學長會가 있었다. 연령年齡 초과자超過者, 수첩手帖 미교부자未交付者, 졸업예정자卒業豫定者 등을 속速히 보고報告하라는 것이다. 이들을 징집徵集한다고.

2월 12일. 처妻와 경희京熙가 여산礪山 갔다. 부슬비가 나린다. 문리대文理大 나갔다. 백철白鐵 군君과 나와 오식午食.

2월 13일. 임진壬辰 12월 30일. 문리대文理大 나갔다.

2월 14일. 계사癸巳 정월正月 초初1일. 학생들이 안 왔다. 오상수吳祥洙 군君과 함께 김상오金相五 군君으로 갔다. 정인승鄭寅承, 박효삼朴孝參 군君이 왔다. 술을 먹고 모다 가치 나서 강용구姜龍求 군君을 찾어 데리고 백학선白鶴仙 집으로 가 석찬夕餐을 했다.

2월 15일. 오상수吳祥洙, 김상오金相五 군君이 왔다. 정기수丁奇洙, 정남수丁男秀 군君이 왔다. 기외其外 여러 사람이 왔었다.

2월 16일. 문리대文理大 나갔다. 백철白鐵, 최승범崔勝範, 박병순朴炳淳 군君과 집으로 나와 오반午飯.

2월 17일. 문리대文理大 나갔다. 백철白鐵 군君과 점심点心을 하려 동문관東門館에 갔더니 지화변경紙貨變更으로 인하여 아직 폐점閉店이었다. 집으로 와 오반午飯. 종희宗熙가 집에 왔다. 경아부京兒婦가 고사떡에 체滯하여 앓는다고.

2월 18일. 백철白鐵 군君이 문리대文理大 나왔다. 1백20만一百二十萬 원円을 사례. 11시十一時 뻐쓰로 이리裡里로 떠났다. 2강二講.

2월 19일. 문리대文理大 나갔다. 여조麗朝 국문학사國文學史 초고草藁를 쓰다.

2월 20일. 첫 뻐쓰로 이리裡里 중대中大 나가 1강一講하고 원대圓大로 가 2강二講하고 유숙留宿. 신화新貨를 썼다.

2월 21일. 중대中大로 와 2강二講. 홍순태洪淳太 군君을 만나 오후 2시 반二時半 뻐쓰롤 타고 함께 서서 왔다. 오후 네 시다. 시장市場서 홍洪 군君과 두어 잔 하였다.

2월 22일. 정인승鄭寅承 군君과 소공素空 집에 놀았다.

2월 23일. 종희宗熙가 여산礪山 갔다. 문리대文理大 나갔다. 처妻와 경희京熙가 왔다.

2월 24일. 문리대文理大 2강二講 하고 이소령李小領 상기相基 군君과 양梁 교관敎官, 김金 교관敎官과 호국대護國隊 간부학생幹部學生과의 회합會合. 미락味樂에서 했다. 이李 소령小領 환영歡迎과 양梁, 김金 송별送別이었다.

2월 25일. 문리대文理大 2강二講. 소공素空, 포광包光과 석반夕飯.

2월 26일. 처妻는 여산礪山 갔다. 문리대文理大 나갔다. 성낙훈成樂薰 군君, 윤효진尹孝珍 군君이 왔다. 윤尹은 서향瑞香 1분一盆을 가졌다. 밤엔 죽도竹島, 계곡溪谷, 소공素空, 포광包光이 와 주악奏樂하였다.

2월 27일. 종희宗熙가 왔다. 정인승鄭寅承, 김상오金相五, 양회수梁會水 군君이 왔다. 오찬午餐. 『태백신문太白新聞』「삼일절」 원고原稿를 썼다.

2월 28일. 음陰 정월正月 보름. 비 온다.

3월

3월 1일. 은종관殷鍾琯 군君이 이선근李瑄根 군君을 데리고 서울여관旅館으로 왔다기 가 보았다.

3월 2일. 이선근李瑄根 군君을 청請하여 국제정세國際情勢 강연講演을 하였다. 전북고全北高 강당講堂서 본대학本大學, 전북고全北高, 법대法大 학생들을 집합集合. 세계사정연구소世界事情研究所서 이선근李瑄根 군君과 초대招待.

3월 3일. 청풍관淸豐館서 이선근李瑄根 군君을 대접待接. 석찬夕餐. 이우식李愚軾 군君과 본대학本大學 교학敎學, 서무庶務 과장課長 회합會合.

3월 4일. 이선근李瑄根 군君이 찾어왔다. 『계년사季年史』를 보여 주었다. 함께 지프차로 전북여고全北女高로 갔다. 12시十二時 은종관殷鍾琯 군君과 서정진徐貞鎭 양孃과의 결혼식結婚式이 있다. 장택상張澤相의 주례主禮, 정부대관政府大官의 축전祝電, 국회의원國會議員의 축사祝辭 등 사뭇 정부政府 주최主催인 혼식婚式이다. 나도 그 축사祝辭를 '청산별곡靑山別曲' 창唱으로 대신하였다. 그리고 서정진徐貞鎭 양孃 집으로 가서 밤들도록 놀았다. 이선근李瑄根 군君과 나는 서울 국립대학교國立大學校 문도門徒들의 만류挽留로 그리 되었다.

3월 5일. 처妻가 여산礪山서 왔다.

3월 6일. 첫 뻐쓰로 이리裡里 갔다. 중대中大에 들리고 바루 북일면北一面 원대圓大로 나갔다. 2강二講. 원대학장円大學長과 그 근처近處 주점酒店서 석찬夕餐.

3월 7일. 병석秉錫 군君 집으로 갔다. 게서 오찬午餐. 전주여관全州旅館 정래동丁來東 군君을 잠간 보고 복래여관福來旅館에 끌려가 대접待接을 받고 오후 3시三時 뻐쓰로 돌아왔다.

3월 8일. 처妻가 여산礪山을 갔다 왔다. 병표秉表, 황백이가 전주全州와서 경관警官에게 잡혀 수용소收容所에 있다. 이 기별을 하기 위하여.

3월 9일. 병철秉徹, 유연수柳連洙, 관희觀熙가 왔다. 병표秉表, 황백이가 나왔다. 문리대文理大 나갔다. 공주公州서 황호덕黃鎬德 군君이 왔다.

3월 10일. 문리대文理大 나갔다. 김인수金仁洙 군君께 회답回答.

3월 11일. 문리대文理大 나갔다. 교수회敎授會 — 입학시험入學試驗 사무事務 토의討議.

3월 12일. 입학入學 지원자志願者를 모여 유의留意할 일을 지시指示.

3월 13일. 음陰 정월正月 28일二十八日. 나의 생일生日. 친척親戚들이 모여 조반朝飯. 문리대文理大 나갔다. 돌아와 점심点心에는 소공素空,

포광包光, 건재建齋, 석정夕汀, 기타其他 율객律客 수인數人이 모였다. 음률音律을 하였다. 문리대文理大 교직원教職員도 8, 9인八九人 왔다. 문리대文理大 신입학생新入學生 시험試驗 시작.

3월 14일. 문리대文理大 시험試驗. 체격體格 검사檢查. 가 보았다.

3월 15일. 문리대文理大서 구술口述 시험試驗. 가 보았다.

3월 16일. 문리대文理大 시험試驗 채점採點. 사무실事務室을 기숙사寄宿舍 자리로 옮겼다.

3월 17일. 오전 10시十時부터 오후 9시九時 반半까지 사정회査定會. 140명 뽑았다. 지정원指定員 124명百二十四名과 여학생女學生, 상이군인傷痍軍人 16명十六名.

3월 18일. 문리대文理大 합격자合格者 발표發表. 가 보았다.

3월 19일. 비 온다. 동문관東門館서 점심点心. 임성근任成根 군君이 나와 김상오金相五, 정인승鄭寅承 군君 초대招待. 밤새도록 비가 쏟아쳤다. 김상오金相五 군君 편에 문교부文敎部 김金 장관長官, 두계斗溪, 일석一石께 편지하였다.

3월 20일. 처妻가 여산礪山 가려다가 한냇물이 창일漲溢했다 하여 못 갔다.

3월 21일. 처妻와 종희宗熙가 11시十一時 빠쓰로 여산礪山 갔다. 나는 은행여관銀杏旅館으로 가서 이갑성李甲成 씨를 찾어보았다. 그리고 도립극장道立劇場으로 가 거의 오정午正 되어 세계사정연구소世界事情研究所 전북全北 분실分室 주최主催인 전국청년학도全國青年學徒 웅변대회雄辯大會를 개회開會하였다. 강태연姜泰演 씨의 개회사開會辭, 이갑성李甲成 씨의 삼일절三一節 회고담回顧談, 본도本道 내무국장內務局長의 축사祝辭, 나의 심사審查 지시指示가 있은 후 학도부學徒部부터 시작

하였다. 10여 명十餘名이었다. 내가 혼자 심사審査했다. 심사위원장審査委員長 배사희裵思希 씨는 와 앉었을 뿐이고. 오후나 하여 부산釜山서 박상길朴相吉 군君이 왔다. 나는 잠간 나가 점심点心을 먹고 청년부靑年部 십여 명을 박朴 군君과 서로 심의審議했다. 학도부學徒部 특등特等은 이리여고裡里女高 한은韓恩○, 청년부靑年部 특등特等은 이리裡里 중대中大 김옥선金玉仙 군君이었다. 오후 4시四時 반半 폐회閉會. 나는 이갑성李甲成 씨 일행一行과 함께 은행여관銀杏旅館으로 갔다가 경찰국장警察局長 김종원金宗元 군君 관사官舍로 가서 석찬夕餐 받고 악단樂團의 가무歌舞도 보고 11시十一時 반半 돌아왔다.

3월 22일. 종희宗熙가 왔다. 부산釜山서 온 이종화李鐘和 군君을 만나 은행銀行 축과 함께 노송각老松閣을 갔다. 9시九時 돌아왔다.

3월 23일. 은행여관銀杏旅館을 갔다. 이갑성李甲成 씨가 고적古蹟을 구경하겠다 하여 김희순金熙舜 군君이 지로指路하러 왔다. 가치 나서 한벽당寒碧堂, 풍남문豐南門, 풍패지관豐沛之館을 둘러보고 노송각老松閣서 석찬夕餐. 여주인女主人과 채란彩蘭의 노래를 들었다. 그리고 이갑성李甲成 씨는 군산群山을 향하여 떠났다.

3월 24일. 문리대文理大 나갔다.

3월 25일. 8시八時 통근차通勤車로 이리裡里 나갔다. 정인승鄭寅承, 박준규朴準規 기외其外 문리대文理大, 법대法大, 본부本部 교직원敎職員 7, 8인七八人과 동행同行. 서풍西風 불고 되우 차다. 농대農大 제2회 졸업식第二回卒業式이다. 식式은 11시十一時 시작, 오후 2시二時 반半에 끝났다. 모다 떨었다. 눈발이 날렸다. 과자果子 런치, 약주藥酒도 먹었으나 어한이 아니 된다. 스리코타를 얻어 타고 4시四時 반半에 떠나왔다. 문교부文敎部서 온 대학과장大學課長 이근칠李根七 군君도 가치 왔다. 선각여관仙閣旅館으로 가치 석찬夕餐.

3월 26일. 문리대文理大 나갔다가 소공素空 집으로 들려 포광包光, 효월曉月을 만나 다시 전약방全藥房으로 가 계곡溪谷을 데리고 나와 한韓씨녀女 집에서 몇 잔 했다.

3월 27일. 군산群山 남중학교장南中學校長 유희진劉凞珍 군君과 서무과장庶務課長 최기전崔基全 군君이 왔다. 그 교가校歌를 지어 주었다. 그리고 나가서 오찬午餐을 받었다.

3월 28일. 나의 제자弟子인 백남혁白南赫 군君 아들 홍기鴻基와 고병선高柄璿 군君 따님과의 결혼식結婚式 — 전북고녀全北高女 강당講堂에 갔다. 이우식李愚軾 군君 주례主禮요 나는 축사祝辭로 맨 첨 나섰다. 전주시全州市 지식층知識層 모모某某는 다 모였다. 식式 뒤에 백남혁白南赫 군君 집으로 끌려가 2차회二次會까지 참석參席하고 그 뒤에 고병선高柄璿 군君 집으로 대접待接을 받고 밤에 돌아왔다.

3월 29일. 8시八時 통근차通勤車로서 중대中大 나가 입학시험入學試驗 감독監督. 구술口述 시험試驗을 보고 5시五時 25분二十五分 차로 돌아왔다.

3월 30일. 문리대文理大에 나갔다. 경희 내외가 왔다. 용제龍弟가 왔었다.

3월 31일. 문리대文理大에 나갔다.

4월

4월 1일. 경희京熙 내외內外와 용제龍弟가 여산礪山 갔다. 남양南陽 수시水柹 3주三株를 여산礪山 보냈다. 문리대文理大 나가 학생을 모아 격려사激勵辭를 했다. 4월 6일 개강開講키로 하였다. 보결생補缺生을 선택選擇했다.

4월 2일. 문리대 나가 보결생 선택選擇. 창신여관昌信旅館서 점심點心. 우당愚堂을 찾어보았다. 건재健齋가 왔다. 처妻가 여산礪山서 왔다. 김근수金根洙, 최승범崔勝範 군이 왔다.

4월 3일. 문리대文理大 보결생補缺生 선택選擇.

4월 4일. 문리대文理大 보결생補缺生 선택選擇.

4월 5일. 종일 집에 있었다.

4월 6일. 문리대文理大 신입생新入生 개강식開講式. 교수회教授會, 동仝 회칙會則 통과通過, 문리부장文理部長 및 과주임科主任 보선補選 기타其他 약간 사행事項.

4월 7일. 문리대文理大 나갔다. 농림고교農林高校를 가 보았다.

4월 8일. 보결補缺 선택選擇.

4월 9일. 보결補缺 선택選擇. 경희京熙가 여산礪山서 왔다.

4월 10일. 보결補缺 선택選擇.

4월 11일. 처妻와 경희京熙가 여산礪山 갔다. 서울공대工大, 문리대文理大 학장學長께 편지. 경희京熙 전학轉學 알선斡旋. 문리대文理大 신입생新入生에게 강화講話. 일환一煥 처妻가 죽었다고 전보電報 왔다.

4월 12일. 북풍北風. 정종正宗 두 병 가지고 소공素空, 포광包光과 함께 진북사鎭北寺 나갔다. 주지主持 만허萬虛는 없다고 한다. 술만 좀 드듸어 먹고 다시 용머리고개로 와 넘어 가서 안양사安養寺로 갔다. 매곡梅谷이 있다. 술과 오반午飯하고 고개 하나 넘어 완산完山 칠성암七星庵 이재호李在昊 군君을 찾어 인도引導 소리, 시조時調 등을 듣고 돌아 왔다. 종희宗熙가 여산礪山 갔다.

4월 23일. 문리대文理大 나갔다. 병사부兵事部서 요인要人 조사調査를 왔다. 약간 보결補缺 선택選擇. 종희宗熙가 왔다.

4월 14일. 문리대文理大 2강二講.

4월 15일. 문리대文理大 3강三講. 대전太田서 양순자梁順子가 왔다.

4월 16일. 문리대文理大 나갔다.

4월 17일. 이리裡里 중대中大를 나갔다. 양순자梁順子와 동행同行. 순자順子를 대전太田으로 보내고 나는 돌아왔다.

4월 18일. 건재健齋와 함께 이리 중대中大에 나가 개강식開講式을 보고 부총장副總長 김태오金泰五 군과 교무처장教務處長 정래동丁來東 군君과 기외其外 몇 교수教授와 전주여관全州旅館서 오찬午餐 하고 오후 5시五時 25분二十五分 차로 귀환歸還. 여산礪山서 처妻가 왔다.

4월 19일. 법대法大 야유회野遊會. 완산完山 칠성암七星庵 밑 임간林間으로 가서 반일半日을 보냈다.

4월 20일. 본부本部서 학장회學長會. 오후 10시十時로부터 오후 5시五時 반半까지 복잡複雜한 문제問題를 토의討議, 파하고 동문관東門館서 석찬夕餐.

4월 21일. 문리대文理大 2강二講. 보결생補缺生 약간 선발選拔

4월 22일. 문리대文理大 3강三講.

4월 23일. 오정午正 여중女中 강당講堂서 고경선高京善 군君 장남長男 정기廷基 군君과 신석남辛錫南 양孃과의 결혼식結婚式이 있었다. 이우당李愚堂 주례主禮. 나는 축사祝辭. 오후 4시四時 임시臨時 교수회教授會. 주택住宅, 봉급俸給 증가增加 등 문제問題 토의討議.

4월 24일. 이리裡里 중대中大 나갔다. 고경선高京善 군君 집에서 초대

招待하였다.

4월 25일. 이리裡里 중대中大 나갔다.

4월 26일. 통일統一 없는 휴전반대休戰反對 시민궐기대회市民蹶起大會가 전주국민학교全州國民學校 마당에서 있었다. 10시十時 내지乃至 오후 1시一時 반半까지 가 섰었다.

4월 27일. 문리대文理大 나갔다. 뇌성雷聲하고 비가 쏟어졌다.

4월 28일. 문리대文理大 2강二講. 정자貞子가 여산礪山서 왔다.

4월 29일. 문리대文理大 3강三講. 밤에 비가 왔다. 경희京熙가 왔다.

4월 30일. 문리대文理大 나갔다. 소공素空, 포광包光이 왔다. 소작小酌을 했다.

5월

5월 1일. 처妻는 여산礪山 갔다. 이리裡里 중대中大, 원대圓大 나갔다 왔다. 공대工大 가서 경희京熙 전학轉學 교섭交涉을 했다.

5월 2일. 경희京熙랑 이리裡里 나갔다. 5시五時 25분二十五分 차로 회환回還.

5월 3일. 문리대文理大 야유회野遊會인 객사동客舍洞에 오전 10시十時 한벽당寒碧堂서 문리대文理大 관계關係인 교직원敎職員 일동一同을 회합會合하여 나갔다. 오산吳山 청별정靑別亭이다. 오정午正 지나 순배巡盃가 벌어지나 나는 신영식申榮植 랑郞 장효원張孝遠 양孃의 결혼식結婚式 주례主禮로 전주여중全州女中 강당講堂으로 왔다. 혼례婚禮 끝나고 고우故友 송진우宋鎭禹의 양자養子 송영수宋榮洙 군君 집으로 초대招待

받어 갔다. 술 몇 잔 먹고 왔다.

5월 4일. 문리대文理大 나갔다.

5월 5일. 문리대文理大 2강二講.

5월 6일. 문리대文理大 3강三講. 처妻가 여산礪山서 왔다. 밤에 비 왔다.

5월 7일. 문리대文理大 교수회敎授會. 오후 4시四時 내지乃至 6시六時. 밤에 또 비 왔다.

5월 8일. 이리裡里 중대中大 1강一講. 원대圓大엔 학생총회學生總會가 있다 하여 가다가 회환回還.

5월 9일. 이리裡里 중대中大에 나갔다. 신입생新入生 환영회歡迎會로 배산山에 갔다.

5월 10일. 본부本部 야유회野遊會를 남고산南固山에서 했다. 갔다 먼저 왔다.

5월 11일. 본부本部서 학장學長, 서무과장庶務課長 회會 — 오는 6월 8일 개교開校 기념식紀念式 준비準備에 대하여 협의協議. 종일終日 하였다. 비 왔다.

5월 12일. 문리대文理大 2강二講.

5월 13일. 문리대文理大 3강三講.

5월 14일. 문리대文理大 나갔다가 돌아와 「산문학散文學의 설화說話」 원고原稿를 썼다.

5월 15일. 이리裡里 중대中大 1강一講. 원대圓大 2강二講코 왔다. 중대中大선 전북농구대회全北籠球大會를 한다. 소공素空이 왔다.

5월 16일. 처妻가 여산礪山 갔다. 이리裡里 중대中大 3강三講코 뻐쓰로 왔다.

5월 7일. 새벽에 일어 앉어 원고原稿 쓰노라니 장효원張孝遠 양孃의 숙부叔父인 장호풍張鎬豐 군君이 달걀 한 두름과 소주燒酒 한 병을 가지고 왔다. 함께 해정解酲을 하였다.

5월 18일. 문리대文理大 나갔다. 전북대학교全北大學校 본부本部서 대학원大學院 임원회任員會를 했다.

5월 19일. 문리대文理大 2강二講.

5월 20일. 문리대文理大 3강三講.

5월 21일. 전북대학교全北大學校 대학원大學院 문리대文理大엔 국문학과國文學科, 사학과史學科 각各 2명二名, 합合 4명四名이고 농대農大에 농학과農學科 5명五名을 모집募集하는데 본부本部서 그 협의회協議會를 하였다. 비 온다.

5월 22일. 이리裡里 중대中大, 원대圓大에 나갔다. 비바람을 무릅쓰고 원대圓大에 갔다. 점심 먹으러 가다가 바람에 우산雨傘이 뒤지피었다. 오후 다섯 시 차로 왔다.

5월 23일. 또 이리裡里 중대中大에 나갔다. 3강三講. 이희양李喜陽 군君, 백남혁白南赫 군君 만나 고란다방皐蘭茶房에서 머물다가 희양喜陽 군君과 다섯 시 차로 왔다. 칠봉옥七峯屋서 석반夕飯.

5월 24일. 종일終日 집에 있었다. 소공素空, 포광包光이 왔다. 뒤 오목대梧木臺 기슭에서 마삭줄(낙석絡石, 백화등白花藤, 협죽도과夾竹桃科)을 캐다 분盆에 심었다. 꽃이 하얏고 다섯 화판花瓣이 나선형螺旋形으로 되었고 향기香氣가 방렬芳烈하다.

5월 25일. 문리대文理大 나갔다. 이희양李喜陽 군君과 나파羅婆집에서 오반午飯.

5월 26일. 문리대文理大 2강二講. 석정夕汀이 왔다.

5월 27일. 처妻가 여정자呂貞子 데리고 여산礪山 갔다. 정자貞子는 용복龍福이게로 약혼約婚하고 오는 31일(음 4월 19일) 결혼식結婚式이 있다. 혼구婚具, 의복衣服, 금침衾枕 등 백 수십만 원百數十萬円 어치를 해주었다. 문리대文理大 3강三講.

5월 28일. 흐리다.

5월 29일. 중대中大 및 원대圓大에 나갔다.

5월 30일. 이리裡里 중대中大에 나갔다가 국문과생國文科生 회의會議가 있다 하여 바루 돌아왔다.

5월 31일. 이우식李愚軾, 정인승鄭寅承, 강태연姜泰演 군君과 집에서 두견주杜鵑酒를 마셨다. 백철白鐵 군君이 왔다. 김근수金根洙 군君도 왔다.

6월

6월 1일. 문리대文理大 나가 백철白鐵 군君과 점심点心. 오후 2시二時부터 학부형學父兄을 모여 후원회를 창립創立했다.

6월 2일. 문리대文理大 나갔다 곳 돌아왔다. 처가 여산서 왔다.

6월 3일. 문리대文理大 나갔다.

6월 4일. 교수회敎授會를 했다. 비가 온다. 백철白鐵 군君을 오후 6시六時 이리裡里 가는 기차에 전송餞送했다. 김근수金根洙 군君 집에서 술 먹고 건재健齋 집에서 또 석찬夕餐을 받었다.

6월 5일. 이리裡里 중대中大 1강一講. 처妻가 여산礪山 갔다.

6월 6일. 비 온다. 이리裡里 중대中大 3강三講. 처妻는 여산礪山 갔다. 오후 비가 갰다.

6월 7일. 전북대학교全北大學校 경축慶祝 축구蹴球, 농구籠球 대회大會를 열었다. 축구蹴球는 공설운동장公設運動場, 농구籠球는 전고全高에서. 축구蹴球를 가 보았다.

6월 8일. 전북대학교全北大學校 개교기념식開校記念式 겸 대학원 개원식大學院開院式, 호국대護國隊 결성식結成式을 전고全高 강당講堂서 하였다. 엄숙하였다. 대학大學 교가校歌도 불렀다. 작사作詞는 내가, 작곡作曲은 현제명玄濟明 씨가 하였다. 축구蹴球를 구경했다. 문리대文理大가 축구蹴球, 농구籠球를 다 우승優勝했다. 처妻가 이복섭李福燮을 데리고 왔다.

6월 9일. 문리대文理大 2강二講. 전북대학교全北大學校 주최主催인 중고등中高等의 축蹴, 농구籠球가 있었다. 가보고 나는 정인승鄭寅承 군君과 전주경찰서全州警察署서 하는 휴전 반대회休戰反對會에 갔었다. 오후 2시二時 내지乃至 6시六時에야 돌아왔다.

6월 10일. 문리대文理大 3강三講. 저녁엔 완산동完山洞 누의님 생신生辰을 병희炳喜 집에서 한다 하여 가서 주반酒飯을 먹었다.

6월 11일. 처妻는 여산礪山 가고 나는 군산群山 갔다. 오늘은 또 휴전반대休戰反對 궐기대회蹶起大會 날이다. 그러나 나는 예약豫約한 군산群山 남중학교南中學校 교가校歌 발표식發表式에 참여參與하자는 것이다. 오전 7시七時 동아자동차부東亞自動車部에 갔더니 남중南中으로서 전화電話가 왔다. 군산群山도 오날 궐기대회蹶起大會가 있으니 연기延期할 수 있는가 하는 전화電話가 왔다. 그러나 나는 "연기延期할 수 없다." 고 했다. "그러면 와 주셔요. 오후에 하겠읍니다." 나는 7시七時 반半 뻐쓰로 떠났다. 9시九時 40분四十分 군산群山 도착到着. 정두현丁斗鉉 군君 집으로 가서 남중 교장 유희진劉熙珍 군께 연락하여 그 집으로 갔다. 점심点心을 게서 먹고 남중학교南中學校로 가 그 교가校歌 발표식發表式을 끝내고 오후 다섯 시 동아東亞 빠쓰로 돌아왔다. 밤에 소낙비가 새벽엔 우레가 야단이다.

6월 12일. 이리裡里 중대中大, 원대圓大에 나갔다. 돌아왔다.

6월 13일. 청晴. 이리裡里 중대中大 나가 3강三講.

6월 14일. 김근수金根洙, 최승범崔勝範 군君이 왔다.

6월 15일. 전북全北 상이군인傷痍軍人 정양원靜養院에 나가 우리나라 역대歷代 사화史話를 시작했다. 건국사화建國史話 — 단군檀君 내乃 고려高麗 1강一講. 소공素空이 합죽도화合竹桃花 한 분盆을 보내 준다.

6월 16일. 문리대文理大 2강二講. 닭의 집을 지었다. 윤식潤植 군君과.

6월 17일. 문리대文理大 3강三講. 비 왔다. 박영래朴榮來 군君 집에 갔다.

6월 18일. 비. 문리대文理大 학생총회學生總會에 참석參席 — 훈화訓話를 했다.

6월 19일. 비. 이리裡里 중대中大 나가 1강一講 하고 원대圓大는 농번기農繁期 휴강休講을 했다 하여 바루 돌아왔다. 소공素空이 술 한 병 가지고 왔다. 처妻가 여산礪山서 왔다.

6월 20일. 이리裡里 중대中大 나가 3강三講. 오후 4시四時 40분四十分 차로 귀환歸還.

6월 21일. 종일 집에 있었다. 『국문학개설國文學概說』 소설小說 원고原稿 쓰다.

6월 22일. 하지夏至. 비. 정양원靜養院 나가 건국사화建國史話 1강一講. 근조당쟁近朝黨爭 1강一講. 처妻는 여산礪山 갔다. 소공素空을 찾었다.

6월 23일. 문리대文理大 2강二講.

6월 24일. 문리대文理大 3강三講.

6월 25일. 대우大雨. 후원회後援會 이사理事, 감사監事, 고문顧問 회會를 하였다. 그리고 신창상회新昌商會서 석찬夕餐.

6월 26일. 이리裡里 중대中大, 원대圓大 나갔다.

6월 27일. 이리裡里 중대中大 나갔다. 비 온다. 이희양李喜陽 군君을 만났다.

6월 28일. 집에 있었다. 『개설槪說』 원고原稿 썼다. 처妻가 왔다.

6월 29일. 동산촌東山村 정양원靜養院 나가 '나당羅唐 연합군聯合軍과 백제百濟, 고구려高句麗 멸망滅亡' 강화講話. 비 오다.

6월 30일. 문리대文理大 2강二講. 비 오다.

7월

7월 1일. 처妻가 여산礪山 갔다. 문리대文理大 3강三講. 비 오다.

7월 2일. 윤효진尹孝珍 군君이 오미자 분五味子盆과 가자茄子, 외를 가졌다. 9시九時 본부本部서 대학원大學院 임원회任員會. 비 온다. 소공素空을 찾었다.

7월 3일. 비 온다. 전주역全州驛에 나갔다가 기차가 한 시간時間 이상 연착延着이기 도로 왔다. 책장冊欌 뒤에 쥐 구녁을 막었다. 밤새도록 비가 쏟어진다. 방마다 천정天井이 샌다. 마당은 강이 되었다. 잠을 잘 못 잤다. 경희京熙 시계時計 4십만 원四十萬円에 샀다.

7월 4일. 종희宗熙 다리고 뒤안 판장板墻 밑 물 구녁을 막었다. 오후 비는 멎었다. 소공素空, 포광包光과 한벽당寒碧堂 가서 관창觀漲을 하고 주점酒店도 들렀었다.

7월 5일. 소우小雨. 볕도 났다.

7월 6일. 정양원靜養院 가서 1강一講.

7월 7일. 문리대文理大 2강二講. 비.

7월 8일. 문리대文理大 3강三講. 비.

7월 9일. 문리대文理大 나갔다가 나파羅婆집에 석찬夕餐. 박초월朴初月 집으로 가 판소리를 들었다.

7월 10일. 이리裡里 중대中大, 원대圓大 나갔다 오다가 소낙비 맞었다.

7월 11일. 이리裡里 중대中大 나갔다. 한근이가 왔다.

7월 12일. 소낙비가 굉장히 왔다. 감나무집 가서 석찬夕餐. 한근이가 갔다.

7월 13일. 정양원靜養院 나갔다가 미군美軍 교육고문教育顧問 차타고 11시十一時 반半 돌아왔다. 찬영燦永 집을 가 보았다.

7월 14일. 흐리다. 김근수金根洙 군君이 왔다. 이희승李熙昇 군君이 온다 하여 오후 8시八時 전주역전全州驛前 가 기다렸다. 9시九時나 되어 대전太田서 뻐쓰가 왔으나 일석一石은 없다. 김근수金根洙 군君 집으로 가 두어 잔 마시고 왔다.

7월 15일. 아침부터 비가 온다. 문리대文理大 3강三講.

7월 16일. 문리대文理大 1학기一學期 방학放學 전前 강의講義는 오늘까지. 오후 3시三時부터 학장실學長室에 약소한 주과회酒果會, 교직원教職員 일동一同.

7월 17일. 지붕에 올라 개와를 고쳤다. 제헌절制憲節.

7월 18일. 말복末伏. 9시九時 문리대文理大 나가보니 영장令狀 나온 학생 5십여 명에 5, 6인 나왔다. 교관教官 이상기李相基 군君은 군산群山을 갔다. 나는 박보서朴備緖 기외其外 교직원教職員 5, 6인과 뻐쓰를 동산촌東山村 임길부任吉傅 군君 집을 나갔다. 먼저 온 분이 7, 8인. 또 문리대文理大, 본부本部 직원職員 10여 인이 왔다. 매실소주梅實燒酒, 약주藥酒, 백반白飯 등등. 나는 오후 곧 돌아왔다. 처妻가 여산礪山에 갔다.

7월 19일. 박병순朴炳淳, 최승범崔勝範, 박희선朴喜宣 군君과 첫통근차通勤車로 이리裡里 갔다. 승객乘客이 많어 진땀을 흘렸다. 남성고등학교南星高等學校 장순하張淳何, 이동규李東圭, 박병채朴炳采 군君을 찾어 경탕庚湯을 먹고 박병채朴炳采 군君께 가서 약소주藥燒酒도 먹고 오후 5시五時 통근차通勤車로 왔다. 한벽당寒碧堂 가서 목욕沐浴.

7월 20일. 정양원靜養院 가서 '우리 민족성民族性' 1강一講코 오차午車로 회환回還. 밤에 비 왔다.

7월 21일. 목수木手, 미장이가 와 양사재養士齋 집을 수리修理.

7월 22일. 처妻가 여산礪山서 처妻가 왔다.

7월 23일. 집에서「근조문학사近朝文學史」원고原稿 썼다.

7월 24일. 건재健齋와 박보서朴俌緖, 김상오金相五, 이상기李相基 군君과 이리裡里 농대農大 가서 징소집徵召集 학생에 대책對策을 토의討議. 오전 9시九時로부터 오후 3시三時까지. 그리고 중대中大로 갔다 교수회敎授會 및 교직원敎職員 위안회慰安會. 청춘옥靑春屋서 오후 10시十時까지 했다. 우리 일행은 신흥여관新興旅館으로 들어 잤다.

7월 25일. 중대中大 시험試驗 감독監督하고 오후 3시三時 뻐쓰로 건재健齋와 돌아왔다. 종희宗熙가 서울 가는데 제 처妻도 대전太田갔다.

7월 26일. 집에서 원고原稿 썼다. 의회신문기자議會新聞記者 최규덕崔圭德이 와 지난 3월 17일 이 모李某게서 백만 원百萬円과 쌀 한 가마니를 받었다고 공갈恐喝을 돈을 달라 한다. 강도强盜보다 심하다. 크게 호령號令을 하였다. 어느 사법司法 신문기자新聞記者게 핑계하고 만만萬萬 사

죄謝罪한다. 교육教育 경험經驗 40년에 이런 일은 첨이었다. 오전 6시六時 백남혁白南赫 군君 초대招待를 받었다. 그 대부인大夫人 생일生日. 우당愚堂 기외其外 시의원市議員 등이 왔다. 소주燒酒를 과히 마셨다.

7월 27일. 첫 통근차通勤車로 동산東山 정양원靜養院 가서 '우리 문화文化' 1강一講. 임길부任吉傅 군君 집에서 조병희趙炳喜랑 점심点心 먹고 막차로 왔다. 저물어서 건재健齋랑 앞내에 가서 목욕沐浴. 판문점板門店서 휴전休戰 조인調印했다. 이 날을 공휴일公休日로 한다고.

7월 28일. 중복中伏. 소공素空이 왔다. 매실주梅實酒를 먹었다. 소나기가 지냈다. 함께 한벽당寒碧堂 위로 목욕을 갔다 영국英國 비누 한 개 잃었다. 소공素空은 너무 취醉했다.

7월 29일. 원고原稿 썼다. 소낙비가 굉장이 왔다. 우물을 수리修理. 집은 새지 않으나 뒤 판장板墻 밑으로 홍수洪水가 밀려온다. 장에 가서 옷감을 홍정했다.

7월 30일. 원고原稿 썼다. 무척 덥다.

7월 31일. 문선규文璇奎 군君이 왔다. 『대동야승大東野乘』 제1권第一券을 빌렸다. 함께 한벽당寒碧堂 상류로 갔다. 비가 지낸다. 그 부근 주점酒店으로 들었다. 그 동내 주정酒酲방이 늙은이가 와서 몹시 주정을 한다. 문文 군君과 다투었다. 비는 개었다. 나는 문文 군君과 냇물에 와 목욕했다. 주정방이는 따러 우리 아래서 목욕하는 5, 6인에게 돌팔매질을 한다. 그들 중 장정壯丁 수인이 나와 주정방이를 친다. 그 자식 한 25.6세 된 군복軍服 입은 자가 와 말리고 주정방이를 끌고 간다. 그 자는 스리군 대장大將이고 주정방이도 도적질을 잘한다고 곁에서 목욕하는 청년이 말한다. 문文 군君과 반석리로 하여 돌아왔다. 정남수丁南洙, 기수奇洙 군君이 매실주梅實酒 두 병과 수박 한 개를 갖다 놓았다. 처妻는 찬영燦永이 데리고 여산礪山을 갔다.

8월

8월 1일. 전주여중全州女中 강당講堂서 국어문학國語文學 강습회講習會 개시開始. 내가 처음 3강三講. 강습원講習員이 백여 명. 도서해제圖書解題 강의講義.

8월 2일. 강습講習에 나가 3강三講 — 시가문학詩歌文學. 소낙비.

8월 3일. 시가문학詩歌文學 2강二講. 처妻가 왔다. 종희宗熙 내외도 왔다.

8월 4일. 국문학사國文學史 4강四講. 소낙비가 지냈다.

8월 5일. 국문학사國文學史 2강二講. 건재健齋와 냉冷막걸리 집으로 갔다.

8월 6일. 국문학사國文學史 2강二講. 하희주河喜珠 군君이 끌어 장순하張諄何, 박희선朴喜宣과 가서 냉冷막걸리를 먹었다. 소낙비 지냈다.

8월 7일. 흐리다. 새벽에 일어나 이리裡里 동중학교東中學校 교가校歌를 지었다. 별지別紙 기록記錄.

8월 8일. 입추立秋.

8월 9일. 국문학사國文學史 2강二講. 처妻가 여산礪山 갔다.

8월 10일. 오후 3시三時 강습회講習會서 시낭독회詩朗讀會. 내가 총평總評. 그리고 도지사道知事 이요한李要漢 씨氏가 본회장本會長으로서 수료증修了證 수여授與하고 폐회閉會. 몇 유지有志가 신창관新昌館으로 초대招待. 누가 내 모자帽子를 바꿔갔다.

8월 11일. 『창작론創作論』 쓰다.

8월 12일. 『창작론創作論』 쓰다.

8월 13일. 『창작론創作論』 쓰다.

8월 14일. 『창작론創作論』 쓰다.

8월 15일. 광복절식光復節式을 시설운동장市設運動場서 거행擧行. 오전 10시十時로부터 오후 1시一時까지 하고 시위示威 행렬行列. 오후 7시七時 백도극장百都劇場 가서 풍패 국악학원豐沛國樂學院 연주회演奏會 축하祝賀했다.

8월 16일. 학부형學父兄 김용환金容煥 씨氏가 초대招待. 처妻가 여산礪山서 왔다.

8월 17일. 말복末伏. 포광包光, 건재健齋, 김상오金相五, 강철종姜喆鍾, 임길부任吉溥, 신辛 주사主事, 박보서朴備緖, 최승범崔勝範 군君과 함께 삼례參禮를 첫 차로 나갔다. 고등학교高等學校를 들렀다. 그 교장校長 황석주黃錫周, 학부형 최崔 씨氏가 음식, 차일遮日 등을 준비하였다. 비비정飛飛亭 상류上流로 갔다. 목욕沐浴. 소낙비도 두 번 맞었다. 오후 5시五時 차로 회환回還.

8월 18일. 『창작론創作論』 원고原稿 썼다.

8월 19일. 『창작론創作論』 원고原稿 썼다. 소공素空과 시장市場 가서 소음小飮.

8월 20일. 병희炳喜가 왔다. 『창작론創作論』 썼다. 을유문화사乙酉文化史도 서울로 귀복歸復하겠다 하고, 『요로원야화기要路院夜話記 외外 11편十一篇』 그 문고본文庫本을 3천부三千部 재간再刊하겠다고 도장圖章을 찍어 갔다.

8월 21일. 포광包光, 유재환柳在煥, 김 이사金理事가 왔다. 한벽당寒碧堂 상류上流 가서 목욕沐浴.

8월 22일. 소공素空이 건란建蘭 1수一穗 솟은 놈을 가지고 왔다.

8월 23일. 백종百種, 처서處暑. 소공素空 집에 갔더니 없다. 처妻가 여산礪山 갔다. 몹시 덥다.

8월 24일. 몹시 무덥다. 큰방 도배는 다 되었다.

8월 25일. 박보서朴備緖, 김근수金根洙 군君이 왔다. 무덥다. 큰방으로 옮겼다. 나 있던 방 구돌을 뜯어 놓았다.

8월 26일. 무덥다 밤에 두어 시간 폭우暴雨. 천동 번개와 함께. 잠을 못 잤다. 큰방 아랫묵께가 샌다. 김동욱金東旭 군君이 술 한 병 가지고 왔다. 최승범崔勝範 군君도 왔다. 술과 담화談話.

8월 27일. 성모병원聖母病院 가서 왼손 중지中指 손톱 옆 독종毒腫을 살 몽혼하고 베여버렸다. 남천南川서 관창觀漲. 이발理髮. 조석朝夕에는 생량生凉했다.

8월 28일. 성모병원聖母病院에 갔다. 밤에는 제법 찼다. 은종관殷鍾琯 군君이 왔다.

8월 29일. 집에 종일 있었다.

8월 30일. 성모병원聖母病院에 갔다. 문리대文理大 나갔다.

8월 31일. 나들이를 않었다.

9월

9월 1일. 문리대文理大 나가 개강開講 훈화訓話. 그리고 2강二講. 성모병원聖母病院에 갔다.

9월 2일. 문리대文理大 3강三講. 처妻가 여산礪山서 왔다.

9월 3일. 문리대文理大 교수회教授會.

9월 4일. 원광대학円光大學에 나가 2강二講. 최진성崔辰星 군君도 근조국문학사近朝國文學史 프린트를 가지고 갔다.

9월 5일. 김두헌金斗憲 총장總長이 지난 2일 부산釜山 도착到着하여 서울로 간다고 마중을 나가기로 했다.

9월 6일. 5대五大 학장學長, 교학처장教學處長, 사무국장事務局長, 총장總長 부인夫人과 그 아들 십여 인이 여섯 시 서울 뻐쓰로 대전太田을 갔다. 새로 두 시 발發인 지정석指定席 밤차로 가기로 하고 역驛 부근 중앙여관中央旅館으로 들었다. 나는 정훈丁薰 군君을 찾어 보았다. 양순자梁順子는 찾었더니 서울 갔다.

9월 7일. 오전 한 시 대전太田 역驛에 나갔다. 한 시 반 연착延着이다. 지정석指定席에 앉어 직행하여 9시九時 반半 서울 역 도착. 오늘 영시零時부터 도강渡江함을 해제解除했다. 무교탕반武橋湯飯으로 조반朝飯하고 청진동淸進洞 성복여관盛福旅館으로 들었다. 국립도서관國立圖書館 앞 문교부文教部로 갔다. 부산釜山서보다는 호화豪華롭다. 고등교육국高等教育局, 기술교육국技術教育局, 편수국編修局, 장관長官, 차관次官, 총무과總務課에 다 인사하고 나와 건재健齋는 최현배崔鉉培, 이희승李熙昇 군君을 만나 양과자洋果子집 태극太極으로 가 담화談話를 했다. 희승熙昇 군君은 수일 후 양행洋行을 하겠다고 한다. 교환교수交換教授로서.

9월 8일. 또 문교부文教部를 갔다. 우리 총장總長은 안 왔다. 나는 김인수金仁洙 군君을 찾었다. 원서동苑西洞 양순자梁順子, 계동桂洞 본제本第, 이재선李載善 군君을 찾었다. 최근학崔根學, 이봉수李鳳洙 군君이 왔다. 원흥루元興樓서 소작小酌. 이홍렬李興烈 군君도 만나 소음小飮.

9월 9일. 총장總長이 왔다 한다. 성복여관盛福旅館서 기다렸다. 총장總長과 계용각桂龍珏가 왔다. 저녁은 그 근처近處 대륙원大陸園서 총장總長과 문교부文敎部 요인要人들과 우리 일행이 합동하여 하였다. 총장總長 양행洋行 시찰담視察談을 들었다.

9월 10일. 나는 김인수金仁洙 군君을 찾어보고 『동국문헌비고東國文獻備考』 원고본原稿本 103책百三册을 예약豫約하고 이의승李儀承, 이경로李敬魯, 김인규金仁圭 군君도 만나 4천 원四千円 어치 고서古書를 샀다.

9월 11일. 8시八時 급행차急行車 이등석二等席 타고 왔다. 대전太田서는 바루 뻐쓰 타고 오후 5시五時 전주全州 왔다. 전주全州 유지有志들과 5대五大 학장學長이 총장總長과 청풍관淸豐館서 석식夕食.

9월 12일. 집에서 종일終日 휴식休息.

9월 13일. 소공素空을 찾다.

9월 14일. 처妻가 지난 8일 여산礪山 갔다 왔다.

9월 15일. 문리대文理大 2강二講.

9월 16일. 문리대文理大 3강三講. 장순하張諄何 군君이 왔다. 함께 오반午飯. 김영창金永昌 군君 화전畫展 공보원公報院서 위로회慰勞會가 있다. 초대招待 당하여 탁주, 정종 섞어 먹고 돌아오다가 송주택宋柱澤 군君서 또 먹었다. 집에 와서 니취泥醉하여 인사人事를 몰랐다.

9월 17일. 종일終日 집에 있었다.

9월 18일. 집에 있었다.

9월 19일. 집에 있었다.

9월 20일. 처妻가 여산礪山 갔다. 중대中大 사열식査閱式에 갔다.

9월 21일. 집에 있었다.

9월 22일. 문리대文理大 2강二講.

9월 23일. 문리대文理大 3강三講.

9월 24일. 집에 있었다.

9월 25일. 이리裡里 중대中大 1강一講. 원대圓大 가서 백련근白蓮根 15, 6종種을 얻어 가지고 다시 이리裡里로 와서 뻐쓰 타고 여산礪山 갔다. 신막新幕 용제龍弟 집에서 술 먹고 진사동眞絲洞으로 가서 백련白蓮을 갑동甲童이 시겨 앞 못에 심었다.

9월 26일. 중부仲父 대상大祥. 효병曉柄도 보고 병주秉冑 아들도 보았다. 홍희洪熙라고 이름을 지었다.

9월 27일. 새벽에 중부仲父 대상大祥을 지냈다. 오후 네 시 뻐쓰로 전주全州에 왔다.

9월 28일. 동산촌東山村 정양원靜養院 가서 1강一講.

9월 29일. 문리대文理大는 제1학기第一學期 시험試驗. 학장회學長會.

9월 30일. 문리대文理大 시험試驗은 이 날로 종료終了.

10월

10월 1일. 집에 있었다.

10월 2일. 이리裡里 중대中大 1강一講. 원대圓大에 나갔다.

10월 3일. 개천절開天節. 종일終日 집에 있었다.

10월 4일. 집에 있었다.

10월 5일. 동산촌東山村 정양원靜養院 가서 1강一講. 처妻가 왔다.

10월 6일. 학장회學長會.

10월 7일. 학장學長 겸 후원회後援會 대표회代表會. 총장 댁總長宅에서 점심点心. 소우小雨. 전주공립보통학교全州公立普通學校 동창同窓인 최낙범崔洛範 군君이 저녁밥을 준다. 퍽 반갑고 고맙다.

10월 8일. 문리대文理大 나갔다. 예동汭東 건재健齋를 청請하여 석식夕食.

10월 9일. 오후 도립극장道立劇場으로 갔다. 오늘은 한글날. 507주五0七週 기념식記念式 겸 교육주간敎育週間 행사가 있다. 한 시 반부터 기념식. 전연 전북대학교全北大學校 교직원이 모였다. 국민학교國民學校, 초·중·고등학생初中高等學生 및 그 부형父兄들은 초만원超滿員하였다. 극히 소란한 속에서 기념식을 마치고 담엔 강연이 있는바 나는 '국민國民과 국민교육國民敎育'이란 제題로서 10여 분 말하였다. 담 학예회學藝會만은 조용하게 지냈다. 그리고 신천지 다방新天地茶房에서 문화文化의 밤이 있었다. 술과 담화談話. 내가 제일 떠들었다. 밤에 소낙비가 왔다.

10월 10일. 이리裡里 가서 중대中大 3강三講 하고 장순하張諄河 군君과 점심点心하고 김한규金翰圭 군君을 찾고 오후 5시五時 20분二十分 차로 회환回還. 처제와 경희京熙가 여산礪山서 왔다.

10월 11일. 문리대文理大 나가 사열査閱 준비準備. 모든 행사行事로 밤에야 돌아왔다. 서모庶母 회갑回甲 옷감을 60만 원어치 떴다.

10월 12일. 오전 3시三時 비가 온다. 걱정이다. 식장式場 시설施設은 서무과庶務課 직원職員들이 철야徹夜 지키고 있다. 나는 7시七時 나갔다. 비는 오다 마다 한다. 8시八時 사열관査閱官을 맞이하러 갔다. 8시八時 20분分부터 사열식査閱式. 비는 또 쏟아진다. 비를 맞으며 식을 진행. 나는 훈화. 비는 개고 퍽 명랑明朗하다. 사열査閱 — 열병閱兵, 분열

分列, 과목課目 사열査閱 등이 끝나고 드디어 폐식閉式. 그리고 학장실서 오찬午餐 대접을 하였다. "대체大體로 양호良好하다"는 강평講評을 받었다. 학부형, 교직원, 법대학장이 와 다시 담화談話. 오늘 처妻는 경희京熙와 처제妻弟와 함께 여산礪山으로 갔다. 총장總長은 식式에 잠간 참석하고 서울을 향하여 출발.

10월 13일. 종일終日 집에 있었다. 소공素空, 석정夕汀을 청請하여 마셨다.

10월 14일. 종희宗熙가 여산礪山 갔다. 문리대文理大 나갔다.

10월 15일. 후원회後援會 이사회理事會를 집에서 했다.

10월 16일. 이리裡里 중대中大 1강一講 하고 바루 왔다. 원대圓大선 소인극素人劇으로 휴강休講.

10월 17일. 이리裡里 중대中大 3강三講. 빠쓰로 왔다. 석정夕汀이 왔다. 대학원 신입생들이 신창관新昌館으로 초대.

10월 18일. 종희宗熙가 어젯 저녁에 왔다. 경희京熙가 이리공대裡里工大 납입納入한 돈을 가지고 서울로 갔다기 종희宗熙 시켜 편지했다. 아비 말을 아니 듣는 놈은 자식子息으로 여기지 않겠다고. 제 이모姨母와 짜고 간 것이다. 나는 크게 노하였다. 완산동完山洞 누의님 집, 서학동棲鶴洞 찬영燦永이 집으로 갔다. 조해형趙海衡 군君이 왔다.

10월 19일. 조해형趙海衡 군 집을 가서 결혼식순結婚式順을 의정議定. 12시十二時 여고女高 강당講堂서 김일생金日生 군君과 조성문趙成文 양孃과의 결혼식結婚式 거행擧行. 나는 주례主禮를 했다. 새로 두 시에 폐식閉式. 신부新婦 집으로 가서 잔치를 받었다.

10월 20일. 비가 아침부터 오정午正까지 오다. 문리대文理大 2강二講. 박병순朴炳淳 군君이 자작自作 시조時調를 끊어 달라고 오반午飯을

준다. 소공素空이 호박琥珀 단초를 가졌다. 한 쌍에 3천 원三千円(현대現貨)

10월 21일. 문리대文理大 3강三講.

10월 22일. 8시八時 반半 빠쓰로 여산礪山 갔다. 용제龍弟 집에서 술 먹고 건너갔다. 누의들은 다 와 있다. 10만十萬 원円을 철제徹弟 주다.

10월 23일.(9월 16일) 어머님 기제忌祭.

10월 24일. 서모庶母 회갑回甲. 집안과 인리隣里가 모여 잔치를 했다. 날이 퍽 따듯했다.

10월 25일. 오후 빠쓰로 왔다. 김윤백金倫柏 군君이 왔다.

10월 26일. 소공素空이 왔다. 문리대文理大 나갔다. 총장總長을 가 보다.

10월 27일. 문리대文理大 2강二講. 비가 왔다. 이리裡里 김한규金翰圭 군君이 건란建蘭 1근一根을 보냈다. 왜치자倭梔子를 등분登盆.

10월 28일. 건란建蘭을 심었다. 문리대文理大 3강三講. 또 비.

10월 29일. 집에 있는 건란建蘭, 계桂 등을 큰 분盆에 옮겨 심었다. 병사부兵事部 참모관參謀官을 가보고 박의서朴義緖 군君 소집召集을 연기延期해 달라고. 저녁엔 이동욱李東昱 군君 모친母親 회갑연석回甲宴席에서 사령관司令官 박시창朴始昌 씨를 만나 또 부탁했다. 문선규文璇奎, 김근수金根洙 군君이 오다.

10월 30일. 이리裡里 중대中大 1강一講, 원대圓大 2강二講. 박보서朴俌緖 군君과 비 맞고 돌아 왔다.

10월 31일. 이리裡里 중대中大 3강三講.

11월

11월 1일. 해석海石 이학근李學根 군君 71연七十一宴에 갔다.

頌祝稀年此喜辰, 一生性本守其眞.
圍垣欲落圓瓠老, 宿雨初晴細菊新.
淡淡交情如淨水, 源源和氣似長春.
況今世態多移變, 知己從來幾有人.[5]

을 차운次韻했다.

11월 2일. 문리대文理大 나갔다. 병표秉杓가 왔다.

11월 3일. 학생날. 휴강休講. 운동장運動場에서 식式을 거행擧行. 총장總長 김金 박사博士는 12시十二時 기차로 경성京城 갔다. 나는 봉래원蓬萊園서 김인환金寅煥 따님 김화삼金和三 양孃과 백학철白鶴哲 군君과의 결혼식結婚式 주례主禮를 하고 신천지新天地 또는 김인환金寅煥 군君 집으로 가서 잔치 참석參席을 하였다. 일기日氣가 좋았다.

11월 4일. 처妻가 여산礪山서 왔다. 문리대文理大 2강二講.

---

5 이 기쁜 날 고희(古稀)를 송축하노니
일생 동안 그 천진(天眞)을 지켰도다.
둘러싼 담 무너질 듯하고 둥근 박 늙었는데
지리한 비 처음 개니 세국(細菊)은 신선하네.
담담한 우정은 깨끗한 물과 같고
끊이지 않는 화기는 긴 봄과 같네.
하물며 지금 세태는 변화가 많으니
마음 통하는 벗은 예로부터 몇이나 되겠나.

11월 5일. 오전 11시十一時 전북고녀全北高女 강당講堂서 이길배李吉培 군君과 최崔○렬烈 양孃과의 결혼식結婚式 주례主禮. 신부新婦 신랑新郞 집에 가서 취醉하였다.

11월 6일. 이리裡里 중대中大 및 원대圓大 출강出講. 된서리 살얼음 첫 치위다.

11월 7일. 이리裡里 중대中大 출강出講. 중대中大 부총장副總長 김태오金泰午, 교수敎授 장환張桓 군君와 함께 뻐쓰로 왔다. 고故 김호엽 가金浩燁家 서화書畵를 구경하러 갔다. 그 부인夫人만 보고 남문南門 밧 시장市場으로 들어 술을 먹고 김희순金熙舜을 찾었으나 못 만났다. 김金, 장張 2군君은 이리裡里로 가고 나는 집으로 왔다.

11월 8일.(10월 2일) 입동立冬. 비 오다. 이리裡里 농대農大 교수敎授와 문리대文理大 교수敎授와의 배구排球 시합試合이 있었다. 철원옥鐵原屋서 점심点心. 김金 총장總長이 서울서 왔다. 그 집에 가서 담화談話 석반夕飯.

11월 9일. 문리대文理大 나가 김상오金相五 교무과장敎務課長게 나 없는 동안을 학장學長 서리署理 당부. 오후 네 시 교직원 일동과 학생 대표 5인이 법정대法政大 앞 거리 등대等待. 6시六時 문교부장관 영접. 청풍관淸豊館서 문교부장관 김법린金法麟 씨를 주빈主賓으로 하여 시내 각 중고등 교장, 도지사, 병사부兵事部 사령관司令官, 기외其外 민간民間 유지有志들 50여 명이 석찬회夕餐會.

11월 10일. 문리대文理大 1강一講. 장관이 왔었다. 북중北中 교정校庭서 훈화訓話 30분. 창신관昌信館서 오찬회午餐會. 장관, 도지사, 사령관, 이사, 위원, 국과장, 유지有志들 30여 명이 회합會合. 장관은 군산群山으로 향해 출발出發.

11월 11일. 문리대文理大 나갔다. 전주역全州驛서 12시十二時 18분十八分 차로 출발. 삼등三等 칸으로 올랐다. 아는 청년이 1석一席을 양여讓與한다. 오후 9시九時 서울역 착着. 서울대학교大學校 문리대文理大 지프차로 영접迎接한다. 바루 청진동清進洞 성복여관盛福旅館으로 들었다. 박계주朴季周, 허정렬許政烈 군君을 만나 함께 잤다.

11월 12일. 새벽에 유제한柳濟漢 군君 찾었더니 출타出他. 정덕모鄭德謨 군君만 보고 그 부친父親 말을 전했다. 계동桂洞 24二四의 2二 구제舊第 가서 이경복李京馥을 보고 원서동苑西洞 86八六의 28二八 순자順子를 보았다. 3일 전 대전太田서 이사했다. 도로 성복여관盛福旅館 갔다. 문리대文理大 학장學長 김상기金庠基 군君이 와 기다리고 있다. 개강開講 협의協議. 조반朝飯 후 숙식비宿食費 850원 주었다. 국악원장國樂院長 이주환李珠煥 군君을 찾어 함께 구황궁舊皇宮 사무총장事務總長 윤우경尹宇景 군君을 보고 재작년 서적 반래搬來할 때 신세진 일로 금삼錦蔘 일봉一封을 주었다. 그러고 전북대학교全北大學校 신축新築 기지基地 70여 정보町步를 수차數次 신청申請하다 퇴각退却 맞었다. 그 일을 다시 간청한바 관리권管理權 이양移讓으로 신청申請하라 한다. 술 한 병, 동태凍太 3수三首, 두부豆腐 두 모 사서 주환珠煥 군君 집에서 점심点心. 오후 2시二時 문리대文理大 가서 여러 교직원教職員을 만나고 이숭녕李崇寧 군君과 나의 의제議題 — '소설小說과 극가劇歌'를 국문학國文學 특강特講으로 월수금月水金 오후 2강二講씩 하기로 작정作定하였다. 이주환李珠煥 군君과 함께 풍문여고豐文女高 교장校長 김성달金性達 군君을 찾어가 그 집에서 석반夕飯. 계동桂洞 와 잤다. 밤에 비 왔다.

11월 13일. 눅었다. 조용만趙容萬 군君 찾어보고 아침은 순자順子게서. 반신불수로 누어있는 인촌仁村(김성수金性洙)을 찾어보고 문리대文

理大로 갔다. 김상기金庠基, 이병도李丙燾, 김선기金善基, 이숭녕李崇寧, 이선근李瑄根 기외其外 여러 교수들을 만나 보았다. 이선근李瑄根 군君에게는 『계년사季年史』 초본草本 전부全部 8책八册을 전해 주었다. 오후 개강開講 — 소설小說과 극가劇歌. 2강二講 연속連續. 두계斗溪와 김인경金仁卿과 인창옥仁昌屋서 점심点心. 두계斗溪 댁宅에 가서 석반夕飯. 환숙還宿.

11월 14일. 고대高大(임시臨時 중앙중학교 내中央中學校內) 가서 조동탁趙東卓 군君을 보았다. 아농啞聾 조용만趙容萬 군君과 가치 나섰다. 서울신문사新聞社 박종화朴鍾和, 최중덕崔衆德 군君을 보았다. 변영로卞榮魯 군君이 대한공론사大韓公論社 여회계원女會計員과 작반作伴하여 와서 주정酒酲을 한다. 마침 정경해鄭暻海 군君이 와서 쌍서탁음론雙書濁音論을 선전宣傳한다. 그 저서著書를 받었다. 월탄月灘(박종화朴鍾和)이 시청식당市廳食堂서 오찬午餐을 먹인다. 변영로卞榮魯, 여회계원女會計員, 조용만趙容萬 군君과 함께. 이승만李承萬 군君도 만났다. 서대문西大門 밧 독립문獨立門 지나 국학대학國學大學에 갔다. 교학과장敎學課長을 보았다. 국민대학國民大學 가서 황석우黃錫禹와 두계斗溪 만나 황黃 군君이 어느 요리집서 석찬夕餐 접대接待. 이용찬李庸贊 군君을 찾어 쌍합루雙合樓서 배갈白干과 담화談話.

11월 15일. 10시十時 궁정동宮井洞 77七七 이인李仁 군君 집으로 갔다. 십일회十一會다. 모인 이는 최현배崔鉉培, 유제한柳濟漢, 이석린李錫麟, 이인李仁, 김양수金良洙, 김윤경金允慶, 이강래李康來다. 한글학회學會, 철자법간소화綴字法簡素化 문제問題에 대한 담화談話. 오식午食. 오후 5시五時 파하였다.

11월 16일. 음陰. 인촌仁村 보고 통문관通文館 김진규金鎭圭 군君과 익선동益善洞 김인수金仁洙 군君을 보고 문리대文理大 나가 2강二講. 이홍직李弘稙 군君을 보고 문리대文理大 학장學長 김상기金庠基 군君 집에서 석찬夕餐. 두계斗溪, 이홍직李弘稙, 고병익高柄翊 군君과. 9시九時 환還. 원서동苑西洞 86八六의 28二八 순자順子게서 잤다.

11월 17일. 계동桂洞 구제舊第로 오다. 김한응金漢膺 군君 생일生日이라고 그 술을 먹었다. 통문관通文館 이경로李敬魯를 보고 『권왕문勸往文』을 150원百五十円에 샀다. 동국대학東國大學 가서 여러 교수를 만나보고 단국대학檀國大學 서중석徐仲錫 군君이 자동차로 데리러 왔기 그리 갔다. 2강二講 — 국문학특강國文學特講(국문학서론國文學序論). 문리대文理大로 갔다. 중앙도서관장中央圖書館長 정광현鄭光鉉 군君을 보고 나의 소장所藏인 『구급방언해救急方諺解』 상上 1책一冊을 찾어보았다. 이 책冊은 연전年前에 내 회갑논문回甲論文을 쓰겠다고 고故 방종현方鍾鉉 군君이 빌려갔다. 방方 군君은 작고作故하고 그 서적書籍 전부全部가 중앙도서관中央圖書館으로 넘어왔다. 그 목록目錄엔 적인바 아직 그 서적書籍이 묶긴 채로 정리整理되지 못하였다. 『구급방救急方』이 나오는 대로 보내 달라고 장지태張之兌 군君게 부탁하였다. 두계斗溪, 동빈東濱, 고형곤高亨坤, 박종홍朴鍾鴻, 이홍직李弘稙 군君이 인창옥仁昌屋서 석찬夕餐 대접待接. 계동桂洞 구제舊第 와 잤다.

11월 18일. 여러 번 왔더라는 강한영姜漢永 군君이 왔다. 담화談話. 국악원國樂院 들렀다. 극가劇歌를 말했다. 문리대文理大 나갔다. 이능우李能雨, 강한영姜漢永, 정한숙鄭漢淑, 최윤식崔允植 그 외外 친구와 도제徒弟들을 많이 만났다. 고故 일사一蓑 추도식追悼式 오후 2시二時 ~ 3시三時 반半. 분향焚香. 끝난 뒤 최규남崔圭南 총장總長을 보다 — 이양李樑을 전북공대全北工大 학장學長으로 추천推薦하여 그의 승락承諾까지 받었으니 문교부 가서 국방부로 그의 제대除隊 교섭交涉을 해 달라는 것이다. 나는 금시초문今始初聞. 학내學內 식당食堂서 주식회酒食會가 있었다. 그리고 나는 김형규金亨奎, 구자균具滋均, 장지태張之兌 군君과 강한영姜漢永, 정한숙鄭漢淑 군君에게 끌려 옥인동玉仁洞 30년三十年 구주점舊酒店서 대음大飮했다. 환숙還宿.

11월 19일. 문장각文章閣 들렀고 문교부文敎部 가서 대학과장大學課長, 고등교육국장高等敎育局長(안용백安龍伯), 최현배崔鉉培, 기외其外 지인知人을 보고 도보徒步로 폐허廢墟 속으로 가 신당동新堂洞 단국대학檀國大學에 가 2강二講. 광희문光熙門으로 들어왔다. 문門은 퇴락頹落했으나 그 문門 내외內外엔 각 상점商店이 즐비櫛比하다. 국악원國樂院을 들렀더니 마침 광주국악원장光州國樂院長 임석윤林錫潤 군君의 송별회送別會가 있다.

11월 20일. 칩다. 태희泰熙 불러 약간 훈화訓話. 순자順子 보고 김인수金仁洙 군君 찾어 『두해杜解』 제25권第二十五卷을 얻고 문리대文理大 가서 장지태張之兌 군君과 점심点心. 학내學內 식당食堂서. 『두언杜諺』의 파루破漏된 곳을 수보修補해 달라고 했다. 두계斗溪, 동빈東濱 만나고 부산 남중학교가釜山南中學校歌를 쓰고 2강二講. 이홍직李弘稙 군君이 왔다. 기다려 두계斗溪와 동빈東濱과 홍직弘稙 군君 집으로 가 석찬夕餐. 전북대全北大 문리대文理大 전보電報 "속래速來". 순자順子 보고 이용찬李庸贊 군君과 일음一飮.

11월 21일. 문장각文章閣서 『요로원야화기要路院夜話記 외外 11단편十一短篇』 재판再版 10책十册을 받었다. 찬희燦熙 데리고 동대문東大門 시장市場을 거쳐 신당동新堂洞 대창옥大昌屋서 설렁탕 점심点心. 단대檀大서 1강一講하고 시험試驗 보았다. 학장學長 이선근李瑄根, 교수敎授 서

중석徐仲錫 군君이 국방부國防部 지정指定 요리점料理店서 석찬夕餐 대접待接. 밤에 비가 왔다.

11월 22일. 이웃 이재선李載善 군君이 조반朝飯 대접. 문리대文理大 2강二講. 오늘은 일요일日曜日이지만 지난 18일 수요水曜에 고故 일사一簑 추도식追悼式 때문에 휴강休講하였던 걸 보충補充함이었다. 장지태張之兌 군君도 왔다. 문리대文理大 졸업반卒業班 가장 우수하다는 진희섭秦希燮 군君 및 그 국문과생國文科生이 인창옥仁昌屋서 오찬午餐 대접. 장張, 진秦 2군二君과 문장각文章閣으로 갔다. 강한영姜漢永 군君이 택시를 몰고 와 가자 한다. 진秦 군君도 갔다. 곰탕, 차茶. 이주환李珠煥 군君과 순자順子를 찾으니 없다. 추탕鰍湯집서 한 대 마셨다. 순자順子 보았다.

11월 23일. 오전 동국대학교東國大學校 가서 2강二講. 문리대文理大 갔다. 김상기金庠基, 이병도李丙燾, 김두종金斗鍾, 이홍직李弘植 군君이 대창옥大昌屋서 크게 접대接待. 인촌仁村 방문訪問. 김보남金寶男, 성경린成慶麟, 장인식張寅植 군君 만나 일음一飮. 계동桂洞 구제舊第서 잤다.

11월 24일. 오전 5시五時 문리대文理大 지프로 서울역 갔다. 이등차二等車로 올랐다. 22호석二二号席. 허정렬許政烈 군君 만났다. 가치 오후 2시二時 전주全州 착着. 임길부任吉溥 군君이 마중 왔다. 신창옥新昌屋서 점심点心.

11월 25일. 아침에 예동汭東 보고 문리대文理大 갔다. 김상오金相五 군君과 나파羅婆 집에서 점심点心. 함께 본부本部로 가서 후원회비後援會費로 쓰는 사람 수數를 협의協議. 처妻가 여산礪山서 왔다.

11월 26일. 오후 문리대文理大 교수회教授會. 박준규朴準規 군君이 봉선옥鳳仙屋으로 초대招待. 김상오金相五, 박보서朴俌緖, 정인승鄭寅承 군君이다. 졸업생卒業生 문제問題. 그동안 학장회學長會에서 총장總長이 약간 투서投書를 받고 다시 조사해 보고 졸업을 시키자는 것이다. 어느 대학서는 그 조회照會 편지를 다 냈다고 한다. 그러나 이건 기시旣是 문교부文教部 조치령措置令에 의하여 결정된 일이었다. 만일 이대로 한다면 일대一大 수라장修羅場이 되고 말 것이다. 이에 대책對策을 협정協定.

11월 27일. 새벽에 박준규朴準規 군君을 가 찾어가지고 총장總長 김두헌金斗憲 군君을 보고 난만히 상의하여 결국 서류 완비한 자에게는 졸업장을 주기로 내정內定하였다. 소공素空과 포광包光과 일음一飮.

11월 28일. 오후 본부本部서 학장회學長會. 농대農大, 법대法大 학장學長이 오고 상대商大서는 교학과장教學課長만 왔다. 의논해 본 결과, 서류書類 완비자完備者 졸업상卒業狀 수여授與키로 다수결의多數決議 되었다.

11월 29일. 신석정辛夕汀, 최승범崔勝範, 문선규文璇奎, 김근수金根洙, 박보서朴俌緖, 이길배李吉培 군君이 왔다. 본부本部서 오라 하여 갔다. 김金 총장總長, 박효삼朴孝參 군君게 야단을 치고 이왕 정定한 대로 졸업장卒業狀을 주기로 하였다. 저녁 송주영宋柱永 군君 집서 주식酒食을 받었다.

11월 30일. 전북대학교全北大學校 졸업식卒業式을 풍패지관豐沛之館 앞마당서 성대盛大히 거행擧行. 오후 두 시 반부터 네 시 반. 농대農大, 문리대文理大, 법대法大, 상대商大 순으로 졸업생 호명呼名은 학장學長. 문文, 법法, 상商은 제1회 졸업. 식후式後 문리대文理大는 고향다방故鄕茶房서 교직원과 졸업생과 간담회懇談會. 약간 여흥餘興. 그리고 기린여관麒麟旅館서 사은회謝恩會. 총장總長 김金 박사博士도 참석參席.

12월

12월 1일. 문리대文理大 2강二講. 법대法大 졸업생卒業生이 화랑식당花郎食堂서 사은회謝恩會를 하여 나도 초대招待.

12월 2일. 본부本部서 문리대文理大 학장學長, 신辛, 조趙 양兩 주사主事, 법대法大 학장學長, 교학과장敎學課長, 임성근任成根, 계용각桂龍珏과 합동合同하여 총장總長이 문리대文理大, 법대法大가 본부本部로 합동合同하자는 걸 토의討議한 바 원상原狀대로 하되 감원減員만 되었다. 비는 종일 온다.

12월 3일. 문리대文理大 나갔다. 고녀高女 강당講堂서 홍성원洪性元 랑郎과 서병숙徐丙淑 양孃의 결혼식結婚式이 있다. 서울서 이선근李瑄根 주례主禮, 손도심孫道心, 은종관殷鍾琯의 축사인祝辭人이 왔다. 나도 그 축사祝辭를 첫째로 했다. 신랑新郞 삼촌댁인 풍성여관豐城旅館서 동뢰연同牢宴. 나도 참석參席.

12월 4일. 이리裡里 중대中大 1강一講. 원대圓大 2강二講.

12월 5일. 이리裡里 중대中大 3강三講.

12월 6일. 본부本部 후원회後援會 이사회理事會에 출석出席. 처妻가 여산礪山 갔다.

12월 7일. 문리대文理大 나갔다.

12월 8일. 문리대文理大 2강二講. 본부本部 후원회後援會 이사회理事會 출석出席.

12월 9일. 문리대文理大 나갔다. 국어국문학회國語國文學會 총회總會에 나가 훈화訓話 30三十여 분.

12월 10일. 소공素空을 청하여 소작小酌.

12월 11일. 이리裡里 중대中大 1강一講. 원대圓大 2강二講. 병원秉元, 하숙何叔이 왔다.

12월 12일. 이리裡里 중대中大 3강三講. 병원秉元, 하숙何叔이 떠났다.

12월 13일. 최진성崔辰聖, 박병순朴炳淳, 신석정辛夕汀, 최승범崔勝範, 족질族姪 봉희鳳熙이 왔다. 신홍재申洪宰 군君이 초대招待. 박보서朴俌緖 군君이 나파羅婆집서 술을 준다. 처妻가 왔다.

12월 14일. 문리대文理大 나갔다.

12월 15일. 처妻가 8시八時 여산礪山 갔다. 문리대文理大 2강二講.

12월 16일. 문리대文理大 2강二講. 비 왔다. 다리봉서 이과理科 교수회敎授會. 김金 총장總長과 이우당李愚堂도 왔다.

12월 17일. 오전 10시十時부터 학장회學長會, 본부本部서 네 시나 되어 파했다. 나는 문리대文理大로 가서 영장令狀 나온 문선규文璇奎 군君과 약간 상의相議하고 바루 본부本部로 가서 김金 총장總長과 함께 사령관司令官 박시창朴始昌 씨를 찾어보고 문文 군君의 31세로 그 호적戶籍이 착오錯誤 되어 26세 되었다는 말과 문文 군君의 신체身體가 허약虛弱하단 말을 하였다. 체약體弱하다면 군의軍醫 윤소령께 진찰을 해 보라 하고 윤尹 소령少領께 전화電話를 해 준다 한다. 나와 보니 문文 군君이 없다. 사방四方으로 찾었다. 양사재養士齋로 돌아와 석반夕飯을 먹노라니 문文 군君이 김근수金根洙, 박보서朴俌緖 군君과 왔다. 즉시 윤尹 소령少領게로 보냈다.

12월 18일. 중대中大 1강一講. 원대圓大 2강二講.

12월 19일. 중대中大 3강三講. 시장市場에 갔었다. 처妻가 왔다.

12월 20일. 문선규文璇奎 군君이 왔다. 무사無事히 되었다고. 소공素空, 포광包光을 청請하여 마셨다.

12월 21일. 문리대文理大 나갔다. 교학과장敎學課長, 서무주사庶務主事에게 학장회學長會 일을 알리우고 서로 협의協議.

12월 22일. 동지冬至. 문리대文理大 2강二講. 소공素空과 일음一飮.

12월 23일. 첫눈이 왔다. 자옥 눈. 문리대文理大 나갔다. 김상오金相五, 박보서朴俌緖, 임길부任吉溥, 조병희趙炳喜, 이상기李相基, 박계주朴季周 군君과 대학大學 일 타협妥協. 오후 2시二時 동대관東大館서 점심点心. 교관敎官 이상기李相基 군君게 충고忠告하다가 그 옆방에 호국대護國隊 학생과 회합會合한 총장總長 예동汭東에게 좀 닿는 언사言辭가 있다 하여 한 곡해曲解를 샀다.

12월 24일. 철원鐵原 집에서 교직원敎職員 일동一同과 간소簡素한 망년회忘年會를 했다.

12월 25일. 정인승鄭寅承 군君을 청請하여 소음小飮. 총장總長 예동汭東에게 가서 서화敍話하고 곡해曲解를 풀었다.

12월 26일. 본부本部, 문리대文理大를 이리裡里로 이전移轉하자고 학장회學長會, 후원회後援會, 대의원회代議員會 했으나 미결未決. 학장學長 망년회忘年會를 봉선옥鳳仙屋서 했다.

12월 27일. 사범師範 교장校長 가 보았다. 순우順雨 집서 점심點心.

12월 28일. 문리대文理大 나가 보았다.

12월 29일. 김범준金範濬 군君 최남옥崔南玉 양孃 결혼식結婚式 주례主禮를 사범부속학교師範附屬學校서 하고 신부新婦 집에서 취취하였다.

12월 30일. 박병순朴炳淳 군君이 와서 전주문학全州文學 회장會長으로 추천推薦되었다 한다. 가치 나가서 신천지新天地서 그 창립회創立會를 하고 회원會員 박상남朴相南 군君 집에 가서 거음巨飮.

12월 31일. 동아부인상회東亞婦人商會 위층層서 문창근文昌根 군君 오남복吳南福 양孃의 주례主禮. 그리고 오吳 양孃 집으로 가서 마셨다.

1954년(단기 4287년)

1954년(단기 4287년)

1월

1월 1일. 10시十時 시청市廳 회의실會議室서 연시회年始會. 나더러 갑오년사甲午年史를 말해 달라기 동학란東學亂을 말하고 전주全州 시민市民의 각성覺醒을 경촉警促하였다. 총장總長 김두헌金斗憲 박사博士를 데리고 와 일음一飮. 김상오金相五, 박보서朴俌緖 군君도 왔다. 정인승鄭寅承 군君 집으로 가서 또 마셨다.

1월 2일. 소공素空과 이 모李某과 와서 가치 마셨다. 나파羅婆 집으로 가서 점심点心.

1월 3일. 음陰. 박병순朴炳淳 군君이 왔다. 운암雲岩 산産 수리지水利池 붕어 18미十八尾 샀다. 금련동협金聯同協 편집실編輯室에 신춘 권두시新春卷頭詩 3수三首를 써 보냈다. 붕어회가 맛이 있다.

1월 4일. 문리대文理大 나가 후원회장後援會長 박계주朴季周 군君에게 후원회비後援會費 일체一切를 인계引繼했다. 임길부任吉溥, 박계주朴季周 군君과 석반夕飯. 임길부任吉溥 군君이 약주藥酒 2병 가졌기 소공素空 청하여 마셨다.

1월 5일. 건재健齋 정인승鄭寅承 군君이 오라 한다. 갔더니 매하梅下 양태승梁泰承, 미산彌山 오석균吳石均 군君이 와 있다. 함께 금호錦湖 홍종철洪鍾喆 군君을 찾었다. 담화談話. 주식酒食. 금호錦湖는 그 예증例症인 심장心臟마비증症이 갱발更發. 밤 이슥하여 왔다. 경희京熙가 왔다.

1월 6일. 김상오金相五 군君께 학장學長 회의會義 출석出席을 당부하고 처妻와 경희京熙 데리고 여산礪山 갔다. 우육牛肉, 어물魚物 등을 수천數千 원円어치 사 가지고. 용제龍弟 집에서 술 먹고 진사동眞絲洞으로 갔다.

1월 7일. 구舊 임진壬辰 12월 3일 처妻의 진갑進甲이다. 집안과 동내 친구 끼리 모여 술과 밥을 먹었다. 날이 따듯하다.

1월 8일. 병표秉杓 집에서 해정解酲. 만송晩松 집에서 조반朝飯. 오후 네 시 반 뻐쓰로 처妻와 왔다. 밤부터 비.

1월 9일. 종일 비. 여산礪山서 가존 술이 있기 소공素空 청하여 해정解酲. 유기수柳基洙 군君을 가보고 산파 이복례李福禮를 데리고 와 종희宗熙 안해를 진찰診察케 하였다. 오늘 밤에 낳겠다 한다. 오후 8시八時 산파가 와 대기한다. 9시九時부터 서들었다. 새로 3시 10분에 낳았다. 게집애다. 다행히 산모産母는 탈이 없다.

1월 10일. 비 개고 맑다. 매화梅花는 농주가 졌다. 장순하張諄何 군君이 그 자형姊兄과 왔다. 자형姊兄이 국민학교용國民學校用 국문國文 체첩體帖을 썼다.

1월 11일. 좀 칩다. 이석종李錫宗 군君이 자동차를 몰고 왔다. 전주여중全州女中 강당講堂으로 갔다. 이길원李吉遠 군君과 강복심姜福心 양孃의 결혼식結婚式이다. 김두헌金斗憲 박사博士의 주축主祝에 나도 축사祝辭. 식후式後 신부新婦 집으로 갔다. 김제고金堤高 교장 및 그 직원과 주식酒食을 하였다. 길원吉遠 군君은 동대東大 출신으로 지금 김제고교金堤高校 재직在職.

1월 12일. 집에 있었다.

1월 13일. 완산동完山洞 완산국민학교장完山國民學校長 집에 갔다. 교장 아버지 양정희楊定熙, 장인丈人 송환식宋瓛植 군君이 있다. 석식夕食.

1월 14일. 전주시全州市 중앙동中央洞 동아부인상회東亞婦人商會 이층二層 11시十一時 송병은宋炳殷 군君, 서병은徐丙銀 양孃의 결혼식結婚式 주례主禮. 식후式後 신부新婦 집으로 가 잔치상床을 받었다.

1월 15일. 송환식宋瓛植 군君 사례차로 왔다. 송병은宋炳殷 군君은 그 차자次子.

1월 16일. 건재健齋가 밤에 왔다. 소주를 과히 먹었다. 지독한 곳불이 들었다.

1월 17일. 종일 조리調理

1월 18일. 건재健齋, 윤효진尹孝珍, 박병순朴炳淳, 최진성崔辰聖, 최승범崔勝範, 허정석許井錫 군君과 10시十時 지나 떠나서 이리裡里 가니 오정午正이 지났다. 정시正時가 지냈다고 미시未時로 결혼식結婚式을 한다고 한다. 이리裡里 정거장停車場 넘어 마을 정미소精米所 집이다. 외外에도 5, 6인이 갔다. 허정석許井錫 군君 조정례曺貞禮 양孃 결혼식結婚式 주례主禮. 신부新婦 아버지는 병석病席에 있고 그 할아버지가 그 사돈査頓 또는 친구親舊 삼사 인과 접대한다. 자칭自稱 주호酒豪. 5시五時 25분二十五分 차로 왔다. 또 허정석許井錫 군君 집으로 끌려 갔다. 석식夕食.

1월 19일. 김상오金相五 군君이 와서 전前 학장회學長會 일을 보報한다.

1월 20일. 이준녕李俊寧께 문상問喪. 부의賻儀 3백 원三百円. 소공素空 자씨姊氏 회갑回甲에 가서 거음巨飮.

1월 21일. 매화梅花가 피었다. 소공素空, 포광包光을 청하여 일음一飮.

1월 22일. 김金 총장總長 예동汭東 댁宅에서 학장회學長會. 석찬夕餐을 받었다.

1월 23일. 병희炳喜 집에 가 보았다. 날이 좀 칩다.

1월 24일. 전북여고全北女高 강당講堂서 오시午時 병희炳喜 딸 숙형淑衡이와 권직로權直老 군君과 결혼식結婚式 주례主禮. 식후式後 병희炳喜 집 소연小宴에 갔다 왔다.

1월 25일. 몹시 칩다. 광주光州 세무국장稅務局長 유근환柳根煥 군君이 술 두 병 가지고 왔다.

1월 26일. 신근辛槿, 정인승鄭寅承 군君과 경찰국警察局 지프로 부안읍扶安邑 뒤 석정夕汀 집으로 갔다. 결혼結婚 시간時間 영시零時가 넘었다. 내빈來賓은 거의 다 왔으나 신랑新郞 최승범崔勝範 군君 일행一行이 안 왔다. 기다려 2시二時 반半 전안奠雁, 납폐納幣. 최승범崔勝範 군君 신일림辛一林 양孃(석정夕汀 따님) 결혼식結婚式 주례主禮. 잔치가 있다. 나는 잔치 후 건재健齋와 배裵 교장校長(전북고교全北高校)과 경찰서원警察署員 수인數人과 지프차로 어두어서 왔다. 부안扶安엔 눈이 제법 왔다. 처妻는 여산礪山으로 갔다.

1월 27일. 눈이 온다.

1월 28일. 이종수李鍾壽 군君 매妹 김金 양孃 조성식趙成植 군君과의 결혼식結婚式에 가 보았다.

1월 29일. 본부本部에서 『전북대학보全北大學報』 편집위원회編輯委員會를 하다. 나는 그 위원장委員長으로서. 부서部署, 편집編輯 방침方針, 그 내규內規 등을 의정議定. 처妻가 왔다.

1월 30일. 김상기金庠基, 이선근李瑄根, 김인수金仁洙, 장지태張之兌, 고두동高斗東, 이李영도 군君께 편지하고 고두동高斗東, 이李영도께는

『신조新調』 3호三号를 보냈다. 계용각桂龍珏, 김신직金信稷 군君이 왔다. 지난밤엔 자옥 눈이 왔고 오늘은 따듯하다.

1월 31일. 정읍중학교가井邑中學校歌를 지었다.

2월

2월 1일. 문리대文理大 나갔다. 잔무殘務를 처리處理했다. 박의서朴義緖 군君이 그 아우 결혼結婚했다고 청請한다. 가서 몇 잔 마셨다.

2월 2일. 교동校洞 257二五七 이환우李桓佑 군君이 술 5승五升 가졌다. 본부本部에 가서 『전북대보全北大報』 편집編輯을 의논議論.

2월 3일. 처妻가 여산礪山 갔다. 김봉호金鳳鎬 군君이 『전북대보全北大報』 편차編次를 가지고 왔다. 대강 작정作定했다. 김근수金根洙 군君에 갔다. 대상大祥을 지냈다.

2월 4일. 갑오甲午 정월正月 1일一日이다. 이는 국립중앙관상대國立中央觀象臺의 책력冊曆이다. 민간民間 소위 천세력千歲曆에 의依했다는 건 어제 즉 2월 3일로 갑오甲午 원조元朝라 했다. 날이 명랑明朗하다. 세배歲拜 오는 이가 많다.

2월 5일. 총장總長이 우리 대학 교직원을 초대한다. 파罷해 나오다가 소공素空 집에서 술 먹고 나파羅婆의 술도 먹었다.

2월 6일. 개강開講. 문리대文理大 나갔다. 출석한 학생이 적다. 교직원에게 몇 마디 이르고 나는 지산只山과 함께 유직양柳直養 씨氏를 가 보았다. 늙은이 4, 5인이 모였다. 고담古談, 호패뜨기로 삼사 시간 보낸다. 술을 내온다. 먹고 그 사촌이 하는 양조장釀造場으로 가서 또 술상을 받었다. 종일 눈 오다.

2월 7일. 오전 10시十時 총장總長 댁에서 우리 대학 학과주임學科主任, 양兩 부장部長, 학생과장學生課長, 교학과장敎學課長과 모여 신교사新校舍 건축建築 문제問題를 토의討議. 그리고 데리고 와 술을 먹였다.

2월 8일. 문리대文理大 나갔다. 잔무殘務 처리處理. 처妻가 왔다. 양정희楊定熙, 홍순채洪淳采 군君이 왔다. 병표秉表, 경희京熙도 왔다.

2월 9일. 문리대文理大 나갔다. 신석정辛夕汀을 찾어보았다.

2월 10일. 학장회學長會. 10시十時 나가서 오후 6시六時 반에야 나왔다. 신석정辛夕汀에 끌려 화랑식당花郞食堂서 석찬夕餐.

2월 11일. 도동道東 조희충曺喜忠 군君이 찾어왔다. 6·25사변六二五事變 후後 전재민戰災民으로 김제金堤 등지에서 걸객乞客 생활生活을 하다가 10여 일 전에야 전주全州로 와 그 아들(현現 도청道廳 산업국장産業局長)과 만났다 한다. 소공素空, 석정夕汀도 왔다. 만두饅頭로 점심点心을 함께 하였다. 박병순朴炳淳 군君도 왔다. 오후 3시三時 문리대文理大 나가 교수회敎授會 하였다. 어두어 돌아왔다.

2월 12일. 이리裡里 중대中大, 원광대円光大 강의講義. CAC 추럭이 마침 유리琉璃를 실고 왔기 그걸 타고 왔다.

2월 13일. 10시十時 본부本部 나가 지프차로 총장總長, 교학국장敎學局長 기외其外 직원 몇과 덕진德津을 나가 문리대文理大 신축新築 교사校舍 개기식開基式을 했다. 돌아와 백양白羊서 양식洋食으로 점심点心. 서울문리대文理大 동양사東洋史 출신 윤남한尹南漢 군君이 김상기金庠基 군君 편지 가지고 왔다. 비가 온다. 계용각桂龍珏, 김신직金信稷 군君이 왔다. 정읍중학井邑中學 교가校歌를 주었다.

2월 14일. 맑다. 윤남한尹南漢 군君이 왔다. 교학과장敎學課長 김상오

金相五 군君에게 소개紹介하여 취직就職 절차節次를 밟게 하였다. 석정夕汀, 최승범崔勝範, 도동道東이 왔다. 국수로 점심点心. 최崔 군君은『여류문학집女類文學集』, 석정夕汀은『여지승람輿地勝覽』제4第四와『완산읍지完山邑誌』를 차거借去.

2월 15일. 문리대文理大 나갔다.

2월 16일. 문리대文理大 2강二講. 대전太田 충남忠南 문리대文理大 구본명具本明 군君이 동양철학東洋哲學 강의차講義次로 왔다.

2월 17일. 문리대文理大 2강二講.

2월 18일. 건재健齋 집에서 포광包光, 소공素空과 오찬午餐.

2월 19일. 이리裡里 중대中大 1강一講. 원광대円光大 2강二講.

2월 20일. 이리裡里 중대中大 3강三講.

2월 21일. 최승범崔勝範 군君이 왔다. 소공素空이 소면小麵주 1호一壺 들고 포광包光과 왔다. 구본명具本明 군君도 왔다. 더불고 송준호宋俊浩 군君 집으로 갔다. 이사移舍하였다고 청請한다. 주식酒食이 소담하였다.

2월 22일. 문리대文理大 나갔다. 날이 퍽 따뜻하다.

2월 23일. 문리대文理大 3강三講. 구본명具本明 군君 강의講義는 끝났다.

2월 24일. 문리대文理大 3강三講. 밤에 풍우風雨가 요란하다. 뒤에 판장板墻이 다 자빠졌다. 처妻가 여산礪山 갔다 왔다. 이철균李轍均이 와서 문총文總 재건再建 또는 시화詩話를 한다.

2월 25일. 오늘도 폭풍우暴風雨. 저녁때 그쳤다. 서울서 김동욱金東旭 군君이 왔다. 이능우李能雨 군君의 석사碩士 학위논문學位論文 —「현대現代 이전以前의 국문학國文學에 있어서 그 밀접密接한 관계關係로서의 음향音響과의 관계고關係考」— 원고原稿와 서울대학교大學校 대학원장大學院長에의 이 논문論文 부심사위원副審査委員 위촉장委囑狀을 전한다. 국문학國文學 이야기, 술잔도 하였다. 양회수梁會水, 최낙범崔洛範 군君도 왔다.

2월 26일. 아침에 교학과장敎學課長 김상오金相五을 가 보고 오늘 학장회學長會에 대리代理로 가라 하였다. 논문論文을 다 보고 평評을 썼다. 임길부任吉溥, 신만우申晩雨 군君이 왔다. 저녁에 김동욱金東旭 군君이 왔기 그 논문論文과 평評을 주었다. 밤중부터 또 폭풍우暴風雨.

2월 27일. 종일 비 왔다. 이리裡里는 못 갔다. 오후 본부本部 가서 임시臨時학장회學長會. 연합聯合 고시考試 합격자合格者만 대학大學 입학入學케 된 것이 대통령大統領 유시諭示로 폐지廢止되었다. 이러하여 입학시험入學試驗 일자日字 연기延期의 건件 토의討議. 논산훈련소論山訓練所 있는 이종태李鍾泰 대령이 왔다. 광주로 강습 받으러 가는 길이다. 총장과 함께 고향다방故鄕茶房으로 가 만나 다시 산옥山玉이 집으로 옮겨 놀았다.

2월 28일. 비. 용龍, 철제徹弟와 일환一煥이가 왔다. 김상오金相五 군君이 오다.

3월

3월 1일. 삼일절三一節. 비. 중앙국민학교中央國民學校서 기념식記念式 거행擧行. 문리대文理大 교직원과 본부 직원을 청하여 주식酒食을 먹었다. 정월正月 28일二十八日 즉 3월 3일 내 생일을 댕겨 먹였다.

3월 2일. 이리裡里 농대農大에 갔다. 전북대학교全北大學校 주최主催 웅변대회雄辯大會 대학大學 중등부中等部다. 심사원審査員의 하나다. 오후 7시七時 반半 왔다.

3월 3일. 문리대文理大 2강二講. 박보서朴俌緖 군君과 똘래미집에서 오식午食. 강한영姜漢永 군君이 서울문리대文理大『국어국문학國語國文學』에 연재連載했던 「신오위장申五衛將의 남창男唱 춘향전春香傳 주해注解」를 가지고 왔다. 감수監修 및 보충補充을 해 달라고 보냈다. 문주석文珠石과 가치 왔다. 교정校正해 보았다. '카나다' 술 한 병을 보냈다.

3월 4일. 종일 교정校正. 신석정辛夕汀, 백양촌白楊村, 해강海剛, 구름재가 왔다. 술을 마셨다.

3월 5일. 이리裡里 중대中大 나갔다. 1강一講 하고 원대圓大는 휴강休講이라기 바루 왔다.

3월 6일. 몹시 칩다. 이리裡里 중대中大 3강三講 하고 와 보니 가재올 병원秉元, 부여夫餘 만승萬承 군君이 족보族譜인『추원록追遠錄』을 가지고 왔다.

3월 7일. 병원秉元, 만승萬承 군君은 떠나고 소공素空, 포광包光이 왔다. 처妻가 여산礪山 갔다.

3월 8일. 문리대文理大 나갔다.

3월 9일. 문리대文理大 2강二講. 비 왔다.

3월 10일. 문리대文理大 3강三講. 완희完熙, 건배建培가 고등학교高等學校 시험試驗 보러 왔다.

3월 11일. 학장회學長會 — 신입학생新入學生 시험문제試驗問題 출제위원出題委員 선정選定 등. 일환一煥이가 왔다.

3월 12일. 이리裡里 원대圓大 나갔다. 처妻가 왔다.

3월 13일. 정인승鄭寅承 군君 집에 출제위원出題委員들이 모였다. 나는 건재健齋와 국어國語 문제問題를 냈다. 밤 깊어 돌아 왔다. 일환一煥

이 갔다.

3월 14일. 건재健齋 집에 갔다. 오상수吳祥洙 군君이 왔다.

3월 15일. 전북대학교全北大學校 신입학新入學 시험試驗 시작始作. 전북고등학교全北高等學校 교실教室 17十七을 빌어 8백八百 명名 배치排置. 각各 교실教室을 순회巡回하였다.

3월 16일. 신체검사身體檢査, 구술시험口述試驗은 각기各其 대학大學에서 하는 바 문리대文理大는 오후 두 시 끝냈다. 240명.

3월 17일. 건재健齋 집에서 국어國語 답答을 꿇었다. 종일終日 해도 남었다.

3월 18일. 건재健齋 집에서 또 꿇었다. 오후 네 시 종료終了. 한 편에선 집계集計를 하였다.

3월 19일. 오늘은 종일終日 집계集計. 나는 심원다방心園茶房에 갔다. 가람 동인회同人會의 사화집詞華集『새벽』출판기념회出版記念會다. 오후 5시五時 내지乃至 7시七時. 나는 총장總長 집으로 갔다. 임시臨時 학장회學長會. 시험試驗 사정査定 원칙原則 토의討議. 10시十時 지내서 왔다.

3월 20일. 문리대文理大 교수회教授會. 신입학생新入學生 사정査定. 군인軍人, 여자女子 합하여 160명을 우선 합격자合格者로 발표發表키로 하였다. 서북풍西北風 불고 몹시 칩다. 석찬회夕餐會를 하였다.

3월 21일. 신입학新入學 합격자合格者 발표發表.

3월 22일. 이리裡里 중대中大서 전화電話로 내일來日 오라고 한다. 문리대文理大 재학생在學生 시험試驗 시작.

3월 23일. 이리裡里 중대中大에 나갔다. 그 문리대文理大 신입생新入生 구술시험口述試驗, 윤은성尹銀成 군君과. 오후 네 시부터 국어國語 답안答案 채점採點. 밤 열두 시까지 했다. 전주여관全州旅館서 잤다.

3월 24일. 오전 중 채점採點 끝내고 나는 오정午正 뻐쓰로 왔다. 문리대文理大 들렀다. 덕진德津 신축新築 기지基地 획정劃定하러. 처妻는 여산礪山 갔다.

3월 25일. 문리대文理大 나갔다. 후원회장後援會長, 부회장副會長과 중흥관中興館 회會.

3월 26일. 학장회學長會.

3월 27일. 재학생在學生 시험試驗 끝내고 임시臨時 교수회敎授會.

3월 28일. 공주사대公州師大 임헌도林憲道 군君이 왔다. 함께 잤다.

3월 29일. 임헌도林憲道 군君의 청을 예동汭東과 백양白羊 크림서 오찬午餐.

3월 30일. 흐리다. 문리대文理大 나가 보결생補缺生 전형銓衡. 박영래朴永來, 최승범崔勝範, 석정夕汀이 왔다.

3월 31일. 보결생補缺生 전형銓衡.

4월

4월 1일. 총장總長, 건재健齋, 박준규朴準規, 계용각桂龍珏 군君과 짚차로 이리裡里 농대農大 나가 학장회學長會를 했다. 상대商大 학장學長 박효삼朴孝參 군君이 만도晩到. 상은商銀 이리지점장裡里支店長 최병웅崔秉雄 군君이 원계월元桂月의 천일정泉一亭서 석찬夕餐 초대招待. 계월桂月의 역사가歷史歌 즉 안중근安重根, 이준가李儁歌, 유관순가柳寬順歌 등을 듣다. 오후 10시十時 넘어 전주全州로 왔다.

4월 2일. 문리대文理大 나갔다. 신입생新入生 재차再次 모집募集을 신문新聞에 광고廣告했다. 전고全高 배裵 교장校長을 찾어보았다.

4월 3일. 총장總長, 건재健齋, 박영래朴永來 군君과 임실관任實館을 갔다. 저은貯銀 전주지점장全州支店長 최동혁崔東爀, 그 차장次長 송병관宋秉琯 군君의 석찬夕餐 초대招待.

4월 4일. 소공素空, 포광包光과 백당白堂 노장老長을 찾었다. 똘람이 집에서 술 한 병을 똘람이게 들려가지고 갔다. 저녁에 돌아왔다. 처妻와 완희完熙, 건배建培, 종희宗熙가 왔다.

4월 5일. 문리대文理大 나갔다. 150명百五十名 지원志願.

4월 6일. 학술學術 구술시험口述試驗하고 사정회査定會까지 했다.

4월 7일. 장순하張諄何, 최승범崔勝範 군君이 새벽에 왔다. 나가 시장市場서 조반朝飯하고 문리대文理大로 가서 사정표查定表를 재검사再檢查하고 교관敎官 이상기李相起 군君 데리고 본부本部 총장總長게 가서 승낙承落을 받고 문리대文理大로 가 써 발표發表했다. 최승범崔勝範, 장순하張諄何, 김준영金俊榮 군君과 그 부근附近 집에서 소음小飮하고 또 신창옥新昌屋서 오반午飯. 그리고 소공素空을 찾고 왔다.

4월 8일. 문리대文理大 나갔다.

4월 9일. 재모집再募集 합격자合格者 등록登錄 마감磨勘은 오늘 16시十六時까지. 문리대文理大 나갔다.

4월 10일. 문리대文理大 나갔다.

4월 11일. 비 온다. 농림고교農林高校를 갔다. 교장校長 강용구姜龍求 군君의 회갑식回甲式과 잔치가 있다. 총장總長 김金 박사博士가 석반夕飯을 함께 먹자고 오라 하였다. 갔더니 계용각桂龍玨, 정인승鄭寅承, 오하동吳河東 군君도 와 있다. 나더러 대학원장大學院長을 하라고 하기 거절拒絶했다.

4월 12일. 문리대文理大 나가 개강식開講式 하고 총장總長, 교학국장敎學局長 임석臨席 하下 교수회敎授會 열고 승급昇級 내정內定한 조교수助敎授, 부교수副敎授들을 무기명無記名 투표投票로 통과通過하였고 교학과장敎學課長, 학생과장學生課長, 부장部長, 각과各科 주임主任들을 표결票決하고 철원옥鐵原屋서 석찬夕餐을 함께 하였다.

4월 13일. 처妻가 여산礪山 갔다. 일기日氣가 명랑明朗. 문리대文理大, 법대法大, 본부本部 교직원敎職員과 학생 일동一同이 덕진德津 가서 식목植木. 오식午食 후後 돌아 왔다.

4월 14일. 문리대文理大 나갔다. 처妻가 왔다.

4월 15일. 문리대文理大 나가서 교학과장敎學課長, 학생과장學生課長, 교관敎官과 협의協議하여 청강생聽講生 20여 명을 사정査定.

4월 16일. 도립극장道立劇場에 가서 미제美製인 '제3第三의 사나이' 영화映畫 시사試寫를 보았다. 그리고 본부本部로 가서 예동汭東, 건재健齋를 데리고 그 부근附近 오뎅집에서 스시와 맥주麥酒로 점심点心 하였다. 소공素空, 포광包光과 종묘장種苗場을 가서 두어 잔 하였다.

4월 17일. 문리대文理大 나갔다.

4월 18일. 종묘장種苗場 이용윤李庸潤 군君을 가 보았다.

4월 19일. 이리裡里 원대圓大 나가 시조時調, 특강特講(극가劇歌), 국문학개설國文學概說 2강二講 하고 3시三時 뻐쓰로 왔다.

4월 20일. 문리대文理大 2강二講.

4월 21일. 문리대文理大 3강三講.

4월 22일. 문리대文理大 나갔다.

4월 23일. 문리대文理大 나갔다. 소공素空 집에서 박종수朴鍾洙 판소리를 들었다.

4월 24일. 이리裡里 중대中大 나가 국문과國文科 학생을 총집總集하여 1강一講. 남성중교南星中校 교정校庭 축구대회蹴球大會를 보고 그 학교學校 박朴 선생先生과 동중東中 김만곤金滿坤, 남성고교南星高校 장순하張諄何 군君과 동명관東明館서 석찬夕餐. 나는 세 시 안전安全 뻐쓰로 왔다.

4월 25일. 나는 이용윤李庸潤 군君과 먼저 객사동客舍洞 갔다. 오문현吳文鉉과 영산홍映山紅 보았다. 소공素空, 포광包光, 석정夕汀, 박종수朴鍾洙 군君이 왔다. 오반午飯 하고 나는 돌아와 덕진德津 신축新築 이층二層 상량식上樑式에 갔다 왔다.

4월 26일. 이리裡里 원대圓大 나가 시조時調, 국문학개설國文學槪說 2강二講.

4월 27일. 문리대文理大 2강二講. 박계조朴季祚 군君 회갑연回甲宴에 갔다.

4월 28일. 문리대文理大 3강三講. 처妻가 여산礪山 갔다.

4월 29일. 문리대文理大 나갔다. 소공素空 집서 점심点心.

4월 30일. 문리대文理大 나갔다. 본부本部 가서 서울 갔다 온 김金 총장總長을 보고 왔다. 밤에 봉선관鳳仙館 가서 건재健齋랑 또 총장總長을 보고 청강생聽講生 문제問題를 타협妥協했다. 비 왔다.

5월

5월 1일. 9시九時 본부本部로 갔다. 학장學長, 교학과장敎學課長 회會. 오후 네 시 되어 파罷하였다.

5월 2일. 교직원敎職員 일동一同과 본부本部 직원職員을 청請하여 덕진德津 능소陵所 재실齋室 뒤서 야유회野遊會. '입산금지入山禁止'로 능소陵所 뒤엔 못하게 한다. 다 저녁 때 돌아 왔다.

5월 3일. 육군陸軍 제弟2 훈련소訓練所(황화정皇華亭 넘어) 창설創設 2주년二週年 기념식記念式 청첩請牒이 왔기 가지고 6시六時 빠쓰로 갔다. 날은 흐리고 간간間間 빗낱도 듣는다. 전주全州서는 나허고 시장市長 대리代理다. 가니 추럭으로 연락連絡하여 식장式場에 들게 한다. 10시十時 거행擧行. 사열査閱, 의장대儀仗隊, 또는 표창상表彰狀 수여授與, 훈시訓示, 답사答辭 등이 있다. 11시十一時 반半 식式은 끝나고 노천露天 식장食場으로 가 점심点心, 연극演劇. 그리고 육상경기陸上競技가 있어 식장式場이던 훈련장으로 갔다. 축구蹴球를 좀 보고 나는 나왔다. 군인차를 타고 오다 여산礪山, 또는 금마金馬서 내려 달라는 걸 간청懇請하여 동산촌東山村까지 와 유청柳青 군君 민의원民議院 출마出馬 합동合同 연설演說에 온 추럭을 타고 왔다. 처妻가 와 있다. 이정우李晶雨 군君을 찾어 보았다.

5월 4일. 문리대文理大 2강二講. 소공素空을 찾었다.

5월 5일. 문리대文理大 1강一講. 국어국문학國語國文學 연구회硏究會 총회總會 또는 호국단장護國團長 보선회補選會가 있다.

5월 6일. 문리대文理大 후원회後援會 이사회理事會가 있어 본부本部 후원회後援會 출석出席키로 타협妥協. 그 간間 문리대文理大를 이리裡里로 이전移轉한다 하고 또 본부本部의 실수失手로서 전주全州서는 문리文理, 법대法大의 후원회後援會 이사理事들이 반대反對하고 본부本部 후원회後援會엔 나가지 아녔다. 그리고 일반 학생을 모여 조회朝會를 시작하여 하였고 이어 교수회敎授會를 하였다. 마침 김金 총장總長이 참석

參席하였기 먼저 말씀을 해 달라 하였고 담 지시指示 및 협의協議를 하였다. 오후 6시六時 파하여 철원鐵原집으로 가서 석찬夕餐.

5월 7일. 처妻가 여산礪山 갔다.

5월 8일. 중대中大 나가 3강三講.

5월 9일. 국립국악원장國立國樂院長 이주환李珠煥 군君이 찾아 왔다.

5월 10일. 원대圓大 나가 3강三講.

5월 11일. 문리대文理大 2강二講. 소공素空, 죽도竹島와 은정銀亭서 금정錦亭과 놀다.

5월 12일. 문리대文理大 3강三講. 노盧 교학과장敎學課長 집에서 오찬午餐. 밤새도록 비 왔다.

5월 13일. 문리대文理大 갔다. 긍둔肯遯 송창宋滄 군君을 찾고 함께 우천又泉 백정기白定基 군君을 찾어 데리고 나파羅婆집서 술을 먹었다. 정인승鄭寅承 군君이 왔다.

5월 14일. 흐리다. 이리裡里 농대農大 가서 학장學長, 교학敎學·학생과장課長 합동회合同會. 오후 2시二時 농공대農工大 학생 집합集合하여 김金 총장總長 훈화訓話. 법정대法政大 지프로 왔다. 중흥관中興館서 석찬夕餐.

5월 15일. 이리裡里 중대中大 나가 3강三講.

5월 16일. 7시七時 본부本部를 가서 서울 과장회課長會에 가는 노판우盧鈑愚, 문선규文璇奎 군君을 보고 나는 조병희趙炳喜 찾고 오다 이발理髮. 소공素空이 오다. 오후 처妻가 왔다. 문선규文璇奎 군君이 이리裡里서 왔다. 병희炳喜가 왔다.

5월 17일. 원대圓大 나가 3강三講 하고 오다. 이리裡里서 용龍머리 병원病院 지프차를 만나 타고 왔다.

5월 18일. 문리대文理大 2강二講.

5월 19일. 문리대文理大 3강三講.

5월 20일. 민의원民議員 선거일選擧日. 문리대文理大 나가 전반全般 학생을 모여 몇 가지 주의注意를 시켰다. 교동校洞 선거選擧 사무소事務所 가서 이우식李遇軾 군君게 투표投票. 처妻도 며누리도 갔다. 처妻는 여산礪山 갔다.

5월 21일. 문리대文理大 나갔다. 백정기白定基 군君을 찾어 보다.

5월 22일. 이리裡里 중대中大 3강三講. 김성주金成柱 군君과 동반同伴하여 안전安全 뻐쓰로 왔다. 인로引路하여 선자扇子를 사게 하고 경찰서장警察署長 박朴 군君을 찾다. 한성여관漢城旅館, 양지다방陽地茶房을 거쳐 고향다방故鄕茶房을 갔다. 방현모方顯模 군君도 왔다. 서장署長 및 그 문도門徒들이 그 부근附近 요정料亭으로 인도引導하여 들었다. 주식酒食, 가무歌舞 등에 취하고 돌아 왔다.

5월 23일. 소공素空께 갔다. 석농石儂도 왔다. 주면酒麵 먹고 누었다가 박병순朴炳淳 군君 전화電話로 왔다. 석정夕汀, 구름재가 와 있다. 두견주杜鵑酒 거우르고 나섰다. 심원다방心園茶房으로 갔다. 유임일柳林一 집으로 가 또 술을 마셨다. 밤새도록 비가 왔다. 긍둔肯遯이 왔었다.

5월 24일. 비는 그치지 아녔다. 후원회장後援會長 박계조朴季祚 군君이 서울, 대구大丘로 시찰視察 가겠다 하여 문리대文理大 나가 주선周旋해 주었다. 비는 차첨 갠다. 집으로 왔다. 여산礪山서 추럭으로 쌀 십여 가마니 실고 처妻가 왔다. 노판우盧鈑愚, 김상오金相五 군君이 왔다. 두견주杜鵑酒 맛을 뵈였다. 노盧 군君은 그간 교학과장회敎學課長會로서 서울 문교부文敎部를 갔다 오늘 왔다.

5월 25일. 문리대文理大 2강二講.

5월 26일. 문리대文理大 3강三講.

5월 27일. 문리대文理大 나가 조회朝會했다. 건재健齋, 김상오金相五, 노판우盧鈑愚, 김충선金忠善, 박보서朴俌緖 군君이 왔다. 두견주杜鵑酒 마셨다. 예동汭東이 아침에 화첩畵帖 둘을 가지고 왔기 감정鑑定하였다.

5월 28일. 학장회學長會를 종일終日 하고 임실관任實館서 신구新舊 교학국장敎學局長 및 법대法大 학장學長 송영회送迎會를 하였다.

5월 29일. 이리裡里 중대中大 나가 3강三講. 문리대文理大 거쳐 왔다.

5월 30일. 노판우盧鈑愚 군君을 아침에 가 보고 공설운동장公設運動場을 다녀왔다.

5월 31일. 원대圓大에 나가 3강三講 하고 백련白蓮 5, 6五六 근根을 얻어 가지고 포광包光, 김근수金根洙 군君과 오다 맥주麥酒 여섯 통을 먹고 저녁 통근차通勤車로 왔다. 백련白蓮은 대문大門 옆 웅덩이에 심었다.

6월

6월 1일. 문리대文理大 2강二講. 비 왔다. 밤에도. 대변大便 후 치혈痔血이 났다.

6월 2일. 봉래원蓬萊園 식장式場서 문리대文理大 사학과史學科 3학년三學年 임형섭林泂燮 군君 장근례張根禮 양孃과의 결혼식 주례主禮를 하였다. 신부新婦 집으로 가서 오찬午餐.

6월 3일. 문리대文理大 나가 교수회敎授會. 고형곤高亨坤 군君 백씨伯氏 상喪에 천 원千円 부의賻儀.

6월 4일. 문리대文理大 나갔다.

6월 5일. 이리裡里 중대中大 3강三講. 고형곤高亨坤, 김태오金泰午 군君을 만났다. 고高 군君과 점심点心. 비가 온다. 오다 오상수吳祥洙, 이현재李賢裁 군君과 술 먹었다.

6월 6일. 봉선옥鳳仙屋 가서 고형곤高亨坤, 김상오金相五, 박보서朴備緖, 김상오金相五 군君을 만났다. 김金 총장總長과 김충선金忠善 국장局長도 왔다. 양김兩金과 나는 본부本部로 갔다가 운동장運動場으로 가서 전북대학교全北大學校 2주기념二週紀念 경기대회競技大會 개식開式에 참석參席. 만세삼창萬歲三唱을 수창首唱했다. 밤엔 임실관任實館 가서 고형곤高亨坤 군君을 대접待接했다. 처妻가 여산礪山 갔다.

6월 7일. 총장總長 집에서 고형곤高亨坤 군君 조반朝飯. 문리대文理大 나갔다. 임택룡林澤龍 박사博士게 가서 페니시링 주사注射를 맞었다. 오후 임林 박사博士가 왔다. 술을 내었다. 백정기白定基 군君도 왔다.

6월 8일. 전북대학교全北大學校 창립創立 2주년二週年. 지난 1일부터 치혈痔血. 대변大便 때마다 나온다. 성모의원聖母醫院 가서 혈압血壓을 쟀다. 70도七十度가 더하다.(연령年齡에 90도九十度를 가加한 즉 120도二百二十度). 문리대文理大 나갔다. 문교부文敎部, 육군陸軍, 국방부國防部로서 학생 실태實態 조사調査하러 왔다. 문부文簿들을 정리整理시기고 태양여관太陽旅館 가서 인사人事하고 다시 문리대文理大로 갔다가 공설운동장公設運動場 농구전籠球戰을 보았다. 소공素空과 곰보집도 가고 도립극장道立劇場 앞 메밀국수도 먹었다.

6월 9일. 문리대文理大 3강三講. 오후 국방부國防部, 육군부陸軍部, 문교부文敎部 한韓, 장張, 이李 조사원調査員 3인三人과 전주全州 사령부원司令部員 1인一人이 와서 조사調査했다. 그 전에 오찬午餐은 창신관昌信館서 대접待接하고 석찬夕餐을 낙양관洛陽館서 대접했다. 문리대文理

大, 법정대法政大와 합동合同해서.

6월 10일. 비가 온다. 문리대文理大 나갔다. 박병순朴炳淳 군君이 이번 남원농고南原農高로 전근轉勤한다고 임길부任吉溥 군君이 함께 오찬午餐을 그 부근附近 집에서 준다. 부여옥扶餘屋에서 전북여객자동차회사全北旅客自動車會社 간부幹部의 초대招待가 있다. 김金 총장總長, 김金·계桂 양兩 국장局長, 법정대法政大 학장學長과 나도 갔었다. 석찬夕餐, 여흥餘興이 있었다. 나는 임택룡林澤龍 박사博士 의원醫院에 가서 치질약痔疾藥을 얻고 수술手術만은 휴가休暇 때 하기로 약속約束. 비도 좀 왔다.

6월 11일. 문리대文理大 나갔다. 정인승鄭寅承 군君이 계탕鷄湯과 두어 잔을 사 주어 점심点心. 백도극장百都劇場서 여성극단女性劇團의 가극歌劇 신라설화新羅說話를 재료材料한 '노방초'를 보았다. 괄목刮目하게 되었다. 예전 춘향가春香歌 신극新劇과는 딴판이다. 그 동작動作이며 의상衣裳이며 가창歌唱이며 구작構作이 조화통일調和統一되었다.

6월 12일. 종일終日 술은 입에 대지 않었다. 소공素空 데리고 나섰다. 메밀국수를 사먹고 무영다방無影茶房에 들렀다. 고석구高錫龜, 박보서朴俌緖, 문선규文璇奎, 노판우盧鈑愚 군君을 만났다. 백도극장百都劇場서 햇님 선화공주전善花公主傳을 보았다. 잘한다. 다만 그 귀양 간 마디의 철창鐵窓 속에 가둔 것이 어색하다.

6월 13일. 아침 대변大便 볼 때 피가 나오지 않었다. 「농가월령가農家月令歌」의 해제解題를 썼다. 고석구高錫龜, 박보서朴俌緖, 문선규文璇奎 군君이 왔다. 임택룡林澤龍 박사博士도 왔다. 두견주杜鵑酒를 마셨다. 임林 박사博士와 가치 나섰다. 우춘又春 집을 거쳐 신창관信昌館으로 갔다. 운곡雲谷 오순영吳順泳 군君은 알고 보니 전주공보全州公普 시절時節 동창同窓이다. 또 술을 먹었다. 함께 또 우춘又春을 찾었다. 노래 듣고 술 먹었다. 비 온다. 하희주河喜珠 군君이 돈육豚肉과 양주洋酒를 사다 놓았다.

6월 14일. 아침 대변大便에 피는 없다. 원대圓大는 오늘 논다 하여 아니 나갔다. 동장洞長이 치질약痔疾藥을 가졌다. 모치처牡痔處에 발렀다.

6월 15일. 문리대文理大 2강二講. 『계축일기癸丑日記』 교재敎材 조사調査.

6월 16일. 문리대文理大 3강三講.

6월 17일. 본부本部로 가서 덕진德津 15간十五間 신교사新校舍 상량식上梁式 나갔다. 본부本部로 돌아와 총장總長, 법대法大 학장學長과 식당食堂 지을 일을 협의協議.

6월 18일. 문리대文理大 나갔다. 김金 총장總長이 왔다. 밤에 비 왔다. 긍둔肯遯을 찾어 보았다. 월사月沙 파派 이훈李勳 군君이 왔다.

6월 19일. 비는 갰다. 중대中大 3강三講. 육군陸軍 병무감兵務監이 와 학생 실태實態 조사調査.

6월 20일. 『시조時調와 창작론創作論』 원고原稿를 마감했다. 소공素空, 포광包光을 청請하여 오반午飯. 백련白蓮 님이 나오다 만다.

6월 21일. 본부本部서 학장회學長會. 오후 네 시 파罷하였다. 삼광양주회사三光釀酒會社 임任 군君을 보고 40도 소주 1두一斗를 갖다 달랬다. 2천二千 환圜. 또 매실梅實 1관一貫을 사다 반분半分하여 먼저 오일양조장五一釀造場서 가존 1두一斗와 삼광三光서 온 1두一斗에 넣었다. 오일五一엔 지난 19일 임길부任吉溥 군君이 보낸 매실梅實을 넣었다.

6월 22일. 문리대文理大 2강二講. 이양호李養浩 군君 대부인大夫人 상喪 조문弔問. 부의賻儀.

6월 23일. 문리대文理大 1강一講. 4학년생四學年生은 남고산南固山 소풍消風 갔다.

6월 24일. 문리대文理大 나갔다.

6월 25일. 비 온다. 공설운동장公設運動場서 6·25사변六二五事變 기념식記念式이 있었다.

6월 26일. 중대中大 나갔다. 오순영吳順泳을 보고 내일 운선雲仙께 가기 상약相約.

6월 27일. 임택룡林澤龍 군君 집에서 오순영吳順泳 군君을 기다려 함께 나섰다. 10시十時. 나는 약주藥酒, 임林은 매실주梅實酒 가지고. 용龍머리 고개 지내서 산정리山亭里 다달러 백운선白雲仙(주순옥朱順玉)을 찾었다. 배나무 수백數百 주株 과수원果樹園이 뒤에 있고 남북南北이 통창하다. 서늘한 집이다. 가져 간 술과 점심点心을 먹고 운선雲仙의 '굿거리 시조'도 들었다. 노동철盧東喆, 섬호暹湖가 나중에 왔다. 또 술을 마셨다. 석양夕陽 빠쓰로 왔다.

6월 28일. 비는 갰다. 원대圓大 나갔다. 3강三講. 통근차通勤車에 소공素空, 박보서朴俌緖 군君과 돌아오다 나파羅婆 집서 약소주藥燒酒 두어대 했다. 집에 오니 저녁 반찬飯饌에 바다게를 지져 놓았다. 먹기 슳은걸 집사람이 권하기에 한 다리 찢어 먹으니 상한 듯하다. 두어 다리 먹었다. 자려고 누우니 배가 아프다. 환약丸藥을 갈앉다.

6월 29일. 세 시나 되었다. 배가 곽란霍亂 같이 아프다. 환약丸藥, 아편阿片도 효력效力이 없다. 의원醫員을 각처各處로 청請하다. 화원동花園洞 시민의원市民醫院 주인主人이 왔다. 의원醫員이 혈압血壓을 재보고 50도가 높다 하고 주사注射 한 대 하고 물약藥, 가루약藥 3일분을 보냈다. 밥은 아니 먹고 밥 숭늉만 3시三時 먹으나 복통腹痛 아니 그친다. 문의근文宜根 군君이 왔다.

6월 30일. 박보서朴俌緖, 노판우盧鈑愚 군君이 왔다. 찬영燦永 형제兄

弟, 기其 부모父母가 다 왔다. 새벽에 오한惡寒기가 있더니 몹시 한전寒戰이 난다. 유기수柳基洙 군君을 오라 하여 주사注射 한 대 맞었다. 혈압血壓을 재더니 30도三十度 쯤 더하다고. 시민의원市民醫院 약藥을 먹은 뒤 음식飮食 후後엔 여전如前히 보겠다. 그 약藥은 아니 먹기로 하고 인삼人蔘 다섯 뿌리를 다려 먹었다. 복통腹痛이 덜 하였다. 김준영金俊榮 군君과 국문과國文科 김성완金成完 군君이 모과수, 복숭아를 사 가지고 왔다. 김근수金根洙 군君이 오다. 최승범崔勝範 군君이 왔다. 병희炳喜가 왔다.

7월

7월 1일. 문의근文宜根 군君이 왔다. 원대圓大 국문과國文科 4년생四年生이 왔다. 김두헌金斗憲 총장總長, 김봉호金鳳鎬, 계일순桂一淳, 문선규文璇奎, 김근희金根熙 군君이 왔다. 임길부任吉溥 군君이 왔다. 소공素空, 포광包光이 왔다. 날은 흐리고 빗방울 듣다.

7월 2일. 무덥다. 최경렬崔景烈 군君이 왔다. 김병철金秉喆, 이희균李曦均 군君이 왔다. 시민의원市民醫院 주인主人이 와 주사注射 한 대 하였다. 혈압血壓을 또 재보더니 많이 내렸다, 20도쯤 더하다고 한다. 물약藥병은 도로 보고 봉약封藥은 가加할 것이 있다고 도로 보냈다 새로 2일분을 가졌다. 인삼양위탕人蔘養胃湯 2첩二帖 지어다 연복連服했다. 찬영燦永 형제兄弟 기其 모母가 모과수 사 오고 병희炳喜 처妻가 모과수 두 통 사 가지고 왔다. 유창석柳昌錫 군君이 왔다. 윤한남尹漢南, 이종수李鍾壽 군君이 왔다. 최승범崔勝範 군君이 『전북대학교보全北大學校報』 제

3호第三号를 가지고 왔다. 잣죽, 의이薏苡국을 먹었다. 복통腹痛은 희박稀薄해진다.

7월 3일. 경희京熙더러 중대中大 가서 휴강休講케 하라 하고 치질약痔疾藥을 반장班長 김金 군君께 부탁하여 지어온 한 봉지封紙를 편지와 동봉同封하여 홍우洪又 군君께 전하라 하였다. 시궁창이 너무 걸어 백련白蓮닢이 쉬히 상하기 그 곁에 조고만한 못을 파고 오늘 저녁 때 옮겼다. 밤새도록 비 왔다.

7월 4일. 아침에야 병 난 뒤 첨으로 콩나물국에 밥 말아 두어 숫가락 먹었다. 남천南川 물을 가보고 이발理髮하였다.

7월 5일. 소공素空께 갔다. 몸이 허든거린다. 고사동高士洞 가서 원경圓徑 2척二尺 반半, 고高 2척二尺 반半 노깡 한 개 750원, 밑 막고 갖다 주기까지 하여 통 천오백 원 작정하였다. 양회洋灰 자갈 모래를 가지와 밑을 하였다. 문선규文璇奎, 송준호宋俊浩, 이방환李邦煥, 김상오金相五, 신석정辛夕汀, 최승렬崔承烈 군君이 왔다.

7월 6일. 문리대文理大 나가 1강一講. 김성완金成完 군君이 와서 시조時調 원고原稿를 초출抄出했다. 점심点心은 검정 꽤죽. 저녁은 백반白飯에 갈비 졸인 것으로 먹었다. 처妻가 여산礪山 갔다. 밤 비.

7월 7일. 문리대文理大 나가 3강三講. 시조時調 원고原稿를 38편三十八篇 뽑았다. 시력詩歷을 썼다. 바람이 몹시 분다. 건란建蘭 2분二盆, 풍란風蘭 한 분盆을 방에 두었다.

7월 8일. 풍란風蘭의 웅란雄蘭이 두 숭이 피었다. 화판花瓣은 다섯. 화악花蕚 밑엔 세장細長한 일경一莖이 있고 꽃 속에 이 모양의 화예花蕊가 있다.  그 전모全貌고 빛은 첨엔 하얗다가 나중엔 여린 자색紫色 띤 흰빛. 갓 피어선 향香이 아니 난다. 문선근文宣根 군君이 왔다. 시

조원고時調原稿 삼십팔 편과 시력詩歷, 필적筆蹟, 사진寫眞 등을 서울 서대문구西大門區 충정로忠正路 2가二街 93九三 낙양서원洛陽書院 내內 유정柳呈, 이봉래李奉來 군君께 우편郵便으로 보냈다. 『현대시인전집現代詩人全集』을 박겠다고 청탁請託을 하였다. 오후 네 시 문리대文理大 나갔다. 교수회敎授會. 총장總長도 왔다. 7시七時 파罷했다.

7월 9일. 명랑明朗하다. 새벽에 일어나니 웅란雄蘭 향이 방렬芳烈, 청상淸爽하다. 소공素空, 석정夕汀을 오라고 하였다. 소공素空, 포광包光이 오고 석정夕汀, 최승렬 군君이 왔다. 백화白花 한 병 들고.

7월 10일. 문리대文理大 나갔다. 웅란雄蘭이 또 두 숭이 벌었다. 중대中大 나갔다. 조용만趙容萬 군君을 만나 보았다. 전북여객全北旅客 뻐쓰로 왔다.

7월 11일. 9시九時 본부本部로 갔다. 11시十一時나 되어 학장회學長會. 점심点心은 김金 총장總長 집에서 그리고 계속하여 오후 다섯 시 지내 파하였다.

7월 12일. 원대圓大 나갔다. 연근蓮根 3절三節 이상으로 네 개를 캐여 왔다. 처妻가 여산礪山서 왔다.

7월 13일. 하수구下水口를 고쳐 뒷간 옆에다 군 우물을 파러 일군이 왔다. 원경圓經 2척二尺 반半인 노깡을 앞밭머리에 파고 놓았다. 그리고 새 흙을 그 3분지三分之 2二나 깔고 수렁흙으로 덮고 백련白蓮을 심고 냇물을 길어다 부었다. 문리대文理大 나가 2강二講. 초복初伏. 소공素空이 왔다.

7월 14일. 문리대文理大 3강三講. 소공素空이 금산錦山 백편百片 열 량 한 근斤을 사 왔다. 만천萬千 원円. 이천二千 원円은 소공素空에게 주었다. 진디찰을 구증구폭九蒸九曝하는 데 술을 사 쓰게 하였다. 웅란雄蘭

이 또 네 송이 벌었다. 병주秉胄가 닭 한 마리 가지고 왔다. 바루 회정回程했다.

7월 15일. 부채집에 갔었다. 태극선太極扇 10병十柄 사고 헌 선자扇子는 개지改紙하라고 맡겼다. 그리고 삼광양주장三光釀酒場에 들려 막걸리 5승五升, 청주淸酒 5승五升을 가조라 하였다. 소공素空, 계곡溪谷이 왔다. 삼광청주三光淸酒를 마셨다. 일군들에겐 막걸리를 먹였다.

7월 16일. 몹시 무덥다. 군 새암을 파 쌓았고 시궁창을 파 세멘트를 하였다. 일군들이 막걸리는 다 먹었다.

7월 17일. 큰비가 온다. 한삼내 놀이는 못 하였다.

7월 18일. 오늘도 종일終日 비 온다. 『계축일기癸丑日記』 교정校正.

7월 19일. 오늘도 비다. 『계축일기癸丑日記』 교정校正.

7월 20일. 비가 개었다. 처妻가 여산礪山 가고 나는 한삼내 나갔다. 문리대文理大, 본부本部, 중대中大 교수敎授 등 삼십여 명이 모였다. 청주淸酒 대두大斗 1두一斗 반半, 소주 5승五升, 백반白飯, 찬饌. 모다 목욕沐浴도 하고 취醉하였다. 저녁때 빼쓰 타고 왔다. 선자扇子 개지改紙하여 찾어 왔다.

7월 21일. 또 비 온다. 『계축일기癸丑日記』 교정校正. 천안화물자동차天安貨物自動車 주식회사株式會社 한흥록韓興祿 군君이 그 아우 완석完錫 군君 시겨 내방來訪하였다. 그 여관旅館 수도여관首都旅館에 가서 석찬夕餐을 받었다.

7월 22일. 문리대文理大 나갔다. 비 왔다.

7월 23일. 또 비가 많이 왔다. 본부本部서 학장회學長會 하고 창신관昌信館에서 오찬午餐. 백련白蓮은 착근着根하여 새 닢이 7, 8엽七八葉 나왔다. 웅란雄蘭 꽃은 먼저 핀 놈은 지고 새로 일곱 숭이 벌었다. 오늘은 중복中伏, 대서大暑다. 승범勝範 군君 전화電話 — 내일來日 남원南原 가자고.

7월 24일. 신석정辛夕汀 전화電話 — 오늘 오후 두 시 역驛으로 나오라고. 역驛에 나갔다. 동행同行이 오길 기다렸다. 여수麗水 급행차急行車가 내착來着. 그 뒤 최승범崔勝範 군君을 만났다. 승차乘車. 석정夕汀, 해강海剛, 백양촌白楊村, 승범勝範 군君과 동반同伴. 네 시 지나 남원南原 착着. 남궁다방南宮茶房으로 갔다. 박병순朴炳淳 군君 외外 몇몇 재남在南 동인同人이 모였다. 차茶 한 잔 마시고 명지明智호텔로 갔다. 경찰서장警察署長 조동호趙東豪 군君이 왔다. 서남공론西南公論, 삼남일보사三南日報社 지국支局, 청년예술파靑年藝術派 등 사람들이 왔다. 오후 7시七時 지나 남궁다방南宮茶房으로 가서 시화전詩畵展 비평회批評會를 하였다. 그리고 명지明智호텔로 와서 여담餘談들을 하였다. 자정子正 지나 잤다.

7월 25일. 조동호趙東豪 군君과 읍장邑長 김상선金相善 군君이 왔다. 우리 일행一行은 광한루廣寒樓로 갔다. 오작루烏鵲樓, 영주각瀛洲閣 등이 너무 압근狎近하다. 점심点心은 읍장邑長 김상선金相善 군君이 낸다. 그 남南편 남상관南祥館으로 갔다. 배농운裵弄雲, 김향심金香心이 술을 권한다. 노래도 약간 들었다. 그리고 석정夕汀, 해강海剛, 백양촌白楊村은 전주全州로 갔다. 나는 명지明智호텔로 갔다. 농고農高 교장校長이 송순주松筍酒 한 병을 가지고 왔다. 함께 대복사大福寺를 갔다. 교장이 데리고 온 아이게 업혀 월천越川하였다. 동향東向한 소곡小谷. 청정淸淨하고 안윽하다. 다랑다랑한 전답田畓을 지나 죽림竹林이 있다. 그 속에 절이다. 선원禪院은 죽림竹林 속으로 들어 가장 고요한 곳이다. 비가 또 온다. 주지主持 김성묵金性默(호号 효월曉月)을 보았다. 가야금加耶琴, 약간 화목분花木盆. 송순주松筍酒 두어 잔 거울렀다. 소낙비. 날은 저물었다. 돌쳐나오다 난초蘭草(도림산란道林山蘭) 한 분盆을 얻었다. 내일來日 명지明智호텔로 가지고 오겠다 한다. 농고農高 교장校長과 아이가 호텔까지 왔었다. 밤에 최崔승렬 군君이 왔다. 시화詩話 약간. 승범勝範 군君이 늦게 와 동숙同宿.

7월 26일. 교육감敎育監 이기홍李起弘 군君이 왔다. 전주全州서 대학원大學院 학생 다섯이 왔다. 박병순朴炳淳 군君도 왔다. 김충선金忠善, 김근수金根洙 군君도 왔다. 교육회敎育會서 점심点心을 낸다. 장춘관長春館으로 가서 먹었다. 광한루廣寒樓로 갔다. 새로 두 시 지나 강연회講演會 시작. 나는 춘향전春香傳 문학文學에 대하여 한 시 20분二十分 말했다. 담에 김충선金忠善, 김근수金根洙, 최승범崔勝範 군君이 말했다. 그리고 다섯 시 반에 떠났다. 짚차로. 임실任實 오니까 횡목橫木을 걸었다. 사정事情를 말하고 통과通過. 남관南關, 상관上關의 장곡長谷을 아심아심하게 지냈다. 발치산대隊가 나오기도 한다고 한다. 본부本部로 가서 김金 총장總長 보고 집으로 왔다. 처妻가 와 있다. 대복사大福寺서 난蘭을 가졌다.

7월 27일. 퍽 무덥다. 봉선옥鳳仙屋서 고형곤高亨坤 군君을 맞어 석찬夕餐. 예동汭東, 김상오金相五, 박보서朴俌緖, 김충선金忠善 군君이 모였다. 비가 또 온다. 폭우暴雨다. 벽장이 샌다. 새벽에 난蘭을 등분登盆. 소공素空이 왔다.

7월 28일. 오전 중 폭우暴雨. 문교부文敎部 장관長官 이선근李瑄根 군君이 오후 두 시 30분三十分 전주역全州驛 착着. 나가 보았다. 노문우盧文雨 과장課長과 나파羅婆집에서 소음小飮.

7월 29일. 사범학교師範學校에 갔다. 문교부文敎部 장관長官 연설演說

— 3·1정신三一精神 및 한글. 그리고 공고工高, 전고全高 다녀 군산群山으로 갔다.

7월 30일. 비가 온다. 「남원기행南原紀行」을 쓰기 시작.

7월 31일. 경희京熙가 실험實驗한다고 만 원萬円을 가져갔다. 처妻가 여산礪山 갔다. 할머니 기고忌故. 오후 비가 왔다.

8월

8월 1일. 짚차를 대전太田서 95만九十五萬 원円에 사 왔다. 병룡秉龍 군君을 가보고 그 사는 터 전田을 빌어 임시臨時 차고車庫를 만들다. 비가 또 온다. 종희宗熙가 서울 갔다.

8월 2일. 비. 오후 8시八時 반半 김金 총장總長 집에서 전화電話 — 총장總長 삼남三男 인호仁鎬(공대工大 1학년一學年)가 전국全國 기독교基督教 하령회夏令會인 수원水原(농대農大를 차용借用)에 갔다가 어제 서호西湖에서 수영水泳 중 익사溺死하였다고. 바루 총장總長 집에 갔다. 본부本部 직원職員 및 법정대法政大 학장學長이 회합會合. 밤을 새웠다. 본부本部서 짚차 둘, 추럭 하나가 수원水原을 가기로 했다.

8월 3일. 짚차, 추럭이 오전 2시二時 떠났다. 비가 또 온다. 총장總長 집에서 종일終日 있었고 밤도 새웠다.

8월 4일. 오전 8시八時 인호仁鎬의 구柩가 왔다. 총장總長집서 발인식發靷式을 하고 성결교회당에서 영결식永訣式을 하고 오정午正이 지나 건지乾止 공동묘共同墓 가서 장사葬事를 지냈다. 총장總長집으로 돌아왔다가 나는 집으로 왔다. 오늘은 개었다.

8월 5일. 총장總長 집에 갔었다. 포광包光, 소공素空이 왔다. 함께 중바위 아랫절 앞으로 가 목욕沐浴하고 절로 가 석공양夕供養을 받었다. 오늘은 칠석七夕. 종희宗熙가 서울서 왔다. 가방을 6천 원六千円에 사 왔다.

8월 6일. 종희宗熙가 운전수運轉手 문선원文善源과 짚차 몰고 여산礪山 갔다. 경찰서장警察署長 박종섭朴鍾燮 군君 송별식送別式인 시市 회의실會議室에 갔다. 오후 여섯 시 돌아왔다. 처妻과 서모庶母와 종희宗熙가 왔다.

8월 7일. 신석정辛夕汀, 최승렬崔承烈, 박병순朴炳淳 군君이 왔다. 점심点心 먹고 각시바위 아래로 목욕沐浴 갔다. 두어 시간 지나 서늘판에 왔다.

8월 8일. 예동汭東을 가 보았다. 이리裡里 이춘기李春基 군君이 있다. 함께 담화談話. 소공素空께로 가서 소공素空과 보우사普雨寺 백당白堂을 보다. 몹시 덥다. 구십사 도. 자소엽紫蘇葉을 얻어 가지고 와 매실소주梅實燒酒에 넣었다.

8월 9일. 소공素空, 포광包光과 짚차로 원광대학円光大學을 갔다. 수밀도水蜜桃를 먹다. 다섯 시 돌아왔다. 포광包光 집에서 막걸리를 먹었다.

8월 10일. 김교선金敎善, 이철균李徹均 군君이 왔다.

8월 11일. 『계축일기癸丑日記』 교정校正.

8월 12일. 『계축일기癸丑日記』 교정校正.

8월 13일. 『계축일기癸丑日記』 교정校正.

8월 14일. 『계축일기癸丑日記』 교정校正.

8월 15일. 소공素空께 갔다. 화랑식당花郞食堂서 냉冷막걸리 먹다.

8월 16일. 『계축일기癸丑日記』 교정校正.

8월 17일. 노盧 과장課長과 본부本部에 가서 총장總長과 학과學科 중설增設 협의協議.

8월 18일. 『계축일기癸丑日記』 교정校正.

8월 19일. 종희宗熙는 서울 가고 처妻는 여산礪山 갔다.

8월 20일. 최승범崔勝範, 박병순朴炳淳, 김성완金成完 군君이 왔다.

8월 21일. 서무과장庶務課長 문의근文義根 군君과 이리裡里 농대農大에 갔다. 학장회學長會. 밤에 왔다. 화랑식당花郎食堂서 석찬夕餐.

8월 22일. 대학원생大學院生 8명八名이 와서 서지書誌 강의講義 들었다.

8월 23일. 본부本部서 평의원회評議員會. 종일終日. 청풍관淸豐館 석찬夕餐. 처妻가 여산礪山서 왔다. 종희宗熙도 왔다.

8월 24일. 처서處暑. 대학원생大學院生 7명七名이 와서 서지書誌 강의講義 듣다. 대구사대大丘師大 이재수李在秀 군君이 와서 국문학國文學 문의問疑.

8월 25일. 서모庶母가 이리裡里 갔다. 이재수李在秀 군君이 와서 종일終日 문의問疑하고 필기筆記했다. 비가 꽤 왔다. 박병순朴炳淳, 최승범崔勝範 군君이 오다.

8월 26일. 비. 이재수李在秀 군君이 와 종일終日 문의問疑, 필기筆記. 소공素空이 와 두어 잔 마셨다. 박병순朴炳淳, 신석정辛夕汀이 왔다.

8월 27일. 백련白蓮꽃이 두 대 나와 한 대는 피었다. 닢은 4, 5四五 대다. 소공素空을 청請하고 사진寫眞 박는 이를 불러 소공素空과 촬영撮影하고 처妻와 양배良培와 촬영撮影하고 처妻와 난초蘭草, 계수桂樹와 촬영撮影. 이재수李在秀 군君이 와 종일終日 문의問疑, 필기筆記. 신석정辛夕汀, 백양촌白楊村, 김해강金海剛, 최승범崔勝範 군君이 와 백련白蓮 완상玩賞. 저녁때 소낙비.

일기

49권

1954. 8. 28. ~ 1957. 10. 5.

1954년(단기 4287년)

8월

8월 28일. 아침부터 백련화白蓮花가 만개滿開. 인우隣友 최崔, 홍洪 양씨兩氏와 완상玩賞 소작小酌. 대구사대大丘師大 교수敎授 이재수李在秀 군君이 와서 종일終日 문의問疑, 필기筆記. 승범勝範 군君이 왔다. 시원詩園에 입회入會 또는 투고投稿. 이李, 최崔 양군兩君과 화랑식당花郞食堂서 냉冷막걸리를 먹었다. 밤에 비.

8월 29일. 비. 백련화白蓮花는 진다. 재수在秀 군君은 오전午前 5시五時 반 떠나 대전太田 경유經由 대구大丘로 갔다. 이발理髮. 법대 학장法大 學長 전승범全勝範 군君과 박보서朴俌緖 군君을 찾어보았다.

8월 30일. 비는 갰다. 문리대文理大 짚차車 넘버가 오늘사 나왔다. 오정午正 처妻와 종희宗熙와 여산礪山 갔다. 하라버님 제수祭需 홍성興成을 하여 실었다. 60분六十分에 신막新幕 도착到着. 가지고 간 매실주梅實酒를 용제龍弟 집에서 의봉儀鳳 씨와 용·철龍徹 제弟와 마셨다. 점심 뒤 철제徹弟와 여산礪山 읍내邑內 갔다. 이한주李漢周 군君은 낙수질 가서 문상問喪을 못하고 구연수具延壽 군君 약방藥房으로 갔다. 투망投網을 이세운李世雲 아들게 얻어 가지고 게서 만난 도燾 군君게 끌려 그 과수원果樹園으로 가 포도葡萄 수밀도水蜜桃 배를 먹고 왔다. 의봉 씨儀鳳

氏가 참숫골 토강土江에서 투망投網질을 하였다. 붕어, 새우 두어 사발 가량 잡었다. 왕묘王墓 당숙堂叔이 오셨다. 자정子正에 제사祭祀를 지냈다. 구름 한 점 없이 밤을 밝었다.

8월 31일. 열 시 떠났다. 광주光州 우체청郵遞廳 이응구李應九 군君이 전주全州 와서 전화電話했다. 45분四十五分 전주全州 착着. 우체국郵遞局 들어 이응구李應九 군君 만나 창신관昌信館서 오찬午餐. 그리고 이응구李應九 군君은 광주光州로 가고 나는 집으로 왔다. 백련白蓮 한 대가 또 피었다.

9월

9월 1일. 무덥다. 문리대文理大 8시八時 반半에 나갔다. 강의講義 시작했다. 오후午後에 나왔다. 소공素空께 가서 소공素空, 포광包光을 데리고 왔다. 백련화白蓮花 완상玩賞하고 오식午食. 부엌 뒤 문門 앞에 작두새암 공사工事를 하다. 오후午後 부터 6, 7시간六七時間 철관鐵管을 박었다. 다행히 물이 솟았다. 철관鐵管은 20척二十尺 4촌四寸. 그 4분四分의 1 이상以上 들어갔다. 밤에 비가 많이 왔다.

9월 2일. 비. 서무과장庶務課長 문의근文義根 군君을 오라 하여 작두새암 공사工事를 말하였다. 작두새암 철관鐵管 뚜겅을 와 놓고 시험試驗해 보았다. 구정물이 펑펑 나온다. 석비레 물이라고 한다. 좋은 물이 나오겠다고. 오목대梧木臺 남南쪽 밑이라 맑고 좋은 물이 나올 줄 믿는다. 비는 오정午正에 갰다. 문리대文理大 나가 교수회敎授會.

9월 3일. 문리대文理大 나갔다. 처妻가 여산礪山서 왔다.

9월 4일. 이리 중대中大 나가 3강三講하고 오후午後 1시 버스로 왔다.

9월 5일. 예동汭東을 가 보았다.

9월 6일. 본부本部서 학장회學長會, 종일終日 했다. 한완석韓完錫 군君이 조화朝花 두 병과 포도葡萄, 배 한 끄레미 가지고 왔다.

9월 7일. 문리대文理大 2강二講.

9월 8일. 문리대文理大 3강三講. 백로白露. 문의근文義根, 박보서朴俌緖, 정인승鄭寅承 군君과 오반午飯.

9월 9일. 생량生凉했다. 아침저녁은 차고 낮때엔 덥다. 문리대文理大 나갔다. 이종수李鐘壽 부상父喪 조문弔問. 소공素空도 찾어보았다. 『불교佛教』 3호三号에 실릴 「동동動動」에 대한 원고原稿 썼다. ─「불교佛教와 국문학國文學」.

9월 10일. 오경午頃에 짚차로 처妻와 종희宗熙 내외內外며 양배良培와 길례吉禮는 병표秉表와 함께 떠나 여산礪山 가다 나는 금마金馬서 내려 이겸태李謙泰, 소병식蘇秉寔 군君을 찾어보고 오후午後 네 시 떠나 집을 갔다. 만송晩松께서 술 먹었다.

9월 11일. 추수절秋收節(음陰 8월 15일) 추석秋夕. 차례茶禮 지내고 뒷산山에 성묘省墓. 오후午後 나는 짚차車로 전주全州를 왔다. 무덥다.

9월 12일. 퍽 무덥다. 오후午後 짚차車를 여산礪山 보내어 처妻와 종희宗熙 처妻, 여女와 병표秉表, 완희完熙, 재희再熙와 길례吉禮가 왔다. 밤부터 비가 줄줄 내린다. 소공素空을 청請하여 일음一飮.

9월 13일. 비를 무릅쓰고 이리裡里 원대円大에 나갔다. 3강三講하고 오후午後 1시一時 다행히 씨에이씨 추럭을 타고 전주全州까지 왔다. 운전수運轉手께 300원三百円 주었다. 퍽 고맙다. 비는 여전.

9월 14일. 비는 여전. 문리대文理大 나가 2강二講.

9월 15일. 비가 갰다. 문리대文理大 1강一講. 서무과장庶務課長 문의근文義根 군君과 본부本部 총장실總長室에 가서 교사校舍 신축비新築費 협의協議. 다시 문리대文理大 가서 1강一講 하고 김포광金包光과 함께 와 오식午食.

9월 16일. 문리대文理大 나갔다. 오정午正에 본부本部 총장실總長室서 중고등학교장中高等學校長과 간담懇談. 창신관昌信館서 오찬午餐. 중고등교中高等校의 배당配當된 문리대文理大 신축비新築費가 30여만 원三十餘萬円 미수未收하여 그걸 호소呼訴하였다.

9월 17일. 소공素空을 보았다. 백동白銅 화로火爐를 6천 원六千円에 샀다. 유직양柳直養 씨를 찾어보았다. 문리대文理大 나갔다. 오전午前 10시十時 반半 시청市廳 문리대文理大 신축新築 기성회원회期成會員會에 참여參與. 일반인一般人 기부금寄附金 미수未收 건件을 상의相議. 소공素空이 왔다. 두어 잔 함께 했다.

9월 18일. 이리裡里 중대中大 나가 3강三講 하고 빠쓰로 오후午後 돌아왔다. 처妻는 여산礪山 갔다.

9월 19일. 고사동高士洞 최홍산崔洪山 경렬景烈 군君 가家에서 시회詩會 — 천天, 전前, 연煙, 년年, 연緣 — 운자韻字. 나도 참석參席.

慚愧何須仰見天, 潭淸如鏡我堂前.

那知瓊島餐霞客, 謫在塵間吸火煙.

淫雨初晴收暑氣, 嘉禾晩熟大登年.

拙於生計無甔石, 只有梅蘭翰墨緣.[6]

6 부끄러움이야 어찌 하늘을 쳐다보아야 하리오.

9월 20일. 1학기말一學期末 시험試驗 시始. 문리대文理大 나갔다. 짚차車로 최지산只山과 함께 긍둔肯遯 김창金滄 군 이사한 집을 찾다. 가작佳酌 청담淸談으로 반일간半日間을 얻었다.

半崕路入二松間, 一角板門楗不關.
俯瞰時時臨大道, 擧頭面面對青山.
停車散策因偸暇, 佳酌淸談剩得閒,
我亦接隣思屛迹, 與君朝夕共怡懽.[7]

9월 21일. 문리대文理大 나갔다. 소공素空과 추탕鰍湯을 먹었다.

거울처럼 맑은 못이 내 집 앞에 있네.
어찌 알리오, 경도(瓊島)의 도 닦는 사람이
속세에 유배되어 화연(火煙)을 마시게 될 줄.
장마 처음 개고 더운 기운 걷히더니
열매 많은 벼 늦게 익어 대풍년이로구나.
생계에 졸렬하여 한 섬 곡식이 없고
다만 매화와 난초의 한묵연(翰墨緣)이 있을 뿐이네.

* 경도(瓊島)는 신선이 산다는 곳이며, 찬하객(餐霞客)은 선도(仙道)를 닦는 사람을 뜻하는 말이다. 담석(甔石)은 한 섬들이 독 또는 한 섬의 곡식을 뜻하는 말이다.

7 벼랑 허리 길로 소나무 사이 들어가니
판자 일각문에 빗장도 걸지 않았네.
굽어보면 때때로 큰길이 보이고
머리 들면 온통 푸른 산 마주하네.
수레 멈추고 산책하여 틈을 내고
좋은 술 맑은 담론에 실컷 한가로움을 얻네.
나 또한 이웃으로 자취 감출 것 생각하노니
아침저녁으로 그대와 함께 즐거워하리라.

* 일각문은 양쪽에 기둥을 하나씩 세워서 문짝을 단 문을 뜻하는 말이다.

9월 22일. 긍돈肯遯게 청주淸酒 1병一甁과 감, 배 한 끄러미를 보냈다. 대구사대大丘師大 이재수李在秀 군君이 「이조李朝 악제樂制 원류源流」와 초출抄出할 원고지原稿紙 등을 보냈다. 오늘부터 갈 천기天氣다. 그래도 낮때는 덥다.

9월 23일. 문리대文理大 나갔다. 오후午後 5시五時 김상오金相五 군君과 임길부任吉溥, 이기석李基錫, 박찬호朴燦皓 군君과 함께 짚차車로 동산촌東山村 박찬호朴燦皓 군君 집을 갔다. 정육正肉 4근四斤, 임금林檎, 리梨 한 끄러미를 가지고 갔다. 김교선金敎善, 김용민金容民 군君이 이리裡里서 와 박보서朴俌緖 군君이 못 오겠다는 말을 전한다. 음식상飮食床이 소담하다. 먹고 마시고 돌아왔다.

9월 24일. 비 왔다. 9시九時부터 본부本部서 학장회學長會. 중간中間엔 평의원회評議員會. 그리고 또 학장회學長會. 저녁까지 시겨 먹고 통행금지通行禁止 싸이렌이 난 뒤에야 파하다.

9월 25일. 비 왔다. 문리대文理大 나갔다 나파羅婆집을 갔다. 박보서朴俌緖, 김상오金相五 이희균李曦均 군君과. 그 이웃 미친년이 와서 기명器皿이며 장독을 다 때려 부셨다. 술을 받어다 먹었다. 농고農高 교장校長 강용구姜龍求 군君이 왔다. 창신관昌信館으로 갔다. 김포광金包光, 최지산崔只山이 왔다. 석반夕飯. 강姜 군君이 한 고수鼓手를 부르고 노래를 하였다.

9월 26일. 맑다. 송병초宋炳樵 군君이 왔다. 대구大丘서 온 등초謄抄할 종이 천 장千張, 골필骨筆 두 개, 탄산지紙 50장五十張과 『아악부가집雅樂部歌集』 4책四册을 주고 벳기라 하였다. 오늘부터 완연한 갈바람이다. 남문南門 밧 시장市場에서 양파(양총洋葱, 호총胡葱) 3근三斤을 사왔다.

9월 27일. 종희宗熙, 병표秉表가 짚차車로 여산礪山 갔다. 문리대文理

大 나갔다. 긍둔肯遯 송창宋滄 군君을 찾어보았다. 처妻가 이리裡里 경유經由 뻐쓰로 왔다.

9월 28일. 박병순朴炳淳, 신석정辛夕汀, 신근辛槿(백양촌白楊村) 군君이 왔다. 포광包光이 왔다. 송준호宋俊浩 군君 부친父親 회갑연回甲宴에 갔다.

9월 29일. 아침에 백남석白南淅 군君이 와서 가자 한다. 가보니 일석一石, 백남규白南圭, 춘전春田, 이춘기李春基 군君이 와 있다. 조반朝飯 겸 술을 먹었다. 종희宗熙와 며느리와 양배良培가 짚차車로 공주公州 갔다.

9월 30일. 짚차車가 공주公州서 왔다. 포광包光, 백초白樵, 소공素空과 오찬午餐. 정인승鄭寅承 군君이 왔다.

10월

10월 1일. 긍둔肯遯과 짚차車로 구이면九耳面을 나갔다. 두방리斗方里 고재顧齋 이병은李炳殷 선생先生을 찾었다. 조화朝花 두 병과 배 한끄러미 가지고 갔다. 78세七十八歲 노인老人으로 귀는 좀 어둡다. 전간제田艮齊 문인門人. 술 한 병 함께 다 거울렀다. 배를 깎어 안주按酒하고. 그리고 긍둔肯遯의 손서孫壻를 항가리抗柯里 국민학교國民學校에 찾어 그 집인 원기리院基里로 갔다. 그 사돈查頓 이춘호李春浩 씨氏는 77세다. 게서 점심点心. 또 술을 먹었다. 돌아올 때 긍둔肯遯은 취하여 차車 속에 누었다. 긍둔肯遯 집까지 모셔다 드리게 했다.

10월 2일. 비가 온다. 처妻는 오후午後 짚차車로 여산礪山 갔다. 증조고曾祖考 기고忌故가 있다. 법대 학장 전승범全承範 군君 집에서 정인승鄭寅承 군君과 술 먹었다.

10월 3일. 비 오다 개었다. 김봉호金鳳浩 군君 아들 영기永麒 백일百日이라고 청請했다. 가서 조반朝飯. 박보서朴俌緖, 김근수金根洙, 정인승鄭寅承 군君이 왔다. 술 마시고 또 김근수金根洙 군이 요전 그 장녀長女 결혼結婚을 하였다고 봉선옥鳳仙屋으로 가서 석찬夕餐를 냈다.

10월 4일. 문리대文理大 나갔다. 소공素空을 찾었다. 게서 매곡梅谷도 만났다. 백초白樵가 오렌지, 양란洋蘭, 서향瑞香 뿌리를 가지고 왔다. 더불고 석반夕飯. 새우젓 한 통을 천팔백 원千八百 円에 사 왔다.

10월 5일. 비. 문리대文理大 2시간 강의講義. 봉선옥鳳仙屋 가서 임길부任吉溥, 박보서朴俌緖, 김상오金相五 군君과 점심点心. 길부吉溥 군 사임을 했다. 내가 냈다.

10월 6일. 비. 문리대文理大 2시간二時間 강의講義. 노판우盧鈑愚, 박보서朴俌緖 군君과 가치 총장總長께 가서 김충선金忠善 군君과 타협妥協하여 김병철金秉喆 군君 전임강사專任講師를 작정作定했다. 그리고 후원회後援會 이사理事 두 분과 문의근文義根, 조병희趙炳喜와 만나 집에 점심点心. 쥐가 오렌지, 꽃봉오리와 순을 끊어 먹었다. 쥐가 극성하다. 쥐약을 놓았으나 점점 극성하다. 해바라기 씨를 까먹는다. 의이薏苡, 상수리 열매를 물어 간다. 계수桂樹 닢과 순을 끊고 그 껍질을 쏠는다. 고구마를 핥자긴다. 보리가마니를 좃는다. 심지어 무, 배추까지 끊어 먹는다 하여 차마 견딜 수 없다. 올해엔 각 지방地方에서 이런 쥐 난리다.

10월 7일. 비. 교수회敎授會 오후午後 네 시부터 여섯 시 반까지. 삼남일보사三南日報社에 한글날 「세종대왕世宗大王의 국문학國文學」을 써 주었다.

10월 8일. 비. 8시八時 반半 장금순張金淳 군君 집으로 갔다. 그 장남長男 상현相鉉 군君과 남원南原 정순문鄭淳文 군君 삼녀三女 계숙季淑

양孃과의 결혼식結婚式이 있다. 9시九時 반半 넘어 그 일행一行과 나는 나의 짚차車로 떠나 오정午正에 남원南原 도착到着. 극장劇場이 식장式場이다. 오후午後 두 시 나는 주례主禮하여 식式을 끝내고 정순문鄭淳文 군君 집으로 큰 상床을 받었다. 지주旨酒 가효佳肴다. 먹고는 회환回還하였다.

10월 9일. 개었다. 한글날. 장금순張金淳 군君 집에 가 조반朝飯. 도립병원道立病院 김원태金元泰 군君과 함께. 본부本部로 가서 계국장桂局長, 임과장任課長과 가치 총장總長 집으로 가 그 수양녀收養女와 법대法大 운전수運轉手와 결혼結婚 주례主禮. 며누리와 양배良培가 왔다.

10월 10일. 이광렬李光烈 군君을 찾어보았다.

10월 11일. 원광대학円光大學에 나갔다. 포광包光과 함께 돌아오다가 중대中大에 들렀다.

10월 12일. 문리대文理大 나가 네 시간 강의講義. 어머님 기고忌故.

10월 13일. 문리대文理大 두 시간時間 강의講義. 법원장法院長 문옥주文沃柱 군君을 가 보다.

10월 14일. 문리대文理大가 오늘 신축新築 덕진德津으로 이사移舍 운반運搬. 덕진德津도 나가 보고 오다가 본부本部 사무원事務員과 점심點心. 처妻가 여산礪山서 왔다.

10월 15일. 덕진德津 나가서 보고 왔다. 소공素空이 와서 야매野梅를 분총分叢하고 조롱박을 탔다. 최승범崔勝範 군君이 와서 창窓을 발렀다.

10월 16일. 명랑明朗. 덕진德津 신교新校서 5대학五大學 친목親睦 배구대회排球大會며 5대학五大學 교직원敎職員 대회大會며 문리대文理大 이사移舍 축하회祝賀會가 있었다. 7시七時에 나가 오후午後 5시 반에 오다가 문리대文理大 교직원敎職員들과 화랑식당花郎食堂서 석식夕食.

10월 17일. 종일終日 집에 있었다. 양정희楊定熙 군君이 왔고 박병순朴炳淳 군君과 남원농고南原農高 교감敎監이 왔고 홍순태洪淳太 군君이 왔다.

10월 18일. 8시 반半 짚차車로 여러 교직원敎職員과 가치 덕진德津 나갔다. 오정午正에 나는 돌아왔다. 최상수崔常壽, 정인승鄭寅承, 이숭녕李崇寧 군에게 각각 편지 부쳤다. 날이 무덥다. 최 군崔君 상점商店에 나가 두어 잔 했다. 술맛이 좋아서 두 병을 사 오라 하였다. 난蘭을 씻기고 국菊을 걷어 주었다.

10월 19일. 덕진德津 문리대文理大 나가 네 시간 강의講義.

10월 20일. 처妻가 여산礪山 갔다. 덕진德津 나가 2시二時 강의講義. 총장總長 김金 박사博士가 나왔다. 이리裡里 중대中大, 원대円大를 나가지 말라고 간청懇請한다. 나는 인정人情 또는 형편形便으로 뗄 수 없다고 하다가 아니 나가기로 작정作定했다. 김영준金榮俊 군君과 점심点心. 오후午後 5시五時 본부本部에 불려가서 사무국장事務局長 계용각桂龍珏 교학국장敎學局長 김충선金忠善 군君과 문리대 짚차로 이리 갔다. 농대학장 백남혁白南赫 군도 동승同乘. 농대農大 몇 교수敎授가 학장學長 배척排斥을 하여 평화平和, 중앙中央, 전북全北, 삼남三南 각各 신문新聞에 그 사유事由가 기재발표記載發表 되었다. 그 진상眞狀을 조사調査하러 갔다. 여섯 시 이리裡里 진광옥珍光屋서 석반夕飯하고 신흥여관新興旅館서 잤다.

10월 21일. 아침에 농대農大 후원회장後援會長 김완규金完圭며 시의원市議員 성항용成亢庸이며 시의장市議長 등을 찾어보고 조반朝飯 후엔 농대農大로 가서 그 반대反對 교수敎授며 기타其他 교수敎授며 학생위원장學生委員長 김영수金英洙 군君을 대하여 그 말을 듣고 우리는 회환

回還하였다. 오정午正 지나 전주全州호텔서 김金 총장總長 두째 따님 약혼식約婚式을 보고 오식午食하고 법대 학장실로 가서 명륜재단明倫財團의 남어지를 토의討議하여 문리대文理大 법대法大에 분배分配케 하였다. 날이 저물었다. 최승범崔勝範 군君과 병용秉庸 군君이 왔다. 박보서朴俌緒, 정인승鄭寅承 군君이 저녁에 왔다. 매실주梅實酒 두어 잔 나누고 서정敍情을 하였다.

10월 22일. 11시 급행열차急行列車로 서울을 갔다. 본부本部 김金 국장局長, 최崔 과장課長과 동행同行. 차중車中에서 이경복李京馥을 만나 서울역驛 착着. 오후午後 10시十時. 자동차自動車로 계동桂洞 2二의 24二四로 가 잤다.

10월 23일. 양순자梁順子 찾고 인촌仁村을 찾었으나 못 보고 문교부文敎部로 가 총무과장總務課長과 본부本部의 김金, 최崔 양인兩人과 이희양李喜陽 군君과 총무처장總務處長을 만나보고 서울 문리대文理大로 가서 동빈東濱, 일석一石, 박종홍朴鍾鴻, 이숭녕李崇寧 군君들을 만나보고 장지태張之兌, 김동욱金東旭 군君과 점심点心. 원서동苑西洞 순자順子게서 잤다.

10월 24일. 계동桂洞 2二의 24二四 본제本第에 들렀고 이윤희李允熙씨를 찾어 보고 한글학회學會, 통문관通文館을 거쳐 김인수金仁洙 군을 찾었다. 지주旨酒를 준다. 이성의李聖儀 군을 찾어 함께 최남선崔南善 군을 찾었다. 중풍中風으로 누었다가 일어앉으며 퍽 반가워하고 호언豪言은 여전如前히 한다. 동덕국민학교同德國民學校서 서울 문리대文理大 졸업생卒業生들을 만났다. 원서동苑西洞서 잤다.

10월 25일. 계동桂洞 2二의 24二四 본제本第 거쳐 이일李一 군君 집에서 조반朝飯. 전동여관典洞旅館 가서 본부本部의 김金, 최崔 양군兩君을 보고 국악원國樂院, 사범대학師範大學, 신문학원新聞學院을 찾고 서울 문리대文理大 동빈東濱, 두계斗溪, 일석一石을 만나 동빈東濱 집에서 오찬午餐. 서울 문리대文理大 졸업생卒業生들을 종로鐘路 어느 음식점飮食店서 만나 석찬夕餐를 받었다. 인촌仁村을 찾었으나 취침就寢 중中이라기 못 보고 원서동苑西洞서 잤다.

10월 26일. 문교부文敎部 가서 총무과장總務課長, 고등교육국장高等敎育局長을 보고 풍문여고豐文女高 김성달金性達 군君을 보고 서울 문리대文理大 장지태張之兌 군君과 점심点心. 김동욱金東旭 군君에게『시조時調와 창작론創作論』,『근조국문학사近朝國文學史』 등을 증여贈與. 최윤식崔允植 군君도 만났다. 박종홍朴鍾鴻, 고형곤高亨坤, 동빈東濱, 두계斗溪, 일석一石, 강한영姜漢永 군君과 일취옥一醉屋서 석반夕飯. 강 군姜君과 계동桂洞 2二의 24二四에 왔다. 정병욱鄭炳昱 군이『동방학보東邦學報』,『시용향악보時用鄕樂報』 가지고 왔다. 경복京馥이게 2호차표二号車票를 받었다. 원서동苑西洞서 잤다.

10월 27일. 5시五時 출발出發. 금호문金虎門 앞 대로大路서 자동차自動車 타고 역驛에 나갔다. 이숭녕李崇寧 종宗씨가 나왔다. 함께 2호차二号車 탔다. 15시十五時 5분五分 전주全州 착着. 문선규文璇圭, 김근수金根洙 군君이 짚차車 가지고 등대等待하고 있다. 중흥관中興館서 석반夕飯하고 선각여관仙閣旅館으로 들게 하였다. 감기 들렸다.

10월 28일. 8시八時 숭녕崇寧 종씨와 덕진德津 문리대文理大 나왔다. 오후午後 3시三時 반 숭녕崇寧 종씨와 함께 본부本部 총장總長을 찾어보았다. 심원다방心園茶房을 갔다. 코밑이 붓었고 혀가 희여졌다.

10월 29일. 오정午正에 숭녕崇寧 종씨와 덕진德津서 가다가 문화여관文化旅館 앞 오뎅집에서 점심点心하고 데리고 오목대梧木臺, 한벽당寒碧

堂을 구경하고 나 있는 양사재養士齋에 들러 고서古書를 보고 총장總長 김두헌金斗憲 박사博士 집으로 가서 석반夕飯. 처妻가 유행 양洋 감기로 중통重痛한다기 찦차車를 보내어 여산礪山서 왔다. 나는 혀 오른편 밑이 허옇게 희여지고 말하기도 거북스럽다.

10월 30일. 덕진德津을 숭녕崇寧 종씨宗氏와 나왔다. 오후午後 네 시 옴팍집서 석찬夕餐 대접했다. 처妻에게 형방패독산荊防敗毒散 2첩二貼을 썼다.

10월 31일. 숭녕崇寧 종씨宗氏와 덕진德津 나왔다. 두 시간 강의講義 및 시험試驗. 그리고 11시十一時 25분二十五分 급행急行으로 숭녕崇寧 종씨宗氏는 떠났다. 처妻는 '에이비씨'를 먹고 골머리와 귀쑤시는 건 좀 난 듯하다가 밤에는 여전如前히 중통重痛한다. 신열身熱이 높다.

11월

11월 1일. 임택룡林澤龍 군君 자제를 청하여 처妻의 진찰診察을 하고 주사注射 또는 약藥을 먹였으나 그다지 효험効驗이 없다. '쿠로로마이신'을 세 봉 사다가 여섯 시간 만에 연복連服시겼다. 통증痛症도 개고 신열身熱도 내렸다.

11월 2일. 10시十時 본대학本大學 앞마당에 입대졸업생入隊卒業生 장행회壯行會를 하였다. 훈사訓辭하여 식이 끝난 뒤에 오반午飯을 주었다.

11월 3일. 학생學生날. 휴업休業, 동산촌東山村 임길부任吉溥 군君을 찾어보고 삼례參禮 최석천崔錫天 군君 가정家庭 실태實態를 물었다. 이경복李京馥 처제妻弟와 최석천崔錫天 삼남三男과 의혼議婚 중中인 바 알어달라는 것이다.

11월 4일. 덕진德津 나가 두 시간 강의講義. 오후午後 두 시 들어왔다. 감기는 좀 덜하다. 혀는 낫었다. 날이 따듯하다. 이겸로李謙魯 군君이 영인影印『송강가사松江歌辭』를 보내 주었다.

11월 5일. 덕진德津 나갔다.

11월 6일. 덕진德津 나갔다.

11월 7일. 오시午時 전주여중全州女中 강당講堂서 김영호金映浩 씨氏 차남次男 형천炯千 군君 진복봉陳福奉 씨氏 장녀長女 생금生金 양孃과의 결혼식結婚式 주례主禮하고 식후式後 진복행陳福幸 씨氏 집으로 가서 연향宴享을 받었다.

11월 8일. 덕진德津 나갔다. 신구문화사新丘文化社 이종익李鍾翊 군이 백철白鐵 편지 가지고 왔다. 『국문학사國文學史』 출판出版키로 하고 우선于先 5만 환五萬圜 준다.

11월 9일. 덕진德津 나가 4시四時 강의講義.

11월 10일. 덕진德津 나가 2시간 강의講義.

11월 11일. 덕진德津 나가 2시간 강의講義.

11월 12일. 본부本部서 학장회學長會. 총장總長은 11시時 대전太田 향向해 떠나고 우리는 그 잔무殘務를 토의討議타가 어느 오뎅집서 점심点心코 심원心園서 차茶 먹고 파했다.

11월 13일. 휘발유揮發油가 없어 나는 아니 가고 강의 있는 선생先生들만 보냈다. 장왕사章旺社 이광의李廣儀 군이 김상기金庠基 군 편지를 가지고 와서 『계축일기癸丑日記』를 출판키로 하였다.

11월 14일. 종일終日 집에 있었다. 레몬 꽃 향을 맡으며 시詩를 3수三首 읽었다. 별지別紙에 기록記錄. 김동철金東轍 군君이 오고 소공素空이 왔다.

11월 15일. 덕진德津 나가 장순하張諄何 군君이 찾어왔기 함께 전주고교全州高校, 여고女高 등을 들려 석정夕汀, 최승범崔勝範 군君을 오라 하여 소음小飮을 하였다. 김상오金相五 군君이 외간상外艱喪에 갔다 왔다기 가 조문弔問.

11월 16일. 5시五時 반半 대전太田 행行 빠스로 처妻가 여산礪山 갔다. 덕진德津 나가 네 시간時間 강의講義.

11월 17일. 덕진德津 나가 2시간 강의講義.

11월 18일. 덕진德津 나가 2시간 강의講義. 송창宋滄 군君이 왔다. 다리봉 가서 법대학장法大學長 또는 김상오金相五, 문의근文義根 군君과 석찬夕餐. 이화교실理化敎室을 법대法大에 빌어썼다가 오늘 다 이전移轉했다. 사의謝意를 표表함이었다.

11월 19일. 덕진德津 나갔다가 도보徒步로서 농림고교農林高校를 지나 송긍둔宋肯遯(창滄) 군君 집을 찾었다. 술 마시고 오다가 또 소공素空 집에서 술하고 나오다가 임택룡林澤龍 군君 만나 또 한 잔하였다.

11월 20일. 오전午前 10시十時 김포광金包光 2남二男 기동基東 군君과 이분승李分承 양孃과의 결혼식結婚式 주례主禮. 식式 마치고 신부新婦 집인 서신동西新洞(전용리田龍里)으로 가서 오찬午餐 받고 포광包光, 소공素空과 돌아오다 포광包光 집에서 또 한잔 하였다. 신부新婦는 전의全義 이씨李氏로서 이석길李錫吉, 이철승李哲承의 집안이었다. 짚차車는 여산礪山 보냈다.

11월 21일. 도동道東이 왔다. 오정午正에 짚차車와 처妻가 왔다. 바퀴가 빵크 나서 논산論山까지 가서 고쳐 가지고 왔다 한다.

11월 22일. 덕진德津 나갔다. 백채白菜 5백五百 포기 사서 김장 시작.

예동汭東 집에 가서 술 먹었다. 그 2녀二女 동뢰연同牢宴.

11월 23일. 덕진德津 나가 네 시간時間 강의講義.

11월 24일. 8시八時 반半 봉래원蓬萊園서 백정기白定基 군君 손녀孫女 백인순白寅淳 양孃과 진승구陳丞九 군君과의 혼례婚禮 주례主禮. 식후式後 백정기白定基 군君 집으로 가서 오찬午餐.

11월 25일. 덕진德津 나가 2시간 강의講義.

11월 26일. 9시九時 덕진德津 문리대文理大서 학장회의學長會議. 16시 반半 끝나고 운선옥雲仙屋서 석찬夕餐 대접待接.

11월 27일. 오전午前 10시十時 본부本部에 가서 총장總長과 문리대文理大 인사人事에 관한 타협妥協. 오후午後 두 시에 또 가서 진단학회震檀學會『이조실록』반환返還 주제主題 협의協議. 그리고 3시三時 반半 나는 찦차車로 처妻와 종희宗熙, 완희完熙, 찬영粲永 3모자三母子와 함께 여산礪山 갔다. 네 시 반半 진사동眞絲洞을 갔다. 아버님 기고忌故. 용龍·철徹 제弟 및 여러 조카와 제사祭祀지냈다.

11월 28일. 용제龍弟 생일生日. 신막新幕 용제龍弟 집에서 조반朝飯. 병암屛岩 삿골 숙叔과 병관秉寬·병문秉文 제弟도 왔다. 병철秉徹 신축新築 집에서 또 일작一酌. 그리고 집으로 와서 오반午飯 첨작添酌. 그리고 마산馬山 아주머니 찾어뵙고 떠났다. 처妻만 떨어졌다. 금마金馬 와서 소진걸蘇鎭杰 군君 데리고 팔봉八峯 가서 그 고형故兄 소진문蘇鎭文 군君 조문弔問. 6백 원六百円 부의賻儀. 게서 술 두 주전자를 마시다가 마주막을 토吐하였다. 당기지 않는 최후最後 한 잔을 사양 사양하다가 강권强勸하기 먹었다. 그리고 다시 금마金馬로 나와서 전주全州로 왔다.

11월 29일. 덕진德津 문리대文理大 나갔다. 11시十一時 돌아 왔다. 소공素空 데리고 와 술 먹었다. 백초白樵가 와서 한파韓婆집에 술을 또 먹었다.

11월 30일. 음산하다. 오전午前 9시九時 봉래원蓬萊園서 이중묵李重默 차남次男 영종英鐘 군君과 신현익申鉉翊 차녀次女 복희福姬 양孃과의 혼례식婚禮式 주례主禮. 오시午時 폐식閉式 그리고 검암동劍岩洞 신현익申鉉翊 댁으로 가서 오찬午餐. 오후午後 2시二時 반半 비가 온다. 덕진德津 문리대文理大 갔다가 걸어오다 찦차車 타고 왔다.

12월

12월 1일. 덕진德津 나가 두 시간時間 강의講義. 첫눈. 첫얼음.

12월 2일. 덕진德津 나가 두 시간時間 강의講義하고 교수회敎授會. 여섯 시 돌아왔다. 매화분梅花盆을 방에 들여놓았다.

12월 3일. 장작 천오백千五百 포包를 삼만 천오백三萬千五百 원円에 사들이고 들이는 싹을 천삼백千三百 원円 주었다. 덕진德津 나갔다. 고아원孤兒園도 가 보았다. 노철盧瞮 군君이 양양襄陽서 왔다. 함께 잤다. 정인승鄭寅承, 김근수金近洙 군君도 왔다.

12월 4일. 노철盧瞮 군君을 김포광金包光 선생先生 댁을 윤선원尹善原 군君 시겨 알리게 하였다. 오늘 봉래원蓬萊園서 주례主禮하기로 했으나 신랑新郞이 부산釜山서 안 와서 말었다. 소공素空, 포광包光이 와 함께 마셨다. 노철盧瞮 군君과 잤다.

12월 5일. 오전午前 건배建培, 완희完熙 데리고 왕王마늘 되야마늘, 움마늘을 심었다. 오후午後 이리裡里 원광대학円光大學을 갔다. 노철盧瞮, 포광包光과 함께. 5십 분五十分에 도착到着. 학장學長 박길진朴吉眞 군君

을 찾었다. 술을 낸다. 노철盧瞮 군君을 국문선생國文先生으로 천거薦擧했다. 돌아왔다. 노철盧瞮 군君과.

12월 6일. 노철盧瞮 군君은 떠났다. 나는 시청市廳 앞 건설과建設課로 갔다. 기획계企劃係 박종만朴鐘萬 군君이 그 부친父親 회갑回甲이라 청請함이다. 11시 빠스 타고 떠나 오후午後 두 시 화호禾湖 10리허十里許 석지리石池里 박종만朴鐘萬 군君에 이르렀다. 술 한 잔 드리고 술을 먹고 가무歌舞도 보고 떠나왔다. 이공엽李恭燁, 박창주朴昌株 군君과 오뎅을 먹었다. 석지리石池里 뒤로 조소리鳥巢里엔 김봉준金琫準 출생지出生地.

12월 7일. 비가 종일終日 온다. 덕진德津 나가 네 시간 강의講義.

12월 8일. 비가 오후午後엔 멎었다. 덕진德津 나가 2강二講. 처妻가 여산礪山서왔다. 전前 전주역장全州驛長 박상운朴祥雲이 찾어왔다. 수선화水仙花 2근二根을 준다.

12월 9일. 음산하다. 덕진德津 나가 2강二講. 본부本部 총장總長을 가보고 학생學生 연극演劇을 연기延期.

12월 10일. 청명晴明. 9시九時 본부本部로 갔다. 본부本部선 교학국장敎學局長 김충선金忠善, 송주사宋主事 병초炳樵, 법대학장法大學長 전승범全承範, 농대학장農大學長 백남혁白南赫, 공대학장工大學長 조정만趙正萬, 상대학장商大學長 박효삼朴孝參 군君과 함께 10시十時 반半 떠났다. 임실任實로 하여 남원南原 가서 점심点心하고 순창淳昌, 담양潭陽을 거쳐 광주光州 갔다. 눈이 좀 온다. 청명여관淸明旅館에 들었다. 사세청司稅廳 총무국장總務局長 유근환柳根煥 군君을 찾어보았다. 운전수運轉手 윤선원尹善源 군君이 배종背腫이 나 오한惡寒을 한다. 송병초宋炳樵 군君 시겨 의원醫院에 가 수술手術을 하였다. 유근환柳根煥 군君이 복천福泉이란 술 두 병을 보냈다. 반주飯酒를 하였다.

12월 11일. 9시九時 송정리松汀里께로 한 15리十五里 나가 육군보병학교陸軍步兵學校를 찾았다. 전북대학교全北大學校서 입대入隊한 4학년생四學年生이 360명名. 문리대文理大선 38명名. 위문慰問함이다. 먼첨 교육부敎育部를 찾었다. 그 인도引導로 교장校長 육군陸軍 소장少將 박임항朴林恒을 찾었다. 퍽 친절親切하다. 점심点心도 주고 병사兵事도 열명說明해 주고 학도병學徒兵의 반항사건反抗事件과 탈주脫走한 일도 자세히 말해 준다. 그리고 전북대학교全北大學校서 간 학생學生 총원總員을 강당講堂에 집합集合하여 대면對面도 시겨 준다. 나는 5대五大 학장學長 대표代表로 격려사激勵辭를 하였다. 또 각기各其 거처居處하는 실내室內도 일일히 돌아보았다. 학생學生과 그 지도장교指導將校에게 위문품慰問品을 주었다. 5대五大 학생學生 대표代表들을 식당食堂으로 불러 보고 그 감상담感想談도 들었다. 오후午後 네 시 반 광주光州로 왔다. 5시五時 반半 명월관明月館으로 가서 보병학교장步兵學校長 및 지도교관指導敎官 10+여 명과 석찬夕餐. 기생妓生, 광대 10+여 명도 합석合席. 가무歌舞. 10시十時 돌아와 잤다.

12월 12일. 농대農大 차車, 법대法大 차車는 장성長城으로 간다 하고 나는 박효삼朴孝參 송병초宋炳樵 군君과 함께 찦차車로 6시 떠나 순창淳昌을 오니 7시七時 반半이다. 임봉주林鳳周 군君을 찾었다. 조반朝飯과 술을 준다. 8시八時 반 떠나 임실任實로 직행直行하여 전주全州는 11시十一時 도착到着. 오후 1시一時엔 봉래원蓬萊園서 오수정吳壽貞 군君과 김정안金正安 양孃과의 혼례식婚禮式 주례主禮를 했다. 눈이 온다. 식후式後 선너머(화산동華山洞) 신부新婦 집으로 가서 주식酒食을 하였다. 어두어서 전주의원장全州醫院長과 함께 걸어왔다. 처妻가 후발제後髮際로 고통苦痛한다.

12월 13일. 눈발이 날린다. 찦차車로 덕진德津 갔다가는 이리裡里 중대中大로 갔다. 네 시간時間 강의講義. 오후 3시三時에 서울서 이혜구李惠求, 윤태주尹泰株 군君과 박보서朴備緖, 송주영宋柱永, 김승연金承演 군君과 함께 왔다. 창신관昌信館으로 들어 김충선金忠善 군君을 오라 하여 석찬夕餐. 다방茶房도 갔다. 처妻가 후발제後髮際 수술手術. 성모의원聖母醫院서.

12월 14일. 눈. 덕진德津 나가 2시간二時間 강의講義.

12월 15일. 눈. 덕진德津 나가 2시간二時間 강의講義. 처妻가 고통苦痛한다.

12월 16일. 눈이 두어 치나 쌓였다. 덕진德津 나갔다. 10시十時 반半 봉래원蓬萊園서 김동희金東熙 군君과 김봉옥金奉玉 양孃의 혼례식婚禮式 주례主禮. 그리고 신부新婦인 화산동華山洞 가서 오찬午餐. 눈이 온다.

12월 17일. 8시八時 본부本部로 갔다. 노판우盧鈑愚, 문선규文璇奎, 허許 과장課長과 찦차車로 이리裡里 공대工大를 갔다. 학장學長, 교무과장敎務課長, 학생과장學生課長 연석회의連席會議. 오후午後 2시二時 끝내고 나는 원광대학円光大學으로 가서 전원배全元培 군君과 잤다. 순자順子 편지 보고 영근英根이 혼례婚禮에 5천 원五千円 보냈다. 임택룡林澤龍 군君 자제 임홍정林泓正 군君이 또 발제髮際 수술手術.

12월 18일. 3강三講. 오후午後 2시二時 반半 찦차車로 왔다. 소공素空, 포광包光이 왔다. 처妻가 퍽 고통苦痛한다.

12월 19일. 박종만朴鍾萬, 최승범崔勝範, 박병순朴炳淳 군이 왔다.

12월 20일. 덕진德津 갔다. 처妻의 발제髮際는 차차 낫어간다.

12월 21일. 덕진德津 나갔다. 학생들은 안 왔다.

12월 22일. 10시十時 본부本部서 임시학장회臨時學長會. 오후 3시三

時 반 돌아와 남원군南原郡 주생면周生面(일언방日彥坊) 상동리上洞里 양해중梁海重 군君을 교동校洞 전중권全中權 군君 집을 찾어 허홍석許洪錫 군君과 함께 마셨다. 경희京熙가 여산礪山서 왔다.

12월 23일. 덕진德津 나갔다. 백동기白東基, 김상오金相五 군君과 오찬午餐. 포광包光, 소공素空과 김현섭金顯燮 군君 집에 가서 석찬夕餐. 감기가 들었다. 밤엔 콧속이 찍찍하고 외약손 마디가 저리다. 백매白梅가 피었다. 신구문화사新丘文化社서 원고지原稿紙 천5백5십千五百五十 장張 보내 왔다.

12월 24일. 소공素空을 청請하여 매화음梅花飮을 하였다.

12월 25일. 경희京熙가 여산礪山 갔다.

12월 26일. 처妻와 양배良培 모녀母女가 여산礪山 갔다. 내일來日이 음陰 12월十二月 초3일初三日 처妻의 생일生日. 생일生日을 그리 쇠러 갔다.

12월 27일. 10시十時 본부本部 가서 후원회後援會 이사理事들과 연석회의連席會議를 하고 저녁엔 총장總長 집으로서 학장회學長會를 하고 다리봉으로 가선 망년회忘年會를 하였다. 처妻와 양배良培 모녀母女가 왔다.

12월 28일. 이웃 김한성金漢聖 군君이 조반朝飯 초招. 석정夕汀이 왔다.

12월 29일. 「낭이꽃」을 『삼남일보三南日報』 신년호新年號에 주다.

12월 30일. 덕진德津 나갔다. 처妻가 또 목 뒤 발제髮際가 공겨 수술手術하였다. 『삼남일보三南日報』에 「을미년乙未年의 사적史的 고찰考察」을 주었다.

12월 31일. 「동지冬至」를 『전북일보全北日報』 신년호에 주다. 처妻의 발제髮際가 훨씬 낫었다. 이학근李學根 군君이 왔다.

1955년(단기 4288년)

1955년(단기 4288년)

1월

1월 1일. 10시十時 본부本部서 신년축하식新年祝賀式을 했다. 심원다방心園茶房을 갔다. 전승범全承範, 이동술李東述, 박보서朴俌緒, 김상오金相五, 김교선金敎善 군君과 함께 오다 봉선관鳳仙館의 봉학鳳鶴을 데리고 왔다. 매화梅花 밑에서 두어 병 거울렀다.

1월 2일. 남상천南相天 군君이 와서 주례主禮를 해 달란다. 최승범崔勝範 군君 편지를 보다.

1월 3일. 이한주李漢周 군君 계자季子 인갑仁甲 군君과 남상천南相天 군君 매妹 이인以人 양孃과의 결혼식結婚式을 봉래원蓬萊園서 거행擧行하는데 내가 주례主禮. 오전午前 10시十時 반半서 오후午後 2시二時 반半까지. 남상천南相天 군君 집서 오찬午餐. 이정양李晶兩 군君과 오다가 천향옥天香屋서 석찬夕餐. 천구백 원千九百円.

1월 4일. 소공素空이 왔기 두어 잔 하였다.

1월 5일. 석정夕汀이 왔다.

1월 6일. 『국문학사國文學史』 초고草稿 정리整理, 개작改作 시작. 이리裡里 장순하張諄河 군君이 왔다.

1월 7일. 동상仝上 개작改作. 도동道東이 왔다.

1월 8일. 동상仝上 개작改作. 윤선원尹善源 군君 조부祖父 윤봉조尹奉祚, 최승범崔勝範, 박병순朴炳淳 군君이 왔다. 더불고 담화談話, 또는 주식酒食. 경희京熙가 여산礪山서 왔다.

1월 9일. 신우근辛雨根 양孃과 우리 문리대文理大 국문과 학생學生 김원배金元培 군君과 결혼식結婚式을 신辛 양孃 댁宅에서 하기 나는 그 일행一行과 함께 뻐쓰로 8시八時에 떠나 부안읍邑으로 갔다. 눈이 펄펄 날린다. 가서 구식舊式 겸 신식新式으로 하여 나는 주례主禮하였다. 오찬午餐이 있었고 우리 일행一行은 저물어 돌아왔다.

1월 10일. 양배良培의 첫 돌. 나는『국문학사國文學史』원고原稿를 정리整理. 눈은 올해로는 처음 많이 왔다. 북풍北風이 불어서 치위도 심하다. 김제교육감金堤敎育監 김보영金普榮 군君이 와 이달 말일부터 3일간 국문학國文學 강습講習해 달라고.

1월 11일. 원고原稿 개작改作. 오후午後엔 소공素空께 갔다가 출타出他하여 못 만나고 나오다가 박보서朴傭緖, 계순일桂淳一, 황재순黃在順 군君 만나 길자吉子집으로 가 마셨다.

1월 12일. 풀린다. 소공素空이 왔기 매실주梅實酒를 마셨다. 우육牛肉 한 근斤을 사서 영화映畫, 연극演劇 지도자指導者인 우禹, 이李 양군兩君과 술을 먹었다. 고기는 곱돌남비에 내가 지졌다. 원고原稿 정리, 개작改作.

1월 13일. 원고 개정原稿 改正. 군산群山 토요동인土曜同人 회장會長, 부회장副會長, 그 동인同人 셋과 석정夕汀이 와서 이달 26일~30일 5일간 군산群山서 시문학강좌詩文學講座를 열겠다고 내게는 민요民謠, 시조時調, 국문학사國文學史를 해 달라고 청請한다. 시장市場 음식점서 오식午食.

1월 14일. 군산群山 상대商大서 학장회學長會를 하였다. 10시 출발出

發, 11시 착着. 총장總長은 감기感氣로 못 가고 본부本部선 양兩 국장局長과 총무과장總務課長이 나왔다. 두 시간에 끝내고 명산옥明山屋으로 나와 오찬午餐. 그리고 네 시 회환回還.

1월 15일. 원고 개정原稿 改正.

1월 16일. 눈이 서너 치나 쌓였다. 원고 개정原稿 改正.

1월 17일. 원고 개정原稿 改正. 밤 눈.

1월 18일. 원고 개정原稿 改正. 밤 눈.

1월 19일. 원고 개정原稿 改正. 박보서朴俌緖 군君이 군산群山 상대商大 교수敎授들과 봉선관鳳仙館에서 나를 부른다. 평양平壤 노기老妓 김춘당金春塘의 금가琴歌를 들었다.

1월 20일. 원고 개정原稿 改正. 포광包光, 소공素空이 왔다. 고기 지지고 술을 마셨다.

1월 21일. 본부本部서 교무敎務, 학생學生, 서무庶務, 학장學長의 연석회連席會가 있었다. 그리고 총장댁總長宅에서 오찬午餐. 교학국장댁敎學局長宅에서 석찬夕餐. 처妻와 길례吉禮가 여산礪山 가려다가 찦차車가 사고事故나서 못 갔다. 대한大寒.

1월 22일. 누었다. 처妻와 길례吉禮가 여산礪山 갔다. 소공素空이 왔다. 운선옥에 가서 문리대文理大 교직원敎職員과 석찬夕餐. 김근수金根洙 군君 집으로 가서 한 잔 하고 왔다.

1월 23일.(음陰 12월十二月 30일三十日). 종일 원고 개정原稿 改正. 집에 있었다.

1월 24일(을미乙未 원조元朝). 꿈도 꾸고 새벽에 일어났다. 그리고 「을미 원조乙未元朝」라 하여

영하零下 십오 도十五度의 대한大寒도 다 지내고
잦었던 눈도 어제부터 다 녹이고
뜰앞의 매화梅花 봉오리도 볼록볼록하고나.

한잠 자고 나면 꿈만 시설스러웠다.
이 늙은 몸에도 이게 벌서 봄 아닌가!
일깨어 손주와 함께 뛰고 놀고 하였다.

한 분盆 수선화水仙花는 농주를 지고 있고
여러 난蘭과 난蘭은 입새만 퍼런한데
호올로 병을 거울러 국화주菊花酒를 마셨다.

여러 친구親舊들이 세배歲拜를 하러 왔다. 원고 개정原稿 改正.

1월 25일. 음陰. 퍽 눅었다. 눈얼음이 막 녹는다. 세배歲拜를 많이 왔다. 소공素空께 가서 두어 잔 하였다. 원고 개정原稿 改正. 최승범崔勝範 군君이 왔다.

1월 26일. 오전午前 10시十時 석정夕汀, 승범勝範 군君과 함께 찦차車로 군산群山을 갔다. 정두현丁斗鉉 군君을 찾어보고 고산시高山柿 백 개百介를 주었다. 게서는 장醬 1두一斗를 준다. 또 석찬夕餐을 박효삼朴孝參, 기타其他 은행銀行, 회사장會社長들과 게서 먹었다. 금학여관金鶴旅館(개복동開福洞)에 들었다. 오후午後 7시七時 와이엠스에서 시문학詩文學 개강開講. 나는 먼저 50분五十分 민요民謠, 시조時調를 주主로 하여 국문학國文學 강연講演. 비둘기다방에 들렀다. 토요동인회 회장會長 송기원宋基元, 김순근金順根 기외其外 동인同人들이 많이 왔다. 남녀 학생과 일반一般 유지有志도 많이 모였다. 7, 80명七八十名.

1월 27일. 질서姪壻 박우덕朴雨德을 찾어보았다. 석정夕汀과 옆집에서 해정解酲. 개복동開福洞 삼일여관三一旅館으로 옮겼다. 수사계장搜査係長 이호을李鎬乙 군君이 찾어왔다. 풍천장어長魚집에 가서 점심点心. 오후午後 여섯 시 1강一講. 서울서 김수영金洙暎 군君이 왔다. 시인詩人 정鄭 여사女史가 약주藥酒 한 병을 가지고 왔다.

1월 28일. 시장市場에 나가 점심. 남풍다방南豐茶房도 들렀다. 나는 오후午後 7시七時 강연講演. 원형갑元亨甲(원광대학円光大學 국문과國文科 졸업생卒業生)이 왔다. 밤엔 석정夕汀 친구親舊인 김제군金堤郡 죽산竹山 윤태순尹太淳이 맥주麥酒를 사들여 마셨다.

1월 29일. 눈비가 많이 왔다. 『지리산智異山』 잡지雜誌 주필主筆 전학배田鶴培 군君과 상대商大 박창근朴昌根 군君이 와서 점심点心를 사 준다. 오후午後 7시七時 강연講演. 삼남일보三南日報 지사支社 박홍식朴泓植 군君과 임인영林仁永, 이병훈李炳勳 군君이 왔다. 고은高銀 군君과 토요동인 회장會長 송기원宋基元, 김순근金順根 군君은 날마다 와서 시종을 든다. 전주全州 유임일柳林一 군君이 왔다.

1월 30일. 눈비가 온다. 전원다방田園茶房서 좌담회座談會. 어느 여염집에서 오찬회午餐會. 전주全州서 찦차車가 왔다. 상대학장商大學長 박효삼朴孝參 군君이 찾어왔다. 전북일보사全北日報社 분실장分室長 차칠성車七星 군君이 술을 가지고 와 마시고 주정을 한다. 시문학詩文學 강좌講座의 청중聽衆은 180百八十여 명, 대성황이었다.

1월 31일. 8시八時 반 떠나 김제군청, 교육청敎育廳을 찾어 김보영金普榮 군君을 보았다. 찦차車는 전주全州로 돌려보냈다. 김제국민학교金堤國民學校 강당講堂서 百分 1강一講. 청춘옥靑春屋서 점심点心. 또 오후

午後 1강一講, '국문학國文學과 국민정신國民精神'. 청강聽講하는 이는 주主로 국민학교國民學校 교장校長과 교감敎監, 교원敎員, 일반一般 유지有志며 학부형學父兄들이다. 백百여 명. 풍성여관豐城旅館서 잤다.

2월

2월 1일. 오전午前 중中 두 시간時間 1강一講. 점심点心은 중국요리中國料理. 아침엔 중앙국민학교장中央國民學校長 김수협金洙莢 군君이 해정解酲을 시겼다. 오후午後 또 1강一講. 경찰서장警察署長도 와 들었다. 2백여 명二百餘名. 신성옥新成屋서 연회宴會.

2월 2일. 오전午前 중中 두 시간時間 반半 연강連講으로 내 강연講演은 끝냈다. 청춘옥靑春屋서 점심點心. 오후午後 세 시 뻐쓰로 회환回還. 처妻와 종희宗熙가 왔다.

2월 3일. 덕진德津 나갔다. 포광包光, 소공素空을 데리고 와 술을 마셨다. 그리고 오후午後 3시三時 또 덕진德津 나가 교수회敎授會. 돌아오다 운선옥雲仙屋서 석찬夕餐. 10十여 명 문리대文理大 교직원敎職員과 함께.

2월 4일. 종일終日 집에 있었다. 정인승鄭寅昇, 김충선金忠善, 김기정金基正, 박보서朴俌緖, 이희균李羲均 군君들이 와 승가기勝佳妓(스끼야기)를 하고 마셨다. 전烇 군君과 최崔 군君이 또 와서 마셨다. 입춘立春.

2월 5일. 덕진德津 나갔다. 김근수金根洙 군君의 '이두吏讀 연구硏究'와 계일순桂一淳 군君의 '대수정리론代數定理論' 발표회發表會가 있었다. 본부本部, 법대法大 이리공대裡里工大, 농대農大서도 학·국장學·局長, 과장課長들이 왔다. 10시十時로부터 오후午後 2시二時까지 끝내고 점심點

心. 법대학장法大學長, 본부本部 국과장局課長과 돌아오다 운선옥雲仙屋서 여러 과장課長들과 합석合席하여 석찬夕餐. 법대法大서 또 천향옥天香屋으로 가자 하여 술을 먹인다. 기생妓生의 노래보다도 그 잡담雜談이 더 재미스러웠다.

2월 6일. 문선규文璇奎 군君이 서울서 전하는 김사엽金思燁 군君의 박사학위博士學位 논문論文 「이조가요李朝歌謠 연구研究」와 그 소저所著 『국문학사國文學史』를 가졌다. 이병도李丙燾 군君의 심사위촉서審查委囑書도 왔다.

2월 7일. 보름. 경북문리과대학慶北文理科大學 김사엽金思燁 군君이 해인사판海印寺板 『왕랑반혼기王郎返魂記』, 『염불보권문念佛普勸文』, 『균여전均如傳』, 흥율사판興律寺板 『염불보권문念佛普勸文』 4책四册을 보내고 편지도 하였다.

2월 8일. 문리대文理大 2강二講.

2월 9일. 문리대文理大 1강一講.

2월 10일 문리대文理大 1강一講. 몹시 치웠다.

2월 11일. 본부本部서 학장회學長會. 법대法大가 중흥관中興館서 석찬夕餐을 준다.

2월 12일. 덕진德津 나갔다.

2월 13일. 난엽蘭葉을 씻었다. 백초白初와 소공素空이 왔기에 몇 잔을 함께 마셨다.

2월 14일. 덕진德津 나갔다가 이리裡里 가서 최일崔日 군君, 김영자金鈴子 양孃과 혼례婚禮 주례主禮. 도립극장道立劇場서 본本 대학생大學生 연극演劇 '천우환天佑丸' 보다.

2월 15일. 덕진德津 나가 2강二講.

2월 16일. 덕진德津 나가 1강一講.

2월 17일. 문리대文理大 2강二講. 이병도李丙燾 군君 삼남三男 태영泰寧 군君의 혼례婚禮가 이달 20일이라기 편지하고 천 환千圜을 보냈다.

2월 18일. 덕진德津 나갔다. 교무과장敎務課長, 학생과장회學生課長會가 있다. 국회전문위원國會專門委員 문교부文敎部 위원委員 이선교李宣敎, 민의원民議院 의원議員 표양문表良文, 이존화李存華 군君과 김 총장金總長과 계용각桂龍珏 군君이 신축新築 교사校舍 시찰視察하러 왔다. 서울서 일석一石 이희승李熙昇 군君이 왔다. 언어학言語學 강의講義를 하다. 함께 점심点心을 임실옥任實屋에서 하였다.

2월 19일. 아침부터 비 온다. 10시十時 본부本部에 가서 대학원위원회大學院委員會, 평의원회評議員會, 학장회學長會로 오후午後 5시五時 지나 파罷했다. 비가 눈으로 변하여 종일 온다. 선각여관仙閣旅館으로 가서 일석一石을 보고 데리고 도립극장 앞 소밧집으로 갔다. 김근수金根洙, 최승범崔勝範 군君도 동행同行. 소바와 조화朝花를 먹고 바루 전주역으로 갔다. 거미구居未久에 경성행京城行 급행차急行車가 왔다. 일석一石과 작별作別하고 왔다. 여산礪山서 용제龍弟와 철제徹弟가 왔다.

2월 20일. 눈은 그치고 칩다. 아침엔 소공素空, 오상수吳祥洙, 유창석柳昌錫 군君을 오라 하여 먹고 점심点心에 문리대文理大 교직원과 본부국·과장과 함께 먹고 그 뒤 예동汭東도 오고 법대法大 학장學長 전승범全承範 군君도 왔다. 오늘은 내 생일生日. 박병순朴炳淳 군君은 붓과 먹을 사 가지고 왔다. 철제徹弟는 오전午前에 여산礪山으로 갔다. 예동汭東이 오고 전승범全承範 군君이 왔다. 또 함께 마셨다. 박병순朴炳淳 군君도 왔다.

2월 21일. 칩다. 덕진德津 나갔다가 바루 왔다. 석정夕汀, 해강海剛, 백양촌白楊村을 청하여 두어 잔 마셨다. 용제龍弟가 갔다.

2월 22일. 좀 눅이다 칩다. 덕진德津 나가 2강二講. 노철盧瞮 군君이 또 왔다. 또 녹인다. 낙숫물이 떨어진다.

2월 23일. 학장회學長會. 국문과國文科 3년 문희식文熙植, 박귀준朴貴雋 군君께 「근조近朝 국문학사國文學史」 원고를 벗겨달라고 맡겼다.

2월 24일. 덕진德津 나가 2강二講.

2월 25일. 원광대학円光大學에 나가 4강四講 하고 잤다.

2월 26일. 원대円大 2강二講. 오후午後 짚차車로 왔다.

2월 27일. 『국문학사國文學史』 원고原稿를 정리整理.

2월 28일. 덕진德津 나갔다. 원고原稿 정리整理.

3월

3월 1일. 삼일절三一節. 원고原稿 정리整理.

3월 2일. 신입학생新入學生 시험試驗. 5백여 명이 우리 학교學校에 배당配當되었다. 국國, 영英, 수數만 오후午後 1시까지. 덕진德津 나갔다.

3월 3일. 사회생활과社會生活科 및 선택과選擇科 시試. 오후午後엔 구술시험口述試驗. 덕진德津 나갔다가 저물어 돌아왔다.

3월 4일. 덕진德津 나갔다. 약간若干 타처他處서 시험試驗 본 신입학생新入學生의 구술시험口述試驗. 은행여관銀杏旅館에 가서 채점위원들을 보았다.

3월 5일. 경북대학교慶北大學校 김사엽金思燁, 사대師大 이재수李在秀 군君께 편지하고 재수在秀 군君게는 『아악가사집雅樂歌詞集』 사본寫本

3부三部를 우송郵送하였고 양순자梁順子게며 경북대학원생慶北大學院生 천시권千時權 군君게며 김제 중앙국민학교장金堤中央國民學校長 김수협金洙莢 군君게 편지하였고 수협洙莢 군君게는 그 교가校歌를 지어 보냈다.

3월 6일. 은행여관銀杏旅館으로 하여 심원다방心園茶房을 거쳐 덕진德津 나가 신입학생新入學生 시험성적고사試驗成績考査인 교수회敎授會를 하였다. 오후午後 2시二時부터 8시八時 반半까지. 그리고 심양관서 석찬夕餐.

3월 7일. 본부本部서 오전午前 10시十時부터 하겠다는 후원회장後援會長과 학장學長 연석회連席會를 오정午正에야 시작하여 7시七時에 파하였다. 백남혁白南赫 군君과 함께 돌아오다가 입주立酒 두어 잔 했다.

3월 8일. 덕진德津 나가 노盧 과장課長과 문文 과장課長(학생과장學生課長)과 타의妥議하여 제대군인除隊軍人 상이군傷痍軍 또는 성적순成績順으로 뽑아 정원定員 백칠십오 명 외 일할一割 증가增加하였다.

3월 9일. 학장회學長會. 본부本部는 지검地檢, 도경道警 합동合同하여 문부文簿 검열檢閱 중中 소란騷亂하다. 법대法大 학장실學長室서 우리는 회會를 하였다. 오후午後 파罷한 뒤 오다가 태양여관太陽旅館에 유연留連하고 있는 김은호金殷鎬 이당以堂을 찾어보았다. 그려 놓은 논개論介 화상畫像을 보았다. 청초淸楚 정숙貞淑하다.

3월 10일. 덕진德津 나갔다. 194명 발표發表. 일기日氣가 매우 화난和暖하다. 국문학과생國文學科生 연구발표회硏究發表會에 참석參席했다. 마침 법대학장法大學長이 짚차車를 보내어 곧 오라 하기 왔더니 교외郊外로 놀러 가자 한다. 건지산乾止山을 가다가 덕진德津서 도로 와 부여옥扶餘屋에서 점심点心하고 그 주인主人 데리고 송광사松廣寺로 나갔다. 김金 총장總長, 김金 교학국장敎學局長, 법대학장法大學長과 동행同行. 윷도 놀고 담소談笑하고 석반夕飯 후後 왔다.

3월 11일. 집에서『국문학사國文學史』정서淨書. 저녁에 대종교大倧敎 총전교總典敎 윤세복尹世復 호號 단애檀崖, 대전太田 강용구姜鎔求, 이리裡里 도본사都本司 찬무贊務 남재우南在佑 군君이 왔다. 함께 잤다. 비가 온다.

3월 12일. 비가 온다. 손님들은 순천順川을 간다고 전주역으로 갔다. 경희京熙 시겨 역驛까지 인도引導하게 하였다. 처妻는 찬영燦永 데리고 여산礪山 갔다. 저녁에 비가 줄줄 온다. 운선옥雲仙屋 가서 석찬夕餐. 문의근文義根 군君이 자기 따님이 사범학교 입학入學 되었다고 자축自祝함이다.

3월 13일. 여러 손들이 왔었다. 최철崔瞮 군君 편지 보고 즉시卽時 답장答狀했다. 땅이 얼었다.

3월 14일. 칩다. 덕진德津 나갔다. 재학생在學生 학년말시험學年末試驗 시작. 점심点心 후後 돌아 왔다. 병룡秉龍 아우가 왔다가 양정희楊定熙 군君게 갔다.

3월 15일. 따뜻하다. 병룡秉龍이와 양정희楊定熙 군君이 왔었다. 법대학장실서 전북대학원위원회 겸 학장회를 하였다. 오후午後 세 시 돌아왔다.

3월 16일. 덕진德津 나갔다 곧 돌아왔다. 장적 5백여 포 샀다. 한 포에 다섯 가비. 16원이다. 퍽 화창和暢하다. 뜰 앞의 매화梅花는 피었다.

3월 17일. 원고原稿 정서淨書. 서울서 신구문화사新丘文化社 이종익李鍾翊 군君이 왔다. 정리整理된『국문학사國文學史』원고原稿 반 부半部 이상以上을 이종익李鍾翊 군君게 주었다.

3월 18일. 천이두千二斗, 이종익李鍾翊 군君이 왔다. 나는 봉래원蓬萊園 가서 최준석崔駿錫 군君 김귀태金貴泰 양孃과의 결혼식結婚式 주례主禮하고 김원태金元泰 군君의 집으로 가 큰상을 받었다.

3월 19일. 재학생在學生 학년말시험學年末試驗 종료終了. 덕진德津 나가 졸업생卒業生과 사진寫眞 찍고 포광包光과 함께 와 점심点心. 밤에 비가 많이 왔다.

3월 20일. 음산하다. 본부本部로 하여 은행여관銀杏旅館 가서 대학원大學院 국문학國文學 출제出題. 돌아오다 김준영金俊榮, 최승범崔勝範 군君과 풍남옥豐南屋서 술 먹었다. 밤에 비 왔다.

3월 21일. 음산하다. 국문학國文學 원고原稿 정서淨書를 끝냈다. 은행여관銀杏旅館 가서 국문학國文學 답안答案을 끓아 주고 왔다.

3월 22일. 서울 신구문화사新丘文化社 사원社員이 이종익李鍾翊 군君의 편 소송금所送金과 옛글 책冊 10책十冊과 원고지原稿紙 등을 가지고 왔다. 대학원大學院 입학시험入學試驗 성적고사회成績考查會를 본부本部서 했다.

3월 23일. 음산하다. 신구문화사新丘文化社 사원社員에게 답장答狀, 영수증領收證과 『국문학사國文學史』 원고原稿 잔부殘部를 다 주어 보냈다. 선원善源이가 여산礪山 가서 처妻와 길례吉禮 모母를 데리고 왔다.

3월 24일. 덕진德津 나가 졸업생卒業生 성적사정成績查定 교수회敎授會.

3월 25일. 본부本部서 또 학장회學長會

3월 26일. 대통령大統領 생신生辰 축하회祝賀會. 오후午後 두 시 전북대학교全北大學校 제2회 졸업식第二回卒業式. 식후式後 나는 문리대文理大 국문학과國文學科 졸업생卒業生 사은회謝恩會 — 석찬夕餐. 오늘 졸업생卒業生은 39명三十九名 발표發表. 대학원大學院 문학석사文學碩士 1

명一名.

3월 27일. 소공素空 데리고 전농고全農高 윤철순尹喆淳 군君을 찾었다. 온실溫室, 가축家畜 사장飼場을 보고 그 건너 주막酒幕서 점심点心하고 왔다. 김준영金俊榮 군君이 석사학위碩士學位를 얻고 청請하여 운선옥雲仙屋서 석찬夕餐. 노판우盧鈑愚, 김근수金根洙, 문선규文璇奎, 박병순朴炳淳 군君과 동석同席.

3월 28일. 덕진德津 나가 보결생補缺生 사정査定. 오후午後 5시五時 본부本部로 와서 총장總長의 승인承認을 얻었다. 약略 45四十五명 작정作定.

3월 29일. 화창和暢. 덕진德津 나갔다가 오는 길에 봉래원蓬萊園서 남양南陽 수시水柿 묘목苗木 5근五根, 고등시高登柿 묘목苗木 5근五根 샀다. 소공素空과 보행步行하여 인후리仁後里 긴버들(長柳) 백초白初를 찾었다. 화초花草도 보고 그 동리洞里 주점酒店서 몇 잔 거우르고 왔다. 사범師範 교감敎監 김金 군君이 술을 가지고 왔다. 저녁에 국도여관國都旅館 가서 최근학崔根学 군君을 찾어 운선옥雲仙屋에 가 맥주麥酒 세 병을 마시며 담화談話했다.

3월 30일. 부슬비가 내린다. 선원善源 군君이 어디서 목단牡丹, 모란毛蘭, 영춘화迎春化를 캐다 심는다. 대전太田서 정훈丁薰 군君이 왔다. 부여옥扶餘屋서 예동汭東과 정훈丁薰 군君과 석반夕飯. 윤상훈尹相勛 군君이 왔다.

3월 31일. 소공素空, 백초白初가 왔다. 백초白初가 옥화란玉花蘭, 방애나물(곽향藿香) 뿌리를 가졌다. 아침에 정훈丁薰 군君이 왔다. 『벽오동碧梧桐』 서序를 써 주다.

4월

4월 1일. 덕진德津 나갔다. 유직양柳直養 씨氏, 이우식李愚軾, 이광렬李光烈 군君을 찾어보았다. 오시午時 포광包光, 소공素空이 왔다. 불경佛經 난구難句를 논의論議하고 승가기勝佳妓와 술과 골동반骨董飯을 하였다.

4월 2일. 덕진德津 나갔다 돌아와 이희균李曦均, 김교선金敎善 군君과 처妻와 도립극장道立劇場서 「나이야가라」 영화映畫를 보고 점심点心 먹고 본부本部 들려 왔다.

4월 3일. 『국문학개설國文學槪說』 원고原稿를 썼다.

4월 4일. 원고原稿를 썼다.

4월 5일. 덕진德津 나가 후원회後援會 이사회理事會를 열고 88년도八八年度 예산안豫算案 토의討議. 옴팡집으로 와 점심点心. 일환一煥이가 왔다.

4월 6일. 처妻와 함께 찦차車로 여산礪山 갔다. 고등시高登柹, 수시水柹, 비자枇子 묘목苗木을 가지고 갔다. 용제龍弟가 약주藥酒를 먹인다. 용제龍弟와 처妻와 상교동庠校洞 가서 문희文熙 둘째 놈을 보고 천배天培라 이름하였다. 집에 점심点心 먹고 문환文煥이 아들놈도 보았다. 책冊을 약간若干 챙기고 백미白米 네 가마니를 실고 돌아오다가 금마金馬 검문소檢問所서 헌병憲兵에게 군용軍用 다이아를 단속團束한다 하여 억류抑留를 당하여 나는 금마金馬 지서支署에 앉았다. 지서支署 주임主任이 딱하게 여기고 사방四方으로 전화電話를 하나 통하지 않는다. 날은 어두었다. 마침 한 헌병憲兵의 알선斡旋으로 군인軍人 찦차車를 타고 나는 먼저 왔다. 그 헌병憲兵과 군인軍人은 대단 경의敬意를 표한다. 책冊 끄렁이만 가지고 문의근文義根 군君 집 앞에서 나는 내렸다. 문文 군君

게 대강 일르고 교동校洞으로 왔다.

4월 7일. 포광包光이 아침에 왔다. 조반朝飯을 함께 먹고 소공素空 집으로 갔다. 소공素空, 포광包光과 매곡梅谷게로 갔었다. 서울 중앙中央 총무원장總務院長 임석진林錫珍(기산琦山) 왔다. 함께들 창신관昌信館으로 가서 점심点心 먹고 전주역까지 가서 전송餞送했다. 일환一煥이는 떠났다. 상업은행商業銀行 전무專務 취체取締 이종화李鍾和 군君을 만나 작별作別하였다. 어제 나를 찾어왔었다. 오후午後 7시七時 지나 선원善源 군君이 찦차車와 백미白米를 실고 왔다.

4월 8일. 아침에 박보서朴備緖, 박창래朴昌來 군君이 술 두 병 가지고 왔다. 덕진德津 나갔다 와서 두 박朴 군君을 찾어 데리고 다방茶房, OB집, 소밧집, 복쟁이집을 거쳤다. 그리고 본부本部 총장실總長室에서 학장회學長會를 하였다. 문의근文義根 군君은 선원善源이 온 줄을 모르고 이리裡里를 나갔다. 저녁에 돌아와서 선원善源이 운전運轉을 정지停止시겼다.

4월 9일. 문의근文義根 군君이 왔다. 선원善源이 문제問題를 협의協議하였다. 임시臨時 법대法大 운전수運轉手가 대행代行. 덕진德津 나가 10시十時 신입학식新入學式 거행擧行. 포광包光이 점심点心을 먹인다. 오후午後 두 시 학부형회學父兄會를 보고 나는 즉시卽時 왔다. 비 왔다.

4월 10일. 비는 개고 음산하다. 또 개었다. 덕진德津 문리대文理大 앞뜰에서 대학원大學院 입학식入學式 거행擧行. 교실教室서 교수教授 간담회懇談會 및 점심点心. 집에 와 OB 한 병을 거울렀다.

4월 11일. 식목植木하므로 휴강休講. 도청道廳 회의실會議室서는 나는 9시 내지乃至 11시 50분 공무원公務員 강습회講習會에 '국민정신國民精神'을 강연講演. 선원善源이가 운전運轉을 하였다.

4월 12일. 덕진德津 나가 두 시간 강의講義. 봉래원蓬萊園 와서 유기택柳基澤 이옥희李玉姬 양孃과 결혼식結婚式 축사祝辭. 노송관老松館 개업開業에 우당愚堂과 나를 초대招待.

4월 13일. 덕진德津 나가 2강二講. 돌아와 백련근白蓮根을 경희京熙와 캐었다. 짚으로 묶었다. 여산礪山까지 찦차車로 가지고 갔다. 처妻도 전주全州 오려고 신막新幕 대로변大路邊에 나와 서 있다. 집으로 갔다. 앞 못을 물 쪽 빼고 삼분지 이 어름에 둑을 쌓고 중간中間에 무넘기를 하고 못 바닥엔 흙을 파다 돋았다. 게다 병주秉胄 시겨 백련白蓮 5, 6근五六根 심었다. 찦車는 문리대文理大 서무과장, 법대 서무과장, 본부本部 김동희金東喜 군君을 태우고 논산論山 훈련소訓練所로 부루도사 교섭交涉을 갔다. 오후午後 네 시 찦차車가 왔다. 승운정勝雲亭서 모여 술을 마시고 처妻를 데리고 전주全州로 왔다. 비가 온다. 밤에 바람이 몹시 분다.

4월 14일. 비가 온다. 덕진德津 나갔다. 교수회敎授會를 하고 운선옥雲仙屋서 석찬夕餐. 두견주杜鵑酒를 비졌다. 백련실白蓮實 네 개를 풍란분風蘭盆에 당궜다.

4월 15일. 비가 온다. 덕진德津 나갔다 바루 돌아왔다. 김교선金敎善 군君이 왔다. 유기수柳基洙 군君이 저녁에 초대招待한다.

4월 16일. 비가 종일 부슬부슬 내린다. 선각여관仙閣旅館서 전원배田元培 교수敎授의 『헤겔 논리학집論理學集』 번역 출판出版 축하회祝賀會를 하였다. 30여 명 모였다. 내가 개회사開會辭, 예동汭東이 축사祝辭. 담론談論 등으로 재미있었다. 노송관老松館서 강용구姜龍求, 오상수吳祥洙 군君이 부르기에 갔다.

4월 17일. 비. 문리대文理大 교직원敎職員과 후원회後援會 간부幹部 및 학부형學父兄과의 야유회野遊會를 송광사松廣寺로 갔다. 학선鶴仙, 난향蘭香이도 왔다. 반주飯酒. 호남각湖南閣서 재차회再次會. 송수권宋壽權 봉심鳳心.

4월 18일. 비. 덕진德津 나가 1강一講하고 왔다. 원불교당円佛敎堂서 신창근辛昶根 군君 최상근崔相根 양孃과의 혼례婚禮 주례主禮. 백양촌白陽村 집에 가서 술상을 받었다. 교수자격敎授資格 심사위원장審査委員長으로서 국어국문학國語國文學 교수자격敎授資格 인정서認定書가 왔다.

4월 19일. 덕진德津 나가 4강四講. 비.

4월 20일. 덕진德津 나가 2강二講. 비.

4월 21일. 소공素空 집에 가서 포광包光, 소공素空과 『유당집酉堂集』, 영산홍映山紅 구경하고 노송관老松館 가서 오찬午餐. 집으로 맥주麥酒 마셨다.

4월 22일. 이리 공대工大 가서 학장회學長會하고 백운장白雲莊서 맥주회麥酒會를 하고 왕궁王宮 저수지貯水池 갓 함벽정涵碧亭을 보고 왔다. 법대학장法大學長이 운선옥雲仙屋서 석찬夕餐을 먹였다.

4월 23일. 새벽부터 종일終日 비. 덕진德津 나갔다 긍둔肯遯 만나고 왔다.

4월 24일. 비.

4월 25일. 덕진德津 나갔다. 학생총회學生總會 위원장委員長, 부위원장副委員長 선정選定.

4월 26일. 덕진德津 4강四講.

4월 27일. 덕진德津 2강二講.

4월 28일. 김사엽金思燁 교수敎授의 박사논문博士論文 「이조시대李朝時代의 가요歌謠 연구硏究」 심사審査.

4월 29일. 덕진德津 나가 국어문학회 보고 돌아와 논문論文 심사審査.

4월 30일. 논문論文 심사審査.

5월

5월 1일. 처妻는 여산礪山 갔다. 나는 법대학장法大學長 전승범全承範 군君과 아중牙中 수리조합水理組合 통수식通水式에 나갔다. 인산인해人山人海다. 술만 두어 잔 사 먹었다.

5월 2일. 덕진德津 나가 4강四講.

5월 3일. 덕진德津 2강二講하고 봉래원蓬萊園으로 와 김영기金英起 군君과 전성숙全性淑 양孃과 결혼식結婚式 주례主禮. 그리고 신부新婦 올아비 전한상全漢相 군君 집 연회宴會에 갔다. 창신관昌信館서 병사사령관兵事司令官 오광선吳光鮮 군君을 초대招待. 비가 온다.

5월 4일. 덕진德津 2강二講. 돌아와 오반午飯. 오후午後 2시 5분 태극호 2호二号 22석二十二席 타고 서울 갔다. 교동校洞 사는 송복주宋福柱 군君과 동행同行. 30여 분 연착延着. 서울역驛 내리니 오후午後 10시 50분. 자동차自動車 타고 성복여관盛福旅館 가 잤다.

5월 5일. 원서동苑西洞 순자順子 집에 가방을 맡기고 계동桂洞 본제本第를 가보다. 찬영燦永이네가 가운뎃방에 들었다. 이웃집들도 찾어보았다. 고故 인촌仁村 영연靈筵에 일곡一哭하다. 서울대학교大學校 대학원大學院 문리대文理大의 이병도李丙燾, 이희승李熙昇, 김상기金庠基 군君을 보고 배갈白干을 마시고 고려대학교高麗大學校로 함께 갔었다. 창립創立 50주五十周 기념식記念式 겸 김병로金炳魯 명예박사名譽博士 수여식授與式을 보고, 고故 인촌仁村 진영眞影 제막식除幕式도 보고 민속참고품民俗參考品 고도서古圖書 전시展示도 보고 칵텔 파틔에 참여參與하여 여러 친구親舊도 만나고 맥주麥酒, 양주洋酒를 마셨다. 순자順子 집에서 잤다.

5월 6일. 계동桂洞 본제本弟를 가보고 통문관通文館 이경로李敬魯 군君을 찾아 함께 택시를 타고 유각골 막바지 그 집으로 가서『시용향악보時用鄕樂譜』원본原本을 보고 오다가 김인수金仁洙 군君을 찾으니 광주廣州를 갔다. 국악원國樂院으로 가『대악후보大樂後譜』7책七冊을 보고 그 목록目錄을 적고 이주환李珠煥, 성경린成慶麟 군君과 중국인中國人 집으로 가 맥주麥酒, 냉면冷麵을 먹고 서울대학교大學校 대학원大學院으로 가 경북대학慶北大學 김사엽金思燁 교수敎授의 박사학위博士學位 논문論文인「이조시대李朝時代 가요歌謠연구硏究」심사회審査會를 하였다. 이병도李丙燾, 이희승李熙昇, 이숭녕李崇寧, 구자균具滋均, 권영대權寧大(대학원 교무과장)와 나. 오후午後 7시나 넘어 김사엽金思燁 군君을 만나 대학원장 이병도李丙燾, 부원장副院長 이희승李熙昇과 나는 맥추麥秋로 가서 맥주麥酒, 양주洋酒, 양식洋食을 먹고 김사엽金思燁 군君에게 수정修正할 곳을 세세細細히 일러주었다. 일석一石과 함께. 수정修正하면 통과通過시키기로 하였다. 순자順子 집에서 잤다.

5월 7일. 소공동小公洞 공동인쇄소共同印刷所에 가서『국문학사國文學史』원고原稿를 좀 교정校正하고 빠스 타고 흑석리黑石里를 갔다. 김태오金泰午 군君을 찾고 중앙대학교中央大學校로 가 백철白鐵, 정인승鄭寅承, 박보서朴俌緖, 박창근朴昌根 군을 보았다. 그리고 백철白鐵, 정인승鄭寅昇 군君과 태평동太平洞 이학二鶴으로 와 점심点心. 서울대학교大學校 대학원大學院으로 갔다. 고두동高斗東 군君 와 기다리고 있다. 고두동高斗東, 이희승李熙昇 군君과 함께 이병도李丙燾 박사博士 집으로 가서 청淸 명화인名畵人 왕무王武의 영모翎毛, 절지折枝를 발견發見하였다. 나는 그 화지畵紙가 선지宣紙이기 중국인中國人 그림이라 하고, 일석一石은 확대경擴大鏡으로 그 완결刓缺된 제명題名과 인장印章을 자세히 들여다보고 왕무王武임을 판명判明하였다. 소담한 석찬夕餐을 먹인다. 계동桂洞을 거쳐 순자順子 집으로 왔다. 송석일宋錫一이 그 처자妻子를 데리고 와 있다.

5월 8일. 계란鷄卵 세 개를 먹고 떠났다. 9시九時 태극호太極号 2호 10석을 탔다. 오후午後 네 시 전주全州에 내렸다. 양배良培가 찦차車 타고 와 기다리고 있다. 집에 드니 처妻도 여산礪山서 막 온다.

5월 9일. 이리농대裡里農大 가서 학장회學長會. 끝난 뒤 학장學長들은 배산山으로 갔다. 맥주麥酒를 마셨다. 나는 법대학장法大學長과 김金 교학국장敎學局長과 먼저 왔다. 백련실白蓮實 두 개는 순이 났기 노깡에 옮겼다.

5월 10일. 새벽사社에 「나의 화단花壇」 6수六首 1편一篇을 보냈다. 덕진德津 나가 4강四講. 건란建蘭은 화아花芽 두 대가 솟는다.

5월 11일. 소우小雨. 덕진德津 나가 2강二講.

5월 12일. 소우小雨. 덕진德津 나갔다. 신구학생新舊學生 친목 경기가 있다. 경기競起 전前에 학생學生들 모여 세우고 규율規律에 대한 몇 가지 주의主意를 말했다. 오후午後엔 백화白花 한 병 가지고 소공素空과 함게 백당노장栢堂老長을 찾어보고 마셨다. 백초白初도 와 있다.

5월 13일. 집에 있었다. 교학국장敎學局長 김충선金忠善 군君이 전화電話하고 충북忠北 산업국장 차를 보냈다. 타고 호남각湖南閣으로 갔다. 전前 전남도 문교국장인 조정두趙正斗 군君이 현 충북 산업국장이다. 마침 전주全州에 왔기 함께 석찬夕餐을 하였다. 문리대文理大 학생과장學生課長 김교선金敎善 군君이 왔다.

5월 14일. 덕진德津 나갔다 바루 왔다. 덕진德津서 질흙 한 가마니를 가지고 와서 노관瀘管 흙을 다 파내고 밑의 물구녁을 다시 단단이 막고 또 질흙으로 담뿍 덮어 착착 밟고 노깡 바닥에 서너 치나 질흙을 펴어 짓이겨 다지고 그 우에 파낸 흙을 넣어 덮고 백련白蓮 뿌리를 심었다. 연蓮 순은 캐다가 심다가 세 개나 분질렀다. 그리고 백련실白蓮實에서 순 돋은 놈을 다시 심었다. 세 시간 노역勞役하였다. 땀이 난다. 수도水道물을 두 바께쓰나 질어다 부었다. 물이 마디게 괴어 있다.

5월 15일. 소공素空과 포광包光을 오라 하여 상취쌈에 점심点心. 밤 비.

5월 16일. 덕진德津 가 두 시간 강의講義. 도청道廳에 가서 서울서 온 문교부文敎部 차관 김호직金浩稙 박사博士 기술국장技術局長 박철재朴哲在 박사博士 일행一行을 맞어 본부本部로 하여 함께 덕진德津을 나갔다. 서울국립국악원 김기수金琪洙 군君이 내일 전주농고서 하는 농촌 예술 연구발표회 참관차로 왔기 데리고 집으로 와 점심点心. 저녁엔 노송관老松館서 중고등학교장中高等學校長과 함께 문교부文敎部 차관次官 일행一行 환영연회歡迎宴會에 갔었다.

5월 17일. 덕진德津 네 시간 강의講義. 농고農高에 가 농촌무용과 농부가와 농악을 보았다. 그리고 김기수金琪洙, 황재순黃在順, 강철종姜喆鍾 군君과 노송관老松館으로 가 오반午飯. 저녁엔 창신관昌信館서 문교부文敎部 일행一行을 전북대학全北大學에서 초대招待.

5월 18일. 덕진德津 두 시간 강의講義.

5월 19일. 봉래원蓬萊園서 이종수李鍾壽 군君 이정숙李貞淑 양孃 결혼식結婚式 주례主禮로 하고 종수鍾壽 군君 집 동상례同床禮에 갔었다. 밤 비.

5월 20일. 덕진德津 나갔다 걸어오다가 김金 총장總長 찦차車에 태워 평양平壤집으로 왔다. 냉면冷麵으로 점심点心. 정두현丁斗鉉, 이우식李愚軾 군君도 함께. 김영룡金永龍 군君이 찾어왔다. 함께 잤다.

5월 21일. 김영룡金永龍 군君은 황화정皇華亭으로 향向해 떠났다. 한희漢熙 편지가 왔다.

5월 22일. 이학근李學根 군君이 왔다. 또 건란建蘭 분盆에 화순花筍이 오른다.

5월 23일. 한희漢熙게 답장答狀. 덕진德津 4강四講. 처妻가 여산礪山 갔다. 덕진德津서 노판우盧鈑愚, 김교선金敎善 군君과 오다가 운선옥雲仙屋서 조풍연趙豐衍, 오종식吳宗植 군君을 만났다.

5월 24일. 덕진德津 4강四講. 오후午後 8시八時 총장總長 김두헌金斗憲 박사博士 집에서 한국일보사韓國日報社 간부幹部 오종식吳宗植, 조풍연趙豐衍 군君 및 전북일보全北日報 주필主筆 등 초대회招待會에 갔었다.

5월 25일. 덕진德津 2강二講. 법정대法政大서 조풍연趙豐衍, 오종식吳宗植 군君의 강연회講演會가 있다. 가서 듣고 천향원天香園 오찬회午餐會에 갔었다.

5월 26일. 덕진德津 나갔다. 포광包光, 소공素空을 데리고 와 두견주杜鵑酒와 점심点心.

5월 27일. 본부本部서 학장회學長會 겸 후원회後援會. 무덥고 빗낱도 듣는다. 본부本部 간부幹部와 학장學長과 후원회後援會 이사理事들과 맥주麥酒 마셨다. 처妻가 왔다. 노깡 웅덩이엔 소백련小白蓮 순이 셋이 솟았고 대백련大白蓮 순 두 대가 솟는다. 여산礪山 본제本第 앞 못에 옮긴 백련白蓮도 여섯 대가 오른다고 한다.

5월 28일. 덕진德津 나갔다.

5월 29일. 소공素空, 포광包光을 청請하여 오찬午餐.

5월 30일. 덕진德津 나가 네 시간時間 강의講義.

5월 31일. 덕진德津 나가 네 시간時間 강의講義.

6월

6월 1일. 덕진德津 2시간二時間 강의講義. 이선근李瑄根 문교부文敎部 장관長官이 온다기 전주역에 걸어 나갔더니 태극호太極号는 지내가고 장관長官은 왔다 한다. 본부本部로 하여 풍성여관豐城旅館 가서 장관長官을 보았다. 저녁엔 노송관老松館서 중고등학교장中高等學校長과 함게 장관長官 일행一行을 초대招待. 파한 후 농고農高 강용구姜龍求 교장敎長에게 끌려 재차회再次會를 하고 기생妓生의 노래를 들었다.

6월 2일. 장관長官은 남원南原으로 갔다. 비가 온다. 오후午後 다섯 시 비를 맞으며 전주역서 함태영咸台永 부통령副統領을 영접迎接하였다. 계용각桂龍珏, 김충선金忠善 군君과 맥주麥酒 십여十餘 병甁을 거울렀다. 도립극장道立劇場 앞 스탠드홀에서. 밤에 비가 왔다. 처妻는 여산礪山 갔다. 일환一煥이가 왔다.

6월 3일. 비는 그쳤다. 병철秉徹이가 왔다. 궐기대회蹶起大會에 나갔다.

6월 4일. 오전午前 11시十一時 함咸 부통령副統領이 덕진德津 우리 대학大學에 오셨다. 기동차機動車로 떠나셨다.

6월 5일. 찦차車 타고 신석정辛夕汀을 찾었다. 그 부친父親 82세 노인老人도 보고 최승범崔勝範 군君도 만났다. 석정夕汀, 최崔 군君과 아중牙中 수리水利로 어느 주점酒店서 탁주濁酒 마시고 교동校洞 양사재養士齋로 와 두견주杜鵑酒 마시고 다시 소공素空, 포광包光을 데리고 최승범崔勝範 군君 집으로 가 맥주麥酒를 마셨다. 나오다가 나는 토吐하였다. 평양平壤집 냉면冷麵을 먹고 왔다. 퍽 무덥다.

6월 6일. 전북대학교全北大學校 3주년三週年 기념행사記念行事로 법대法大서 도내道內 고등학교高等學校 및 5대학五大學 웅변대회雄辯大會

가 백도극장百都劇場서 있었다. 오전午前 9시九時 나가서 오후午後 3시三時까지 땀을 흘리고 심사審査했다. 파罷한 후 춘화관春花館서 오찬午餐. 오다가 법대학장法大學長 전승범全承範 군君과 소공素空을 데리고 와서 마침 건란建蘭 꽃 곁에서 두견주杜鵑酒, 과하주過夏酒를 마셨다. 오늘도 무덥다. 처妻가 여산礪山서 왔다. 하복통下腹痛이 약간若干 있고 설사泄瀉가 났다.

6월 7일. 전북대학교全北大學校 3주년三週年 기념紀念 5대학五大學 친목親睦 경기대회競技大會가 있다. 종일終日 덕진德津 나가 있었다. 오후午後 7시 돌아와 인삼탕人蔘湯를 마셨다.

6월 8일. 전북대학교 3주년三週年 기념일紀念日. 10시十時 기념식記念式을 하고 이어 법대法大 신교사新校舍 상량문上樑文을 내가 쓰고 그 제祭를 지내고 이어 경기대회競技大會를 계속하여 오후午後 9시九時에 상장賞狀 및 상품賞品 수여식授與式 거행擧行. 처妻는 오늘 열한 시 뻐스로 여산礪山 가고 용제龍弟가 양정희楊定熙 군君 육십六十 생일生日에 왔다. 함께 잤다.

6월 9일. 용제龍弟는 떠났다. 덕진德津 나갔다 오다 전주역까지 예비사단豫備師團을 영접迎接하였고 임택룡林澤龍 박사博士와 백운선白雲仙을 찾어 데리고 양사재養士齋로 와 바야흐로 만발滿發한 건란建蘭 곁에서 두견주杜鵑酒를 마시고 평양平壤집 냉면冷麵을 먹었다.

6월 10일. 덕진德津 문리대文理大서 학장회學長會. 점심点心은 풍남문豊南門 안 아관원雅觀園서, 또 다방茶房, 스턴드홀서 맥주麥酒를 하였다. 처妻가 먹는 약주藥酒를 두 잔을 조반朝飯 때 마셨다. 복통腹痛과 설사泄瀉는 그쳤다. 한희漢熙가 편지가 왔다. 어제 유제식柳濟寔 군君께, 두계斗溪, 일석一石, 심악心岳, 동빈東濱께 합죽선合竹扇을 보냈다.

6월 11일. 치혈痔血이 다시 나온다. 김金 반장班長이 준 치질痔疾 약藥을 발렀다. 꽃이 핀 건란建蘭 두 분盆에서 방향芳香이 복욱馥郁한다.

6월 12일. 종일終日 집에서 난향蘭香을 맡었다.

6월 13일. 덕진德津 나가 네 시간 강의講義. 서울 계동桂洞 2二의 24二四 번지番地 한희漢熙게 계동桂洞 본제本第 수리비修理費 3만 환을 우송郵送했다.

6월 14일. 덕진德津 나가 네 시간 강의講義하고 봉래원蓬萊園으로 와 정승균丁昇均 군君과 김규현金圭賢 양孃과의 결혼結婚 주례主禮. 그리고 신천지新天地로 가 피로연披露宴에 참석參席. 밤에 비가 오기 시작했다.

6월 15일. 비. 덕진德津 나가 두 시간 강의講義. 서울대학교大學校 중앙도서관中央圖書館 백린白麟 군君이 왔다. 선자扇子 둘을 사 백白게 하나 주고 『구급방救急方』과 선자扇子를 장지태張之兌 군君게 보냈다.

6월 16일. 비 오다 개었다. 처妻가 여산礪山서 왔다. 오후午後 네 시 덕진德津 나가 교수회敎授會하고 심향원尋香園서 석찬夕餐.

6월 17일. 「시조론時調論」 1회분一回分 원고原稿를 쓰다.

6월 18일. 「시조론時調論」 원고原稿를 써 서울 서라벌학교學校 출판부出版部로 보내고, 나는 찦차車 타고 이리裡里 중앙대학中央大學 분교分校로 가서 서민문학庶民文學 강연講演을 두어 시간 하였다. 여섯 시 돌아왔다.

6월 19일. 소공素空이 왔다. 백주白酒를 마셨다.

6월 20일. 덕진德津 나가 네 시간 강의講義.

6월 21일. 덕진德津 나가 네 시간 강의講義. 우리 찦차車는 경찰국警察局 수사과搜査課서 타고 정읍井邑 갔다. 법대法大 찦차車를 얻어 팔천오백 환에 산 진도珍島 암캐며 처妻를 여산礪山으로 보냈다. 여산礪山 갔던 법대法大 짚차車는 자정子正에야 왔다. 중로中路서 고장故障나 고치노라고. 종희宗熙, 병표秉表, 양배良培도 갔다왔다. 새로 두 시 지나 잤다.

6월 22일. 덕진德津 2강二講.

6월 23일. 덕진德津 나가 철학과哲學科 연구발표회硏究發表會를 보고 오후午後엔 교수회敎授會하고 심향원尋香園서 석반夕飯.

6월 24일. 소양면昭陽面 송광사松廣寺로 가서 십자정각十字亭閣에 학장회學長會. 저녁에 돌아왔다.

6월 25일. 6·25六二五 기념식記念式을 공설운동장에서 했다. 오후午後 1시一時부터 비가 온다.

6월 26일. 「동동動動과 달거리」 원고原稿를 쓰다. 오후午後엔 짚차車로 여산礪山을 갔다. 못에 백련白蓮 닢이 6, 7개 떴다. 집의 이앙移秧은 다 되었다. 처妻와 함께 왔다. 양배良培도 갔다왔다. 밤에 비가 왔다. 두계斗溪 편지를 받었다.

6월 27일. 처妻는 여산礪山 갔다. 서울 신구사新丘社서 이종익李鍾翼 군君이 일십만壹十萬 원円을 가지고 왔다. 원고료原稿料로서. 덕진德津 나가 네 시간時間 강의講義. 이종익李鍾翼 군君에게 장지태張之兌 군君께로 가는 편지를 주고 『고려사高麗史』 낙질落帙 통 6책六册 서사書寫 비용費用이며 주선主旋을 해 달라고 부탁하였다. 밤에 비 왔다.

6월 28일. 「동동動動과 달거리」의 원고原稿를 쓰며 바야흐로 피어 방렬芳烈한 풍란향風蘭香을 맡었다. 덕진德津 4강四講.

6월 29일. 덕진德津 2강二講. 소공素空이 왔었다.

6월 30일. 이리裡里 원대円大에 나가 6시간六時間 국문학개론國文學概論 강의講義. 전원배田元培 집에서 석반夕飯. 그리고 돌아왔다.

7월

7월 1일. 덕진德津 나갔다. 송천국민학교松川國民學校 유증석柳曾錫 군君을 찾었다.

7월 2일. 덕진德津 나갔다. 뒤안 우물을 다시 파고 뽄프를 고쳐 물이 잘 나오게 되었다.

7월 3일. 오광선吳光鮮 사령관司令官 육순六旬 생일生日. 갔었다. 비가 쏟어진다. 십여 인 모였다. 반주飯酒, 가무歌舞. 소공素空, 전승범全承範, 포광包光과 아중저수지牙中貯水池 갔다.

7월 4일. 비가 온다. 덕진德津 2강二講. 고려대학교高麗大學校 총장總長 유진오俞鎭午 군君이 왔다. 법대法大서 그 헌법憲法 강의講義를 듣고 부여옥扶餘屋에서 석찬夕餐.

7월 5일. 덕진德津 4강四講. 창신관昌信館에서 몇 교직원敎職員과 미국美國 유학留學 가는 김봉석金鳳錫 군君과 오반午飯. 비가 온다. 당치자唐梔子가 꽃이 핀다. 백련白蓮 꽃대가 한 대 오른다.

> 오랜 가뭄 끝에 시나브로 나리는 비
> 하눌만 바라는 논도 거의 다 심어가고
> 뒤로도 이어 온다면 올도 또한 풍년이오

7월 6일. 덕진德津 2강二講. 돌아왔다. 양배良培는 제 아비 어미와 찦차車 타고 여산礪山 갔다. 오늘이 병문秉文이 회갑回甲. 뒤안 우물은 하수도下水道며 물 받는 바닥을 쎄며트를 발렀다. 한 대 나온 백련白蓮 봉오리는 쥐가 한 쪽을 쏠았다.

7월 7일. 오후午後 네 시 덕진德津 나가 교수회敎授會. 신임新任 선생先生들이 계림옥鷄林屋서 석찬夕餐 초대招待.

7월 8일. 덕진德津 나가 학생조회學生朝會에 훈화訓話. 본부本部로 와 학장회學長會 또 장학회奬學會 총회總會. 임원任員 개선改選.

7월 9일. 원대円大에 나가 8시간八時間 강의(국문학개론國文學槪論) 오후午後 다섯 시에 돌아왔다. 경북대학교慶北大學校 도서관장圖書館長 이규동李揆東 군君이 찾어왔다.

7월 10일. 집에 있었다. 제주민요濟州民謠를 조사調査해 보았다.

7월 11일. 덕진德津 4강四講. 밤부터 호우豪雨가 쏟어진다.

7월 12일. 비는 여전如前. 덕진德津 4강四講. 홍수洪水가 났다.

7월 13일. 덕진德津 2강二講. 간간間間 쏘내기. 뒷 참나무가 나자빠져 집웅이 상하고 차양이 떠러졌다.

7월 14일. 덕진德津 나갔다. 처妻가 여산礪山 가려도 한냇물이 창일漲溢하여 못 갔다. 국정감사원國政監查員 다섯이 왔다. 오후午後 네 시 본부本部로 가 감사監査하는 걸 보았다. 7시七時 덕진德津 문리대文理大로 가 보이고 천향옥天香屋으로 돌아와 석찬夕餐.

7월 15일. 처妻는 첫 뻐스로 여산礪山 갔다. 전주全州호텔로 국정감사원國政監查員들을 보고 나는 본부本部로 갔다. 덕진德津 나갔다. 자빠진 참나무를 장적으로 팼다.

7월 16일. 덕진德津 나갔다. 오다가 소공素空 데리고 법우사法雨寺 백당栢堂을 찾어보고 반일半日 소견消遣. 김용문金容文 군君이 제주濟州 가자고 학생學生께 편지하여 왔으나 일간日間 또 국방부國防部와 문교부文敎部서 학생 실태를 조사調査 온다기 제주행濟州行은 작파作罷하였다. 뒷 판장板墻을 고치고 뒤에다 뒷간을 짓기 시작. 백련白蓮꽃 두 대가 또 솟는다. 당치자唐梔子 꽃은 다 이울었다.

7월 16일. 덕진德津 나갔다. 오늘 종강終講. 보우사普雨寺를 소공素空과 가서 그 부인夫人 제주濟州 기생妓生 김운하金雲荷에게 제주민요濟州民謠의 난어難語를 문의問議.

7월 17일. 집에 있었다. 박병순朴炳淳, 장순하張諄何, 최승범崔勝範, 천이두千二斗 군君이 왔다. 매실주梅實酒, 냉면冷麵을 먹였다. 신석정辛夕汀, 노철盧瞮, 김준영金俊榮 군君이 와서 나가 맥주麥酒를 먹었다.

7월 18일. 덕진德津 나갔다. 비가 줄줄 쏟아진다.

7월 19일. 비가 이어 온다. 덕진德津 나갔다 춘정春亭서 서울 손님을 데리고 본부本部, 법대法大, 본대학本大學과 합동合同 석찬夕餐.

7월 20일. 덕진德津 나가다가 국방부國防部, 문교부文教部서 온 손님을 태양관太陽館으로 찾어보고 덕진德津 나갔다. 그 손들과 취향원醉香園서 오반午飯. 여섯 시 반半 돌아왔다. 처妻가 여산礪山서 왔다.

7월 21일. 집에 있었다. 점심点心 때 심향원尋香園으로 가서 서울 손님과 오반午飯. 전佺 군君과 최崔 군君과 매실주梅實酒를 마셨다.

7월 22일. 덕진德津 나갔다. 위조僞造 공문公文 수건數件을 김金 총장總長, 김金 교학국장教學局長, 노盧 교무과장教務課長, 문文 서무과장庶務課長과 조사調査했다. 전연 위조僞造다. 오다 노盧 과장課長과 냉면冷麵 먹었다. 치혈痔血이 끊졌다 지난 6월 11일부터 다시 발생發生하여 한 달포 대변大便 때엔 흐르다가 그쳤다 흐르다 하더니.

7월 23일. 전북고교全北高校 가서 신석정辛夕汀을 보았다.

7월 24일. 백련白蓮이 새벽에 피었다. 소공素空을 청請하여 함께 조반朝飯. 도동道東 조희충曺喜忠 군君이 왔다.

7월 25일. 군산상대群山商大에 가서 학장회의學長會義. 오반午飯 후

後 배를 타고 그 앞바다를 한 번 돌아왔다. 오후午後 8시八時 반半 돌아왔다.

7월 26일. 백련白蓮꽃이 오늘 오시午時에 다 지고 웅예雄蕊, 자예雌蕊만 남었다. 그러나 당치자唐梔子꽃보다는 상쾌爽快하다. 당치자唐梔子꽃은 처음 희다가 담 누르다가 그냥 그 꼬토리에 말려 비틀어 죽는다. 앞 가개 홍 씨洪氏 집에 술상을 가졌다. 행자판杏子板에 네 다리를 달었는데 판板은 원형円形 열둘로 팠고 다리는 위아래 힘줄 모양으로 팠다. 완박하고도 교묘巧妙하다.

7월 27일. 술상을 완산동完山洞 정덕보丁德甫 상 만드는 집에다 칠해 달라고 맡겼다. 처妻와 종희宗熙, 양배良培와 함께 찦차車 타고 여산礪山 갔다. 용제龍弟 집에서 매실주梅實酒 먹고 집으로 갔다. 승운정勝雲亭에 앉었다. 앞 못에 백련白蓮 7, 8엽七八葉이 펴졌다. 비가 지내간다. 오후午後 7시七時 왔다.

7월 28일. 중복中伏. 덕진德津 나갔다. 소공素空, 포광包光, 전승범全承範, 김충선金忠善 군君과 함께 객사동客舍洞 아천정我泉亭을 갔다. 오산청吳山淸 증손曾孫 하나가 폐병肺病으로 와 누웠다. 우리는 그 앞 시내에 목욕沐浴도 하고 가지고 간 매실주梅實酒, 산포도주山葡萄酒를 마시고 주막酒幕에서 점심点心을 시겨다 먹고 해질 무렵에 돌아왔다. 비는 오다마다하였다. 철배澈培가 왔다.

7월 29일. 오후午後 세 시 덕진德津 나갔다. 소낙비가 장쾌壯快히 쏟아졌다. 갑자기 홍수洪水가 졌다. 학장실學長室이 크게 새었다. 총장總長, 양兩 국장局長, 문리대文理大, 법대法大 학장學長, 교무敎務, 학생學生, 서무과장庶務課長, 중앙도서관장中央圖書官長이 회합會合하여 신축新築 본관本館 및 문리대文理大 교실敎室에 교직원실敎職員室, 도서실圖書室

배치配置를 의논하였다. 대구大邱서 8월八月 5일五日 오라고 전보電報가 왔다. 문교부文敎部 내內 학술원學術院 회장會長이 위원委員 승락서承諾書를 보냈다. 곧 회답回答했다. 대구사대大邱師大에도 회답回答.

7월 30일. 9시九時 반半 사학과史學科 강수남姜秀南 군君과 찦차車로 출발出發 10시 45분 정읍井邑 착着. 영춘관永春館서 중화中火. 그리고 찦차車는 도로 보내고 나는 강姜 군君과 여중女中 뒤 정자亭子나무 밑에 쉬고 있는 부형父兄을 찾어보았다. 수십 명이다. 정읍사井邑詞 망부석望夫石 고적지古蹟地를 물었다. 하나도 아는 이가 없다. 그중엔 "30여 년 예서 살았어도 그런 말을 첨 듣는다" 한다. 오후 네 시 태극호太極号로 강姜 군君과 목포木浦 가다. 차중車中에서 김종우金鐘禹 군君을 만났다. 8시八時 목포木浦 호텔에 들었다. 석반夕飯 후後 조희관曺喜灌 군君을 간신히 찾었다. 없다.

7월 31일. 아침에 화랑여관花郎旅館의 정인승鄭寅承 군君과 전화電話. 조희관曺喜灌 군君이 왔다. 수화數話. 정인승鄭寅承, 김기수金琪洙, 김용문金容文 군君이 왔다. 기수琪洙 군君은 서울로 돌아갔다. 나는 정鄭, 김金 양군兩君과 화랑여관花郎旅館으로 갔다. 부두 행복동幸福洞이다. 정鄭, 김金과 나는 시청市廳, 교육청敎育廳, 목포일보사木浦日報社를 방문訪問. 오후午後 목포일보사木浦日報社 편집국장編輯局長 최인식崔仁植 군君이 술을 가지고 와 담화談話.

8월

8월 1일. 오전午前 10시十時 북교국민교北橋國民校 강당講堂서 국어문학 강습회講習會 개강開講. 오날은 정인승鄭寅承 군君이 종일終日 강의講義하기로 하였다. 나는 강姜 군君과 유달국민교儒達國民校를 가 보았다. 호랑이 표본標本는 좋다. 온실溫室에는 시시한 식물植物. 난蘭은 금릉변金稜邊. 화랑여관花郞旅館으로 가 있다. 오후午後 5시五時 해사국장海事局長 김종우金鐘禹 군君이 배 한 척을 내어 선유船遊케 한다. 주안酒按도 실렸다. 정인승鄭寅承, 김용문金容文, 강수남姜秀男, 유달국민儒達國民 교감校監, 시장학사市獎學士와 함께. 남풍南風은 슬슬 불고 물결은 잔잔하다. 고하도高下島를 돌아들어 삼학도三鶴島를 돌았다.

지금도 전하는 건 충무공忠武公의 이야기다.
벗과 배를 띄어 고하도高下島 돌어드니
검웃이 깃은 솔숲에 비각碑閣 하나 서 있다.

비록 좁드라도 바다는 깊어서 좋다.
셋이 나란이 학의 모양 삼학도三鶴島
험악한 유달 붕오리 너무 우뚝하고나.

8월 2일. 오전午前 2강二講 — 민요民謠와 시조時調. 강수남姜秀男 군君과 유선각儒仙閣에 올랐다. 유달산儒達山의 한 고봉高峯이다. 해풍海風이 세다. 뱃속까지 서늘하다. 화랑여관花郞旅館에 돌아와 제주濟州 부인婦人 둘에게 그 민요民謠의 난어難語를 물었다. 밤중에 임검臨檢이 있다. 내 방엔 아니 들왔다. 건제健齊는 완도莞島에 갔다. 연일連日 부던 남풍南風이 밤부터 잤다.

8월 3일. 일어나 바라보니 유달儒達 고봉高峯엔 구름이 끼었다.

지난 밤부터는 세던 바람도 자고
유달 높은 봉에 아침 구름이 끼고
경도瓊島의 요대瑤臺와 같이 바라뵈는 유선각儒仙閣

2강二講 — 설화說話와 소설小說. 시교육감市敎育監이 점심点心 대접待接. 맥주麥酒, 수박, 장어구이. 오후午後 3시三時 태극호太極号로 떠났다. 8시八時 반半 이리裡里 착着. 짚차車로 처妻와 종희宗熙가 와 등대等待. 목천포木川浦로서 왔다. 일전日前 전주全州 지방地方에 폭우暴雨가 와 길 바닥이 팽겼다.

8월 4일. 처妻는 여산礪山 갔다. 강수남姜秀男 군君이 전화電話로 대전太田서 연락連絡이 안 된다기에 짚차車로 떠났다. 양배良培 모녀母女도 동행同行. 9시九時 반半 발發, 12시十二時 반半 대전太田 착着. 오후午後 1시一時 반半 통일호統一号로 5시五時 대구大邱 착着. 삼등차三等車 지정석指定席에서 농고農高 강신후姜信厚 군君을 만나 동반同伴했다. 하야시 타고 봉산여관鳳山旅館에 들었다. 형사刑事가 와 조사調査한다. 밤에 강姜 군君이 맥주麥酒를 가지고 와 담화談話. 숙식비宿食費 8백6십八百六十 환圜을 미리 받는다.

8월 5일. 8시八時 사대부속고등학교로 갔다. 김사엽金思燁 교수敎授, 사대학장師大學長 손계술孫癸述, 이재수李在秀 교수敎授, 전북고교全北高校 교사敎師들, 경복고景福高 김창현金彰顯 군君, 경북慶北 문리대文理大 남광우南廣祐, 대학원大學院 학생學生들, 서울 육지수陸芝修, 사대師大 교감敎監 오용진吳龍鎭, 인천仁川 서명호徐明浩 군君을 만나 보았다. 9시九時 시강始講. 국문학개설國文學概說 — 시가문학詩歌文學 2강二講(90분九十分 1강一講). 사대학장師大學長 오용진吳龍鎭, 이재수李在秀,

남광우南廣祐과 삼성관三星館서 점심点心. 그리고 오용진吳龍鎭 군君의 지로指路로 정태호鄭泰浩 집 화초花草를 구경 갔다. 주인主人은 부산釜山 갔다. 춘란春蘭, 풍란風蘭이 많고 옥화란玉花蘭은 한 줄기 피었다. 방향芳香이 움즉인다. 매화분梅花盆도 여럿이다. 기석奇石, 괴목怪木. 그 중엔 자작自作한 것도 있다. 수교手巧, 배양培養이 능能하다. 토土장판 방으로 들어 앉었다. 그 부인이 차茶를 낸다. 문화동文化洞 문화여관文化旅館으로 옮겼다. 2층집, 조용하고 깨끗하다. 상층上層 동남향방東南向房. 남광우南廣祐 군君과 산보散步. 판자板子집 훼철毁撤. 퍽 살풍경殺風景이다. 김金 씨氏 집에서 탁주濁酒를 마셨다. 교학처장敎學處長 박관수朴寬洙 군君이 왔다.

8월 6일. 2강二講. 손孫 학장學長, 이재수李在秀 군君과 칼국수로 점심點心. 문화여관文化旅館으로 갔다. 오후午後 세 시 남광우南廣祐 군君과 사대師大 전강專講 천시권千時權 군君이 와 하야시로 삼성관三星館을 갔다. 대학원大學院 재학생在學生, 졸업생卒業生이 심재완沈載完(2년二年), 김일근金一根(사대강사師大講師), 정주동鄭鉒東(문리대 전강專講), 박두포朴斗包(1년一年) 문희자文熙子(여女 1년一年). 천시권千時權 군君들이 대접待接한다. 손孫 학장學長, 박관수朴寬洙, 이재수李在秀, 김사엽金思燁, 남광우南廣祐 군君과 석찬夕餐. 접대부接待婦들의 노래와 춤. 나는 시조時調 및 정읍사井邑詞를 설명說明. 남광우南廣祐 군君은 취했다. 남南 군君과 심재완沈載完 군君이 다방茶房으로 문화여관文化旅館까지 따러 왔다.

8월 7일. 2강二講. 점심点心은 또 칼국수와 탁주濁酒. 허웅許雄 군君과 천시권千時權 군君이 왔다. 하양河陽을 지나 영천永川 은해사恩海寺로 갔다. 손孫 학장學長, 이재수李在秀, 허웅許雄 군君과. 한 시간 남어지 걸린다. 불사佛舍는 그렇고 앞에 수석水石이 좀 있어 마침 놀러온 가족단家族團이 6, 7六七. 우리는 그 상류上流로 가 목욕沐浴하며 맥주麥酒를 거울렀다. 돌아오다 반야월半夜月을 둘러 금호강錦湖江 머리서 탁주濁酒 마시고 왔다. 경북慶北 문리대文理大 이규현李圭鉉, 남광우南廣祐, 효대曉大의 박은수朴恩受 군君이 와서 한 시간여 기다리다가 갔다. 손孫 학장學長이 또 삼성관三星館서 석찬夕餐을 준다. 여러 접대부接待婦의 노래를 들었다.

8월 8일. 2강二講 — 산문문학散文文學의 설화說話와 소설小說. 임창순任昌淳 군君이 왔다. 개장국으로 점심点心. 손孫 학장學長, 이재수李在秀, 허웅許雄, 임창순任昌淳 군君과 합천陜川 해인사海印寺 가다. 위천渭川, 고령高靈 지나 해인사海印寺 계곡溪谷으로 들다. 수석水石이 과연 좋다. 홍류동紅流洞 농산정聾山亭. 최고운崔孤雲의

狂奔疊石吼重巒, 人語難分咫尺間.
常恐是非聲到耳, 故敎流水盡聾山.[8]

의 농산聾山을 띠어 정자亭子 이름을 하였다. 구건舊建이 퇴락頹落하여 병자丙子(고종高宗 13년年, 4209, 1876)에 유지有志들이 연금捐金하여 재건再建하고 그 기記는 고故 김영한金甯漢 씨氏가 지어 현판懸板하였다.

---

8 바위 골짝 치닫는 물 첩첩산골 뒤흔드니
지척에서 하는 말도 분간 못하네.
행여나 세상 시비 귀에 들릴까
흐르는 저 물줄기로 온 산 에워쌌네.

* 가야산 홍류계곡 농산정 석주 바닥에 초서로 쓴 최치원의 차운시.

예서부터 바위마다 빈틈없이 제명題名을 하여 새겼다. 수림樹林도 울창鬱蒼. 미류美柳를 가로수街路樹로 심어놓은 것이 우습다. 우리는 목욕沐浴, 맥주麥酒로 해를 지웠다. 들어갈수록 무림茂林, 광분狂奔, 첩석疊石에 모다 농산聾山이다. 해인사海印寺는 벌써 문 닫고 순경巡警들이 파수把手하고 있다. 3백三百 환圜 기부금寄附金을 받는다. 우리는 초우암艸牛庵(여관)으로 들었다. 맥주麥酒, 탁주濁酒도 마셨다. 산우山雨가 지낸다. 모긔는 없다.

8월 9일. 걸어 올라가 해인사海印寺를 보았다. 과연 대찰大刹이오 정계淨界다. 대적광전大寂光殿 위의 팔만대장경八萬大藏經 판각版閣을 4십四十 환圜 관람료觀覽料 사 가지고 들어가 보았다. 그 구조構造며 통풍通風, 방습防濕이 놀랠 만하다. 우리는 정중庭中 대탑大塔 앞에서 촬영撮影하고 나려와 회환回還하였다. 10시十時 반半 떠났다. 고령高靈서 비빔밥으로 점심点心. 대구大邱 오니 세 시 넘었다. 짚차車로 세 시간 남어 걸린다. 문화여관文化旅館 봇짐을 찾어가지고 대봉동大鳳洞 손孫 학장學長 집으로 갔다. 맥주麥酒, 수박을 낸다. 도서관장圖書館長 이규동李揆東 군君이 왔다. 오후午後 7시七時 김일근金一根 군君 집으로 갔다. 손孫 학장學長과 이재수李在秀 군君과. 석찬夕餐을 준다. 심재완沈載完 군君이 왔다. 10시十時 반半, 나는 손孫 학장學長, 이재수李在秀 군君과 작별作別하고 심沈, 김金 양군兩君과 대구역大邱驛으로 갔다. 대전太田행行 이등표二等票를 사 주고 사과 한 끄러미를 사 준다. 11시 20분 떠났다.

8월 10일. 오전午前 세 시에 조올다가 대전太田서 내렸다. 나가 보니 여수행麗水行 급행열차急行列車 이등표二等票는 다 팔렸다. 삼등표三等票를 사가지고 목포행木浦行 삼등간三等間에 들었다. 차장車掌에게 말하고 여수행麗水行 이등간二等間 한 자리를 얻었다. 돈은 더 냈다. 7시七時 이리裡里, 8시八時 전주全州 착着. 강수남姜秀南 군君이 815로 전화電話하여 윤선원尹善源 군君이 찦차車 몰고 나왔다. 교동校洞 집으로 왔다. 처妻와 신현득申鉉得이가 어제 와 있고 백련白蓮 한 송이가 또 피었다. 소공素空가 왔다. 노판우盧鈑愚, 이강오李康五 군君이 왔다.

8월 11일. 본부本部 김金 총장總長을 가 보았다. 김포광金包光이 와 있다. 한미재단韓美財團서의 보조補助를 받어『한국고사숙어사전韓國故事熟語辭典』편찬하자고 의논. 우선 자료資料의 범위範圍를 정하였다. 그리고 포광包光과 향원香園으로 가 냉冷막걸리를 마셨다. 최낙범崔洛範 군君을 찾고 시장市場을 거쳐 왔다. 대합大蛤을 사 매실주梅實酒를 거울렀다. 전북일보사全北日報社서 부탁한「향토鄕土와 문학文學」원고原稿를 새로 3시까지 썼다.

8월 12일. 소공素空, 포광包光, 우당藕堂 김현섭金顯燮과 정심옥正心屋에서 해정解酲하고 찝차車로 7시七時 반半 떠났다. 금구金溝, 태인泰仁, 정읍井邑 거쳐 홍덕興德서 바루 선운사禪雲寺로 갔다. 홍덕興德선 30리. 10시 도착到着. 주지主持 석농石儂이 있다. 서늘한 노전爐殿에 들다. 담화談話, 목욕沐浴. 비碑, 탑塔 보고 동운암東雲庵을 돌았다. 저녁상床에는 풍천장어長魚가 올랐다. 고추장 발러 구웠는데 좀 비리다. 된장 맛은 일미一味다. 우당藕堂이 가지고 간 소주燒酒 한 병을 다 거울르다. 석농石儂 소장所藏인 소주燒酒를 낸다. 모긔가 많이 빨렸다.

8월 13일. 9시九時 떠났다. 아산雅山 거쳐 40리四十里 고창읍高敞邑에 이르러 군청郡廳으로 들었다. 군수郡守 김윤백金倫柏 군君을 보았다. 마침 장날 겸 감위축출監委逐出 궐기대회蹶起大會로 군민郡民이 모여든다. 우리는 군수실郡守室에 앉었다. 신길동申吉同 군君과 오의균吳毅均

노인老人이 찾어왔다. 점심點心을 먹인다. 그리고는 신길동申吉同 군君의 집으로 갔다. [1]『오섬가』라. [2]『허두가虛頭歌』, 『어부사조漁父辭造』, 『성조가成造歌』 합부合附. [3]『적벽가赤壁歌』, [4]『횡부가橫負歌』, [5]『심청가沈淸歌』, [6]『박홍보가朴興甫歌』, [7]『토별가兎鼈歌』. [8]『계유7월일癸酉七月日』, 『을유만장乙酉輓章』 등을 빌려 왔다. 수박을 낸다. 김윤백金倫柏 군君이 왔다. 맥주麥酒 사 온다. 떠날 제 신길동申吉同 군君이 큰 갈비 다섯 대를 준다. 정읍井邑서 막걸리를 사 먹고 저녁에 전주全州 착着. 처妻가 어제 온양溫陽 신현득申鉉得이를 데리고 와 있다. 원평阮坪서 나린 석농石儂 아들께 천千 환 주었다.

8월 14일. 갈비 초를 하고 함께 먹자 하였더니 우당藕堂은 탈이 나서 누었고 소공素空, 포광包光만 왔다.

8월 15일. 국기國旗를 내걸고 나는 피곤疲困하여 쉬었다. 예동汭東이 중광절重光節 기념紀念 매실주梅實酒를 당궈 한 병 보냈다.

8월 16일. 석정夕汀과 기자記者 몇이 왔고 강철종姜喆鍾, 성신대학聖神大學 강현태姜顯泰, 김교선金敎善, 백승택白承澤 군君이 왔다. 내일來日 원광대학円光大學을 나가자고.

8월 17일. 말복末伏. 9시九時 강철종姜喆鍾, 강현태姜顯泰, 김교선金敎善, 백승택白承澤 군君과 찦차車로 떠났다. 10시 원광대학円光大學에 이르러 백련白蓮꽃을 보고 학장學長을 보았다. 그리고 이학용李學鎔 군君 집으로 갔다. 외딴집이다. 주위周圍로는 밭 — 콩밭, 과수원果樹園, 수박 참외 밭. 싱싱한 수박과 참외는 맛이 특별하다. 소담한 점심상엔 막걸리도 있다. 오후午後 네 시 떠나서 왔다. 덕진德津엔 소낙비가 지냈다. 일곱 시 온양溫陽으로 가는 신현득申鉉得이게 7천백 원을 주며 보리나 팔어먹으라고 하였다. 경희京熙, 문환文煥이가 여산礪山서 왔다. 집의 백련白蓮도 또 한 송이 피었다.

8월 18일. 반찬가게 최崔 군君과 이웃 김성근金性根 군君을 더불어 매실주梅實酒를 마셨다. 김용문金容文 군君이 서울서 왔다.

8월 19일. 음陰 7월 초2일. 조비祖妣 기고忌故. 제수祭需를 흥성興成하여 짚차車로 처妻와 종희宗熙, 문환文煥이를 여산礪山 보냈다. 오후午後부터 비가 온다. 일군 얻어 터전을 팠다. 소공素空 집에서 포광包光과 오찬午餐. 비는 자꾸 돋궈 온다. 비에도 큰비.

8월 20일. 김용문金容文 군君이 왔다. 비는 죽죽 온다. 본부本部로 하여 도립극장道立劇場으로 갔다. 재경在京 전북학우회全北學友會 주최主催 웅변대회雄辯大會다. 주제主題는 광복정신 부활. 그 간부幹部와 이철승李哲承, 전진한錢鎭漢, 조광진曺光珍, 유청柳靑, 최일운崔逸雲, 송명환宋明煥. 오전午前 11시十一時나 되어 개회開會. 이철승李哲承은 축사祝辭만 하고 갔다. 나까지 여섯이 심사審查했다. 출변出辯한 중고등학생中高等學生이 남녀男女 병並 38인. 오후午後 여섯 시 폐회閉會. 신천지新天地서 맥주麥酒 준다. 비는 이어온다. 최승범崔勝範, 김용문金容文 군君과 막걸리집으로 와 마셨다.

8월 21일. 김용문金容文, 최승범崔勝範 군君과 짚차車로 용龍머리고개 넘어 우전면雨田面으로 옥산금광玉山金鑛을 향向하여 나갔다가 홍수洪水에 막혀 도로 왔다. 나는 덕진德津 문리대文理大를 나갔다. 신축新築 이층二層이 마구 샜다. 돌아오다 소공素空 데리고 와 연엽주蓮葉酒 마셨다.

8월 22일. 최지산崔只山이 왔다.

8월 23일. 처妻와 길례吉禮 모母가 여산礪山서 왔다. 대구 사대 손계술孫癸述, 이재수李在秀, 김일근金一根 군君게 편지. 『시조時調와 창작론創

作論』을 보내고 목포木浦 김종우金鍾禹 군君게 편지.

8월 24일. 칠석七夕. 처서處暑. 김부동金富同, 최성조崔聖朝 군君과 매실주梅實酒 마시다. 백채白菜, 무우를 갈었다.

8월 25일. 『시용향악보時用鄕樂譜』에 대하여 쓰다.

8월 26일. 『악보樂譜』에 대한 원고原稿 쓰다.

8월 27일. 10시十時. 이리공대裡里工大에 가서 학장회學長會, 오후午後 1시一時 일정一亭서 점심点心. 3시 반 떠나 왔다. 길례吉禮 모母가 갔다.

8월 28일. 소공素空 데리고 포광包光을 찾어가 향원香園서 냉冷막걸리 먹었다. 오시午時부터 비가 내린다. 고향다방故鄕茶房서 이철승李哲承 만나 국회國會 찦차車를 타고 왔다. 밤에도 한결같이 내린다.

8월 29일. 오후午後 그쳤다. 『악보樂譜』 원고原稿 쓰다.

8월 30일. 원고原稿 썼다.

8월 31일. 원고 썼다.

9월

9월 1일. 처妻는 여산礪山 갔다. 동내洞內 최성조崔聖朝, 김부동金富同, 김성근金成根 군君 외 육칠 인과 한벽당寒碧堂 상류上流로 가 목욕沐浴.

9월 2일. 덕진德津 나갔다. 양배良培 모녀母女가 연산連山 갔다. 원고原稿 썼다.

9월 3일. 덕진德津 나갔다. 최경렬崔景烈(지산只山)과 함께 긍둔肯遯 찾어 담화談話, 목욕沐浴.

9월 4일. 『악보樂譜』 원고原稿 쓰다. 백초白初가 왔다.

9월 5일. 무덥고 좀 흐렸다. 덕진德津 나가 2강二講.

9월 6일. 원고原稿 썼다. 무덥다. 본부本部 가서 총장실總長室에서 법대학장法大學長, 농대학장農大學長, 교학국장敎學局長, 총장總長과 의논하여 뇌염병腦炎病이 만연蔓延 발생發生하므로 내일來日 7일부터 10일까지 임시臨時 휴강休講하기로 하였다. 덕진德津 문리대文理大에 공고公告하였다. 새우젓 한 독 3천 원 하였다.

9월 7일. 무덥다. 짚차車가 여산礪山 가, 처妻가 왔다. 「시용향악보時用鄕樂譜의 한 고찰考察」 원고原稿는 마감하였다. 천이두千二斗, 김용규金容圭, 형영우邢榮宇 대학원大學院 학생學生이 왔다. 비가 온다. 양배良培 모녀母女가 왔다. 진도珍島개 이름 진도珍島를 새끼 띈 암캐 8천 원에 샀다.

9월 8일. 비가 온다. 덕진德津 나가 교수회敎授會. 계림옥鷄林屋서 점심点心.

9월 9일. 농대農大에서 10시十時 학장회學長會. 농대학장農大學長 집에서 점심点心. 이리裡里 중앙국민학교中央國民學校에 들렀다. 그 교장校長이 과하주過夏酒를 먹인다.

9월 10일. 교무敎務, 서무과장庶務課長을 오라 하여 학장회學長會 결의決議 사항事項을 알리어 주었다.

9월 11일. 고창高敞 신오위장申五衛將 개작본改作本인 『횡부가橫負歌』를 그 집 소장본所藏本과 교준校準. 최승범崔勝範 군君이 「시용향악보時用鄕樂譜의 한 고찰考察」 원고原稿를 벗기러 가져갔다.

9월 12일. 다시 개강開講. 덕진德津 나갔다 들어와 소공素空과 함께 안양사安養寺 나가 고故 정봉한鄭奉漢(매원梅苑) 발인식發靷式을 보았고 조의弔儀 천 원千円. 오후午後 또 덕진德津 나가 2강二講. 밤에 폭우暴雨.

9월 13일. 덕진德津 나가 4강四講.

9월 14일. 덕진德津 나가 2강二講. 노철盧瞮 군君이 건乾 은어銀魚 팔십八十 미尾, 배, 능금 한 끄러미를 가졌다. 마침 김교선金敎善 군君이 왔기 은어銀魚를 시식試食하였다.

9월 15일. 덕진德津 나가 임시臨時 교수회敎授會. 김충선金忠善, 송준호宋俊浩 군君 승진昇進 결의決議. 김포광金包光과 돌아오다가 소공素空을 데리고 와 은어銀魚와 술을 먹었다. 문교사회국장 한봉섭韓奉燮 군君이 난蘭을 보러 왔다.

9월 16일. 편지와 「시용향악보時用鄕樂譜의 한 고찰考察」 원고原稿를 한글학회學會 이사장理事長 최현배崔鉉培 군君께 보냈다. 밤부터 동풍東風이 분다.

9월 17일. 비가 온다. 바람도 분다. 제1학기말第一學期末 시험試驗 국문사國文史, 특강特講, 연습演習 문제問題를 내다 교무과장敎務課長 주었다. 덕진德津 나갔다 돌아왔다. 이발理髮. 송이松茸 40개四十介 샀다. 7백 원. 파라시 30개三十介 샀다. 배, 능금 합合 16개 샀다. 그리고 남문장南門場으로 제수祭需 흥정을 보냈다. 처妻와 경희京熙, 문환文煥, 양배良培와 짚차車로 여산礪山 갔다.

9월 18일. 병룡秉龍, 병철秉徹, 일환一煥, 창환昌煥과 노루목 산소山所에 성묘省墓 갔다. 논산論山 훈련소訓練所 부근附近이라 지근처至近處에까지 군사시설軍事施設이 있다. 산소山所 국내局內에도 호박 구덩이를 파 놓았다. 오다가 황화정皇華亭 주조장酒造場 일환一煥 장인丈人 이李 군君을 찾었다. 소주燒酒, 육포肉脯를 내왔다. 먹고 기촌리綺村里 외당숙모外堂叔母를 찾어보았다. 6·25六二五 사변事變으로 인하여 그 자질子姪들은 사망 혹은 감옥에 가 있고 며누리와 어린 손자孫子 데리고 살고 있다. 훈련소訓練所가 된 후 그 부근附近은 한 도시都市를 이뤘다. 앞으로는 예가 서울이 되리라고 한다. 워낙 은진恩津 마산馬山 여산礪山 마산馬山 사이에는 큰 병화兵禍가 있으리라고 예언豫言이 있었다. 이 마을에도 군인軍人들이 가족家族이 살고 연습練習하는 군인軍人들도 마침 앞 시냇물에 쉬고 있다. 힌 머리가 꼽실꼽실한 외당숙모外堂叔母는 동칭洞稱 빠마 할머니라 하는데 우리를 보고 만류挽留하며 술을 자꾸 먹인다. 오다가 뒷갓 고조고高祖考 산소山所 성묘省墓하고 왔다. 조고祖考 기제忌祭 지냈다.

9월 19일. 새벽에 왔다. 덕진德津 갔다. 1학기말一學期末 시험試驗 시작. 문교부文敎部서 실태 조사 왔다. 옴팍집서 석반夕飯 대접. 김金 총장總長과 포광包光과 『고사숙어사전故事熟語辭典』 편집編輯에 대하여 의논.

9월 20일. 덕진德津 나갔다.

9월 21일. 문리대文理大서 학장회의學長會義. 그리고 옴팍집으로 와 오반午飯. 학장學長, 이사理事, 본부本部 간부幹部들과. 본부本部서 이사理事, 학장學長 연석회連席會. 여섯 시 지나 파罷했다. 이경복李京馥이가 아침에 왔다.

9월 22일. 덕진德津 나갔다. 삼광양조장三光釀造場서 특청주特淸酒 2병 사 왔다. 전원배田元培, 정응관鄭應觀, 김영수金映遂 군君을 오라 하여 송이松茸 시식회試食會를 했다. 송이松茸를 쪼개서 사탕沙糖 간장을 발러 구워 그 위에 빠다를 발러 노릇노릇하게 구웠다. 고기 맛보다 낫다. 송준호宋俊浩, 노철盧瞮 군君이 왔다. 처妻가 문환文煥과 왔다. 밤에 비가 온다. 오명순吳明淳 군君이 왔다.

9월 23일. 비는 개고 흐린다.

9월 24일. 덕진德津 나갔다.

9월 25일. 대구大邱 천시권千時權, 유창식兪昌植 군君이 왔다.

9월 26일. 처妻가 여산礪山 갔다.

9월 27일. 서울서 강한영姜漢永 군君이 찾어 왔다. 신오위장申五衛將의 『동창춘향가童唱春香歌』를 벗겨 갔다. 서무과장庶務課長 문의근文義根 군君 외간 상에 임실읍任實邑까지 조문弔問. 회장會葬 오다 남관南關 못 밑어 앞에 정차한 추럭과 부드쳐 내가 양미간兩眉間과 기타 약간若干 부상負傷이 있었다. 게서 상처傷處는 석유石油를 얻고 소독消毒하였다.

9월 28일. 종희宗熙 처妻, 여女와 길녀吉女와 여산礪山을 갔다.

9월 29일. 고故 병섭秉燮 영연에 일곡一哭하고 석성石城 당숙堂叔이며 재종숙모再從叔母를 찾어 보았다. 생양동生陽洞 큰아자씨도 찾어보았다.

9월 30일. 차례 지내고 부근附近 광산光山에 성묘省墓.

10월

10월 1일. 여산礪山서 처妻, 양배良培 부모녀父母女, 길례吉禮와 오다가 나는 팔봉八峯 김준영金俊榮 군君 집으로 노판우盧鈑愚, 노철盧瞰, 최승범崔勝範 군君과 가서 주식酒食을 받었다.

10월 2일. 집에서 원고原稿를 썼다.

10월 3일. 개천절開天節. 덕진德津 나갔다.

10월 4일. 제2학기第二學期 개강開講. 4강四講.

10월 5일. 덕진德津 나가 4강四講.

10월 6일. 덕진德津 나가 2강二講. 그리고 교수회敎授會.

10월 7일. 덕진德津 나갔다. 종일終日 북풍北風. 갑자기 칩다. 후원회後援會 이사회理事會. 창신관昌信館 와서 이사理事들과 석찬夕餐.

10월 8일. 처妻와 시장市場을 갔다. 돌아와 창문窓門을 발렀다. 순금純金 비녀와 반지를 처妻에게 사 주었다. 4만 3천 원四萬三千円. 한미재단韓美財團서 보낸 『고사숙어사전故事熟語辭典』 편찬료編纂料 5만 원五萬円을 썼다. 김용문金容文 군君이 왔다. 「한글과 한글날」은 전북일보全北日報 「우리 문화文化의 성조聖祖이신 세종대왕世宗大王」은 『삼남일보三南日報』에 기고寄稿하였다.

10월 9일. 509주五百九週 한글날. 명랑明朗한 일기日氣다. 7시七時 반半 처妻와 병표秉表와, 구름재와 찦차車로 여산礪山으로 다녀 나는 박병순朴炳淳 군君과 이리裡里로 갔다. 총무과장總務課長 최崔 군君 외간상外艱喪 조문弔問하고 중앙국민학교中央國民學校로 가서 한글 기념식記念式을 하였고 나는 '세종대왕世宗大王의 성업聖業'을 강연講演하였다. 중고등학교中高等學校의 교사敎師 학생學生이 모였다. 일요일日曜日인 만큼 일반 인사는 적었다. 금잔듸 다방茶房, 진광옥晋光屋서 소연小宴을 하였다. 나는 몇 시인詩人과 또 석찬夕餐하고 돌아왔다.

10월 10일. 전주全州 특무대特務隊, 경찰서警察署 수사과搜查課 주최인 방호웅변대회防護雄辯大會에 사경욱史敬郁 군君과 내가 심사원審查員이 되어 오후午後 1시一時 반半 끝내고 심향원尋香園서 점심点心.

10월 11일. 덕진德津 나가 4강四講. 신석정辛夕汀, 김충선金忠善, 계용각桂龍珏 군君과 남문시장南門市場 가서 일음一飮.

10월 12일. 덕진德津 나갔다.

10월 13일. 2강二講. 청풍관淸豐館서 석찬夕餐. 지난 11일 담화회談話

會 끝에 계용각桂龍珏 군君과 예동汭東과의 언쟁言爭이 있었다. 이를 위안慰安코자 오늘 석찬夕餐.

10월 14일. 학장회學長會 및 후원회 이사회理事會. 이사회理事會는 전주全州 이사理事들의 불참不參으로 유회流會. 강康 주사主事가 오찬午餐을 성히 냈다.

10월 15일. 종희宗熙는 순자順子 데리고 서울 가고 처妻는 여산礪山 갔다.

10월 16일. 짚차車 보내어 여산礪山서 영화影畵 기구器具와 식량食糧을 가졌다. 이능우李能雨 군君께 편지와 그 저작著作인 『근조시조사近朝時調史』 서문序文을 써 보냈다.

10월 17일. 4강四講하고 오후午後 네 시 후원회後援會 이사회理事會에 방청傍聽하다 일곱 시 반 그 회會가 파하자 나는 삼화장三和莊으로 와 본부本部 간부幹部와 몇 이사理事들과 석찬夕餐. 이건 본부本部 청사廳舍를 지은 분이 내는 것이다. 점심点心 저녁, 술만 먹었다. 종희宗熙가 서울서 왔다. 찬영燦永이 집도 무고無故하다고.

10월 18일. 덕진德津 나가 4강四講. 대구大邱 문성당文星堂서 국어문國語文 교과서教科書 출판出版 원고료原稿料 십만 원十萬円과 사범대학師範大學 천시권千時權 군君 편지가 왔다.

10월 19일. 2강二講. 양화가洋畵家 김영창金永昌 군君과 오다 시장市場서 오식午食

10월 20일. 덕진德津 나갔다. 전주全州 금융조합金融組合에 가서 십만 원十萬円을 당좌저금當座貯金하였다. 바람 끝이 차다.

10월 21일. 덕진德津 나갔다. 오후午後 네 시 반 여산礪山 갔다. 양배良培, 건배建培, 완산동完山洞 누님과 함께 증조고曾祖考 기제忌祭를 지냈다.

10월 22일. 7시七時 떠나 8시八時 전주全州 착着. 처妻, 누님, 양배良培, 건배建培랑 왔다.

10월 23일. 병사부兵事部 사령관司令官 오광선吳光鮮 군君이 찾어왔다.

10월 24일. 4강四講. 처妻가 여산礪山 갔다. 중양重陽. 황국黃菊은 아니 피었다.

10월 25일. 4강四講. 진주晋州 설창식薛昌植 군君이 왔다. 신석정辛夕汀과 심원다방心園茶房으로 가서 황호면黃鎬冕 군君 외外 문인文人 몇을 만나 다리봉茶里逢으로 가서 설창식薛昌植 군君과 석찬夕餐.

10월 26일. 덕진德津 나갔다. 병사부兵事部 사령관司令官이 찾어왔기 함께 나와 중흥관中興館서 오찬午餐.

10월 27일. 2강二講. 한미재단韓美財團 쉐아바카와 필리삔 공사公使가 찾어왔다. 김포광金包光과 나는 쉐아바카와 『고사숙어사전故事熟語辭典』의 실례實例를 약간若干 보이고 담론談論했다.

10월 28일. 종일終日 비. 이리농대裡里農大 가서 9시九時부터 학장회學長會. 오정午正에 끝내고 점심点心. 김金 총장總長은 서울로 가고 전승범全承範, 계용각桂龍珏, 최혁인崔爀仁 군君과 나는 농대학장農大學長 백남혁白南赫 군君을 데리고 진광옥晋光屋서 석찬夕餐하고 돌아왔다.

10월 29일. 김포광金包光, 윤남한尹南漢, 강철종姜喆鍾, 송준호宋俊浩, 최승범崔勝範 군君 외外 사학과史學科 학생學生 6인六人과 나는 6시六時 반半 떠났다. 마침 교통부交通部 위안회원단慰安會員團과 동행同行. 그들은 남원南原서 회의會議를 하고 화엄사華嚴寺로 자러 온다고 한다. 10시十時 지나 구례구역求禮口驛서 내려 빼스로 구례읍求禮邑을 갔다. 추어탕鰍魚湯 점심点心. 추어탕鰍魚湯은 진미珍味다. 걸어서 6六키로 화엄사華嚴寺를 갔다. 동서東西 오층탑五層塔, 모자탑母子塔, 석경石經 등을 보고 그 뒤 동백나무 숲 속에서 춘란(도림산란道林山蘭과 같은 종류)을 캐었다. 꽃봉오리가 솟은 놈도 있다. 그리고 방 한 간을 얻어 들었다. 각 중고등학교, 또는 교통부交通部 위안회원단慰安會員團하여 방방이 찼다. 모래 섞인 죽 같은 밥에 날 짐치다. 먹지 못하였다. 교통부원交通部員, 학생學生들이 떠든다. 그려도 구돌은 따듯하였다.

10월 30일. 모자탑母子塔 옆의 노구老嫗가 밥 파는 집에다 조반朝飯을 시겨 먹었다. 도라지, 고사리나물도 있다. 교통부交通部 간부원幹部員들은 예서 자고 먹는다. 기타 교통부 회원들은 대처승帶妻僧들이 쫓겨가 있는 부근附近 암자庵子에 가 밥만 먹고 자기는 화엄사華嚴寺 방房에 와 잔다. 어린 비구승比丘僧들이 공양供養을 하매 밥도 죽에 모래 섞었다. 대처승帶妻僧을 쫓는 문제問題도 또한 중대重大하다. 추럭으로 구례읍求禮邑에 와 점심点心 먹고 스리코타로 구례구역求禮口驛에 이르러 기다려 기차汽車 타고 오후午後 7시七時 지나 전주全州로 왔다.

10월 31일. 바람 불고 구름도 오락가락 하였다. 덕진德津 나가 2강二講. 짚차車에 제수祭需 싣고 종희宗熙, 양배良培와 오후午後 12시 반半 여산礪山 갔다. 어머니 기제忌祭 지냈다.

11월

11월 1일. 서모庶母의 진갑進甲. 아침 먹고 양배良培와 떠나 10시十時 덕진德津 착着. 4강四講. 난초蘭草 분盆 네 개를 가졌다. 사학과史學科 김성규金成圭 군君이 남원읍南原邑 사는 바 가자는 걸 바빠 못 갔더니 그 집에서 술과 안주를 해 보냈다. 포광包光, 김상오金相五, 윤한남尹漢南 군君과 밤에 마셨다.

11월 2일. 비 왔다. 김완배金完培 군君과 강점주姜点珠 양孃과 결혼식結婚式에 가 축사祝辭. 교동校洞 92九二의 2호二号 신부新婦 집에서 신구식新舊式 합행合行. 화엄사華嚴寺서 가존 난蘭들을 심었다.

11월 3일. 2강二講. 오후午後 2시二時 교수회敎授會. '학생學生날'이기 아침에 문文, 법法 양대兩大 학생學生을 모아 교학국장敎學局長 김충선金忠善 군君이 광주사건光州事件 전말顚末을 말하였다. 비는 오락가락한다. 그려도 한편에서는 학내學內 경기競起를 하였다. 오후午後 5시五時 반半 교수회敎授會 끝나고 심향원尋香園에서 석반夕飯.

11월 4일. 황호덕黃鎬德 군君이 중앙대학교中央大學校 법대法大로 전학轉學하러 가기 정인승鄭寅昇 군君게 그 부탁한 교본敎本 재료材料와 편지를 보냈다. 덕진德津 나갔다 돌아와 난蘭을 개식改植하였다. 처妻가 여산礪山서 왔다. 김용문金容文 군君이 왔다.

11월 5일. 덕진德津 나갔다 바루 왔다. 계수桂樹를 개식改植.

11월 6일. 일요일日曜日. 오후午後 1시一時 50분五十分 발發 태극호太極号 이등실二等室에 처妻와 함께 떠나 8시八時에 서울 착着. 김용문金容文 군君도 동행同行. 송석일宋錫一, 한희熯熙, 관희觀熙가 나왔다. 자동차自動車로 계동桂洞 2二의 24二四 본제本第에 가 들었다. 건너방 하나를 도배하여 놓았다. 게서 잤다.

11월 7일. 아침에 신구문화사新丘文化社 이종익李鍾翼, 이상오李相五 군君이 찾어왔다. 양순자梁順子 보고 3천 원三千円 주고 국립국악원國立國樂院, 문리대文理大 대학원大學院. 두계斗溪, 일석一石, 동빈東濱, 황석우黃碩雨, 홍봉진洪鳳珍 군君을 보고 중앙도서관中央圖書館 장지태張之

兌, 김동욱金東旭 군君도 보고 두계斗溪, 일석一石, 동빈東濱과 오후午後 3시三時 문교부文教部 회의실會議室 학술원學術院 임시총회臨時總會에 참석參席. 회원들은 거의 다 아는 이다. 3개월三個月 수당手當 2만 4천 환二萬四千圜을 받었다. 5시五時나 되어 나와 정자옥丁字屋 부근附近 방가로다방房街路茶房, 평화관平和館서 이종익李鍾翊, 이상오李相五, 백철白鐵, 정인승鄭寅承 군君과 석찬夕餐. 몹시 칩다. 물이 얼었다.

11월 8일. 입동立冬. 김인수金仁洙, 이성의李聖儀 군君을 찾고 『장화홍련전薔花紅蓮傳』, 『협서곡종재배법夾書穀種栽培法』 1책一册, 『문첩초文牒抄』 1책一册, 꽃삽(모종삽) 1개一介, 나무 자르는 가새 1개一介 샀다. 국악원國樂院 거쳐 대학원大學院 가 심악心岳, 일석一石, 두계斗溪, 구자균具滋均 군君과 김사엽金思燁 교수教授 박사학위博士學位 논문論文을 통과通過하였다. 주심主審은 이희승李熙昇 군君. 나는 부심副審으로서 그 문학박사文學博士 학위學位 청구請求 심사審査 요지要旨는 내가 썼다. 대학원大學院서 중국요리中國料理 점심点心을 먹인다. 서울대학교大學校 문리대文理大 논문집論文集들과 『진단학보振壇學報』 등 한 끄렁이를 받었다. 장지태張之兌 군君과 함께 임청林青 군君을 가 보고 술을 마셨다.

11월 9일. 이윤희李允熙 씨氏를 찾어 뵈었다. 심사요지審査要旨를 쓰다 주었다. 김용문金容文 군君이 왔다. 한일관韓一館서 점심点心. 홍익대학弘益大學으로 갔다. 노고산老姑山 한 기슭에 한강漢江을 임臨하여 우뚝히 솟았다. 시조론時調論을 강화講話하였다. 손종진孫宗珍 군君도 보았다.

11월 10일. 풍문여고豐文女高 김성달金性達, 통문관通文館 이경로李敬魯 군君을 찾어보고 문리대文理大 대학원大學院 국문학國文學 연구실

研究室을 가보고 돌아와 국악원國樂院 이주환李珠煥, 성경린成慶麟 군君 데리고 점심点心. 오후午後 1시一時 유일선柳一善 군君이 왔다. 함께 중앙대학교中央大學校에 나가 '고전문학古典文學과 현대문학現代文學과의 연관성聯關性' 강연講演 두 시간. 백철白鐵, 건재健齋와 방가로房街路 다방茶房으로 왔다. 이종익李鍾翊, 이상오李相五 군君이 반도半島 호텔 옆의 일등一等 양요리洋料理 집으로 인도引導하여 석찬夕餐을 먹인다.

11월 11일. 9시九時. 고경선高京善 군君을 찾어 보았다. 그리고 홍화문弘化門 앞으로 가 처妻와 양순자梁順子, 한희漢熙, 찬영燦永이와 산업박람회産業博覽會를 보았다. 차한 중中 전북관全北館이 가장 차하다. 나와 처妻는 고경선高京善 군君 집으로 가 점심点心. 그리고 종로鐘路로 나서 화신상회和信商會를 보았다. 나는 분홍신다방茶房으로 가 문리대 졸업생 10여 인을 만나 다방茶房골 어느 음식점으로 가 석찬夕餐.

11월 12일. 관희觀熙 시겨 차표車票 사고 8시八時 나와 9시九時 발發 태극호太極号 이등실二等室에 올랐다. 새벽에 비가 좀 오고 온화溫和 명랑明朗하다. 오후午後 3시三時 반半 전주全州에 내렸다. 경희京戱, 양배良培, 선원善源이가 마중 나왔다. 짚차車로 교동校洞 왔다.

11월 13일. 남문南門 장에 나가 꽃조로를 함석으로 마추었다.

11월 14일. 음산하다. 처妻는 여산礪山 갔다. 덕진德津 나가 4강四講. 밤에 비. 「삼관여록三官旅錄」의 「오공즙蜈蚣汁」을 최승범崔勝範 군君 주었다.

11월 15일. 종일終日 비. 덕진德津 나가 4강四講. 익산 소병원蘇秉元, 이범선李範善, 정현용鄭鉉鎔 군君이 왔다. 술을 냈다.

11월 16일. 덕진德津 나갔다 바루 와 금마金馬 고적古蹟의 탐사探査 재료材料 꾸몄다. 최승범崔勝範 군君이 왔기 탐사探査 재료材料를 프란트

시겼다.

11월 17일. 도립극장道立劇場을 갔다. 8시八時다. 국방사상國防思想의 앙양昂揚과 병역의무兵役義務의 중요성重要性을 고취鼓吹키 위하여 병사구兵事區 사령부司令部서 주최主催한 중고등中高等 대학大學 및 일반一般의 웅변대회雄辯大會다. 학생들도 안 왔다. 그 옆 다방茶房으로 갔다. 10시十時나 지나 시작했다. 총總 60여 명 연사演士다. 심사審査는 나와 농대農大 학생과장學生課長 최일운崔逸雲 및 전북全北, 삼남신문三南新聞 사원社員. 오후午後 여섯 시 반 끝났다.

11월 18일. 지도위원회指導委員會를 본부本部 회의실會議室서 오후午後 2시二時 반半까지 하고 5시五時부터는 부여옥扶餘屋서 도청道廳 지사知事, 국장局長, 의원장議員長과 부副를 초대招待. 기박碁博, 가무歌舞, 음飮 일기시합一技試合. 최후最後 나는 이양호李養浩 군君과 시음試飮. 연음連飮 6배六盃(1배一盃 1홉一合)에 이李 군君이 휴전休戰하자고 한다. 그리고 가무歌舞를 하고 파하였다.

11월 19일. 문리대文理大, 본부本部, 법대法大 찦차車로 일행一行 12명이 금마金馬를 갔다. 왕궁탑王宮塔 보고 국민학교國民學校 로 가 '금마金馬 고적古蹟의 문화적文化的 지위地位'를 강연講演. 중학中學, 국민교國民校 학도學徒 및 교사敎師, 유지有志들이 들었다. 중학中學, 국민교國民校가 김기운金起雲 댁宅서 점심点心을 먹인다. 보덕성報德城, 쌍릉雙陵을 보고 나와 포광包光, 김충선金忠善 군君은 중학교장中學校長 소병돈蘇秉敦 군君 집으로 가 잤다. 이 집 사랑斜廊은 화양은거제봉정사華陽隱居濟峯精舍라는 우암尤庵 선생先生이 써 주신 걸 방사倣寫하여 문미門楣에 붙였고, 한편에 큰 대청이 있다. 지금은 금마의원金馬醫院으로 쓰고 있다. 바루 건자산乾子山(제산濟山) 서측西側이다. 고서화古書畵와 고서

古書 천오륙백 책 소장所藏되었다. 그 목록目錄과 서화書畫 약간若干을 보았다. 국민교장國民校長은 소의영蘇懿永 군君이다. 퍽 친절親切히 접대接待한다.

11월 20일. 미륵사지彌勒寺址와 그 탑塔이며 찰간刹竿 등을 보았다. 젊은 축들은 사자암獅子庵과 산성山城을 보러 가고 나와 포광包光은 금마金馬로 도로 와 소진호蘇鎭浩, 소병관蘇秉寬 군君을 찾어 데리고 이겸태李謙泰 군君 집으로 갔다. 청담淸談과 소작小酌이 있었다. 다시 미륵탑彌勒塔 앞으로 하여 이강오李康五 군君 집에 가서 점심点心. 그리고 저물어 왔다. 처妻도 여산礪山서 왔다. 밤 비.

11월 21일. 비. 짐장 시작. 덕진德津 나가 4강四講. 전매청專賣廳 사택舍宅을 보았다.

11월 22일. 비 오다 개었다. 덕진德津 나가 4강四講. 김준영金俊榮, 노철盧瞮 군君이 군자君子집에서 석찬夕餐를 먹인다. 검사檢事 차장次長 사택舍宅을 보았다.

11월 23일. 맑다. 덕진德津 나갔다.

11월 24일. 덕진德津 나가 2강二講.

11월 25일. 총장總長과 법대학장法大學長, 교학敎學, 사무事務 양兩 국장局長과 세당차車로 군산상대群山商大 가서 학장회學長會. 저물어 돌아왔다.

11월 26일. 처妻가 여산礪山 갔다.

11월 27일. 우전면雨田面 의원議員 김용남金容男 군君이 찾어와 난蘭과 그 재배법栽培法을 묻는다. 장시간 강화講話했다. 한미재단韓美財團 이사理事 쉐아바카에게 회답回答. 『고사숙어사전故事熟語辭典』 문학언어文學言語 예例 5장五張도 동봉.

11월 28일. 덕진德津 나가 4강四講. 고적위원古蹟委員 황수영黃壽榮, 부여박물관장扶餘博物館長 송사준宋思俊이 와 강연. 옴팍집서 석찬夕餐.

11월 29일. 덕진德津 나가 2강二講. 민의원民議員 강세형姜世馨 군君의「독일민족의 특성」강연講演을 들었다.

11월 30일. 고창高敞 신길동申吉同 군君이 새벽에 왔다. 빌려온『신오위장본집申五衛將本集』8책八册을 찾어갔다. 함께 조반朝飯. 장경식張慶植 군君이 왔기 2만 환貳萬圜과 편지를 써 그 아버지 태영泰英 군君께 부쳤다. 만 환萬圜은 6·25六二五 사변事變 때 귀향歸鄕 노비路費로 꿔었던 것이고, 또 만 환萬圜은 경식慶植 군君 혼례婚禮 축하祝賀다. 소공素空이 왔다. 함께 가서 노기주점老妓酒店서 좀 마셨다. 물이 얼었다.

12월

12월 1일. 덕진德津 나가 2강二講. 교수회教授會 하고 심향원尋香園서 석찬夕餐. 함양咸陽 병곡면甁谷面 송평리松坪里 이재교李在教 씨가『역경금문고易經今文考』상하上下 2책二册을 기증寄贈하였고 이병도李丙燾 박사博士가『동국여지비고東國輿地備考』기2其二 책册을 보냈고 최근학崔根学 군君이『고등국어과高等國語科 완성完成』1책一册을 보냈다. 얼었다.

12월 2일. 종일終日 집에 있었다. 난초蘭草를 씻어 주고 물을 주었다. 시장市場에 나가『숙향전淑香傳』을 사다 읽었다. 신선神仙 이야기,『숙영낭자전淑英娘子傳』의 부본副本이었다.

12월 3일. 봉래원蓬萊園 가서 이문기李文基 군君과 오길수吳吉秀 양과의 결혼식結婚式 주례主禮를 하였다. 그리고 오吳 양 집으로 가 오찬午餐.

12월 4일. 소공素空과 함께 노송동老松洞 신석정辛夕汀 이사移舍 집을 찾어가 오찬午餐을 받었다.

12월 5일. 덕진德津 나가 4강四講. 진안鎭安 학부형學父兄이 와 오찬午餐을 주었다.

12월 6일. 덕진德津 나가 4강四講. 처妻가 여산礪山서 왔다.

12월 7일. 오전午前 10시十時 봉래원蓬萊園서 박섭용朴燮鏞 군君과 전경자全景子 양孃과의 혼례婚禮 주례主禮를 하고 신부 집으로 가서 오찬午餐.

12월 8일. 덕진德津 나가 2강二講. 「나부가懶婦歌」, 「계한가鷄恨歌」, 「연안김씨延安金氏 유훈遺訓」을 벗겼다.

12월 9일. 9시九時 이리공대裡里工大에서 학장회學長會하고 일의장一意莊서 오찬午餐. 중앙대학中央大學 분교分校로 가 백철白鐵 군君을 만나보고 진광옥珍光屋서 또 마시고 돌아와 김金 총장總長 집 초대招待에 참석參席하였다.

12월 10일. 원광대학円光大學에 나가 3강三講 6시간六時間. 그리고 오다가 덕진德津을 들렀다.

12월 11일. 소공素空을 가 보다 짚차車가 왔기 소공素空 데리고……

이후 2페이지 누락[9]

9 2페이지 누락 부분 중 『가람일기』(신구문화사, 1976.)에 수록된 것을 글씨체를 달리하여 여기에 실었다.

__12월 11일.__ 우전면雨田面 의원議員 김용남金容男 군君을 찾았다. 약간 정원도 꾸몄다. 옥화란, 제주한란이 있다. 백화란은 진귀한 것이다.

__12월 22일.__ 동지冬至. 종일終日 집에 있다. 서울대학교大學校 대학원大學院 이병도李丙燾 군君께 편지하고 백지白紙 3권 보내며『고려사지高麗史』권 제1,2를 누구 시켜 필사해 달라고 하였다.

__12월 志24일.__ 등분한 야매野梅가 많이 피었다. 술을 사다 마셨다.

…… 서무과장 문의근文義根, 학생과장 박노선朴魯璿(교무과장 노판우盧鈑愚 군은 의원醫員 보러 간다 안 왔다) 군을 오라 하여 학생회 일을 알리고 조반朝飯을 함께 했다.

12월 25일 소공素空, 포광包光과 술을 마셨다. 석정夕汀, 구름재, 정경태鄭敬兌 군君도 왔다.

12월 26일. 덕진德津 나가 연구비硏究費 분배分配를 의논했다. 오늘부터 4일간間 서무직원庶務職員 강습회講習會가 본부本部서 시작. 그 식式에도 참석參席. 오후午後엔 본부本部 총장總長, 양국兩局과 5단대五單大학장學長과 망년회忘年會를 호남각湖南閣서 하였다.

12월 27일. 집에 있었다.『전북일보全北日報』신년호新年號 원고原稿를 써 주었다.

12월 28일.『삼남일보三南日報』신년호新年號 원고原稿를 썼다. 덕진德津 나가 한미재단韓美財團 이사理事 쉐어바카를 보다. 전원배田元培, 송주영宋柱永 군君을 데리고 와 매화梅花 아래서 마셨다.

12월 29일. 원고原稿를 쓰다.

12월 30일. 윤상훈尹相勛 군君이 왔다.

12월 31일. 동아부인상회東亞婦人商會 상층上層에서 백창기白昌基 군

君과 김영숙金英淑 양孃과의 결혼식結婚式 주례主禮를 했다. 몹시 치웠다. 식式 파한 후 최승범崔勝範 군君과 어느 주점酒店서 요기했다.

1956년(단기 4289년)

1956년(단기 4289년)

1월

1월 1일. 집에 있어 만발滿發한 매화梅花와 한잔 마셨다.

1월 2일. 동내洞內 친구親舊 청請하여 몇 잔 마셨다.

1월 3일. 『국문학개설國文學槪說』의 일기문학日記文學 원고原稿를 썼다.

1월 4일. 이학근李學根 군君을 청請하여 몇 잔 마셨다. 경희京熙 내외內外가 왔다.

1월 5일. 처妻가 짚차車로 여산礪山가서 양식糧食 두 가마 실고 왔다.

1월 6일. 오전午前 중中 덕진德津 나갔다가 10시十時 도청道廳으로 갔다. 도道의 모집募集인 「농민가農民歌」, 「전북全北의 노래」 첫 심사회審査會를 했다. 밤에 눈이 왔다. 이 지방地方엔 올해 첫눈이다.

1월 7일. 전주여중 가서 도 주최인 도내 중고등교中高等校 교사敎師 국어문학國語文學 강습회講習會에 오전午前 9시九時부터 오후午後 4시四時 10분十分까지 국문학개론國文學槪論 및 국문학사國文學史를 강의講義. 「전북全北의 노래」, 「농민가農民歌」를 예선豫選하여 보냈다.(전부全部 4백四百 봉封인데 심사위원審査委員 다섯이 나누어 우선 8십八十 봉封에서). 선원善源 군君이 짚차車로 김포광金包光과 사학과史學科 학생學生 수인數人 다리고 선운사禪雲寺를 가다가 그 근처近處에 이르러 눈이 째여 못 가고 도로 와 금산사金山寺로 데려다 주고 왔다. '진도珍島'는 암놈 세 마리를 오늘 낳았다. 이 치위에 얼어 죽을가 념려하였더니 선원善源이가 오다가 짚 한 뭇을 사 가지고 왔다. 어리를 해 주었다.

1월 8일. 경희京熙 내외內外가 왔다. 밤에 눈 오다.

1월 9일. 강습회講習會 출강出講. 밤에 눈 오다.

1월 10일. 강습회講習會 출강出講. 문교사회국장 한봉섭韓奉燮 군君이 자기 집에서 난회蘭會를 했다. 설송雪松, 유당酉堂, 오당吾堂, 도지사道知事 신용우申庸雨, 옥봉玉峯이 모였다. 마시고 유당酉堂, 오당吾堂은 그림, 설송雪松은 글시를 두어 폭幅 채웠다. 눈이 많이 왔다.

1월 11일. 경희京熙 내외內外가 여산礪山으로 갔다.

1월 12일. 4강四講. 김영규金永奎, 정태락鄭泰洛 군君이 왔다. 신기神氣가 좋지 못하다. 『해학유서海鶴遺書』의 국사편찬회國史編纂會 기증도 받었다.

1월 13일. 출강出講. 우래관又來館서 점심点心. 승범勝範 군君이 왔다.

1월 14일. 출강出講은 끝났다. 오후午後 처妻와 종희宗熙 내외內外와 양배良培, 송명순宋明順과 여산礪山 갔다. 밤에 병암 숙屛岩叔(인仁)과 만송晩松과 용제龍弟와 담화談話.

1월 15일. 12월 초3일初三日 처妻의 생일生日. 가족家族, 인리隣里가 모여 조반朝飯. 나는 오후午後 종희宗熙 처妻, 여女와 송명순宋明順과 전주全州로 왔다.

1월 16일. 원고原稿 쓰다. 국사편찬회國史編纂會 김용섭金容燮 군君이 와 『계년사季年史』 8책八册을 차거借去. 『기려수필騎驢隨筆』.

1월 17일. 도청 공보과公報課에 나갔다. 과장은 유기철柳基哲 군君이 신임新任. 김해강金海剛도 왔다. 두어 시간 기다려 신용우申庸雨 도지사

道知事와 농민農民, 전북全北의 노래 작사作詞를 협의協議. 나는「농민農民의 노래」, 해강海剛은「전북全北의 노래」작사作詞를 추천推薦되어 맡게 되었다. 나오다 해강海剛과 신석정辛夕汀을 찾어 데리고 오다 또 최승렬崔承烈, 박병순朴炳淳 군君을 만나 함께 우래관又來館서 불고기회會를 하였다. 처妻가 여산礪山서 왔다. 날이 눅었다.

1월 18일(12월 6일). 양배良培의 두 돌 날. 눈이 다 녹는다. 시루떡을 하였다. 비가 온다.

1월 19일. 최승범崔勝範 군君과 찦차車로 고창高敞을 갔다. 신길동申吉同이 피避하고 아니 본다. 지난 11월 말일 길동吉同 군君이 와서『신오위장가사申五衛將歌辭』8책八册을 찾어갈 때 이 방학 중 다시 빌려주기로 단단 언약言約하였던 것이다. 평화신문사平和新聞社 고창高敞 지국장支局長 허성배許性培 군君 데리고 신기업申基業을 찾었다. 매실주梅實酒 1병一瓶과『국어문학國語文學』제4권第四劵 제3호第三号 동창춘향가童唱春香歌 수록收錄된 책册을 주었다. 신오위장가사申五衛將歌辭 봇다리는 곁에 두고도 빌리지 않는다. 그리고 길동吉同이게 민다. 공모共謀하였다. 나는 분개하고 떠났다. 군청郡廳도 가보고 조양관朝陽館서 점심点心. 찦차車로 허성배許性培 군君이 서너 시간 찾었으나 길동吉同은 만나지 못하였다. 오후午後 7시七時 지나 돌아 왔다.

1월 20일. 황희영黃希榮 군君(대학원 국문과)이 왔다. 함께 옴옥아리 집으로 갔다. 김포광金包光도 데려 왔다. 몇 잔 마셨다.

1월 21일. 비가 눈으로 온다. 개강날이기 덕진德津 나갔더니 겨우 20명 출석出席. 도서관圖書館서 영조英祖 51년 을미실록乙未實錄 중 11월 박성원朴盛源 흑산도黑山島 천극조荐棘條를 보았다. 펑펑 눈이 쏟어진다. 고대高大 이과理科 교수敎授가 왔기 데리고 우래관又來館으로 와 점심点心. 서무과장庶務課長 문의근文義根 또 거간居間군 3, 4三四인人과 매가賣家를 두엇 구경하고 심향원尋香園으로 가 몇 잔 하였다.

1월 22일. 흐리다. 이학근李學根 군君이 왔다. 이환우李桓雨 군君이 약주藥酒 5승五升을 보냈다. 최성연崔聖淵의 『소안시조집素眼時調集』「은어銀魚」를 읽고 평評을 써 전북일보사全北日報社 정영복鄭泳福 군君께 전했다. 질서姪壻 이중승李重承이 자살自殺하였다.

1월 23일. 맑다. 9시九時 덕진德津 나가니 학생學生이 약간若干 왔다 갔다. 칩다. 개강開講이 아니 된다. 도서관圖書館 가서 『영조실록英祖實錄』을미년乙未年 박성원朴盛源에 관關한 대문을 초抄하였다.

1월 24일. 칩다. 오전午前 10시十時 봉래원蓬萊園에서 최달호崔達鎬 군君과 김명숙金明淑 양孃과의 결혼結婚. 오후午後 1시一時 회원會園에서 전승안全承晏 군君과 김영숙金英淑 양孃과의 결혼結婚. 다 주례主禮를 하였다. 그리고 그 동뢰연同牢宴에 참여하였다.

1월 25일. 덕진德津 나가 도서관圖書館에 들러 『순종실록純宗實錄』 경오년庚午年 책을 보았다. 김포광金包光, 최경렬崔景烈, 전원배田元培 군君과 임실任實집에서 점심点心.

1월 26일. 원고原稿 썼다.

1월 27일. 덕진德津 문리대文理大서 학장회學長會. 오후午後 5시五時에 파하였다.

1월 28일. 오전午前 8시八時 반 떠나 정읍井邑을 갔다. 고농교高農校 강당講堂서 오주천吳柱天 3남三男 한섭漢燮 군君과 김명환金明煥 영매令妹 명순明順 양孃과의 결혼結婚 주례主禮. 저물어서 전주全州로 왔다.

1월 29일. 눈이 왔다. 원고原稿 정리整理. 날이 따듯하기 난蘭 기타 화초분花草盆에 물을 주었다.

1월 30일. 덕진德津 나갔다. 처妻가 여산礪山 가서 쌀, 메주를 가지고 왔다.

1월 31일. 퍽 따듯하여 눈 얼음을 녹인다. 덕진德津 나가 강의講義. 오후午後 4시四時 일반교육위원회一般教育委員會 열고 다섯 가지 원칙을 정하였다. 대구 천시권千時權 군君이 왔다. 청심관淸心館서 석식夕食.

2월

2월 1일. 김사엽金思燁 교수教授의 문학박사文學博士 학위논문學位論文의 인출印出에 그 서문序文을 간단簡單히 써 천시권千時權 군君게 주었다. 덕진德津 나갔다가 와 소공素空 데리고 우래관又來館서 마셨다. 운곡芸谷 오순영吳順泳 군君 영연靈筵 일곡一哭. 부의賻儀 천 원千圓.

2월 2일. 덕진德津 나가 2강二講.

2월 3일. 덕진德津 나갔다.

2월 4일. 덕진德津 나갔다.

2월 5일. 입춘立春. 해석海石이 왔다.

2월 6일. 덕진德津 4강四講.

2월 7일. 덕진德津 4강四講.

2월 8일. 덕진德津 나갔다.

2월 9일. 덕진德津 나가 2강二講.

2월 11일. 학장회學長會. 오후午後 네 시야 파하였다.

2월 11일. 노판우盧鈑愚 군君 부자父子와 양배良培와 처妻와 여산礪山을 갔다. 용제龍弟, 병주秉胄와 밤 깊도록 이야기하였다.

2월 12일. 병신년丙申年 정월正月 1일一日. 차례茶禮 지내고 김고산金高山 장丈께 세배歲拜하고 마산馬山 당숙모堂叔母 보고 병철秉徹 집에서 몇 잔 먹고 찦차車로 처妻, 양배良培랑 왔다. 백남혁白南赫 군君 집에서 윷놀이 하였다.

2월 13일. 덕진德津 나갔다. 학생學生들이 아니 나왔다. 전원배田元培, 노판우盧鈑愚, 박노준朴魯濬, 김상오金相五 군君과 함께 박태길朴泰吉 부친父親인 선각여관仙閣旅館 주인主人 회갑연回甲宴에 가 놀았다. 김용문金容文 군君이 왔다.

2월 14일. 덕진德津 나가 2강二講. 오후午後 왔다. 양배良培가 따라와 놀았다. 3시三時 도청道廳에 가서「농민農民의 노래」,「전북全北의 노래」 김동진金東振 군君 작곡作曲 발표發表를 했다. 중고등학교中高等學校 교사敎師들이 모였다. 파한 후 지사실知事室에서 소감所感을 말했다.

2월 15일. 비 온다. 덕진德津 나갔다. 오다 시계점時計店을 들렀고 남문南門 밧 시장市場에서 산곽產藿 반半 통, 북어北魚 20미尾, 대구포大口脯 1개를 사 왔다. 이종수李鍾壽 군君이 순금純金 장완裝腕 시계時計를 사만四萬 9천九千 원円에 사 왔다. 가졌던 월삼은 방매放賣한다고 한다. 김용문金容文 군君이 왔다. 김제金堤, 정읍井邑 가겠다고.

2월 16일. 덕진德津 나가 2강二講. 오다 처妻의 복통腹痛 및 구미口味 없는데 쓰는 양약洋藥을 사 왔다. 먹고 효력效力이 있다. 동내洞內 최崔, 김金, 김金 군君을 오라 하여 오찬午餐 하였다. 밤 눈이 왔다.

2월 17일. 덕진德津 나갔다. 몹시 칩다. 오다 김포광金包光과 정소공鄭素空을 데리고 와 오찬午餐을 했다.

2월 18일. 좀 누었다. 덕진德津 나가 한미재단韓美財團 교육부장에게 보내는 경과보고經過報告 및 4289년도四二八九年度 신계획新計畫인『한국고사숙어사전韓国故事熟語辭典』 편찬編纂에 관한 걸 박기반朴基盤 군君게 번역해 달라고 부탁하였다. 강신후姜信厚, 윤한남尹漢南 군君이 왔다. 강姜 군君이 백화白花 두 병을 가지고 왔다.

2월 19일. 찾어오는 손님이 종일終日 계속하였다. 서울서 오영환吳暎煥 군君이 고서화古書畵를 가지고 왔다.

2월 20일. 덕진德津 나가 네 시간 강의講義. 풍설風雪이 심하였다.

2월 21일. 덕진德津 나가 네 시간 강의講義, 풍설風雪이 심하였다.

2월 22일. 덕진德津 나갔다.

2월 23일. 덕진德津 나갔다.

2월 24일. 본부本部 회의실會議室서 학장學長, 교무敎務·학생學生 과장課長 회의會議. 종일終日 하였다.

2월 25일. 문리대文理大 나갔다.

2월 26일. 정월正月 보름. 찾어온 이가 많었다.

2월 27일. 문리대文理大 나갔다 오다 이발理髮. 김용문金容文 군君 와 기다리고 있다. 석반夕飯 후後 용문容文 군君은 서울을 향向하여 떠났다. 눈이 왔다.

2월 28일. 문리대文理大 네 시간 했다. 문리대文理大, 법대法大 교원敎員을 모여 총장總長의 지시指示가 있다. 눈비는 온다. 현득鉉得이가 왔다.

2월 29일. 아침에 총장總長 김두헌金斗憲 박사博士 집에 가서 내가 이 달 말일末日 내內로 학장學長 및 교수敎授의 사직辭職을 하겠다는 의사意思를 표시表示하였다. 전북대학교全北大學校 국어國語 시험문제試驗問題를 내어 김충선金忠善 군君께 주었다. 처妻가 현득鉉得 데리고 여산礪山 갔다.

3월

3월 1일. 3·1기념식三一記念式을 덕진德津 나가 법대法大 강당講堂서 하였다. 문리대文理大, 법대法大 교직원教職員 및 학생學生이 모였다. 나는 그때 회고담懷古談을 하였다.

3월 2일. 신입생新入生 시험試驗을 보았다. 오다가 은행여관銀杏旅館을 들렀다. 출제위원出題委員이 농성籠城하고 있다. 송창宋滄, 오광선吳光鮮 군君이 왔다. 오날 오후午後 10시十時 반半(무진일戊辰日) 처음 손자孫子를 양배良培 어미가 순산順産하였다. 이름을 앙배昂培라 했다. 이웃 송宋집이 와서 받었다. 오吳 산파産婆는 나중에 왔다.

3월 3일. 눈이 온다. 덕진德津 나갔다. 383명 신입학생新入學生 구술시험口述試驗 및 신체검사가 있었다. 처妻가 경희京熙와 왔다. 양배良培가 내 방에서 잤다. 문의근文義根 군君과 문선규文璇奎, 송준영宋俊榮 군君과 우래관又來館서 오찬午餐.

3월 4일. 농성籠城하고 있는 은행여관銀杏旅館을 가 보았다.

3월 5일. 덕진德津 나가 네 시간 강의講義.

3월 6일. 덕진德津 나가 네 시간 강의講義.

3월 7일. 오후 임시臨時 교수회教授會를 열고 신입학생新入學生 성적사정成績査定을 하였다. 성적순成績順으로 175명을 뽑고 직계直系 자녀子女, 상이군인傷痍軍人을 40점点 이상以上, 그 담에 다시 성적순成績順으로 하여 증가增加 1할一割인 18명을 더 뽑았다. 이게 상부上部의 명령命令대로다. 오다 심향원尋香園서 석찬夕餐. 교직원教職員 일동一同.

3월 8일. 종일終日 학장회學長會.

3월 9일. 덕진德津 나갔다.

3월 10일. 오전午前 10시十時 신입학新入學 합격자合格者 발표發表. 이날이 음 정월正月 28일二十八日 내 생일生日. 그간間 산고産故 있기 그저 지냈다. 김金 국장局長 충선忠善 군君이 전화電話를 했다. 유성 온천儒城溫泉을 가자고. 김金 총장總長 두헌斗憲, 법대학장法大學長 전승범全承範 군君과 함께 총장總長의 세단 차車로 떠나 대전太田 가 점심点心하고 유성儒城으로 가 온천溫泉 별관別館 제1호실第一号室에 들었다. 김갑순金甲淳 육순연六旬宴 축하祝賀 시문詩文 병풍이 있다. 구한국 말 친일파의 명부록名簿錄이다. 이도 근세사近世史의 한 기록記錄이다. 저물어야 목욕沐浴하고 잤다. 김충선金忠善 군君의 코 고는 소리에 잠을 못 잤다.

3월 11일. 아침엔 운애가 끼었다. 나가 해정解酲을 하였다. 조반朝飯 후에는 나는 걸어서 십여 리 되는 갑동甲洞을 갔다. 공주公州 가는 신작로新作路로 십리十里쯤 가서는 산山 하나를 안고 돌아 모랫바닥, 또는 시내 따러 올랐다. 마을이 여기저기 있다. 종손宗孫 준배俊培 집을 찾었다. 갑골 막바지까지 갔다가 도로 내려와 고욤나무집을 찾었다. 준배俊培는 없고 그 며누리만 있다. 데리고 그 좌左편 조고마한 고개를 넘어 사우당공四友堂公 산소山所에 성묘省墓하고 83세 된 섭燮을 찾어보고 또 해주공海州公 산소山所에 절하고 데리고 온 종손부宗孫婦에게 2천 환二千圜을 주고 눈보랏 속에서 돌아왔다. 서북풍西北風이 점점 세며 눈발이 뺨을 치고 모자帽子, 외투外套엔 물이 흐르고 막걸리 생각도 난다. 거의 오정午正 때다. 유성儒城 장터에 이르러 한 주막酒幕에서 막걸리 몇 잔을 거울렀다. 별관別館서 또 목욕沐浴하였다. 충남여객차 주식회사장 인권식印權植(우유又遊) 군君이 와서 대전취원太田醉園으로 인도引導하기 우유又遊의 노래며 기생妓生 소리도 듣고 다시 유성별관儒城別館으로 와 잤다.

3월 12일. 해정解酲하러 나갔다 오니 일행一行은 동악사東岳寺를 갔다. 날은 청명하다. 기다려 10시十時 반半에 밥 먹고 11시十一時 떠나 대전太田 인印 군君을 보고 논산論山 와서 부산옥釜山屋서 점심点心. 금배조화金盃朝花를 마시고 오후午後 네 시 뒤 덕진德津 전북대학교全北大學校 본부本部에 들렀다 왔다.

3월 13일. 볕이 나며 눈얼음을 녹인다. 덕진德津 나갔다가 김포광金包光, 정소공鄭素空를 데리고 와 오찬午餐. 난蘭들을 내놓아 볕을 쬐었다.

3월 14일. 지난 10일이 음력陰曆 정월正月 28일二十八日 내 생일生日이였으나 손자孫子 앙배昻培가 나기 때문에 오늘 문리대文理大, 법대法大, 본부本部의 관계關係인 몇몇을 주식酒食을 함께 하였다. 나는 문리대文理大 직원職員에게 끌리어 나아가 또 마시고 놀았다.

3월 15일. 태극호太極号로 오정午正 12시 50분에 떠났다. 현득鉉得, 종희宗熙, 강수남姜秀南, 최승범崔勝範 군君이 와 전송餞送한다. 승범勝範 군君은 3천 환參千圜을 술 사 먹으라 한다. 비가 부슬부슬 온다. 오후午後 8시 경성역京城驛 도착到着. 짚차車 타고 계동桂洞 본제本第로 갔다. 비는 여전히 온다. 태희泰熙는 대위大尉. 성희聖熙는 사대師大 입학入學되었다고 제 친구親舊들과 술을 먹고 있다.

3월 16일. 그저 비 온다. 순자順子, 국악원을 찾어보고 홍대弘大 김용문 군에게 전화. 서울대학교 대학원으로 가서 김상기金庠基, 이병도李丙燾, 이희승李熙昇 또는 기외其外 친구親舊들을 많이 보고 문교부文敎部로 가서 대학과장大學課長 이근칠李根七, 편수국장編修局長 박만규朴萬珪 군君을 보고 왔다. 중앙中央 정인승鄭寅承, 박보서朴俌緖 군君이 저녁에 왔다. 함께 나서 술 먹고 내수사內需寺 골 이혜구李惠求 군君 집으로 갔다. 없다. 술을 내오라 하여 먹고 10시十時 지나 왔다. 김용문金容

文 군君이 왔다.

3월 17일. 경복京馥이를 찾어보고 와서 조반朝飯하고 순자順子 보고 문교부文敎部 가서 장관長官 보고 학술원學術院서 2만 4천5백貳萬四千五百 환圜 수표手票와 그 통장通帳을 가지고 서대문西大門 밧 무진주식회사無盡株式會社에 가서 찾고 통문사通文肆, 또는 김인수金仁洙 군君을 찾고 국악원國樂院으로 가서 그 부원部員 4, 5四五인人과 함께 낙원동樂院洞으로 와서 설농탕湯 점심點心을 하였다. 그리고 휘문중고등학교徽文中高等學校도 찾고 이의성李儀聖 군君도 찾고 외국어대학 박술음朴術音 군君도 찾고 변영로卞永魯 군君도 만나 다방茶房에 들고 신구문화사新丘文化社 인쇄소印刷所에 가서 이상오李相五 군君을 보고 기다려 정인승鄭寅承, 김용문金容文, 백철白鐵, 이종익李鍾翼 군君을 만나 석찬夕餐 하고 왔다. 비는 그치고 종일終日 흐렸다. 병옥秉玉이가 왔다.

3월 18일. 오전午前 네 시부터 비가 부슬부슬 내린다. 성희聖熙, 병옥秉玉과 함께 택시 타고 7시七時 반半 떠낫다. 떨 장관長官이 이경離京하기 때문에 통행금지通行禁止로 빙빙 돌아 서대문西大門 밧으로 나서 겨우 서울역驛 부근附近까지 갔다. 그리고 우중雨中에 걸어서 역驛에 이르렀다. 김용문金容文 군君이 나와 맥주麥酒 2병二瓶을 사 준다. 9시九時 태극호太極号로 떠낫다. 이등실二等室서 송갑섭宋甲燮 군君을 만나 맥주麥酒도 마시고 담화談話하였다. 오후午後 3시三時 반半 전주역全州驛에 내리고 비는 그쳤다.

3월 19일. 비. 선원善源의 조부祖父가 왔다.

3월 20일. 비. 덕진德津 나갔다.

3월 21일. 비. 김성근金性根 군君이 술을 먹인다.

3월 22일. 선원善源의 조부祖父와 북중北中 강택수姜澤秀 교장校長을 보고 철원哲源의 보결補缺을 부탁했다. 소공素空 포광包光이 와 도림란화道林蘭花를 완상玩賞하였다.

3월 23일. 비. 대학원大學院 신입생新入生 구술시험口述試驗. 그 성적사정회成績査定會. 학생과장學生課長, 교무과장教務課長 연석聯席 학장회學長會를 하고 운심각서 석찬夕餐.

3월 24일. 재학생在學生 시험試驗 답안答案을 끊았다. 제일第一빵집 위층에 재학생在學生들의 졸업생卒業生 환송회歡送會 참석參席코 군자君子집으로 가 놀았다.

3월 25일. 비. 김용문金容文 군君이 왔다. 경희京熙가 서울 갔다.

3월 26일. 오전午前 중中 나갔다. 오후午後 2시二時부터 전북대학교全北大學校 3회三回 졸업식卒業式 거행擧行. 콘세트 강당講堂서. 비는 그쳤다.

3월 27일. 비. 임시臨時 학장회學長會. 중흥관中興館서 오찬午餐.

3월 28일. 창신관昌信館서 임시臨時 교수회教授會를 하고 보결생補缺生 사정査定. 그리고 과주임회科主任會하고 오반午飯. 군자君子집, 또는 금강원金剛園 가서 놀았다. 비가 밤새도록 온다.

3월 29일. 학장學長 및 교수教授의 사직서辭職書를 본부本部 총무과總務課에 냈다. 조선왕조실록朝鮮王朝實錄을 제1第一, 2二, 3三, 4四책册을 윤한남尹漢南 군君에게 받고 3만 5천三萬五千 환圜을 주었다. 송준호宋俊浩 군君이 원판본原板本인 『능엄경楞嚴經』 제4권第四券 1책一册을 기념紀念으로 준다.

3월 29일. 오후午後 네 시 창신관昌信館 가서 김근수金根洙, 정기수丁奇洙 군君 송별회送別會를 보고 옴팡집으로 가서 문리대文理大 후원회後援會 이사理事들과 석찬夕餐. 계용각桂龍珏, 김충선金忠善 군君이 학장學長만의 사직서辭職書를 요청要請한다. 일환一煥이가 왔다 갔다. 창신관

昌信館서 김근수金根洙, 정기수丁奇洙 군君 송별회送別會. 나도 가서 환송사歡送辭를 하고, 만낫집으로 가서 후원회後援會 이사理事들의 송별회送別會를 받었다. 김충선金忠善, 계용각桂龍珏 양군兩君도 참석參席.

3월 30일. 제일第一빵집 난蘭 세 분을 개식改植. 학장學長 사직서辭職書를 내었다. 백정기白定基 군君이 왔다. 오후午後 네 시 낙원樂園서 문인회文人會 송별연送別宴 — 석정夕汀, 해강海剛, 백석白石, 백양촌白陽村, 최승렬崔承烈, 박병순朴炳淳, 남상천南相天, 최승범崔勝範, 청포靑袍, 김용문金容文 군君. 일동一同 촬영撮影. 학장學長 사직서辭職書를 냈다. 밤새도록 비.

3월 31일. 박병순朴炳淳, 장순하張諄何, 김희철金熙喆, 김용문金容文이 오다. 루네산스서 차茶 마시고 창신관昌信館서 오찬午餐. 노철盧瞮, 김준영金俊榮, 최승범崔勝範 군君도 왔다. 태극호太極号 이등二等으로 떠나다. 포광包光, 김용규金容圭 군君도 전송餞送 나왔다. 김용문金容文 군君도 동행同行. 찦차車로 계동桂洞 2二의 24二四 착着. 밤새도록 비.

4월

4월 1일. 비. 문리대文理大 학장學長 동빈東濱을 가 보고 일석一石은 출타出他하여 못 만났다. 이종익李鍾翊, 상오相五, 정병욱鄭炳昱 군君이 왔다. 이창구李昶求, 경복京馥도 찾어보고 순자順子도 보고 이발理髮. 밤새도록 비. 빗소리에 우수잠을 잤다.

4월 2일. 비. 김용문金容文과 탑골공원 앞에서 8시八時 15분十五分 중대中大 빠쓰 타고 흑석동黑石洞 중대中大에 나갔다. 임영신任永信 총장

總長을 보고 또 백철白鐵 군君도 보고, 매주每週 화요火曜 3강三講(대학원 2강, 대학 1강)케 약속約束하고, 서울대학교大學校 문리대文理大로 가서 여러 친구親舊들을 만나 보고, 하오下午 2시二時 비를 무릅쓰고 운동장運動場에서 신입학생新入學生 입학식入學式에 참석參席코 세시 반 교수教授 집합소集合所인 함춘원含春苑 개관식開館式에 참여參與하여 맥주麥酒를 거음巨飮하였다. 공주公州 사돈査頓 송한중宋漢中 군君이 왔다. 동숙同宿.

4월 3일. 사돈査頓은 떠났다. 용문容文 군君과 문교부文教部 가서 장관長官 비서祕書며 안용백安龍伯, 박철재朴哲在, 박만규朴萬奎, 이근칠李根七 군君을 보고 국사관國史館 신석호申奭鎬 군君을 보고 윤남한尹南漢 군君에게 양도讓渡 받은 『조선왕조실록朝鮮王朝實錄』을 내 이름으로 옮기고 제5책을 7천七千 환圜 주고 가졌다. 통문관通文館, 또는 출판소出版所 이상오李相五 군君을 보고 명동明洞서 설농탕 먹고 청동다방青銅茶房서 공초空超 오상순吳相淳 군君을 만나보고 차茶 또는 삼학三鶴을 마시고 박영민朴永民 군君과 용문容文 군君과 국악원國樂院으로 와서 이주환李珠煥, 성경린成慶麟 군君 데리고 그 부근附近서 소음小飮. 맑었다 흐렸다. 비도 뿌렸다.

4월 4일. 통문관通文館 가서 『가재연행록稼齋燕行錄』, 『고활자개요古活字概要』를 사오다. 통금시간通禁時間에 김용문金容文 군君이 국방대학國防大學 교수教授인 송상남宋相南, 그 누의 송천희宋天姬 군君과 술 한 병 가지고 왔다. 마셨다. 자정子正까지 담소談笑.

4월 5일. 쾌청快晴. 청명淸明 날이다. 석일錫一이가 서울역驛까지 나와 차표車票를 샀다. 여석餘席이 없다고 이리裡里까지 끊어 준다. 목포행木浦行 1호차一号車에서 조종만趙鍾萬, 신석정辛夕汀을 만났다. 석정

夕汀과 나는 2호차二號車 여수행麗水行으로 옮겼다. 석정夕汀과 식당食堂서 오반午飯. 하오下午 3시三時 반半 전주全州 착着. 선원善源이가 찦차車로 등대等待. 타고 왔다. 병사구兵事區 사령관司令官이 왔다.

4월 6일. 편지와 교수敎授 사직서辭職書를 써 총장總長 김두헌金斗憲 박사博士에게 보냈다. 강수남姜秀男 군君이 왔다. 교사敎師 추천서推薦書를 써 주었다. 그리고 강姜 군君과 이상쾌李尙快 군君과 함께 향천옥香泉屋에 가 마셨다. 밤에 비가 시작. 화엄사華嚴寺 난蘭을 분식分植. 문교사회국장文敎社會局長이 왔다.

4월 7일. 종일終日 비. 덕진德津 나가 대학원생大學院生 입학식入學式을 보았다. 약간若干 오한惡寒기가 있다. 김포광金包光과 찦차車로 오다 소공素空 데리고 와 술을 먹었다. 금산고등학교가錦山高等學校歌를 어제 지어 오늘 신홍재辛洪宰 군君께 주었다.

4월 8일. 비. 허정석許井錫, 김희철金熙喆, 이의근李義根, 정해선鄭海善 군君들이 오늘 남고산성南固山城으로 놀러가자 하더니 비가 오므로 창신관昌信館서 오찬午餐을 준다. 석정夕汀 부처夫妻, 나도 처와 함께 참석參席.

4월 9일. 덕진德津 나가 네 시간 국문학연습國文學演習 — 농구農謳 11 十一까지 했다.

4월 10일. 양정희楊定熙, 조승호趙承鎬 군君이 오다. 최병심崔秉心 학자學者를 찾어보았다. 김상오金相五, 문의근文義根, 노철盧瞮, 김준영金俊榮. 최승범崔勝範 군君이 군자君子집에 석찬夕餐을 준다. 비.

4월 11일. 덕진德津 나가 도서해제図書解題 네 시간.

4월 12일. 집에 있었다. 윤선원尹善源 군君이 개장改粧한 『사원辭源』 3편三篇을 찾어 왔다.

4월 13일. 약간若干 서적書籍을 싸 가지고 전주全州역驛에 갔다. 강수남姜秀南 군君 남매男妹와 태극호太極号에 탔다. 오후午後 8시八時 서울역驛 도착到着. 경희京熙, 태희太熙, 성희聖熙가 기다리고 있다. 강수남姜秀南 군君 남매男妹와 함께 계동桂洞 2의 24 본제本第로 왔다.

4월 14일. 종일終日 집에 있어「서민문학庶民文學」초고草稿를 썼다.

4월 15일. 흐렸다. 고두동高斗東 군君이 왔다. 조해朝海 세 병 가졌다. 조반朝飯 후 함께 나서 윤택중尹宅重 군君을 찾어보고 청량리淸涼里로 가서 고형곤高亨坤을 찾어 보았다. 이숭녕李崇寧 군君도 보았다. 가지고 갔던 도림란道林蘭을 심어 주고 오찬午餐을 받고 나는 고高 군君과 오다 형제주점도 거쳐 문리대학장文理大學長 김상기金庠基 군君 집으로 갔다. 또 술을 마시다가 나는 좀 토吐하였다. 정충시鄭忠時 군君을 찾어보고 왔다. 김용문金容文 군君이 왔다.

4월 16일. 문리대文理大 나갔다. 서민문학庶民文學, 고전古典과 서지書誌 두 강좌講座를 하고 장지태張之兌 군君과 낙원동樂園洞으로 설농탕 집에서 오식午食.

4월 17일. 가장 쾌청快晴. 8시八時 반半 탑골공원 앞에서 중대中大 뻐쓰를 탔다. 정인승鄭寅承 군君 기타 여러 친구親舊를 만났다. 중대中大 가서 백철白鐵 군君도 보고 양재연梁在淵 군君도 보고 국문학특강國文學特講 한 강좌講座를 하고 돌아오다 이종익李鍾翊 군君을 찾어 보고 점심点心하고 왔다. 주전자酒煎子, 연적硯滴, 유리琉璃항을 샀다. 유리琉璃항에 흙과 물을 넣고 백련실白蓮實을 열두 개 심었다. 저녁에 김용문金容文 군君이 왔다. 홍대弘大는 오는 25일부터 나오라 한다.

4월18일. 흐리다 비 왔다. 우산雨傘 받고 나서 순자順子 데리고 교동校洞 어구 설농탕 집으로 가서 점심点心 먹고 나는 통문관通文館서『조선어사전朝鮮語辭典』 1책一册을 3천5백 원 외상外上으로 가졌다. 신기神氣가 좀 불평不平하고 몸이 피곤疲困하다.

4월 19일. 경희京熙 시겨 윤택중尹宅重 군君게 알어보았더니 단대檀大에는 오는 26일부터 나오라 한다. 「서민문학庶民文學」 서론序論을 쓰다. 쌍합루雙合樓서 배갈白干 1승一升 가졌다. 1천8백 원圓. 그리고 짜장면, 덴부라, 잡채雜菜를 시겨다 먹었다. 밤에 김용문金容文, 정기수丁奇洙, 유제연柳濟宴 군君이 왔다. 왼쪽 볼이 좀 아프다. 한 감기인 듯하다.

4월 20일. 「서민문학庶民文學」 서론序論을 쓰다.

4월 21일. 김인수金仁洙 군君을 찾어 데리고 나서 설농탕을 먹었다.

4월 22일. 두계斗溪을 찾어 보았다. 함께 나서 김두종金斗鍾 박사博士를 찾어보고 나오다 냉면冷麵을 먹었다. 밤에 폭우暴雨

4월 23일. 서울 문리대文理大 나가 2강二講. 이성의李聖儀 군을 데리고 낙원동樂院洞 설농탕집에 점심点心. 김용문金容文 군君도 왔었다. 경상도慶尙道서 가졌다는 『고문집古文集』, 완당서阮堂書도 보았다.

4월 24일. 중대中大 나갔다. 송태영宋太永 군君 집을 찾어 보고 병옥秉玉이도 보고 술도 먹었다. 오후午後 1강一講 하고 왔다. 밤새도록 비가 왔다.

4월 25일. 김용문金容文 군君이 왔다. 함께 안국동安國洞 거리로 나가 홍대弘大 통근通勤 뻐스를 탔다. 오전午前 8시 20분. 건재健齋, 박창래朴昌來 군君도 만났다. 홍대弘大에 갔다. 손종진孫宗珍 또는 여러 교수教授도 만났다. 극가劇歌 1강一講, 고시문古詩文 1강一講. 김용문金容文, 박창래朴昌來, 윤수동尹壽童 군君과 함께 뻐스로 나왔다. 시청市廳 옆에서 오식午食. 곽복산郭福山 군君이 와서 명함名銜 두고 갔다.

4월 26일. 자동차自動車로 단대檀大에 나갔다. 여러 아는 교수教授를 만났다. 이병주李丙疇 군君이 퍽 반가워한다. 시조時調와 창작론創作論 1강一講, 고시문古詩文 1강一講. 윤택중尹宅重 군君도 보았다. 이병주李丙疇 군君이 점심点心을 먹인다. 걸어서 동대문東大門 시장市場으로 하여 왔다. 신문학원新聞學院 감사監事 취임就任 승낙서承諾書를 해 주었다. 백련白蓮이 움이 솟았다.

4월 27일. 빠고다옥서 설농탕으로 점심点心 먹고 통문관通文館 이겸로李謙魯 군君을 보고 오다 고물점古物店에서 이희양李喜陽 군君을 만나 양양다방으로 가서 서소춘徐小春을 만나 다시 고향故鄕 오뎅집으로 가스시와 술을 먹고 왔다. 병철秉徹 제弟가 왔다 한다.

4월 28일. 김한응金漢膺 군君 찾어 데리고 금성관金城館서 해정解酲했다. 이일李一 군君도 만났다. 박종화朴鍾和(월탄月灘) 군君을 찾어 보고 돌아와 계동桂洞 동회장洞會長 우종건禹鍾建 군을 데리고 빠고다옥서 점심點心. 오후午後 6시六時 국악원國樂院 임방울林芳蔚 창唱, 김세준金世俊(김창룡金昌龍 장남) 고鼓를 가 들었다. 두 시간時間 이상以上. 게서 현철玄哲, 이혜구李惠求 군君도 보고 신현익申鉉翼을 만나 돌아오다 금성관金城館서 소음小飮하였다. 병우秉雨가 왔다 한다.

4월 29일. 이능우李能雨 군君이 술 두 병을 가지고 왔다. 그 주소住所가 통의동通義洞 35三五의 32三二. 춘화관春華館서 이숭녕李崇寧 박사博士 축하회祝賀會. 가서 축사祝辭. 친구들 많이 만나고 안용백安龍伯, 신석호申奭鎬 군君과 나오다가 끌려가 거음巨飮했다. 병철秉徹 제弟가 왔다.

4월 30일. 서울 문리대文理大 나가 2강二講. 장지태張之兌 군君과 빠고다옥 와서 설농탕 점심點心. 동대東大 이동림李東林 군君이 와서 대풍옥大豐屋에서 석찬夕餐를 먹인다. 병옥秉玉이가 왔다.

5월

5월 1일. 10 시 휘문고교徽文高校 50주년식五十週年式을 보고 근속勤續 십년十年 이상以上 기념품紀念品인 은시저銀匙箸 두 벌을 받고 오찬午餐을 받고, 또 저녁엔 대관원大觀園 부근附近 음식점에서 잔치를 받았다. 기생妓生의 가무歌舞도 벌어졌다. 비는 줄줄 온다.

5월 2일. 김용문金容文 군君이 왔다. 맑었다. 홍대弘大 나가서 2강二講. 오후午後 2시二時에 왔다. 빠스가 사고事故 났다. 이재항李載伉 군君이 오고 저녁엔 이성의李聖儀, 김용문金容文 군君이 왔다.

5월 3일. 단대檀大 나가 2강二講. 대창옥大昌屋서 점심點心. 설농탕이 나뻐졌다. 걸어서 오다가 사범고등학교師範高等學校 들렸고 동대문東大門 안 시장市場을 거쳐 서울대학교大學校 문리대文理大를 갔다. 학생처장學生處長 권중행權重倖 군君을 찾어 보고 김우열金宇悅 군君을 부탁한 바 등록登錄도 않고 학점學点도 부족不足하다고 한다. 두계斗溪 보고 운초雲樵 보고 다방茶房에서 고형곤高亨坤 군君도 만나 차茶 마시고 일석一石도 보고 대학원大學院 국문과생國文科生 십여 인게 '고전古典 해석解釋 및 연구硏究에 대하여' 1강一講하고 왔다. 이종익李鍾翊 군君이 왔다.

5월 4일. 중대中大 나갔다. 전주全州 가는 차표車票를 경희京熙 시켜 샀다. 신구문화사新丘文化社 인세印稅 십만 환을 가졌다. 중대中大서 오전 2강二講. 그 앞 시장市場에 나가 약주藥酒 3배三盃를 하고 그 주점酒店 주인主人에게 애류崖溜 집 이야기를 듣고 떡 팔고 있는 그 부인夫人을 만나 보았다. 오후午後 1시一時 반半부터 대학원大學院 1강一講. 그리고 마침 나오는 찦차車에 동승同乘하여 왔다.

5월 5일. 8시八時 반半 경희京熙 데리고 나와 태극호太極号 이등차二等車를 탔다. 차중車中에서 전매청專賣廳 서명석徐明錫 군君과 전북대학교全北大學校 계용각桂龍珏 군君을 만나 담화談話. 오식午食도 하였다. 비는 간간間間 내린다. 오후午後 3시三時 반半 전주역全州驛 내려 본부本部 차車를 탔다. 종희宗熙도 계용각桂龍珏 군君도 함게. 교동校洞 집에 드니 비는 그쳤다. 오늘 오전 신익희申翼熙 씨氏가 이리행裡里行 차중車中 졸卒하였다.

5월 6일. 아침에 정소공鄭素空이 왔다. 함께 난蘭을 심고 도림란道林蘭 수근數根을 주고 조반朝飯하였다. 신석정辛夕汀, 허정석許井錫, 박병순朴炳淳, 소공素空, 포광包光, 해석海石, 유창석柳昌錫 군君이 왔다. 두어 잔 마시고 나는 해석海石과 유柳 군君과 함께 완산동完山洞 양정희楊定熙 군君 회갑연回甲宴에 갔다. 술 먹고 춤도 추었다. 병룡秉龍 제弟도 왔다. 용제龍弟와 제수弟嫂와 질녀姪女의 일행一行은 교동校洞 집으로 와 잤다.

5월 7일. 전북全北 문리대文理大 나가 연습演習 4강四講. 최승범崔勝範 군君이 오찬午餐을 먹이고 또 원대円大 졸업卒業인 대학원생大學院生 군君과 하학下學 후後 군자君子집으로 가서 맥주麥酒. 또 노철盧瞮, 문의근文義根 축이 와 마셨다.

5월 8일. 소공素空과 함께 법우사法雨寺 백당栢堂(김종래金鍾來)을 찾었다. 곡차穀茶와 점심點心. 돌아와 대학원생大學院生들을 데리고 서민문학庶民文學 강의講義. 밤에 문의근文義根, 김중권金中權 군君이 와 양사재養士齋를 30만 환三十萬圜으로 하고 3년간 전세 계약을 하였다.

5월 9일. 덕진德津 나가 고전古典과 서지書誌 4강四講. 최낙범崔洛範 군君을 찾어보았다.

5월 10일. 비가 온다. 11시 반半 자동차自動車로 불러 전주역에 나갔다. 종희宗熙와 함께. 오후午後 1시一時 강수남姜秀男 군君과 또는 전주全州 종묘장種苗場 주임主任 이李 군君과 태극호太極号 이등실二等室 타고 떠났다. 식당食堂서 오식午食. 오후午後 8시 15분 서울역서 내려 나는 계동桂洞 2二, 24二四로 왔다. 비는 그쳤다. 공주公州 송한용宋漢用 군君이 와 있다.

5월 11일. 통문관通文館을 나갔다. 저녁에 김근수金根洙 군君이 왔다. 경희京熙는 당인리발전소唐人里發電所로 취직就職되었다. 오후 10시 차車로 여산礪山을 향向하였다. 백련白蓮 움을 큰 분盆에 옮겼다. 큰 분盆이란 찬영燦永이네가 전주全州서 가존 백사기白砂器 주방용廚房用인 네모진 광廣 2척二尺, 장長 3척三尺, 심深 6촌六寸쯤 된 것이다. 게다 질흙, 세사細沙를 섞어 4촌四寸 반半쯤 메우고 담수淡水를 질럼질럼하게 넣었다.

5월 12일. 원고原稿를 썼다. 밤에 김근수金根洙 군君이 왔다.

5월 13일. 정충시鄭忠時 군君을 찾어 데리고 돈암동敦岩洞 권태희權泰禧 군君을 가 보았다. 술을 사 왔다. 오다 정인승鄭寅承 군君을 찾어 보았다.

5월 14일. 문리대文理大 가서 2강二講. 동빈東濱과 함게 점심点心. 고형곤高亨坤 군君과 나와 대풍옥大豐屋서 술 먹고 데리고 와 백련白蓮 1근一根을 주었다.

5월 15일. 김용문金容文 군君이 왔다. 「고전古典과 서지書誌」 원고原稿를 다시 썼다. 난희네 집에 가서 술을 먹었다. 경희京熙가 왔다. 정부통령正副統領 선거選擧로 공휴公休.

5월 16일. 홍대弘大 나가 2강二講. 김경승金景承 군君과 가치 오다 빠고다옥서 점심点心. 정충시鄭忠時 군君이 왔기 그 영윤令允 혼례婚禮 축하祝賀로 천 환千圓 주었다. 오후午後 5시 동대東大 대학원생大學院生 김성배金聖培, 이상보李相寶, 오형석吳亨錫, 최세화崔世和, 이동림李東林 군君이 와서 가사연구歌辭硏究 1강一講을 들었고 대풍옥大豐屋으로 가서 석찬夕餐를 준다.

5월 17일. 단대檀大 나가 2강二講. 서울대大 대학원大學院 나가 1강一講. 그리고 이병도李丙燾, 고형곤高亨坤 군君과 함께 나서 명동明洞 가서 맥주麥酒를 마셨다. 청동다방靑銅茶房서 오상순吳相淳(공초空超)를 만나 담소談笑하였다.

5월 18일. 리영도 여사女史가 왔다 갔다. 문교부文敎部 및 국사편찬위원회國史編纂委員會에 가서『조선왕조실록朝鮮王朝實錄』6, 7, 8인 3책을 가졌다.

5월 19일. 정충시鄭忠時 군君 영윤令允 호웅鎬雄과 권태향權泰香 양孃과의 혼례婚禮. 아서원雅敍園서. 나는 축사祝辭를 하였다. 주례主禮는 이세정李世禎.

5월 20일. 리영도 여사女史가 왔다. 시조時調를 논論하다가 나서 명동明洞 명천옥明泉屋서 설농탕 점심点心을 하고 남산공원南山公園으로 올라 잠두蠶頭 서편 왜놈 신사神社 자리에서 맥주麥酒를 마시고 나려 왔다. 여름 모자帽子를 샀다.

5월 21일. 서울대학교大學校 문리대文理大 나갔다. 체육대회體育大會가 있어 출근부出勤簿에 도장圖章만 찍고 왔다. 김인수金仁洙 군君이 대풍옥大豐屋서 점심點心을 준다.

5월 22일. 중대中大 나가 4강四講. 4월 1일 교수敎授 발령장發令狀을 받고 첫 4월 급給 5만 7천6백 환(대학원 합하여)을 탔다. 신구문화사新丘文化社 이종익李鍾翊 군君을 찾었더니 맥주麥酒를 많이 먹인다. 지난 밤새도록 비 왔다.

5월 23일. 홍대弘大 나가 2강二講. 청전靑田 이상범李象範 군君과 김경승金景承 군君과 돌아오다 청진동淸進洞 신일옥新一屋서 점심點心. 오늘 신익희申翼熙 씨 장례葬禮. 거리에 인산인해人山人海. 우이동牛耳洞으로 나간다 한다. 국민장國民葬이었다.

5월 24일. 새벽에 일어나 「우리 고전문학古典文學에 나타난 국민사상國民思想」 원고原稿 18장張을 썼다. 9시九時 시립극장(구舊 시공관市公館)으로 갔다. 9시 반 지나 학술원學術院 주최主催 제1회第一會 학술대강연學術大講演 급及 인문과학부人文科學部 나는 '우리 고전문학古典文學에 나타난 국민사상國民思想'으로서 10시 35분까지 강연講演하였고 담에는 이어 서울대학교大學校 농대農大 교수敎授 겸 본원本院 회원會員 김호식金浩植 군君이 자연과학부自然科學部 '동위원소同位元素와 생물학生物學'을 강연講演. 미장美粧으로 가서 오찬午餐을 받었다. 최현배崔鉉培, 안호상安浩相, 신도성愼道成, 윤일선尹日善, 이종윤李鍾綸 군君과 회합會合하였다. 계동桂洞 왔다가 서울대학교 대학원 가서 1강一講. 오다 국악원國樂院 들어 이주환李珠煥, 성경린成慶麟 군君과 빠고다옥屋에서 일음一飮.

5월 25일. 조우朝雨. 이성의李聖儀 군君이 왔다. 비가 종일終日 왔다. 신석호申奭鎬 군君 장녀長女 명규明珪 양孃과 박관호朴冠鎬 군君과의 혼례식婚禮式인 천도교당天道敎堂에 갔다. 12시 지나서 개식開式. 김법린金法麟의 주례主禮. 피로연披露宴인 태화관泰華館도 갔다. 축가祝歌를 육자六字바기로 불렀다.

5월 26일. 휘문고교徽文高校 이재훈李載壎 군君을 찾어보고 데리고 운현궁雲峴宮 다방茶房으로 위스기티를 마시고 나는 통문관通文館 가서 『동사연표東史年表』, 그 옆 점店에서 16살 양산洋傘을 4천5백 환에 사 왔다.

5월 27일. 명륜동明倫洞 안호삼安鎬三 군君을 찾어보고 두계斗溪를 보고 함께 와서 운현궁雲峴宮 다점茶店서 위스키티를 마셨다.

5월 28일. 서울대학교大學校 문리대文理大 2강二講. 운초雲樵와 일취옥一醉屋 냉면冷麵 먹고 운현궁雲峴宮 다방茶房 와서 커피를 마셨다.

5월 29일. 중대中大 나갔다. 4, 5월 분分 봉급俸給 9만 7칠십 환圜을 준다. 고故 애류崖溜 부인夫人을 찾어보고 만 환을 주었다. 오전午前 대학원大學院 1강一講. 건재健齋와 몇 교수敎授와 함께 점심點心. 오후午後에 시험試驗 보았다. 비가 온다. 지우산紙雨傘을 사 가지고 뻐스 타고 오다가 청동다방靑銅茶房 공초空超를 찾어보고 맥주麥酒를 그 옆집에서 마셨다. 서울특별시사 편찬위원회編纂委員會 책임위원責任委員 김영상金永上이 그 촉탁 현玄 군君과 삼진인쇄사參進印刷社 김종국金鍾國 군君을 보내어 『한경지략漢京識略』을 영인影印하겠다고.

5월 30일. 홍대弘大 나가 2강二講. 김용문金容文 군君과 오다가 신신음식新新飮食 집에서 비빔밥, 찹쌀막걸리를 먹고 오다 구두와 가방을 수선修繕. 동대東大 대학원생大學院生이 와서 가사歌辭와 가사歌詞와의 구분區分을 들었다.

5월 31일. 단대檀大 나가 2강二講. 서울대학교大學校 대학원大學院 나가 1강一講.

6월

6월 1일. 종일終日 집에 있었다. 시사市史 편찬編纂 촉탁 현玄 군君이 왔다. 종희宗熙게 편지 써 주었다.

6월 2일. 통문관通文館 이겸로李謙魯 군君과 종로鐘路 1가 61번지 대한고미술협회大韓古美術協會 서화골동書畫骨董 감상회鑑賞會에 갔다. 게서 장지태張之兌, 고형곤高亨坤, 고두동高斗東 군君도 만났다. 지태之兌, 형곤亨坤, 겸로謙魯 군君과는 신신한국음식新新韓國飮食 집으로 가서 점심点心. 그리고 나는 지태之兌 군君과 필동筆洞 이응구李應九 군君을 찾었다. 술을 마셨다. 그리고 국립국악원國立國樂院으로 와서 '국악감상國樂鑑賞의 밤'의 가무歌舞 등을 보았다.

6월 3일. 신구문화사新丘文化社 주최主催로 행주幸州를 갔다. 오전 8시 반 운현궁雲峴宮 다방茶房으로 가서 9시 지나 떠났다. 두계斗溪, 건재建齋, 동빈東濱, 김용문金容文, 장 씨張氏, 기妓, 백철白鐵, 이상오李相五, 이종익李鍾翊 군君과 함께. 마침 미군美軍 중무기重武器 실은 추럭이 북행北行하기 때문에 간간間間 진행進行 정지停止. 또는 수색水色서 소로小路로 들어 짚차車 택시가 더뎠다. 11시 지나 행주幸州 착着. 강변江邊에 차일遮日 치고 놀았다. 먼저 목욕沐浴. 맥주麥酒, 양주洋酒 마시고 장기張妓 노래도 듣고 점심點心. 백철白鐵, 두계斗溪는 먼저 갔다. 우리는 오후 5시 지나 돌아왔다.

6월 4일. 흐리고 무덥다. 문리대文理大 나가 2강二講. 비가 온다. 현대문학사現代文學社 여기자女記者가 왔다. 비를 맞으며 이태극李泰極 군君을 찾었다 못 보고 짚차車를 잡어 타고 여기자女記者와 함께 왔다. 「내한 생生」이란 원고原稿를 주었다.

6월 5일. 비. 중앙中央 나가 3강三講. 점심點心은 건제健齊가 먹였다. 오후午後 5시五時 반半 돌아왔다. 한글학회學會 축을 만나 술을 먹었다. 오늘 이선근李瑄根 군君이 문교부장관文敎部長官 해임解任.

6월 6일. 현충일顯忠日로 공휴公休. 망종芒種. 김용문金容文, 고두동高斗東 군君이 왔다. 담화談話, 해정解酲. 그리고 원서동苑西洞 순자順子 집에서 이발理髮. 오후午後 동대東大 대학원생이 셋이 왔다. 「화사花史」, 「농가월령가農家月令歌」 원작자原作者 강의講義. 고두동高斗東 군君이 동대문東大門 세무서장稅務署長 최영호崔瑛浩, 최상규崔相珪 군君과 왔다. 두 최崔 군君이 다 애란가愛蘭家다. 이들과 함께 충무가忠武街 김중화金重華 박사博士 집을 찾어 갔다. 난蘭과 화초花草가 많다. 난蘭 재배栽培 이야기를 하고 다방茶房을 들렀다 왔다. 시사편찬회市史編纂會 현玄 군君이 내 소장所藏인 『한경지략漢京識畧』 원본原本 상하上下 2책二冊을 전주全州 가서 가지고 왔다. 두주頭註, 또는 삽입揷入 대문大文까지 영인影印토록 일렀다.

6월 7일. 흐리다 개었다. 단대檀大 나가 2강二講. 나오다 이탁李鐸 군君을 만나 대창옥大昌屋서 점심點心. 그리고 걸어서 배오개 시장市場을 거쳐 서울대 대학원으로 가 1강一講. 김용문金容文 군君이 왔다.

6월 8일. 성희聖熙와 서울역驛에 갔다. 태극호太極号 이등二等 17석席 탔다. 9시 발發. 찻속에서 이리裡里 김춘호金春鎬 군君을 만나 식당食堂에서 맥주麥酒 세 병을 마셨다. 전승범全承範 군君 부인은 19석席에 앉었다. 점심點心을 사 준다. 전주역까지 5분 연착延着. 종희宗熙가 나왔다. 택시 타고 교동校洞 집으로 왔다.

6월 9일. 앙배昻培의 백일百日날. 떡 잔치를 했다. 소공素空, 전승범全承範, 김준영金俊榮, 문선규文璇奎 군君이 왔다. 두견주杜鵑酒를 마셨다.

6월 10일. 서모庶母와 완희完熙가 8시 반半 여산礪山으로 갔다. 완산동完山洞 누님이 왔다. 최성조崔聖朝, 김완동金完東 외外 수인數人이 와 술을 먹었다.

6월 11일. 찦차車로 덕진德津 나가 4강四講. 점심點心은 김영준金榮俊, 노철盧瞮, 김교선金敎善 군君들이 먹인다. 전승범全承範, 도립병원장道立病院長과 돌아오다가 맥주麥酒, 백화白花를 먹었다. 처妻는 여산礪山 갔다. 대학원생들이 왔다. 밤새도록 비 왔다.

6월 12일. 오후 1시 반 대학원생 8인이 와서 그 강의講義를 들었다.

6월 13일. 덕진德津 나가 2강二講. 김영준金榮俊 군君과 점심點心. 오늘은 陰 5월 5일. 덕진德津 물맞이로 인산인해人山人海. 오후午後 두 시 후 나를 석별惜別한다는 회會. 강당講堂에서 했다. 나도 감상담感想談을 했다. 창신관昌信館으로 와서 석찬夕餐. 처妻가 왔다. 양배良培가 신열身熱이 높아 몹시 앓는다.

6월 14일. 이리 중대中大 나가 3강三講. 통학차通學車 연착延着으로 첫 강좌講座는 못 했다. 에던서 양식洋食 점심點心. 오후 네 시 50분 뻐스로 왔다. 최승범崔勝範 군君을 만나 도립극장道立劇場 부근附近에서 술 먹었다. 양배良培 신열身熱이 쑥 내렸다.

6월 15일. 아침에 소공素空이 왔다. 택시 불러 타고 전주역에 나갔다. 종희宗熙 데리고. 12시 50분 태극호太極号 탔다. 오후 8시 5분 서울역 착着. 경희京熙가 나왔다. 부산釜山 출장出張 갔던 이경복李京馥과 택시로 계동桂洞 왔다.

6월 16일. 10시 반 서울대학교 문리대에 나갔다. 일석一石 이희승李熙昇 군君의 환갑還甲 축하식祝賀式이 아직 아니 끝났다. 11시 지나 나는 축하祝賀 강연講演 '고전문학古典文學과 현대문학現代文學과의 관계

關係'란 제題로 한 50분 하였다. 비는 자꾸 온다. 운현궁雲峴宮 예식부禮式部로 와 그 연회宴會를 하였다. 술은 조해朝海. 여흥餘興으로 가무歌舞였다. 나도 불려나가 추었다.

6월 17일. 서울교校 문리대 나갔다. 소설서적전람회小說書籍展覽會 구경을 하였다. 이숭녕李崇寧 박사博士, 지헌영池憲英, 장덕순張德順 군의 연구研究 발표회發表會가 있다. 오후 두 시 보문사普門寺(탑골 승방)으로 나갔다. 게서 일석一石 아드님 이교웅李敎雄 군君이 초대招待한다. 많이들 왔다. 김金경순 여사女史도 와서 술을 쳐 준다. 정광현鄭光鉉 군君이 유진오柳鎭午 군君을 박아지 씌어 두계斗溪, 나, 고형곤高亨坤 군君과 김金경순 여사女史 집으로 갔다. 또 술을 먹었다. 비는 온다. 그리고 고형곤高亨坤 아드님 관사로 끌려 갔다. 김金경순 여사女史도 갔다. 고高 군君이 또 맥주麥酒를 먹인다. 고高 군君이 몹시 만류挽留한다. 두계斗溪, 김金 여사랑 나는 돌아왔다.

6월 18일. 서울교校 문리대文理大 나가 2강二講. 『조선사료집朝鮮史料集 기3其三』 책册을 3만三萬 원円에 사 왔다. 오후 4시 반 문리대文理大 나가 김화진金龢鎭, 이병도李丙燾, 김상기金庠基 군君와 종로鐘路 1가一街 뒷골목 가서 술 먹었다. 오석균吳錫均 군君이 왔다.

6월 19일. 중대中大 나가 3강三講. 정원택鄭元澤 군君이 중대中大로 찾어 왔다. 함께 점심點心. 노량진서 뻐스 타고 왔다. 저녁부터 밤새도록 대우大雨. 무애无涯 양주동梁柱東 군君이 저녁에 찾어 왔다. 맥주麥酒 네 병을 휴대携帶하고. 함께 마시며 숭허물 없는 담화談話를 하였다. 백련白蓮 한 항을 주었다. 오석균吳錫均 군君께 『시조개설時調槪說』을 주었다.

6월 20일. 홍대弘大 나가 2강二講. 김용문金容文 군君과 명동明洞서 점심點心. 그리고 나는 걸어왔다.

6월 21일. 최승범崔勝範 군君이 아침에 왔다. 가는 단대檀大 나가 2강二講. 빠고다공원公園으로 와 승범勝範 군君을 만나 대풍옥大豐屋 가서 술 먹고 자유신문自由新聞 유정柳呈 군君을 찾어 데리고 신신한국음식부新新韓國飮食部로 와 냉면冷麵을 먹었다. 그리고 나는 서울교校 문리대文理大 대학원大學院으로 갔다. 한 사람 밖에 없기 휴강休講. 돌아오다가 국악원國樂院 부원部員과 함께 차茶와 술을 먹었다. 하지夏至.

6월 22일. 종일終日 대우大雨. 중앙中央 나가 2강二講. 정원택鄭元澤 군을 찾다 못 하고 그냥 돌아 왔다. 중대中大는 보강補講이었다.

6월 23일. 오후 세 시 박재삼朴在森 군君과 여기자女記者가 택시로 데리러 왔다. 국제國除호텔로 갔다. 현대문학사現代文學社 주최主催인 문학한담회文學閒談會다. 주요한朱耀翰, 변영로卞榮魯, 박종목朴鍾穆, 김동명金東鳴, 전영택田榮澤, 오상순吳相淳 군君과 나. 주최측主催側엔 조연현趙演鉉, 이구종李耉鍾, 박재삼朴在森, 여기자女記者. 현대現代 우리 시문詩文을 가지고 담론談論하였다. 양식洋食, 맥주麥酒를 먹었다. 파罷한 뒤 나와 월탄月灘, 공초空超는 밀림密林으로 차를 마시고 나는 월탄과 함께 걸어왔다.

6월 24일. 선자扇子 1병一柄을 김용진金容鎭 씨게 주고 소목선蘇木扇에 서화書畫를 청했다. 김근수金根洙 군君이 왔다. 가치 나섰다. 양주동梁柱東을 찾으니 출타出他. 동빈東濱 집에 가서 약주藥酒 마시고 일석一石, 돈암敦岩을 찾었더니 다 없다.

6월 25일. 6·25六·二五다. 서울교校 문리대文理大 나가 2강二講. 강대량姜大良 군君과 나오다 빠꼬다옥서 점심點心. 저녁때부터 대우大雨.

6월 26일. 모우冒雨하고 중앙대中央大에 나가 2강二講. 애류崖溜의 『물명고物名考』 1책을 일석一石에게 주고 그 사례謝禮인 만 원萬円을 애류崖溜 부인夫人게 전하였다. 흑석리黑石里 정원택鄭元澤 군君을 찾어 보았다. 술과 점심點心을 준다. 심악心岳이 와 강연講演하기 나는 오후 3시 왔다.

6월 27일. 홍대弘大 나가 2강二講. 이원영李元榮 군君을 만났다. 이도영李道榮과 홍대弘大 후원재단後援財團 11억을 하고 원영元榮 군君은 사무국장으로 있다. 종로鐘路서 빠스 내려 이상범李象範, 박창근朴昌根 군君과 원영元榮 군君게 끌려 소공동小公洞 중화요리中華料理 집으로 가 잘 먹었다. 오전午前 중中 세우細雨.

6월 28일. 쾌청快晴. 단대檀大 나갔다. 국문학회國文學會를 한다고 학생學生들이 아니 나왔다. 휴강休講. 장도빈張道彬 군君 데리고 나오다가 맥주麥酒를 마셨다. 오후午後 서울교 대학원에 나갔다. 총장總長 선거選擧하고 휴강休講. 운초雲樵 데리고 동대문東大門 밖 형제주점兄弟酒店으로 가 추탕鰍湯을 먹었다. 김용문金容文 군君과 국학원 봉奉 군君이 왔다.

6월 29일. 영운穎雲 김용진金容鎭 씨氏를 가 뵈고 녹색綠色으로 그린 난선蘭扇을 받고 김인수金仁洙 군君을 찾었더니 고지古紙 주지周紙 세 축軸을 준다.

6월 30일. 황산皇山 고두동高斗東 군君이 와 내일 신흥사新興寺서 시조인회時調人會를 하자 한다.

7월

7월 1일. 10시 운현궁다방雲峴宮茶房서 모였다. 김용문金容文, 고두동高斗東 , 박재삼朴在森, 이태극李泰極, 김동욱金東旭, 이능우李能雨, 정병욱鄭炳昱, 최성연崔聖淵(소안素眼), 이영도李永道, 서제숙徐悌淑 군君과 내가 신흥사新興寺 계상옥溪上屋에 가서 시조時調 좌담座談을 하고 점심點心 먹고 유쾌愉快히 이 날을 보냈다.

7월 2일. 서울교 문리대文理大 나가 제1학기第一學期 종강終講코 시험문제試驗問題를 내 주었다. 이영도李永道 군君이 경미京美에서 점심點心을 사 준다.

7월 3일. 중대中大 나가 3강三講. 대학부大學部에 시험문제試驗問題를 내어 주고 대학원大學院에는 연구재료硏究材料를 주었다. 밤 비.

7월 4일. 홍대弘大 나가 2강二講. 김용문金容文 군君과 나오다가 점심點心. 이종익李鍾翊, 이상오李相五 군君이 와서 3만 원三萬円을 준다. 용문容文 군君이 밤에 『국문학개론國文學概論』을 가지고 왔다. 밤새도록 비 왔다.

7월 5일. 비 온다. 병옥秉玉, 성희聖熙가 나와 차표車票를 사 준다. 태극호太極号 이등二等 24석席. 빈 자리가 많다. 동국대학교東國大學校 그 전 졸업생을 만났다. 점심點心도 사 준다. 전주역엔 종희宗熙, 승범勝範이 나왔다. 승범勝範 군君이 우래관又來館으로 인도引導하여 술을 먹었다. 집에 드니 풍란風蘭 화경花莖이 일곱이 솟았다.

7월 6일. 이리裡里 중대中大 나가 3강三講. 공대工大, 농대農大 학장學長 마침 출장出張 나온 교학국장敎學局長과 화랑花郎서 점심點心. 박병순朴炳淳 군君 소청所請 이리공고裡里高工서도 한 시간 국문학사國文學史에 대한 강연講演. 네 시 반 뻐스로 왔다. 처妻는 여산礪山 갔다. 정읍 호중고湖中高 교장 김 군이 그 교가를 가져갔다.

7월 7일. 이리裡里 중대中大 나갔다. 1학년一學年 국문학개론國文學概論 산문문학散文文學 설화說話 소설小說의 약간若干. 오후午後 3시三時

빠스로 왔다. 조병희趙炳喜 만나 맥주麥酒 마셨다. 금삼錦蔘 10냥중十兩重 50편五十片을 2만 천 원에 사 왔다. 처妻와 경희京熙 안해가 왔다.

7월 8일. 태극호太極号 차로 종희宗熙와 경희京熙 안해가 서울 갔다. 소공素空, 포광包光, 박병순朴炳淳, 최승범崔勝範, 허정석許井錫, 농대農大 김용철金鏞喆 군君이 왔다. 바야흐로 만발滿發하는 풍란風蘭을 사진寫眞하였다. 전원배田元培 군君 집으로 가서 맥주麥酒 마셨다. 밤비가 오다.

7월 9일. 종일終日 비. 덕진德津 나가 3강三講. 노철盧瞮, 김교선金敎善, 최승범崔勝範 군君이 어느 맥주집으로 인도引導하였다. 두어 병 마셨다. 벌교상고 조종현趙宗玄 군君께 답장答狀.

7월 10일. 계분桂盆을 다시 심었다. 새닢이 갓이 누렇다. 참깨묵 주었던 걸 다 버리고 순연한 사질砂質 흙으로 하였다. 가자茄子 순을 집어 주었다. 건너방 굴뚝도 고쳤다. 대학원 학생 7인이 와 『시용향악보時用鄕樂譜』 서설序說을 청강聽講했다. 무더웠다. 석정夕汀이 왔다. 석정夕汀 집으로 가 매실주梅實酒를 마셨다.

7월 11일. 새벽에 뇌성雷聲 벽력霹靂하며 폭우暴雨가 쏟아졌다. 덕진德津 나가 3강三講. 점심點心은 김준영金俊榮 군君이 사 주고 김교선金敎善, 최승범崔勝範 군君이 돌아오다가 맥주麥酒를 사 준다.

7월 12일. 기동차汽動車로 10시 40분 발發. 이리裡里 나갔다. 전원다방田園茶房서 기다려 원대円大 짚차車 타고 원대円大로 갔다. 오후午後 국문학특강國文學特講 — 해석解釋과 감상鑑賞 2강二講. 빠스로 왔다. 최승범崔勝範 군君과 오근풍吳根豐 군君과 함께 한벽당寒碧堂 아랫내에 목욕沐浴하고 천어川魚 안주按酒로 막걸리도 먹었다. 「북전北殿의 변개變改」 원고原稿를 썼다. 종희宗熙가 온양溫陽까지 다녀왔다.

7월 13일. 기동차汽動車로 이리裡里 나가 원대円大 가서 오후午後 '북전北殿' 2강二講. 최승범崔勝範, 박병순朴炳淳 군君과 5시 15분 통근차通勤車로 왔다. 「북전北殿」 원고原稿는 승범勝範 군君 주었다.

7월 14일. 오전午前 통근차通勤車로 이리裡里 나갔다. 전원다방田園茶房서 한 시간 기다려 원대円大로 갔다. 잡문雜文 2강二講하고 점심點心 먹고 이리裡里서 기동차汽動車로 왔다. 처妻는 여산礪山 갔다. 밤에 비 좀 왔다.

7월 15일. 이발하고 최성조崔聖朝, 김부동金富同 군君과 한벽당寒碧堂 주점酒店으로 가서 천어탕川魚湯과 백주白酒를 먹었다. 그리고 스케트, 콜프장도 구경했다. 당치자唐梔子 꽃이 피었다.

7월 16일. 아침 비 오다 말었다. 전烇 군君이 왔다. 최성조崔聖朝, 김부동金富同 군君과 함께 가서 한벽당寒碧堂 상류上流서 목욕沐浴하고 오다 주점酒店에서 백주白酒, 천어탕川魚湯을 먹었다. 약간若干 서풍西風이 불고 쌀쌀하다. 파란 바위 이끼를 걷어다 풍란風蘭 목대木臺를 싸 주었다. 백련白蓮 화경花莖이 한 대 나오다 쥐에게 쏠리고, 또 한 대 나온다. 쥐돗 철망鐵網으로 덮어 주었다. 개식改植한 계桂의 새닢은 순색純色으로 돋아난다. 계桂는 모계牡桂, 균계箘桂(통계筒桂), 암계岩桂 3종三種이 있는 바, 이 계桂는 균계箘桂의 유類다. 닢이 시엽柿葉과 같되 보다 더 첨협尖狹하고 닢이나 껍질은 감렬甘烈한 향香이 있다. 이러므로 쥐가 가끔 이 피엽皮葉을 쏠기도 한다.

7월 17일. 매실주梅實酒를 시음試飮. 지난 12일 찹쌀 술밥을 두어 홉 넣었다. 삭였다. 꿀을 탔다. 진미珍味다.

7월 18일. 이리裡里 중대中大 나가 5강五講. 일정一亭서 점심點心. 뻐스로 왔다.

7월 19일. 우기雨氣가 있다. 양산洋傘 가지고 이리裡里 중대中大 5강五講. 뇌우雷雨가 쏟아졌다. 빠스로 왔다.

7월 20일. 새벽부터 아침까지 두어 시간 뇌성雷聲하며 폭우暴雨가 쏟아졌다. 남천南川에 홍수洪水다. 십여 년래 처음이다. 관창觀漲하고 최응규崔應圭, 이학근李學根 군君을 만나 천어탕川魚湯, 백주白酒를 먹고 한벽당寒碧堂도 올라 보았다.

7월 21일. 10시 빠스로 동산촌東山村 임길부任吉溥 군君에 갔다. 송주영宋柱永, 박준규朴準規 군君과. 이리裡里 중대中大의 야유회野遊會다. 저녁때 오다 박병순朴炳淳 군君이 맥주麥酒를 먹인다.

7월 22일. 전북全北 문리대文理大 대학원생大學院生이 6, 7인 왔다. 『시용향악보時用鄕歌譜』 강의講義 끝냈다. 신석정辛夕汀, 박병순朴炳淳 군君이 왔다. 매실주梅實酒 마셨다. 김성근金性根 군君 집에서 술을 먹인다. 처妻가 왔다. 홍순태洪淳太, 김근수金根洙 군君이 왔다. 중복中伏.

7월 23일. 두어 시간 폭우暴雨. 집이 새고 마당에 홍수洪水 졌다.

7월 24일. 문리대文理大 대학원생大學院生 6인이 왔다. 강의講義했다. 최성조崔聖朝, 김부동金富同 군君과 한벽당寒碧堂 상류上流서 목욕沐浴.

7월 25일. 전북여객全北旅客 빠스로 처妻와 나는 8시 반 발發 여산礪山 갔다. 한 시간 반 걸렸다. 용제龍弟 집으로 들었다. 술을 먹었다. 그리고 건너갔다. 백련白蓮꽃이 피어 있다. 책册 쌓어둔 방房을 청소淸掃하였다. 쥐의 굴혈窟穴로서 쥐똥 천지天地였다. 책册도 더러 좃았다. 나후타링, 띠띠티를 약간若干 헤쳤다. 판인본板印本 기타其他 서적書籍, 초본抄本 등을 찾아 놓았다. 가지고 가려고.

7월 26일. 오후 신막新幕서 빠스 타고 왔다. 처妻와 신현득申鉉得이 와. 3시 반 전주全州서 내렸다.

7월 27일. 대학원생大學院生 8, 9인이 왔다. 강의講義. 김근수金根洙, 이철배李徹培 군君이 왔다. 나가 함께 한벽당寒碧堂 상류上流서 목욕沐浴. 우육牛肉 기름국을 석식夕食에 먹고 하복통下腹痛이 나며 설사를 두어 번 했다.

7월 28일. 대학원생大學院生 9인이 왔다. 승암사僧巖寺(아랫절)로 갔다. 강의講義. 오찬午餐. 소낙비가 지냈다. 저녁에 최승범崔勝範 군君이 왔다. 지리산智利山 탐험探險 이야기도 듣고 남천南川에 나가 천어탕川魚湯, 막걸리도 먹고 목욕沐浴도 하였다. 인삼人蔘을 대려 먹었다. 뱃속이 편안해졌다.

7월 29일. 대학원생大學院生 9인이 와 청강聽講했다. 오전 5시 반 뻐스로 처妻는 여산礪山, 현득鉉得이는 아산牙山 갔다. 오후 소낙비가 지냈다. 좀 시원하다.

7월 30일. 『태종실록太宗實錄』을 읽었다. 한벽寒碧 상류上流 가서 목욕沐浴. 비가 듣다 말었다.

7월 31일. 대학원생大學院生 8인이 와 서민문학庶民文學을 청강聽講. 종강終講. 향천주香泉酒 5승五升을 사다 마셨다.

8월

8월 1일. 「한문학사漢文學史」 초고草稿 정리整理 시작. 전중권全中權 군君을 데리고 한벽寒碧 상류上流로 목욕沐浴. 그리고 천어탕川魚湯과 백주白酒를 먹었다. 처妻가 왔다.

8월 2일. 신석정辛夕汀, 조종현趙宗玄 군君이 왔다. 시조문학담時調文

學談을 하였다. 영계 삶고 매실주 마셨다. 그리고 나가서 한벽寒碧 상류上流서 목욕沐浴. 또 천어탕川魚湯 백주白酒를 먹고 오吳 주필主筆 명순明淳 군 집에서 마셨다.

8월 3일. 『태종실록太宗實錄』을 읽었다. 건란建蘭 화경花莖이 다섯이 솟았다. 백경白莖은 또 두 송이 솟았다.

8월 4일. 소공素空이 왔다. 『태종실록太宗實錄』을 읽었다. 「한문학사漢文學史」 목차目次를 다시 정定하였다.

8월 5일. 『세종실록世宗實錄』을 읽었다. 백련白蓮이 피었다.

8월 6일.(음 7월 1일) 처妻가 제수祭需를 홍성興成하여 가지고 여산礪山 갔다. 백련白蓮 두 송이가 만개滿開하였다. 소공素空, 포광包光이 왔다. 닭 쌂고 연엽주蓮葉酒 마셨다. 그리고 한벽寒碧 상류上流 가서 목욕沐浴하고 오다 천어탕川魚湯, 백주白酒를 먹었다. 저물었다.

8월 7일. 입추立秋. 소공素空 집에 가서 조반朝飯. 김근수金根洙, 천이두千二斗, 김용규金容圭, 형영우邢榮宇 군君이 왔다. 매실주梅實酒를 마시고 나서 냉면冷麵, 맥주麥酒를 먹었다.

8월 8일. 향교鄕校 선거장選擧場에서 시의원市議員 백남석白南淅, 시장市長 안진길安晉吉 군君을 투표投票했다. 『세종실록世宗實錄』 읽었다. 「한문학사漢文學史」 원고原稿 썼다. 양배良培 데리고 종희宗熙가 여산礪山서 왔다. 형영우邢榮宇, 천이두千二斗 군君이 와서 『국문학개론國文學概論』 주해注解를 하였다.

8월 9일. 백남석白南淅 안진길安晉吉 군君이 선거選擧 되었다. 종희宗熙가 왔다. 병철秉徹이도 면장面長 피선被選. 최성조崔聖朝 군君과 백련白蓮 백주白酒를 마셨다. 술과 점심点心.

8월 10일. 긍둔肯遯 송창宋滄 군君이 왔다. 담화談話하고 함께 점심点

心을 먹었다. 「한문학사漢文學史」썼다. 백남혁白南赫 군君이 왔다.

8월 11일. 말복末伏. 동내洞內 친구親舊들과 상관上關 좁은목 위에 가서 목욕. 천4백 원에 향천香泉 백주白酒 대두大斗 1두一斗를 사 주었다. 오다 또 먹었다. 모인 이가 10여 명. 집으로 와 매실주梅實酒를 먹였다.

8월 12일. 칠석七夕. 「한문학사漢文學史」를 쓰다. 처妻와 양배良培가 왔다.

8월 13일. 향교鄕校 투표장投票場에 가서 도의원道議員 최재면崔在冕 군君을 선거選擧했다. 김근수金根洙 군君이 서울 간다고 와서 3천 원 차거借去. 박병순朴炳淳 군君이 왔다.

8월 14일. 「한문학사漢文學史」썼다.

8월 15일. 광복절光復節. 긍둔肯遯을 찾어 갔다. 몇 늙은이가 모였다. 윤춘계尹春溪도 왔다. 점심點心 먹고 나는 긍둔肯遯과 함께 춘계春溪 집으로 갔다. 소천小泉. 박해돈朴海敦, 해석海石, 윤상훈尹相勛 군君이 와서 마침 술상이 벌어졌다. 해석海石과 돌아왔다. 병철秉徹이가 병 치료하러 왔다.

8월 16일. 「한문학사漢文學史」썼다. 비가 좀 왔다. 난화蘭花가 핀다.

8월 17일. 비 좀 지냈다. 백초白樵가 왔다. 포광包光이 왔다. 난화蘭花 밑에서 매실주梅實酒를 마셨다. 밤에 생량生凉하였다. 관희觀熙, 병룡秉龍이가 왔다. 여산면원礪山面員 셋이 왔다.

8월 18일. 처妻와 병철秉徹 일행一行이 승합차乘合車로 여산礪山 갔다. 「한문학사漢文學史」썼다.

8월 19일. 비가 좀 오다 말었다. 최승범崔勝範 군君이 와 만개滿開한 건란建蘭과 그 밑에서 원고原稿 쓰고 있는 나를 촬영撮影하였다. 노철盧瞮 군君이 와 함께 군자君子집으로 가서 냉冷막걸리를 마시고 조곰 토吐

하였다.

8월 20일. 백종百種날. 비 좀 왔다. 정육正肉 한 근斤을 사다 짖어 먹었다. 원고原稿 썼다. 박병순朴炳淳 군君이 왔다.

8월 21일. 새벽은 칩다. 이우식李愚軾 군君을 찾어 보고 소진걸蘇鎭杰 군君 일을 부탁했다. 원고原稿 썼다. 노판우盧鈑愚, 김상오金相五 군君이 왔다. 낮때는 도로 덥다. 처妻가 여산礪山서 왔다. 비 좀 왔다. 머슴 박朴 서방書房도 왔다.

8월 22일. 원고原稿 쓰다. 비가 온다. 밤중부터.

8월 23일. 비가 종일 온다. 흡족히 해갈解渴되었다. 박병순朴炳淳 군君이 오다. 원고原稿 썼다. 처서處暑.

8월 24일. 오전午前 중中 비는 갰다. 허정석許井錫 군君이 와서 서울 갈 짐을 네 덩이를 싸서 환운송점丸運送店에 부쳤다. 박朴 서방書房은 주사注射 맞고 담 붙은 것이 좀 낫었다. 양약洋藥을 사 가지고 여산礪山 갔다. 원고原稿 썼다.

8월 25일. 박병순朴炳淳 군君이 왔다. 가지고 갈 것을 챙겨 처妻와 함께 태극호太極号 이등실二等室에 탔다. 친구親舊들을 만나 담소談笑, 음주飮酒, 또는 수면睡眠으로 서울역 도착到着. 경희京熙가 나왔다. 자동차自動車로 교동校洞 본제本第에 들었다. 병옥秉玉이도 있다.

8월 26일. 무덥다. 조기영趙耆永 내외內外가 왔다. 밤에 소낙비. 중대中大, 단대檀大 제1학기第一學期 시안試案을 꼲았다.

8월 27일. 완산동完山洞 누님이 왔다. 오늘은 맑었다. 서울 문리대文理大 제1학기第一學期 시험試驗 답안答案을 꼲았다. 살림 기구器具를 샀다. 3만 원三萬円.

8월 28일. 서울 문리대文理大 가서 서민문학庶民文學, 고전古典과 서지書誌 답안答案 고사표考查表를 제출提出. 동빈東濱, 일석一石, 두계斗溪를 만나 동빈東濱 집에서 오찬午餐. 문교부文敎部로 가서 국사편찬위원회國史編纂委員會서 실록實錄 12, 13 두 책册을 가졌다. 송병희宋炳熙 군君게 편지. 진도표進度表에 관한 정정건訂正件.

8월 29일. 통문관通文館 가서『익재집益齋集』전全 4책(숙종 19년 계유癸酉 잡림부雜林府 중간重刊)을 가졌다. 만 2천 원. 김인수金仁洙 군君을 찾었다. 정원택鄭元澤 군君도 있다. 나서 김포金浦술을 마셨다. 소두小斗 하나를 가조라 하였다. 대장작大長斫 두 다나를 3만원에 샀다. 들이는 삯이 2천4백 원.

8월 30일. 중대中大 나가 제1학기第一學期 성적표成績表를 내고 7, 8월 봉급俸給을 받어 왔다. 유길상劉吉相 군君을 만나 대관원大觀園서 오찬午餐. 김근수金根洙 군君이 왔다. 목수木手가 와 부엌 찬장饌欌 수선修繕을 한다.

8월 31일. 무덥다. 목수木手가 와 또 일을 한다. 선반, 안반, 쓰레기통, 다락 철망鐵網 등을 만든다.

9월

9월 1일. 목수木手가 와서 또 종일終日 하였다. 일급日給 2천二千 원円.

9월 2일. 미장이가 와서 부엌 아군지를 고치고 솥을 놓았다. 조역군助役軍도 하나 있다. 좀 서투르다. 목수木手게 책장册欌 2개 재료材料 사라고 4천9백四千九百 원円 주었다. 송석일宋錫一 내외內外가 왔다.

9월 3일. 서울교 문리대文理大 나갔다. 수강신청, 등록登錄 관계關係

로 아직 개강開講은 못. 고형곤高亨坤 군君과 낙원樂園 구시장舊市場 김포주점金浦酒店으로 가서 마셨다. 몸시 무덥다. 김민수金敏洙, 이태극李泰極, 남광우南廣祐 군君이 취醉해 왔다. 새벽부터 뇌우벽력에 폭우暴雨가 온다. 밤중부터 복통 설사泄瀉가 난다.

9월 4일. 처妻가 태극호太極号로 전주全州 갔다. 비는 줄줄 내린다. 나는 빠고다 공원公園 앞에 가서 한 시간 반이나 중대中大 통근차通勤車를 기다리다가 흑석동행黑石洞行 빼스를 타고 중대中大 나갔다. 오늘 11일부터 개강開講한다고. 오후午後엔 비가 그쳤다. 이종익李鍾翊, 이상오李相五 군君을 찾어 보고 한글학회學會 들렀다. 화동花洞 추탕鰍湯 집에 점심点心을 사 준다. 이종익李鍾翊 군君이 와서. 그러나 설사泄瀉가 나서 변소便所만 갔었다. 책장冊欌 2개를 짜 왔는데 넓이가 너무 넓어 방에 들일 수 없다. 소낙비 여러 번 왔다.

9월 5일. 홍대弘大 나가 2강二講. 목수木手가 와서 책장冊欌 넓이를 줄였다. 설사泄瀉는 그쳤다.

9월 6일. 단대檀大 나가 2강二講. 제1학기第一學期 성적표成績表도 내주었다. 6, 7, 8 월급月給을 받었다. 걸어서 서울교校 대학원大學院에 갔다. 강의講義는 못하고 왔다.

9월 7일. 태극호太極号 이등二等 타고 전주全州 왔다. 몹시 무덥다. 차중車中에서 강수남姜秀男 군君을 만나 함께 왔다. 건란建蘭이 일경一莖 피었다.

9월 8일. 백로白露. 『두계斗溪 이병도李丙燾 박사博士 화갑기념논총華甲紀念論叢』 서문을 썼다. 저녁부터 비가 온다. 처妻가 여산礪山서 양배良培랑 왔다.

9월 9일. 종일 비가 줄줄 내렸다.

9월 10일. 비가 여전히 온다. 덕진德津 나가 3강三講. 오후 3시 반 돌아왔다. 김봉호金鳳鎬 군君이 점심点心을 먹였다.

9월 11일. 신석정辛夕汀, 이희균李羲均, 김준영金俊榮, 노철盧瞮 군君이 왔다. 함께 완산교完山橋 옆으로 가서 술을 마셨다.

9월 12일. 전북대全北大 문리대文理大 제1학기第一學期 시험試驗 답안答案을 끊아 채점표採點表를 냈다.

9월 13일. 최승범崔勝範 군君이 왔다. 판본板本, 활자본活字本, 또는 잡기雜記 책冊을 묶어 가지고 전주역으로 나갔다. 예동汭東과 동행同行, 태극호太極号 이등二等. 처妻는 여산礪山으로 갔다. 오후午後 8시八時 서울역 착着. 계동桂洞으로 왔다.

9월 14일. 경희京熙 시겨 홍대弘大에 알어 본 즉 ○○○ 군君이 5, 6, 7, 8월 소급所給 6만 4천 원六萬四千円을 찾어갔다 한다. 그리고 일절一絶 오지 않는다.

9월 15일. 두 책장冊欌에 주토朱土를 바르고 마른 뒤 와니쓰를 발렀다. 이도 한종일 일이었다. 『두계斗溪 이병도李丙燾 박사博士 화갑기념논총華甲記念論叢』 「서序」를 내주었다. 두계斗溪가 왔다.

9월 16일. 두 책장冊欌을 내 방에 들어놓고 책冊을 정리整理했다. 일기책日記冊이 보이지 않는다. 딴 종이에 일기日記를 적었다. 고두동高斗東, 김인수金仁洙 군君이 왔다. 고高 군君과 창경원昌慶苑에 갔다. 백동기白東基, 박일순朴一淳 일행一行을 만났다. 소주燒酒를 마셨다. 그리고 나는 두계斗溪 집으로 가서 거음巨飮했다.

9월 17일. 서울교校 문리대文理大 나가 2강二講. 두계斗溪에게 『담정유고薄庭遺藁』 2, 5 두 책冊을 차래借來. 그중中 「만선와잉고萬蟬窩賸藁」를 자정子正까지 초抄하였다. 국악원國樂院 성경린成慶麟 군君과 김포주金浦酒를 마셨다. 곳불이 들었다. 모과수를 사다 먹었다.

9월 18일. 중대中大 나가 2강二講. 내일來日은 추석秋夕이라고 이달 월급月給 일부一部를 미리 준다. 김용민金容民, 김근수金根洙 군君과 돌아오다 낙원시장樂園市場서 김포주金浦酒를 마시고 나는 통문관通文館에 들러 『익재집益齋集』 잔액殘額 만 원萬円을 주었다. 신구문화사新丘文化社서 배 한 상자箱子 보냈다. 곳불이 풀리지 않는다. 양약洋藥을 먹었다.

9월 19일. 추석秋夕. 경희京熙 내외內外, 태희太熙 형제兄弟, 병옥秉玉이와 조반朝飯. 순자順子가 송편을 보냈다. 찬영燦永, 정희貞姬가 정육正肉을 가지고 왔다. 오정午正에 순자順子가 왔다. 놀다가 밤이 깊어 갔다. 비는 듣다 만다.

9월 20일. 단대檀大 나가 2강二講. 서울대학원에 나갔다. 10주년十周年 기념紀念 도서전시회圖書展示會를 한다 하여 두계斗溪와 도서圖書를 심사審査했다. 동대東大 대학원생大學院生 장태진張泰鎭 군君이 왔고 술 먹고 또 동내洞內 이창욱李昌郁 군君 집에서 술 먹었다. 감긔가 더하다. 코가 막히고 두통頭痛이 나고 가끔 해수咳嗽, 사지四肢도 노곤勞困하다. 밤새도록 우수잠이었다. 구공탄九孔炭 2백 개 샀다. 한 개에 5십5 원円.

9월 21일. 가미쌍패산加味雙敗散 2첩二貼을 지어 다려 먹었다. 박朴 대위大尉가 와 방공전시防共戰時 전람회展覽會를 하겠다고 나의 소장所藏인 『계년사季年史』 전질全帙을 출품出品케 국사편찬회國史編纂會에 소개장紹介狀을 써 주었다. 이 책冊이 거긔 빌려 있는 중中이다. 찬영燦永 모母가 왔다. 비는 듣는다. 능금집을 먹었다. 이 밤엔 잘 잤다.

9월 22일. 쾌청快晴. 금삼錦蔘 닷 돈중을 다려 먹었다. 약간若干 해수咳嗽는 하나 머리가 가뜬하다. 순자順子가 원서동苑西洞 토역土役 늙은

이를 데리고 오라 했으나 아니 온다. 와니쓰 두 병을 사다가 책상冊床, 선반, 시렁선반, 그 장목長木 등을 발렀다. 이종익李鍾翊 군君이 오고 정인승鄭寅承, 이강노 군君이 왔다. 김포주金浦酒를 마시며 ○○○ 군君 이야기다. 정인승鄭寅承 군君과는 인아姻啞 간間, 무주茂朱 생장生長이다. 신구문화사新丘文化社서 6만 원六萬円을 취대取貸했다 한다. 이 밤도 잘 잤다.

9월 23일. 감기 기운은 남어 있다. 박대위朴大尉가 또 전시전람회戰時展覽會 일로 상의相議하러 왔다.

9월 24일. 서울교 문리대文理大 출강出講. 무희武熙가 왔다.

9월 25일. 비 온다. 건재健齋와 중대中大 출강出講. 오다가 한글학회에 들려 건재健齋를 다시 만났다.

9월 26일. 홍대弘大는 휴가休暇 중中이기 아니 나갔다. 원서동苑西洞 토장土匠 김봉옥金奉玉이 그 부종군附從軍 데리고 와 부엌과 온돌溫堗, 노관, 수채, 개와 등 수선修繕. 이달 2일 토역土役한 걸 전부全部 고쳤다. 김봉옥金奉玉은 근近 50五十한 선수善手요 주밀周密하다. 동대東大 대학원大學院 오형석吳亨錫, 장태진張泰鎭 군君이 와서 농가월령가農家月令歌를 청강聽講.

9월 27일. 단대檀大 출강出講. 서울교校 대학원大學院 나갔다. 밤에 김상오金相五, 정인승鄭寅承, 박보서朴俌緖 군君이 왔다. 끌려 나가 금성관金城館서 수배數盃 주酒했다.

9월 28일. 동대東大를 가 보았다. 신교사新校舍에 반이搬移 중中. 마치 휴가休暇 중中이어서 교수敎授, 학생學生들은 아니 나왔다. 신교사는 남산南山 한 기슭에 높이 솟았다. 남산南山이 납작하다. 한 대가람大伽藍이다. 문리대文理大 학장學長 최봉수崔鳳守 군君은 못 보고 오다가 불교

대학장佛敎大學長 조명기趙明基 군君을 찾어보았다. 맥주麥酒 두 병을 마시고 함께 나서 종로鐘路 1가 61 고미술협회古美術協會 전람회展覽會 구경. 나는 서울교 대강당大講堂으로 가서 국어심사위원회國語審査委員會 참석參席. 전원全員 50명인데 오늘은 그 삼분지 이 이상以上이 못되기 유회流會. 90분 이상以上 기다렸다. 문교부文敎部 측側 말이 약간若干 있었다. 권퇴경權退耕(상로相老)을 데리고 일취옥一醉屋서 두어 잔. 게서 이명구李明九 군君도 만났다. 오형석吳亨錫 군君이 동대東大 대학원大學院 제1학기분第一學期分 급료給料 5만 4천6백 원五萬四千六百円을 밤에 가졌다.

9월 29일. 찬영燦永 어미가 와서 병옥秉玉, 무희武熙와 며느리를 데리고 창경원昌慶苑 구경을 갔다. 온돌溫堗 때운 데 도배. 이태극李泰極 군君이 와서 한글날 기념강연紀念講演(10월十月 14일十四日)을 청請한다. 이리농대裡里農大 김용철金鏞喆 교수敎授가 왔다. 순자順子 집에 가 이발理髮.

9월 30일. 명륜동明倫洞 최봉수崔鳳守 군君을 찾어보고 김근수金根洙 군君 국어과國語科 취임就任을 긴찰緊札하고 일석一石, 동빈東濱을 찾었다.

10월

10월 1일. 서울교 문리대文理大 나가 2강二講. 운초雲樵와 설농탕雪濃湯 점심点心. 오후午後 3시 서울대학교 총장總長 윤일선尹日善 박사博士 화갑華甲 축하식祝賀式에 참예하고 교수회관敎授會館서의 파티에도 갔다. 지우知友들을 많이 만났다. 마시고 춤도 추었다. 두계斗溪, 성재誠齋(이관구李寬求), 월탄月灘(박종화朴種宗和)과 일취옥一醉屋으로 가서 또 마셨다.

10월 2일. 중대中大 나갔다. 비가 온다. 대학원 1강一講. 민제閔濟 군君과 강남江南 양조장釀造場 지점支店서 점심点心. 오후午後엔 비 그쳤다. 2강二講. 누님이 왔다. 관희觀熙가 왔다.

10월 3일. 개천절開天節. 찬영燦永 집을 찾어보았다. 승리다방勝利茶房서 박보서朴倫緖, 정인승鄭寅承, 최태영崔泰永, 김형수金亨洙, 이규영李奎永, 방현모方顯模, 고형곤高亨坤 군君과 함께 봉국사奉國寺(속칭 약사사藥師寺)에 가서 점심点心. 유엽柳葉도 만났다. 어느 마담과 미국인美國人과 왔다. 우리 일행一行은 박보서朴倫緖 군君의 초대招待. 부산釜山 고두동高斗東 군君이 화류갑樺榴匣 당자연唐紫硯 하나를 갖다 준다.

10월 4일. 단대檀大 나가 2강二講. 게서 동대東大 대학원생大學院生 장태진張泰鎭 군君을 만나 데리고 광희동光熙洞 청대문집으로 가서 설렁탕을 먹었다. 썩 잘한다.

10월 5일. 아침에 부산釜山 고두동高斗東 군君이 왔다. 그 시조時調를 고추敲推하여 주었다. 국악원國樂院 가서 그 원장院長 이주환李珠煥 군君 장남長男 혼축婚祝(10월 7일)으로 천 원千円을 냈다. 휘문고교徽文高校 이재훈李載壎 군君을 찾어 운현궁다방雲峴宮茶房 갔었다. 밤에 순자順子가 왔다. 공대학장工大學長 조정만趙正萬, 한만춘韓萬春 군君이 왔다.

10월 6일. 고두동高斗東 군君이 왔다. 육회肉膾로 점심點心. 오후午後 1시 서울교 대강당大講堂 가서 두계斗溪 이병도李丙燾 박사博士 화갑華甲 축하식祝賀式에 참석參席. 3시 교수회관敎授會館서 파티 참음參飮.

그리고 두계斗溪 집으로 끌려가 또 마셨다.

10월 7일. 새벽에 구역口逆이 난다. 경희京熙 데리고 서울역 나가 태극호太極号 탔다. 오후 3시 40분 전주 착着. 경희京熙, 양배良培가 나왔다. 교동校洞 58로 드니 처妻도 와 있다. 책상册床 책장册欌에 일기日記, 잡기책雜記册 등을 찾어도 없다. 지난 9월 13일 상경上京할 때 판본板本, 활자본活字本을 가지고 왔다고 생각는 것이 보이지 않었다. 불유쾌不愉快하였다.

10월 8일. 비 온다. 전북대全北大 문리대文理大 나가 3강三講.

10월 9일. 음陰 9월 초6일. 증조고曾祖考 기제忌祭. 처妻는 여산礪山 갔다. 한글날이다. 최승범崔勝範 군君이 왔다. 가치 나서 미국제美國製 유리琉璃 단초(천백 원)를 사다 우래관又來館 마담을 주었다. 이왕 우래관又來館 마담이 고기 굿는 철기鐵器 하나를 사 보내고 영구永久히 기념紀念할만한 것을 사 달래기 이걸로 보답報答한 것이다. 박병순朴炳淳 군君도 왔기 한 자리서 우래관又來館 불고기를 먹었다.

10월 10일. 종일終日 비. 전북대全北大 문리대文理大서 3강三講. 오후午後 3시부터는 전주여고 강당講堂서 시내市內 중고등학교中高等學校 교사敎師를 모여 놓고 「한글 창제創製와 그 대저작大著作에 대하여」 나는 강연講演하였고, 백남규白南圭 군君은 「한글은 뛰어났다」로 강연講演. 집으로 가니 처妻가 여산礪山서 왔다.

10월 11일. 맑었다. 택시로 전주역 가서 통근차通勤車를 탔다. 최승범崔勝範, 박병순朴炳淳 군君과 동승同乘. 전북대학원생全北大學院生 제1학기第一學期 채점표採點表는 승범勝範 군君게 주었다. 이리 역장裡里驛長을 찾어보고 태극호太極号 차표車票 부탁付託. 공고工高로 가서 운동장運動場에 전교생全校生을 세우고 「한글의 수난기受難期」를 강연講演.

그리고 점심點心. 나는 오후午後 1시 태극호太極号 이등二等으로 서울역 도착到着. 경희京熙가 나왔다. 택시 타고 계동桂洞으로 왔다. 책장冊欌의 책 끄렁이를 다시 찾어보니 원고지原稿紙 끄렁이 같은 것이 즉 잡기책雜記冊, 일기책日記冊 묶은 끄렁이었다. 이 일기日記는 나의 19세十九歲 부터 일기日記를 시작하여 계속하여 오다가, 조선어학회사건朝鮮語學會事件으로 피검被檢되어 4275四二七五년 10월十月 초初로부터 4276四二七六년 9월九月 18일十八日 이전까지는 적지 못하였다. 40여四十餘년年 적어오던 것이, 이 책冊이 없어졌다면 4287년四二八七年 8월말八月末 내지 4289년四二八九年 9월九月까지의 것이 중단中斷될 것이다. 나의 일기日記는 나의 생활生活을 중심中心한 한 개인個人의 기록記錄으로 국가國家나 사회社會의 그리 중대重大한 건 아니었다. 그러나 나로서는 이걸 경이輕易히 여길 수 없다. 다시 생각하면 40四十여 년 일기日記를 계속하였다는 것도 또한 바보의 일이었다.

10월 12일. 정오正午 운현궁雲峴宮 예식부禮式部서 정인승鄭寅承 씨 조카님 성모聖謨 군君과 엄경섭嚴景燮 씨 따님 창숙昌淑 양孃과의 혼례식婚禮式 주례主禮를 하고 태화관泰華館서의 그 피로연披露宴도 참여하였다. 서울대학교 대학원으로 가서 두계斗溪 이병도李丙燾 박사博士 회갑回甲 축祝으로 고형곤高亨坤, 최윤식崔允植, 이희승李熙昇, 대학원大學院 교무과장教務課長 나세진羅世振, 공대工大 박동길朴東吉과 두계斗溪를 데리고 「새마을」로 가서 일본음식日本飮食으로 석찬夕餐을 하고 두계斗溪, 최崔, 고高와 나는 또 스탠드바에 가서 차茶를 마셨다. 종희宗熙가 왔다.

10월 13일. 서울대 문리대에 나갔다. 서울대학교 창립創立 10주년 기념紀念 도서圖書 및 박물 전시회展示會가 있다. 다 둘러보았다. 김포광

金包光이 왔다. 두계斗溪, 동빈東濱과 함께 일취옥一醉屋으로 갔다. 담화談話를 하고 술도 마셨다. 일군 둘이 와 우물을 마당가에 파기 시작.

10월 14일. 동대東大 대학원생大學院生 오형석吳亨錫, 장태진張泰鎭, 이동림李東林 군君이 왔다. 시조時調의 유래由來와 그 형태形態를 말했다. 함께 나서 금성관金城館서 점심點心. 그리고 한국외국어대학韓國外國語大學 제 204호실로 가서 한글 반포頒布 510주년 기념일紀念日을 축祝하는 강연회講演會. 나는 「왕조실록王朝實錄에 나타난 세종대왕世宗大王의 성자聖姿」라는 제題로 먼저 단에 올라 한 시간 말하였다. 다음은 이탁李鐸 교수敎授가 「향가鄕歌의 어의語意에 대하여」 말하였다. 듣다가 나왔다. 청강聽講하는 분은 일실一室에 가득 찼다. 관희觀熙가 왔다. 이종익李鍾翊 군君이 오다.

10월 15일. 10시 서울대학교 창립創立 10주년 기념식記念式에 갔다. 그리고 교수회관敎授會館 파티에도 가서 맥주麥酒 두어 컵을 마셨다.

10월 16일. 중대中大 나갔다. 대학원大學院 1강一講. 주홍모周弘謨 군君과 강남江南 지점支店에서 점심點心. 오후午後 대학생大學生게 2강二講하고 최호진崔虎鎭 군君의 차車를 타고 왔다. 우물물이 이제 솟는다. 이종익李鍾翊 군君이 4만 원을 보냈다. 이웃 조만수趙萬壽 군君이 간장 대두大斗 한 말을 보냈다.

10월 17일. 홍대弘大 나갔다. ○○○ 군君도 나왔다. 제1학기第一學期 채점표採點表를 교무과敎務課에 내고 서무과장庶務課長 경리과經理課 주임主任도 보고 ○○○ 군이 가져간 6만 4천 원은 경리과經理課 주임主任에게 책임責任을 지웠다. 2강二講하고 왔다. 종희宗熙가 9시 태극호太極号로 전주 갔다. 4천 원을 주었다.

10월 18일. 무희武熙가 간다 하여 2천 원을 주었다. 단대檀大 나가 2강

二講하고 오다 청대문집에서 설렁탕 먹었다. 서울대大 대학원大學院 가서 1강一講. 정한모鄭漢謨, 강한영姜漢永 군君들이 청강聽講. 이 두 군과 함께 일취옥一醉屋서 醉해 왔다. 누님, 뉘가 와 잤다. 관희觀熙도 왔다.

10월 19일. 정육正肉 1근一斤 반半 사다가 조반朝飯에 먹었다. 누님게 3천 원을 꿔어주었다. 종일終日 서지書誌 원고原稿 썼다. 날이 차다. 거리에 나갔다가 동서同壻 이창구李昶求 군君을 만나 술집으로 끌고 가 반되 먹었다. 음陰 9월 16일 어머님 기제忌祭다. 『가람시조집嘉藍時調集』의 「돌아가신 날」을 읊은 그때와는 다르다. 시간時間이나 공간空間이 멀어지면 멀어질수룩 은정恩情도 희박稀薄한가보다.

10월 20일. 아침 관희觀熙가 와 조반상朝飯床을 함께 했다. 제 아비가 죽었고 그 많은 뉘동생과 제 처자妻子와의 많은 식구食口를 먹여 살리자니 그 고통苦痛이 많을 것이다. "미운 사람을 사랑하라." 하는 한 잠언箴言이 생각힌다. 경희京熙에게는 "매양 음식飮食에 주식主食은 적게 먹고 그 부식품副食品을 많이 먹어라." 하였다. 이게 내 평생平生의 양생법養生法이다. 그리고 자양분滋養分은 자기의 구미口味에 질기는 것이면 자기로서는 가장 적당適當한 것이라고도 하였다. 관희觀熙는 9시 태극호太極号로 떠났다. 순자順子 집을 잠간 갔다 오다. 부산釜山 고두동高斗東 군君이 생전복을 한 꾸럼을 사 가지고 왔다. 회하여 술 먹었다. 밤에 이성의李聖儀 군君이 책 목록冊目錄 가지고 왔다. 알선斡旋을 해 주려 한다. 늙어질수록 꿈만 어수선하다. "추처악첩醜妻惡妾이라도 승어독수공방勝於獨宿空房"이라는 소동파蘇東坡의 말이 새삼스럽게 생각힌다. 밤은 더 냉冷하다.

10월 21일. 용인龍仁 정희政熙 군君이 왔다. 반갑다. 술을 두어 잔 먹였다. 동대東大 대학원생 오형석吳亨錫, 장태진張泰鎭, 장기한張基漢 군

君이 와 『팔만대장경八萬大藏經』 판본板本에 대하여 말했다. 세계출판사世界出版社 유원영劉源榮 군君이 와 『국어문國語文』 잡지雜誌 원고原稿를 청하기 김근수金根洙 군君게 소개장紹介狀을 써 주었다.

10월 22일. 서울대大 문리대文理大 나가 2강二講. 운초雲樵와 차茶 마셨다. 기미독립선언己未獨立宣言 원본原本과 그 여러 선전宣傳 초고草稿 등을 중앙도서관中央圖書館 장황粧潢하는 이에게 배첩褙貼해 달라고 하였다. 이 서류書類는 기미己未 그 뒤 나의 고향故鄕 여산礪山 나의 집 나의 쓰고 있던 방에ㅅ벽 속에 감추어 두었다. 내가 그 뒤 조선어학회朝鮮語學會 사건事件으로 홍원洪原, 함흥咸興 옥獄에 가쳤다 나온 후 여산礪山 고향故鄕집으로 가 있었다. 그러자 8·15八一五 해방解放도 되었다. 그때 나의 아버님께서 이 서류書類를 내게 주시며 이게 네 쓰던 방을 새로 도배塗褙할 때 그 벽壁 속에서 나온 것이라 하시었다. 이걸 이번 전시戰時 전람회展覽會서 청請하기 요전 시골서 오며 가존 것이다. 최윤식崔允植 박사博士와 종로鐘路 3가三街 모통이서 설렁탕으로 점심點心. 김포주金浦酒도 마셨다. 고두동高斗東 군君도 왔다. 담화談話하고 술도 먹었다. 유제운柳濟雲 군君이 왔다. 신구문화사新丘文化社서 『국문학사國文學史』 원고原稿 독촉督促이 왔다.

10월 23일. 나는 종일 『국문학사國文學史』 원고原稿 교정校正키 머리가 아펐다. 저물 무렵엔 눈도 흐리고 머리도 아픈 듯하다. 유제운柳濟雲 군君은 밤차車로 갔다. 무희武熙가 원남동苑南洞 노타리에서 짚차車에 다쳐 좌완左腕을 상하였다.

10월 24일. 유엔 기념紀念 휴일休日. 국악원國樂院 성경린成慶麟 군君, 김근수金根洙 군君이 왔다. 『국문학사國文學史』 교정校正을 하다가 술 먹고 다시 보아 보정補正하였다.

10월 25일. 전주全州서 최승범崔勝範 군君이 왔다. 『국문학사國文學史』를 보정補正 개필改筆하다가 함께 조반朝飯 하고 나는 단대檀大에 나가 2강二講. 그리고 광희동光熙洞 청대문집으로 가서 40분 기다려 최승범崔勝範 군君과 자유신문사自由新聞社 유정柳呈 군君 이태복李太福 양孃을 만났다. 청대문집은 오늘 25일 무주無酒 무육無肉이라 하여 임시臨時 폐업廢業하였다. 그 곁의 음식점飮食店으로 들어 술도 고기도 다 먹었다. 나는 서울대학교 대학원으로 가서 중앙도서관中央圖書館서 배첩褙貼한 기미독립선언서己未獨立宣言書, 선전문서류宣傳文書類를 찾고 대학원생大學院生의 내간문학內簡文學 중中 난어구難語句 문답問答을 하였다. 황산皇山 고두동高斗東 군君이 왔다. 병옥秉玉이가 와 내일 전주 간다고 한다. 과자菓子 한 곽을 양배良培게 보냈다.

10월 26일. 관희觀熙가 왔다. 성경린成慶麟 군君이 이창배李昌培 군君의 기증寄贈한 『증보가요집성增補歌謠集成』 1책一冊을 가졌다. 농와農窩의 저著인 『농가훈자가農家訓子歌』의 서序를 써 성成 군君게 전했다. 황산皇山이 왔다. 추탕鰍湯집으로 가 함께 점심點心. 황산皇山이 밤에 또 와서 놀다 갔다.

10월 27일. 「국한문학사國漢文學史」 익제조益齊條를 증연增衍하였다. 누님이 왔다. 관희觀熙도 왔다. 내일來日 시골 가겠다 한다. 새벽에 일찍 깨여 『연산군일기燕山君日記』를 읽어 보았다. 음정 일기淫政日記다.

10월 28일. 해정解酲을 했다. 「국한문학사國漢文學史」 익제조益齊條를 증연增衍하였다. 동대東大 대학원생大學院生 5인五人이 왔다. 제주민요濟州民謠 강의講義. 황산皇山이 왔다. 함께 나서 덕수궁德壽宮 전람展覽한 국화菊花를 보고 그 근처近處 중국요리中國料理 집에서 점심點心. 나는 돌아오다 낙원시장樂園市場서 조만수趙萬壽 군君과 일음一飮. 중대

中大서 민제閔濟 군君이 중간시험中間試驗 답안答案 2편二編을 갖다 놓았다.

10월 29일. 서울대大 문리대文理大 나가 2강二講. 돌아오다 국립국악원國立國樂院에 들러 이창배李昌培 군君의 『가요집성歌謠集成』을 말하였다. 벌서 그 10책冊을 계동桂洞 본제本第에 갖다 놓았다.

10월 30일. 중대中大 나갔다. 대학원大學院 1강一講. 대학부大學部 2강二講. 오다가 이성의李聖儀 군君 찾어 『불교대사전佛學大辭典』 16책冊 가價 2만 7천 원을 주고 안동루安東樓로 가서 석찬夕餐. 최승범崔勝範 군君이 아침에 왔다. 볼일이 끝나 오늘 밤차車으로 간다고. 『가요집성歌謠集成』을 주었다.

10월 31일. 홍대弘大에 나갔다. 입체立替로 3만 원 준다. 오다가 청진동淸進洞서 순댓국 약주藥酒로 점심點心. 중대中大서 준 5만 4천 환 수표手票를 가지고 을지로乙支路 한국농업은행韓國農業銀行 지점支店을 그 3가三街에 가서야 찾어 찾어왔다. 종로鐘路 2가 남南쪽 소개踈開터서 『금병매金甁梅』(1질一帙 2갑二匣) 만 환, 춘향春香 기타其他 소설小說 5책冊 5백 환에 샀다. 게서 김근수金根洙 군君을 만나 함께 통문관通文館에 들렀다. 충남대학忠南大學 총장總長 민태식閔泰植 군君과 동대東大 교수敎授 김용배金龍培 군君을 만나 낙원시장樂園市場 김포주점金浦酒店서 마셨다. 김근수金根洙 군君이 내는 것이다. 밤에 비가 듣다 만다. 저헌공樗軒公 종손宗孫 정희政熙 군君이 와 잤다. 이태복李太福 양孃이 왔기 태극호太極号 차표車票를 부탁하였다. 무희武熙가 왔다.

11월

11월 1일. 맑다. 단대檀大에 나갔다. 2강二講. 걸어오다 청대문집에서 점심點心. 배오개 시장市場 지나 서울대大 대학원大學院으로 갔다. 4, 50분 기다리다가 운초雲樵와 나오다 술 마시고 왔다. 연대 정병욱鄭炳昱 군君이 왔다. 『동방학지東方學志』에 실을 나의 원고原稿인 「고전古典과 서지書誌」를 독촉한다. 동대 대학원생 최세화崔世和 군에게 원고原稿를 전해 주었다.

11월 2일. 9시 태극호太極号 이등二等 19석으로 전주 착着 오후午後 3시 반. 차중車中에서 박계조朴季祚 군君을 만나 식당食堂서 점심點心. 종희宗熙가 나왔다. 여산礪山서 처妻와 양배良培도 왔다. 함께 택시 타고 교동校洞으로 왔다. 송창宋滄, 이용대李容大, 최성조崔聖朝, 김부동金富東 군君이 와 하화주荷花酒를 마셨다.

11월 3일. 처妻는 여산礪山 갔다. 소공素空이 왔다. 여산礪山서 가존 술에 바야흐로 뜰 앞의 만발한 황국화黃菊花를 띄워 마셨다. 국향菊香이 방안에 가득하다.

11월 4일. 이용대李容大 군君과 함께 긍둔肯遯 송창宋滄 군君을 찾었다. 담화談話하고 오반午飯하고 왔다.

11월 5일. 오전 8시 덕진德津 문리대文理大 나가 3강. 오후 5시 예동汭東과 계용각桂龍珏, 전승범全承範 군君과 돌아오다가 우래관又來館에 들어 석찬夕餐했다.

11월 6일. 김교선金敎善, 노철盧瞮, 송준호宋俊浩 군君이 왔다. 김金, 노盧 양兩 군君게 끌려 중흥관中興館 가서 석찬夕餐

11월 7일. 처妻가 여산礪山서 왔다. 여기 문리대 대학원생 넷이 와 청강聽講.

11월 8일. 덕진德津 문리대文理大 나가 4강四講. 전원배田元培, 김포광金包光과 함께 오반午飯하고 또 전원배田元培 군 주최主催로 김포광金包光과 우래관又來館서 석찬夕餐하는데 김중관金中觀 또는 기자記者가 와서 포광호包光号인 원대円大 특별집特別集을 낸다고 사진寫眞을 찍었다.

11월 9일. 최승범崔勝範, 박병순朴炳淳 군君이 왔다. 그 소작所作인 시조時調를 평評하였다. 태극호太極号 이등차二等車로 처妻와 서울 왔다. 경희京熙, 태희太熙가 역驛에 나왔다. 택시 타고 계동桂洞 왔다.

11월 10일. 「서민문학庶民文學」, 「고전古典과 서지書誌」의 원고原稿를 썼다.

11월 11일. 동대東大 대학원大學院 오형석吳亨錫, 중대中大 대학원大學院 민제閔濟 군君이 와서 약간若干 시조時調, 민요民謠의 강의講義를 들었다.

11월 12일. 서울대 문리대文理大 나가 2강二講. 운초雲樵 데리고 종鍾3가 모롱이서 설렁탕 점심點心. 눈발이 날린다. 화산서원華山書院, 국악원國樂院을 들렀다. 이주환李珠煥 군君과 함께 운현궁雲峴宮 다방에서 차茶를 마시고 왔다. 송석일宋錫一 내외內外가 왔다. 비도 듣다.

11월 13일. 중대中大 나갔다. 대학원大學院 1강一講. 강남江南 지점支店서 점심點心. 오후午後 2강二講. 4시 25분에 끝났다. 벌서 어두어진다. 통근차通勤車가 20분 이상以上 늦게 떠났다. 계동桂洞 집에 드니 여섯 시가 지났다.

11월 14일. 홍대弘大 나가 2강二講. 먼저 3만 원은 김용문金容文 건件에서 제除하고 지난 달 것으로 2만 원을 준다. 국악원國樂院 이창배李昌

培 군君게서 『가요집성歌謠集成』 4책을 가조고 김기수金琪洙 군君과 나서 계동옥桂洞屋서 점심點心. 찬영燦永의 모자母子가 왔다.

11일 15일. 백련지분白蓮池盆이 바짝 얼었다. 북서풍北西風이 분다. 단대檀大 나가 2강二講. 영하零下 5도. 청대집에서 점심點心. 서울교 대학원大學院 나가 운초雲樵 방房에서 『산림경제지山林經濟志』 상화병霜花餠 제조법을 보고 초抄했다. 1강一講. 계산옥桂山屋서 두어 잔. 밤에 북서풍北西風이 몹시 분다.

11월 16일. 영하零下 8도. 볕은 맑다. 「서민문학庶民文學」, 「고전古典과 서지書誌」의 원고原稿를 썼다. 갑동甲洞 종손宗孫 준배浚培와 사종四從 병원秉元, 병우秉雨가 왔다.

11월 17일. 맑고 눅었다. 병두秉斗 군君이 자동차自動車를 보냈다. 그 아우 병천秉天과 병원秉元, 병우秉雨, 준배浚培와 함께 고양군高陽郡 원당리元堂里를 갔다. 30리. 종손宗孫 현鉉은 출타出他하고 그 아우 황鎤이 있다. 또 연안파延安派(갱자파賡字派) 4, 5인四五人도 왔다. 의정공議政公(정화廷華) 산소山所와 판서공判書公(자資) 산소山所 제향祭享을 지냈다. 산직山直 집에서 주식酒食을 먹고 한 오리 걸어 나와 뻐쓰를 타고 오다 황토마루서 내려 다시 택시를 타고 계동桂洞으로 왔다. 무, 배추 짐장거리를 2만여 환어치 샀다. 병원秉元, 병우秉雨, 준배浚培가 집에서 잤다.

11월 18일. 안 얼고 맑다. 정육正肉 1근一斤 반半 사다 석반夕飯. 동대東大 대학생 둘이 와 시조時調의 유래由來와 명칭名稱에 대한 강의講義를 들었다. 병원秉元, 병우秉雨, 준배浚培는 떠났다. 짐장을 해 넣는다. 백련지분白蓮池盆을 묻었다. 찬영燦永 모자母子가 왔다. 저물도록 짐장 조력助力을 하였다. 현대문학사現代文學社 박재삼朴在森 군君이 와 「일기日記」란 원고原稿를 청請한다. 내來 25일 또 오겠다고. 복중腹中의 번열증煩熱症이 나기 '오렌지 사이다' 한 병을 사다 마셨다.

11월 19일. 서울대 문리대文理大 2강二講.

11월 20일. 중대中大 3강三講. 민제閔濟 군君과 점심點心.

11월 21일. 홍대弘大 2강二講. 성희聖熙와 그 어머니가 왔다. 찬영燦永이네 짐장에 며느리, 무희武熙, 성희聖熙 모母가 가서 도아 주었다. 나는 정육正肉 1근 반 사서 육회肉膾를 해 먹었다. 처妻가 혼자 집을 지키고 있다. 병옥秉玉이도 왔다.

11월 22일. 처妻는 태극호太極号 차車로 전주 갔다. 단대檀大 2강二講. 서울대 대학원大學院 1강一講.

11월 23일. 아침 해정解酲하고 이발理髮. 고두동高斗東 군君이 그 시조時調 고본藁本을 가지고 왔다. 고추敲推했다.

11월 24일. 정양완鄭良婉 양孃 결혼結婚 축금祝金 천원을 보냈다. 순자順子, 김금련金金蓮을 보고 국악원國樂院 가서 임방울林芳蔚 김세준金世俊의 토끼타령을 듣고 박종홍朴鍾鴻, 고형곤高亨坤, 김준섭金俊燮 군君과 함게 안동루安東樓서 일음一飮.

11월 25일. 동대東大 대학원생大學院生 4인이 와 청강聽講하고 고두동高斗東, 이겸로李謙魯 군君이 왔다. 김포주金浦酒를 마셨다.

11월 26일. 새벽에 눈 왔다. 서울대 문리대文理大 2강二講. 국악원國樂院 들렸다. 계산옥桂山屋서 점심點心. 「나의 경애敬愛하는 포광包光 선생先生」 원고原稿. 이건 원광대학보円光大學報 포광호包光号에 실릴 것인데 오늘사 써서 마침 병옥秉玉이 전주全州 가는 편에 주어 전하라 하였다. 정기수丁奇洙 군君이 왔다.

11월 27일. 중대中大 나가 3강三講.

11월 28일. 홍대弘大 2강二講. 오다 박근창朴根昌, 윤일산尹一山과 돈수골豚首骨 집에서 일음一飮.

11월 29일. 눈. 한 치나 왔다. 단대檀大 2강二講. 서울대 대학원大學院 1강一講. 순자順子 와 놀다 갔다. 문환文煥이 왔다. 병옥秉玉이가 왔다.

11월 30일. 무희武熙가 대구로 갔다. 순자順子가 『대천도설大千圖說』 번역을 교정校正하였다.

12월

12월 1일. 병옥秉玉이가 왔다. 시사편찬위원회市史編纂委員會 현창호玄昌浩 군君이 와 「한양가漢陽歌」 주석 프린트를 빌려 갔다. 종희宗熙가 왔다.

12월 2일. 동대東大 대학원 5인이 와 청강聽講. 오후午後 한글학회에 가서 한글학회 창립創立 35주년 기념식記念式 을 하였다. 용안龍安 전현자全賢子(14세)가 왔다. 심부림할 만하다. 돈암동敦岩洞 262의 37 김진수金瑨洙 군君이 와 고서적古書籍 목록目錄과 환약丸藥을 준다. 순자順子가 왔었다.

12월 3일. 퍽 누었으나 어제와 같이 흐렸다. 서울대 문리대文理大 2강二講. 문환文煥과 한상은韓相殷은 여산礪山 갔다. 용인龍仁 정희政熙 군君이 와 잤다.

12월 4일. 짓눈가비가 나린다. 중대中大 나가 대학원大學院 종강終講. 양재연梁在淵 군君이 나와 정인승鄭寅承, 남광우南廣祐 군君을 청하여 자기 집에서 오찬午餐을 먹인다. 그 집은 중대中大 서북 편 산기슭에 있다. 비를 사뭇 맞었다. 음식이 소담하다. 그 부인夫人은 고故 석남石南 송석하宋錫夏 군君의 매씨妹氏다. 정鄭 군君은 먼저 가고 나는 남 군과 나오다가 남 군게 끌려가 또 마셨다. 주녀酒女가 퍽 수선스럽다. 오후午後 네 시 40분 통근차通勤車로 오다 대학원생들에게 끌려 평화관平和館에 들어 백철白鐵, 건재健齋와 함께 석찬夕餐을 하였다. 연말年末 종강終講 겸 그 성의誠意를 베푸는 것이다. 종희宗熙는 오늘 태극호太極号로 전주 갔다. 서북풍西北風이 밤새도록 불었다.

12월 5일. 영하零下 9도 8분. 홍대弘大 나가 종강終講. 볕이 나고 눅어졌다. 오후午後 1시 반 비. 건재健齋와 함께 한글학회學會로 갔다. 좀 기다려 서울특별시사特別市史 편찬위원회編纂委員會 주임主任 김영상金永上, 현창호玄昌浩, 김도태金道泰, 유봉영劉鳳榮, 유제한柳濟漢 나와 찦차車 타고 세종대왕世宗大王 탄생誕生하신 한성漢城 준수방俊秀坊(태종太宗 잠저潛邸)을 통인동通仁洞 가서 답사踏查하였고, 이충무공李忠武公 낳으신 건천동乾川洞을 인현동仁峴洞 가서 답사踏查하였다. 퍽 음산하다. 술도 먹고 저녁밥 대접도 받었다.

12월 6일. 음랭陰冷. 단대檀大 나가 제2학기第二學期 시험문제試驗問題를 내주고 돌아왔다. 눈이 온다. 펑펑 나린다. 통문관通文館 가서 『금병매金瓶梅』, 『향약집성鄕藥集成』 값 5천8백 원을 주었다. 오후 두 시 전 귀거래다방歸去來茶房을 가서 한 40분 기다려도 고두동高斗東 군君이 안 오기 돌아왔다. 경희京熙를 양상경梁相卿 군君 집에 보내어 고두동高斗東 군君을 못 만났으니 석찬夕餐 준비는 말라 하였다. 그러도 나만 와 달라고 한다. 눈이 쌓인 길로 다섯 시 지나 양梁 군君 집을 갔다. 전주식 육회肉膾, 갈비구이. 매실주梅實酒, 약간若干 백반白飯으로 포식飽食하고 유자청柚子淸 차茶 한 잔을 마시고 왔다.

12월 7일. 맑고 좀 눅었다. 9시九時 태극호太極号 이등실二等室로 전주 왔다. 종희宗熙가 나왔다. 일환一煥이가 촌충약寸虫藥 먹고 술을 먹어서 중독中毒되어 3, 4일 이상以上 혼수昏睡 상태狀態 되어 전주 예수병원에 입원入院. 퍽 위중危重하다고. 교동校洞 58 양사재養士齋에 와서 차차 들으니 차차 낫는다 한다. 마음이 놓인다.

12월 8일. 난蘭 기타其他 화훼花卉를 청소淸掃하고 물 주었다. 저녁에 전북대全北大 문리대文理大 이강오李康五 군君이 와 제2학기第二學期 중간시험 문제를 가져갔다. 와 있던 병주秉胄, 철희喆熙는 갔다.

12월 9일. 택시 타고 처妻와 함께 전주 예수병원 가서 일환一煥을 보았다. 그리고 남문南門 밧 시장市場을 거쳐 왔다. 건배建培가 대전大田서 왔다.

12월 10일. 차되 맑다. 최성조崔聖朝 군君 집에 가서 두어 잔 먹었다. 문리대文理大 중간시험 문제를 내어 보냈다.

12월 11일. 이리裡里 중대中大 나가 4강四講. 서울서 김기창金基昌, 박근창朴根昌, 조규동趙圭東 군君이 출강出講 왔다.

12월 12일. 이리裡里 중대中大 나가 4강四講.

12월 13일. 전북全北 문리대文理大 나가 4강四講.

12월 14일. 이리裡里 중대中大 나가 4강四講. 서울서 박보서朴俌緖 군君이 출강出講 왔다.

12월 15일. 이리裡里 중대中大 나가 4강四講으로 종강終講. 최승범崔勝範 군君과 농대農大 교무과敎務課 직원職員과 박보서朴俌緖 군과 함께 진양관晉陽館서 석찬. 익산여관서 잤다.

12월 16일. 눈이 날리고 좀 눅었다. 박보서朴俌緖, 최승범崔勝範 군君 함께 전주여관서 해정解酲. 9시 5분 기동차汽動車로 왔다. 화초분花草盆

을 다 내어 볕을 쬐고 물을 주었다. 일환一煥이는 어제 퇴원退院하여 집에서 자고 오전午前 11시 찝차車로 순배順培, 문환文煥, 한상은韓相殷과 여산礪山으로 갔다. 병희炳喜, 누님이 왔다. 종희宗熙도 여산礪山 갔다. 신석정辛夕汀, 김병인金炳仁 군君이 왔다.

12월 17일. 예동汭東을 보았다. 덕진德津 문리대文理大 3강三講. 점심点心은 김준영金俊榮과 하였다. 최승범崔勝範 군君과 오다가 군자君子 집으로 갔다. 문의근文義根 군君도 왔다. 석찬夕餐. 눈발이 날린다.

12월 18일. 장적 6백六百 포包 1만 1천4백一萬一千四百 환圜. 처妻와 양배良培가 여산礪山 갔다. 김용남金容南, 김언양金彦陽 군君이 왔다. 난蘭 재배栽培 이야기를 했다.

12월 19일. 새벽 눈이 좀 왔다. 구공탄九孔炭 백百 개個를 6천六千 환圜에 들였다. 앙배昂培가 밤이면 추워 운다. 장적만 때서는 아니 되겠다. 윤석주尹錫疇 군君을 찾었더니 없다. 임박사林博士 택룡澤龍 군君을 찾어 함께 나서 고故 오운곡吳雲谷 미망인未亡人 이창신李昌信을 찾었다. 술상을 낸다. 창신昌信과 마셨다. 천 환千圜을 운곡雲谷 소기小朞 부조로 주었다. 서울 신구문화사新丘文化社 이종익李鍾翊, 임춘식林春植 군君이 왔다. 오과청五果淸을 내어 선주仙酒 두어 잔을 하였다. 서풍西風은 약간 불었으나 그리 칩지는 않다. 화초분花草盆을 내여 볕을 쬐였다.

12월 20일. 전북全北 문리대文理大 대학원생大學院生 4, 5인이 왔다. 종희宗熙 시켜 여산礪山서 일기책日記册을 다 가졌다.

12월 21일. 대학원생大學院生 5, 6인이 왔다. 서민문학庶民文學 강의講義. 임택룡林澤龍 군君이 왔기 유자주柚子酒와 오과청五果淸을 내었다.

12월 22일. 대학원생大學院生 7인이 왔다. 송강松江의 사미인곡思美人曲, 속미인곡續美人曲과 북헌北軒의 별사미인곡別思美人曲을 강의講義.

임택룡林澤龍 군君과 이창신李昌信을 찾어가 몇 잔 하였다. 동지冬至.

12월 23일. 최승범崔勝範 군이 택시를 가지고 왔다. 모나리자 다방茶房으로 가서 여러 동인同人과 회합會合. 영산옥映山屋으로 가 전북全北 국어국문학회國語國文學會 총회總會. 전회원全會員 13중 8명 출석出席 — 신석정辛夕汀, 김교선金敎善, 이기우李奇雨, 최승범崔勝範, 김준영金俊榮, 이학용李學鎔, 고헌高憲, 나다. 회칙會則 통과通過. 상무임원 선정選定. 나는 그 회장會長, 부회장副會長에 신석정辛夕汀, 김교선金敎善, 총무總務에 고헌高憲, 편집編輯 책임責任에 최승범崔勝範. 그리고 국어학國語學 국문학國文學에 각기 위원委員을 약간若干 정定하였다. 오찬午餐하고 헤졌다.

12월 24일. 김근수金根洙 군君이 왔다. 노철盧瞮, 김준영金俊榮 군君이 와 함께 나갔다. 영산옥映山屋서 오찬午餐. 또 원군자原君子집으로 가 석찬夕餐. 해성海星, 해경海鏡, 연심蓮心과도 가치 양사재養士齋로 돌아왔다. 선주仙酒와 오과청五果淸을 먹였다. 그리고 파하였다.

12월 25일. 양배良培, 길례吉禮, 처妻와 남문탕南門湯을 휴업休業. 전동殿洞으로 갔더니 아직 물이 뜨겁지 않다 하여 한 시간 기다려 들어 목욕沐浴했다. 사람들이 많이 왔다.

12월 26일. 양배良培와 처妻는 여산礪山 갔다. 긍돈肯遯이 왔다. 술을 마셨다. 승범勝範 군君이 왔다. 구 일기책舊日記册을 내놓고 초鈔를 하였다. 현대문학사現代文學社의 소청所請이었다.

12월 27일. 김근수金根洙 군君이 와서 가자 하여 그 집으로 갔다. 관선동觀善洞이다. 김교선金敎善 군君도 왔다. 오찬午餐을 하였다. 「구일기초舊日記鈔」를 오후午後 11시 전등電燈 꺼지기 전에 다 썼다.

12월 28일. 최승범崔勝範이 와 오늘 서울 간다기 「구일기초舊日記鈔」

원고原稿며 경희京熙게 가는 편지를 전했다. 원대円大 국문학國文學 특강特講 제1학기第一學期 채점採點을 했다. 일전日前에야 그 답안答案을 가졌다.

12월 29일. 소공素空과 조준경趙埈慶 군君이 와서 내일來日 그 아우 조완경趙宛慶과 박상순朴相順과의 결혼식結婚式 주례主禮를 청請한다. 날이 따듯하기 화초花草를 내놓고 물을 주었다.

12월 30일. 10시 봉래원蓬萊園서 조趙 군君과 박朴 양孃과의 결혼식結婚式 주례主禮를 하고 다리봉서 피로연披露宴에서 이덕환李德煥 군君을 만났다. 오후午後 1시 40분 무영다방無影茶房으로 가 석정夕汀의 『빙하氷河』 시집詩集 출판기념회出版紀念會를 했다. 그리고 창신관昌信館으로 석찬夕餐. 처妻와 양배良培가 여산礪山서 왔다.

12월 31일. 「국한문학사國漢文學史」를 초고草稿를 썼다. 비가 좀 왔다.

1957년(단기 4290년)

1957년(단기 4290년)

1월

1월 1일. 봄날 같다. 아침 안개 끼었다. 앞밭에 마늘을 심었다. 「국한문학사國漢文學史」 초고草稿를 썼다. 마늘을 두어 두렁 심었다. 경희京熙 내외內外가 서울서 왔다. 청어青魚를 사 가지고 왔다. 구어 저녁 반찬飯饌을 하였다. 난蘭을 다 내어 볕을 쬐였다. 집의 향료香醪를 두어 잔 마셨다. 청매青梅는 벌어지려 한다. 계수桂樹닢도 퍽 싱싱하여졌다. 시드던 걸 석 달 전에 개식改植하였다.

1월 2일. 「국한문학사國漢文學史」 그 명저조名著條를 썼다. 여산礪山서 현득鉉得이가 술 두 병을 가지고 왔다.

1월 3일. 음 12월 3일. 처妻의 생일生日. 가족家族 친척親戚이 약간若干 모여 조반朝飯. 난蘭을 내어 볕을 쬐였다. 현득鉉得 데리고 남문시南門市에 가 홍어洪魚 1미一尾 천6백千六百 환圜에 샀다.

1월 4일. 오전 8시 반 여객旅客 자동차自動車로 나, 처妻, 경희京熙 내외內外, 현득鉉得, 양배良培가 떠나 9시 40분 신막新幕서 내려 병룡秉龍 제弟 집으로 두어 잔 하고 건너갔다. 진수당鎭壽堂 책실冊室을 치고 약간若干 고문책古文冊을 끄내었다. 일환一煥이도 가 보고 가지고 간 홍어洪魚를 회하여 가족家族과 모여 마셨다. 나는 오후午後 세 시 뻐쓰로 왔다. 서서 비좁아서 허리도 아팠다.

1월 5일. 승범勝範 군君이 사탕砂糖 한 각을 가지고 왔다. 「고전古典과 서지書誌」며 「서민문학庶民文學」도 가지고 갔다. 이웃 최성조崔聖朝, 김부동金富同, 김성근金聖根 군君을 청請하여 마셨다.

1월 6일. 소공素空이 왔기 몇 잔 하였다. 청매靑梅가 봉 하나이 아침에 피었다. 소한小寒.

1월 7일. 최승범崔勝範, 신석정辛夕汀, 백양촌白楊村이 왔다. 매화梅花 아래서 술을 마셨다. 박병순朴炳淳 군君 집으로 가서 팟죽과 술을 먹었다. 처妻와 양배良培가 왔다.

1월 8일. 포광包光, 소공素空과 매화梅花 아래서 또 마셨다. 박병순朴炳淳 군君의 청請으로 「청매靑梅」 시詩 두 폭幅을 써 주었다.

1월 9일. 흐리다. 종묘소장種苗所長 이강연李康淵 군君을 찾어보고 이해석李海石을 찾었더니 없다. 비가 줄줄 밤새도록 왔다.

1월 10일. 송준호宋俊浩 군君이 왔다. 전원배田元培 군君을 찾었다.

1월 11일. 임택룡林澤龍 박사博士가 아침에 약주藥酒 한 병 가지고 왔다. 이창신李昌信 여사女史는 머리가 무거워 누었다 한다. 청매靑梅가 많이 피었다. 함께 마셨다. 전원배田元培, 송준호宋俊浩, 홍현식洪顯植, 이희균李曦均, 노철盧瞮, 김상오金相五, 김근수金根洙, 최승범崔勝範 군君을 청하여 매화음梅花飮을 하였다. 그리고 군자君子집으로들 갔다. 해성海星, 해경海鏡, 연심蓮心과 놀았다. 느릿 족질族姪 공군사관학교空軍士官學校 상배相培가 찾어 왔다.

1월 12일. 최승범崔勝範 군君과 종희宗熙 데리고 도보徒步로 전주역 가서 태극호太極号 삼등실三等室 지정석指定席에 탔다. 관영요금官營料金이 갑자기 고등高騰하여 이 이등석二等席엔 삼등석三等席 배倍로 5천

환五千圓이 되었다. 돈이 아까운 게 이 정치政治가 아깝다. 사실事實은 이 삼등석三等席이 그 이등석二等席에 못지않다. 마침 사냥하러 가셨던 분과 마주 앉어 사냥 이야기로서 두르케네프의 『엽인일기獵人日記』의 그 일부一部를 거의 체험體驗하였는가 하였다. 60분 연착延着으로 오후 8시 서울역 도착到着. 차車 하나 잡아타고 계동 본제에 들었다.

1월 13일. 예는 전주서 비올 때, 눈이 와 쌓여 그저 있다. 동원東園 이일李一 군君을 찾어보고 고故 김도태金道泰 군君 일화逸話도 하고 술 몇 잔 하였다. 이정래李晶來 군君도 만났다. 문환文煥이가 왔다.

1월 14일. 눈도 오고 비도 온다. 한종일 이러하였다. 이동림李東林 군君이 저녁에 비 맞고 왔다. 그 석사碩士 논문論文의 재료材料인 『월인석보月印釋譜』에 대하여 약간若干 언급言及했다.

1월 15일. 「국한문학사國漢文學史」와 「고전古典과 서지書誌」를 정리整理. 양순자梁順子를 가 보았다.

1월 16일. 「국한문학사國漢文學史」 원고原稿 정리整理. 새벽 무렵의 한기寒氣가 매삽다. 기침이 난다. 고두동高斗東 군君이 왔다.

1월 17일. 시청市廳 가서 시사편찬市史編纂 주임主任 김영상金永上 군君을 찾어보고 탑골 13층層 탑塔의 상上 3층三層 올려 놓던 나의 일기日記 그 대문을 벗겨 주었다. 그리고 다방茶房으로 가서 곽복산郭福山 군君을 만나 나는 곽郭 군君과 신구문화사新丘文化社 출판부出版部로 가 이종익李鍾翊 군君을 보고 평화관平和館서 점심点心. 병옥秉玉이와 전현자全賢子 모친母親이 왔다. 잤다. 문환文煥이는 한상은韓相殷 사주단자四柱單子를 퇴退하고 갔다.

1월 18일. 맑다. 한글학회學會를 갔다. 건재建齋, 이홍직李弘稙 군君과 도야지골탕骨湯집으로 갔었다. 하지夏至 감자 대신 무수를 넣어 끓었다. 『황산시조집皇山時調集』 「序」를 썼다.

1월 19일. 고두동高斗東 군君이 왔다. 현자賢子 모친母親은 현자賢子 형兄을 데리고 용안龍安으로 갔다. 오후 국립국악원國立國樂院 가서 몇 부원部員과 두어 잔 마시고 국악감상회國樂鑑賞會를 보고 다시 황산皇山과 배갈白干 두어 잔 하였다. 병옥秉玉이는 한상은韓相殷 혼사婚事 오는 21일 하기로 하여 여산礪山으로 갔다.

1월 20일. 대한大寒. 월탄月灘 찾어보고 「금방울」을 환완還完하고 동빈東濱을 보고 점심點心하고 일석一石은 없어 못 보고 두계斗溪를 보고 몇 잔 하고 함께 나서 오다가 나는 종로鐘路서 서라벌다방으로 가서 공초空超와 우유스끼티를 마시고 담소談笑하였다. 그리고 회현여관會賢旅館으로 갔다. 황산皇山, 이태극李泰極 군君을 만났다. 석반夕飯 하고 왔다. 감기가 좀 들었다. 한상은韓相殷 집에는 준비準備해 가지고 여산礪山을 향向하여 떠났다. 촉한觸寒하였는지 신기神氣가 좋지 못하다.

1월 21일. 맑고 누었다. 저녁은 칩다. 한상은韓相殷이 대구서 여산礪山 간다는 전보電報가 왔다. 저고리, 마고자로 머리를 싸고 잤다. 잘 잤다.

1월 22일. 맑다. 『중국고문학사中國古文學史』의 명대문학明代文學을 보았다. 귀진천歸震川과 왕엄주王弇州와의 상힐相詰. 왕엄주王弇州가 귀진천歸震川에게 마침내 탄복歎服하였다. 과연 엄주弇州요 진천震川이었다. 마침 고두동高斗東 군君이 왔기에 이 대문大文을 읽어 듣겼다. 점심點心. 나서 통문관通文館을 다녀왔다. 고高 군君이 연적硯滴 두 개를 갖다 준다. 김진수金瑨洙 군君이 왔었다. 임영석林永錫 군君(해려海旅의 아들)이 와서 책상册床 하나를 가조겠다 한다.

1월 23일. 박병순朴炳淳, 정남수丁南洙, 기수奇洙 군君이 왔다. 김포주金浦酒를 마셨다. 박朴 군君은 『신조新調』를 속간續刊하겠다고 하며 그 원고原稿로 「천정天井」을 벗겨 갔다. 임林 군君이 책상冊床을 가졌다. 문갑文匣을 겸했다. 모수리를 다 동글게 하여 양兩쪽 발도 동글게 말어 붙였고 앞에는 빼다지 다섯을 하고 좌우左右로 ㄴ자형字形을 상대로 공간空間을 두어 화류樺榴 테두리를 하고 속과 뒤쪽은 오동판梧桐板 배접하였고 빼다지 마고리게는 흑색黑色의 태극太極을 박었고 빼다지 면面들엔 무푸레나무다. 이 책상冊床의 상면上面이나 좌우면左右面에는 목갑木匣나무다. 27.5리糎 전후광前後廣, 61리糎 좌우광左右廣, 28 리糎 높이로 되었다. 한 2백년 고물古物, 칠색柒色은 흑황黑黃. 저녁에 최현충崔賢忠 군君이 여산礪山서 왔다. 한상은韓相殷과 순배順培 혼례婚禮는 어제 22일 거행擧行. 21일에야 대구서 떠나 오후午後 4시 대전太田 와 통근차通勤車로 논산 와 도보徒步하여 자정子正에 원수리源水里 도착到着했다 한다.

1월 24일. 맑고 눅인다. 낙숫물 소리가 난다. 찬영燦永 모母가 계영桂永 데리고 왔다. 임林 군君이 왔기 책상冊床 값을 2만 5천 원円에서 우선 만 환圜을 주었다. 김근수金根洙 군君이 저녁에 왔었다.

1월 25일. 맑고 눅인다. 「국한문학사國漢文學史」 원고原稿를 썼다. 머리가 터분하기 이발理髮을 하였다. 백미白米 한 가마에 만 7천 원円을 주고 사 왔다. 남광우南廣祐, 심재완沈載完 군君이 왔다. 시조時調 이야기를 하며 김포주金浦酒를 마셨다. 밤에 눈 왔다.

1월 26일. 비가 온다. 임영석林永錫 군君이 와 책상冊床 남어지 1만 5천 환圜을 가져갔다. 대구 심재완沈載完 군君이 왔다. 함께 점심點心하며 서도書道, 문학文學 이야기를 하였다.

1월 27일. 「국한문학사國漢文學史」를 썼다. 이태극李泰極, 장사훈張師勛 군君이 왔다. 태극泰極 군君은 『현대시조선現代時調選』 초고草稿를 가좠다. 한상은韓相殷, 병옥秉玉이가 왔다.

1월 28일. 흐리다. 국립국악원國立國樂院서 국악사양성소가國樂士養成所歌를 지어 달라는 편지가 왔다. 최학근崔學根 군君이 왔었다. 밤엔 눈이 오고 비가 오다 말었다. 국악원國樂院 이창배李昌培 군君도 왔었다.

1월 29일. 안온安穩히 잤다. 비가 온다. 눈은 다 녹지 않는다. 「국한문학사國漢文學史」의 박연암朴燕岩 대문을 썼다. 쓰다 대한교육연합회에 갔다. 국어심의위원회 분과위원회 한자 문제에 관한 건 회의가 있다. 두어 시간 그 총론總論만 하고 이 담에 자세히 하기로 하였다.

1월 30일. 맑다. 병옥秉玉이게 5천五千 환圜 꿔어 주었다. 종일終日 한문학사漢文學史를 썼다. 신구문화사新丘文化社서 2만 환二萬圜을 보내준다. 이태극李泰極 군君이 오고 홍우洪又 군君이 대전太田 연암蓮庵 권용두權容斗 군君의 창작시조집創作詩調集 원고原稿를 가지고 와 보아 달라 한다.

1월 31일. 정유丁酉 원조元朝. 저녁에 이능우李能雨, 정병욱鄭丙昱 군君이 왔다.

2월

2월 1일. 「국한문학사國漢文學史」 초고草稿를 썼다. 찬영燦永 모母가 왔다.

2월 2일. 누었다. 『현대시조선現代時調選』을 보았다. 약간若干 산삭刪削하였다. 민제閔霽 군君이 석사논문碩士論文을 가지고 왔다. 함께 석반夕飯. 송석일宋錫一이가 사쓰를 사 가지고 왔다. 이태극李泰極 군君이 와 『현대시조선現代詩調選』 고稿를 가져갔다. 운강芸岡의 『나의 심금心琴』도 차거借去. 국립국악원國立國樂院 양성소가養成所歌를 지어 주었다. 김근수金根洙 군君이 와 지난 1월 28일 전주서 밤차車 타고 오다 강경역江景驛서 내게서 차거借去한 『훈몽자회訓蒙字會』 원본原本 1책一册 거제판巨濟板 『훈몽자회訓蒙字會』 1책一册을 스리 맞았다고 한다.

2월 3일. 맑다 흐렸다. 순자順子 보았다. 원고原稿 쓰다. 한상은韓相殷, 조기형趙璣衡이가 왔다. 서대문구西大門區 감영동監營洞 사는 11세十一世 방조傍祖 갱자파賡字派 자손子孫 성배性培(범준範俊), 석배錫培, 순배順培가 술 한 병 가지고 왔다. 술상을 놓고 담화談話.

2월 4일. 입춘立春. 따듯하며 짓녹인다. 서울교校 문리대文理大 나가 서민문학庶民文學, 고전古典과 서지書誌 종강終講했다. 김용경金龍卿 군君을 만나 국문학특강國文學特講 A, B 두 문제를 맡겨 시험試驗 감독監督을 해 달라 하였다. 장지태張之兌 군君과 함게 나와 점심点心.

2월 5일. 따듯하다. 민제閔濟 군君의 석사碩士 논문論文을 다 읽고 평評을 썼다. 저녁에 정낙서鄭洛書 군君과 민제閔濟 군君이 술 한 병씩 가지고 왔다.

2월 6일. 홍대弘大 나가 2강二講 하고 제2학기 시험문제를 내어 교무과教務課에 주었다. 학장學長 김호직金浩稙 박사博士를 보았다. 오다가 곽복산郭福山 군君이 점심點心을 먹인다. 구리개 한영건재국漢英乾材局에 가 북만삼北蔓蔘을 찾으니 없다. 최윤식崔允植 박사博士를 만나 저골탕猪骨湯에 들렀고 함께 휘문고교徽文高校 이재훈李在壎 군君을 찾어가 최성장崔性章 박사博士도 만났다. 가치들 새마을로 가서 석찬夕餐.

2월 7일. 중대中大 나갔다. 제2학기 시험문제를 윤재선尹在先 군君게 맡겼다. 강남지점江南支店서 민제閔濟 군君이 술을 먹인다. 서울교 대학원大學院으로 갔다. 김선기金善基 군君이 중국요리中國料理집에서 점심點心을 먹인다. 「문장文章과 문학文學」 1강一講. 김동수金東洙 군君이 왔다.

2월 8일. 태극호太極号 3등 19석 타고 전주 왔다. 종희宗熙가 나왔다. 일환一煥이가 김원태金元泰 의원醫院에 와 있다.

2월 9일. 소공素空이 아침에 왔다. 함께 해정解酲. 전북全北 문리대文理大 대학원생大學院生 넷이 와 「문장文章과 문학文學」 강의講義를 들었다.

2월 10일. 대학원생 4명이 새벽에 왔다. 「고전문학古典文學과 현대문학現代文學과의 관계關係」를 강의講義했다. 소공素空과 가치 법대학장法大學長 전승범全承範 군君을 찾어보고 술 먹었다. 포광包光을 찾었다. 오다가 우래관又來館서 한 대 마셨다. 연기煙氣 나는 구녁을 발러 막었다. 승범勝範 군君이 왔다.

2월 11일. 영하 13도. 4강四講. 소공素空이 방고래 쑤시는 이를 데리고 와 재를 긁어내고 개자리로서 굴뚝까지 고쳐 놓았다. 굴뚝 우로 연기가 펑펑 나오고 불이 잘 들이고 웃목까지 다숩다.

2월 12일. 칩다. 종일 집에서 「국한문학사國漢文學史」 재료材料를 조사調査해 보았다. 장지연張志淵 「만록漫錄」(신문지 오려 붙인 것)을 읽었다. 후사가後四家의 하나인 권용정權用正(소유小游) 시詩가 많이 실렸다.

2월 13일. 승범勝範 군君이 왔다. 양정희楊定熙, 이학근李學根 군君이 왔다. 술 마셨다. 오후午後 용제龍弟가 왔다. 술 마시고 함께 잤다.

2월 14일. 정월正月 보름. 덕진德津 나가 4강四講. 이희균李曦均, 계일순桂一淳, 강종철姜鍾喆, 황재순黃在順, 김상오金相五, 신강호申岡浩 군君들에게 끌려 술을 이어 마셨다. 돌아오다가 김金 총장總長, 계桂, 김金

양국장兩局長, 법대法大 전학장全學長, 상대商大 박효삼朴孝參의 짚차車를 만나 함게 타고 심향원尋香園서 석찬夕餐. 상대학장商大學長은 오늘 4대 6으로 낙선落選되었다. 일환一煥이가 시민병원市民病院에 입원入院. 대소변大小便도 잘 눈다 한다.

2월 15일. 눈이 온다. 눈을 쓸어다가 난蘭 기타其他 화분花盆에 덮어 주었다. 눈이 그치고 날은 푹하다. 태극호太極号 4호 5석을 탔다. 종희宗熙, 승범勝範 군君이 나왔다. 차車 속에서 영화映畵 씨나리오 김종환金宗煥(아석亞石)과 시인詩人 백초白初(김재보金載寶)와 건축업建築業 인주성印柱成 군君을 만나 식당食堂 술도 먹고 담소談笑하였다. 서울역에 내리니 경희京熙, 태희泰熙가 나왔다. 택시 타고 계동桂洞으로 왔다. 소공素空이 아침에 왔었다.

2월 16일. 김병학金秉鶴, 월사파月沙派 민영敏榮, 정원택鄭元澤 군君이 각기 소청所請이 있다. 서울교 문리대文理大 서민庶民, 서지書誌 답안答案을 끊었다.

2월 17일. 동대東大 대학원大學院 장한기張漢基, 이동림李東林 군君이 왔다. 인현동仁峴洞 새마을로 가서 오찬午餐. 통문관通文館 들려서 『패문운부佩文韻府』의 계자운溪字韻 완화계浣花溪, 화계花溪를 찾어보고 『매천집梅泉集』 「독국조제가시讀國朝諸家詩」 중中 권필權韠조條

傲睨千秋孰我知, 人言勝到鳳皇池
縱然未入花溪室, 不墮黃陳轉可師[10]

---

10 천추를 흘겨보거니 누가 나를 알아주리오
시를 구하니 봉황지에 듦보다 나으리라네.
두보의 초당인 화계실(花溪室)에 들지는 못했어도

의 '화계실花溪室'은 시성詩聖 두보실杜甫室 즉 경지境地를 이름임을 알었다.

2월 18일. 집에서 「국한문학사國漢文學史」 원고를 썼다. 눈이 왔다. 한상은韓相殷 군君이 전주서 왔다.

2월 19일. 정원택鄭元澤 군君이 찦차車를 몰아 왔다. 나서 서울교 문리대文理大 제2학기 시험 성적표를 주고 바루 연희대학교로 가서 최현배崔鉉培 군君은 방금 대학원생大學院生 구술시험 중中이라 하여 편지만 써 그 서무주임게 주고 왔다. 오늘은 앙배昂培 첫 돌. 날이 명랑明朗하다. 병옥秉玉이가 와 구공탄 때는 아궁이를 고쳤다. 너무 내가 피로疲勞한 듯하다.

2월 20일. 종일終日 「국한문학사國漢文學史」 원고原稿를 써 끝냈다.

2월 21일. 오후 신구문화사新丘文化社 인쇄소印刷所로 가서 이종익李鍾翊 군君을 보고 「국한문학사國漢文學史」 마주막 원고原稿를 주고 구舊동덕학교同德學校 그 사무事務 분실分室로 갔다가 다동茶洞 신세계新世界로 갔다. 학술원學術院 제8차 예회例會 겸 임시총회臨時總會다. 총회總會에선 회칙會則 변경變更에 대하여 옥신각신하다가 연기延期하고 이민재李敏載 회원會員의 태국泰國 교육자敎育者 회의會議에 갔던 보고報

황정견(黃庭堅)과 진사도(陳師道)보다야 못하지 않을지니.

* 봉황지(鳳凰池): 위진남북조(魏晉南北朝) 시대 때 금원(禁苑) 안에 있던 못.

* 화계(花溪): 중국 성도(成都)에 있는 완화계(浣花溪)의 준말로, 두보가 만년에 은거했던 초당이 이곳에 있었으므로, 두보를 가리키는 말로 쓰였다. 화계실(花溪室)은 화계(花溪)의 방. 당(唐)나라의 대(大) 시인 두보(杜甫)와 같은 경지를 가리킨다.

* 황진(黃陳): 송(宋)나라 때의 시인인 황정견(黃庭堅)과 진사도(陳師道)를 가리킨다. 두보를 배웠던 강서시파(江西詩派)의 선두 주자로서, 우리나라 시인들에게 커다란 영향을 미쳤다.

告가 있었다. 그리고 일본 음식日本飮食으로 석찬夕餐을 하였다.

2월 22일. 밤에 눈이 좀 왔다. 「국한문학사國漢文學史」 원고 벗긴 걸 교준校準. 김용문金容文 군君이 홍대弘大 제2학기第二學期 답안答案 가지고 왔다. 이상보李相寶 군君이 왔다.

2월 23일. 맑다. 「국한문國漢文」 원고原稿 준準 본 걸 신구문화사新丘文化社로 보냈다. 휘문고교徽文高校 졸업卒業에 참석參席. 국립국악원國立國樂院 가서 성경린成慶麟 군君과 나와 입음立飮. 다시 국악원國樂院 가서 감상鑑賞 연주演奏를 듣고 보았다. 고백화高白花의 각도各道 민요民謠와 수도고녀首都高女 2년 임미자의 만춘무滿春舞와 임유앵林柳鶯의 춘향가春香歌가 가장 갈채喝采를 받는다. 처妻와 양배良培가 왔다.

2월 24일. 민영敏榮, 정희政熙 군君이 와 문강공파文康公派 파보波譜 박일 일을 의논議論. 임헌도林憲道, 정한모鄭漢模 군君이 조화朝花 금배金盃를 한 병 가지고 왔다. 함께 마셨다.

2월 25일. 김용문金容文 군君이 와 홍대弘大 제2학기 국문학특강 A, B 성적표成績表를 가져갔다. 「국한문학사國漢文學史 기1其一」 원고原稿를 교정校正하여 주었다.

2월 26일. 중대中大 나갔다. 백철白鐵 군君, 윤재천尹在天, 민제閔霽 군君 보고 이달 월급月給도 찾었다. 민제閔霽 군君이 강남江南 지점支店서 오반午飯을 먹인다. 서울교 대학원大學院에 가서 두계斗溪를 보고 동빈東濱 집으로 가 술 먹었다. 종희宗熙 처妻와 앙배昻培와 완희完熙가 왔다. 오늘은 흐리고 싸락눈이 왔다.

2월 27일. 정월正月 28일. 내 생일生日. 여기 있는 친척親戚이 모였다. 이창구李昶求 군君과 조반朝飯. 반장班長, 동洞 회장會長과 오식午食. 이병도李丙燾, 김상기金庠基, 이희승李熙昇, 김용문金容文, 정인승鄭寅承과 마셨다. 경희京熙 동료同僚인 당인리唐人里 발전소원發電所員 둘도 왔다.

2월 28일. 싸락눈이 왔다. 중대中大 제2학기 답안答案을 끊었다. 오후午後 5시 국일관國一館에 갔다. 내부장관內部長官 장경근張璟根 군君의 동기同期 휘문동창생徽文同窓生들이 그때 스승의 지금 재경在京한 이와 장경근張璟根 군君과 합석合席하여 연회宴會를 함이었다.

3월

3월 1일. 윤재천尹在天 군君이 왔기 중대中大 답안答案과 채점採點을 주었다. 국학대학國學大學의 임동권任東權, 유정렬劉正烈 군君이 왔다. 일전日前 백철白鐵 군君에게 듣고 긍낙肯諾하였던 일이었다. 이해 4월부터 매주每週 월요일月曜日 오후午後 (一) 국문학특강國文學特講인 고시문古詩文 1강一講과 (二) 시조론時調論을 1강一講하기로 하였다. 이상보李相寶, 최세화崔世和 군君이 왔기 최崔 군君에게 동대東大 대학원 석사논문 평점評點을 그 대학원장大學院長 양주동梁柱東 군君에게 보냈다.

3월 2일. 서울교 대학원大學院 전광용全光鏞 군君의 「이인직李人稙 연구研究」 석사논문碩士論文 심사보고를 그 대학원장大學院長 이병도李丙燾 군君게 보냈다. 민영敏榮 군君이 와 문강공파文康公派 파보派譜에 대한 의논議論. 전원배田元培 군君이 왔다. 「국한문학사國漢文學史」 초고草稿를 신구문화사新丘文化社에 다 주었다.

3월 3일. 흐리다 비 왔다. 눈얼음이 다 녹었다. 이동림李東林, 오형석吳亨錫, 장태진張泰鎭 군君이 왔다. 김병학金秉鶴, 김인수金仁洙 군君도 왔다. 김관식金寬植 군君이 그 제자弟子 데리고 왔다.

3월 4일. 흐리다 갰다. 종희宗熙와 그 처자妻子 일행一行이 태극호太極号로 떠났다. 휘문徽文에 가 이재훈李載壎 군君을 찾어 다방茶房으로 컵피 두 잔을 하였다. 한글학회로 갔다가 통문관通文館, 낙원시장樂園市場을 거쳐 왔다. 종희宗熙 영장令狀이 나왔다고 전보電報가 왔다.

3월 5일. 처妻와 양배良培가 9시 태극호太極号로 전주 갔다. 나는 중앙中央 나갔다. 오늘 오전午前 입학생入學生 학술시험은 끝냈다. 점심点心을 준다. 오후 1시 나오다 이종익李鍾翊 군君을 찾었다. 없다. 낙원시장樂園市場 조만수趙萬壽 군君을 찾어 술 마셨다. 바람 끝이 차다.

3월 6일. 국악원國樂院서 양성소가養成所歌 사례금謝禮金 만 환万圜을 가졌다. 경희京熙 보내어 학술원 월급月給 1월, 2월분을 찾고 국사편찬위원회國史編纂委員會에서는『왕조실록王朝實錄』21편二一編이 아즉 되지 않었다 한다.

3월 7일.「고전古典과 서지書誌」를 썼다. 눈이 오후午後 3시까지 왔다. 오후엔 순자順子 집에 가서 우육牛肉 1근一斤 반半을 사다 구으고 술 반 되를 먹었다. 눈 맞고 순자順子와 백록탕白鹿湯에 가 목욕沐浴하였다. 종희宗熙 병사兵事는 전보電報 왔다.

3월 8일. 종일終日 눈이 왔다. 눈이 제법 쌓였다.「고전古典과 서지書誌」원고原稿를 썼다. 이태극李泰極 군君이 왔기 더불어 술을 마셨다.

3월 9일.「고전古典과 서지書誌」원고原稿 정리整理. 또 김포주金浦酒 5승五升을 가졌다. 눈이 왔다.

3월 10일. 동대東大 대학원大學院 이동림李東林, 장한기張漢基 군君이 왔다.「고전古典과 서지書誌」원고原稿 정리整理. 저녁에 순배順培 신행新行의 문환文煥, 종희宗熙가 왔다. 민제閔濟 군君이 왔다.

3월 11일. 일찍 중대中大에 나가 신입학생新入學生 사정회査定會에 참여參與하여 간검看儉을 당하다 나는 노령老齡이라 특히 오후午後 4시四時 반半 지나 나왔다. 한글학회에 들려 그 회계會計 보는 강姜 군君을 보고 왔다. 오늘 순배順培 신행례新行禮는 다했다 한다. 인천仁川 족숙族叔 봉승鳳承 씨氏가 와 우리 연안 이씨延安 李氏 족사族史와 기타其他 사史에 대한 문의問疑와 논의論議가 있다.

3월 12일. 고전古典 고사古事 조사調査.

3월 13일. 태극호太極号로 전주 왔다. 종희宗熙, 문환文煥과 동행同行. 차중車中에서 이리裡里 중대中大 분교分校, 원광대圓光大 친구親舊들을 만나 담소談笑하고 오다.

3월 14일. 날이 따뜻하기 앞 툇마루에다 화초분花草盆을 내어 놓다가 실수失手하여 건란建蘭 큰 분盆을 엎질렀다. 닢이 약간若干 상실傷失되었다.

3월 15일. 처妻와 종희宗熙와 여산礪山을 갔다. 시민병원市民病院에 들려 일환一煥이를 보았다. 신막新幕 용제龍弟 집에서 술 먹고 건너갔다. 진수당鎭壽堂 서재書齋에서 몇몇 고서古書를 뽑아냈다. 기촌綺村 외당숙外堂叔 손자孫子가 김고산金高山 사위가 되어 재행再行 와 본다.

3월 16일. 김고산 장金高山丈을 가 보았다. 만송晩松과 함께. 술을 주어 마셨다. 오후午後 빠스로 전주 왔다. 전북全北 문리대文理大 제2학기 국문학國文學 채점採點.

3월 17일. 전원배田元培 군君을 찾었다. 게서 술 먹고 또 김교선金敎善, 이희균李曦均, 김준영金俊榮, 노철盧瞮 군君 들이 왔다. 끌려 중흥관中興館 가서 석찬夕餐.

3월 18일. 완희完熙가 왔다. 유맹석柳孟錫이가 왔다. 전북대학교全北大學校 문리대文理大 대학원大學院 제2학기 성적점成績点을 다 적어 보냈다.

3월 19일. 최승범崔勝範, 전북대학교보全北大學校報 박朴 군君이 와 끌려 군자君子집으로 갔다. 화초분花草盆들을 내놓았다. 완희完熙가 5시 대전행太田行 뻐스로 갔다.

3월 20일. 문의근文義根 군君이 와서 양사재養士齋 집일 타협妥協하러 전중권全中權 군께 갔다. 노철盧瞮, 문의근文義根, 최승범崔勝範 군君이 왔다. 대학원大學院 이병기李炳基 군君이 와 대학원大學院 채점採點 문서文書를 다시 날인해 갔다. 화초분花草盆들을 내놓았다. 김준영金俊榮 군君이 와 완산교完山橋 옆 술집으로 갔다. 화초분花草盆들을 내어 볕 쬐었다.

3월 21일. 태극호太極号 3호 19석 타고 서울 왔다. 윤여진尹汝珍과 동행同行, 경희京熙, 완희完熙가 나왔다.

3월 22일. 윤재천尹在天 군君이 왔다. 병옥秉玉이 왔다.

3월 23일. 눈이 종일 온다. 지자마자 녹는다. 동원예식장東苑禮式場에 가서 윤재천尹在天 군君과 김갑순金甲順 양孃의 결혼식結婚式 축사祝辭를 했다. 주례主禮는 백철白鐵. 태서관泰西館서 피로연披露宴, 참석參席했다.

3월 24일. 나, 백철白鐵, 건재健齋, 남광우南廣祐, 김동욱金東旭 군君과 고경선高敬善 군君의 초대招待로 종로鐘路 4가四街 노기老妓집에서 석찬夕餐. 서도西道, 남도南道 노래도 들었다.

3월 25일. 얼고 서북풍西北風. 중대中大에 나갔다. 졸업卒業이 있다. 마당에서 두 시간 치뤘다. 깍텔 파티가 있다. 맥주麥酒 두 잔. 정인승鄭寅承, 박보서朴備緖 군君과 나오다 강남지점江南支店서 약주 한 대. 뻐스 타고 왔다. 오후午後 눈발이 뿌리다 만다.

3월 26일. 장태진張泰鎭 군君이 와 추천서推薦書를 받어 갔다.

3월 27일. 현대문학사現代文學社 박재빈朴在彬 군君이 고료稿料와 『현대문학現代文學』 자초自初로의 10여 권을 가지고 왔다.

3월 28일. 눈이 온다. 서울대학교 문리대文理大에 나갔다. 제11회 졸업식卒業式은 오후午後 2시라 한다. 운초雲樵를 다방茶房서 차茶를 먹었다. 일석一石을 잠간暫間 찾어보고 동빈東濱과 담론談論, 음주飮酒. 그리고 왔다. 눈은 그쳤다. 동원東園을 찾으니 없다. 혼자 계산주점桂山酒店서 마셨다. 뭇 기집들이 와서 음작飮酌을 한다. 그 방에서 어느 손과 벌써 취했다. 이도 또한 파적罷寂은 된다. 한 취적取適이다.

3월 29일. 송창宋滄(긍둔肯遯) 군君이 그 손자孫子 둘과 민제閔濟 군君을 데리고 왔다. 창경원昌慶苑에 함께 가 구경하고 게서 짜장면 점심点心. 홍화문弘化門 앞에서 서로 갈렸다.

3월 30일. 가랑비가 오다 오후午後엔 개었다. 동원東園과 단대檀大에 나갔다. 제7회 졸업식卒業式. 한남동漢南洞 신축新築 교정校庭에선 비오기 때문에 못하게 되었고 그 근처近處 회인국민학교 강당講堂서 12시 시작, 오후午後 2시 반半 끝났다. 미장美莊으로 가서 양식洋食. 나는 동원과 오다가 낙원시장樂園市場서 김포주金浦酒를 마시고 왔다. 두계斗溪가 아회雅會를 한다고 오라 하였다. 찦차車로 가보니 없다. 도로 왔다. 정병욱鄭炳昱 군君이 왔다. 「서지書誌 연구硏究」의 전반부前半部 초고草稿를 우선 『동방학지東方學志』에 내겠다고 가져갔다.

3월 31일. 만희晩熙가 왔다. 「구일기초舊日記抄」를 적었다.

4월

4월 1일. 서울대학교 문리대文理大에 나갔다. 대학원장실大學院長室에서 일석一石, 두계斗溪, 심악心岳을 보았다. 오늘 개강開講하겠다고 하였으나 아직 시간표時間表도 못 짜고 있다. 청송聽松 고형곤高亨坤, 김준섭金俊燮 박사博士와 함께 나오다. 그 앞에서 콩죽을 먹고 희망希望의 집을 가서 주식酒食을 먹고 종로鐘路 OB집에서 맥주麥酒를 먹고 또 납작집으로 가서 마셨다.

4월 2일. 중대中大에 나갔다. 개강開講은 내일. 나는 윤재천尹在天 군君과 택시를 타고 오다가 시청市廳 시사편찬위원회실市史編纂委員會室에 들렀다. 김영상金永上 군君과 함께 희망希望의 집으로 와서 오찬午餐. 한글학회學會에 들렀다. 마침 김근수金根洙 군君이 왔다. 김金 군君이 건재健齋와 나를 끌고 종로鐘路 납짝집으로 갔다. 술을 먹었다. 건재健齋는 먼저 가고 나와 성암誠岩은 복지다방福地茶房으로 들었다. 다방茶房 마담은 내 제자弟子의 동국대학東國大學 출신인 안安이다. 퍽 반가워한다. 차를 마시고 또 안安 마담에게 끌려 그 근처近處 중화관中華館서 짜장면과 배갈白干을 먹었다.

4월 3일. 따뜻하다. 순자順子로 가보고 국악원國樂院으로 갔다. 그 양성소생養成所生들을 일소당佾韶堂에 모여 놓고 내가 지은 그 소가所歌 설명說明을 하였다. 그리고 천일옥天一屋 가서 점심点心 하였다.

4월 4일. 유제운柳濟雲 군君 형제兄弟며 윤선원尹善源 군君이 왔다. 『국문학사國文學史』 교정校正을 보았다. 이종익李鍾翊 군君이 왔다. 이상보李相寶 군君이 선지宣紙 가지고 글씨 써 달라고 한다.

4월 5일. 식목일植木日 休休. 『국문학사國文學史』 교정校正 보았다. 종희宗熙가 왔다. 도림란道林蘭 한 분盆을 가졌다. 화경花莖 다섯 대에 피는 놈도 있다.

4월 6일. 오전午前 11시 동대東大 대학원大學院 석사학위碩士學位 수여授與에 갔다. 석사논문碩士論文 심사평審査評으로 인하여 오후午後 1시 지나 끝나고 다과회茶果會가 있다. 생강차生薑茶에 왜과자倭菓子. 나는 양주동梁柱東 군君과 짚차車 타고 가다 중간中間서 나려 걸어 청대문 설렁탕집으로 가서 설렁탕에 약주藥酒 반 되 먹었다. 신문학원新聞學院으로 가 그 10회 졸업식卒業式에서 표창장表彰狀과 은시저銀匙箸 두 벌을 받았다. 또 술과 과자菓子도 먹었다. 사진寫眞도 박였다.

4월 7일. 이동림李東林 군君이 와 술을 먹인다. 『국문학사國文學史』 교정校正을 하였다. 새벽에 도림란道林蘭 한 숭이가 벌며 향香이 진동震動한다.

4월 8일. 서울대 문리대文理大에 나갔다. 시간표時間表에 아직 넣지 않었다. 두계斗溪, 일석一石을 보았다. 운초雲樵와 중국요리中國料理집에서 점심点心 하였다. 휘문徽文 이재훈李載壎 군君을 찾어보았다. 도림란道林蘭을 그려 보았다.

4월 9일. 중대中大에 가서 학부學部 2강二講. 오다가 조만수趙萬壽 군君과 낙원시장樂園市場에 술을 마셨다. 만희晩熙가 중앙고교中央高校 보결補缺 시험試驗에 낙落하였다. 밤에 북동풍北東風 불고 비가 쏟아졌다.

4월 10일. 바람 비 여전如前하다. 온 종일終日 왔다. 밤에는 가랑비. 『국문학사國文學史』 교정校正 재준再準 보았다. 종희宗熙, 윤선원尹善源이 전주로 갔다.

4월 11일. 가랑비 그치고 음산하다. 『국문학사國文學史』 재준再準

4월 12일. 오후午後엔 볕 났다. 중대中大 나가 2강. 오다가 휘문고교徽

文高校 교감 이종소李鐘韶, 교장 이재훈李載壎 군君을 찾어보고 만희晩熙 전입학轉入學을 청請했다. 대동상고大東商高 최형렬崔亨烈 군君이 왔다. 「양화기養花記」를 적었다.

4월 13일. 도림란道林蘭 분盆의 짚똥아리를 벗겨 내었다. 꽃 한 숭이가 끊어졌다. 모래가 쑥쑥하다. 「양화기養花記」는 한국시인협회韓國詩人協會 조지훈趙芝薰게, 시인詩人 카-드의 내 성명姓名 쓴 건 김대현金大炫 군君게 보냈다. 두계斗溪, 일석一石, 화진龢鎭 군君이 왔다. 비가 온다. 명동明洞 박원석朴元錫 집 최형렬崔亨烈 석찬夕餐을 받었다.

4월 14일. 중대中大 대학원大學院 ○○○ 군君이 왔다. 『국문학사國文學史』 재준再準 보았다. 종희宗熙가 왔다.

4월 15일. 서울大대 문리대文理大 나갔다. 출근부出勤簿에 도장圖章만 찍고 강의講義는 못했다.

4월 16일. 중대中大 나갔다. 대학원大學院 1강一講, 학부學部 2강二講. 지도교수회가 있어 한 시간 늦었다. 복지다방福地茶房서 성암誠岩, 이화여고 ○○○ 군君을 만나 천향관天香館서 석식.

4월 17일. 홍대弘大 나가 특강特講 2강二講. B. 설화說話, 소설小說. A. 서민문학庶民文學. 그 서언序言만 했다. 이강로李江魯 군君을 만나 술을 마셨다. 만희晩熙가 왔다.

4월 18일. 단대檀大 나갔다가 서울대학원 갔다. 두계斗溪, 일석一石과 함께 가서 학술원學術院 회원會員 투표投票. 그리고 서울대로 다시 가서 1강一講. 무덥다.

4월 19일. 지난 밤내 비가 왔다. 만희晩熙는 동성고교東星高校 전입학轉入學 시험試驗을 보았다. 종일終日 가랑비. 중대中大 나가 2강二講. 오후午後 오다가 복지다방福地茶房 양묵당梁默堂(희석熙錫)을 만나 가지고 희망希望의 집에서 오식午食.

4월 20일. 마당가의 우물을 다시 파기 시작하였다. 작년昨年에 와 파던 그 사람이다. 『국문학사國文學史』 재준再準 보았다.

4월 21일. 대동상고大東商高 교감 김한범金翰范 군君을 찾어 보았다.

4월 22일. 서울 문리대文理大 나가 우리 극가문학劇歌文學 서설序說 1강一講. 『국문학사國文學史』 재준再準 보았다. 저녁에 처妻와 양배良培와 완희完熙가 왔다.

4월 23일. 대동상고大東商高 김한범金翰范 군君게 편지하여 만희晩熙 전입학轉入學(2년)이 되었다. 가랑비 왔다. 중대中大 나가 대학원大學院 1강一講, 학부學部 2강二講.

4월 24일. 종일終日 흐렸다. 학술원學術院 회원會員 재당선再當選. 홍대弘大 나가 2강二講. 그리고 동대東大 대학원大學院에 나갔다 오다가 양주동梁柱東 군君을 찾어 그 부인夫人만 만나 보았다. 구름재, 소공게서 전보電報가 왔다. 4월 26일 김병인金炳仁 군君 결혼結婚 주례主禮 해 달라고. 밤새도록 비 왔다. 지헌영池憲永과 두계斗溪가 와 가치 나서 한일관韓一館서 석찬.

4월 25일. 구름재가 새벽에 왔다. 밤차 타고. 단대檀大 가서 강의講義 시간時間 작정作定했다. 학부學部는 목요일木曜日 첫 시간時間, 야학부夜學部는 금요일金曜日 오후 5시 반 내지 7시 반. 서울대 대학원大學院 2강二講. 밤 열시 호남湖南 여수행麗水行 차車를 탔다. 구름재와 함게.

4월 26일. 아침에 전주역서 내려 바루 교동校洞 양사재養士齋로 갔다. 재동이가 낑낑거리며 꼬리를 치고 반긴다. 조반朝飯 먹고 11시나 되어 봉래각蓬萊閣으로 가서 김병인金炳仁 군君과 정석주鄭錫珠 양孃과 결혼식結婚式 주례主禮를 하였다. 두 가족家族과 내빈이 많었다. 오후午後 1

시 폐식閉式. 신부新婦 집으로 갔다. 병인炳仁 군君 아버지 김두식金斗植 군君도 내 문도門徒였다. 신부新婦의 조부祖父는 소공素空의 백씨伯氏다. 소공素空과 두식斗植 군君과 큰 상床을 함께 술을 마셨다. 집에 와 누었더니 신석정辛夕汀이 왔다.

4월 27일. 아침에 소공素空이 왔다. 김교선金敎善 군君이 찦차車를 몰고 와 가자 한다. 전북대학교全北大學校인 덕진德津으로 갔다. 김두헌金斗憲 박사博士를 보았다. 구름재와 김준영金俊榮 군君과 술집에서 담화談話. 점심때 김교선金敎善 군君과 가치 부여옥扶餘屋으로 갔다. 박효삼朴孝參, 김교문金敎文, 전승범全承範, 조정만趙正萬, 백남혁白南赫, 문·법후원회文法後援會 이사理事들도 모였다. 백낙준白樂濬, 최상채崔相采, 김두헌金斗憲 총장總長이 왔다. 오찬午餐. 오후午後 신석정辛夕汀이 왔다. 가치 나서 종묘장種苗場 이강연李康淵 군君을 찾어 묘포도 둘러보고 마침 피어나는 꽃들의 향香도 맡었고 드디어 데리고 나서 옴팍집으로 가 만찬晩餐을 했다.

4월 28일. 새벽에 백련白蓮 뿌리를 캐어 덕진德津 전북대학교로 보낼 걸 거적에 쌓아놓고 그중 가는 뿌리 4근을 묶어, 이건 내가 서울로 가지고 올 것이다. 최승범崔勝範 군君이 택시로 와 나가자 하여 해성海星집으로 갔다. 술잔을 드자 정석주鄭錫珠 신부新婦이 그 아우를 보내었다. 두어 잔 마시고 그리 가서 또 두어 잔 마시고 전주역으로 가 태극호太極号 이등실에 올라 왔다. 『삼가해三家解』, 『남명집南明集』, 옥화란玉花蘭 가지고 왔다.

4월 29일. 서울 문리대文理大 나가 1강一講. 그리고 바삐 정릉리貞陵里 국학대학國學大學을 찾어갔다. 약사藥師절 앞에서 맥주麥酒 한 병 마시고 그 신축교사新築校舍서 2강二講. 택시 타고 왔다. 밤에 비.

4월 30일. 중대中大 나갔다. 비를 맞고. 경희京熙는 마산발전소馬山發電所로 5개월 강습講習하러 떠났다. 오전午前 10시 대학원大學院 1강一講, 학부學部 2강二講하고 미아리행行 뻐스로 오는데 퍽 혼잡混雜하여 한 곡경을 치뤘다.

5월

5월 1일. 홍대弘大 나가 1강一講. 동대東大 대학원大學院을 나갔다. 오늘부터 계동桂洞 내 집으로 온다 한다. 와 보니 4, 5인이 왔다. 오늘 수통 바닥을 쎄멘트로 하였다.

5월 2일. 단대檀大 1강一講. 서울대大 대학원大學院 2강二講.

5월 3일. 처妻와 양배良培, 무희武熙는 태극호太極号로 논산論山 경유經由하여 여산礪山 갔다. 중대中大 나가 2강二講. 돌아왔다가 단대檀大 2부二部 야학夜學에 나가 1강一講(창작론創作論). 고두동高斗東 군君이 정육正肉 수근數斤을 사 가지고 왔다.

5월 4일. 『국문학사國文學史』준準 보고 태희泰熙 데리고 중앙청中央廳 문교부文教部와 국사편찬위원회國史編纂委員會에 가서 『왕조실록王朝實錄』23二三을 찾어왔다. 국악원國樂院 들려 성경린成慶麟 군君 데리고 술 몇 잔을 하였다. 고두동高斗東 군君이 왔다. 병옥秉玉이가 왔다.

5월 5일. 섬마타임. 『국문학사國文學史』 번역 대문을 준準하였다. 오형석吳亨錫 군君이 왔기 별사미인곡別思美人曲, 속사미인곡續美人曲 프리트한 걸 주었다.

5월 6일. 서울 문리대文理大 1강一講, 국대國大 2강二講. 이정李侹 우

거寓居, 김도허金徒墟(인수仁洙)을 찾어보고 돌아오다 찬영燦永이 집을 들렀다. 김포주金浦酒를 사 온다.

5월 7일. 중대中大 대학원大學院 1강一講. 지산只山을 찾으니 없다. 학부學部 2강二講. 통근차通勤車로 왔다. 종희宗熙가 전주서 왔다.

5월 8일. 홍대弘大 나가 2강. 돌아와서 동국대학원東國大學院 석사과정 4인에 송강松江 사미인곡思美人曲 후 북헌北軒의 별사미인곡別思美人曲과 이진유李眞儒의 속미인곡續美人曲 프린트를 주고 그 작作의 연유緣由를 말하고 숙독熟讀 완미玩味하고 오라 하고 박사과정 판본版本 연구硏究에는 판식板式 약간若干을 『금강경삼가해金剛經三家解』, 『남명집南明集』을 보이고 설명說明하였다.

5월 9일. 단대檀大 나가 1강一講. 황금정黃金亭서 오식午食. 서울대 대학원 2강二講.

5월 10일. 중대中大 나가 2강. 오후午後 5시엔 단대檀大 2부二部 나가 1강.

5월 11일. 새벽 비 오다. 문주석文珠石 군君 와 월급月給을 탔다 하고 나가자 하여 희망希望의 집으로 가 술, 신신新新 가서 초밥을 하였다.

5월 12일. 홍대弘大 국문과생國文科生들이 오라 하여 오전 9시 동대문東大門 광나루 가는 기동차汽動車게까지 나갔다. 20분을 기다려도 아니 나오기 나는 돌아왔다.

5월 13일. 전주 소공素空이 보낸 난蘭 심는 모래 한 가마 가졌다. 일기日氣가 쌀랑하다. 서울대大 문리대文理大 2강二講. 그리고 국대國大 나가 2강二講. 돌아왔다. 신기神氣가 불평不平. 그런데 내 방은 찼다. 약간若干 오한惡寒, 번열煩熱이 났다.

5월 14일. 조반朝飯이 당기지 않는다. 그려도 먹었다. 그리고 중대中

大 나가 대학원大學院 1강一講. 식욕食欲은 적으나 그려도 강남지점江南支店에 가서 맛살 찌개에 술 반 되를 여전如前히 점심点心으로 먹었다. 그러나 피곤疲困하여 그 집에서 누었다가 일어났다. 그리고 중대中大로 가서 2강二講. 2강二講하는 동안 별 탈은 아니 났으나 심신心身이 좀 불안하였다. 마침 김인수金仁洙, 정원택鄭元澤 군君이 와 두 시간時間이나 기다렸다. 함께 나가 그 예약豫約한 주점酒店으로 간 바 나는 반잔도 못 마셔 구역嘔逆이 나서 토吐했다. 그리고 이어 설사泄瀉를 두 번이나 하였다. 김金, 정鄭 2군二君이 환약丸藥과 생명수生命水를 사다 먹인다. 또 토사吐瀉는 하였으나 차츰 진정되었다. 정鄭 군君은 뻐쓰 타는 데까지 왔다. 나는 김金 군君과 미아리 가는 뻐쓰를 타고 오다가 종로鐘路 2가二街서 내려 택시로 계동桂洞 본제本第까지 왔다. 밥숙릉만 마시었다. 그리고 따뜻하게 잤다.

5월 15일. 홍대弘大 나가 2강二講. 돌아와 동대東大 대학원생大學院生이 왔기 석사碩士 1강一講, 박사博士 1강一講. 며느리게 만 원萬円을 조괴젓을 담게 하였다. 난蘭을 개식改植하였다.

5월 16일. 단대檀大 나가 1강一講. 서울대大 대학원大學院 2강二講.

5월 17일. 중대中大 나가 2강二講. 정인승鄭寅承의 양자養子 관모寬謨 군君과 노응호盧應浩의 장녀長女 희숙熙淑 양孃의 결혼식結婚式이 있기 그 택시로 와서 점심点心 먹고 운현궁雲峴宮 예식장禮式場으로 가서 오후午後 2시 半부터 나는 주례主禮하여 3시 반半 끝났다. "창의적創意的 가정家庭"으로 말했다. 태화관泰和館 가서 그 피로연披露宴에 참여參與. 완산동完山洞 누님이 왔다. 오늘 오전午前 3시에 일어나 「국한문학사國漢文學史」 재준再準을 보았다.

5월 18일. 피곤疲困하여 좀 늦게 일어났다. 흐리고 무덥다. 「국한문학사國漢文學史」를 종일終日 보아 끝냈다.

5월 19일. 완희完熙가 양배良培 데리고 왔다.

5월 20일. 서울 문리대文理大 1강一講하고 국대國大로 나갔다. 2강二講하고 도허徒墟 김인수金仁洙 군君을 찾었다. 김순동金舜東 군君도 와 술을 먹고 있다. 함께 담소談笑하며 마시다가 돌아왔다.

5월 21일. 중대中大 나가 3강三講.

5월 23일. 홍대弘大 나가 2강二講. 돌아와 동대東大 대학원大學院 학생學生이 왔다. 석사 준비 4인, 박사 준비 2인. 강의講義했다.

5월 23일. 단대檀大 나가 1강一講. 황금옥黃金屋서 점심点心. 서울대 대학원大學院 가서 2강二講. 원생院生 김함득金咸得 녀女가 강한영姜漢永 군君과 나를 진주옥晉州屋서 석찬夕餐을 대접待接한다. 밤중부터 비가 온다.

5월 24일. 비는 오전午前에 개었다. 중대中大 나가 2강二講. 오다 이종익李鍾翊 군君을 찾어 그 인쇄소印刷所며 구 동덕학교同德學校 교사校舍 교정실校正室을 가서도 못 만났다. 『국문학사國文學史』에 관한 말만 전하였다. 『사상계思想界』 잡지雜誌 원고原稿 「누가 반역자叛逆者며 누가 애국자愛國者인가」를 써 전했다. 저녁엔 단대檀大 2부二部에 가서 1강一講.

5월 25일. 청명晴明하다. 10시 서울대 대학원장실로 갔다. 중국中國 대만정부臺灣政府 입법위원立法委員 호 씨胡氏가 왔다. 새로운 한국사관韓國史觀을 묻는다. 두계斗溪가 위만衛滿이 한인韓人이라 증거證據며 단군檀君, 기자箕子며 기준箕準도 한씨韓氏 즉 한인韓人이라 답변答辯하였다. 오정午正에 갔다. 나는 돌왔다. 임청林靑, 장지태張之兌 군君이 왔다. 두견주杜鵑酒를 함께 마셨다. 전주서 처妻가 내일來日 온다고 전보

電報했다. 『여원女苑』 원고原稿 — 「우리 민족民族의 유모어 성性」을 20장 썼다.

5월 26일. 명랑明朗하다. 태극호太極号로 처妻와 양배良培가 왔다.

5월 27일. 소낙비와 우박이 왔다. 서울대大 문리대文理大 1강一講. 국대國大 나가 2강二講. 양희석梁熙錫 군君과 가치 돌아오다 도허徒墟 김인수金仁洙 군君을 찾었다. 김순동金舜東 군君은 먼저 와 취했다. 향료香醪 한 병을 기울렀다. 이발理髮하고 왔다.

5월 28일. 중대中大 나가 중간시험中間試驗 세 문제問題를 내어 조교助教 윤재천尹在天 군君을 왔다. 낙원시장樂園市場 조만수趙萬壽 군君과 몇 잔 마셨다.

5월 29일. 홍대弘大 나가 중간시험中間試驗 보아 즉석卽席에서 끊아주었다. 조흥은행朝興銀行에 가서 삼십만參拾萬 환圜을 맡기고 저축예금貯蓄預金 통장通帳(제1호第一号 신규新規)을 가졌다. 두계斗溪, 동빈東濱, 정광현鄭光鉉, 빠마담이 왔다. 두견주杜鵑酒를 마셨다.

5월 30일. 단대檀大 나가 1강一講, 서울대大 대학원大學院 2강二講. 밤에 뇌정雷霆 벽력霹靂하고 소낙비가 쏟아졌다.

5월 31일. 중대中大 나가 2강二講. 저녁 단대檀大 나가 1강一講.

6월

6월 1일. 『국문학사國文學史』 자서自序를 썼다. 최현배崔鉉培 군君이 왔다.

6월 2일. 한글학회學會 야유회野遊會를 진관사津寬寺로 갔다. 법당法

堂 및 그 소속所屬 집은 불에 타 없어지고 변두리 암자庵子만 약간若干 남었다. 앞의 흐르던 물도 건천乾川이 되었다. 오늘은 단오端午. 남녀男女 축축이 나와 수림樹林 속 군데군데에 자리를 베폈다. 맥주麥酒, 또는 밥을 먹었다. 여섯 시 지나 왔다.

6월 3일. 서울대 문리대文理大 나가 1강一講. 국대國大 나가 2강二講. 완산동完山洞 누님과 왕전리旺田里 뉘가 왔다.

6월 4일. 중대中大 나가 3강三講. 빠꼬다공원公園 앞에 가니 3분 전에 통근차通勤車가 떠났다. 천 환 주고 택시로 중대中大에 나갔다. 구름 끼었다.

6월 5일. 홍대弘大 나가 2강二講. 동대東大 대학원생大學院生 석사과碩士課 5인, 박사과博士課 1인이 와 청강聽講. 구름 끼었다.

6월 6일. 현충일顯忠日 휴休. 병우秉雨가 왔다. 며느리가 마산馬山 경희京熙게 갔다.

6월 7일. 중대中大 나가 2강二講하고 미아리 가는 뻐쓰 타고 오다가 스리에게 가방을 찌꼈다. 단대檀大 나가 1강一講. 오다가 종로鐘路서 민경천閔庚天(현 문교부 중등교육 사무관) 군君을 만나 빠로 가서 양주洋酒, 맥주麥酒를 마셨다.

6월 8일. 처妻가 병옥秉玉이와 세종로世宗路 간정형의원簡整形醫院에 갔다. 처妻가 유아乳兒 적에 콧속에 앵도 같은 붉은 혈괴血塊가 돋았는데 영묘靈妙를 써 없앴더니 그 중독中毒으로 콧날이 서지 못했다. 그게 평생平生 한 한恨이었다. 이걸 고친다 하여 1만 5천 환을 주고 바루 잡었다. 한 30분 수술手術 — 주사 등을 하였다 한다. 건재建齋 회갑回甲 논고論稿를 썼다.

6월 9일. 회갑回甲 논고論稿를 썼다. 오후午後 5시 일석一石 집에 갔다. 그 회갑回甲 논문집論文集 자축연自祝宴이 있다. 맥주麥酒, 양주洋酒를 마셨다.

6월 10일. 서울대 문리대文理大 1강一講. 국대國大 2강二講.

6월 11일. 중대中大 나가 3강三講. 오후午後 네 시부터 비가 온다. 미아리 가는 뻐쓰 타고 왔다. 밤에도 간간 비가 온다. 양산洋傘을 찾으니 없다. 전주서 가지고 온 양산洋傘.

6월 12일. 홍대弘大 나가 2강二講. 오후午後엔 계동桂洞 집에 동대東大 대학원생大學院生 석사과정 5인, 박사과정 1인이 와 청강聽講.

6월 13일. 단대檀大 중간시험 문제를 내 주고 1강一講. 오후午後엔 서울대 대학원大學院 2강二講. 전주서 종희宗熙가 왔다.

6월 14일. 중대中大 나가 2강二講. 단대檀大 2부생二部生 야학夜學 1강.

6월 15일. 최승범崔勝範 군君이 밤차로 타고 새벽에 왔다. 건재建齋 논문論文을 썼다.

6월 16일. 조용만趙容萬 군君이 왔다. 소주燒酒 수 배數盃 하고 가치 나섰다. 계동桂洞 어구에서 최승범崔勝範 군君을 만나 자동차自動車 타고 탑골 승방僧房으로 갔다. 하오下午 세 시 건재建齋 정인승鄭寅承 군君의 회갑연回甲宴이 있다. 친구親舊들이 많이 모였다. 저물어 아농啞聾과 함께 중대中大 뻐쓰 타고 왔다. 밤에 비 왔다. 빈대가 생겼다. 여덜 마리 잡고 떼떼티 흩었다.

6월 17일. 서울대 문리대文理大 나가 1강一講. 복지다방福地茶房으로 가 승범勝範 군君 만나 희망希望의 집에서 점심点心, 그리고 신구문화사新丘文化社 임시사무처로 가 이종익李鍾翊 군君을 만나 『국문학사國文學史』 인쇄印刷에 관한 일을 타협妥協하고 중화원中華園으로 가 맥주麥酒 두 병을 마셨다. 승범勝範 군君과 박희선朴喜宣 군君이 와 잤다.

6월 18일. 처妻와 종희宗熙, 양배良培는 여산礪山으로 갔다. 중대中大 나가 3강三講. 복지다방福地茶房에서 승범勝範, 희선喜宣, 승범勝範 군君 매부妹夫를 만나 여주옥驪州屋으로 가서 선술 하고 고향故鄕 왜식倭食 집으로 가 석식夕食. 그리고 집으로 와 『국문학사國文學史』「자서自序」 준準을 보았다. 승범勝範 군君은 내일 전주로 간다고.

6월 19일. 홍대弘大 나가 2강二講. 동대東大 대학원생大學院生 석사과碩士課 5인, 박사과 2인이 왔다.

6월 20일. 서울대 대학원大學院 가서 2강二講.

6월 21일. 중대中大 2강二講. 단대檀大에 갔더니 아직 시험 중이다.

6월 22일. 건재建齋 기념紀念 논문論文을 쓰다가 일석一石이 왔기에 가치 나서 서울대 대학원大學院에 가서 학술원學術院 제2분과서 4289년도 공로자功勞者로서 일석一石 이희승李熙昇 군君을 추천推薦하였다.

6월 23일. 이웃 조만수趙萬壽 군君이 어젯밤 친기제親忌祭를 지내고 술을 준다. 이경복李京馥이 셋재 아들 백일百日이라고 아침을 먹인다. 취하여 잤다.

6월 24일. 성희聖熙가 논산論山 훈련소訓練所로 입대入隊하러 가기 3천三千 환圜을 주었다.

6월 25일. 중대中大 나가 3강三講.

6월 26일. 홍대弘大 나가 2강二講. 돌아와 동대東大 대학원생大學院生과 2강二講

6월 27일. 서울대大 대학원大學院 나가 2강二講.

6월 28일. 중대中大 나가 2강二講. 복지다방福地茶房서 양희석 군君을 만나 함께 서라벌다방徐羅伐茶房으로 오상순吳相淳 군君, 김용문金容文과 나서 왜식倭食.

6월 29일. 이발理髮. 『국대교보國大校報』「일인일상一人一想」을 썼다.

6월 30일. 오후午後 5시 다동茶洞 호수湖水그릴에 가서 단대檀大 교주校主·이사장理事長의 신교사新校舍 건축建築 축하연祝賀宴을 하였다.

7월

7월 1일. 서울대 문리대文理大 1강. 국대國大 시험試驗. 김순동金舜東, 양희석梁熙錫 군君과 함께 도허徒墟 김인수金仁洙 군君 집에 들려 취했다.

7월 2일. 간밤에 비가 왔다. 중대中大 나가 3강. 그리고 신申 군君, 남광우南廣祐 군君과 나오다 노량露梁서 술 먹고 다시 흑석동黑石洞 남南 군君 집으로 와 맥주麥酒를 마시고 신申 군君과 미아리 빠쓰 타고 오다 나는 종로鐘路서 내려왔다. 만년필萬年筆을 스리 맞었다. 와보니 고두동高斗東, 김영수金映洙, 김관식金冠植 군君이 와 있다. 술을 내어 마셨다.

7월 3일. 홍대弘大 2강二講. 동대東大 대학원생大學院生이 수명數名 왔다. 종강終講. 비가 좀 왔다.

7월 4일. 단대檀大 신교사新校舍에 나가 1강一講. 그리고 서울대 대학원大學院으로 와 1강一講 종강終講. 현대문학사現代文學社를 들려 박재삼朴在參 군君을 데리고 나서 좀 마시고 나는 화신상회和信商會로 가서 만년필萬年筆 또는 약간若干 화장품化粧品을 샀다.

7월 5일. 중대中大 2강二講. 박보서朴俌緖, 박창근朴昌根 군君과 나서 한고개 넘어 주점酒店서 좀 마시고 배 타고 나려 통일호統一號 선船에 맥주麥酒 마시고 전차電車 타고 왔다. 단대檀大 2부생二部生 1강一講.

7월 6일. 태극호太極号로 전주행全州行 오후午後 3시 20분 착着. 한용희韓庸熙 군君과 동행同行. 최승범崔勝範, 이종익李鍾翊 군君이 나왔다. 무영다방無影茶房으로 냉차冷茶 마시고 또 박병순朴炳淳, 신동균申東均 군君을 만나 계수옥桂樹屋으로 가 막걸리 마시고 박朴·신申 양군兩君과 교동校洞 58로 들다. 종희宗熙와 양배良培와 처妻가 여산礪山서 왔다. 퍽 무덥다. 밤에 큰비 왔다.

7월 7일. 간간 소낙비. 부산사범대학釜山師範大學 부교수副教授(초대初大) 이상근李相根(음악 담당) 「우리 가곡歌曲 시론試論」 논문論文을 예비심사 하여 위원장(문교부장관)에게 보냈다. 신석정辛夕汀, 최봉범崔鳳範 군君이 택시 몰고 왔다. 무영다방無影茶房으로 갔다. 고헌高憲, 민제閔濟, 최승범崔勝範, 김교선金教善, 김영준金榮俊 군君들이 모였다. 창신관昌信館으로 갔다. 오식午食을 하면서 국어국문학회國語國文學會 임시총회 토의討議 — 회원會員 모집募集, 사업事業 진행進行 건件인 바 회원會員 건件은 보류保留하고 사업事業으로서 서울 동소 회지會誌에 지방판地方版 투고投稿, 하기夏期 강좌講座를 열어보자는 것이다. 밤에 바람이 몹시 불었다.

7월 8일. 11시時 청학루靑鶴樓를 갔다. 조성영趙誠瑛의 차남次男 민기玟紀 군君과 김성근金聖根 차녀次女 순배順培 양孃과의 결혼예식이 있다. 나는 축사祝辭하였다. 신부新婦집으로 잔치상을 받었다. 소공素空을 찾어 데리고 계수옥桂樹屋 가서 막걸리 마셨다. 소공素空이 10여 일 전 계자季子 상喪을 당했다.

7월 9일. 비. 재촉하여 조반朝飯 먹고 전주역으로 나갔다. 민제閔濟, 송宋 학생學生이 나왔다. 통근차通勤車 타고 이리裡里 중대中大 분교分校로 가서 「국민정신國民精神과 국학國學과의 관계關係」로서 세 시간時

間 연속連續 강연講演. 점심点心. 기동차汽動車로 왔다. 1만 5천 환을 준다. 만년필萬年筆을 9천5백 환으로 샀다. 비는 그치고 밤은 차다.

7월 10일. 풍란風蘭이 만발. 난蘭을 구경 온 손이 두어 분. 소공素空도 왔다. 소주燒酒 마시고 3천 환을 소공素空에게 주었다. 승범勝範 군君이 와 이백李白의 「괘석시挂席詩」[11]와 목호룡睦虎龍의 사적事蹟을 조사調査하였다. 노철盧瞮, 김준영金俊榮, 김교선金敎善 군君이 와서 함께 무영다방無影茶房 교원敎員 마담집으로 술 마시고 중흥관中興館 상층上層으로 가서 김金 총장總長, 예동汭東과도 담소談笑하고 마셨다. 석우夕雨.

7월 11일. 처妻가 여산礪山 갔다. 비가 간간 온다. 1만 5천 환을 처妻게 주었다. 최봉범崔鳳範, 이재우李在隅(중대中大 영문과英文科 졸업녀卒業女), 전종열田鍾悅 군君이 와 석사과정 국강國講 — 한중록恨中錄, 국연國演 — 만전춘별사滿殿春別詞, 서민문학庶民文學 강의講義를 들었다.

7월 12일. 비. 최崔, 이李, 전田 3군三君이 와 강의講義 들었다. 문선규文璇奎 군君이 와 중흥관中興館 가서 오찬午餐.

7월 13일. 밤새도록 큰 비. 최봉범崔鳳範 군君이 와서 친환親患으로 귀성歸省겠다고. 대학원大學院 강의講義. 처妻가 왔다. 송창宋滄, 송영식宋瓔植 군君이 사율四律을 지어 가지고 왔다. 술 마셨다.

7월 14일. 오전午前 중中 큰 비. 이李, 전田, 또 최승범崔勝範 군君이 와 강의講義 들었다. 오후午後 두 시 긍둔肯遯게 갔다. 석당石堂도 있다. 내가 한 차운次韻도 보였다. 농담弄談 끝에 석당石堂과 다투었다.

---

11 정식 제목은 「괘석강상대월유회(挂席江上待月有懷)」이다. 천보 3년(744) 이백(李白)이 장안에 있을 때 지은 시로 돛단배를 위수(渭水)에 띄우고 달을 기다리는 모습을 그린 시로 초승달이 떠 강물에 달이 비추자 같이 즐길 사람이 없는 아쉬운 마음을 읊었다.

7월 15일. 또 비 온다. 무덥다. 최봉범崔鳳範, 이李, 전田 3군三君이 와 강의講義 들었다. 문환文煥이가 왔다.

7월 16일. 처妻가 여산礪山 갔다. 일환一煥이가 오늘 오후午後 두 시 퇴원退院하여 여산礪山 간다기 가 보았다. 대학원大學院 강의講義하였다.

7월 17일. 대학원大學院 강의講義하였다. 비. 처妻가 왔다. 노철盧瞮 군君이 와서 함께 교원敎員 마담집으로 마셨다.

7월 18일. 최봉범崔鳳範 군君이 왔다. 그간間 대학원大學院 강의講義 시간보서時間報書를 써 종희宗熙게 주었다. 처妻와 양배良培가 태극호太極号 타고 점심点心때 떠났다. 종희宗熙, 봉범鳳範 군君이 역驛에 나와 짐을 들어다 준다. 차중車中에 윤치영尹致瑛 군君을 만나 맥주麥酒를 마셨다. 오후午後 7시 10분 서울역驛서 나렸다. 태희泰熙, 김정직金貞直 양孃, 만희晩熙가 나왔다. 택시로 계동桂洞 2, 24로 들었다. 빈대가 몹시 나와 문다.

7월 19일. 종일 비. 이능우李能雨 군君이 대학원大學院 강사료講師料를 가지고 세당차를 몰고 왔다. 함께 서울대 문리대文理大에 갔다. 두계斗溪, 일석一石이 다 없다. 빈대약을 사다가 뿌렸다. 온면穩眠하였다. 밤새도록 비.

7월 20일. 서울 대학원大學院에 가서 나羅 박사博士게 천 환 부의賻儀. 제1학기말 학부學部 4, 2학년四二學年 국문학國文學 특강特講 답안答案을 일석一石에게 받었다. 운초雲樵와 차茶 마시고 도남陶南 조趙 박사博士를 찾어 데리고 일취옥一醉屋으로 가서 마셨다. 오다가 순자順子도 보았다. 강한영姜漢永, 김함득金咸得 군君이 왔기 데리고 마시다가 좀 토吐하였다. 정희政熙 군君이 왔었다. 인삼人蔘 한 냥쭝을 2천7백 환에 사다 병옥秉玉, 며느리를 먹였다. 완희完熙, 만희晩熙가 여산礪山 갔다.

7월 21일. 비 오다. 처음 볕과 별을 보았다. 16일만이다. 저녁에 윤재천尹在天 군君이 중대中大 제1학기 시험답안을 가지고 왔다. 수백여 장이다. 몇 시간 걸려 다 끊았다. 그리고 잤다. 2학년 한문漢文 성적成績 중中 몇 사람은 공부를 아녔다. 밤 비.

7월 22일. 볕도 났다. 오후午後 한글학회로 나가 그 옆의 신구문화사新丘文化社 이종익李鍾翊 군君을 만나보고『국문학전사國文學全史』기증寄贈할 곳을 약간若干 협정協定하였다. 통문관通文館 거쳐 어느 빙수氷水집에서 냉맥주冷麥酒 한 병을 마시고 왔다. 난분蘭盆 위에 썩은 짚을 쓸어 덮었다. 지난 겨울부터 이걸 전주全州서 시험試驗해 보았다. 요전 전주全州를 보니 그 성적成績이 좋았다. 찬영燦永 모자母子가 왔다. 견군堅君이 홍대弘大 답안答案을 가졌다.

7월 23일. 윤재천尹在天 군君이 7월분 월급을 가지고 왔다. 제1학기말 국문학國文學, 국한문國漢文 채점採點 답안答案을 내주었다. 홍대弘大 채점採點 답안答案을 소격동昭格洞 143 견 군堅君에게 전하고 서울대 대학원大學院, 문리대文理大에 갔다. 문리대文理大 채점표採點表는 교무계教務係에 내주었다. 도서관圖書館 백린白麟 군君이 점심点心을 먹인다. 시계時計를 떨어트렸다.

7월 24일. 전주 김준영金俊榮 군君이 왔다. 함께 나서 복지다방福地茶房서 양희석梁熙錫 군君을 만나 신신新新 왜식倭食집에서 스시, 맥주麥酒로 점심点心을 먹었다. 밤에 비가 왔다.

7월 25일. 시계가 아니 가기 재동齋洞 네거리 시계 수선소 가서 고쳤다. 비費 천 환. 국립국악원國立國樂院 가서 이주환李珠煥, 성경린成慶麟 군君 데리고 중국요리中國料理집에서 배갈白干, 냉채冷菜, 짜장면麵을 먹었다. 무덥다가 밤은 서늘하였다. 27일 간다고 전주에 전보電報.

7월 26일. 차표車票를 샀다. 밤새도록 비가 왔다.

7월 27일. 택시 타고 처妻와 양배良培와 9시 태극호太極号 탔다. 양상경楊相卿, 이승룡李昇龍 군君을 만나 식당食堂에서 맥주麥酒 마셨다. 오후午後 3시 25분 전주 착着. 택시 타고 교동校洞 왔다. 성낙훈成樂薰, 송준호宋俊浩 군君이 왔다. 매실주梅實酒 마셨다. 제물祭物을 홍성興成하였다. 5천 환. 또 비 온다.

7월 28일. 처妻와 양배良培와 9시 반 대전행太田行 뻐스 타고 떠났다. 동산촌東山村서 삼례參禮 내가 창일漲溢했다는 말을 듣고 목천포木川浦, 이리裡里로 돌아 금마金馬, 신막新幕으로 갔다. 용제龍弟게서 나 온다는 말을 듣고 비졌다는 술과 내가 가지고 간 매실주梅實酒를 서모庶母와 함께 마시고 진사동眞絲洞으로 건너갔다. 오늘 마침 두벌 기심을 매노라고 일군 10여 명名을 얻어 일한다. 구력舊曆 7월 2일 조비祖妣 기고忌故, 새로 한 시 제향祭享을 하였다.

7월 29일. 연蓮못 가의 너울러진 향香나무, 산수유山茱萸, 홍도紅桃, 개나리 가지들을 끊어 주었다. 백련白蓮은 퍽 무성茂盛하다. 꽃도 여러 대 나왔고 닢사귀가 삿갓만 하다. 양배良培가 신열身熱이 높았다. 돌량양洋감기나 아닌가 한다.

7월 30일. 갑동甲童이네가 오래간만에 닭을 길러 영계 한 마리를 잡아와 이걸로 미역국을 끓여 해정解酲과 아침을 하였다. 김고산金高山 어른을 찾어뵈니 향료香醪 5배를 먹인다. 용제龍弟가 계탕鷄湯과 술을 먹인다. 서모庶母도 함께. 오후午後 2시 지나 만희晩熙와 뻐스 타고 전주왔다. 비가 온다. 밤에는 더욱 쏟아졌다. 잠도 잘 못 잤다.

7월 31일. 농군農軍의 술값, 품삯 등 6천 환을 주어 종희宗熙, 만희晩熙를 여산礪山 보냈다. 황국黃菊, 양란洋蘭, 기타其他 화종花種도 캐어 보냈다. 소공素空을 찾어 데리고 포광包光게 갔다. 함께 나서 경기여관京畿旅館 앞 냉막걸리집에서 마시고 도립극장道立劇場 앞 소바집에 소바 먹고 또 그 옆의 다방茶房에서 차茶 마시고 나는 소공素空과 오다가 삼화약방三和藥房서 쥐약과 떼떼티를 얻었다. 오후午後 네 시쯤 40분간 폭우暴雨. 마당이 창일漲溢하였다. 그리고 방마다 새기도 한다. 밤에도 이어 비가 쏟어진다.

8월

8월 1일. 대학원大學院 강의講義를 다시 계속繼續했다. 비 온다. 백련白蓮이 잎이 노랗고 시든다. 참개묵을 께틀어 주었다.

8월 2일. 강의講義를 했다. 처妻와 종희宗熙가 여산礪山서 왔다. 비 오는데 최성조崔聖朝, 김부동金富東 군君과 가치 한벽당寒碧堂 주점酒店으로 가 마셨다.

8월 3일. 강의講義를 했다. 비는 온다. 노철盧瞮 군君이 왔다. 『언문지諺文志』, 「한글자체일람표字體一覽表」, 「고전古典과 서지書誌」를 빌려 주었다. 중흥관中興館 가서 석찬夕餐. 종희宗熙와 처가 왔다. 여산礪山서 가존 염생이 똥을 백련白蓮에 주었다.

8월 4일. 흐리고 가랑비가 오다가 개고 저녁때엔 별이 나고 밤에는 달이 밝었다. 대학원생大學院生 3인三人 외 승범勝範 군君도 왔다. 한벽당寒碧堂게로 천어탕川魚湯과 막걸리를 마셨다. 대학원생大學院生과 오근풍吳根豐과 함께.

8월 5일. 별이 났다. 밤과 새벽은 생량生凉한 듯하다. 처妻가 지난 밤

치통齒痛을 하다가 건배建培와 여산礪山 갔다. 대학원大學院 강의講義.

8월 6일. 대학원大學院 강의講義. 긍둔肯遯이 왔다.

8월 7일. 대학원大學院 강의講義.

8월 8일. 대학원大學院 강의講義. 오후午後 승범勝範 군君과 함께 긍둔肯遯게 갔다. 생일生日 잔치가 있다. 아침에 민제閔濟 군君이 왔었다. 손님들이 많이 왔다.

8월 9일. 대학원大學院 강의講義. 부산사대釜山師大 이상근李相根 군君이 이주홍李周洪 군君 편지 가지고 왔다. 「우리 가歌 사四 시론試論」으로 부교수副教授 자격資格을 신청申請하였다. 서울로서 오는 길이다. 계수옥桂樹屋 가서 냉막걸리를 마셨다. 처妻가 종희宗熙랑 여산礪山서 왔다.

8월 10일. 대학원大學院 종강終講. 김교선金敎善 군君이 와서 끌려 중흥관中興館으로 갔다. 계용각桂龍珏, 임성근任成根 군君도 왔다. 석찬夕餐.

8월 11일. 승범勝範, 병희炳喜가 왔다. 가치 택시 타고 전주역으로 나갔다. 바루 태극호太極号로 떠났다. 남희南熙와 동행同行. 퍽 무덥다. 오후 7시 서울역서 내렸다. 비가 온다. 태희泰熙가 왔기 택시로 계동 본제本第에 왔다. 완산동完山洞 누님과 병옥秉玉이 있다. 며누리도 마산馬山서 왔다. 밤새도록 건우健雨다.

8월 12일. 반장班長이 와 수도 놓을 일을 말한다. 『어록해語錄解』 고어古語를 초출抄出했다. 춘란春蘭, 옥화란玉花蘭이 쇠약衰弱했기 새로 등분登盆했다. 전원배田元培 군君 만나 일음一飮.

8월 13일. 한석봉韓石峯 『천자문千字文』 중中 고어古語 초출抄出. 최형렬崔亨烈 군君이 왔다. 두어 잔 하였다.

8월 14일. 한석봉韓石峯 『천자문千字文』 고어古語, 고서古書 열람閱覽.

8월 15일. 고서古書 열람閱覽.

8월 16일. 전북대학교 이강오李康五 군君이 수박, 복숭아를 많이 사가지고 왔다. 황달병으로 욕보았다 하여 술은 아니 먹는다. 전원배田元培 선생 댁先生宅으로 갔다. 서울대 대학원을 갔다. 두계斗溪, 김태오金泰午 군君과 일취옥一醉屋서 일음一飮. 만희晩熙가 왔다.

8월 17일. 만희晩熙 시겨『조선왕조실록朝鮮王朝實錄』36, 37 두 책册을 찾어 오다. 원서동苑西洞으로 가다 순자順子도 만나고 국립국악원國立國樂院 잠간 들렀고 한글학회學會, 신구문화사新丘文化社 임시臨時 사무소事務所를 거쳐 통문관通文館으로 하여 돌아왔다. 퍽 무덥다. 밤새도록 꾸준히 비가 왔다. 빗소리에 잠을 이루지 못했다.

8월 18일. 고서古書를 펼쳐 보았다. 이웃 이병렬李丙烈 군君을 찾었다. 술 준다. 신태양新太陽에「그 여름도 갔다」는 시조時調 1편一篇 보냈다.

8월 19일. 고서古書 점검點檢. 완산동完山洞 누님이 오고 병희炳喜 내외內外와 그 아들놈 하나이 왔다. 저녁 먹고 김동수金東洙 집으로 갔다. 비가 밤새도록 온다.

8월 20일. 비 온다. 경복京馥이 자당慈堂(처제妻弟) 육순 잔치에 갔다. 창구昶求 군君과 그 매부妹夫 오吳 군君과 그 사외도 왔다. 술 몇 잔 마시고 서울대 대학원大學院 가서 이병도李丙燾 군君을 보고 운초雲樵와 대학원大學院 교무敎務, 서무과장庶務課長과 종로옥鐘路屋 가서 점심点心. 몹시 무덥다. 밤에 비 온다. 옥화玉花, 도림란道林蘭은 다시 싱싱하다.

8월 21일. 중대中大 윤재천尹在天 군君게 편지를 써 만희晩熙 시겨 보냈다. 지난 19일자日字로 중대中大 문리대文理大서 채점표採點表 독촉장督促狀이 왔다. 재천在天 군君은 못 만났으나 채점표採點表는 지난 19일 백白 학장學長게 제출提出했다 한다. 태희泰熙는 출근出勤했다가 미인美人들이 태풍颱風 때문에 집이 무너질가 하여 휴업休業한다고 왔다. 찬영燦永, 달영達永을 다리고 제 어미가 왔다. 병옥秉玉이가 왔다. 비는 한 모양으로 온다.

8월 22일. 「한양가漢陽歌 나타난 근조시대近朝時代 서울의 모습」 재료材料 조사調査. 숙대淑大 김함득金咸得 군君이 와 『오가전집五歌全集』을 빌려갔다.

8월 23일. 처서處暑. 「한양가漢陽歌」 재료材料 조사調査. 조계환曹桂煥 군君이 술 한 병을 가지고 왔다. 완산동完山洞 누님이 왔다. 퍽 무더웠다.

8월 24일. 「한양가漢陽歌」 원고原稿를 쓰기 시작始作. 낙원시장樂園市場에 나갔다. 현창호玄昌浩 군君이 왔다. 밤에 비 왔다.

8월 25일. 김함득金咸得 군君이 와 신오위장申五衛將의 『박타령』을 빌려갔다. 陰 8월 1일. 강한영姜漢永 군君이 왔다. 퍽 무더웠다.

8월 26일. 이발理髮. 퍽 무더웠다. 「한양가漢陽歌」 원고原稿 썼다.

8월 27일. 음 8월 초3일. 조고祖考 기제忌祭. 비 왔다. 종일終日. 밤에도 바람 치며 비가 쏟어졌다. 오전午前 중中 신구문화사新丘文化社 임시臨時 사무소事務所 및 한글학회를 다녀왔다. 오후 5시 반 비를 맞으며 한글학회 가서 건재健齋 정인승鄭寅承 군君을 데리고 호수그릴로 갔다. 처소處所가 변경變更되었다. 미장美莊그릴로 갔다. 중대中大 문리대文理大 백철白鐵 학장學長 도미渡美와 대학원장大學院長 정인섭鄭寅燮 동경東京 여행旅行의 환송회歡送會였다. 나더러 환송사歡送辭를 청請하기 약간若干 지꺼렸다. 그리고 양식洋食과 맥주麥酒 몇 잔. 그리고 삼화三和, 방가로다방茶房으로 5, 6동지와 가서 양주洋酒를 좀 접구接口하고 파하였다. 나는 화신和信 옆에서 택시를 타고 왔다. 비는 그냥 온다.

8월 28일. 「한양가漢陽歌」 고稿 썼다.

8월 29일. 「한양가漢陽歌」 고稿 썼다. 대구대학교 이재수李在秀 군君이 왔다.

8월 30일. 밤에 비가 많이 왔다. 「한양가漢陽歌」 고稿 썼다.

8월 31일. 완희完熙와 태희泰熙 모친母親이 왔다. 「한양가漢陽歌」 고稿 썼다.

9월

9월 1일. 이재수李在秀 군君이 왔다. 수도공사를 시작.

9월 2일. 수도공사水道工事는 끝났다. 나는 서울대학교 문리대文理大 나갔다 왔다.

9월 3일. 중대中大 나가 백白 학장學長 도미渡美 작별作別을 하고 왔다. 강의講義는 못 했다.

9월 4일. 홍대弘大 나가 1강一講하고 건재健齋랑 오다가 고향故鄕 왜식점倭食店에 들렀다. 마치 김인원金仁源 군君이 와 점심点心을 먹으며 우리 식대食代도 치뤘다. 무덥다. 찬영燦永 집에 2만 환을 대여하였다.

9월 5일. 밤에 비 왔다. 단대檀大 나가 1강一講. 서울대 대학원大學院으로 와서 두계斗溪 보고 강의講義는 못. 고청송高青松 형곤亨坤을 만나 화원동花園洞 개장국집으로 가고 오다 양주동梁柱東 무애无涯를 찾었더니 갑자기 이상異常한 병세病勢가 생겼다 하고 그 부인夫人이 말한다. 고故 하경덕河敬德 박사博士의 처자妻子를 찾어보고 눈물을 흘렸다.

9월 6일. 중대中大 나가 강의講義는 못. 박보서朴俌緖 군君과 새 시장市場 강남지점江南支店 영감집으로 가 물생선 안주로 신청주新清酒 몇 잔을 하고 왔다. 숙대淑大 대학원大學院 김함득金咸得 군君이 빌려 간 『심청전沈晴傳』과 임금林檎, 배 한 망태를 가졌다. 오후午後 5시 단대檀大 2부二部를 나가 1강一講. 전차電車 타고 원남동苑南洞서 오는데 다리가 터덕거리고 가슴이 좀 신경통神經痛이 있다. 저녁밥 먹기 전에 닭알 한 개에 소주燒酒를 타 먹었다. 온면穩眠하였다. 신구문화사新丘文化社서 돈 6만 환을 보내 왔다.

9월 7일. 중대中大는 안 나가고 집에 종일終日 「한양가漢陽歌」 고稿를 썼다.

9월 8일. 추석秋夕. 「한양가漢陽歌」 고稿를 91장으로 끝내고 교정校正을 다 하였다. 간간間間 권태증倦怠症이 난다. 심신心身이 과로過勞하였나보다. 반장班長 이재항李載伉 군君을 청하여 술 몇 잔 하였다. 잠도 잘 잤다. 여러 날 구공탄九孔炭을 아니 피어 좀 한랭寒冷하였다.

9월 9일. 새벽에 일어나 섰더니 어질하여 쓰러질 듯하다. 이전에도 자다가 갑자기 일어서면 이런 일이 혹 있었다. 세수洗手하고 아침에 반주飯酒를 먹고 여전如前히 서울대大 문리대文理大 나가 2강二講 하고 중국요리中國料理 집에서 탕수육湯水肉 배갈白干 1홉一合 먹고 국대國大로 가려고 명륜동明倫洞 앞거리로 걸어가는데 다리가 좀 거북스러운 듯하다. 택시 타고 계동桂洞 집으로 왔다. 요를 펴고 누웠더니 머리가 빙 돌고 하늘땅도 빙빙 도는 것 같다. 계동桂洞 대혜의원大惠醫院 여의女醫를 불렀더니 혈압血壓을 재보고 180도라 한다. 정상적正常的 보다 수십數十 도度가 더하다. 이 까닭이라 하고 주사 한 대를 놓았다. 또 7백 환에 양약洋藥 환약丸藥을 하루 두 개씩 먹었다. 저녁에 정인승鄭寅承, 박보서朴俌緒 군君이 왔다. 캐나다 위스키 한 병을 내 놓았다. 나는 아니 먹고 둘이 다 마시고 자정子正 무렵에야 갔다. 오래 앉아 피곤疲困함을 느꼈다. 잠은 곤히 잤다.

9월 10일. 중대中大를 안 나갔다. 홍대弘大 추가시험 문제問題를 내어 소격동昭格洞 가서 견堅에 전했다. 중대中大 문리대文理大 국연國演, 시가론詩歌論, 한문漢文, 국한문國漢文의 진도표進度表 여달 장을 썼다. 오후午後 네 시 여의원女醫院에게 가서 혈압血壓을 재 보았다. 2백2십도. 그려도 어질한 기운은 좀 경감輕減되고 머리도 더 맑었다. 현창호玄昌浩 군君이 와 「한양가漢陽歌」 고稿 가져갔다. 계동桂洞 홍약국洪藥局서 한약漢藥 2첩二貼을 지어 먹었다.

9월 11일. 아침에 가서 혈압血壓을 재보니 180도. 김인수金仁洙, 이종세李種世 군君이 왔다. 임금즙林檎汁 넣은 소주燒酒를 먹였다. 종세種世 군君은 『월여농月餘農』 1책一冊을 차거借去. 나의 일기日記 4287년四二八七年 6월六月 8八. 1일一日부터 치혈痔血이 대변大便 때마다 나온다. 성모의원聖母醫院에 가서 혈압血壓을 쟀다. 70도가 더하다.(연령年齡에 90도를 가加한 즉 220도)라 하였고 6월 29일, 오전 세 시 배가 곽란霍亂 같이 아프다.(전날 저녁밥에 좀 상한 바닷게 두어 다리를 먹고 배가 아프기 시작했다) 시민의원市民醫院 주인主人이 와 혈압血壓을 재보고 50도(200도)가 높다 하였고 6월 30일엔 180도, 7월 2일엔 170도라 하였다. 그러나 6월 29일 전 치혈痔血 중中 220도 때에 여전如前히 술은 먹고 다만 바닷게 먹고 앓던 5, 6일 동안만 술은 않었으나 이런 어질은 전연 없었다.

9월 12일. 아침에 가 재보니 혈압血壓이 200도. 처妻가 병보病報 듣고 지난 밤차로 새벽에 왔다. 이발理髮. 어질은 기운은 더디 경감輕減했다. 여산礪山, 전주에 "병은 좀 나섰다."고 전보電報 쳤다. 조반朝飯 전에 가 재보니 210도. 계동桂洞 홍약국洪藥局서 또 한약漢藥 2첩을 지어다 먹고, 또 감국甘菊, 석창포石菖蒲 각各 1냥쭝을 사다가 각各 5전쭝을 함께 다려 오전午前 중中 세 번 먹고 오후 네 시에 또 먹었더니, 기와起臥할 때 어질한 기가 없어졌다. 석창포石菖蒲, 감국甘菊의 효력效力이다. 온면穩眠하였다.

9월 13일. 새벽에 가 재어 보니 180도. 석창포石菖蒲, 감국탕甘菊湯을 때로 차茶처럼 마셨다. 『태평한화太平閑話』를 읽었다. 찬영燦永 집에 대금貸金 3만 환을 처妻에게 보내 주었다. 병은 훨씬 낫다. 잘 잤다.

9월 14일. 새벽에 가 재어 보니 180도. 처妻와 함께 나서 종로鐘路 2가 남편 2층집 박봉규朴鳳圭 병원病院 박봉규 군君을 찾어 보고 종로鐘路 4가四街 천일약국天一藥局서 구절초九節草 반근半斤(8냥쭝八兩重), 석창포石菖蒲 10냥쭝兩重을 샀다. 오다 고故 하河 박사博士 부인夫人을 찾어 함께 재동齋洞 네거리 동편 중국요리中國料理 집에서 나조기, 잡채雜菜, 사이다, 금배金盃 한 홉合, 짜장면을 먹었다. 구절초九節草, 석창포石菖蒲를 다려 먹었다. 퍽 쓰다. 오후 네 시 걸어서 중앙청中央廳 정문正門으로 갔다. 마침 택시 한 대도 와 닿았다. 게는 소설가小說家 최정희崔貞熙 여사女史가 탔다. 국제國際 펜클럽 미美, 영英, 불佛, 서독西獨, 토이기土伊其, 홍아리洪牙利 작가作家 17명名을 문교부장관이 초대招待하는데 우리게도 청첩請牒이 왔기 경회루慶會樓로 가는 바 파수把守하는 순경巡警이 딱딱이 굴며 저리 궁장宮牆을 돌아서 가라고 한다. 나는 그 택시 타고 동십자각東十字閣게로 돌아 삼청동三淸洞 경무대景武臺 문門턱게 이르니 지키는 순경巡警이 택시는 금한다. 최崔와 가치 나려 걸었다. 현무문玄武門에 이르니 또 못 들어가게 한다. 우리는 다시 택시를 잡어 타고 가 영추문迎秋門께로 들어 경회루慶會樓로 갔다. 문교부文敎部 축이며 시인詩人 문사文士가 많이 왔다. 다섯 시 지나 구미歐米 손님들도 왔다. 깍텔 파티다. 나는 파인주쓰에 양주洋酒 좀 타 세 고프를 마셨다. 여섯 시 지났다. 국악國樂 가무歌舞가 벌어졌다. 나는 기분氣分이 좋다. 돌아왔다. 잘 잤다. 문교부文教部 예술과藝術課서 편찬한 『고등국어』 1권을 가조고 내 집필執筆 분分을 교열校閱해 달래기 바루 교열校閱하여 보내 주었다.

9월 15일. 감국甘菊 11냥쭝兩重을 또 사 왔다. 석창포石菖蒲, 감국차甘菊茶를 먹었다.

9월 16일. 서울대 문리대 나가 한 시간時間 강의講義. 펜클럽 구미歐美 작가作家가 와 10시부터 강연講演한다고. 정릉리貞陵里까지 갔다 국대國大서 학생총회가 있어 휴강休講되었다 하기 김순동金舜東 군君과 가치 오다가 승리다방勝利茶房서 위스끼틔 한 잔씩 먹고 포도葡萄 2근 사가지고 찬영燦永이 집을 갔다. 새집 달어내는 건 거의 다 되었다. 맥주麥酒 한 병을 준다. 마셨다. 찬영燦永 모母가 가로街路까지 나와 택시를 불러 태워 준다. 집으로 왔다. 「한양가漢陽歌」 원고原稿 2만 7천3백 환을 현창호玄昌浩 군君이 가좠다.

9월 17일. 밥이 좀 늦었다. 빠꼬다공원 앞까지 10분 동안 걸어갔다. 몸이 가볍고 발길이 빨렀다. 계동桂洞 막바지서 빠꼬다공원 앞까지 2키로는 된다. 보통 20분은 걸린다. 중대中大에 나갔다. 대학원생大學院生은 안 나왔다. 정원택鄭元澤 군君이 와 있다. 박보서朴俌緖 군君과 정鄭 군君과 가치 강남지점江南支店 신시장新市場으로 가서 청주淸酒 세 대를 마시고 정鄭 군君 집으로 가서 또 마셨다. 오후午後 2강二講 하고 신기형申基亨 군君과 가치 오다 여주옥驪州屋서 입음立飮 석 잔을 하였다.

9월 18일. 홍대弘大 나가 2강二講. 한글학회, 홍성초洪性初 약국藥局을 찾다. 『고등국어高等國語』 고료稿料 1만 7천백 환을 가졌다. 김복태金福

泰, 신창명申昌明 군君이 오다.

9월 19일. 단대檀大 나가 1강一講. 서울대 대학원에 나갔다. 김함득金咸得 군君만 왔기 휴강休講하고 돌아왔다. 윤원호尹元鎬 군君 석사논문碩士 論文 「동인시화東人詩話에 나타난 서거정徐居正의 시가관詩歌觀」을 심사審査하여 주심主審 김형규金亨奎 군君께로 전했다. 금삼錦蔘 80편片 10냥兩을 1만 7천 환에 샀다.

9월 20일. 중대中大 나가 2강二講. 오후午後 5시五時 두계斗溪 집으로 갔다. 비가 온다. 그 진갑進甲 날이다. 소연小宴을 베풀었다. 몇 잔 마셨다.

9월 21일. 중대中大 나가 1강一講. 오후午後 두 시 성균관대학成均館大學 명륜당明倫堂에 나가 대한통일大韓統一이란 이李 대통령大統領이 낸 제題의 시조時調를 고시考試. 월탄月灘, 동리東里, 이태극李泰極 군君과. 태극泰極 군君과 나오다 월남 대통령 창경원昌慶苑 구경에 통행금지通行禁止를 당하여 종로鐘路 5가 다방茶房에 들었다. 걸어서 호수湖水그릴로 갔다. 5시 홍대 학장 표문후表文垕 신임으로 강사 위로연이 있다. 맥주麥酒 양식洋食. 7시 지나 이일李一 군君과 함께 걸어 왔다.

9월 22일. 오전午前 11시 성균관成均館 명륜당明倫堂 가서 시조時調고시考試. 신석초申石艸, 월탄月灘, 동리東里, 이태극李泰極 군君과 함께. 나오다가 더불고 일취옥一醉屋서 몇 잔 하였다.

9월 23일. 서울대大 문리대文理大 1강一講. 성균관成均館 명륜당明倫堂을 갔다. 월탄月灘, 석초石艸, 동리東里, 도남陶南과 50명 예선豫選, 예선豫選1, 2, 3등等을 뽑았다. 월탄月灘이 일취옥一醉屋서 맥주麥酒 여섯 병을 냈다.

9월 24일. 중대中大 나가 2강二講. 오다가 종로鐘路 2가二街서 박봉규朴鳳圭 군君을 찾어 데리고 보영루宝英樓서 술 한 대를 마셨다.

9월 25일. 홍대弘大 나갔다. 2강二講. 운초雲樵와 입음立飮도 하였다. 나는 오다가 복지다점福地茶店 주인主人이 점심点心을 사 주어 먹었다.

9월 26일. 서울대大 대학원大學院 2강二講. 『가곡보감歌曲寶鑑』을 사대師大 국문학회國文學會서 보냈다.

9월 27일. 중대中大 나가 2강二講. 박보서朴倘緖, 박근창朴根昌 또 나羅(인천仁川) 군君과 강남지점江南支店서 호음豪飮. 나는 돌아왔다. 변소便所, 연蓮못을 새로 놓았고 안방 구돌도 뜯었다. 구돌 일은 아직 남었다.

9월 28일. 중대中大 나가 1강一講. 오다가 낙원시장樂園市場 조만수趙萬壽 군君과 수작酬酌하고 왔다. 반장班長 이재항李載伉 군君이 왔다. 그 장자부長子婦를 소개紹介하였던바 이미 서로 선도 보고 합의合意가 십분 되었다. 신행일新行日을 오는 10월 3일로 작정하고 나더러 이걸 신부新婦 가家에 알리어 달라는 것이다. 시골 홍시紅柿 반시盤柿 십여十餘 개介를 사다 먹었다. 밤에 비가 왔다. 안방 구돌을 놓았다.

9월 29일. 종희宗熙가 양배良培 데리고 왔다. 저녁 8시 반 마산馬山서 경희京熙가 왔다.

9월 30일. 서울대大 문리대文理大 나가 1강一講. 국대國大도 나갔다. 10월 4일 개강開講. 휴가休暇 중中이다. 이런 기별奇別도 없었다. 나는 나간 길에 학기말 시험답안을 가지고 왔다.

10월

10월 1일. 중대中大 나가 2강二講.

10월 2일. 중대中大 나가 2강二講.

10월 3일. 개천절開天節. 오전午前 9시 성균관成均館 명륜당明倫堂에 갔다. 오늘 예서 하는 백일장白日場 본선本選 날이다. 시제試題는 이李 대통령大統領이 「독임란사유감讀壬亂史有感」이라 내었다. 정남수丁南洙, 장순하張諄何 군君이 왔다. 장張 군君은 예선豫選의 장원壯元, 정丁은 50명五十名 뽑힌 중中 18. 오늘 개천절開天節 경축慶祝 제1회 전국全國 백일장白日場 식순式順

一. 오전午前 11시 개회開會. 개회사開會辭 위원장委員長 이재학李在鶴

二. 11시 30분 현제縣題(대통령大統領 출제出題)

三. 오후午後 1시 30분 수장收章

四. 3시 30분 고시考試 이날 출석出席한 시관試官 — 이희승李熙昇, 박종화朴鍾和, 신석초申石艸, 서정주徐廷柱, 이호우李豪雨, 김상옥金相沃, 박목월朴木月, 박두진朴斗鎭, 설창수薛昌洙, 유치환柳致環, 조윤제趙潤濟, 이태극李泰極, 김동리金東里와 나.

五. 4시 창방唱榜(시상施賞)

六. 5시 폐회閉會.

이와 같이 진행進行하였고 국제國際그릴로 가서 양식洋食 하였다. 몸이 가벼워 나는 듯이 걸어 왔다. 완희完熙가 여산礪山 갔다.

10월 4일. 처妻와 완희完熙, 양배良培가 태극호太極号로 떠났다. 나는 중대中大 나가 2강二講. 가긴 A철교鐵橋로 가서 오기는 구 인도교人道橋 동측東側 나룻배로 건너 전차電車 타고 왔다. 날이 덥다.

10월 5일. 중대中大 나가 1강一講. 학생과學生課 직원職員이 세가貰家를 구하기 데리고 강남지점江南支店에 가서 그 주인主人에게 소개紹介하고 청주淸酒 수배數盃 하고 빠스로 구 인도교人道橋에 와서 걸어 건넜다(어제까지도 B철교鐵橋로 보행步行케 하여 위험危險, 곤란困難이 많어 각各 신문新聞서 퍽 비난하였다). 전차電車로 오다가 종로鐘路 1가一街서 내려 덕흥옥德興屋서 약소주藥燒酒 2홉二合을 하고 박봉규朴鳳圭 병원病院서 나의 혈압血壓을 재어 보았다. 좌우左右 팔뚝이 다 130도. 계동桂洞에 와 두러누웠다가 이웃 이재항李載伉 군君이 서광세徐光世 노인老人과 왔다. 일어나 이李 군君 집에 가 술 두어 잔을 마셨다. 그 큰 자제의 삼취三娶인 며누리를 내가 소개紹介하여 지난 3일 신행新行하였다. 밤에 비가 온다. 날이 더웠다.

일기 50권*

1958. 2. 7. ~ 1964. 9. 30.

* 일기 50권은 현재 유실되어 『가람일기』(신구문화사. 1975.)에 수록된 것을 여기에 실었음.
1957년 10월 9일 한글날 기념식에 참석하고 돌아가던 길에 뇌경색으로 쓰러진 가람은 병원으로 옮겨져 다행히 목숨은 구했으나 전과 같은 활발한 활동은 할 수 없었다. 차츰 병세가 회복된 가람은 다음해인 1958년 2월부터 별세하기 2년 전 1966년 6월까지 계속 일기를 썼다. 이 50권 이후 일기를 '병후(病後) 일기日記'라고도 한다.

1958년(단기 4291년) 무술戊戌

2월

2월 7일(금) 7시 대변을 보았다.

2월 12일(수) 7시 대변을 보았다. 해가 밝다.

2월 13일(목) 8시 대변을 보았다. 눈들은 햇살이 밝다.

2월 15일(토) 날은 밝다. 오후 7시 대변을 보았다.

2월 17일(월) 8시 대변을 보았다. 오후 눈이 좀 오다.

2월 20일(목) 5시 대변을 보았다. 9시 대변을 보았다. 점심은 아니 먹었다.

2월 21일(금) 눈이 좀 오다 9시 대변을 보았다. 눈이 녹아지는 대로 흐른다. 점심은 아니 먹었다.

2월 28일(금) 9시 오후 1시, 7시부터 뒤가 마려 견디기가 어렵다.

3월

3월 1일(토) 10시 대변을 보았다. 3·1절.

3월 16일(일) 5개월 이상 대변기를 아니 쓰고 오늘 10시 당하堂下 대변간을 보았다. 되레 편안하다.

3월 18일(화) 내 생일날. 12시 당하 대변을 보았다.

3월 26(수) 10시 30분 당하 대변을 보았다. 2시 대변을 보았다. 이대통령李大統領 탄생일.

3월 27(목) 얼다. 3시 당하 대변. 8시 30분 대변. 하오 12시 대변을 보았다. 이 3시야 탕 대분大糞이다. 디러디러 보다.

4월

4월 4일(금) 8시 45분 당하 대변을 보았다. 오후 2시 30분 버스 가는 노상에 나섰다. 인도人道 건너 와 버스를 타 계동桂洞 24를 이르렀다. 아내와 창환昌煥이가 왔다. 메주 가지고 왔다.

4월 14일(월) 당하 10시 10분 대변을 보았다. 이발관을 가다.

4월 23일(수) 당하 9시 30분 대변을 보았다. 퍽 정상적이다.

5월

5월 7일(수) 당하 6시 20분 대변을 보았다. 9시에서 11시 계동탕湯에 가서 목욕. 잘 씻었다.

5월 9일(금) 당하 9시 40분 대변을 보았다. 옷을 갈아 입다. 하오 2시 대동이발관 이발하다.

5월 21일(수) 당하 8시 40분 대변을 보았다. 난초蘭草를 한 분盆 5분盆

으로 식정植定하였다.

5월 27일(화) 이 날이 좋다. 처가 흑석동黑石洞에서 양배良培, 앙배昂培 데리고 왔다.

5월 28일(수) 당하 6시 20분 대변을 보았다. 못에 백련白蓮 한 개가 났다.

5월 31일(토) 처가 양배, 앙배 데리고 흑석동으로 가다. 오후 1시 15분 당하 대변을 보았다.

6월

6월 7일(토) 당하 8시 15분 대변을 보았다. 대동이발관에 이발하고 왔다.

6월 22일(일) 막 더웁다.

6월 24일(화) 당하 8시 15분 대변을 보았다. 8시 30분 계동탕湯으로 갔다. 10시 다 하고 왔다. 막 따갑다.

6월 27일(금) 비가 왔다.

6월 29일(일) 당하 9시 대변을 보았다. 오후 4시 30분 자동차로 수도사대首都師大에 가서 시조時調에 대하여 노산鷺山 기타 중의衆議 듣고 또 자동차로 가서 나와 이태극李泰極을 시조에 임하여 서울 중앙대학교中央大學校 상賞. 일석一石, 황산皇山 그리고 무애無涯 설說하다. 하오 9시 40분에 돌아오다.

6월 30일(월) 일이 없다.

7월

7월 24일(목) 오후 3시 대동이발관에 가서 이발하다. 5시 자동차 와 이종익李種翊 군이 타서 다동茶洞에 들다. 먼저 차茶를 하고 2층으로 자리를 얻었다. 종익군 외 제군과 백철白鐵, 정인승鄭寅承, 정병욱鄭炳昱이 앉았다. 이야기하며 맥주 안주 먹었다. 9시 지내다. 정인승 군과 나하고 자동차를 타고 왔다. 처妻, 양배良培는 흑석동으로 갔다. 병룡秉龍이는 와 있다.

8월

8월 15일(금) 당하 9시 대변을 보았다. 8·15.

8월 17일(일) 3시부터 8시 35분까지 비가 온다. 그 뒤도 비가 오다. 집 뒤 사는 이 씨의 회갑날. 이 날이니 청하여 갔다 오다.

8월 21일(목) 이발을 하였다. 오후 4시 정인승鄭寅承 군이 자동차를 가지고 왔다. 이李, 박朴, 방方, 고형곤高亨坤, 전원배田元培, 박보서朴甫緖 들이 왔다. 청주淸酒, 소채蔬菜, 어육魚肉으로 먹다. 9시 차로 왔다.

8월 25일(월) 『광해군일기光海君日記』 태백산본太白山本 1을 문교부 가서 9천 환 주고 며느리가 가져온 것이다. 오후부터 비가 온다.

9월

9월 16일(화) 계동 시계점時計店에 2천5백 환을 맡기다. 계동탕桂洞湯을 하다. 하오 5시 자동차로 가다. 상공부商工部 지하실 칠현다방에서 여러 내빈內賓을 접接한다. 그 『두시언해비주杜詩諺解批注』에 이병주李丙疇 군을 상여賞與하다. 도 음식실飮食室로 30여 명, 주酒, 맥주麥酒, 음식을 먹이다. 9시 30분 자동차로 왔다.

9월 17일(수) 오후 2시 대변을 보았다. 시계점에서 시계를 찾아오다.

10월

10월 2일(목) 9시 30분 이발을 하다. 11시 45분 대변을 보았다. 오후 5시 자동차로 서울대학교 교수회관敎授會館을 가다. 이선근李瑄根 군은 30분이나 기다려 먼저 간다고 하다. 나, 철鐵의 공저共著 기념회紀念會로서 정인섭鄭寅燮 군이 주主를 하여 시키다. 상품 등이 있다. 그리고 칵테일 파아티가 되었다. 오후 7시 50분 자동차로 오다. 11시 비가 오다.

10월 3일(금) 개천절開天節.

10월 4일(토) 9시 통문관通文館 서적書籍도 보고 성成 군 다방도 보고 11시 오다.

10월 18일(토) 오후 6시 대변을 보았다. 7시 국립국악원國立國樂院에서 국악國樂을 보이며 9시까지 하다. 돌아와 자다.

10월 25(토) 7시 40분 대변을 보았다. 8시 정거장에 가다. 처, 양배와 같이 9시 태극호太極號를 타다. 5천 환. 오후 3시 20분 전주역全州驛에 내리다. 5백환으로 택시에 병희炳喜 집을 가다. 나는 포광包光 댁으로 포광을 만나 담화. 『향가 및 이두의 연구鄕歌及吏讀之硏究』, 『조선불교통사朝鮮佛教通史』 2편을 찾다. 또 술을 주다. 먹다.

10월 26일(일) 비가 오다. 신석정辛夕汀을 찾아보다. 게서 최승범崔勝範 군도 만나다. 시조時調와 횡부가橫負歌 등은 아직 집에 있다. 크게 밥을 얻어먹다. 그리고 석정과 나서 정鄭을 못 보고, 윤尹을 못 보고 창환昌煥 못 보고 병국 처 보고 병희 집으로 돌아오다. 김준영金俊榮, 노철盧瞰 군도 있다. 최승범崔勝範 군이 자동차를 구하여 왔다. 나는 처妻, 자姊, 양배와 같이 타고 오다. 처는 제수祭需를 하여 왔다. 저녁밥은 새술막에서 얻어먹다. 집으로 돌아오다.

11월

11월 8일(토) 9시 당주동唐珠洞 63 박창술朴昌術 씨를 찾아보다. 술과 설렁탕을 차려 준다. 돌아오다가 시계를 쓰리꾼이 따 갔다.

11월 12일(수) 오후 1시 25분 대변을 보았다. 낙원동樂園洞 종로 서서瑞西시계점에서 시계를 사오다. 돈은 1만 4천환. 비가 오다.

11월 18일(화) 8시 30분 대변을 보았다. 10시 행도行到하였다. 서울대학원에 두계斗溪가 있다. 같이 종로에 가서 채탕采湯을 먹다. 같이 계동까지 오다.

11월 19일(수) 몹시 추워 다 물이 얼다.

11월 21일(금) 쌀눈이 온다. 별이 나다.

11월 22일(토) 4시 30분 대변을 보았다. 9시 흑성동에 택시로 가다.

종희 그 처자들을 본다. 권덕규權悳奎 군 부인을 찾아보고 그 빌어온 책을 준다. 사 주는 술을 먹다. 중앙대학교 문리과대학장 백철白鐵, 정인승鄭寅承, 박보서朴甫緖 기타 몇을 만나다. 정鄭, 박朴 군은 집에 왔다. 정 군은 바로 갔다. 나는 박 군하고 점심 먹다. 나는 박 군과 같이 택시를 타고 종로에 내려 낙원동 술을 먹다. 나는 계동으로 들오다.

12월

12월 2일(화) 배추, 무우를 많이 사오다.

12월 10일(수) 7시 30분 택시로 한강에 가다. 우禹 군이 차 한 잔을 사 준다. 며느리와 아들을 같이 만나 8시 40분에 아들과 같이 떠나다. 천안天安서 쉬고 여산礪山 새술막에 내렸다. 오후 4시 병룡 집에 앉았다. 술을 준다. 진사동에 들었다.

12월 16일(화) 6시 대변을 보았다. 증조부曾祖父 산소山所인 뒷산 올라 보배하다.

12월 22일(월) 6시 대변을 보았다. 병주秉胄 집에서 술을 준다. 우리 집에서 집안 부인네들 모여 음식이다.

12월 23일(화) 처. 양배랑 오다. 안희, 만희, 현득이 오다. 8시 50분 신영버스가 온다. 이리저리 다 앉다. 천안서 쉰다. 오후 4시 한강에 내리다. 큰며느리, 종희가 있다. 자동차로 오다.

1959년(단기 4292년)

1959년(단기 4292년)

1월

1월 1일(일) 흐리고 밤에는 별들이 총총하다.

1월 11일(수) 오늘은 처의 생일.

1월 18일(수) 최승범崔勝範 군이 자다.

2월

2월 2일(목) 최승범 군이 이날 전주로 가다. 오후 0시 45분 대변을 보았다.

2월 7일(화) 국립국악원에 들리다. 이창배李昌培의 『증보가요집성增補歌謠集成』을 얻었다.

2월 23일(목) 국악원國樂院을 가다. 성경린成慶麟, 이창배 군이 따라 내려 다방 차를 사먹다.

3월

3월 2일(목) 오후 1시에서 3시 뒷산을 올라가다. 바람이 있다.

3월 7일(화) 내 생일. 육肉이 9근九斤, 돈豚이 3근, 술이 6승六升. 병룡秉龍이 오다. 오후 15분 대변을 보았다. 종희, 처, 앙배, 여女가 가다.

3월 9일(목) 병룡이 여산으로 가다. 9시 33분 대변을 보았다.

3월 16일(목) 낭명朗明하다. 10시 버스를 타다. 서울대학원 이병도李丙燾 군을 가 보다. 『청성잡기靑城雜記』를 보여준다. 이李 군이 낙원樂園에 가자고 한다. 음식과 술. 나는 도보하여 오다. 오후 3시 30분 대변을 보았다.

3월 31일(금) 오후 2시 20분 대변을 보았다. 볕이 좋다. 며느리, 유제극柳濟極 군이 전주로 간다.

4월

4월 1일(토) 점심 먹고 국제극장國際劇場의 「춘희春嬉」에 나, 처도 가다. 악극樂劇을 하다.

4월 13일(목) 창경원昌慶苑을 가다. 꽃이 많이 피었다. 오후 5시 처가 여산서 왔다.

4월 28일(금) 낭명朗明하다. 8시 25분 대변을 보았다. 종로 파고다로 하여 돌아오다.

5월

5월 7일(土) 오후 5시 택시가 오다. 고두동高斗東 군 나와 서울대 교수회관에 가다. 정병욱鄭炳昱 군의 『국문학산고國文學散藁』 기념회紀念會다. 조趙, 이李가 논하다. 맥주를 먹다.

5월 19일(목) 당인리발전소唐人里發電所 6인이 와 서너 시간 술을 먹었다.

6월

6월 1일(수) 서울대학원 이병도李丙燾 군을 보다. 이희승李熙昇을 찾아 못 보다.

6월 2일(목) 오후午後 0시 30분 택시가 와서 외교회관外交會館에 갔다. 민순閔淳 씨 제弟 제濟 군과 정수영鄭壽永 씨 장녀 연순蓮順 양이 오다. 1시 30분 내빈來賓이 많이 왔다. 백철白鐵 군은 주례사를 하다.

6월 10일(금) 종로를 가다. 화신花信을 10시에 열다. 미국 면도面刀를 천환 주고 샀다.

6월 26일(일) 오후 4시 이태극李泰極 군과 나와 학생이 택시로 신흥대학교新興大學校 청량리를 가다. 문리과 대학장 박노춘朴魯春 군을 보다. 정병욱鄭炳昱, 남광우南廣祐 군도 왔다. 「시조문학의 현대성」으로 학생들에게 40분간 하였다. 태극 군도 하였다. 사진을 박다. 그 근처 음식점에 들어 먹다. 나는 먼저 나와 학생과 택시를 타고 오다.

7월

7월 3일(일) 나는 중앙청 내의 학술원學術院을 가다. 200매 내외의 글을 7월 31일까지 쓰라는 것은 팔이 아파 못 한다고 하였다. 6월분을 타 왔다. 돌아오다가 신구문화사神丘文化社에 『국문학개론國文學槪論』을 찍는가 하여 말하여 보다.

7월 17일(일) 오후 1시 택시로 가다. 원각사는 조용하다. 학술원에서 정인승鄭寅承, 유진오俞鎭午, 박동길朴東吉, 현신규玄信圭로, 예술원藝術院에서는 노수현盧壽鉉, 김동리金東里로 공로상을 준다. 서울시청에서 칵테일 파아티를 하여 주었다. 4시 택시로 오다. 비가 많이 오다.

8월

8월 15일(월) 8·15 광복절光復節. 오후 4시 10분 대변을 보았다.

8월 17일(수) 문교부 학술원에 갔다 왔다. 국악원에 가다. 7시에서 8시 45분 국악감상회國樂鑑賞會를 하였다.

9월

9월 4일(일) 5시 5분 대변을 보았다. 7시 출발, 처, 양배, 복녀와 나서 버스를 타다. 천안, 공주, 여산으로 가다. 오후 4시 40분 새술막.

9월 6일(화) 병륙秉陸의 화갑華甲을 보다.

9월 17일(토) 추석秋夕. 6시 5분 대변을 보았다. 비 오다. 증조曾祖, 조祖, 부父의 3대代를 조전朝奠하였다.

10월

10월 7일(금) 명청明淸하다. 종로구 신문로 1가 58 한글학회 회관에 하오 2시에 20여 명이 모여 주선생周先生[12] 천장遷葬 일을 의논하고 의원 9명을 정하다. 5시 오다.

10월 8일(토) 하오 5시 이태극李泰極 군이 오다. 시조연구時調硏究 학생 6인이 시공관 옆에 있다. 같이 가다. 양상경梁相卿 군이 더불어 택시를 타다. 시공관 옆 식당으로 들다. 이은상李殷相, 조종현趙宗玄 군과 학생 6인이 있다. 이태극李泰極 군은 가다. 시조 연구하며 밥을 먹다. 8시 50분 오다.

10월 10일(일) 오후 5시 20분 택시로 가다. 양춘 다방에 가다. 다방에 손님이 가득하다. 이동림李東林 군의 주해注解『석보상절釋譜詳節: 동국대학교 출판부간東國大學校 出版部刊』 기념회다. 다과를 먹다. 김근수金根洙 군을 데리고 택시로 가다. 주점에 가다. 술을 먹다. 8시 30분 택시를 타고 오다.

10월 15일(금) 10시 버스를 타다. 성균관成均館을 가다. 시조를 끊다. 기원琦遠 군과 주동柱東 군과 끊다. 오후 2시 버스를 타다. 국립국악원國立國樂院을 가다. 이주환李珠煥 군을 보고 양순자梁順子를 보고 오다.

---

12 주시경 선생을 말함.

10월 17일(일) 9시 20분 대변을 보았다. 45분 버스를 타고 성균관成均館을 가다. 양주동梁柱東, 박기원朴琦遠, 김동리金東里, 나는 장원壯元 차상次上 차하次下 — 하고 선選이 30이다. 나와 동리, 기원이 술집에 가 먹다. 택시를 타고 오다. 오후 3시 30분 이 밤이 할머니 기신忌辰.

10월 21일(목) 7시 20분 며느리와 내가 가회동佳會洞 가다. 이창구李昶求 군을 찾다. 군의 화갑華甲, 술과 음식을 먹다. 11시 50분 오다.

10월 25일(월) 15분 도보徒步로 하여 오후 1시 15분 외교회관外交會館에 당하다. 이현호李鉉壕 씨 장남 동호東浩 군, 성경린成慶麟 씨 장녀 정희貞喜 양 주례 김범부金凡父로 하다. 내빈이 많다. 양병으로 주다. 오다. 4시 15분. 5시 15분 대변을 보았다.

10월 28일(목) 8시 30분 대변을 보았다. 국악원을 가서 김만흥金萬興 군을 보다 학술원學術院을 가서 수당금手當金을 받다.

11월

11월 3일(목) 7시 20분 대변을 보았다.

11월 4일(금) 오후 5시 32분 대변을 보았다. 「춘향전春香傳」을 보다.

11월 14일(월) 오후 5시 도보徒步하여 6시 10분, 서울 문리 사범대학 강당(남대문南大門 옆) 새솔회 동인同人회합에 가다.. 강연講演, 해설解說, 낭독朗讀. 고등학생, 대학생, 선생 여럿이 읽었다. 9시에 파하다. 양상경梁相卿, 김준金俊, 나는 택시를 타고 오다.

12월

12월 11일(월) 천지다방에 가다. 오후 5시 30분 이태극李泰極 교수의『시조개론時調概論』을 평하다. 모든 문사文士가 오다. 9시에 택시로 오다.

12월 18일(월) 12시다. 이덕윤李德潤씨 세째 아드님 광석光錫 군, 정인승鄭寅承 씨 셋째 따님 현모賢謨 양의 결혼식을 신태수申泰洙 씨 주례로 이희승의 축사로 하였다. 만당滿堂 내빈이다. 나오다. 이종익李鍾翊, 정병욱鄭炳昱, 남광우南廣祐, 박노춘朴魯春, 김金 군 등이 휘문徽文 옆 주가酒家로 들어 술을 먹다. 나는 오다.

1960년(단기 4293년)

1960년(단기 4293년)

1월

1월 1일(금) 오늘 처妻의 생일生日. 친족親族, 빈객賓客이 많이 모이다. 별이 나다.

1월 12일(화) 10시 20분 대변을 보았다. 조흥은행을 가다. 3만환 예금이다. 이종익李鍾翊 군을 찾아보다. 그 옆 다방으로 가다. 차를 마시다. 낙원樂園의 조趙 군을 찾아 술을 먹다. 나는 서울대학원 이병도李丙燾 군을 보고 오다.

2월

2월 2일(화) 계동탕을 가다. 11시 10분 대변을 보았다. 정원택鄭元澤 군과 청량리를 가다. 김인수金仁洙 군을 찾아 보다. 술을 먹다. 오후 5시 오다.

2월 11일(목) 8시 30분 대변을 보았다. 나, 처, 갑순이가 택시를 타고 천일극장에 가다. 11시에서 13시 30분까지 보다. 한 시간 걸어 왔다. 다시 삼청동을 걸어가, 학술원을 보다. 예술원도 보다. 게서 택시를 타고 오다.

2월 12일(금) 10시 25분 대변을 보았다. 오후 4시 30분 의과대학 구내 서울대학교 교수회관에 가다. 전광용全光鏞 군의 창작집創作集『흑산도黑山島』 출판出版을 축하하다. 화초花草, 기념품紀念品 등이 많이 들어왔다. 술, 음식을 먹다. 만원滿員이다. 게서 택시를 태워 주어 오다. 7시.

2월 15일(수) 11시 19분 대변을 보았다. 지난 13일 시내 당주동唐珠洞 63 대종교大倧敎 총본사總本司 단애檀崖 윤세복尹世復 씨가 별세別世. 가서 고별告別하다.

2월 29일(월) 이영도, 이태극李泰極 군이 택시를 타고 오다. 종로로 가서 대일관大一館으로 들다. 술, 음식을 먹다. 이영도 군에게 시조문학時調文學을 들었다. 오다.

3월

3월 5일(토) 9시 대변을 보았다. 경칩驚蟄. 오후 3시 30분 출발하여 조선일보사朝鮮日報社에 가다. 4시 30분 비 오다. 수건 하나를 얻었다. 칵테일 파아티에 술 한 잔 먹다. 5시 30분 떠났다. 6시 10분 국립국악원에 왔다. 7시에서 8시 40분 제45회 국악감상회國樂鑑賞會를 보다. 성경림成慶麟 군이 택시를 불러 타고 오다. 10시에 비 오다가 그치다.

3월 17일(목) 9시 8분 대변을 보았다. 오후 2시 10분 나서 학술원學術院에 당하다. 25분이다. 3시 30분에 회원 자격 심사규정과 회원 선출에 관한 규정을 대개 규정하다. 5시 이병도李丙燾 군의 택시로 오다.

3월 19일(토) 휘문고등徽文高等, 중학교를 가다. 안호삼安鎬三 군을 만났다. 최승범崔勝範 군이 전주서 오다. 밤을 아니 자다.

3월 26일(土) 9시 50분 대변을 보았다. 비가 아니 온다. 배가 좀 아프다.

4월

4월 1일(금) 맑다. 10시 8분 대변을 보았다. 동아일보東亞日報 사장 최두선崔斗善 씨가 하오 5시 본사 창간 40주년을 맞게 되는바 칵테일 파아티를 갖고자 한다기 나도 가서 참여하였다.

4월 17일(일) 10시 35분 대변을 보았다. 이날 오후 5시에서 7시 경안耿岸 서항석徐恒石 군의 환갑還甲인데 국제國際 그릴에서 칵테일 파아티를 한다. 나도 갔었다. 친구도 많이 만나다.

4월 18일(월) 9시 20분 대변을 보았다. 오후 5시 20분 국립도서관國立圖書館에 가다. 김상기金庠基 군이 한국서지학회韓國書誌學會에 대하여 말한다. 통 10명이다. 김상필金相弼 집에 가다. 음식과 술이 많다. 10시에 택시로 오다.

4월 19일(화) 맑다 흐리다 한다. 오후 학생이 10만여 서울신문, 반공회관反共會館, 파출소派出所 등을 녹인다. 오후 3시 30분 이승만李承晩 박사가 계엄령戒嚴令을 선포宣布했고, 부산시釜山市, 대구大邱, 광주光州, 대전大田도 오후 7시부터 다음날 5시까지 하였다.

4월 21일(목) 8시 20분 대변을 보았다. 서울대학교 대학원을 가다. 사망 114명, 부상자 740명.

4월 23일(토) 이기붕李起鵬 부통령副統領 사퇴辭退.

4월 26일(화) 9시 대변을 보았다. 이 대통령李大統領 하야下野 결의決

意. 수십만數十萬 돌진突進

4월 28일(목) 대동이발관에서 이발하였다. 이기붕의 가족家族 4명 자사自死하였다. 10시 20분 대변을 보았다.

5월

5월 5일(금) 7시 24분 대변을 보았다. 병룡秉龍이가 와서 같이 술을 먹다.

6월

6월 1일(목) 6시 50분 처, 앙배가 버스를 타고 여산으로 떠나다. 9시 35분 대변을 보았다. 종로구 효제동孝悌洞 130 현대문학사現代文學社에 가다.

6월 3일(토) 교수회관(의과대학 구내)에 가다. 오후 2시 4분, 비는 여전히 오다. 학술원상 규정 및 수상 심사규정 개정안 심의. 학술원 회장에 참석하였다. 90여 명이 모이다. 6시 45분 끝나다. 칵테일 파아티를 하고 양식洋食을 하다. 걸어오다. 학술원의 택시를 만나 같이 타고 오다.

6월 18일(일) 10시 40분 대변을 보았다. 음陰하다. 가랑비가 오다.

6월 28일(수) 청주대학淸州大學 김지용金智勇 군이 와 본다. 「실사구시사상實事求是思想과 박연암朴燕巖의 문학文學」 가져왔다.

7월

7월 15일(토) 9시 해가 돋다. 오후 6시 한국회관韓國會館서 장덕순張德順 군의 『국문학통론國文學通論』 출판을 기념하여 모이다. 칵테일 파아티를 하였다. 7시 30분 택시를 타고 왔다.

7월 17일(월) 9시 20분 대변을 보았다. 택시를 타고 나, 경京, 종宗, 공公, 한韓, 큰며느리가 갔다. 오후 1시 40분이다. 서울대학교다. 2시 사회 최낙구. 회장 이병도. 경과보고 부회장 안동혁, 저작상 박종홍(철학), 조복성(곤충학), 공로상 이병기(국문학). 이태규(이론화학), 이종륜(생리학)이 각기 상을 타고, 내빈의 축사가 있고 박종홍이 대표 인사 하였고, 부회장 이희승의 만세 삼창이 있었다. 칵테일 파아티를 가서 여러 친구를 만나다. 택시를 타고 오다.

7월 19일(수) 9시 40분 대변을 보았다. 구름 끼다. 해 돋다. 종로 가다. 이종익李鐘翊 군 보고 술을 먹다.

7월 28일(금) 8시 50분 대변을 보았다. 오후 5시 국립도서관에 가다. 이병도李丙燾, 김두종金斗鍾, 이희승李熙昇 나왔다. 문교부文敎部, 숙대총장淑大總長, 서울대 문리과장상 수상자受賞者다. 한국서지학회韓國書誌學會서 하였다. 20여 명. 다동으로 찾아 양식을 하다. 포도주, 양주를 놓고 먹다. 8시 그치다. 택시로 오다.

8월

8월 8일(화) 따뜻하다. 삼청동三淸洞의 샘(泉)을 먹다. 11시 50분 오다.

9월

9월 15일(금) 맑다. 아침에 이창구李昶求 군이 그 부인 생신生辰에 나, 처妻를 오라 한다. 가서 밥과 술과 찬을 얻어먹다. 11시 55분 대변을 보았다.

10월

10월 7일(토) 독다리골 정운시鄭雲始, 남살메 신보영申輔永, 신 주사申主事, 강변뜸 임주백林周白 군을 찾아 신주사, 임林의 술을 먹고 왔다.

10월 19일(목) 맑다. 8시 20분 대변을 보았다. 김근수金根洙 군이 『협률대성協律大成』을 빌려가다.

10월 22일(일) 11시 30분 대변을 보았다. 택시를 타고 국립도서관에 갔다. 2시에 있다. 김두종金斗鍾, 박종화朴種和 군이 있다. 내빈來賓, 학생도 많다. 우리나라 활자活字 인쇄술印刷術에 수반隨伴된 사회적社會的 조건條件은 김金이요, 문화文化의 중요성重要性은 박朴이다. 다 들었다. 한국귀중도서전람韓國貴重圖書典覽이 있다. 목록目錄도 얻었다. 택시로 오다.

10월 24일(화) 6시 50분 대변을 보았다. 원서동苑西洞을 가다. 오후 2시 택시를 타고 남광우南廣祐 군이 나를 더불어 가다. 종로서 다방에 내인다. 홍차를 먹다. 이희승李熙昇, 이숭녕李崇寧 외 있다. 인화원人和園에 그들이 다 그저 갔다. 중국요리로 다 배불리 먹다. 『고어사전古語辭典』에 의하여 광우 군이 먹였다. 택시로 오다.

11월

11월 19일(일) 오후 4시 김준金埈 군이 택시로 오다. 양상경梁相卿 군과 같이 서울 의과대학 강당에 가다. 「시조의 밤」이다.

11월 28일(화) 7시 대변을 보았다. 유제운柳濟雲 군과 김춘자金春子 양의 결혼.

12월

12월 3일(토) 맑다. 9시 7분 대변을 보았다. 11시 두어 시간 흐렸다. 무우 백채白菜를 4만환 들이다.

12월 7일(수) 눈이다. 9시 42분 대변을 보았다. 해가 나다.

12월 25일(일) 여산礪山서 5석五碩을 곱게 찧어 왔다.

1961년(단기 4294년)

1961년(단기 4294년)

1월

1월 1일(일) 맑다 흐렸다. 오후 4시 5분 대변을 보았다. 남광우南廣祐, 이태극李泰極 군이 세배하러 오다.

1월 10알(화) 온종일 흐렸다. 민제閔濟 군이 왔다. 『협률대성協律大成』, 『한국계년사韓國季年史』, 『시용향악보時用鄕樂譜』를 주다.

11월

11월 26일(일) 맑다. 오후 5시 30분 나, 이태극李泰極, 남광우南廣祐 택시를 타고 동명東明 그릴에 갔다. 문학박사 학위 축하연이다. 60여 명. 이희승, 정인승, 이은상李殷相 등 여럿이 말하였다. 나는 답사로 두어 말 말하였다.

12월

12월 11일(월) 병룡秉龍이 집에서 아침 먹고, 병룡이 회갑연回甲宴에 여러 집안 식구와 기타 빈객이 축하하였다. 오후 5시 대변을 보았다.

12월 30일(토) 오후 여러 선생과 같이 남산 대로변 수도여자대학首都女子大學에 이르다. 1시. 4층을 오르다. 아는 이도 많이 왔다. 예술문화총회이다. 2시 30분. 전영택田榮澤이 회장. 예술·학술원의 회의이다. 3시. 나는 돌아오다. 4시 10분. 종일 맑다. 6시 국악원을 가다. 성경린成慶麟 취임식. 7시 식순. 이주완李珠煥과 성경린의 퇴임사 등이다. 성의 택시로 오다.

1962년(단기 4295년)

1962년(단기 4295년)

1월

1월 2일(화) 종일 맑다. 오후 4시 40분 대변을 보았다. 남광우南廣祐, 김동욱金東旭, 이태극李泰極, 김성배金聖培, 김근수金根洙 군이 술을 먹다.

4월

4월 5일(목) 오후 5시 10분 반도호텔 다이닝 룸에 갔다. 15주년 기념식이다. 서울 신문학원新聞學院 원장 곽복산郭福山 군이 벌써 왔다. 6시 개식開式하였다. 폐식 후 다식茶食을 하다.

4월 9일(월) 맑다. 5시 흐렸다. 3시 15분 대변을 보았다. 관철동觀鐵洞 이종익李鍾翊 군 집을 찾았다. 어디 갔다. 그 아우는 있다. 찻집으로 가다. 차를 먹다. 양주洋酒도 먹다. 그 형에게 할 말을 다하다. 또 방동房洞 왕포집이란 곳을 가다. 이종익 군이 사람을 보내어 돈 3만 원을 주다.

4월 14일(토) 6시 30분 대변을 보았다. 오후 1시 30분 가다. 동국대학교 중강당中講堂에서 있다. 2시 20분 이병도李炳燾, 김두헌金斗憲, 최상수崔常壽, 조명기趙明基, 유홍렬柳洪烈, 미국인 하나가 연설을 하였다. 이능화李能和 선생의 17주기일週忌日이다.

『한국도교사韓國道敎史』를 얻다. 나는 병도 군과 택시를 타고 종로 화신 북쪽에서 내리다. 술집에 들어가다. 7시에 집에 오다.

5월

5월 3일(목) 5시 47분 비가 오다. 하오 두시나 돼서 해가 떴다. 오후 2시 30분 이종익李鍾翊 군의 신구新丘에 갔다. 『월인천강지곡月印千江之曲』 상上을 얻었다. 택시를 타고 집까지 오다.

10월

10월 27일(토) 종일 맑다. 여산면장礪山面長 김병일金炳一 군이 와 익산군益山郡의 작사료作詞料 5천 원을 받다.

11월

11월 5일(월) 종일 맑다. 10시 50분 가다. 경기도 지사知事가 없다. 그 후 50분 지사실知事室에서 최현배崔鉉培, 김윤경金允經, 정인승鄭寅承,

장지영張志暎 군이 모여 한글 반포 516주년 기념 공로상을 받았다. 택시로 조선호텔로 갔다. 또 이희승 군이 오다. 경기도 지사 외 3인과 더불어 우리 6인이 양식으로 했다. 그리고 택시를 타고 왔다.

11월 14일(수) 흐리다 맑다 비가 오다. 7시 30분 창환昌煥이가 여산 신막에 갔다. 종로에 가다. 관철동의 신구문화사新丘文化社에 들렀다. 이종익 군이 있다. 『시조선時調選』, 『인현왕후전仁顯王后傳』, 『근조내간선近朝內簡選』이 출판되었다. 그러나 아직 못 나오다. 택시를 타고 견지동堅志洞으로 일지사一志社에 가다. 김성재金聖哉 군이 있다. 『국문학개론國文學槪論』의 원고를 찾다 못 찾아냈다. 택시를 다시 불러 계동桂洞 중앙학교에 가게 한다. 오후 2시 40분~3시 20분 비가 오다.

12월

12월 15일(토) 종일 맑다. 이영도, 이태극 군이 오다. 술을 먹다. 나갔다. 계동桂洞 입구에서 나, 영도, 태극 군이 택시를 타고 황토黃土마루에 이르다. 여느 음식집에 들다. 두 분은 밥하고 나는 술 한 잔, 전복을 달래다. 다방에 들러 인삼차 3배盃를 먹다. 나와서 영도 군을 이별하다. 게서 택시를 타고 계동중학교桂洞中學校에 이르다. 태극 군은 원서동苑西洞으로 가다.

12월 29일(토) 9시 50분 대변을 보았다. 오후 4시 이태극, 김성배, 남광우, 김동욱 군이 구정 세배 오다. 종희宗熙와 인사하다. 나의 책冊 등을 모아 어디 도서관圖書館에 넘기자고 한다. 이 사람들이면 부탁한다. 종일 맑다. 밤 8시 비, 눈이 오다. 12시까지 오다.

1963년(단기 4296년)

1963년(단기 4296년)

1월

1월 4일(금) 종일 맑다. 10시 50분 대변을 보았다. 오후 2시 이태극李泰極, 김성배金聖培, 남광우南廣祐, 김동욱金東旭 군이 세배 오다. 술을 냈다. 4시 40분 흐리다. 8시부터 10시까지 싸라기눈이 오고 큰 눈이 오다.

1월 16일(수) 종일 맑다. 11시 대변을 보았다. 민제閔濟 군이 오다. 점심을 먹다. 도서圖書의 서역書役을 하다.

2월

2월 2일(토) 10시 50분 대변을 보았다. 완희完熙를 전주全州 최승범崔勝範 군께 보내다. 오후 3시~4시 50분 흐리다. 완희가 와 최 군이 오늘 못 오고 내일 온다고 한다.

2월 3일(일) 종일 맑다. 밤이 눈이 오다. 최승범崔勝範 군이 오다. 저작著作 7, 8권 신구문화사 이종익 군과 문서류文書類를 우선 작성하여 놓겠다. 승범 군은 오늘 전주로 가고 명일明日 온다. 3시 30분 갔다. 경년庚年 그 사둔査頓 윤 군이 와 술을 먹는데 병룡炳龍이가 와 같이 먹었다.

2월 5일(화) 서리가 오다. 9시 30분 대변을 보았다. 병관秉寬의 큰 손부孫婦 혼일婚日이다. 나도 갔다. 병관의 집에서 술을 먹고 또 병룡秉龍의 집에서 음식과 술을 가져다가 먹다. 나, 병문秉文, 병관, 병룡 들이. 승범勝範 군이 오다. 서역書役하다. 종일 맑다.

2월 12일(화) 최승범 군이 오다. 서역書役하다. 종일 맑다.

3월

3월 3일(화) 7시 33분 대변을 보았다. 나는 나섰다. 동숭동東崇洞이다. 고故 이양하李敭河 군 집을 찾았다. 아무도 없다. 이병도李炳燾 군이 있다. 술을 먹었다. 김상기金庠基 군이 있다. 술을 먹다. 오후 3시 20분 택시를 타고 상기 군과 계동중학교에 왔다. 군을 갔다. 종일 맑다.

3월 5일(수) 오후 3시 45분 김동욱金東旭 군이 오다. 책의 귀본貴本, 희본稀本을 끊아 정하다. 남광우南廣祐, 성낙훈成樂薰 군이 오다. 종일 맑다. 여럿이 술, 밥을 먹었다. 8시다.

3월 7일(금) 7시 20분 대변을 보았다. 김상기金庠基 군이 오다. 귀본貴本을 보다 술을 먹다. 정원택鄭元澤 군이 오다. 술 먹다. 종일 맑다.

3월 10일(월) 밤에 눈이 오다. 김상기金庠基, 이성의李聖儀 군이 오다. 술을 먹다. 민제閔濟 군이 도서 목록을 써가지고 왔다. 맑고 흐리다. 서徐, 성成 군이 사과 홍옥紅玉을 사오다.

3월 11일(화) 8시 30분 대변을 보았다. 이겸로李謙魯 군이 오다. 백린白麟, 장대원張大遠 군이 오다. 종일 맑다.

3월 16일(일) 9시 15분 대변을 보았다. 민순대閔順大, 강오순姜五順,

그 누이 민애련閔愛蓮, 따님 미영美暎이 이거移居해 왔다. 다달에 1천원을 낸다. 처, 넷째 제수, 무희戊熙, 윤석란, 현욱이가 오후 6시 10분 서울역에 도착했다. 트럭을 타고 운전수, 조수, 종희가 왔다. 책을 다 날라들였다. 6천 원을 주었다. 7시 20분이다.

3월 17일(월) 나는 아침 전에 대문 앞에서 이성의李聖儀 군을 보고 오늘 책을 감정하기로 하였다. 민제閔濟 군을 종희宗熙가 가 오라고 하였다. 그리고 이성의李聖儀, 민제閔濟, 종희, 나, 네 사람이 종일 감정하였다. 종일 맑다.

5월

5월 19일(월) 종일 맑다. 오후 5시 김상기金庠基, 이성의李聖儀 군이 오다. 술을먹다. 민제 군이 오다.

5월 21일(수) 비가 오다. 9시 3분 그치다. 민제 군이 오다. 오후 5시 20분 김동욱金東旭 군이 오다. 바나나 20여개 가져 왔다. 전광용全光鏞 군이 오다. 계란 30개 가져 오다. 김상기 군이 왔다. 술을 먹다. 8시가 되다.

5월 24일(토) 2시 15분 대변을 보았다. 7시 비가 오다. 자꾸 오다. 민제 군이 오다. 기증서寄贈書 김상기, 김동욱, 남광우, 민제, 이경희李京熙 들이다. 남 군이 가람의 전세계全世界를 말하였다. 내일 다 된다고 한다. 종일 계속하여 큰비가 오며 밤에도 왔다.

5월 25일(일) 7시 비가 오다. 9시 30분 대변을 보았다. 오후에 나는 정충시鄭忠時 군을 만나다. 술을 먹다. 2시 30분 교수회敎授會에 갔다. 이학, 공학박사理學工學博士 원태상元泰常과 그 부인이 소연小宴을 약설略設하고 송수頌壽를 축祝하다. 우리는 양주洋酒 두어 잔을 마시고 말았다. 이병도, 김상기 군이 책 이야기를 하다. 5시 오다. 밤에 비가 오다.

5월 28일(수) 9시 40분 해가 뜨다. 9시 55분 대변을 보았다. 서울대학 도서관장圖書館長 김계숙金桂淑, 사서과장司書課長 백린白麟 군과 그 외 4인이 오다. 그 묻는 바를 일일이 대답하였다. 술을 먹다. 오후 2시 국립국악원 성경린成慶麟 군을 보다. 6시 민제, 신요영辛堯永 군이 오다. 맑다.

5월 29일(목) 9시 30분부터 오후 2시까지 비가 오다. 민제閔濟 군이 오다. 내일 서울대학교에서 책을 실어 가겠다고 한다. 흐리다.

6월

6월 7일(토) 8시 25분 대변을 보았다. 백린白麟 이하 5인이 책을 실어 갔다. 오후 4시 30분 7백여 책을 실어 갔다. 도합 4천 2백여 권이다. 백린 군이 기다리다. 종희宗熙, 민제閔濟 군이 백린 군과 같이 서울대학교로 갔다. 이사회理事會가 있다고 왔다. 종일 맑다.

6월 13일(금) 9시 22분 대변을 보았다. 오후 5시 강한영姜漢永 군이 왔다. 『연행일기燕行日記』 김창집金昌集과 『무오연행戊午燕行』 서유문徐有聞과 『의유당관북유람일기意幽堂關北遊覽日記』가 다 실리었다. 술을 먹다. 종일 맑다.

6월 24일(화) 7시 대동大東이발관에서 이발하였다. 나, 경희京熙가 오후 12시 58분 택시를 타고 서울대학교로 갔다. 나와 경희가 서울대학고 총장실總長室로 들다. 총장 권중휘權重輝 군을 만나다. 김상기, 남광우, 김계숙, 백린 군이 있다. 총장이 감사장을 주다. 그리고 유수有數한 서적을 보이다. 나. 광우廣祐, 동욱東旭, 경희京熙가 택시를 타고 집으로 오다. 광우, 동욱, 나는 술을 먹다. 다시 나, 광우廣祐, 동욱東旭, 경희京熙가 택시를 타고 미장美莊 그릴로 갔다. 김계숙金桂淑, 백린白麟 군이 있다. 8인이 된다. 양식, 맥주를 먹다. 8시 20분이다. 택시를 타고 집으로 왔다.

6월 25일(수) 10시 20분 해가 뜨다. 나는『금보琴譜』의 책자冊子를 갖고 이성의李聖儀 군을 찾았다. 이것은 국립국악원에서 쓸 것이다. 나는 국악원 성경린成慶麟 군을 보고『금보琴譜』를 팔아달라고 하였다. 오후 2시 흐리다.

6월 27일(금) 10시 해가 뜨다. 얼마 안 가 흐리다. 민제閔濟 군이 오다. 서울대학교 중앙도서관장中央圖書館長 김계숙金桂淑, 백린, 이상영李相榮, 김상기, 남광우, 김동욱, 전광용全光鏞, 나, 경희를 민제 군이 청하다. 내일 오후 6시로 하다.

6월 28일(토) 4시 50분 대변을 보았다. 밤에 비가 오다. 8시 5분 대변을 보았다. 비가 연하여 오다. 오후 4시 30분 민제, 경희, 나 택시를 타고 미장美莊 그릴로 갔다. 6시 김계숙, 백린, 이상영, 김동욱, 남광우 군이 왔다. 맥주, 양식을 먹다. 7시 40분 다 끝나다. 4천2백 원이다. 8시 20분 김상기, 나 경희 택시를 타고 집으로 오다.

7월

7월 10일(목) 7시 17분 대변을 보았다. 나는 택시를 타고 서울대학교로 갔다. 백린白麟 군이 있다. 가람문고실文庫室을 보았다. 또 박종홍朴鍾鴻 군이 있다. 대학원장大學院長으로서 퍽 건강하다. 나의 건강을 축하하다. 홍차紅茶를 먹다. 나는 다시 총장실로 오다. 김계숙金桂淑 군과 나는 국제방송국國際放送局에서 가람과 김계숙의 대담이 있다. 이야기하였다. 벌써 오후 40분 되었다. 방송국 차로 나는 집에 왔다. 종일 흐리다.

7월 17일(목) 5시부터 12시까지 비가 오다. 나는 오후 1시 10분 택시를 타고 서울대학교 대강당大講堂에서 내렸다. 2시부터 학술원學術院, 예술원藝術院의 8회 학學은 5인, 예藝는 4인, 상常을 주고 식을 마쳤다. 나는 성경린成慶麟, 김동욱金東旭 군과 같이 택시를 타고 우리 집으로 오다. 4시 7분 대변을 보았다. 술을 먹었다. 5시도 지났다.

10월

10월 3일(금) 6시 대변을 보았다. 오후 1시 술 먹고 최승범崔勝範과 같이 택시를 탔다. 전주全州로 가다. 여관에 들다. 김상기, 이정홍李楨弘 군이 있다. 음식과 술을 먹다. 오후 2시 나, 김상기, 이정홍李楨弘 기타 2인, 운전수 1인 하여 금구金溝 신태인新泰仁 덕천면德川面 황토현黃土峴에 이르다. 4시 30분이다. 종일 맑다. 4만인이 모였다. 이는 우리와 그 관민官民의 제막식除幕式을 빛내 주는 것이다. 식순은 대통령 권한

대행 박정희, 본부本部 지사知事 김인金仁, 기타 사항을 다하다. 해는 다하였다. 우리는 택시를 타고 왔다. 여관에 들다. 8시이다. 10시나 되어 관민과 우리들이 모이었다. 10여인이다. 술과 찬饌이다. 11시 지났다. 나는 조병희趙炳喜 집으로 갔다. 문선규文璇奎, 최승범崔勝範 군이 따라왔다 갔다. 11시 30분 대변을 보았다. 병희炳喜 는 갔다. 그 처자녀妻子女만 있다.

1964년(단기 4297년)

1964년(단기 4297년)

1월

1월 14일(수) 서리가 왔다. 신막 갔다. 병룡이와 술을 먹다. 오후 5시 병룡이가 오다. 술을 먹다. 시조時調 1수首 지어 읊었다.

1월 17일(토) 처의 생일. 나, 병룡秉龍, 병문秉文, 병주秉胄, 기타 사라들이 왔다. 10시 대변을 보았다. 10시 해가 뜨다. 그후로는 흐리다 하였다. 병룡이가 오다. 오후 5시 술 먹다.

2월

3월 22일(일) 오후 1시 나는 이병도李丙燾 군에게 갔다. 군이 있다. 술을 먹다. 4시 김상기金庠基 군이 있다. 술을 먹다. 5시 택시에 탔다. 계동桂洞 오다. 종일 맑다.

4월

4월11일(토) 9시 30분 대변을 보았다. 종일 맑다. 오후 6시 30분 텔레비를 놓다. 9시 30분 신현득申鉉得, 김金 군이 오다. 김 군이 가고, 현득이가 7시 갔다.

4월 29일(수) 처, 나, 며느리는 7시 20분 택시를 타고 용산龍山에 이르렀다. 버스를 탔다. 며느리는 갔다. 8시 10분이다. 서울, 천안, 공주, 논산 훈련소를 거쳐 여산 신막에 내렸다. 오후 4시 10분이다. 병룡秉龍에게 들렀다. 술을 먹다. 6시에 오다 종일 맑다.

8월

8월 1일(토) 5시 안개가 오래 끼었다. 9시 30분 대변을 보았다. 종일 맑다.

9월

9월 30일(수) 9시 대변을 보았다. 병룡이가 오다. 만희晩熙도 오다. 석창포도 캤다. 10시 30분 갔다. 종일 맑다.

일기 51권*

1964. 10. 1. ~ 1966. 6. 20.

* 이 51권 일기는 노트에 쓰지 않고 185매(枚)의 원고지에 붓으로 썼다. 가람은 말년 병세가 심해지면서 단어나 문장이 끊기기도 하고, 어법에 맞지 않은 글이 많아졌다. 나중에는 거의 반복되는 문장으로 이어지고 있다. 이를 그대로 가감(加減) 없이 옮겼다.

1964년(단기 4297년)

10월

10월 1일. 9시九時 병룡秉龍이가 갔다. 소주을 먹다. 11시十一時 30분三十分 오다. 12시十二時 20분二十分 대변大便을 보았다. 종일終日 맑다.

10월 2일. 5시五時 35분三十五分 대변大便을 보았다. 종일終日 맑다.

10월 3일. 10시十時 20분二十分 대변大便을 보았다. 하후下後 4시四時 병룡秉龍이가 오다. 그 작昨 병룡秉龍이가 박朴, 안 씨安氏을 다 갔다. 술을 먹다. 흐리다. 하후下後 5시五時 맑다.

10월 4일. 하후下後 2시二時 5분五分 대변大便을 보았다. 종일終日 흐리다.

10월 5일. 4시四時 비가 오다. 연하여 오다. 10시十時 20분二十分 대변大便을 보았다. 하후下後 1시一時까지 비가 오다. 종일終日 흐리다.

10월 6일. 하후下後 2시二時 55분五十五分 대변大便을 보았다. 종일終日 흐리다.

10월 7일. 8시八時 50분五十分 대변大便을 보았다. 맑다 흐리다 하였다.

10월 8일. 하후下後 2시二時 대변大便을 보았다. 병룡秉龍이가 오다. 술을 먹다. 종일終日 맑다.

10월 9일. 9시九時 대변大便을 보았다. 10시十時 이균희李均曦, 김준영金俊榮가 전주全州서 다시 타고 오다. 술을 먹다. 신막 가서 타고 갔다. 전북대학교全北大學校에 왔다. 차茶를 디었다. 여러 나 원내園內를 구경求景하다. 또 택시를 타고 덕진못. 연하 지는 걸 보았다. 앞을 보고 맥주麥酒를 한다. 그러고 택시를 타고 시市으로 대구탕大邱湯서 당하다. 하후下後 30분三十分이 났다. 총장總長 유영대이 오다. 17인十七人 있다. 맥주麥酒을 두다. 반찬飯饌이 있다. 2시二時 30분三十分 택시를 타고 강순姜順 택에 찾다. 또 조趙 에 있다. 누구님에도 있다. 진陳 , 이李 이 있다 소주을 있다. 돌아오다 여러 손날들 차茶를 자었다. 4시四時 게시를 타고 진陳 , 최승범崔勝範이 갔다. 신막에 갔다. 나는 병룡秉龍의 소주를 먹다. 돌아오다.

10월 10일. 10시十時 대변大便을 보았다. 처妻가 하후下後 5시五時 서울에서 빼스를 타고 신막을 당하다. 종일 맑다.

10월 11일. 하후下後 1시一時 20분二十分 대변大便을 보았다. 이 밤에 나. 병주秉胄, 완희完熙, 석희石熙이다. 증曽, 증曽의 증조曽祖이다.

10월 12일. 처妻가 대전太田에 가서 11시十一時 찾다. 하후下後 2시二時 5분五分 대변大便을 보았다. 종일終日 맑다.

10월 13일. 10시十時 5분五分, 하후下後 2시二時 35분三十五分 대변大便을 보았다. 맑다. 하후下後 4시四時에는 흐리다.

10월 14일. 9시九時 35분三十五分 대변大便을 보았다. 병룡秉龍이가 오다. 술을 먹다. 종일終日 흐리다.

10월 15일. 6시六時 대변大便을 보았다. 종일終日 맑다.

10월 16일. 9시九時 신막 갔다. 술을 먹다. 병룡秉龍와 나와 호산이발관에 갔다. 나는 이발하고 병룡秉龍이는 담에 하였다. 12시十二時 하였다. 병룡秉龍의 집에 있어 술을 먹다. 발 먹다. 하후下後 2시二時 갔다. 2

시二時 30분三十分 대변大便을 보았다. 종일終日 맑다.

10월 17일. 5시五時 비가 오다. 6시六時 20분二十分 대변大便을 보았다. 12시十二時 대변大便을 보았다. 하후下後 2시二時 맑다 흐리다 하고 3시三時에는 흐리다 하였다.

10월 18일. 9시九時 55분五十五分 대변大便을 보았다. 하후下後 병룡秉龍이가 오다. 4시四時 술을 먹다. 10시十時 흐리다. 그 정이나 하후下後에는 맑다.

10월 19일. 6시六時 55분五十五分 대변大便을 보았다. 하후下後 4시四時 미국美國을 떠는고 수철 댁이 있다. 또 병룡秉龍이고 수철댁하고 서모庶母 병암甁岩며 양주洋酒를 먹다. 5시五時 되었다. 9시九時는 맑다. 10시十時에고 하후下後 이후는 흐리다.

10월 20일. 10시十時 10분十分 대변大便을 보았다. 11시十一時 비가 오다. 하후下後 비가 오다. 6시六時 비가 오다. 밤에는 비가 오다.

10월 21일. 11시十一時 대변大便을 보았다. 맑다 흐리다. 병룡秉龍와 나, 서모庶母는 술을 먹다. 이 밤에 나 병룡秉龍 병주秉胄 종희宗熙 인희仁熙 석희石熙 손孫이다. 수씨嫂氏도 많이 하다. 어버니 제사祭祀다. 1시一時 45분四十五分다.

10월 22일. 서모庶母네는 나, 병룡秉龍, 임任, 년年, 종희宗熙, 석희石熙이다. 술, 발을 먹다. 9시九時 맑다. 10시十時 이후以後 흐리다. 용화산龍華山 9시九時에 갔다, 하후下後 2시二時 40분四十分 여산학교礪山學校 7인七人이 서모庶母의 있다. 술을 먹다. 그걸 마 갔다. 4시四時 45분四十五分 술을 먹다. 대변大便을 보았다, 종일終日 흐리다.

10월 23일. 하후下後 2시二時 50분五十分 대변大便을 보았다. 종일終日 흐리다.

10월 24일. 5시五時 서리가 오다. 11시十一時 35분三十五分 대변大便을 보았다. 종일終日 맑다.

10월 25일. 5시五時 서리가 오다. 6시六時 25분二十五分 대변大便을 보았다. 하후下後 1시一時 35분三十五分 대변大便을 보았다. 하후下後 1시一時 — 6시六時까지 흐리다.

10월 26일. 6시六時 30분三十分 신막에 갔다. 처妻 서모庶母 송宋점히가 빼스를 타 갔다. 공주公州 천안天安 수원水原 용산龍山서 오다. 흑석동黑石洞을 택시를 갔다. 하후下後 5시五時이다. 영등포구 흑석동 199一九九의 2二오 택시를 탰다. 점순이는 있다. 밤에 며느리가 오다.

10월 27일. 7시七時 5분五分 대변大便을 보았다. 종일終日 맑다.

10월 28일. 7시七時 5분五分 대변大便을 보았다. 종일終日 맑다.

10월 29일. 7시七時 40분四十分 대변大便을 보았다. 나는 갔다. 이발이 않다. 시장市場에서 이발을 했다. 애류崖溜의 부인夫人이 직 있느구. 11시十一時 40분四十分 이다. 종일終日 맑다.

10월 30일. 안개가 오래 끼었다. 6시六時 40분四十分 대변大便을 보았다. 종일終日 맑다.

10월 31일. 이 밤의 비가 오다. 7시七時 10분十分 대변大便을 보았다. 종일終日 흐리다. 이 밤에 인배 정배 김용구가 왔다.

11월

11월 1일. 7시七時 5분五分 대변大便을 보았다. 김金 군君은 신태양사을 다닌다. 그래 일즉 왔다. 종일終日 맑다.

11월 2일. 6시六時 40분四十分 대변大便을 보았다. 5시五時 누님 둘째 딸과 큰 손녀孫女가 왔다. 5시五時 40분四十分 대변大便을 보았다. 종일終日 맑다.

11월 3일. 하후下後 3시三時 5분五分 대변大便을 보았다. 5시五時 송宋군君, 누님 한째 딸과 끝 손자孫子가 왔다. 장동 감은 주다. 또 서울 감이 먹였다. 중앙대학교中央大學校 남광우南廣祐과 그 두 군君과 한 학생學生이 왔다. 감, 석냥을 주다. 12시十二時에는 맑다 흐리다 하다. 하후下後에는 흐리다. 처妻, 서모庶母는 신설동 이승희의 모에 잤다.

11월 4일. 6시六時 50분五十分 대변大便을 보았다. 만희晩熙가 오다. 하후下後 2시二時 50분五十分 대변大便을 보았다. 2시二時 40분四十分 비가 오다. 3시三時 40분四十分 비가 오다. — 6시六時 비가 오다. 처妻 서모庶母는 무희집에 잤다.

11월 5일. 7시七時 — 8시八時 9시九時까지 비가 오다. 처妻, 서모庶母 무희, 순배이가 왔다. 순배이가 감, 술을 가저왔다. 11시十一時에 맑다. 하후下後에는 맑다.

11월 6일. 10시十時 10분十分 대변大便을 보았다. 종일終日 맑다.

11월 7일. 6시六時 55분五十五分 대변大便을 보았다. 처妻, 서모庶母는 11시十一時 20분二十分 갔다. 무희, 인배가 오다. 그래서 노량진역에서 떠났다. 천안서 온양온천으로 갔다. 인배는 아니 한다. 하후下後 4시四時 20분二十分 송석일, 한희는 왔다. 과자菓子를 가저왔다. 종일終日 맑다. 정배, 신현이, 김정숙이가 밤에 잤다.

11월 8일. 6시六時 55분五十五分 대변大便을 보았다. 하후下後 5시五時 신현이가 갔다. 종일終日 맑다.

11월 9일. 6시六時 50분五十分 대변大便을 보았다. 12시十二時 말고 흐

리다. 하후下後 1시一時 — 6시六時까지 흐리다.

11월 10일. 6시六時 30분三十分 비가 오다. 7시七時 30분三十分 대변大便을 보았다. 12시十二時 흐리다. 하후下後에는 맑다.

11월 11일. 7시七時 30분三十分 비가 오다. 9시九時 50분五十分 대변大便을 보았다. 비가 오다. 하후下後 4시四時 10분十分 대변大便을 보았다. 4시四時 45분四十五分 끝이다.

11월 12일. 9시九時 10분十分 대변大便을 보았다. 12시十二時 맑다. 하후下後 1시一時 — 3시三時 맑다 흐리다. 4시四時 — 6시六時 맑다.

11월 13일 8시八時 대변大便을 보았다. 11시十一時 맑다. 12시十二時에는 흐리다. 하후下後 1시一時, 이고 2시二時 비가 오며 3시三時 35분三十五分 대변大便을 보았다. 즉 40분四十分 끝이다. 4시四時 30분三十分 우박이 오다. 5시五時 30분三十分 흐리다.

11월 14일. 8시八時 40분四十分 나서다. 뒤산에 송宋 군君과 누님 한째 땀과 끝 손자孫子가 있다. 감 삼주蔘酒 이발을 한다. 또 뜰에 집 있어 선인류仙人類가 많다. 대변大便을 보았다. 다시 그 밑의 길로 나리어 왔다. 돌어왔다. 11시十一時 맑다. 그 뒤에 12시十二時, 하후下後에는 다 흐리다.

11월 15일. 6시六時 대변大便을 보았다. 9시九時 10분十分 해는 뜨다. 맑다.

11월 16일. 6시六時 대변大便을 보았다. 종일終日 맑다.

11월 17일. 5시五時 40분四十分 대변大便을 보았다. 하후下後 1시一時 20분二十分 갔다. 시장市場의 돌어오다. 2시二時에 되었다. 종일終日 맑다.

11월 18일. 10시十時 대변大便을 보았다. 하후下後 4시四時 30분三十

分 처妻가 택시를 타고 왔다. 서모庶母, 처妻가 천안天安에서 2일二日 자고 왔다. 12시十二時 맑다. 하후下後에는 흐리다.

11월 19일. 4시四時 55분五十五分 대변大便을 보았다. 종일終日 맑다.

11월 20일. 6시六時 25분二十五分 대변大便을 보았다. 하후下後 3시三時 10분十分 대변大便을 보았다. 12시十二時 하후下後 1시一時 맑다 흐리다. 2시二時 맑다. 3시三時 흐리다. 4시四時 5시五時 6시六時 맑다. 8시八時 이李, 권중노의 조숙향 송향선이 왔다. 11시十一時까지 놀아 갔다.

11월 21일. 유종석柳宗錫이가 오다. 자고 왔다. 종일終日 맑다.

11월 22일. 5시五時 55분五十五分 대변大便을 보았다. 하후下後 4시四時 40분四十分 대변大便을 보았다. 12시十二時 맑다. 하후下後에는 6시六時 흐리다. 이태극李泰極 군君이 오다. 술을 먹다.

11월 23일. 5시五時 55분五十五分 대변大便을 보았다. 7시七時 35분三十五分 대변大便을 보았다. 일기속日記續을 다 정리整理했다. 종일終日 맑다.

11월 24일. 5시五時 55분五十五分 대변大便을 보았다. 9시九時 40분四十分 중앙대학교中央大學校에 갔다. 중앙도서관에 『강희자전康熙字典』을 보다. 권지29卷之二十九 아부13西部十三 覇(광운廣韻) 속俗 패자覇字라 한다. 나아서 여러 것은 먹다. 다방으로 들어다. 나는 차를 마시다. 그리고 하후下後 1시一時 40분四十分 오다. 종일終日 맑다.

11월 25일. 6시六時 25분二十五分 대변大便을 보았다. 12시十二時 고두동高斗東 군君이 오다. 능금 두 가구을 사어 가지고 왔다. 술을 먹다. 또 밥을 먹다. 시조時調는 이야기도 한다. 하후下後 1시一時 50분五十分 갔다. 맑다. 10시十時 — 12시十二時, 하후下後 — 6시六時 흐리다.

11월 26일. 6시六時 25분二十五分 대변大便을 보았다. 하후下後 2시二

時 30분三十分 대변大便을 보았다. 9시九時 흐리다. 10시十時 ― 하후下後 6시六時 맑다.

11월 27일. 9시九時 20분二十分 며누리, 복배가 용산龍山 빠스를 타고 10시十時에 떠났다. 전주全州를 갔다. 하후下後 2시二時 대변大便을 보았다. 10시十時까지 흐리다. 11시十一時 하후下後 ― 6시六時 맑다.

11월 28일. 6시六時 20분二十分 대변大便을 보았다. 7시七時 45분四十五分 해가 뜨다. 그리고 12시十二時 맑다 흐리다. 하후下後 1시一時 ― 6시六時 맑다.

11월 29일. 6시六時 20분二十分 대변大便을 보았다. 9시九時 45분四十五分 11시十一時 맑고 흐리다. 12시十二時 하후下後 ― 6시六時 흐리다.

11월 30일 6시六時 대변大便을 보았다. 7시七時 40분四十分에 갔다. 대학교大學校 앞의 좀심이달에 이달하였다. 하후下後 3시三時 5분五分 대변大便을 보았다. 종일終日 맑다.

12월

12월 1일. 7시七時 30분三十分 대변大便을 보았다. 종일終日 맑다.

12월 2일. 7시七時 25분二十五分 대변大便을 보았다. 하후下後 2시二時 5분五分 대변大便을 보았다. 종일終日 맑다.

12월 3일. 7시七時 20분二十分 대변大便을 보았다. 종일終日 맑다. 큰 며누리, 복배가 빠스를 오다. 밤에 누니이 오다.

12월 4일. 6시六時 50분五十分 대변大便을 보았다. 하후下後 5시五時 5분五分 대변大便을 보았다. 종일終日 맑다.

12월 5일. 서리가 오다. 나는 무수 끝이다 먹다. 삼일三日서 먹다. 7시七時 40분四十分 나, 처妻가 흑석동黑石洞 빼스를 탔다. 용산龍山에 나리다. 또 빼스를 탔다. 8시八時 20분二十分 떠났다. 서리가 오다. 9시九時 30분三十分 비가 오다. 10시十時 30분三十分 비가 끝이다. 천안天安에 다지서 또 비가 오서 45분四十五分 비가 오다. 하후下後 3시三時 논산論山에 비가 오다. 신막에 나리다. 4시四時다. 병룡秉龍이가 나와 본다. 오다. 집으로 들다. 앙배 등이 내리다. 오다. 7시七時 사촌四寸 세째 동생을 갔다.

12월 6일. 종일終日 맑다. 오날은 나, 나우, 인희, 병유를 한 것이다. 그 감은 여러 가지로 하였다. 하후下後 1一, 2시二時 30분三十分 끝이다.

12월 7일. 7시七時 30분三十分 대변大便을 보았다. 신막에 갔다. 나우는 생신生辰을 만났다. 여러 손들는 다 놀나었다. 하후下後 1시一時까지 갔다. 종일終日 맑다.

12월 8일. 7시七時 30분三十分 대변大便을 보았다. 맑다. 10시十時 11시十一時 맑다 흐리다. 그 뒤에는 12시十二時 내지乃至 하후下後 — 6시六時 흐리다.

12월 9일. 아 가 오다. 7시七時 25분二十五分 대변大便을 보았다. 9시九時는 맑다. 하후下後 후는 — 6시六時 맑다. 여산국민학교 교장, 이사장 및 신막 분교 촉진위원 3명이 하후下後 3시三時 술을 먹다. 이리 경찰서장, 여산 지서주임 정보계장 외 수행원 2명이 술을 먹다. 4시四時에 사진 찍었다. 망성지서로 갔다.

12월 10일. 안개가 끼었다. 7시七時 5분五分 대변大便을 보았다. 8시八時 9시九時에 맑다. 10시十時 — 하후下後 6시六時 흐리다.

12월 11일. 8시八時 해가 뜨다. 11시十一時 50분五十分 대변大便을 보

았다. 종일終日 맑다.

12월 12일. 11시十一時 15분十五分 대변大便을 보았다. 종일終日 맑다.

12월 13일. 8시八時 40분四十分 처妻가 버스를 타서 서울을 갔다. 흑석동黑石洞 집이다. 12시十二時 대변大便을 보았다. 하후下後 4시四時 병룡秉龍이가 오다. 술을 먹다. 종일終日 흐리다.

12월 14일. 서리가 오다. 하후下後 40분四十分 대변大便을 보았다. 종일終日 맑다.

12월 15일. 서리가 오다. 눈이 오다. 9시九時 45분四十五分에 해가 뜨다. 10시十時 대변大便을 보았다. 11시十一時 45분四十五分 병룡秉龍이가 오다. 2군二君이 오다. 『약산실기若山實記』 일권一卷를 가지고 2군二君이 갔다. 나는 병룡秉龍이 술을 먹다. 하후下後 1시一時에 갔다. 종일終日 맑다.

12월 16일. 서리가 오다. 10시十時 대변大便을 보았다. 하후下後 3시三時 맑다. 4시四時 5시五時는 맑고 흐리다. 6시六時 맑다. 종희宗熙는 전주全州로 갔다 왔다.

12월 17일. 9시九時 50분五十分 대변大便을 보았다. 종일終日 맑다.

12월 18일. 밤에 눈이 우다. 나마지도 눈이 오고 하후下後 2시二時도 오다. 3시三時 후는 맑다. 11시十一時 45분四十五分 대변大便을 보았다. 하후下後 4시四時 눈이 오다.

12월 19일. 눈이 오다. 9시九時 30분三十分 대변大便을 보았다. 맑고 흐리다. 11시十一時 12시十二時 맑다. 하후下後 3시三時 흐리다. 그 후는 맑다. 4시四時 10분十分 병룡秉龍이가 오다. 내일 논산論山을 갔다. 5시五時 갔다.

12월 20일. 눈이 오다. 9시九時 30분三十分 대변大便을 보았다. 10시十

時 맑고 흐리다. 11시十一時 12시十二時 하후下後 1시一時 — 5시五時 맑고 흐리다. 6시六時 맑다.

12월 21일. 9시九時 35분三十五分 대변大便을 보았다. 종일終日 맑다.

12월 22일. 12시十二時 대변大便을 보았다. 맑다. 하후下後 1시一時 2시二時 맑다 흐리다. 3시三時 4시四時 맑다. 5시五時 6시六時 흐리다. 3시三時 40분四十分 병룡秉龍이가 오다. 술을 먹다.

12월 23일. 하후下後 1시一時 55분五十五分 대변大便을 보았다. 종일終日 맑다.

12월 24일. 서리가 오다. 10시十時 20분二十分 대변大便을 보았다. 하후下後 4시四時 나는 신막에 오다. 술을 먹다. 종일終日 맑다.

12월 25일. 서리가 오다. 10시十時 50분五十分 대변大便을 보았다. 중仲, 상喪을 축祝하다. 종일終日 맑다.

12월 26일. 서리가 오다. 9시九時 20분二十分 대변大便을 보았다. 하후下後 4시四時 이李, 이李 군君, 경년庚年, 치도致道, 임任, 병룡秉龍이가 오다. 술을 먹다. 종일終日 맑다.

12월 27일. 8시八時 종희宗熙가 갔다. 이설로 기차汽車로 갔었다. 흑석동黑石洞 집이다. 10시十時 20분二十分 대변大便을 보았다. 종일終日 맑다.

12월 28일. 서리가 오다. 10시十時 25분二十五分 대변大便을 보았다. 종일終日 맑다.

12월 29일. 서리가 오다. 10시十時 25분二十五分 대변大便을 보았다. 8시八時 맑고 흐리다. 9시九時 10시十時 맑다. 10시十時 12시十二時 맑고 흐리다. 그 후에는 흐리다. 종희宗熙는 오늘 하후下後 7시七時 20분二十分 기차汽車에 가고 왔다.

12월 30일. 6시六時 비, 비가 오다. 10시十時 20분二十分 대변大便을 보았다. 비가 끝이다. 하후下後는 맑다.

12월 31일. 9시九時 40분四十分 ○月의 대변大便을 보았다. 신막 갔다. 인仁, 술을 먹다. 장화영張化榮의 집이다. 병룡秉龍이가 오다. 인仁도 갔다. 술을 먹다. 12시十二時 거느리다. 흐리다. 맑다.

1965년(단기 4298년)

1965년(단기 4298년)

1월

1월 1일. 서리가 오다. 9시九時 55분五十五分 대변大便을 보았다. 신막 갔다. 이李 군君이 이발하였다. 세어게 지어다. 이발하였다. 병룡秉龍이가 오다. 술을 먹다. 하후下後 3시三時는 갔다. 종일終日 맑다.

1월 2일. 서리가 오다. 9시九時 대변大便을 보았다. 종일終日 맑다.

1월 3일. 서리가 오다. 하후下後 1시一時 55분五十五分 대변大便을 보았다. 3시三時는 맑다. 4시四時 ~ 6시六時 눈이 오다.

1월 4일. 10시十時 45분四十五分 대변大便을 보았다. 하후下後 2시二時 30분三十分 대변大便을 보았다. 종일終日 맑다.

1월 5일. 10시十時 20분二十分 대변大便을 보았다. 종일終日 맑다.

1월 6일. 10시十時 30분三十分 대변大便을 보았다. 신막 갔다. 병룡秉龍이가 있다. 술을 먹다. 11시十一時 갔다. 맑고 흐리다 — 9시九時 10시十時 11시十一時 12시十二時 하다. 하후下後 1시一時 2시二時 맑다. 3시三時 4시四時 5시五時 6시六時까지 흐리다. 6시六時 30분三十分 처妻가 빼스를 탔다.

1월 7일. 9시九時 대변大便을 보았다. 맑다 — 12시十二時까지 하다. 하후下後는 후 2시二時 비가 오다. 병룡秉龍이가 오다. 3시三時의 비가 오다. 술을 먹다. 4시四時는 병룡秉龍이 갔다.

1월 8일. 서리가 오다. 9시九時 5분五分 대변大便을 보았다. 맑다. 12시十二時 하후下後 1시一時 맑고 흐리다. 맑다.

1월 9일. 10시十時 대변大便을 보았다. 종일終日 맑다.

1월 10일. 9시九時 대변大便을 보았다. 하후下後 2시二時 병룡秉龍 병주秉胄 4인四人이 신막의 연의금捐義金을 받은더하다. 술을 먹다. 3시三時 30분三十分 맑다. 4시四時 30분三十分 비가 오다. 5시五時 눈이 오다. 이날에는 밤에 눈이 오다.

1월 11일. 밤의 눈이 오고 새벽 잠내 점심 눈이 오다. 11시十一時 대변大便을 보았다. 하후下後에는 눈이 오다. 이 밤의 눈이 오다.

1월 12일. 밤에는 눈이 오고 새는 눈이 오다. 11시十一時 10분十分 대변大便을 보았다. 하후下後 4시四時 맑다. 병룡秉龍이가 오다. 술을 먹다. 5시五時 6시六時 눈이 오다.

1월 13일. 10시十時 대변大便을 보았다. 종일終日 맑다.

1월 14일. 7시七時 30분三十分 처妻, 큰딸, 앙배昻培, 순배, 은히가 신막에 갔다. 8시八時 40분四十分 빼스를 타고 용산龍山에 나리다. 8시八時 40분四十分 해가 뜨다. 11시十一時 대변大便을 보았다. 종일終日 맑다.

1월 15일. 밤의 눈이 오다. 에 눈이 오다. 11시十一時 12시十二時 하후下後 ― 4시四時 맑다. 하후下後 5분五分 대변大便을 보았다. 이李 군君이 전주全州 사람이다. 대학교大學校이다. 하루 자고 2두二斗 5승五升 받어다. 5시五時 6시六時 흐리다. 5시五時 10분十分 대변大便을 보았다.

1월 16일. 하후下後 35분三十五分 대변大便을 보았다. 병룡秉龍이가 오다. 술을 먹다 5시五時 갔다. 종일終日 맑다.

1월 17일. 12시十二時 대변大便을 보았다. 종일終日 맑다. 6시六時 대변大便을 보았다.

1월 18일. 눈이 오다. 비가 오다. 하후下後 4분四分 맑다. 3시三時 50분五十分 대변大便을 보았다. 5시五時 6시六時 맑다.

1월 19일. 10시十時 15분十五分 대변大便을 보았다. 하후下後 2시二時 45분四十五分 대변大便을 보았다. 3시三時 맑다 흐리다. 병룡秉龍이가 오다. 서모庶母도 오다. 술을 먹다. 4시四時 갔다. 4시四時 5시五時 6시六時 맑다.

1월 20일. 서리가 오다. 11시十一時 맑다. 하후下後 1시一時 30분三十分 대변大便을 보았다. 12시十二時 — 2시二時 흐리다. 3시三時 4시四時 5시五時 맑다. 6시六時 맑다.

1월 21일. 10시十時 대변大便을 보았다. 하후下後에는 4시四時 맑다. 병룡秉龍, 이李 군君도 4시四時서 술을 먹다. 5시五時 6시六時 흐리다. 6시六時 20분二十分 처妻, 앙배昻培가 서울서 뻐스를 왔다. 이李 군君과 4제四弟의 여천礪泉을 갔다.

1월 22일. 서리가 오다. 하후下後 1시一時 30분三十分 2시二時 3시三時 4시四時 5시五時 6시六時 맑고 흐리다. 2시二時 20분二十分 대변大便을 보았다.

1월 23일. 8시八時 8분八分 해가 뜨다. 10시十時 맑다. 11시十一時 맑고 흐리다. 12시十二時 하후下後 1시一時 2시二時 흐리다. 1시一時 50분五十分 대변大便을 보았다. 3시三時 4시四時 5시五時 6시六時 맑다.

1월 24일. 서리가 오다. 10시十時 대변大便을 보았다. 종일終日 맑다. 종희宗熙 며누리가 종희宗熙를 공주公州서 대전大田으로 왔다. 22일二十二日 오늘 왔다.

1월 25일. 서리가 오다. 하후下後 35분三十五分 강변江邊에서 대변大便을 보았다. 신막 갔다. 병룡秉龍는 오늘 전주全州를 갔다. 나는 처妻과 술을 먹고 갔다. 종일終日 맑다.

1월 26일. 10시十時 맑다. 하후下後 1시一時 30분三十分 대변大便을 보았다. 11시十一時 – 4시四時 맑고 흐리다. 5시五時 6시六時 흐리다.

1월 27일. 서리가 오다. 10시十時 50분五十分 대변大便을 보았다. 하후下後 4시四時 병룡秉龍이가 오다. 술을 먹다. 종일終日 맑다. 며누리 종희宗熙가 오다. 7시七時 이다.

1월 28일. 서리가 오다. 10시十時 50분五十分 대변大便을 보았다. 맑다. 하후下後에는 6시六時 흐리다.

1월 29일. 밤에 눈이 오고 새벽 아침 점심 눈이 오다. 9시九時 15분十五分 대변大便을 보았다. 하후下後 1시一時 55분五十五分 해가 뜨다. 그리고 6시六時 맑다.

1월 30일. 병관秉寬이가 죽었다. 11시十一時 대변大便을 보았다. 종일終日 맑다.

1월 31일. 하후下後 2시二時 30분三十分 대변大便을 보았다. 종일終日 맑다.

2월

2월 1일. 9시九時 대변大便을 보았다. 종일終日 맑다.

2월 2일. 8시八時 대변大便을 보았다. 증조고비曾祖考妣, 조고비祖考妣, 고비考妣의 신위神位하였다. 병룡秉龍이가 왔다. 그리고 여러 사람들이 다 맞어다. 종일終日 맑다.

2월 3일. 9시九時 대변大便을 보았다. 인仁이 왔다. 떠러 갔다. 치도致道가 오다. 술을 먹다. 또 치도致道가 오다. 아침 인仁, 인치仁致이 오다. 하후下後 3시三時 술을 먹다. 송宋, 이李, 임林, 병룡秉龍이가 오다. 맑다.

2월 5일. 눈이 오다. 하후下後 25분二十五分 대변大便을 보았다. 4시四時 병룡秉龍이가 오다. 술을 먹다. 종일終日 맑다.

2월 6일. 7시七時 눈이 오다. 8시八時 50분五十分 대변大便을 보았다. 하후下後 1시一時 40분四十分 신막 갔다. 병룡秉龍의 갔다. 술을 먹다. 4시四時 (환갑還甲) 송宋 군君이 갔다. 병룡秉龍도 갔다. 금그고, 북. 좋은 소리다. 술 음식飮食을 먹다. 5시五時이다. 나는 오다. 종일終日 맑다.

2월 7일. 7시七時 눈이 오다. 9시九時 15분十五分 대변大便을 보았다. 종일終日 맑다.

2월 8일. 10시十時 10분十分 대변大便을 보았다. 종일終日 맑다.

2월 9일. 10시十時 20분二十分 대변大便을 보았다. 종일終日 맑다.

2월 10일. 10시十時 15분十五分 대변大便을 보았다. 신막 갔다. 병룡秉龍이가 있다. 술을 먹다. 또 술을 먹다. 하후下後 4시四時 後에 오다. 종일終日 맑다.

2월 11일. 7시七時 처妻가 신막 갔다. 흑석동黑石洞에 서울 갔다. 하후下後 3시三時 맑다. 4시四時 — 6시六時 흐리다.

2월 12일. 하후下後 25분二十五分 대변大便을 보았다. 누님이 신막 갔다. 병룡秉龍의 집에 있다. 하후下後 5시五時 병룡秉龍이가 오다. 술을 먹다. 종일終日 맑다.

2월 13일. 서리가 오다. 9시九時 30분三十分 대변大便을 보았다. 종일終日 맑다. 윤尹 군君, 신申 군君이 와서 자다,

2월 14일. 9시九時 15분十五分 대변大便을 보았다. 12시十二時 맑다. 하후下後 1시一時 ― 5시五時 맑다 흐리다. 6시六時 흐리다. 윤尹 군君이 대전大田에 갔고 신申 군君이 훈영소 갔다. 눈님이 갔다.

2월 15일. 5시五時 비가 오다. 8시八時 50분五十分 대변大便을 보았다. 10시十時 비가 오다. 11시十一時 비가 오다. 가, 치도致道, 임任이 있다. 창환昌煥이 술을 먹다. 하후下後 1시一時 30분三十分 비가 오다. ― 7시七時 비 오다.

2월 16일. 밤에 눈이 왔다. 8시八時 45분四十五分 대변大便을 보았다. 하후下後 5시五時 병룡秉龍이가 오다. 술을 먹다. 종일終日 맑다.

2월 17일. 10시十時 대변大便을 보았다. 종일終日 맑다.

2월 18일. 9시九時 20분二十分 대변大便을 보았다. 종일終日 맑다.

2월 19일. 9시九時 15분十五分 대변大便을 보았다. 종일終日 맑다.

2월 20일. 9시九時 대변大便을 보았다. 종일終日 맑다.

2월 21일. 8시八時 10분十分 대변大便을 보았다. 종일終日 맑다.

2월 22일. 서리가 오다. 9시九時 10분十分 대변大便을 보았다. 신막 갔다. 병룡秉龍이가 있다. 술이 먹다. 11시十一時 30분三十分 갔다. 종일終日 맑다.

2월 23일. 8시八時 40분四十分 대변大便을 보았다. 9시九時 맑다. 10시十時 ― 하후下後 6시六時 비가 오다. 대저 비가 오고 밤에 비가 오다.

2월 24일. 8시八時 5분五分 대변大便을 보았다. 종일終日 맑다.

2월 25일. 서리가 오다. 8시八時 25분二十五分 대변大便을 보았다. 8시八時 40분四十分 신막 갔다. 만희晩熙가 게 이다. 이발理髮하고 곧 게어가마. 오일남吳一男의 이발관理髮館에 하였다. 10시十時 40분四十分이다. 병룡秉龍 집에 있다. 술을 먹다. 집으로 왔다. 하후下後 3시三時 병룡秉龍이가 오다. 술을 먹다. 종일終日 맑다.

2월 26일. 8시八時 20분二十分 대변大便을 보았다. 종일終日 맑다.

2월 27일. 서리가 오다. 8시八時 40분四十分 대변大便을 보았다. 종일終日 맑다.

2월 28일. 8시八時 30분三十分 대변大便을 보았다. 종일終日 맑다.

2월 29일. 8시八時 35분三十五分 대변大便을 보았다. 12시十二時 맑다 흐리다. 하후下後 1시一時 — 6시六時 맑다.

2월 30일. 8시八時 25분二十五分 대변大便을 보았다. 하후下後 30분三十分 신막 갔다. 강변江邊 저너 대변大便을 보았다. 병룡秉龍이가 있다. 정鄭 군君이 있다. 술을 먹다. 막 갔다러 하다. 3시三時 30분三十分 처妻가 서울서 빠스를 타다. 또 병룡秉龍의 집으로 돌다. 술을 먹다. 오다. 종일終日 맑다.

2월 31일. 서리가 오다. 하후下後 1시一時 30분三十分 대변大便을 보았다. 병룡秉龍이가 오다. 5시五時 40분四十分 술을 먹다. 종일終日 맑다.

3월

3월 1일. 생신生辰. 경희京熙, 마며누리, 종희宗熙, 다담 며누리, 손孫외 이손二孫와 손녀孫女들, 또 제弟들, 질姪들, 손孫들이다. 또 친親, 종宗의 많이 오다. 삼수三嫂, 사수四嫂도 있다. 종일終日 맑다.

3월 2일. 9시九時 20분二十分 대변大便을 보았다. 경희京熙, 마며누리가 전주全州로 갔다. 종일終日 맑다.

3월 3일. 송宋과 제弟들 서울 갔다. 윤尹 군君는 대전太田 갔다. 아들을 왕묘王墓 갔다. 10시十時 대변大便을 보았다. 병룡秉龍, 병철秉徹, 최崔 군君이 오다. 금그고 더러 있다. 하후下後 3시三時 30분三十分 갔다. 맑다. 하후下後에는 흑 흐리다. 5시五時 비가 오다.

3월 4일. 하후下後 35분三十五分 대변大便을 보았다. 종일終日 술을 먹다. 4시四時다. 나, 병룡秉龍이가 술을 먹다. 5시五時다. 종일終日 먹다.

3월 4일. 9시九時 대변大便을 보았다. 10시十時 해가 뜨다. 좀 졸어 왔다. 흐리다.

3월 5일. 9시九時 대변大便을 보았다. 10시十時 해가 뜨다. 맑다.

3월 6일. 9시九時 대변大便을 보았다. 12시十二時 맑다. 하후下後 1시一時 30분三十分까지 눈이 오다. 2시二時 신막 갔다. 이李 군君의 이발관理髮館에 있다. 4시四時 30분三十分 그저었다. 이李 군君, 경년庚年, 이李 군君의 사돈査頓이 인주가隣酒家에 있다. 술을 먹다. 또 만희晩熙이 오다. 나는 철희喆熙를 찾고 그 상례喪禮를 하고 말었다. 병룡秉龍이가 오다. 그 여러이게 제를 낞고 술을 먹다. 나는 병룡秉龍이에 있다. 술을 먹다. 일긔는 다 적었다. 앙배昻培는 안이다. 석희石熙이 찾어다. 여산 예주장醴酒場에 갔다. 갔다. 8시八時다.

3월 7일. 9시九時 20분二十分 대변大便을 보았다. 병주秉胄이 오다. 치도致道며 집안 병룡秉龍이가 있다. 술을 먹다. 하후下後 6시六時다. 종일終日 맑다.

3월 8일 8시八時 처妻과 이수二嫂와 명배明培가 이리理里 갔다. 밤에도 아니 하다. 11시十一時 대변大便을 보았다. 종일終日 흐리다.

3월 9일. 10시十時 대변大便을 보았다. 토하였다. 하후下後 2시二時 흐리다 맑다. 병룡秉龍이가 오다. 술을 먹다. 6시六時 되었다.

3월 10일. 10시十時 대변大便을 보았다. 처妻, 명배明培가 하후下後 2

시二時 30분三十分 오다. 종일終日 맑다.

3월 11일. 서리가 오다. 10시十時 대변大便을 보았다. 종일終日 맑다.

3월 12일. 서리가 오다. 10시十時 대변大便을 보았다. 나 신막 갔다. 술을 먹다. 하후下後 1시一時 오다. 종일終日 맑다.

3월 13일. 8시八時 처妻, 명배明培, 신현옥申鉉玉가 서울서 빠스를 갔다. 9시九時 20분二十分 대변大便을 보았다. 맑다. 하후下後 1시一時 20분二十分 ~ 4시四時 비가 오다.

3월 14일. 9시九時 45분四十五分 대변大便을 보았다. 종일終日 맑다.

3월 15일. 10시十時 10분十分 대변大便을 보았다. 종일終日 맑다.

3월 16일. 9시九時 30분三十分 대변大便을 보았다. 맑다.

3월 17일. 9시九時 20분二十分 대변大便을 보았다. 나는 신막 갔다. 병룡秉龍이가 오다. 술을 먹다. 서모庶母는 있다. 또 그 덮에 김상욱金相昱군君이 집으로 들다. 서모庶母, 병룡秉龍도 있다. 그담로 환갑還甲이다. 술을 먹다. 하후下後 3시三時 갔다. 흐리다.

3월 18일. 9시九時 30분三十分 대변大便을 보았다. 종일終日 맑다.

3월 19일. 서리가 오다. 9시九時 20분二十分 대변大便을 보았다. 병룡秉龍이가 오다. 술을 먹다. 4시四時 40분四十分 갔다. 종일終日 맑다. 처妻, 명배明培가 오다. 서울서 빠스를 타고 왔다. 병룡秉龍 집에 오다. 6시六時 20분二十分이다.

3월 20일. 밤의 비가 오고 서리 오다. 9시九時 40분四十分 대변大便을 보았다. 그리어 하후下後 3시三時 40분四十分 비가 오다. 흐리다.

3월 21일. 9시九時 15분十五分 대변大便을 보았다. 하후下後 5시五時 병룡秉龍이가 오다. 술을 먹다. 맑다 흐리다 하다.

3월 22일. 서리가 오다. 10시十時 15분十五分 대변大便을 보았다. 종일終日 맑다.

3월 23일. 서리가 오다. 8시八時 10분十分 대변大便을 보았다. 8시八時 30분三十分 나, 인仁, 치도致道, 병룡秉龍, 병주秉冑의 생일生日, 서모庶母, 처妻, 2인人二이 있다. 술와 밥에 먹다. 11시十一時로 오다. 종일終日 맑다.

3월 24일. 서리가 오다. 9시九時 45분四十五分 대변大便을 보았다. 종일終日 맑다.

3월 25일. 9시九時 대변大便을 보았다. 종일終日 맑다.

3월 26일. 9시九時 20분二十分 대변大便을 보았다. 종일終日 맑다. 윤尹 군君, 송宋와 제弟는 오다. 공주公州서 오다.

3월 27일. 11시十一時 45분四十五分 대변大便을 보았다. 9시九時 해가 뜨다. 그리고 맑다. 하후下後 2시二時에는 눈이 오다. 4시四時 5시五時 6시六時 맑다. 5시五時 신申이 훈영소 갔다. 병룡秉龍이가 오다. 5시五時 술을 먹다.

3월 28일. 10시十時 20분二十分 대변大便을 보았다. 종일終日 맑다. 사순와 아들도 있다. 경희京熙, 마며누리가 흑석동黑石洞서 오다. 누님이 전주全州로서 오왔다.

4월

4월 1일. 밤에 비가 오다. 8시八時 15분十五分 대변大便을 보았다. 종일終日 맑다.

4월 2일. 8시八時 25분二十五分 대변大便을 보았다. 종일終日 맑다.

4월 3일. 8시八時 15분十五分 대변大便을 보았다. 병룡秉龍이가 오다. 하후下後 40분四十分 술을 먹다. 종일終日 맑다.

4월 4일. 5시五時 45분四十五分 대변大便을 보았다. 9시九時 해가 뜨다. 맑다.

4월 5일. 8시八時 30분三十分 대변大便을 보았다. 9시九時 병룡秉龍, 근 서울 이사二師가 왔다. 아바지, 하라버지을 보고 있다. 술을 먹다. 종일終日 맑다.

4월 6일. 서리가 오다. 8시八時 10분十分 대변大便을 보았다. 종일終日 맑다.

4월 7일. 8시八時 30분三十分 대변大便을 보았다. 하후下後 2시二時 30분三十分 신막 갔다. 병룡秉龍도 있다. 술을 먹다. 오는 나로 무희戊熙 앞의 바귀저다. 곧 날어났다. 종일終日 맑다.

4월 8일. 서리가 오다. 8시八時 35분三十五分 대변大便을 보았다. 종일終日 맑다.

4월 9일. 6시六時 15분十五分 대변大便을 보았다. 종일終日 맑다.

4월 10일. 8시八時 15분十五分 대변大便을 보았다. 하후下後 3시三時 병룡秉龍이가 오다. 술 먹다. 종일終日 맑다.

4월 11일. 8시八時 15분十五分 대변大便을 보았다. 종일終日 맑다.

4월 12일. 8시八時 20분二十分 대변大便을 보았다. 하후下後 5시五時 병룡秉龍, 김金 군君이 오다. 산山으로 나리왔다. 술을 먹다. 또 정鄭 군君에서 술을 먹다. 종일終日 맑다.

4월 13일. 8시八時 30분三十分 대변大便을 보았다. 12시十二時 흐리다. 그 담에는 맑다.

4월 14일. 8시八時 30분三十分 대변大便을 보았다. 종일終日 맑다.

4월 15일. 8시八時 25분二十五分 대변大便을 보았다. 하후下後 1시一時 나는 신막 갔다. 술 먹다. 6시六時 병룡秉龍이가 오다. 술 먹다. 종일終日 맑다.

4월 16일. 8시八時 15분十五分 대변大便을 보았다. 처妻가 서울서 흑석동 199一九九의 25二五을 갔다. 10시十時에 떠났다. 종일終日 맑다.

4월 17일. 8시八時 20분二十分 대변大便을 보았다. 하후下後 3시三時 맑다. 그 후로는 흐리다.

4월 18일. 신막 갔다. 병룡秉龍이 술 먹다. 하후下後 2시二時 10분十分 대변大便을 보았다. 종일終日 맑다.

4월 19일. 맑다. 9시九時 흐리다. 8시八時20분二十分 대변大便을 보았다.

4월 20일. 맑다. 8시八時 25분二十五分 대변大便을 보았다. 9시九時 흐리다.

4월 21일. 12시十二時 대변大便을 보았다. 병룡秉龍이가 오다. 하후下後 3시三時 치도致道가 술을 먹다. 20二十에 만희晩熙의 제2자第二子이다. 종일終日 맑다.

4월 22일. 하후下後 흐리다. 2시二時 대변大便을 보았다.

4월 23일. 9시九時 대변大便을 보았다. 하후下後 2시二時 — 6시六時 흐리다.

4월 24일. 하후下後 1시一時 김金 익산益山 군수郡守, 2인二人, 여산장礪山長이 갔다. 조영호趙榮浩 김제金堤 군수郡守, 1인一人. 술을 먹다. 5시五時 갔다. 종일終日 맑다.

4월 25일. 밤에 비. 11시十一時 25분二十五分 대변大便을 보았다. 맑다. 하후下後 흐리다.

4월 26일. 하후下後 3시三時 15분十五分 대변大便을 보았다. 종일終日

맑다.

4월 27일. 종일終日 맑다.

4월 28일. 7시七時 비 오다. 비가 이서 오다. 하후下後 3시三時 20분二十分 대변大便을 보았다. 비는 여전 오다. 밤에는 비에 오다.

4월 29일. 하후下後 3시三時 45분四十五分 대변大便을 보았다. 병룡秉龍이가 오다. 술 먹다. 흐리고 5시五時 비가 오다. 6시六時 비가 오다. 밤에는 비 오다.

4월 30일. 흐리다. 하후下後 30분三十分 — 6시六時 맑다.

5월

5월 1일. 안개가 끼었다. 8시八時 40분四十分 신막 갔다. 독아물 이발관理髮館에 갔다. 두었나 이발理髮하다. 이李 군君의 이발관理髮館을 하였다. 11시十一時이다. 나는 병룡秉龍의 집에 두째 아가를 보았다 이체理體이다. 술을 먹다. 또 밥을 먹다. 잠을 잤다. 하후下後 2시二時 집에 오다. 맑다. 5시五時 6시六時 7시七時 흐리다.

5월 2일. 8시八時 비가 오다. 어내 비가 오다. 하후下後 1시一時 대변大便을 보았다. 비가 끝이다. 3시三時 10분十分 비. 비가 오고 밤에는 비가 오다.

5월 3일. 어서 비. 비가 8시八時 40분四十分이다. 9시九時 맑다. 하후下後 3시三時 10분十分 대변大便을 보았다. 맑다, 흐리다 하다.

5월 4일. 8시八時 24분二十四分 대변大便을 보았다. 9시九時 10분十分 해 뜨다. 맑다.

5월 5일. 8시八時 5분五分 대변大便을 보았다. 종일終日 맑다. 천仟이 오다. 병주秉胄이 오다. 춘배春培, 석희石熙, 기타其他 가 다 많이다. 이 밤에 병기秉岐, 천仟, 병주秉胄, 춘배春培이 사제祀祭다. 증조비曾祖妣, 증조고曾祖考이다. 1시一時에 끝이다.

5월 6일. 8시八時 5분五分 대변大便을 보았다. 하후下後 1시一時 맑다. 2시二時 3시三時 맑고 흐리다. 또 맑다.

5월 7일. 8시八時 5분五分 대변大便을 보았다. 하후下後 병룡秉龍이가 오다. 일환이가 미루나무를 약 이십년二十年 되다. 병룡秉龍이가 춘당春堂을 짓은데 사용使用하다. 3시三時 병룡秉龍에 술을 먹다. 떠나갔다. 종일終日 맑다.

5월 8일. 8시八時 5분五分 대변大便을 보았다. 종일終日 맑다.

5월 9일. 8시八時 5분五分 대변大便을 보았다. 종일終日 맑다.

5월 10일. 8시八時 10분十分 대변大便을 보았다. 종일終日 맑다.

5월 11일. 8시八時 5분五分 대변大便을 보았다. 9시九時 신막 갔다. 병룡秉龍에 두째 아기를 보았다. 술 먹다. 11시十一時 오다. 하후下後 4시四時 40분四十分 이정우李玎雨 전북지사全北知事, 이치백李治白 전북일보全北日報, 김종덕金鍾德 지사知事 비서秘書, 서복남徐福男 도공보道公報, 강姜 여산지주계礪山支主係, 사진寫眞 박히다. 떠나다. 병룡秉龍이가 오다. 김서선金曙先을 먹다. 종일終日 맑다.

5월 12일. 8시八時 5분五分 대변大便을 보았다. 종일終日 맑다.

5월 13일 8시八時 5분五分 대변大便을 보았다. 9시九時 맑다. 10시十時 — 12시十二時, 하후下後 1시一時 — 7시七時 흐리다.

5월 14일. 8시八時 5분五分 대변大便을 보았다. 하후下後 1시一時 흐리다. 그 뒤는 2시二時 — 4시四時 맑다. 5시五時 6시六時 7시七時 흐리다.

5월 15일. 안개가 오래 끼었다. 처妻, 서모庶母는 7시七時 서울에 뻐스를 탔다. 8시八時 10분十分 대변大便을 보았다. 11시十一時 맑다. 하후下後 4시四時 끝이다. 5시五時 6시六時 7시七時 흐리다.

5월 16일. 안개가 오래 끼었다. 8시八時 15분十五分 대변大便을 보았다. 8시八時 15분十五分 대변大便을 보았다. 8시八時 50분五十分 해가 뜨다. 하후下後 5시五時 맑다. 6시六時 7시七時 20분二十分 흐리다. 7시七時 이십사분二十四分는 맑다.

5월 17일. 8시八時 5분五分 대변大便을 보았다. 10시十時 병룡秉龍이가 오다. 술을 먹다. 종일終日 맑다.

5월 18일. 8시八時 5분五分 대변大便을 보았다. 종일終日 맑다.

5월 19일. 8시八時 5분五分 대변大便을 보았다. 종일終日 맑다.

5월 20일. 8시八時 5분五分 대변大便을 보았다. 하후下後 5시五時 병룡秉龍이가 오다. 술을 먹다. 맑다 흐리다 하여다. 7시七時 비가 오다.

5월 21일. 하후下後 3시三時 20분二十分 대변大便을 보았다. 종일終日 맑다.

5월 22일. 10시十時 병수秉水, 병교秉嬌 그 따남(22二十二)이 와 있다. 술을 먹다. 그리고 하후下後 점심點心을 먹다. 2시二時 30분三十分 다 보냈다. 종일終日 맑다.

5월 23일 8시八時 5분五分 대변大便을 보았다. 하후下後 4시四時 병룡秉龍이가 오다. 술을 먹다. 종일終日 맑다.

5월 24일. 8시八時 15분十五分 대변大便을 보았다. 7시七時 55분五十五分 ― 8시八時 15분十五分 비가 오다. 9시九時 해가 뜨다. 하후下後 4시四時 맑다. 5시五時 6시六時 7시七時 흐리다. 처妻, 서모庶母는 4시四時 병룡秉龍에 나려다. 5시五時 오다.

5월 25일. 안개가 오래 끼었다. 8시八時 35분三十五分 대변大便을 보았다. 10시十時 30분三十分 해가 뜨다. 10시十時 456십분四五六十分는 흐리고 내녀 12시十二時 맑고 흐리다. 하후下後 4시四時 맑고 흐리다. 5시五時 6시六時 7시七時 흐리다.

5월 26일. 8시八時 36분三十六分 대변大便을 보았다. 장춘이 죽다. 종일終日 흐리다. 밤에 비가 오다.

5월 27일. 5시五時 비. 9시九時 30분三十分 비. 하후下後 2시二時 비가 오다. 종일終日 흐리다.

5월 28일. 밤에 비. 5시五時 비. 9시九時 10분十分 비가 오다. 8시八時 5분五分 대변大便을 보았다. 하후下後 2시二時 흐리다. 3시三時 4시四時 5시五時 6시六時 맑다. 7시七時 30분三十分 흐리고 30분三十分 맑다.

5월 29일. 8시八時 5분五分 대변大便을 보았다. 종일終日 맑다.

5월 30일. 8시八時 5분五分 대변大便을 보았다. 9시九時 30분三十分 신막 갔다. 병룡秉龍이가 있다. 술을 먹다. 종일終日 맑다.

5월 31일. 8시八時 15분十五分 대변大便을 보았다. 종일終日 맑다.

6월

6월 1일. 안개가 오래 끼었다. 8시八時 5분五分 대변大便을 보았다. 병주秉胄가 장을 가서 한 마리 준어 사우다. 그는 큰댁에서 먹다. 또 병룡秉龍을 오다. 나도 병주秉胄 집에 갔다. 하후下後 6시六時 술을 먹다. 11시十一時 맑고 흐리다. 맑다.

6월 2일. 8시八時 5분五分 대변大便을 보았다. 종일終日 맑다.

6월 3일. 8시八時 대변大便을 보았다. 8시八時 40분四十分 신막 갔다. 곧 이李 군君의 이발관理髮館에 있다. 이李 군君의 이발理髮을 하다. 10시十時 다 마추다. 나는 병룡秉龍 집으로 갔다. 술을 먹다. 11시十一時 오다. 하후下後 3시三時 20분二十分 비가 오다. 또 3시三時 45분四十五分 — 4시四時 45분四十五分 비가 오다. 종일終日 흐리다.

6월 4일. 8시八時 5분五分 대변大便을 보았다. 종일終日 맑다.

6월 5일 8시八時 5분五分 대변大便을 보았다. 10시十時 맑다. 10시十時 11시十一時 맑고 흐리다. 하후下後 1시一時는 맑다. 2시二時 3시三時는 맑고 흐리다. 처妻가 오다. 어제 모레침. 이리의 근배 집에 들어갔다. 오날 신먹에 와 병룡秉龍 집에 들었다. 지서 끝의 누님을 있다. 4시四時 — 7시七時 맑다.

6월 6일. 8시八時 5분五分 대변大便을 보았다. 종일終日 맑다.

6월 7일. 8시八時 5분五分 대변大便을 보았다. 종일終日 맑다.

6월 8일. 8시八時 5분五分 대변大便을 보았다. 처妻, 태희泰熙가 서울 흑석동黑石洞을 갔다. 35분三十五分에 빼스를 떠났다. 종일終日 맑다.

6월 9일. 8시八時 5분五分 대변大便을 보았다. 나는 신막 갔다. 누니는 보어갔다. 병룡秉龍에 있다. 술을 먹다. 11시十一時 오다. 종일終日 맑다.

6월 10일. 8시八時 35분三十五分 대변大便을 보았다. 종일終日 맑다.

6월 11일. 8시八時 30분三十分 대변大便을 보았다. 종일終日 맑다.

6월 12일. 8시八時 15분十五分 대변大便을 보았다. 8시八時 40분四十分 해가 뜨다. 병룡秉龍이가 오다. 하후下後 5시五時다. 술을 먹다, 10시十時 흐리다 맑다.

6월 13일. 8시八時 대변大便을 보았다. 종일終日 맑다.

6월 14일. 8시八時 대변大便을 보았다. 종일終日 맑다.

6월 15일. 8시八時 10분十分 대변大便을 보았다. 종일終日 맑다.

6월 16일. 8시八時 15분十五分 대변大便을 보았다. 종일終日 흐리다.

6월 17일. 7시七時 비가 오고 오다. 8시八時 대변大便을 보았다. 그 비가 10시十時에 가었다. 하후下後 1시一時 비가 오다. 병룡秉龍이가 오다. 6시六時 술을 먹다. 종일終日 흐리다.

6월 18일. 나는 8시八時 강변江邊에서 대변大便을 보았다. 신막 갔다. 병룡秉龍에 있다. 술을 먹다. 10시十時 오다. 하후下後 7시七時 맑다.

6월 19일. 임任이서 있다. 이는 갔다. 종일終日 맑다.

6월 20일. 8시八時 35분三十五分 대변大便을 보았다. 종일終日 맑다.

6월 21일. 8시八時 5분五分 대변大便을 보았다. 종일終日 맑다.

6월 22일. 8시八時 5분五分 대변大便을 보았다. 종일終日 맑다.

6월 23일. 내의內衣를 보았다. 8시八時 20분二十分 대변大便을 보았다. 나는 신막 갔다. 이李 군君의 이발관理髮館에 갔다. 10시十時 다 다였다. 병룡秉龍 집에 오다. 술을 먹다. 곧 오다.

6월 24일. 5시五時 25분二十五分 대변大便을 보았다. 종일終日 맑다.

6월 25일. 5시五時 25분二十五分 대변大便을 보았다. 종일終日 맑다.

6월 26일. 5시五時 30분三十分 대변大便을 보았다. 5시五時부터 12시十二時 비가 오다. 해가 뜨다. 병룡秉龍에 오다. 술 먹다. 비가 오다. 처妻가 서울서 뻐스를 타다. 5시五時 오다.

6월 27일. 9시九時 20분二十分 대변大便을 보았다. 종일終日 맑다.

6월 28일. 8시八時 5분分 대변大便을 보았다. 종일終日 맑다.

6월 29일. 8시八時 5분五分 대변大便을 보았다. 종일終日 맑다.

6월 30일. 8시八時 대변大便을 보았다. 종일終日 맑다.

7월

7월 1일. 8시八時 대변大便을 보았다. 종일終日 맑다.

7월 2일. 8시八時 대변大便을 보았다. 종일終日 맑다.

7월 3일. 8시八時 30분三十分 해가 뜨다. 하후下後 2시二時 맑다. 3시三時 — 7시七時 흐리다.

7월 4일. 5시五時 25분二十五分 대변大便을 보았다. 종일終日 맑다.

7월 5일. 5시五時 35분三十五分 대변大便을 보았다. 종일終日 맑다.

7월 6일. 8시八時 20분二十分 대변大便을 보았다. 종일終日 맑다.

7월 7일 8시八時 25분二十五分 대변大便을 보았다. 종일終日 맑다.

7월 8일. 8시八時 갔다. 나는 문門서 비가 오다. 병룡秉龍에서 갔다. 술을 먹다. 종일終日 흐리다.

7월 9일. 8시八時 25분二十五分 대변大便을 보았다. 종일終日 맑다.

7월 10일. 8시八時 20분二十分 대변大便을 보았다. 종終

7월 11일. 8시八時 35분三十五分 대변大便을 보았다. 종일終日 맑다.

7월 12일. 아참 비 오다. 8시八時 25분二十五分 대변大便을 보았다. 종일終日 비 오다.

7월 13일 아참 비 오다. 8시八時 35분三十五分 대변大便을 보았다. 종일終日 비가 오다.

7월 14일. 아참 비 오다. 8시八時 25분二十五分 대변大便을 보았다. 종일終日 비 오다.

7월 15일. 아참 비 오다. 8시八時 25분二十五分 대변大便을 보았다. 하후下後 비가 오다. 종일終日 흐리다.

7월 16일. 아참 비 오다. 처妻가 빼스를 타, 서울서 8시八時 40분四十

分 갔다. 8시八時 50분五十分 대변大便을 보았다. 종일終日 흐리다.

7월 17일. 구름 끼고 따때로 비에 이다. 8시八時 25분二十五分 대변大便을 보았다. 종일終日 흐리다.

7월 18일. 맑고 더웠다. 5시五時 25분二十五分 대변大便을 보았다. 흐리다.

7월 19일. 맑었다 흐렸다. 8시八時 20분二十分 대변大便을 보았다. 병룡秉龍이가 오다. 술 먹다.

7월 20일. 8시八時 10분十分 대변大便을 보았다. 하후下後 1시一時 1시一時 — 4시四時 비가 오다. 종일終日 흐리다.

7월 21일. 6시六時 20분二十分 대변大便을 보았다. 하후下後 1시一時 — 4시四時 비가 오다. 종일終日 흐리다.

7월 22일. 7시七時 대변大便을 보았다. 종일終日 흐리다.

7월 23일. 8시八時 20분二十分 대변大便을 보았다. 흐리다.

7월 24일. 8시八時 25분二十五分 대변大便을 보았다. 흐리다.

7월 25일. 8시八時 15분十五分 대변大便을 보았다. 하후下後 1시一時 — 6시六時 맑다.

7월 26일. 하후下後에는 비가 오다. 4시四時 병룡秉龍이가 오다. 술 먹다.

7월 27일. 8시八時 10분十分 대변大便을 보았다. 흐리다.

7월 28일. 8시八時 15분十五分 대변大便을 보았다. 9시九時 해가 뜨다. 맑다 흐리다 하다.

7월 29일. 8시八時 20분二十分 대변大便을 보았다. 9시九時 해가 뜨다. 두 비가 오다. 맑다.

7월 30일. 11시十一時 대변大便을 보았다. 종일終日 맑다. 2시二時 면장面長 김金 군君, 4인四人이 오다. 이 하라버지 할머니 할머니의 기신忌辰. 7월七月 초3일初三日 1시一時서 이다. 나, 병룡秉龍, 병주秉胄, 종희宗熙, 손孫들이다.

7월 31일. 8시八時 10분十分 대변大便을 보았다. 창환昌煥이 죽었다. 맑다.

8월

8월 1일. 8시八時 10분十分 대변大便을 보았다. 종일終日 맑다.

8월 2일. 8시八時 15분十五分 대변大便을 보았다. 8시八時 40분四十分 종희宗熙, 며누리을 빼스를 서울서 흑석동黑石洞에 갔다. 종일終日 맑다.

8월 3일. 8시八時 20분二十分 대변大便을 보았다. 흐리다. 하후下後 맑다 흐리다 하다. 4시四時 — 7시七時 흐리다.

8월 4일. 7시七時 대변大便을 보았다. 하후下後 1시一時 호우豪雨가 있다. 비, 비, 비, 비가 오다.

8월 5일. 5시五時 30분三十分 — 9시九時 40분四十分 비 오다. 6시六時 대변大便을 보았다. 하후下後 5시五時 병룡秉龍이가 오다. 술을 먹다. 6시六時 종희宗熙 며누리, 현옥가 빼스를 있다.

8월 6일. 8시八時 45분四十五分 대변大便을 보았다. 종일終日 흐리다. 7시七時 15분十五分 비가 오다.

8월 7일. 8시八時 대변大便을 보았다. 처妻가 팔리八里이 갔다. 병남秉南, 병초秉初, 병륜秉倫 상제喪制이고 병철秉徹, 철희喆熙, 만희晩熙, 병주秉胄, 서울 형수, 서집 형수, 사직재 형수, 까치막 형수이 있다. 이 밤을 다 넘시다.

8월 8일. 10시十時 11시十一時 비가 오다. 12시十二時 흐리다. 하후下後 5시五時 5분五分 대변大便을 보았다. 처妻가 오다. 맑다.

8월 9일. 9시九時 10분十分 대변大便을 보았다. 종일終日 맑다.

8월 10일. 8시八時 15분十五分 대변大便을 보았다. 11시十一時 병룡秉龍이가 오다. 술을 먹다.

8월 11일. 10시十時 대변大便을 보았다. 종일終日 맑다.

8월 12일. 9시九時 대변大便을 보았다. 나는 신막 갔다. 병룡秉龍이가 있다. 술을 먹다. 돌아오다. 종일終日 맑다.

8월 13일. 9시九時 35분三十五分 대변大便을 보았다. 하후下後 3시三時 병룡秉龍이가 오다. 술을 먹다. 종일終日 맑다.

8월 14일. 8시八時 50분五十分 대변大便을 보았다. 종일終日 맑다.

8월 15일. 9시九時 10분十分 대변大便을 보았다. 종일終日 맑다.

8월 16일. 10시十時 빠스를 타고 처妻가 서울서 흑석동黑石洞에 갔다. 10시十時 5분五分 대변大便을 보았다. 종일終日 맑다.

8월 17일. 7시七時 55분五十五分 대변大便을 보았다. 종일終日 맑다.

8월 18일. 7시七時 55분五十五分 대변大便을 보았다. 하후下後 4시四時 40분四十分 서울서 흑석동黑石洞 빠스를 타고 신먹에 갔다. 종일終日 맑다.

8월 19일. 9시九時 35분三十五分 대변大便을 보았다. 종일終日 맑다.

8월 20일. 9시九時 30분三十分 대변大便을 보았다. 종일終日 맑다.

8월 21일. 11시十一時 25분二十五分 대변大便을 보았다. 10시十時 전주全州 신광연辛光淵 군君 오다. 석정夕汀의 2자二子이다. 이리裡里에 동아일보東亞日報 있다. 11시十一時 50분五十分 갔다. 종일終日 맑다.

8월 22일. 9시九時 35분三十五分 대변大便을 보았다. 종일終日 맑다.

8월 23일. 9시九時 25분二十五分 대변大便을 보았다. 하후下後 병룡秉龍이가 오다. 술을 먹다. 6시六時 20분二十分. 종일終日 맑다.

8월 24일. 9시九時 30분三十分 대변大便을 보았다. 하후下後 4시四時 병룡秉龍, 만희晩熙가 오다. 산조山棗, 산사山査를 대다. 술을 먹다. 종일終日 맑다.

8월 25일. 10시十時 30분三十分 대변大便을 보았다. 종일終日 맑다.

8월 26일. 9시九時 25분二十五分 대변大便을 보았다. 종일終日 맑다.

8월 27일. 9시九時 30분三十分 대변大便을 보았다. 나는 신먹 갔다. 이李 군君 이발관理髮館에 갔다. 11시十一時 병룡秉龍이가 오다. 하후下後 술을 먹다. 점심밥을 차렸다. 곧 오다. 5시五時 정석汀夕 최승범崔勝範, 중앙일보中央日報 기자記者가 오다. 술을 먹다. 저니를 백화白花이다. 종일終日 맑다.

8월 28일. 5시五時 50분五十分 대변大便을 보았다. 종일終日 맑다.

8월 29일. 5시五時 30분三十分 대변大便을 보았다. 종일終日 맑다.

8월 30일. 9시九時 30분三十分 대변大便을 보았다. 종일終日 맑다.

이날, 증조고曾祖考, 증조비曾祖妣, 증조고曾祖考의 기신忌辰. 나, 병룡秉龍, 종희宗熙(3三), 만희晩熙(첨배添盃), 유종석柳宗錫 축문祝文을 하다. 1시一時 30분三十分이다.

8월 31일. 8시八時 20분二十分 대변大便을 보았다. 하후下後 25분二十五分 해가 뜨다. 2시二時 흐리다. 3시三時 맑다. 4시四時 맑다 흐리다. 5시五時 6시六時 7시七時 흐리다.

9월

9월 1일. 9시九時 10분十分 대변大便을 보았다. 종일終日 맑다.

9월 2일. 9시九時 25분二十五分 대변大便을 보았다. 하후下後 3시三時 50분五十分 병룡秉龍이가 오다. 술을 먹다. 종일終日 맑다.

9월 3일. 8시八時 25분二十五分 대변大便을 보았다. 종일終日 맑다.

9월 4일. 8시八時 30분三十分 대변大便을 보았다. 종일終日 맑다.

9월 5일. 9시九時 25분二十五分 대변大便을 보았다. 하후下後 6시六時 맑다 흐리다 하다. 7시七時 흐리다.

9월 6일. 처妻가 장을 갔다. 10시十時 30분三十分 대변大便을 보았다. 11시十一時, 12시十二時 맑다 흐리다 하다. 하후下後에는 비가 오다. 2시二時, 3시三時, 4시四時, 5시五時, 6시六時, 7시七時 맑다.

9월 7일. 10시十時 대변大便을 보았다. 종일終日 맑다.

9월 8일. 10시十時 대변大便을 보았다. 종일終日 맑다.

9월 9일. 9시九時 35분三十五分 대변大便을 보았다. 병룡秉龍이가 오다. 술을 먹다. 종일終日 맑다.

9월 10일. 중추절中秋節, 추석秋夕. 증조曾祖, 평산 신씨平山申氏, 조祖, 진주 정씨晋州鄭氏, 고考, 파평 윤씨坡平尹氏 사제祀祭이다. 증조曾祖, 신씨申氏, 조祖, 정씨鄭氏, 고考, 윤씨尹氏 묘소墓所. 11시十一時 대변大便을 보았다. 하후下後 3시三時 병주秉冑, 치도致道, 경년庚年이 있다. 술을 먹다. 종일終日 맑다. 하후下後 6시六時 송석일, 이한희, 계영이가 서울서 오다. 종일終日 맑다.

9월 11일. 8시八時 대변大便을 보았다. 병룡秉龍게 하기 송宋, 한희, 계영이가 갔다. 맑다.

9월 12일. 8시八時 송석일宋錫一, 한일, 계영이가 공주公州서 갔다. 9시九時 맑다. 하후下後에는 맑다.

9월 13일. 8시八時 맑다. 9시九時 50분五十分 대변大便을 보았다. 하후下後에는 맑다.

9월 14일. 8시八時 30분三十分 대변大便을 보았다. 나는 신막 갔다. 이李 군君의 이발관理髮館에 있다. 11시十一時 이발理髮하였다. 병룡秉龍이가 제 사람 3인三人을 보내다. 병룡秉龍이가 오다. 술을 먹다. 말복의 계, 밥을 하니다. 하후下後 3시三時 오다. 종일終日 맑다.

9월 15일. 8시八時 20분二十分 대변大便을 보았다. 광복절光復節. 종일終日 맑다.

9월 16일. 8시八時 40분四十分 처妻, 현복, 앙배, 숙배가 신막에 뻐스를 타고 서울로 흑석동黑石洞 갔다. 10시十時 대변大便을 보았다. 종일終日 맑다.

9월 17일. 9시九時 15분十五分 대변大便을 보았다. 종일終日 맑다.

9월 18일. 9시九時 10분十分 대변大便을 보았다. 종일終日 맑다.

9월 19일. 9시九時 20분二十分 대변大便을 보았다. 흐리다. 하후下後 맑다.

9월 20일. 7시七時 대변大便을 보았다. 종일終日 맑다.

9월 21일. 8시八時 대변大便을 보았다. 종일終日 맑다.

9월 22일. 9시九時 대변大便을 보았다. 종일終日 맑다.

9월 23일. 9시九時 10분十分 대변大便을 보았다. 흐리다. 하후下後 맑다.

9월 24일. 7시七時 대변大便을 보았다. 하후下後 1一, 2二, 3시三時 30분三十分 흐리다. 그 후後에는 맑다.

9월 25일. 안개가 오래 끼었다. 8시八時 해가 뜨다. 8시八時 40분四十

分 대변大便을 보았다. 하후下後 맑다.

9월 26일. 안개가 오래 까었다. 5시五時 20분二十分 대변大便을 보았다. 8시八時 해가 뜨다. 하후下後 맑다.

9월 27일. 안개가 오래 끼었다. 8시八時 15분十五分 대변大便을 보았다. 해가 뜨다. 하후下後 맑다.

9월 28일. 8시八時 25분二十五分 대변大便을 보았다. 맑다. 하후下後 2시二時 45분四十五分 — 5시五時 30분三十分 비가 오다. 맑다.

9월 29일. 5시五時 20분二十分 대변大便을 보았다. 맑다. 하후下後에는 4시四時 비가 오다. 5시五時, 6시六時, 7시七時 비가 오다. 밤의 비가 오다. 이 밤이 하라버지 할머니, 하라버지의 기신忌辰. 7월七月 초3일初三日 1시一時서이다. 나, 병룡秉龍, 병주秉胄, 만희晩熙, 질姪, 손孫들이다.

9월 30일. 저어 밤의 비가 오다. 지어至於 하후下後 3시三時 비가 오다. 3시三時 50분五十分 대변大便을 보았다. 흐리다.

10월

10월 1일. 9시九時 15분十五分 대변大便을 보았다. 종일終日 맑다.

10월 2일. 9시九時 20분二十分 대변大便을 보았다. 종일終日 맑다.

10월 3일. 9시九時 25분二十五分 대변大便을 보았다. 종일終日 맑다.

10월 4일. 9시九時 30분三十分 대변大便을 보았다. 하후下後 5시五時 이리裡里 서장署長 내외內外 이일하李日夏 오원순吳元順이, 지서주임支署主任, 운전수運轉手가 오다. 술을 먹다. 마저 떠났다. 종일終日 맑다.

10월 5일. 안개가 오래 끼었다. 9시九時 40분四十分 대변大便을 보았다. 종일終日 맑다.

10월 6일. 10시十時 50분五十分 대변大便을 보았다. 하후下後 40분四十分 처妻, 종석宗錫이가 삼일三日서 오다. 종일終日 맑다.

10월 7일. 9시九時 40분四十分 대변大便을 보았다. 종일終日 맑다.

10월 8일. 5시五時 55분五十五分 대변大便을 보았다. 하후下後 3시三時 30분三十分 병룡秉龍이가 오다. 술을 먹다. 종일終日 맑다.

10월 9일. 5시五時 50분五十分 대변大便을 보았다. 종일終日 맑다.

10월 10일. 9시九時 30분三十分 대변大便을 보았다. 종일終日 맑다.

10월 11일. 9시九時 25분二十五分 대변大便을 보았다. 종일終日 맑다.

10월 12일. 9시九時 30분三十分 대변大便을 보았다. 종일終日 맑다.

10월 13일. 밤, 새벽, 아침에 비가 오다. 바우 비가 오다. 9시九時 20분二十分 대변大便을 보았다. 또 비가 오다. 하후下後 4시四時 40분四十分 흐리다. 5시五時, 6시六時 맑다.

10월 14일. 밤, 새벽로 비가 오다. 7시七時 해가 뜨다. 아침에도 밝었다. 9시九時 대변大便을 보았다. 신막에 갔다. 병룡秉龍이가 있다. 술, 법을 먹다. 하후下後 2시二時 30분三十分 돌아오다. 종일終日 맑다.

10월 15일. 8시八時 40분四十分 처妻가 빼스를 서울서 떠났다. 흑석동黑石洞에 있다. 10시十時 대변大便을 보았다. 종일終日 맑다.

10월 16일. 5시五時 55분五十五分 대변大便을 보았다. 하후下後 3시三時 병룡秉龍이가 오다. 술 먹다. 종일終日 맑다.

10월 17일. 9시九時 25분二十五分 대변大便을 보았다. 맑다 흐리다 하였다.

10월 18일. 7시七時 30분三十分 병룡秉龍이가 오다. 병철秉徹의 용약

用藥이다. 술을 먹다. 9시九時 25분二十五分 대변大便을 보았다. 종일終日 맑다.

10월 19일. 9시九時 20분二十分 대변大便을 보았다. 종일終日 맑다.

10월 20일. 9시九時 30분三十分 대변大便을 보았다. 종일終日 맑다.

10월 21일. 9시九時 25분二十五分 대변大便을 보았다. 종일終日 맑다.

10월 22일. 9시九時 20분二十分 대변大便을 보았다. 종일終日 맑다.

10월 23일. 9시九時 30분三十分 대변大便을 보았다. 종일終日 맑다.

10월 24일. 안개가 오래 끼었다. 또 안개가 끼었다. 9시九時 20분二十分 대변大便을 보았다. 11시十一時 25분二十五分 ― 12시十二時, 1시一時, 2시二時, 3시三時에 맑다. 그러고 4시四時, 5시五時, 6시六時에 흐리다.

10월 25일. 9시九時 20분二十分 대변大便을 보았다. 하후下後 5시五時 병룡秉龍, 홍순태洪淳泰 군君이 오다. 술을 먹다. 종일終日 맑다.

10월 26일. 9시九時 30분三十分 대변大便을 보았다. 종일終日 맑다.

10월 27일. 11시十一時 30분三十分 대변大便을 보았다. 종일終日 맑다.

10월 28일. 8시八時 25분二十五分 대변大便을 보았다. 9시九時 신막 갔다. 병룡秉龍이가 있다, 술을 먹다. 하후下後 4시四時 45분四十五分 이리裡里 경찰서장警察署長 이일하李日夏, 이리裡里 경찰서警察署 경무계警務係 근무勤務 심인구沈仁求이 오다. 술을 먹다. 사진寫眞을 하였다. 곧 오다. 종일終日 맑다.

10월 29일. 9시九時 5분五分 대변大便을 보았다. 종일終日 맑다.

10월 30일. 9시九時 5분五分 대변大便을 보았다. 맑다. 하후下後 1一, 2二, 3三, 4四, 5五, 6시六時 흐리다.

10월 31일. 5시五時 비가 오다. 30분三十分 대변大便을 보았다. 러어 오다. 10시十時 비가 오다. 11시十一時 50분五十分 해가 뜨다. 맑다.

11월

11월 1일. 비가 오다. 5시五時 30분三十分 대변大便을 보았다. 11시十一時 50분五十分 해가 뜨다. 하후下後는 맑다. 2시二時 3시三時 4시四時 5시五時 6시六時 흐리다.

11월 2일. 6시六時 35분三十五分 비. 9시九時 10분十分 비가 오다. 6시六時 50분五十分 대변大便을 보았다. 11시十一時 병룡秉龍이가 오다. 술을 먹다. 하후下後 25분二十五分 해가 뜨다. 맑다.

11월 3일. 6시六時 20분二十分 대변大便을 보았다. 종일終日 맑다.

11월 4일. 8시八時 30분三十分 대변大便을 보았다. 10시十時 치도致道가 술을 먹다. 종일終日 흐리다.

11월 5일. 밤에 비가 오다. 9시九時 대변大便을 보았다. 종일終日 맑다.

11월 6일. 8시八時 40분四十分 대변大便을 보았다. 하후下後 3시三時 맑다. 4시四時 5시五時 6시六時 흐리다.

11월 7일. 밤, 비 오고 아침의 비, 10시十時 비가 오다. 6시六時 20분二十分 대변大便을 보았다. 11시十一時 12시十二時 하후下後 1시一時 2시二時 3시三時 4시四時 비가 오다. 5시五時 6시六時 흐리다.

11월 8일. 밤, 비가 오고 아침에 오고 9시九時 10분十分 대변大便을 보았다. 11시十一時 20분二十分 비가 오다. 하후下後 1시一時 2시二時 3시三時 4시四時 5시五時 6시六時 비가 오다.

11월 9일. 밤, 비가 오다. 8시八時 30분三十分 대변大便을 보았다. 9시九時 20분二十分 해가 뜨다. 병룡秉龍이가 9시九時 오다. 술을 먹다. 10시十時 40분四十分 이李 군君의 이발관理髮館에 갔다. 하후下後 2시二時 이발理髮하였다. 병룡秉龍이가 오다. 술을 먹다. 4시四時 돌아가다. 5시

五時 6시六時 흐리다.

11월 10일. 8시八時 40분四十分 처妻가 빠스를 타, 서울서 갔다. 흑석동黑石洞에 갔다. 9시九時 대변大便을 보았다. 종일終日 맑다.

11월 11일. 9시九時 45분四十五分 대변大便을 보았다. 종일終日 맑다.

11월 12일. 8시八時 45분四十五分 대변大便을 보았다. 하후下後 4시四時 5시五時 맑다. 6시六時 흐리다.

11월 13일. 8시八時 45분四十五分 대변大便을 보았다. 하후下後 3시三時 맑다. 4시四時, 5시五時 흐리다. 6시六時 비가 오다.

11월 14일. 9시九時 50분五十分 대변大便을 보았다. 여산지서礪山支署 이李 군君이 오다. 술을 먹다. 병룡秉龍이가 오다. 11시十一時 술을 먹다, 종일終日 맑다.

11월 15일. 새벽이 서리가 오다. 비가 오다. 하후下後 10분十分 대변大便을 보았다. 3시三時 맑다. 4시四時, 5시五時, 6시六時 흐리다.

11월 16일. 새벽이 비가 오다. 하후下後 10분十分 대변大便을 보았다. 종일終日 맑다.

11월 17일. 11시十一時 김재훈金在勳 지서주임支署主任, 김연구金演求 면장面長, 노시곤盧時坤 농협상무農協常務, 장철홍張喆烘 국민학교장國民學校長, 김종건金鍾健 향교전교鄕校典校이 오다. 병철秉徹다. 술을 먹다. 하후下後 4시四時 경희京熙가 오다. 술을 먹다. 5시五時 전주全州 유柳의 집다. 종일終日 맑다.

11월 18일. 10시十時 55분五十五分 대변大便을 보았다. 11시十一時 신申 군君, 인仁 먹다. 하후下後 2시二時 병룡秉龍이가 오다. 술을 먹다. 종일終日 맑다.

11월 19일. 밤, 새벽에 비가 오다. 10시十時 10분十分 대변大便을 보았다. 하후下後 5시五時 병주秉胄의 집을 있다. 병태秉泰, 천仟, 임任, 치도致道 병수秉水, 인仁, 경년庚年, 철희喆熙, 후희後熙, 병룡秉龍, 병현秉賢, 석환錫煥 경환庚煥이다. 종일終日 맑다.

11월 20일. 10시十時 20분二十分 대변大便을 보았다. 종일終日 맑다.

11월 21일. 10시十時 대변大便을 보았다. 큰며느리는 전주全州 오다. 4시四時 갔었다. 종일終日 맑다.

11월 22일. 9시九時 30분三十分 대변大便을 보았다. 종일終日 맑다.

11월 23일. 9시九時 10분十分 대변大便을 보았다. 하후下後 처妻가 흑석동黑石洞 갔다. 종일終日 맑다.

11월 24일. 10시十時 20분二十分 대변大便을 보았다. 종일終日 맑다.

11월 25일. 9시九時 대변大便을 보았다. 종일終日 맑다. 이날, 고考, 비妣이다. 나, 병룡秉龍, 병주秉胄, 인희仁熙, 종희宗熙이다. 질姪, 손孫들이다. 1시一時 30분三十分이다.

11월 26일. 나는 나, 처妻, 서모庶母는 신막 갔다. 나는 며느리의 처하다. 병룡秉龍와 나는 병과 술을 먹다. 그러고 다 다 저었다. 하후下後 2시二時 30분三十分 대변大便을 보았다. 3시三時 떠나오다. 4시四時, 5시五時, 6시六時 흐리다.

11월 27일. 9시九時 10분十分 대변大便을 보았다. 종일終日 맑다.

11월 28일. 하후下後 1시一時 대변大便을 보았다. 종일終日 흐리다.

11월 29일. 10시十時 20분二十分 해 뜨다. 하후下後 3시三時 55분五十五分 대변大便을 보았다. 종일終日 흐리다.

11월 30일. 아침에 눈이다. 눈이 오다. 하후下後 눈이 오다. 다시時 대변大便을 보았다. 그러나 눈이 오다. 종일終日

12월

12월 1일. 9시九時 대변大便을 보았다. 종일終日 맑다.

12월 2일. 10시十時 10분十分 대변大便을 보았다. 하후下後 4시四時 병룡秉龍이가 오다. 술을 먹다. 눈이 오다.

12월 3일. 10시十時 20분二十分 대변大便을 보았다. 해가 뜨다. 11시十一時 30분三十分 흐리다. 그리고 흐리다. 병룡秉龍이가 오다. 술을 먹다.

12월 4일. 하후下後 3시三時 대변大便을 보았다. 4시四時 병철秉徹이가 훈련소 성혜병원에 가게다. 종일終日 맑다.

12월 5일. 하후下後 5분五分 대변大便을 보았다. 종일終日 맑다.

12월 6일. 9시九時 10분十分 대변大便을 보았다. 종일終日 맑다.

12월 7일. 밤에 순이 오다. 순이 7시七時 눈이 오다. 10시十時 비가 오다. 11시十一時 30분三十分 대변大便을 보았다. 하후下後에 비가 오고 또 오다. 병철秉徹이가 5시五時 훈련소서 오다.

12월 8일. 10시十時 30분三十分 대변大便을 보았다. 종일終日 맑다.

12월 9일. 10시十時 대변大便을 보았다. 11시十一時 신막다. 병룡秉龍는 논산論山 갔다. 술을 먹다. 하후下後 2시二時 오다. 종일終日 맑다.

12월 10일. 9시九時 30분三十分 대변大便을 보았다. 종일終日 맑다.

12월 11일. 10시十時 10분十分 대변大便을 보았다. 종일終日 맑다.

12월 12일. 9시九時 30분三十分 대변大便을 보았다. 종일終日 맑다.

12월 13일. 9시九時 20분二十分 대변大便을 보았다. 하후下後 1시一時 맑다. 4시四時 병룡秉龍이가 오다. 술을 먹다. 흐리다.

12월 14일. 10시十時 20분二十分 대변大便을 보았다. 종일終日 맑다.

12월 15일. 꽁꽁 멀었다. 9시九時 30분三十分 대변大便을 보았다. 종일終日 맑다.

12월 16일. 꽁꽁 멀었다. 8시八時 40분四十分 처妻가 빼스를 타, 서울서 갔다. 흑석동黑石洞에 갔다. 10시十時 10분十分 대변大便을 보았다. 종일終日 맑다.

12월 17일. 꽁꽁 얼었다. 9시九時 50분五十分 대변大便을 보았다. 하후下後 3시三時 40분四十分 병룡秉龍이가 오다. 술을 먹다. 종일終日 맑다.

12월 18일. 꽁꽁 멀었다. 10시十時 20분二十分 대변大便을 보았다. 종일終日 맑다.

12월 19일. 9시九時 20분二十分 대변大便을 보았다. 종일終日 맑다.

12월 20일. 10시十時 10분十分 대변大便을 보았다. 종일終日 흐리다.

12월 21일. 10시十時 20분二十分 대변大便을 보았다. 종일終日 흐리다.

12월 22일. 9시九時 30분三十分 대변大便을 보았다. 하후下後 3시三時 40분四十分 눈이 오다. 종일終日 흐리다.

12월 23일. 9시九時 20분二十分 대변大便을 보았다. 12시十二時 맑다. 흐리다.

12월 24일. 눈을 오다. 또 눈을 오다. 10시十時 50분五十分 대변大便을 보았다. 종일終日 흐리다.

12월 25일. 10시十時 10분十分 대변大便을 보았다. 종일終日 맑다.

12월 26일. 10시十時 10분十分 대변大便을 보았다. 종일終日 맑다.

12월 27일. 서리가 오다. 하후下後 1시一時 50분五十分 대변大便을 보았다. 5시五時 병룡秉龍이가 술을 먹다. 병룡秉龍, 병문秉文, 나가 병철秉徹이를 갔다. 종일終日 맑다.

12월 28일. 하후下後 1시一時 20분二十分 대변大便을 보았다. 인仁이

집에 있어 치도致道가 왔다, 종일終日 맑다.

12월 29일. 하후下後 25분二十五分 대변大便을 보았다. 3시三時 10분十分 처妻, 강배가 오다. 종일終日 맑다.

12월 30일. 10시十時 35분三十五分 대변大便을 보았다. 11시十一時 30분三十分 신막 갔다. 만희晩熙가 오다 오나. 나는 이李 군君의 이발관理髮館에 갔다. 하후下後 1시一時 40분四十分 이발理髮하였다. 2시二時 40분四十分 내났다. 병룡秉龍의 술을 먹다. 5시五時 오다. 종일終日 맑다.

12월 31일. 서리가 오다. 하후下後 2시二時 5분五分 대변大便을 보았다. 종일終日 맑다.

1966년(단기 4299년)

1966년[13]

1월

1월 1일. 하후下後 1시一時 40분四十分 대변大便을 보았다. 종일終日 맑다.

1월 2일. 11시十一時 20분二十分 대변大便을 보았다. 종일終日 맑다.

1월 3일. 11시十一時 10분十分 대변大便을 보았다. 종일終日 맑다.

1월 4일. 눈이 오다. 10시十時 40분四十分 대변大便을 보았다. 하후下後 5시五時 6시六時에 맑다.

1월 5일. 10시十時 30분三十分 대변大便을 보았다. 하후下後 6시六時 한희漢熙 송계영宋桂英이 서울서 오다. 종일終日 맑다.

1월 6일. 최승범崔勝範 김근수金根洙 군君이 왔다. 11시十一時 40분四十分 대변大便을 보았다. 최崔, 김金 군君에 대났다. 송석일宋錫一이 오다. 종일終日 맑다.

1월 7일. 9시九時 20분二十分 대변大便을 보았다. 11시十一時 송석일宋錫一, 한희漢熙 계영桂英가 공주公州에 갔다. 종일終日 맑다.

1월 8일. 9시九時 30분三十分 대변大便을 보았다. 종일終日 맑다.

---

13 원문에는 '一九六五(六)?'으로 되어 있다.

1월 9일. 8시八時 30분三十分 대변大便을 보았다. 나, 서모庶母, 만희晩熙가 오다 한다. 신막에 갔다. 술이 얼다.

1월 10일. 10시十時 30분三十分 대변大便을 보았다. 종일終日 흐리다.

1월 11일. 서리가 오다. 9시九時 30분三十分 대변大便을 보았다. 10시十時 처妻, 강배, 신영호申英浩, 이용李容가 오다. 처妻, 이용李容에 여산礪山 송 보고 강배 신영호申英浩는 대전太田 가서 갔다. 종일終日 맑다.

1월 12일. 처妻가 두기리에 갔다. 김金 군君 기제忌祭다. 10시十時 20분二十分 대변大便을 보았다. 종일終日 맑다.

1월 13일. 11시十一時 대변大便을 보았다. 종일終日 맑다.

1월 14일. 9시九時 30분三十分 대변大便을 보았다. 11시十一時 12시十二時 하후下後 1시一時 2시二時 3시三時 4시四時 5시五時 6시六時 맑다 흐리다 하다. 5시五時 처妻가 오고 강배 신영호申英浩는 오다.

1월 15일. 신영호申英浩는 8시八時 대전太田서 갔다. 하후下後 10분十分 대변大便을 보았다. 종일終日 맑다.

1월 16일. 처妻가 7시七時 긴막 갔다. 빠스를 타고 서울서 갔다. 흑석동黑石洞서 갔다. 하후下後 10분十分 대변大便을 보았다. 종일終日 맑다.

1월 17일. 하후下後 20분二十分 대변大便을 보았다. 종일終日 맑다.

1월 18일. 10시十時 대변大便을 보았다. 하후下後 4시四時 40분四十分 흑석동黑石洞 용산龍山 빠스를 타고 오다. 종일終日 맑다.

1월 19일. 9시九時 15분十五分 대변大便을 보았다. 종일終日 맑다.

1월 20일. 9시九時 30분三十分 대변大便을 보았다. 종일終日 맑다.

1월 21일. 9시九時 25분二十五分 대변大便을 보았다. 하후下後 4시四時 논산論山 군君의 오다. 술을 먹다. 종일終日 맑다.

1월 22일. 구정舊正. 증조고曾祖考 증조비曾祖妣, 조고祖考 조비祖妣,

고考 비妣의 전奠하다. 병룡秉龍, 종희宗熙, 질姪 손孫 손녀孫女이다. 10시十時 20분二十分 대변大便을 보았다. 종일終日 맑다.

1월 23일. 9시九時 30분三十分 대변大便을 보았다. 하후下後 4시四時 병철秉徹이가 죽었다. 종일終日 맑다.

1월 24일. 9시九時 20분二十分 대변大便을 보았다. 종일終日 맑다.

1월 25일. 출장出葬하다. 고비考妣의 그 묘墓다. 9시九時 15분十五分 대변大便을 보았다. 종일終日 맑다.

1월 26일. 10시十時 대변大便을 보았다. 종일終日 맑다.

1월 27일. 삼우三虞. 경희京熙는 신막 갔다. 7시七時 빠스를 타고 서울을 갔다. 9시九時 20분二十分 대변大便을 보았다. 종일終日 맑다.

1월 28일. 밤의 눈이 오다. 눈이 남지어 오다. 하후下後에는 오고 또 오다. 완희完熙는 8시八時 군산礪山을 갔다. 11시十一時 20분二十分 대변大便을 보았다.

1월 29일. 10시十時 20분二十分 대변大便을 보았다. 종일終日 맑다.

1월 30일. 재희裁熙는 8시八時 빠스를 타고 서울 갔다. 9시九時 30분三十分 대변大便을 보았다. 종일終日 맑다.

1월 31일. 9시九時 40분四十分 대변大便을 보았다. 하후下後 4시四時 병룡秉龍이가 오다. 술을 먹다. 종일終日 맑다.

2월

2월 1일. 10시十時 20분二十分 대변大便을 보았다. 종일終日 맑다.

2월 2일. 토우土雨가 왔다. 정 12시十二時다. 11시十一時 대변大便을

보았다. 종일終日 맑다.

2월 3일. 토우土雨가 왔다. 하후下後 30분三十分다. 11시十一時 10분十分 대변大便을 보았다. 종일終日 맑다.

2월 4일. 10시十時 30분三十分 대변大便을 보았다. 하후下後 5시五時 병룡秉龍이가 오다. 술을 먹다. 종일終日 맑다.

2월 5일. 9시九時 30분三十分 대변大便을 보았다. 종일終日 맑다.

2월 6일. 밤의 눈이 오다. 10시十時 10분十分 대변大便을 보았다. 종일終日 맑다.

2월 7일. 하후下後 2시二時 20분二十分 대변大便을 보았다. 종일終日 맑다.

2월 8일. 서리가 오다. 처妻, 병순(향)가 신막 갔다. 10시十時 빼스를 타고 서울을 용산龍山 갔다. 흑석동黑石洞 갔다. 하후下後 40분四十分 대변大便을 보았다. 4시四時 병룡秉龍이가 오다. 술을 먹다. 종일終日 맑다.

2월 9일. 서리가 오다. 10시十時 20분二十分 대변大便을 보았다. 종일終日 맑다.

2월 10일. 이李 숙희가 부산釜山 갔다. 7시七時 비가 오다. 8시八時 9시九時 10시十時 11시十一時 12시十二時 하후下後 1시一時 2시二時 3시三時 4시四時 비가 오다. 4시四時 30분三十分 맑다. 6시六時 맑다.

2월 11일. 7시七時 30분三十分 대변大便을 보았다. 하후下後 6시六時 종일終日 맑다.

2월 12일. 종일終日 맑다.

2월 13일. 10시十時 10분十分 대변大便을 보았다. 종일終日 맑다.

2월 14일. 10시十時 30분三十分 대변大便을 보았다. 하후下後 6시六時

처妻가 빼스를 타고 서울서 왔다. 종일終日 맑다.

2월 15일. 9시九時 55분五十五分 대변大便을 보았다. 병룡秉龍이가 오다. 술을 먹다. 종일終日 맑다.

2월 16일. 9시九時 30분三十分 대변大便을 보았다. 처妻가 장을 하였다. 비가 오고 칠七에 오고 하후下後 4시四時 머지다. 6시六時 맑다.

2월 17일. 9시九時 20분二十分 대변大便을 보았다. 10시十時 신막 갔다. 이발관理髮館에 있다. 하후下後에 이발理髮을 여었다. 2시二時 종석宗錫가 있다. 병룡秉龍이가 있다. 술을 먹다. 종석宗錫, 만희晩熙가 있다. 병주秉胄가 갈을 가고서 술 먹다. 장녀長女가 5시五時 서울서 오다. 종일終日 맑다.

2월 18일. 새벽에 비가 오고 하후下後 5시五時 30분三十分 비가 오다. 10시十時 20분二十分 대변大便을 보았다.

2월 19일. 11시十一時 20분二十分 대변大便을 보았다. 흐리다 하다.

2월 20일. 비가 오다. 8시八時 맑다. 10시十時 30분三十分 대변大便을 보았다. 하후下後에는 이러하리다.

2월 21일. 10시十時 50분五十分 맑다. 하후下後 2시二時 맑다. 3시三時 4시四時 5시五時 6시六時 흐리다 하다.

2월 22일. 밤에 비가 오고 지어 하후下後 1시一時 비가 오다. 흐리다 하다.

2월 23일. 하후下後 2시二時 10분十分 대변大便을 보았다. 4시四時 병룡秉龍이가 오다. 서모庶母, 병룡秉龍, 나하고 술을 먹다. 종일終日 맑다.

2월 24일. 서리가 오다. 11시十一時 30분三十分 대변大便을 보았다. 종일終日 맑다.

2월 25일. 10시十時 30분三十分 대변大便을 보았다. 종일終日 맑다.

2월 26일. 10시十時 25분二十五分 대변大便을 보았다. 맑다.

2월 27일. 9시九時 30분三十分 대변大便을 보았다. 종일終日 맑다.

2월 28일. 9시九時 20분二十分 대변大便을 보았다. 혼인婚姻가 다 모이다. 술, 밥을 먹다. 나, 생일生日이다. 하후下後 5시五時 병룡秉龍이가 오다. 술을 먹다. 종일終日 맑다.

3월

3월 1일. 새벼 비가 오다. 삼일절三一節. 9시九時 35분三十五分 대변大便을 보았다. 하후下後 5시五時 병주秉胄, 병룡秉龍, 나, 병문秉文가 있다. 할아버에게서 먹다. 종일終日 흐리다.

3월 2일. 새벼 비가 오다. 비가 오고 오다. 11시十一時 오다. 하후下後 2시二時 대변大便을 보았다. 종일終日 흐리다.

3월 3일. 밤 후 비 오며, 새벼, 비 오고 하후下後 2시二時 비 오다. 9시九時 55분五十五分 대변大便을 보았다. 종일終日 흐리다.

3월 4일. 밤의 비가 오다. 장녀長女가 10시十時 빼스를 서울 갔다. 11시十一時 대변大便을 보았다. 그저 비가 오다. 하후下後에는 비가 오다. 6시六時도 오다.

3월 5일. 9시九時 10분十分 대변大便을 보았다. 양배良培 하후下後 5시五時 전주全州서 오다. 병룡秉龍이가 기촌箕村가 갔다. 병룡秉龍이 5시五時 돌이다. 술을 먹다. 종일終日 맑다.

3월 6일. 경칩驚蟄. 새벼 비가 오다. 비가 도도 나다. 9시九時 25분

二十五分 대변大便을 보았다. 하후下後 만희晩熙, 양배良培가 전주全州서 갔다. 비가 오다. 또 오다. 6시六時에는 비가 오다. 처妻가 용화산龍華山에 자다.

3월 7일. 밤의 비 오고 또 오고 오다. 8시八時 50분五十分 대변大便을 보았다. 하후下後 비 오다. 3시三時 비가 오다. 흐리다.

3월 8일. 9시九時 5분五分 대변大便을 보았다. 종일終日 맑다.

3월 9일 9시九時 5분五分 대변大便을 보았다. 하후下後 6시六時 병룡秉龍이가 오다. 술을 먹다. 종일終日 맑다.

3월 10일. 9시九時 5분五分 대변大便을 보았다. 종일終日 맑다. 처妻가 왕묘王墓에 소씨蘇氏의 자다.

3월 11일. 9시九時 5분五分 대변大便을 보았다. 종일終日 맑다.

3월 12일. 9시九時 5분五分 대변大便을 보았다. 종일終日 맑다.

3월 13일. 9시九時 5분五分 대변大便을 보았다. 나는 신막다. 10시十時 30분三十分 병룡秉龍이가 오다. 술을 먹다. 하후下後 4시四時 술 먹다. 종일終日 맑다.

3월 14일. 8시八時 40분四十分 대변大便을 보았다. 종일終日 맑다.

3월 15일. 8시八時 50분五十分 대변大便을 보았다. 종일終日 흐리다.

3월 16일. 새벼 비가 오다. 8시八時 40분四十分 신막다. 빠스를 타다. 서울을 용산龍山 갔다. 흑석동黑石洞 갔다. 10시十時 20분二十分 대변大便을 보았다. 종일終日 맑다.

3월 17일. 10시十時 15분十五分 대변大便을 보았다. 종일終日 맑다.

3월 18일. 밤의 비가 오다. 비가 오고 8시八時 50분五十分 대변大便을 보았다. 그러고 비가 오다. 하후下後 1시一時 40분四十分 비가 오다. 비가 오다. 6시六時 30분三十分 비가 왔다. 병룡秉龍이가 오다. 술을 먹다.

3월 19일. 8시八時 45분四十五分 대변大便을 보았다. 9시九時 45분四十五分 맑다. 하후下後 6시六時 처妻가 흑석동黑石洞 용산龍山 뻐스를 타다. 병룡秉龍집을 들다. 신먹 갔다. 사과, 신앙촌소사을 먹어 갔다.

3월 20일. 8시八時 45분四十五分 대변大便을 보았다. 맑다. 6시六時 흐리다.

3월 21일. 8시八時 55분五十五分 대변大便을 보았다. 맑다. 6시六時 흐리다.

3월 22일. 9시九時 5분五分 대변大便을 보았다. 하후下後 3시三時 맑다. 4시四時 맑고 흐리다. 5시五時 6시六時 맑다.

3월 23일. 밤의 비가 오다. 8시八時 25분二十五分 대변大便을 보았다. 하후下後 3시三時 30분三十分 병주秉胄가 줄을 먹다. 병주秉胄가 오다. 정鄭 군君, 인仁, 치도致道, 병룡秉龍가 오다. 4시四時 5시五時에 술을 먹다. 나는 5시五時 50분五十分 다 받다. 종일終日 맑다.

3월 24일. 8시八時 50분五十分 대변大便을 보았다. 9시九時 30분三十分 맑다. 하후下後 7시七時 30분三十分 맑다.

3월 25일. 8시八時 30분三十分 대변大便을 보았다. 신막 갔다. 9시九時 호산이발관이다. 10시十時다. 11시十一時 이발하였다. 병룡秉龍집에 왔다. 하후下後 1시一時 밤, 술을 먹다. 2시二時 40분四十分 집에 오다. 종일終日 맑다.

3월 26일. 8시八時 35분三十五分 대변大便을 보았다. 종일終日 맑다.

3월 27일. 서리가 오다. 8시八時 35분三十五分 대변大便을 보았다. 하후下後 40분四十分 권경승權景升(전북일보全北日報 문화부장文化部長) 김영호金永浩(사진부寫眞部) 진을주陳乙洲(전북대全北大 국문과國文科 제자弟子 시인詩人) 최승범崔勝範 홍정수洪貞洙 양孃이 오다. 사진寫眞 쭉는다. 술을 먹다. 4시四時 전주全州 빼스를 타고 갔다. 종일終日 맑다.

3월 28일. 8시八時 40분四十分 대변大便을 보았다. 하후下後 5시五時 병룡秉龍이가 오다. 술을 먹다.

3월 29일. 8시八時 30분三十分 대변大便을 보았다. 종일終日 맑다.

3월 30일. 8시八時 45분四十五分 대변大便을 보았다. 종일終日 맑다.

3월 31일. 11시十一時 병룡秉龍와 23인二十三人이 오다. 하후下後 2시二時 대변大便을 보았다. 3시三時 4시四時 5시五時 6시六時 7시七時 40분四十分 맑다.

4월

4월 1일. 안개가 끼었다. 나는 9시九時 40분四十分 신막에 길서 대변大便을 보았다. 병룡秉龍이가 있다. 설토화雪吐花, 서장영산홍西藏映山紅, 홍행화紅杏花, 백단향白檀香, 수국水菊(암놈, 순놈, 엽葉, 한해씩 꼿을 피다. 오월에 피다.) 술을 먹다. 11시十一時 오다. 종일終日 맑다.

4월 2일. 8시八時 15분十五分 대변大便을 보았다. 종일終日 맑다.

4월 3일. 8시八時 25분二十五分 대변大便을 보았다. 종일終日 맑다.

4월 4일. 8시八時 해가 뜨다. 8시八時 30분三十分 대변大便을 보았다. 맑다.

4월 5일. 8시八時 20분二十分 대변大便을 보았다. 하후下後 3시三時 병룡秉龍이가 오다. 술을 먹다. 종일終日 맑다.

4월 6일. 8시八時 35분三十五分 대변大便을 보았다. 9시九時 해가 뜨다. 10시十時 11시十一時 12시十二時 하후下後는 1시一時 2시二時 3시三

時 30분三十分 맑고 30분三十分 흐리고 5시五時 6시六時 7시七時 맑다.

4월 7일. 새벼 비가 오다. 8시八時 25분二十五分 대변大便을 보았다. 종일終日 맑다.

4월 8일. 8시八時 35분三十五分 대변大便을 보았다. 종일終日 맑다.

4월 9일. 8시八時 30분三十分 대변大便을 보았다. 종일終日 맑다.

4월 10일. 8시八時 40분四十分 대변大便을 보았다. 처妻, 장배長培가 갔다. 나는 병룡秉龍이가 약방藥房에 갔다. 만희晩熙의 제2第二가 이다. 그 ㅂ에 술을 먹다. 11시十一時 40분四十分 오다. 하후下後 4시四時 병룡秉龍이가 오다. 술을 먹다. 종일終日 맑다.

4월 11일. 8시八時 50분五十分 대변大便을 보았다. 종일終日 맑다.

4월 12일. 8시八時 15분十五分 대변大便을 보았다. 종일終日 흐리다.

4월 13일. 8시八時 20분二十分 대변大便을 보았다. 종일終日 흐리다.

4월 14일. 병룡秉龍이가 오다. 4시四時 술을 먹다. 종일終日 맑다.

4월 15일. 8시八時 45분四十五分 대변大便을 보았다. 종일終日 맑다.

4월 16일. 8시八時 40분四十分 처妻, 명배明培가 신막 갔다. 빠스를 타고 서울서 갔다. 용산龍山서 빠스를 탔다. 또 흑석동黑石洞에 갔다. 8시八時 45분四十五分 대변大便을 보았다. 8시八時 15분十五分, 9시九時, 10시十時, 11시十一時, 12시十二時, 하후下後 1시一時, 2시二時, 3시三時, 4시四時, 5시五時, 6시六時, 7시七時 맑다.

4월 17일. 8시八時 40분四十分 대변大便을 보았다. 종일終日 맑다.

4월 18일. 8시八時 30분三十分 대변大便을 보았다. 교육장教育長 권갑석權甲石 12시十二時 2인二人이 오다. 그 병과 생과재 1갑을 사오다. 하후下後 5시五時 40분四十分 처妻, 명배明培가 서울서 오다. 완희完熙는 17일十七日로 오다. 종일終日 맑다.

4월 19일. 8시八時 25분二十五分 대변大便을 보았다. 완희完熙, 중덕重德 양孃이 있다. 처妻, 완희完熙 20二十을 거나고, 나는 다. 하후下後 4시四時이, 이, 다다. 있다. 종자從者가 많다. 어리 식음食飮과 술을 먹다. 이, 이가, 거기에 있다. 이, 이는 보냈다. 종일終日 맑다.

4월 20일. 8시八時 20분二十分 대변大便을 보았다. 완희完熙, 중덕重德 양孃가 천서川西 부락部落에서 뜨다 내가 오다. 종일終日 맑다.

4월 21일. 7시七時 비가 오다. 그리고 비가 오다. 하후下後에 비가 오다. 2시二時 대변大便을 보았다. 병룡秉龍이가 오다. 술을 먹다. 6시六時 30분三十分 비가 오다.

4월 22일. 8시八時 10분十分 대변大便을 보았다. 종일終日 맑다.

4월 23일. 8시八時 20분二十分 대변大便을 보았다. 병룡秉龍이가 오다. 16인十六人이 맥문동麥門冬을 5, 6五六○ 다. 이 먹다. 종일終日 맑다.

4월 24일. 8시八時 30분三十分 대변大便을 보았다. 종일終日 맑다.

4월 25일. 8시八時 40분四十分 대변大便을 보았다. 하후下後 3시三時 맑다. 4시四時 5시五時 6시六時 7시七時 흐리다.

4월 26일. 7시七時 비가 오다. 8시八時 30분三十分 대변大便을 보았다. 비가 오다. 하후下後 4시四時 비가 오다. 바람비도 오다. 7시七時에 오다. 8시八時 비가 오다.

4월 27일. 밤의 비가 오다. 새벽, 아참, 비가 오고 9시九時 비가 오다. 10시十時 25분二十五分 대변大便을 보았다. 10시十時 50분五十分 해가 뜨다. 병룡秉龍이가 오다. 6시六時 술을 먹다. 6시六時 맑다. 7시七時 흐리다.

4월 28일. 10시十時 25분二十五分 대변大便을 보았다. 종일終日 맑다.

4월 29일. 안개가 오래 끼었다. 11시十一時 대변大便을 보았다. 12시十二時 맑다. 하후下後 1시一時 2시二時 3시三時 4시四時 흐리다. 5시五時 6시六時 7시七時 맑다.

4월 30일. 8시八時 25분二十五分 대변大便을 보았다. 종일終日 맑다.

5월

5월 1일. 9시九時 15분十五分 대변大便을 보았다. 종일終日 맑다.

5월 2일. 9시九時 10분十分 대변大便을 보았다. 종일終日 맑다.

5월 3일. 9시九時 10분十分 대변大便을 보았다. 종일終日 맑다.

5월 4일. 9시九時 25분二十五分 대변大便을 보았다. 종일終日 맑다.

초, 평산 신씨平山申氏, 증조고曾祖考 평산 신씨平山申氏의 신위神位. 병주秉胄, 석환錫煥, 종석宗錫이다. 1시一時 30분三十分이다.

5월 5일. 9시九時 30분三十分 대변大便을 보았다. 하후下後 5시五時 병룡秉龍이가 오다. 술을 먹다. 종일終日 맑다.

5월 6일. 9시九時 35분三十五分 대변大便을 보았다. 종일終日 맑다.

5월 7일. 9시九時 40분四十分 대변大便을 보았다. 흐리다.

6월

6월 1일. 하후下後 2시二時 40분四十分 병주秉胄의 뒷간에 보았다. 처妻, 서모庶母, 병석秉錫이가 전주全州서 병룡秉龍도 오다. 종일終日 맑다.

6월 2일. 7시七時 55분五十五分 해가 뜨다. 8시八時 55분五十五分 대변大便을 보았다. 하후下後 처妻, 서모庶母도 오다. 7시七時 25분二十五分 맑다.

6월 3일. 12시十二時 대변大便을 보았다. 하후下後 4시四時 45분四十五分 병룡秉龍이가 오다. 술을 먹다. 종일終日 맑다.

6월 4일. 9시九時 대변大便을 보았다. 종일終日 맑다.

6월 5일. 9시九時 15분十五分 대변大便을 보았다. 흐리다. 하후下後 1시一時 비가 오다. 7시七時 삼십칠분三十七分 맑다.

6월 6일. 8시八時 40분四十分 대변大便을 보았다. 종일終日 맑다.

6월 7일. 1一 2시二時 흐리다. 하후下後 1시一時 비가 오다. 9시九時 대변大便을 보았다. 6시六時 맑다. 7시七時, 8시八時 흐리다.

6월 8일. 하후下後 5시五時 35분三十五分 대변大便을 보았다. 종일終日 맑다.

6월 9일. 7시七時 맑다. 8시八時 대변大便을 보았다. 8시八時 — 하후下後 3시三時 30분三十分 흐리고 30분三十分 맑고 4시四時 30분三十分 흐리고 30분三十分 맑고 5시五時 30분三十分 흐리고 30분三十分 맑고 6시六時 30분三十分 흐리고 30분三十分 맑고 7시七時 30분三十分 흐리고 30분三十分 맑고 8시八時 30분三十分 흐리고 15분十五分 맑다.

6월 10일. 7시七時 8시八時 흐리다. 9시九時 대변大便을 보았다. 9시九時 해가 뜨다. 하후下後 5시五時 병룡秉龍이가 오다. 술 먹다. 8시八時 30분三十分 흐리고

6월 11일. 9시九時 5분五分 대변大便을 보았다. 9시九時 30분三十分 이 극李 極, 여자생학女子生學 6인六人, 최승범崔勝範가 오다. 술을 먹다. 병룡秉龍이가 오다. 술 먹다. 12시十二時 합을 먹다. 최승범崔勝範가

전주全州로 갔고 이태극李泰極, 여자학생女子學生 5인五人과 종희宗熙, 유종석柳宗錫가 학동學洞에 생도生徒들과 같이 갔다. 늦게 왔다. 밤의 길었다.

6월 12일. 6시六時 있다. 이태극李泰極이가 있다. 여학생女學生 학인學人 5명五名은 넷날 민요 노창호소리 취입 있다. 용화산龍華山을 있다. 군산羣山서 배를 타고 장황으로, 천안天安서 서울을 갔다. 하후下後 6시六時 40분四十分 대변大便을 보았다. 종일終日 맑다.

6월 13일. 5시五時서 안개가 끼었니 11시十一時다. 9시九時 10분十分 대변大便을 보았다. 해가 뜨다. 하후下後 6시六時 맑다. 7시七時, 8시八時 흐리다.

6월 14일. 5시五時 50분五十分 해가 뜨다. 6시六時 45분四十五分 병룡秉龍도 술 먹다. 8시八時 대변大便을 보았다. 종일終日 맑다.

6월 15일. 8시八時 대변大便을 보았다. 종일終日 맑다.

6월 16일. 4시四時 — 5시五時 30분三十分 안개가 끼었다. 6시六時 20분二十分 해가 뜨다. 7시七時 대변大便을 보았다. 하후下後 7시七時 8시八時 흐리다.

6월 17일. 7시七時 비가 오고, 비, 비가 오다. 하후下後 3시三時 20분二十分 비가 오다. 비가 오다. 5시五時 대변大便을 보았다. 비가 밤의 오다.

기획
김익두 · 이경애

후원기관
전북대학교, 전라북도, 익산시, 전주시, 전북대학교 국문과

고문
김남곤(전 전북예총회장), 김성주(전주시 국회의원), 김윤덕(전주시 국회의원), 서거석(전 전북대 총장), 송하진(전라북도지사), 김승수(전주시장), 박경철(전 익산시장), 정헌율(익산시장), 서창훈(전북일보 사장), 신효균(전주SBS 사장), 양회섭(전주KBS 사장), 유춘택(전라일보 회장), 장명수(전 전북대 총장), 전성진(전주MBC 사장), 전정희(익산시 국회의원), 최승범(전북대 국문과 명예교수) • 가나다 순

자문위원
고규진(전북대 인문대 학장), 김용택(시인), 백남혁(전 전라일보, 전주도민일보 주필), 양병호(전 전북대 인문대 학장, 전북대 국문과 교수), 오하근(전 원광대 국문과 교수), 유재회(가람 이병기 선생 자부), 김병곤(익산문화재단 상임이사), 정병헌(숙명여대 교수), 진동규(한국문인협회 부이사장 시인) • 가나다 순

운영위원
김은정(전북일보 콘텐츠기획실장 겸 선임기자), 김익두(전북대 국문과 교수, 간행위원장), 박태건(원광대학교 대안문화연구소 연구원), 복효근(전북작가회의 회장), 유범상(전북대 공과대 교수), 유화수(호원대 교수), 이경애(전북대 국문과 박사, 간행위원회 총무), 이민희(강원대학교 국어교육과 교수), 이병찬(소설가), 이원배(유족대표), 이월영(전북대 국문과 교수), 이태영(전북대 국문과 교수장), 이희경(유족대표), 임귀택(익산시 여산면 기초단체 의원), 임명진(전북대 국문과 교수), 이택회(남성고등학교 교사), 정군수(전북문인협회 회장) • 가나다 순

간행 · 편집위원
위원장 : 김익두
위원 : 박태건 · 유범상 · 유화수 · 이경애 · 이민희 · 이택회 · 황재문

가람 이병기 전집 ⑩

일기 V

지은이 이병기
펴낸이 김동원
펴낸곳 전북대학교출판문화원

초판 1쇄 인쇄 2021. 12. 20
초판 1쇄 발행 2021. 12. 30

전북대학교출판문화원 전라북도 전주시 완산구 어진길 32 (풍남동2가)
전화 (063) 219-5319~5322
FAX (063) 219-5323
출판등록 2012년 8월 20일 제465-2012-000021호

값 42,000원

ISBN 979-11-6372-142-0 04810
ISBN 979-11-87892-59-5(세트) 04810